시험 당일!

토익 시험일 실검 **1**위 해커스토익!
14만 토익커가 **해커스토익**으로 몰리는 이유는?

1
시험 종료 직후 공개!

**토익 정답
실시간 확인 서비스**

· 정답/응시자 평균점수 즉시 공개
· 빅데이터 기반 가채점+성적 분석
· 개인별 취약 유형 약점보완문제 무료

2
실시간 시험 후기 확인!

**해커스토익
자유게시판**

· 토익시험 난이도 & 논란문제 종결
· 생생한 시험후기 공유
· 고득점 비법/무료 자료 공유

3
오늘 시험에서는요!

**스타강사의
해커스토익 총평강의**

· 스타강사의 파트별 총평강의
· 토익시험 정답 & 난이도 분석
· 취약 파트별 전략 공개

4

**토익에 대한 모든 정보가
모여있는 곳!**

**토익 전문 커뮤니티
해커스토익**

· 토익 고득점 수기, 비법자료 및 스타강사 비법강의 100% 무료!
· 전국 토익 고사장 스피커/시설/평점 공개
· 물토익 VS 불토익 시험당일 난이도 투표부터 나에게 맞는 공부법 추천까지!

시험당일, 토익 정답을 바로 확인하고 싶다면 해커스토익 ▼ 검색

해커스토익
바로가기 ▶

토익정답 확인하고
혜택 몽땅 받기 ▶

해커스 토익

LC

실전 **1000** 제 **3**

LISTENING

해설집

해커스 어학연구소

최신 토익 경향을 완벽하게 반영한
해커스 토익 실전 1000제 3 LISTENING 해설집을 내면서

해커스 토익이 항상 독보적인 베스트셀러의 자리를 지킬 수 있는 것은 **늘 처음과 같은 마음으로 더 좋은 책을** 만들기 위해 고민하고, **최신 경향을 반영하기 위해 끊임없이 노력**하기 때문입니다.

그리고 이러한 노력 끝에 **최신 토익 경향을 반영**한《**해커스 토익 실전 1000제 3 Listening 해설집**》(**최신개정 판**)을 출간하게 되었습니다.

최신 출제 경향의 문제 이해로 실전 완벽 대비!

최신 토익 출제 경향이 완벽 반영된 《**해커스 토익 실전 1000제 3 Listening 문제집**》의 모든 문제 유형을 세분화 하고, 각 유형에 따른 명쾌한 해설로 문제를 제대로 이해하고 풀 수 있도록 하였습니다. 이러한 문제 이해를 바탕으 로 실전에 보다 철저하게 대비할 수 있으며, 나아가 토익 리스닝 실력 또한 향상시킬 수 있도록 하였습니다.

상세한 해설과 문제 풀이 전략 적용을 통한 고득점 달성!

모든 문제에 대한 스크립트, 해석, 정답에 대한 해설은 기본이고, 오답까지 상세하게 분석한 해설과 중요 어휘를 수록하여 문제를 확실하게 이해하고 학습할 수 있습니다. 또한, 모든 문제에 난이도를 표시하여 자신의 실력과 학습 목표에 따라 학습할 수 있을 뿐만 아니라, 지문에서 정답의 단서가 되는 부분이 질문이나 정답 보기에서 어떻게 바뀌어 표현되었는지를 한눈에 확인할 수 있는 '바꾸어 표현하기' 등 문제 풀이에 실질적으로 도움이 되는 구성도 함께 수록하여 실전 고득점 달성이 가능합니다.

《**해커스 토익 실전 1000제 3 Listening 해설집**》이 여러분의 토익 목표 점수 달성에 확실한 해결책이 되고 영어 실력 향상, 나아가 여러분의 꿈을 향한 길에 믿음직한 동반자가 되기를 소망합니다.

해커스 어학연구소

CONTENTS

상세한 해설집으로 토익 점수
확실하게 잡는다!

PART 1 해설 미리보기

- 1. 문제, 해석
- 3. 난이도
- 4. 문제 유형
- 5. 해설
- 6. 어휘

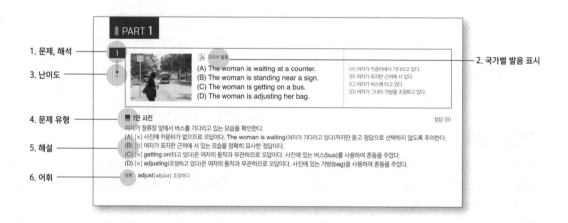

- 2. 국가별 발음 표시

PART 2 해설 미리보기

- 1. 문제, 해석
- 3. 난이도
- 4. 문제 유형
- 5. 해설
- 6. 어휘

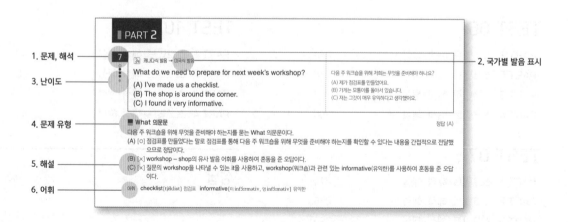

- 2. 국가별 발음 표시

PART 1 & 2

1. 문제, 해석

최신 출제 경향과 난이도가 반영된 문제를 해설집에도 그대로 수록하였습니다. 해설을 보기 전에, 문제를 다시 한 번 풀어보며 자신이 어떤 과정으로 정답을 선택했는지 되짚어보고, 함께 수록된 정확한 해석을 보며 문제를 확실히 이해하고 문장 구조를 꼼꼼하게 파악합니다.

2. 국가별 발음 표시

문제의 음성이 미국·캐나다·영국·호주식 영어 발음 중 어떤 발음인지를 표시하였습니다. 국가별 발음 표시를 통해 아는 단어인데도 국가별 발음 차이 때문에 잘 들리지 않았던 발음과 취약했던 발음 등을 파악하여 집중 연습할 수 있도록 합니다.

3. 난이도

사전 테스트를 거쳐 검증된 문제별 난이도를 '하, 중, 상, 최상'의 4단계로 나누어 각 문제 번호 아래에 표시하였습니다. 각 문제별 난이도를 참고하여 자신의 실력과 학습 목표에 따라 학습할 수 있습니다.

4. 문제 유형

자주 틀리는 문제 유형을 쉽게 파악할 수 있도록 모든 문제마다 문제 유형을 제시하였습니다. 문제 유형은 모두 《해커스 토익 Listening》의 목차 목록과 동일하여, 특정 유형에 대해 추가 학습이 필요할 경우 쉽게 참고할 수 있도록 하였습니다.

5. 해설

문제 유형별로 가장 효과적인 해결 방법을 제시하였을 뿐만 아니라, 오답 보기가 오답이 되는 이유까지도 상세하게 설명하였습니다. 이와 함께, 문제 풀이에 도움이 되는 사항을 추가로 제공하였습니다.

6. 어휘

문제 풀이 시 사전을 찾는 불편을 덜 수 있도록 문제에서 사용된 단어나 어구의 뜻을 발음 기호와 함께 수록하였습니다. 또한, 영국·호주식 발음으로 들려준 지문문제에서 어휘의 국가별 발음이 다를 경우, 미국·영국식 발음 기호를 모두 수록하여 국가별 발음 차이까지 익힐 수 있도록 하였습니다.

PART 3 & 4 해설 미리보기

1. 지문, 문제, 해석

4. 정답의 단서

PART 3

난이도 ○○○○ / ○○○○ / ○○○○ / ○○○○

32
33
34

Questions 32-34 refer to the following conversation.

32-34번은 다음 대화에 관한 문제입니다.

🇨🇦 캐나다식 발음 → 영국식 발음

2. 국가별 발음 표시

M: I'm calling from Data-Trend Enterprises. ³²We have a client flying in from Shanghai tomorrow morning and would like a driver from your chauffeur service to pick her up from the airport.

W: I can arrange that for you. May I have her name, flight number, and arrival time?

M: Her name is Tina Ming, and she'll be arriving on Flight DF304 at 10:20 A.M. Also, ³³could she be taken to the Palm Hotel before being brought to our office? She'll need to drop off her luggage.

W: No problem. ³⁴I'll add the pickup to our schedule, and one of our employees will be at the airport in the morning to get her.

M: Data-Trend사에서 전화드립니다. ³²저희에게는 내일 아침에 상하이에서 비행기를 타고 오는 고객이 있어서 귀사의 운전기사 서비스의 기사 한 분이 공항에서 그녀를 태워 오도록 하고 싶어요.

W: 제가 귀하를 위해 그것을 준비해드릴 수 있습니다. 그녀의 이름, 항공편 번호, 그리고 도착 시각을 알 수 있을까요?

M: 그녀의 이름은 Tina Ming이고, 오전 10시 20분에 DF304 항공편으로 도착할 거예요. 또한, ³³그녀를 저희 사무실로 데려오시기 전에 Palm 호텔로 안내해주시겠어요? 그녀는 짐을 내려놓아야 할 거예요.

W: 문제없습니다. ³⁴저희의 일정에 그 승객을 태우는 것을 추가할 것이며, 저희 직원들 중 한 명이 그녀를 모셔 오기 위해 아침에 공항에 나가 있을 것입니다.

4. 정답의 단서

32 Why is the man calling?
(A) To purchase a ticket
(B) To hire a car service
(C) To change a reservation
(D) To confirm a flight time

32 남자는 왜 전화를 하고 있는가?
(A) 티켓을 구입하기 위해
(B) 자동차 서비스를 고용하기 위해
(C) 예약을 변경하기 위해
(D) 비행시간을 확인하기 위해

33 Where will Ms. Ming most likely go first upon arrival?
(A) To an office
(B) To a train station
(C) To a hotel
(D) To a rental agency

33 Ms. Ming은 도착하자마자 먼저 어디로 갈 것 같은가?
(A) 사무실로
(B) 기차역으로
(C) 호텔로
(D) 대여점으로

34 What does the woman say she will do?
(A) Update a timetable
(B) Sign an agreement
(C) Return a vehicle
(D) Wait in an airport

34 여자는 무엇을 할 것이라고 말하는가?
(A) 일정표를 업데이트한다.
(B) 계약서에 서명한다.
(C) 차량을 반납한다.
(D) 공항에서 기다린다.

5. 어휘

지문 chauffeur[ʃóufər] 운전기사 arrange[əréindʒ] 준비하다, 마련하다 drop off 내려놓다, 들르다
33 rental[réntl] 대여, 임대
34 timetable[táimteibl] 일정표 agreement[əgríːmənt] 계약서, 계약 vehicle[víːikl] 차량

6. 문제 유형

32 ■ 전체 대화 관련 문제 목적
○○○○
정답 (B)

남자가 전화를 건 목적을 묻는 문제이므로, 대화의 초반을 반드시 듣는다. 남자가 "We have a client flying in from Shanghai tomorrow morning and would like a driver from your chauffeur service to pick her up from the airport."라며 내일 아침에 상하이에서 비행기를 타고 오는 고객이 있어서, 여자 회사의 운전기사 서비스의 기사 한 명이 공항에서 고객을 태워 오도록 하고 싶다고 하였다. 따라서 정답은 (B) To hire a car service이다.

7. 해설

3. 난이도

33 ■ 세부 사항 관련 문제 특정 세부 사항
○○○○
정답 (C)

Ms. Ming이 도착하자마자 먼저 갈 장소를 묻는 문제이므로, 질문의 핵심어구(Ms. Ming ~ go first)와 관련된 내용을 주의 깊게 듣는다. 남자가 여자에게 "could she[Ms. Ming] be taken to the Palm Hotel before being brought to our office?"라며 Ms. Ming을 사무실로 데려오기 전에 Palm 호텔로 안내해달라고 하였다. 따라서 정답은 (C) To a hotel이다.

34 ■ 세부 사항 관련 문제 다음에 할 일
○○○○
정답 (A)

여자가 하겠다고 말한 것을 묻는 문제이므로, 질문의 핵심어구(will do)와 관련된 내용을 주의 깊게 듣는다. 여자가 "I'll add the pickup to our schedule"이라며 자신들의 일정에 그 승객을 태우는 것을 추가할 것이라고 하였다. 따라서 정답은 (A) Update a timetable 이다.

8. 바꾸어 표현하기

바꾸어 표현하기
add the pickup to ~ schedule 일정에 그 승객을 태우는 것을 추가하다 → Update a timetable 일정표를 업데이트하다

PART 3 & 4

1. 지문, 문제, 해석

최신 출제 경향과 난이도가 반영된 지문 및 문제를 해설집에도 그대로 수록하였습니다. 해설을 보기 전에, 문제를 다시 한번 풀어보며 자신이 어떤 과정으로 정답을 선택했는지 되짚어보고, 함께 수록된 정확한 해석을 보며 문제를 확실히 이해하고 문장 구조를 꼼꼼하게 파악합니다.

2. 국가별 발음 표시

문제의 음성이 미국·캐나다·영국·호주식 영어 발음 중 어떤 발음인지를 표시하였습니다. 아는 단어인데도 국가별 발음 차이 때문에 잘 들리지 않았던 발음과 취약했던 발음 등을 파악하여 집중 연습할 수 있도록 합니다.

3. 난이도

사전 테스트를 거쳐 검증된 문제별 난이도를 '하, 중, 상, 최상'의 4단계로 나누어 각 문제 번호 아래에 표시하였습니다. 각 문제별 난이도를 참고하여 자신의 실력과 학습 목표에 따라 학습할 수 있습니다.

4. 정답의 단서

정답을 선택하는 데 결정적인 단서가 되는 부분을 자주색으로 표시하였습니다. 해설을 읽기 전에 먼저 대화/지문에서 자주색으로 표시된 단서를 찾고, 정답을 선택하는 연습을 합니다.

5. 어휘

문제 풀이 시 사전을 찾는 불편을 덜 수 있도록 지문 및 문제에서 사용된 단어나 어구의 뜻을 발음 기호와 함께 수록하였습니다. 국가별로 발음에 차이가 있는 경우, 미국·영국식 발음 기호를 모두 수록하여 국가별 발음 차이까지 익힐 수 있도록 하였습니다.

6. 문제 유형

모든 문제에 세분화된 유형을 표시하여 해설에서 출제 유형에 따른 문제 풀이 방법을 익힐 수 있도록 하였습니다. 문제 유형은 모두 《해커스 토익 Listening》의 목차 목록과 동일하여, 특정 유형에 대해 추가 학습이 필요할 경우 쉽게 참고할 수 있도록 하였습니다.

7. 해설

질문 유형별로 가장 효율적인 해결 방법이 적용된 문제 풀이 방법을 제시하였습니다. 대화/지문에서 주의 깊게 들어야 할 부분이나 파악해야 할 사항을 확인하는 단계부터 대화/지문을 들으며 정답을 선택하는 문제 풀이 과정을 읽는 것만으로도 자연스럽게 Part 3·4의 문제 풀이 전략을 익힐 수 있습니다.

8. 바꾸어 표현하기

대화/지문의 내용이 질문이나 정답 보기에서 바꾸어 표현된 경우, [대화/지문의 표현 → 정답 보기의 표현] 혹은 [질문의 표현 → 대화/지문의 표현]으로 정리하여 한눈에 확인할 수 있도록 하였습니다. 이를 통해 Part 3·4 풀이 전략을 익히고 나아가 고득점 달성이 가능하도록 하였습니다.

토익 소개 및 시험장 Tips

토익이란 무엇인가?

TOEIC은 **Test Of English for International Communication**의 약자로 영어가 모국어가 아닌 사람들을 대상으로 언어 본래의 기능인 '커뮤니케이션' 능력에 중점을 두고 일상생활 또는 국제 업무 등에 필요한 실용영어 능력을 평가하는 시험입니다. 토익은 일상생활 및 비즈니스 현장에서 필요로 하는 내용을 평가하기 위해 개발되었고 다음과 같은 실용적인 주제들을 주로 다룹니다.

- 협력 개발: 연구, 제품 개발
- 재무 회계: 대출, 투자, 세금, 회계, 은행 업무
- 일반 업무: 계약, 협상, 마케팅, 판매
- 기술 영역: 전기, 공업 기술, 컴퓨터, 실험실
- 사무 영역: 회의, 서류 업무
- 물품 구입: 쇼핑, 물건 주문, 대금 지불

- 식사: 레스토랑, 회식, 만찬
- 문화: 극장, 스포츠, 피크닉
- 건강: 의료 보험, 병원 진료, 치과
- 제조: 생산 조립 라인, 공장 경영
- 직원: 채용, 은퇴, 급여, 진급, 고용 기회
- 주택: 부동산, 이사, 기업 부지

토익의 파트별 구성

구성		내용	문항 수	시간	배점
Listening Test	Part 1	사진 묘사	6문항 (1번~6번)	45분	495점
	Part 2	질의 응답	25문항 (7번~31번)		
	Part 3	짧은 대화	39문항, 13지문 (32번~70번)		
	Part 4	짧은 담화	30문항, 10지문 (71번~100번)		
Reading Test	Part 5	단문 빈칸 채우기 (문법/어휘)	30문항 (101번~130번)	75분	495점
	Part 6	장문 빈칸 채우기 (문법/어휘 /문장 고르기)	16문항, 4지문 (131번~146번)		
	Part 7	지문 읽고 문제 풀기(독해) - 단일 지문(Single Passage) - 이중 지문(Double Passages) - 삼중 지문(Triple Passages)	54문항, 15지문 (147번~200번) - 29문항, 10지문 (147번~175번) - 10문항, 2지문 (176번~185번) - 15문항, 3지문 (186번~200번)		
Total		7 Parts	200문항	120분	990점

토익 접수 방법 및 성적 확인

1. 접수 방법
· 접수 기간을 TOEIC위원회 인터넷 사이트(www.toeic.co.kr) 혹은 공식 애플리케이션에서 확인하고 접수합니다.
· 접수 시 jpg형식의 사진 파일이 필요하므로 미리 준비합니다.

2. 성적 확인
· 시험일로부터 약 10일 이후 TOEIC위원회 인터넷 사이트(www.toeic.co.kr) 혹은 공식 애플리케이션에서 확인합니다. (성적 발표 기간은 회차마다 상이함)
· 시험 접수 시, 우편 수령과 온라인 출력 중 성적 수령 방법을 선택할 수 있습니다.
*온라인 출력은 성적 발표 즉시 발급 가능하나, 우편 수령은 약 7일가량의 발송 기간이 소요될 수 있습니다.

시험 당일 준비물

| 신분증 | 연필&지우개 | 시계 | 수험번호를 적어둔 메모 | 오답노트&단어암기장 |

* 시험 당일 신분증이 없으면 시험에 응시할 수 없으므로, 반드시 ETS에서 요구하는 신분증(주민등록증, 운전면허증, 공무원증 등)을 지참합니다. ETS에서 인정하는 신분증 종류는 TOEIC위원회 인터넷 사이트(www.toeic.co.kr)에서 확인 가능합니다.

시험 진행 순서

정기시험/추가시험(오전)	추가시험(오후)	진행내용	유의사항
AM 9:30 - 9:45	PM 2:30 - 2:45	답안지 작성 오리엔테이션	10분 전에 고사장에 도착하여, 이름과 수험번호로 고사실을 확인합니다.
AM 9:45 - 9:50	PM 2:45 - 2:50	쉬는 시간	준비해간 오답노트나 단어암기장으로 최종 정리를 합니다. 시험 중간에는 쉬는 시간이 없으므로 화장실에 꼭 다녀오도록 합니다.
AM 9:50 - 10:10	PM 2:50 - 3:10	신분 확인 및 문제지 배부	
AM 10:10 - 10:55	PM 3:10 - 3:55	Listening Test	Part 1과 Part 2는 문제를 풀면서 정답을 바로 답안지에 마킹합니다. Part 3와 Part 4는 문제의 정답 보기 옆에 살짝 표시해두고, Listening Test가 끝난 후 한꺼번에 마킹합니다.
AM 10:55 - 12:10	PM 3:55 - 5:10	Reading Test	각 문제를 풀 때 바로 정답을 마킹합니다.

* 추가시험은 토요일 오전 또는 오후에 시행되므로 이 사항도 꼼꼼히 확인합니다.
* 당일 진행 순서에 대한 더 자세한 내용은 해커스토익(Hackers.co.kr) 사이트에서 확인할 수 있습니다.

파트별 형태 및 전략

▌Part 1 사진 묘사 (6문제)

사진을 가장 잘 묘사한 문장을 4개의 보기 중에서 고르는 유형

문제 형태

문제지	음성
1. 	Number 1. Look at the picture marked number 1 in your test book. (A) He is writing on a sheet of paper. (B) He is reaching for a glass. (C) He is seated near a window. (D) He is opening up a laptop computer.

해설 남자가 창문 근처에 앉아 있는 모습을 seated near a window(창문 근처에 앉아 있다)로 묘사한 (C)가 정답이다.

문제 풀이 전략

1. 보기를 듣기 전에 사진을 묘사할 수 있는 표현을 미리 연상합니다.

보기를 듣기 전에 사진을 보면서 사용 가능한 주어와 등장 인물의 동작이나 사물을 나타내는 동사 및 명사를 미리 연상합니다. 표현을 미리 연상하는 과정에서 사진의 내용을 정확하게 확인하게 되며, 연상했던 표현이 보기에서 사용될 경우 훨씬 명확하게 들을 수 있어 정답 선택이 수월해집니다.

2. 사진을 완벽하게 묘사한 것이 아니라 가장 적절하게 묘사한 보기를 선택합니다.

Part 1은 사진을 완벽하게 묘사한 보기가 아니라 가장 적절하게 묘사한 보기를 선택해야 합니다. 이를 위해 Part 1의 문제를 풀 때 O, ×를 표시하면서 보기를 들으면 오답 보기를 확실히 제거할 수 있어 정확히 정답을 선택할 수 있습니다. 특별히 Part 1에서 자주 출제되는 오답 유형을 알아두면 ×를 표시하면서 훨씬 수월하게 정답을 선택할 수 있습니다.

Part 1 빈출 오답 유형

· 사진 속 사람의 동작을 잘못 묘사한 오답
· 사진에 없는 사람이나 사물을 언급한 오답
· 사진 속 사물의 상태나 위치를 잘못 묘사한 오답
· 사물의 상태를 사람의 동작으로 잘못 묘사한 오답
· 사진에서는 알 수 없는 사실을 진술한 오답
· 혼동하기 쉬운 어휘를 이용한 오답

* 실제 시험을 볼 때, Part 1 디렉션이 나오는 동안 Part 5 문제를 최대한 많이 풀면 전체 시험 시간 조절에 도움이 됩니다. 하지만 "Now, Part 1 will begin"이라는 음성이 들리면 바로 Part 1으로 돌아가서 문제를 풀도록 합니다.

▌Part 2 질의 응답 (25문제)

영어로 된 질문을 듣고 가장 적절한 응답을 3개의 보기 중에서 고르는 유형

문제 형태

문제지	음성
7. Mark your answer on your answer sheet.	Number 7. When is the presentation going to be held? (A) I'm going to discuss sales levels. (B) Sometime on Tuesday. (C) He handled the preparations.

해설　의문사 When을 이용하여 발표가 진행될 시기를 묻고 있는 문제이므로 Sometime on Tuesday라는 시점을 언급한 (B)가 정답이다.

문제 풀이 전략

1. 질문의 첫 단어는 절대 놓치지 않도록 합니다.

Part 2의 문제 유형은 질문의 첫 단어로 결정되므로 절대 첫 단어를 놓치지 않아야 합니다. Part 2에서 평균 11문제 정도 출제되는 의문사 의문문은 첫 단어인 의문사만 들으면 대부분 정답을 선택할 수 있습니다. 그리고 다른 유형의 문제도 첫 단어를 통하여 유형, 시제, 주어 등 문제 풀이와 관련된 기본적인 정보를 파악할 수 있습니다.

2. 오답 유형을 숙지하여 오답 제거 방법을 100% 활용하도록 합니다.

Part 2에서는 오답의 유형이 어느 정도 일정한 패턴으로 사용되고 있습니다. 따라서 오답 유형을 숙지해두어 문제를 풀 때마다 오답 제거 방법을 최대한 활용하도록 합니다. 이를 위해 Part 2의 문제를 풀 때 O, ×를 표시하면서 보기를 들으면 오답 보기를 확실히 제거할 수 있어 정확히 정답을 선택할 수 있습니다.

Part 2 빈출 오답 유형

· 질문에 등장한 단어를 반복하거나, 발음이 유사한 어휘를 사용한 오답
· 동의어, 관련 어휘, 다의어를 사용한 오답
· 주체나 시제를 혼동한 오답
· 정보를 묻는 의문사 의문문에 Yes/No로 응답한 오답

* 실제 시험을 볼 때, Part 2 디렉션이 나오는 동안 Part 5 문제를 최대한 많이 풀면 전체 시험 시간 조절에 도움이 됩니다. 하지만 "Now, let us begin with question number 7"이라는 음성이 들리면 바로 Part 2로 돌아가서 문제를 풀도록 합니다.

Part 3 짧은 대화 (39문제)

· 2~3명이 주고받는 짧은 대화를 듣고 관련 질문에 대한 정답을 고르는 유형
· 구성: 총 13개의 대화에 39문제 출제 (한 대화 당 3문제, 일부 대화는 3문제와 함께 시각 자료가 출제)

문제 형태

문제지	음성
32. What are the speakers mainly discussing? (A) Finding a venue (B) Scheduling a renovation (C) Choosing a menu (D) Organizing a conference 33. What does the woman offer to do? (A) Visit a nearby event hall (B) Revise a travel itinerary (C) Proceed with a booking (D) Contact a facility manager 34. What does the woman mean when she says, "we're all set"? (A) Some furniture will be arranged. (B) Some memos will be circulated. (C) An update will be installed. (D) An area will be large enough.	Questions 32 through 34 refer to the following conversation. W: Joseph, I'm worried it'll be too chilly for the outdoor luncheon we've planned for Wednesday. M: I agree. We'd better book an event hall instead. W: How about Wolford Hall? I'm looking at its Web site now, and it appears to be available. M: Oh, that'd be ideal. That place is near our office, so staff won't have to travel far. W: I can book the hall now, if you want. We need it from 11 A.M. to 2 P.M., right? M: Yeah. Just make sure it can accommodate 50 people. W: It says it'll hold up to 70, so we're all set. M: Perfect. I'll send staff an e-mail with the updated details. Number 32. What are the speakers mainly discussing? Number 33. What does the woman offer to do? Number 34. What does the woman mean when she says, "we're all set"?

해설 32. 대화의 주제를 묻는 문제이다. 여자가 it'll be too chilly for the outdoor luncheon이라며 야외 오찬을 하기에는 날씨가 너무 쌀쌀할 것 같다고 하자, 남자가 We'd better book an event hall instead라며 대신 행사장을 예약하는 것이 낫겠다고 한 뒤, 행사를 위한 장소를 찾는 것에 관한 내용으로 대화가 이어지고 있다. 따라서 정답은 (A)이다.

33. 여자가 해주겠다고 제안하는 것을 묻는 문제이다. 여자가 I can book the hall now라며 지금 자신이 그 행사장을 예약할 수 있다고 하였다. 따라서 정답은 (C)이다.

34. 여자가 하는 말의 의도를 묻는 문제이다. 남자가 Just make sure it[hall] can accommodate 50 people이라며 행사장이 50명의 사람들을 수용할 수 있는지 확인하라고 하자, 여자가 it'll hold up to 70, so we're all set이라며 그것은 70명까지 수용할 것이니 우리 는 준비가 다 되었다고 한 말을 통해 행사장의 공간이 충분히 클 것임을 알 수 있다. 따라서 정답은 (D)이다.

문제 풀이 전략

1. 대화를 듣기 전에 반드시 질문과 보기를 먼저 읽어야 합니다.

① Part 3의 디렉션을 들려줄 때 32번부터 34번까지의 질문과 보기를 읽으면, 이후 계속해서 대화를 듣기 전에 질문과 보기를 미리 읽을 수 있습니다.

② 질문을 읽을 때에는 질문 유형을 파악한 후, 해당 유형에 따라 어느 부분을 들을지와 어떤 내용을 들을지 듣기 전략을 세웁니다. 시각 자료가 출제된 대화의 경우, 시각 자료를 함께 확인하면서 시각 자료의 종류와 그 내용을 파악합니다.

③ 보기를 읽을 때에는 각 보기를 다르게 구별해주는 어휘를 선택적으로 읽어야 합니다. 특별히 보기가 문장일 경우, 주어가 모두 다르면 주어를, 주어가 모두 같으면 동사 또는 목적어 등의 중요 어휘를 키워드로 결정합니다.

2. 대화를 들으면서 동시에 정답을 선택합니다.

① 질문과 보기를 읽으며 세운 듣기 전략을 토대로, 대화를 들으면서 동시에 각 문제의 정답을 선택합니다.

② 3인 대화의 경우, 대화가 시작하기 전에 "Questions ~ refer to the following conversation with three speakers."라는 음성이 재생되므로 각 대화별 디렉션에도 집중해야 합니다.

③ 대화가 끝난 후 관련된 3개의 질문을 읽어줄 때 다음 대화와 관련된 3개의 질문과 보기를 재빨리 읽으면서 듣기 전략을 다시 세워야 합니다.

④ 만약 대화가 다 끝났는데도 정답을 선택하지 못했다면 가장 정답인 것 같은 보기를 선택하고, 곧바로 다음 대화에 해당하는 질문과 보기를 읽기 시작하는 것이 오답률을 줄이는 현명한 방법입니다.

3. 대화의 초반은 반드시 들어야 합니다.

① 대화에서 초반에 언급된 내용 중 80% 이상이 문제로 출제되므로 대화의 초반은 반드시 들어야 합니다.

② 특별히 대화의 주제를 묻는 문제, 대화자의 직업, 대화의 장소를 묻는 문제에 대한 정답의 단서는 대부분 대화의 초반에 언급됩니다.

③ 초반을 듣지 못하고 놓칠 경우 대화 후반에서 언급된 특정 표현을 사용한 보기를 정답으로 선택하는 오류를 범할 수 있으므로 각별히 주의해야 합니다.

Part 4 짧은 담화 (30문제)

· 짧은 담화를 듣고 관련 질문에 대한 정답을 고르는 유형
· 구성: 총 10개의 지문에 30문제 출제 (한 지문 당 3문제, 일부 지문은 3문제와 함께 시각 자료가 출제)

문제 형태

문제지	음성

문제지

Department	Manager
Accounting	Janet Lee
Sales	Sarah Bedford
Human Resources	David Weber
Marketing	Michael Brenner

92. What is the purpose of the announcement?

(A) To explain a new project
(B) To describe a job opening
(C) To discuss a recent hire
(D) To verify a policy change

93. Look at the graphic. Which department will Shannon Clark manage?

(A) Accounting
(B) Sales
(C) Human Resources
(D) Marketing

94. What will probably happen on September 1?

(A) A job interview
(B) A product launch
(C) A staff gathering
(D) An employee evaluation

음성

Questions 92 through 94 refer to the following announcement and list.

May I have your attention, please? I just received an e-mail from David Weber in human resources regarding a new manager. Shannon Clark will begin working here next month. Ms. Clark has over a decade of experience working for multinational corporations, so she brings a wealth of knowledge to our company. She will be replacing Michael Brenner, who is retiring this month. One of the other department managers . . . um, Janet Lee . . . has arranged a get-together on September 1 to introduce Ms. Clark. Food and beverages will be provided. Please give her a warm welcome.

Number 92.
What is the purpose of the announcement?

Number 93.
Look at the graphic. Which department will Shannon Clark manage?

Number 94.
What will probably happen on September 1?

해설 92. 공지의 목적을 묻는 문제이다. I just received an e-mail ~ regarding a new manager. Shannon Clark will begin working here next month라며 새로운 관리자에 관련된 이메일을 방금 받았으며, Shannon Clark가 다음 달에 이곳에서 근무를 시작할 것이라고 하였다. 따라서 정답은 (C)이다.

93. Shannon Clark가 관리할 부서를 묻는 문제이다. She[Shannon Clark] will be replacing Michael Brenner, who is retiring this month라며 Shannon Clark은 이달에 은퇴하는 Michael Brenner를 대신할 것이라고 하였으므로, Michael Brenner가 관리자로 일하던 마케팅 부서를 관리하게 될 것임을 알 수 있다. 따라서 정답은 (D)이다.

94. 9월 1일에 일어날 일을 묻는 문제이다. Janet Lee ~ has arranged a get-together on September 1라며 Janet Lee가 9월 1일에 열릴 모임을 마련했다고 하였다. 따라서 정답은 (C)이다.

문제 풀이 전략

1. 지문을 듣기 전에 반드시 질문과 보기를 먼저 읽어야 합니다.

① Part 4의 디렉션을 들려줄 때 71번부터 73번까지의 질문과 보기를 읽으면, 이후 계속해서 지문을 듣기 전에 질문과 보기를 미리 읽을 수 있습니다.

② 질문을 읽을 때에는 질문 유형을 파악한 후, 해당 유형에 따라 어느 부분을 들을지와 어떤 내용을 들을지 듣기 전략을 세웁니다. 시각 자료가 출제된 담화의 경우, 시각 자료를 함께 확인하면서 시각 자료의 종류와 그 내용을 파악합니다.

③ 보기를 읽을 때에는 각 보기를 다르게 구별해주는 어휘를 선택적으로 읽어야 합니다. 특별히 보기가 문장일 경우, 주어가 모두 다르면 주어를, 주어가 모두 같으면 동사 또는 목적어 등의 중요 어휘를 키워드로 결정합니다.

2. 지문을 들으면서 동시에 정답을 선택합니다.

① 질문과 보기를 읽으며 세운 듣기 전략을 토대로, 지문을 들으면서 동시에 각 문제의 정답을 곧바로 선택합니다.

② 지문의 음성이 끝날 때에는 세 문제의 정답 선택도 완료되어 있어야 합니다.

③ 지문의 음성이 끝난 후 관련된 3개의 질문을 읽어줄 때 다음 지문과 관련된 3개의 질문과 보기를 재빨리 읽으면서 듣기 전략을 다시 세워야 합니다.

④ 만약 지문이 다 끝났는데도 정답을 선택하지 못했다면 가장 정답인 것 같은 보기를 선택하고, 곧바로 다음 지문에 해당하는 질문과 보기를 읽기 시작하는 것이 오답률을 줄이는 현명한 방법입니다.

3. 지문의 초반은 반드시 들어야 합니다.

① 지문에서 초반에 언급된 내용 중 80% 이상이 문제로 출제되므로 지문의 초반을 반드시 들어야 합니다.

② 특별히 지문의 주제/목적 문제나 화자/청자 및 담화 장소 문제처럼 전체 지문 관련 문제에 대한 정답의 단서는 대부분 지문의 초반에 언급됩니다.

③ 초반을 듣지 못하고 놓칠 경우 더 이상 관련된 내용이 언급되지 않아 정답 선택이 어려워질 수 있으므로 주의해야 합니다.

수준별 맞춤 학습 플랜

TEST 01을 마친 후 자신의 환산 점수에 맞는 학습 플랜을 선택하여 매일매일 박스에 체크하며 공부합니다. 각 TEST를 마친 후, 다양한 자료를 활용하여 각 테스트를 꼼꼼하게 리뷰합니다.

* 각 테스트를 마친 후, 해당 테스트의 점수를 문제집 앞쪽에 있는 [토익 Listening 목표 달성기]에 기록하여 자신의 점수 변화를 확인할 수 있습니다.

400점 이상
2주 완성 학습 플랜

· 2주 동안 매일 테스트 1회분을 문제집 뒤의 Answer Sheet(p.229)를 활용하여 실전처럼 풀어본 후 꼼꼼하게 리뷰합니다.
· 틀렸던 문제와 난이도 최상 문제를 다시 한번 풀어보며 완벽하게 이해합니다.
· 틀린 문제는 정답 및 오답 해설을 보며 오답이 오답인 이유까지 확실하게 파악합니다.

	Day 1	Day 2	Day 3	Day 4	Day 5
Week 1	☐ Test 01 풀기 및 리뷰	☐ Test 02 풀기 및 리뷰	☐ Test 03 풀기 및 리뷰	☐ Test 04 풀기 및 리뷰	☐ Test 05 풀기 및 리뷰
Week 2	☐ Test 06 풀기 및 리뷰	☐ Test 07 풀기 및 리뷰	☐ Test 08 풀기 및 리뷰	☐ Test 09 풀기 및 리뷰	☐ Test 10 풀기 및 리뷰

300~395점
3주 완성 학습 플랜

· 3주 동안 첫째 날, 둘째 날에 테스트 1회분씩을 풀어본 후 꼼꼼하게 리뷰하고, 셋째 날에는 2회분에 대한 심화 학습을 합니다.
· 자신이 틀렸던 문제와 난이도 상 이상의 문제를 다시 한번 풀어보며 완벽하게 이해합니다.
· 틀린 문제는 정답 및 오답 해설을 보며 오답이 오답인 이유까지 확실하게 파악합니다.
· 모든 문제마다 표시된 문제 유형을 보고 자신이 자주 틀리는 문제 유형을 파악하고 보완합니다.
· 대화/지문에 자주색으로 표시된 정답의 단서를 보고 정답을 선택해보며 문제 풀이 노하우를 파악합니다.

	Day 1	Day 2	Day 3	Day 4	Day 5
Week 1	☐ Test 01 풀기 및 리뷰	☐ Test 02 풀기 및 리뷰	☐ Test 01&02 심화 학습	☐ Test 03 풀기 및 리뷰	☐ Test 04 풀기 및 리뷰
Week 2	☐ Test 03&04 심화 학습	☐ Test 05 풀기 및 리뷰	☐ Test 06 풀기 및 리뷰	☐ Test 05&06 심화 학습	☐ Test 07 풀기 및 리뷰
Week 3	☐ Test 08 풀기 및 리뷰	☐ Test 07&08 심화 학습	☐ Test 09 풀기 및 리뷰	☐ Test 10 풀기 및 리뷰	☐ Test 09&10 심화 학습

295점 이하
4주 완성 학습 플랜

· 4주 동안 이틀에 걸쳐 테스트 1회분을 풀고 꼼꼼하게 리뷰합니다.
· 틀렸던 문제와 난이도 중 이상의 문제를 다시 한번 풀어보며 완벽하게 이해합니다.
· 틀린 문제는 정답 및 오답 해설을 보며 오답을 고른 이유를 확실하게 파악합니다.
· 모든 문제마다 표시된 문제 유형을 보고 자신이 자주 틀리는 문제 유형을 파악하고 보완합니다.
· 대화/지문에 자주색으로 표시된 정답의 단서를 보고 정답을 선택해보며 문제 풀이 노하우를 파악합니다.
· Part 3·4의 중요한 바꾸어 표현하기를 정리하고 암기합니다.

	Day 1	Day 2	Day 3	Day 4	Day 5
Week 1	□ Test 01 풀기	□ Test 01 리뷰	□ Test 02 풀기	□ Test 02 리뷰	□ Test 03 풀기
Week 2	□ Test 03 리뷰	□ Test 04 풀기	□ Test 04 리뷰	□ Test 05 풀기	□ Test 05 리뷰
Week 3	□ Test 06 풀기	□ Test 06 리뷰	□ Test 07 풀기	□ Test 07 리뷰	□ Test 08 풀기
Week 4	□ Test 08 리뷰	□ Test 09 풀기	□ Test 09 리뷰	□ Test 10 풀기	□ Test 10 리뷰

해커스와 함께라면 여러분의 목표를 더 빠르게 달성할 수 있습니다!

자신의 점수에 맞춰 아래 해커스 교재로 함께 학습하시면 더욱 빠르게 여러분이 목표한 바를 달성할 수 있습니다.

400점 이상	300~395점	295점 이하
《해커스 토익 Listening》	《해커스 토익 750+ LC》	《해커스 토익 스타트 Listening》

▌TEST 01

🎧 TEST 01.mp3

실전용·복습용 문제풀이 MP3 무료 다운로드 및 스트리밍 바로듣기 (HackersIngang.com)
* 실제 시험장의 소음까지 재현해 낸 고사장 소음/매미 버전 MP3, 영국식·호주식 발음 집중 MP3, 고속 버전 MP3까지
  구매하면 실전에 더욱 완벽히 대비할 수 있습니다.

무료MP3 바로듣기

1
○○○○
하

🔊 미국식 발음

(A) The woman is waiting at a counter.
(B) The woman is standing near a sign.
(C) The woman is getting on a bus.
(D) The woman is adjusting her bag.

(A) 여자가 카운터에서 기다리고 있다.
(B) 여자가 표지판 근처에 서 있다.
(C) 여자가 버스에 타고 있다.
(D) 여자가 그녀의 가방을 조정하고 있다.

■ 1인 사진
정답 (B)

여자가 정류장 앞에서 버스를 기다리고 있는 모습을 확인한다.
(A) [×] 사진에 카운터가 없으므로 오답이다. The woman is waiting(여자가 기다리고 있다)까지만 듣고 정답으로 선택하지 않도록 주의한다.
(B) [○] 여자가 표지판 근처에 서 있는 모습을 정확히 묘사한 정답이다.
(C) [×] getting on(타고 있다)은 여자의 동작과 무관하므로 오답이다. 사진에 있는 버스(bus)를 사용하여 혼동을 주었다.
(D) [×] adjusting(조정하고 있다)은 여자의 동작과 무관하므로 오답이다. 사진에 있는 가방(bag)을 사용하여 혼동을 주었다.

어휘   adjust[ədʒʌ́st] 조정하다

2
○●●●
상

🔊 호주식 발음

(A) A parade is moving down a street.
(B) A crowd is listening to a band play.
(C) Some people are strolling down a walkway.
(D) Some musical instruments are being set up.

(A) 퍼레이드가 거리를 따라 이동하고 있다.
(B) 군중이 밴드가 연주하는 것을 듣고 있다.
(C) 몇몇 사람들이 보도를 따라 걷고 있다.
(D) 몇몇 악기들이 설치되고 있다.

■ 2인 이상 사진
정답 (C)

악기를 연주하고 있는 사람들과 그 옆으로 지나가는 사람들의 모습을 확인한다.
(A) [×] 사진에 퍼레이드(A parade)가 없으므로 오답이다. 사진의 밴드와 관련된 parade(퍼레이드)를 사용하여 혼동을 주었다.
(B) [×] 사진에 군중(A crowd)이 없으므로 오답이다. 사진에 있는 a band(밴드)를 사용하여 혼동을 주었다.
(C) [○] 몇몇 사람들이 보도를 걷고 있는 모습을 정확히 묘사한 정답이다.
(D) [×] 사진에서 악기들(musical instruments)은 보이지만 설치되고 있는(are being set up) 모습은 아니므로 오답이다.

어휘   stroll[stroul] 걷다, 거닐다, 산책하다   walkway[wɔ́kwei] 보도   instrument[ínstrəmənt] 악기

3
○●●●
상

🔊 영국식 발음

(A) A jacket has been placed on a seat.
(B) Some clothes are folded on a shelf.
(C) One of the women is examining a garment.
(D) One of the women is looking out a window.

(A) 좌석에 재킷이 놓여 있다.
(B) 몇몇 옷가지가 선반에 개어져 있다.
(C) 여자들 중 한 명이 옷을 살펴보고 있다.
(D) 여자들 중 한 명이 창밖을 내다보고 있다.

■ 2인 이상 사진
정답 (C)

옷을 살펴보고 있는 두 명의 여자들의 모습과 주변 사물들의 상태를 확인한다.
(A) [×] 재킷이 옷걸이에 걸려 있는데 좌석에 놓여 있다고 잘못 묘사했으므로 오답이다. A jacket(재킷)까지만 듣고 정답으로 선택하지 않도록 주의한다.
(B) [×] 사진에서 옷들은 보이지만 선반에 개어져 있는(folded on a shelf) 모습은 아니므로 오답이다. Some clothes(몇몇 옷가지)까지만 듣고 정답으로 선택하지 않도록 주의한다.
(C) [○] 두 명의 여자들 중 한 명이 옷을 살펴보고 있는 모습을 정확히 묘사한 정답이다.
(D) [×] looking out a window(창밖을 내다보고 있다)는 여자들의 동작과 무관하므로 오답이다. 사진에 있는 window(창문)를 사용하여 혼동을 주었다.

어휘   examine[igzǽmin] 살펴보다   garment[미 gɑ́ːrmənt, 영 gɑ́ːmənt] 옷, 의류

4

○○○●
중

🔊 캐나다식 발음

(A) People are lining up in a parking lot.
(B) Trees have been planted along a path.
(C) Vehicles are waiting at a traffic light.
(D) Bicycles have been parked next to a street lamp.

(A) 사람들이 주차장에 줄을 서 있다.
(B) 길을 따라 나무들이 심어져 있다.
(C) 차량이 신호등에서 기다리고 있다.
(D) 자전거들이 가로등 옆에 주차되어 있다.

■ 2인 이상 사진

정답 (B)

보도를 따라 걷고 있는 사람들과 주변의 전반적인 모습을 확인한다.
(A) [×] 사진에 주차장(a parking lot)이 없으므로 오답이다.
(B) [○] 길을 따라 나무들이 심어져 있는 모습을 정확히 묘사한 정답이다.
(C) [×] 사진에 신호등(a traffic light)이 없으므로 오답이다. Vehicles are waiting(차량이 기다리고 있다)까지만 듣고 정답으로 선택하지 않도록 주의한다.
(D) [×] 사진에 자전거들(Bicycles)이 없으므로 오답이다. 사진에 있는 street lamp(가로등)를 사용하여 혼동을 주었다.

어휘   vehicle[víːəkl] 차량, 차   street lamp 가로등

5

○○○○●
상

🔊 미국식 발음

(A) The men are sitting in a conference room.
(B) One of the men is writing on a whiteboard.
(C) The men are installing some equipment.
(D) One of the men is resting an arm on a desk.

(A) 남자들이 회의실에 앉아 있다.
(B) 남자들 중 한 명이 화이트보드에 쓰고 있다.
(C) 남자들이 몇몇 장비를 설치하고 있다.
(D) 남자들 중 한 명이 한 팔을 책상 위에 기대고 있다.

■ 2인 이상 사진

정답 (D)

남자들의 동작과 주변 환경 및 사물들의 상태를 주의 깊게 살핀다.
(A) [×] 사진의 장소가 회의실(conference room)이 아니므로 오답이다. The men are sitting(남자들이 앉아 있다)까지만 듣고 정답으로 선택하지 않도록 주의한다.
(B) [×] writing(쓰고 있다)은 남자들의 동작과 무관하므로 오답이다.
(C) [×] installing(설치하고 있다)은 남자들의 동작과 무관하므로 오답이다. 사진에 있는 equipment(장비)를 사용하여 혼동을 주었다.
(D) [○] 남자들 중 한 명이 한 팔을 책상 위에 기대고 있는 모습을 가장 잘 묘사한 정답이다.

어휘   install[instɔ́ːl] 설치하다   equipment[ikwípmənt] 장비   rest[rest] 기대다, 받치다

6

○○○●●
상

🔊 캐나다식 발음

(A) Some boats are floating on the lake.
(B) A net is hanging from a bridge.
(C) A fishing rod is leaning on a wooden pole.
(D) Some items are being unloaded onto a dock.

(A) 배가 호수 위에 떠 있다.
(B) 그물이 다리에 걸려 있다.
(C) 낚싯대가 나무 기둥에 기대어 있다.
(D) 부두에서 몇몇 물건들이 내려지고 있다.

■ 사물 및 풍경 사진

정답 (C)

호수의 풍경 및 사물들의 상태를 주의 깊게 살핀다.
(A) [×] 사진에 배들(boats)이 없으므로 오답이다. 사진에 있는 호수와 관련 있는 배들(boats)을 사용하여 혼동을 주었다.
(B) [×] 사진에 그물(A net)이 없으므로 오답이다. 사진에 있는 다리(a bridge)를 사용하여 혼동을 주었다.
(C) [○] 낚싯대가 나무 기둥에 기대어 있는 모습을 정확히 묘사한 정답이다.
(D) [×] 사진에 부두가 없으므로 오답이다. 사진에 있는 다리와 관련 있는 부두(a dock)를 사용하여 혼동을 주었다.

어휘   float[flout] 뜨다   fishing rod 낚싯대   unload[ənlóud] (짐을) 내리다   dock[미 dɑːk, 영 dɔk] 부두

PART 2

7 ○●●● 상

〔♫〕 캐나다식 발음 → 미국식 발음

What do we need to prepare for next week's workshop?

(A) I've made us a checklist.
(B) The shop is around the corner.
(C) I found it very informative.

다음 주 워크숍을 위해 저희는 무엇을 준비해야 하나요?

(A) 제가 점검표를 만들었어요.
(B) 가게는 모퉁이를 돌아서 있습니다.
(C) 저는 그것이 매우 유익하다고 생각했어요.

■ What 의문문

정답 (A)

다음 주 워크숍을 위해 무엇을 준비해야 하는지를 묻는 What 의문문이다.

(A) [○] 점검표를 만들었다는 말로 점검표를 통해 다음 주 워크숍을 위해 무엇을 준비해야 하는지를 확인할 수 있다는 내용을 간접적으로 전달했으므로 정답이다.
(B) [×] workshop – shop의 유사 발음 어휘를 사용하여 혼동을 준 오답이다.
(C) [×] 질문의 workshop을 나타낼 수 있는 it을 사용하고, workshop(워크숍)과 관련 있는 informative(유익한)를 사용하여 혼동을 준 오답이다.

어휘 checklist[tʃéklist] 점검표 informative[미 infɔ́ːrmətiv, 영 infɔ́ːmətiv] 유익한

---

8 ○○●● 중

〔♫〕 영국식 발음 → 캐나다식 발음

A catering company will plan the menu for the party.

(A) I'm not sure there will be enough food.
(B) Oh, that'll help us out a lot.
(C) He's a good hand at cooking.

출장 요식 업체가 파티를 위한 메뉴를 계획해 줄 거예요.

(A) 음식이 충분할지 확실하지 않네요.
(B) 오, 그것은 저희에게 많은 도움이 될 거예요.
(C) 그는 요리를 잘해요.

■ 평서문

정답 (B)

출장 요식 업체가 파티를 위한 메뉴를 계획해 줄 것이라는 객관적인 사실을 전달하는 평서문이다.

(A) [×] 출장 요식 업체가 메뉴를 계획해 줄 것이라고 말했는데, 이와 관련이 없는 음식이 충분할지 확실하지 않다는 내용으로 응답했으므로 오답이다. party(파티)와 관련 있는 food(음식)를 사용하여 혼동을 주었다.
(B) [○] 그것이 많은 도움이 될 것이라는 말로 출장 요식 업체가 파티를 위한 메뉴를 계획해 주는 것에 대한 의견을 제시했으므로 정답이다.
(C) [×] He가 나타내는 대상이 지문에 없으므로 오답이다. 무언가를 잘한다는 것을 나타내는 표현 be a good hand at(~을 잘하다)을 알아 둔다.

---

9 ○○○● 하

〔♫〕 캐나다식 발음 → 미국식 발음

How often do you have to travel for work?

(A) At least twice a month.
(B) Usually to Tokyo or Shanghai.
(C) It's a lot of work.

얼마나 자주 업무를 위한 여행을 해야 하나요?

(A) 적어도 한 달에 두 번이요.
(B) 보통 도쿄나 상하이로요.
(C) 일이 많아요.

■ How 의문문

정답 (A)

얼마나 자주 업무를 위한 여행을 해야 하는지를 묻는 How 의문문이다. How often이 빈도를 묻는 것임을 이해할 수 있어야 한다.

(A) [○] 적어도 한 달에 두 번이라는 말로 얼마나 자주 업무를 위한 여행을 해야 하는지에 대해 응답했으므로 정답이다.
(B) [×] 얼마나 자주 업무를 위한 여행을 해야 하는지 물었는데, 장소로 응답했으므로 오답이다. 질문의 How often을 Where로 혼동하여 Where do you have to travel(어디로 여행해야 하나요)로 생각해 정답으로 선택하지 않도록 주의한다.
(C) [×] It이 가리키는 대상이 지문에 없으므로 오답이다. 질문의 work(일)를 반복 사용하여 혼동을 주었다.

10

🔊 호주식 발음 → 영국식 발음

Is Sally's Sweets open on the weekend?

(A) It's too sweet for my taste.
(B) Just close it when you're done.
(C) Let's call and ask.

Sally's Sweets는 주말에 여나요?

(A) 그것은 제 입맛에 너무 달아요.
(B) 당신이 다 했을 때 그것을 닫으세요.
(C) 전화해서 물어봅시다.

■ Be 동사 의문문

정답 (C)

Sally's Sweets가 주말에 여는지를 확인하는 Be 동사 의문문이다.
(A) [×] Sweets – sweet의 유사 발음 어휘를 사용하여 혼동을 준 오답이다.
(B) [×] Sally's Sweets가 주말에 여는지를 물었는데, 이와 관련이 없는 다 했을 때 닫으라는 말로 응답했으므로 오답이다. open(열다)과 관련 있는 close(닫다)를 사용하여 혼동을 주었다.
(C) [○] 전화해서 물어보자는 말로 자신은 Sally's Sweets가 주말에 여는지 모른다는 내용을 간접적으로 전달했으므로 정답이다.

어휘 **taste**[teist] 입맛

11

🔊 캐나다식 발음 → 미국식 발음

Would you mind showing me how to use the new copy machine?

(A) That's my favorite show, too.
(B) I'll send you the copy now.
(C) Give me just a minute.

새 복사기의 사용법을 보여주실 수 있으신가요?

(A) 그것은 저 또한 가장 좋아하는 쇼예요.
(B) 지금 복사본을 보내 드릴게요.
(C) 잠시만 시간을 주세요.

■ 요청 의문문

정답 (C)

새 복사기의 사용법을 보여달라고 요청하는 요청 의문문이다. Would you mind가 요청하는 표현임을 이해할 수 있어야 한다.
(A) [×] That이 나타내는 대상이 질문에 없으므로 오답이다. showing – show의 유사 발음 어휘를 사용하여 혼동을 주었다.
(B) [×] 새 복사기 사용법을 보여줄 수 있는지를 물었는데, 이와 관련이 없는 지금 복사본을 보내 주겠다는 내용으로 응답했으므로 오답이다. 질문의 copy(복사)를 반복 사용하여 혼동을 주었다.
(C) [○] 잠시만 시간을 달라는 말로 새 복사기 사용법을 보여달라는 요청을 수락했으므로 정답이다.

어휘 **copy**[미 ká:pi, 영 kɔ́pi] 복사본

12

🔊 미국식 발음 → 호주식 발음

Didn't you study architecture while you were at university?

(A) Yes, it has beautiful buildings.
(B) It's always been one of my interests.
(C) Actually, he recently changed his major.

당신은 대학에 다니는 동안 건축학을 공부하지 않았나요?

(A) 네, 그것은 아름다운 건물들을 가지고 있어요.
(B) 그것은 항상 제 관심사 중 하나였어요.
(C) 사실, 그는 최근에 그의 전공을 변경했어요.

■ 부정 의문문

정답 (B)

대학에 다니는 동안 건축학을 공부했는지를 확인하는 부정 의문문이다.
(A) [×] architecture(건축학)와 관련 있는 buildings(건물들)를 사용하여 혼동을 준 오답이다. Yes만 듣고 정답으로 선택하지 않도록 주의한다.
(B) [○] 그것은 항상 자신의 관심사 중 하나였다는 말로 건축학을 공부했다는 것을 간접적으로 전달했으므로 정답이다.
(C) [×] he가 나타내는 대상이 질문에 없으므로 오답이다. university(대학)와 관련 있는 major(전공)를 사용하여 혼동을 주었다.

어휘 **architecture**[미 á:rkitèktʃər, 영 á:kitektʃə] 건축학 **major**[méidʒər] 전공

13

🔊 영국식 발음 → 호주식 발음

Which of these computers is most suitable for playing video games?

(A) I prefer role-playing games.
(B) This one has the best processor.
(C) You need to update the software.

이 컴퓨터들 중 비디오 게임을 하는 데 가장 적합한 것은 무엇입니까?

(A) 저는 롤플레잉 게임을 선호해요.
(B) 이것이 최고의 프로세서를 가지고 있어요.
(C) 소프트웨어를 업그레이드하셔야 해요.

■ Which 의문문   정답 (B)

컴퓨터들 중 어느 것이 비디오 게임을 하는 데 가장 적합한지를 묻는 Which 의문문이다. Which of these computers를 반드시 들어야 한다.
(A) [x] 비디오 게임을 하는 데 가장 적합한 컴퓨터가 무엇인지를 물었는데 이와 관련이 없는 롤플레잉 게임을 선호한다는 내용으로 응답했으므로 오답이다. 질문의 games를 반복 사용하여 혼동을 주었다.
(B) [O] 이것이 최고의 프로세서를 가지고 있다는 말로 비디오 게임을 하는 데 가장 적합한 컴퓨터를 언급했으므로 정답이다.
(C) [x] 질문의 computers(컴퓨터)와 관련 있는 software(소프트웨어)를 사용하여 혼동을 준 오답이다.

어휘 processor[미 prá:sesər, 영 práusesə] 프로세서, 처리기

14

🔊 캐나다식 발음 → 미국식 발음

The meeting will be held in Room A902 at 1 P.M.

(A) We met at the publishing conference.
(B) It was really beneficial.
(C) I'll be there.

회의는 오후 1시에 A902호실에서 열릴 것입니다.

(A) 저희는 그 출판 회의에서 만났어요.
(B) 그것은 매우 유익했어요.
(C) 거기로 갈게요.

■ 평서문   정답 (C)

회의가 오후 1시에 A902호실에서 열릴 것이라는 객관적인 사실을 전달하는 평서문이다.
(A) [x] 질문의 meeting(회의)과 같은 의미인 conference(회의)를 사용하여 혼동을 준 오답이다.
(B) [x] 질문의 meeting(회의)을 나타낼 수 있는 It을 사용하여 혼동을 준 오답이다.
(C) [O] 거기로 가겠다는 말로 오후 1시에 있을 회의에 참석하겠다고 응답했으므로 정답이다.

어휘 beneficial[bènəfíʃəl] 유익한, 이로운

15

🔊 영국식 발음 → 캐나다식 발음

You attended Pearl Blossom's concert last night, didn't you?

(A) I'll try to attend the seminar.
(B) No, they postponed their new album.
(C) I couldn't get a ticket.

당신은 어젯밤에 Pearl Blossom의 콘서트에 참석하셨죠, 그렇지 않나요?

(A) 세미나에 참석하도록 노력해 볼게요.
(B) 아니오, 그들은 신규 앨범을 연기했어요.
(C) 표를 못 구했어요.

■ 부가 의문문   정답 (C)

어젯밤에 Pearl Blossom의 콘서트에 참석했는지를 확인하는 부가 의문문이다.
(A) [x] 어젯밤에 콘서트에 참석했는지를 물었는데, 이와 관련이 없는 세미나에 참석하도록 노력해 보겠다는 내용으로 응답했으므로 오답이다. 질문의 attended(참석했다)를 attend로 반복 사용하여 혼동을 주었다.
(B) [x] 부가 의문문에 가능한 응답인 No를 사용하고, 질문의 concert(콘서트)와 관련 있는 album(앨범)을 사용하여 혼동을 준 오답이다.
(C) [O] 표를 못 구했다는 말로 어젯밤에 Pearl Blossom의 콘서트에 참석하지 못했다는 내용을 간접적으로 전달했으므로 정답이다.

16

🔊 미국식 발음 → 호주식 발음

Who is responsible for updating the guest list for the awards ceremony?

(A) Each person can bring one guest.
(B) You'll have to ask someone else about that.
(C) Honestly, I don't think it was rewarding.

누가 시상식 게스트 명단을 업데이트하는 것을 책임지고 있나요?

(A) 1인당 1명의 손님을 동반할 수 있습니다.
(B) 그것에 대해서는 다른 누군가에게 문의하셔야 할 거예요.
(C) 솔직히, 저는 그것이 보람 있었다고 생각하지 않아요.

■ Who 의문문

정답 (B)

누가 시상식 게스트 명단을 업데이트하는 것을 책임지고 있는지를 묻는 Who 의문문이다.
(A) [×] 질문의 guest(게스트)를 반복 사용하여 혼동을 준 오답이다.
(B) [○] 그것에 대해서는 다른 누군가에게 문의해야 할 것이라는 말로 누가 시상식 게스트 명단을 업데이트하는 것을 책임지는지 모른다고 간접적으로 전달했으므로 정답이다.
(C) [×] awards – rewarding의 유사 발음 어휘를 사용하여 혼동을 준 오답이다.

어휘 be responsible for ~을 책임지다 honestly [미 ɑ́ːnistli, 영 ɔ́nistli] 솔직하게 rewarding [미 riwɔ́ːrdiŋ, 영 riwɔ́ːdiŋ] 보람 있는

17

🔊 캐나다식 발음 → 영국식 발음

Will you be traveling during your summer vacation or will you be staying in town?

(A) Not until later in July.
(B) I'm planning on going to Rome.
(C) It's a small town.

여름휴가 동안 여행을 하실 건가요, 아니면 시내에 머무르실 건가요?

(A) 7월 말이나 되어서요.
(B) 저는 로마에 가는 것을 계획 중이에요.
(C) 그것은 작은 마을이에요.

■ 선택 의문문

정답 (B)

여름휴가 동안 여행을 갈 것인지 아니면 시내에 머무를 것인지를 묻는 선택 의문문이다.
(A) [×] 질문의 summer vacation(여름휴가)과 관련 있는 later in July(7월 말)를 사용하여 혼동을 주었다.
(B) [○] 로마에 가는 것을 계획 중이라는 말로 여름휴가 동안 여행을 할 것이라고 간접적으로 응답했으므로 정답이다.
(C) [×] It이 나타내는 대상이 질문에 없으므로 오답이다. 질문의 town(마을)을 반복 사용하여 혼동을 주었다.

18

🔊 호주식 발음 → 영국식 발음

Why didn't Naomi take the job she was offered?

(A) The pay wasn't enough for her.
(B) The offer was generous.
(C) She will make another job post.

Naomi는 왜 그녀가 제안 받은 일자리를 받아들이지 않았나요?

(A) 급여가 그녀에게 충분하지 않았어요.
(B) 그 제안은 관대했어요.
(C) 그녀는 다른 구인 공고를 낼 거예요.

■ Why 의문문

정답 (A)

Naomi가 왜 제안 받은 일자리를 받아들이지 않았는지를 묻는 Why 의문문이다.
(A) [○] 급여가 충분하지 않았다는 말로 Naomi가 일자리를 받아들이지 않은 이유를 설명했으므로 정답이다.
(B) [×] offered – offer의 유사 발음 어휘를 사용하여 혼동을 준 오답이다.
(C) [×] Naomi가 왜 제안 받은 일자리를 받아들이지 않았는지를 물었는데, 이와 관련이 없는 그녀가 다른 구인 공고를 낼 것이라는 내용으로 응답했으므로 오답이다. 질문의 job(일자리)을 반복 사용하여 혼동을 주었다.

어휘 generous [dʒénərəs] 관대한 job post 구인 공고

19 ○○○○ 하

🔊 영국식 발음 → 호주식 발음

We should have some staff work late during the holiday season.

(A) They did an amazing job.
(B) We work on a higher floor.
(C) I don't think that's necessary.

우리는 휴가철에 늦게까지 일할 몇몇 직원들이 있어야 해요.

(A) 그들은 대단한 일을 해냈어요.
(B) 우리는 더 높은 층에서 일합니다.
(C) 저는 그럴 필요가 없다고 생각해요.

■ 평서문

정답 (C)

휴가철에 늦게까지 일할 직원들이 있어야 한다는 의견을 제시하는 평서문이다.
(A) [×] 질문의 some staff(몇몇 직원들)를 나타낼 수 있는 They(그들)를 사용하여 혼동을 준 오답이다.
(B) [×] 휴가철에 늦게까지 일할 직원들이 있어야 한다고 했는데, 이와 관련이 없는 더 높은 층에서 일한다는 내용으로 응답했으므로 오답이다. hire – higher의 유사 발음 어휘를 사용하여 혼동을 주었다.
(C) [○] 그럴 필요가 없다고 생각한다는 말로 휴가철에 늦게까지 일할 직원이 있어야 한다는 것에 대한 부정적인 의견을 언급했으므로 정답이다.

20 ○○○○ 하

🔊 캐나다식 발음 → 영국식 발음

When did the baker open his new bakery?

(A) It's on Second Avenue.
(B) He specializes in wedding cakes.
(C) Sometime last month.

그 제빵사는 언제 그의 새로운 제과점을 열었나요?

(A) 그것은 2번가에 있어요.
(B) 그는 결혼식용 케이크를 전문으로 합니다.
(C) 지난달 언젠가요.

■ When 의문문

정답 (C)

그 제빵사가 언제 새로운 제과점을 열었는지를 묻는 When 의문문이다.
(A) [×] 제빵사가 언제 그의 새로운 제과점을 열었는지 물었는데, 위치로 응답했으므로 오답이다. 질문의 When을 Where로 혼동하여 Where did the baker open his new bakery(제빵사가 어디에 그의 새로운 제과점을 열었나요)로 생각해 정답으로 선택하지 않도록 주의한다.
(B) [×] bakery(제과점)와 관련 있는 wedding cakes(결혼식용 케이크)를 사용하여 혼동을 준 오답이다.
(C) [○] 지난달 언젠가라는 대답으로 제빵사가 그의 새로운 제과점을 연 시점을 언급했으므로 정답이다.

어휘   baker[béikər] 제빵사 specialize[spéʃəlàiz] 전문으로 하다

21 ○○○○ 하

🔊 호주식 발음 → 미국식 발음

Which model of our new phone series is the most popular?

(A) The least expensive one.
(B) You made an excellent choice.
(C) Over 30 million units.

우리의 새로운 전화기 시리즈 중 어떤 모델이 가장 인기 있나요?

(A) 가장 덜 비싼 것이요.
(B) 탁월한 선택을 하셨습니다.
(C) 3천만 개 이상이요.

■ Which 의문문

정답 (A)

새로운 전화기 시리즈 중 어떤 모델이 가장 인기 있는지를 묻는 Which 의문문이다. Which model을 반드시 들어야 한다.
(A) [○] 가장 덜 비싼 것이라는 말로 가장 인기 있는 모델이 무엇인지 언급했으므로 정답이다.
(B) [×] 새로운 전화기 시리즈의 모델 중 가장 인기 있는 모델이 무엇인지를 물었는데, 이와 관련이 없는 탁월한 선택을 했다는 내용으로 응답했으므로 오답이다.
(C) [×] 새로운 전화기 시리즈의 모델 중 가장 인기 있는 모델이 무엇인지를 물었는데, 이와 관련이 없는 3천만 개 이상이라는 내용으로 응답했으므로 오답이다.

어휘   unit[júːnit] 한 개(단위)

22

🎧 캐나다식 발음 → 영국식 발음

The new sick day policy goes into effect next week, right?

(A) It will affect all employees.
(B) I'm going to see a doctor after work.
(C) That's the plan.

새로운 병가 정책은 다음 주부터 시행되죠, 그렇죠?

(A) 그것은 모든 직원들에게 영향을 미칠 것입니다.
(B) 저는 퇴근 후에 의사를 만나러 갈 거예요.
(C) 그럴 계획이에요.

■ 부가 의문문

정답 (C)

새로운 병가 정책이 다음 주부터 시행되는지를 확인하는 부가 의문문이다.
(A) [×] 질문의 The new sick day policy를 나타낼 수 있는 It을 사용하고, effect – affect의 유사 발음 어휘를 사용하여 혼동을 준 오답이다.
(B) [×] 새로운 병가 정책이 다음 주부터 시행되는지를 물었는데, 이와 관련이 없는 퇴근 후에 의사를 만나러 갈 것이라는 내용으로 응답했으므로 오답이다. sick day(병가)와 관련 있는 doctor(의사)를 사용하여 혼동을 주었다.
(C) [○] 그럴 계획이라는 말로 새로운 병가 정책이 다음 주부터 시행될 것이라고 응답했으므로 정답이다.

어휘 sick day 병가 policy[미 pάːləsi, 영 pɔ́ləsi] 정책 go into effect 시행되다 affect[əfékt] 영향을 미치다

23

🎧 미국식 발음 → 영국식 발음

Why did you decide to purchase an electric car?

(A) They're better for the environment.
(B) I think it was last month.
(C) I'm having a hard time picking the right vehicle.

왜 전기차를 구매하기로 결정하셨나요?

(A) 그것들은 환경에 더 좋습니다.
(B) 지난달이었던 것 같아요.
(C) 적합한 차를 고르느라 고생 중이에요.

■ Why 의문문

정답 (A)

왜 전기차를 구매하기로 결정하였는지를 묻는 Why 의문문이다.
(A) [○] 전기차들이 환경에 더 좋다는 말로 왜 전기차를 구매하기로 결정했는지에 대해 응답했으므로 정답이다.
(B) [×] 왜 전기차를 구매하기로 결정했는지 물었는데 시기로 응답했으므로 오답이다. 질문의 Why를 When으로 혼동하여 When did you decide to purchase an electric car(언제 전기차를 구매하기로 결정하셨나요)로 생각해 정답으로 선택하지 않도록 주의한다.
(C) [×] 질문의 car(차)와 같은 의미인 vehicle(차)을 사용하여 혼동을 준 오답이다.

24

🎧 호주식 발음 → 미국식 발음

Are you going to apply for the department manager position?

(A) Your application was received.
(B) Well, you'd better speak to the manager.
(C) I don't think I'm qualified.

부서장 자리에 지원하실 건가요?

(A) 귀하의 지원서가 접수되었습니다.
(B) 글쎄요, 관리자와 이야기하시는 것이 좋겠습니다.
(C) 저는 제가 자격이 있다고 생각하지 않아요.

■ Be 동사 의문문

정답 (C)

부서장 자리에 지원할 것인지를 묻는 Be 동사 의문문이다.
(A) [×] apply – application의 유사 발음 어휘를 사용하여 혼동을 준 오답이다.
(B) [×] 질문의 manager(관리자)를 반복 사용하여 혼동을 준 오답이다.
(C) [○] 자신이 자격이 있다고 생각하지 않는다는 말로 부서장 자리에 지원하지 않을 것임을 간접적으로 전달했으므로 정답이다.

어휘 application[æ̀plikéiʃən] 지원서, 지원 qualified[미 kwάːləfaid, 영 kwɔ́lifaid] 자격이 있는

[3음] 미국식 발음 → 캐나다식 발음

Would you prefer to go out for dinner, or should we make something?

(A) I'm not really hungry tonight.
(B) Oh, I'm a vegetarian.
(C) The nearest restaurant is closed.

저녁 식사를 위해 외식을 하는 것을 선호하시나요, 아니면 무언가를 만들까요?

(A) 오늘 밤은 별로 배가 고프지 않네요.
(B) 아, 저는 채식주의자입니다.
(C) 가장 가까운 식당은 폐점했어요.

■ 선택 의문문   정답 (A)

저녁 식사를 위해 외식을 하는 것을 선호하는지 아니면 무언가를 만들지를 묻는 선택 의문문이다.
(A) [○] 오늘 밤은 별로 배가 고프지 않다는 말로 저녁 식사를 하고 싶지 않다는 것을 간접적으로 전달했으므로 정답이다.
(B) [×] dinner(저녁 식사)에서 연상할 수 있는 식사와 관련된 vegetarian(채식주의자)을 사용하여 혼동을 준 오답이다.
(C) [×] 외식하는 것을 선호하는지 아니면 무언가를 만들지를 물었는데, 이와 관련이 없는 가장 가까운 식당이 폐점했다는 내용으로 응답했으므로 오답이다. go out for dinner(저녁 식사를 위한 외식)와 관련 있는 restauraunt(식당)을 사용하여 혼동을 주었다.

어휘   vegetarian[vèdʒətéəriən] 채식주의자

[3음] 영국식 발음 → 호주식 발음

What's the password for the hotel's Wi-Fi network?

(A) The hotel offers free Internet in all rooms.
(B) It's on the back of your key card.
(C) Try changing your phone's settings.

호텔 Wi-Fi 네트워크의 비밀번호는 무엇입니까?

(A) 그 호텔은 모든 객실에서 무료 인터넷을 제공해요.
(B) 그것은 카드키 뒷면에 있어요.
(C) 휴대전화의 설정을 변경해 보세요.

■ What 의문문   정답 (B)

호텔 Wi-Fi 네트워크의 비밀번호가 무엇인지를 묻는 What 의문문이다.
(A) [×] 질문의 hotel(호텔)을 반복 사용하고, Wi-Fi network(Wi-Fi 네트워크)와 관련 있는 Internet(인터넷)을 사용하여 혼동을 준 오답이다.
(B) [○] 카드키 뒷면에 있다는 말로 그 호텔 Wi-Fi 네트워크의 비밀번호를 어떻게 확인할 수 있는지를 알려주었으므로 정답이다.
(C) [×] 그 호텔 Wi-Fi 네트워크의 비밀번호가 무엇인지를 물었는데, 이와 관련이 없는 휴대전화의 설정을 변경해 보라는 내용으로 응답했으므로 오답이다. Wi-Fi network(Wi-Fi 네트워크)에서 연상할 수 있는 phone's settings(휴대전화의 설정)를 사용하여 혼동을 주었다.

[3음] 캐나다식 발음 → 미국식 발음

Where is the retreat going to take place?

(A) The team can bond.
(B) We're going to have a picnic.
(C) It hasn't been decided.

수련회는 어디에서 개최되나요?

(A) 팀이 유대감을 형성할 수 있어요.
(B) 저희는 소풍을 갈 거예요.
(C) 그것은 결정되지 않았어요.

■ Where 의문문   정답 (C)

수련회가 어디에서 개최되는지를 묻는 Where 의문문이다.
(A) [×] 수련회가 어디에서 개최되는지를 물었는데, 이유로 응답했으므로 오답이다. 질문의 Where를 Why로 혼동하여 Why is the retreat going to take place(수련회는 왜 개최되나요)로 생각해 정답으로 선택하지 않도록 주의한다.
(B) [×] retreat(수련회)과 관련 있는 picnic(소풍)을 사용하여 혼동을 준 오답이다.
(C) [○] 그것은 결정되지 않았다는 말로 수련회가 어디에서 개최되는지 모른다는 것을 전달했으므로 정답이다.

어휘   retreat[ritríːt] 수련회 bond[미 baːnd, 영 bɔnd] 유대감을 형성하다

8

🔊 호주식 발음 → 영국식 발음

How should I announce the promotional event to our customers?

(A) At least two weeks in advance.
(B) Let's advertise it on social media.
(C) Here's your free gift.

고객에게 판촉 행사를 어떻게 알려야 할까요?

(A) 적어도 2주 전에요.
(B) 그것을 소셜 미디어에 광고합시다.
(C) 여기 당신의 사은품이 있습니다.

■ How 의문문 　　　　　　　　　　　　　　　　　　　　　　　　　　　　　　　　정답 (B)

고객에게 판촉 행사를 어떻게 알려야 할지를 묻는 How 의문문이다.

(A) [×] 고객에게 판촉 행사를 어떻게 알려야 할지를 물었는데, 시점으로 응답했으므로 오답이다. 질문의 How를 When으로 혼동하여 When should I announce the promotional event(판촉 행사를 언제 알려야 할까요)로 생각해 정답으로 선택하지 않도록 주의한다.
(B) [○] 소셜 미디어에 광고하자는 말로 고객에게 판촉 행사를 어떻게 알릴지에 대한 의견을 제시했으므로 정답이다.
(C) [×] promotional event(판촉 행사)와 관련 있는 free gift(사은품)를 사용하여 혼동을 준 오답이다.

어휘　announce[ənáuns] 알리다　promotional[미 prəmóuʃənl, 영 prəmə́uʃənl] 판촉의, 홍보의　in advance 미리

29

○○○●
상

🔊 미국식 발음 → 호주식 발음

You can still work at our trade show booth tomorrow, can't you?

(A) That seems like a fair trade.
(B) Don't worry. Nothing's changed.
(C) Can you show me the report later?

당신은 여전히 내일 저희 무역 박람회 부스에서 일할 수 있으시죠, 그렇지 않나요?

(A) 공정한 거래인 것 같네요.
(B) 걱정하지 마세요. 아무것도 변경되지 않았어요.
(C) 나중에 보고서를 보여주실 수 있나요?

■ 부가 의문문 　　　　　　　　　　　　　　　　　　　　　　　　　　　　　　　　정답 (B)

내일도 무역 박람회 부스에서 일할 수 있는지를 확인하는 부가 의문문이다.

(A) [×] 질문의 trade(무역)를 반복 사용하여 혼동을 준 오답이다.
(B) [○] 걱정하지 말라며 변경된 사항은 없다는 말로 내일도 무역 박람회 부스에서 일할 수 있음을 전달했으므로 정답이다.
(C) [×] 내일도 무역 박람회 부스에서 일할 수 있는지를 물었는데, 나중에 보고서를 보여줄 수 있냐는 내용으로 되물었으므로 오답이다. 질문의 show를 반복 사용하여 혼동을 주었다.

어휘　trade[treid] 무역, 거래　fair[feər] 공정한, 공평한　report[미 ripɔ́:rt, 영 ripɔ́:t] 보고서

30

○○○○●
하

🔊 영국식 발음 → 캐나다식 발음

Wasn't the new *Hunt Quest* movie really exciting?

(A) I haven't seen it yet.
(B) Sure, let's go find it.
(C) Yes, it will be released today.

새로운 *Hunt Quest* 영화가 정말 재미있지 않았나요?

(A) 아직 못 봤어요.
(B) 네, 가서 그것을 찾아봅시다.
(C) 네, 그것은 오늘 개봉할 거예요.

■ 부정 의문문 　　　　　　　　　　　　　　　　　　　　　　　　　　　　　　　　정답 (A)

새로운 영화가 재미있었는지를 확인하는 부정 의문문이다.

(A) [○] 아직 못 봤다는 말로 새로운 *Hunt Quest* 영화가 재미있는지 모른다는 것을 간접적으로 전달했으므로 정답이다.
(B) [×] *Hunt*(사냥)와 관련 있는 find(찾다)를 사용하여 혼동을 준 오답이다.
(C) [×] 새로운 영화가 정말 재미있지 않았냐고 물었는데, 이와 관련이 없는 그 영화가 오늘 개봉할 것이라는 내용으로 응답했으므로 오답이다. Yes만 듣고 정답으로 고르지 않도록 주의한다.

TEST 01　02　03　04　05　06　07　08　09　10　해커스 토익 실전 1000제 3 Listening

TEST 01　PART 2　**31**

🔊 미국식 발음 → 호주식 발음

Could you double-check these sales figures, please?

(A) Sales should improve soon.
(B) Thanks for doing that.
(C) I'm not good with numbers.

이 매출액을 다시 확인해 주시겠습니까?

(A) 매출이 곧 나아질 거예요.
(B) 그렇게 해주셔서 감사해요.
(C) 저는 숫자에 약해요.

■ **요청 의문문**   정답 (C)

매출액을 다시 확인해 달라고 요청하는 요청 의문문이다. Could you가 요청하는 표현임을 이해할 수 있어야 한다.

(A) [×] 질문의 sales(매출)를 반복 사용하여 혼동을 준 오답이다.
(B) [×] 질문의 double-check these sales figures(매출액을 다시 확인하다)를 나타낼 수 있는 that을 사용하여 혼동을 준 오답이다.
(C) [○] 자신은 숫자에 약하다는 말로 매출액을 다시 확인해 달라는 요청에 대한 거절을 간접적으로 전달했으므로 정답이다.

어휘   **double-check** 다시 확인하다 **sales figures** 매출액 **improve** [imprúːv] 나아지다, 개선하다

32
33
34

Questions 32-34 refer to the following conversation.

🔊 미국식 발음 → 캐나다식 발음

W: Hi, Brandon. I'm so glad to be back at work. I feel much better now.

M: Welcome back. Well, ³²Carrie called in sick today, so now I'm wondering what I should do with the marketing report she was working on. It is supposed to be done by tomorrow morning.

W: Oh, no. ³³Would you like me to work on it instead of her?

M: That would be a big help. ³⁴I have to prepare for the meeting with the new client, Ms. Chae. She will come by the office later today.

W: OK. I'm going to look over the report and let you know if I have any questions about it.

32 What problem does the man mention?
   (A) A device is malfunctioning.
   (B) A deadline is approaching.
   (C) A customer is dissatisfied.
   (D) A service is unreliable.

33 What does the woman offer to do?
   (A) Take over a task
   (B) Visit a client
   (C) Conduct a survey
   (D) Call a coworker

34 According to the man, what will happen later today?
   (A) A product discussion
   (B) A business luncheon
   (C) A sales presentation
   (D) A client meeting

32-34번은 다음 대화에 관한 문제입니다.

W: 안녕하세요, Brandon. 회사에 돌아오게 되어 정말 기뻐요. 저는 이제 훨씬 나아진 것 같아요.

M: 돌아온 것을 환영해요. 음, ³²Carrie는 오늘 전화로 병가를 내서, 저는 그녀가 작업 중이던 마케팅 보고서를 어떻게 해야 할지 생각 중이었어요. 그것은 내일 아침까지 완성되어야 하는 것이거든요.

W: 오, 이런. ³³제가 그녀를 대신해 그것에 착수하길 원하시나요?

M: 그것은 큰 도움이 될 거예요. ³⁴저는 새로운 고객인 Ms. Chae와의 회의를 준비해야 하거든요. 그녀가 오늘 늦게 우리 사무실에 방문할 거예요.

W: 좋아요. 보고서를 살펴보고 질문이 있으면 당신에게 알려줄게요.

32. 남자는 무슨 문제를 언급하는가?
   (A) 기기가 오작동하고 있다.
   (B) 마감일이 다가오고 있다.
   (C) 고객이 불만스러워하고 있다.
   (D) 서비스를 신뢰할 수 없다.

33. 여자는 무엇을 해주겠다고 제안하는가?
   (A) 업무를 이어받는다.
   (B) 고객을 방문한다.
   (C) 설문조사를 실시한다.
   (D) 동료에게 전화한다.

34. 남자에 따르면, 오늘 늦게 무슨 일이 일어날 것인가?
   (A) 제품 회의
   (B) 비즈니스 오찬
   (C) 매출 발표
   (D) 고객 회의

지문 **call in sick** 병가를 내다, 결근하다 **look over** 살펴보다
32 **dissatisfied**[dissǽtisfàid] 불만스러워하는 **unreliable**[ə̀nriláiəbəl] 신뢰할 수 없는
33 **take over** 이어받다, 넘겨받다 **coworker**[미 kóuwə:rkər, 영 kəuwə́:kə] (직장) 동료
34 **luncheon**[lʌ́ntʃən] 오찬

32 ■ **세부 사항 관련 문제** 문제점   정답 (B)

○○○
●●●
중

남자가 언급하는 문제점을 묻는 문제이므로, 남자의 말에서 부정적인 표현이 언급된 주변을 주의 깊게 듣는다. 남자가 "Carrie called in sick today, so now I'm wondering what I should do with the marketing report she was working on."이라며 Carrie가 병가를 내서 그녀가 작업 중이던 마케팅 보고서를 어떻게 할지 생각 중이라고 한 뒤, "It is supposed to be done by tomorrow morning."이라며 그 보고서는 내일 아침까지 완성되어야 하는 것이라고 하였다. 따라서 정답은 (B) A deadline is approaching이다.

33 ■ **세부 사항 관련 문제** 제안   정답 (A)

○○○
●●●
중

여자가 해주겠다고 제안하는 것을 묻는 문제이므로, 여자의 말에서 남자를 위해 해주겠다고 언급한 내용을 주의 깊게 듣는다. 여자가 남자에게 "Would you like me to work on it[marketing report] instead of her[Carrie]?"라며 자신이 Carrie를 대신해 마케팅 보고서 작업에 착수하길 원하는지 물었다. 따라서 정답은 (A) Take over a task이다.

34 ■ **세부 사항 관련 문제** 다음에 할 일   정답 (D)

○○○
●●●
중

오늘 늦게 일어날 일을 묻는 문제이므로, 질문의 핵심어구(later today)가 언급된 주변을 주의 깊게 듣는다. 남자가 "I have to prepare for the meeting with the new client, Ms. Chae. She will come by the office later today."라며 자신은 새로운 고객인 Ms. Chae와의 회의를 준비해야 하며 그녀가 오늘 늦게 사무실에 방문할 것이라고 하였다. 따라서 정답은 (D) A client meeting이다.

Questions 35-37 refer to the following conversation.

🎙 호주식 발음 → 영국식 발음

M: Hi, ³⁵I'm calling to see if I can book a table for eight at 6:00 P.M. My choir group is going to finish practice around then, and we thought we'd go for a nice meal afterwards.
W: Sure. Would you prefer to be seated inside or outside?
M: We'd prefer to sit inside. I think it's supposed to get cold later today. Oh, before I forget . . . ³⁶Do you have vegetarian options?
W: We offer a number of meatless dishes. And I should also mention that ³⁷because you have over five people in your group, you will be served a free bottle of wine with your meal.

35 Why is the man calling?
(A) To place an order
(B) To complain about a policy
(C) To confirm a closing time
(D) To make a reservation

36 What does the man ask about?
(A) The availability of menu items
(B) The cost of additional options
(C) The location of a business
(D) The use of a payment method

37 What will the man receive?
(A) A cold appetizer
(B) A free dessert
(C) A basket of bread
(D) A complimentary beverage

35-37번은 다음 대화에 관한 문제입니다.

M: 안녕하세요, ³⁵오후 6시에 8명을 위한 테이블을 예약할 수 있을지 확인하려고 전화 드립니다. 제 합창단이 그때쯤 연습을 마칠 것이고, 우리는 이후에 좋은 식사를 하러 가자고 생각했습니다.
W: 물론이죠. 안쪽 또는 바깥쪽 중 어디에 앉는 것을 선호하시나요?
M: 우리는 안쪽에 앉는 것을 선호합니다. 오늘 늦게 추워질 예정이었던 것 같아요. 오, 제가 잊어버리기 전에… ³⁶혹시 채식주의자용 선택지가 있나요?
W: 저희는 고기가 없는 여러 가지 요리들을 제공합니다. 그리고 ³⁷5명 이상의 단체이시니, 식사와 함께 무료 와인 한 병을 제공받으시게 될 것인 점 또한 말씀드려야겠네요.

35. 남자는 왜 전화를 하고 있는가?
(A) 주문을 하기 위해
(B) 방침에 대해 불평하기 위해
(C) 폐점 시간을 확인하기 위해
(D) 예약을 하기 위해

36. 남자는 무엇에 관해 문의하는가?
(A) 메뉴 항목들의 이용 가능 여부
(B) 추가 선택지들의 비용
(C) 매장의 위치
(D) 결제 방식의 사용

37. 남자는 무엇을 받게 될 것인가?
(A) 차가운 전채 요리
(B) 무료 디저트
(C) 빵 한 바구니
(D) 무료 음료

지문 choir[kwaiər] 합창단, 성가대 vegetarian[vèdʒətɛ́əriən] 채식주의자 meatless[míːtlis] 고기가 없는
36 availability[əvèiləbíləti] 이용 가능 여부, 유용성
37 appetizer[ǽpitaizər] 전채 요리 complimentary[미 kàːmpliméntri, 영 kɔ̀mpliméntri] 무료의

35 ■ 전체 대화 관련 문제 목적
정답 (D)
전화의 목적을 묻는 문제이므로, 대화의 초반을 반드시 듣는다. 남자가 "I'm calling to see if I can book a table for eight at 6:00 P.M."이라며 오후 6시에 8명을 위한 테이블을 예약할 수 있을지 확인하기 위해 전화하는 것이라고 하였다. 따라서 정답은 (D) To make a reservation이다.

바꾸어 표현하기
book 예약하다 → make a reservation 예약을 하다

36 ■ 세부 사항 관련 문제 특정 세부 사항
정답 (A)
남자가 문의하는 것을 묻는 문제이므로, 남자의 말을 주의 깊게 듣는다. 남자가 "Do you have vegetarian options?"라며 채식주의자용 선택지가 있는지 물었다. 따라서 정답은 (A) The availability of menu items이다.

37 ■ 세부 사항 관련 문제 특정 세부 사항
정답 (D)
남자가 받게 될 것을 묻는 문제이므로, 질문의 핵심어구(man receive)와 관련된 내용을 주의 깊게 듣는다. 여자가 "because you have over five people in your group, you will be served a free bottle of wine with your meal"이라며 남자의 일행이 5명 이상의 단체이므로 식사와 함께 무료 와인 한 병을 제공받게 될 것이라고 하였다. 따라서 정답은 (D) A complimentary beverage이다.

바꾸어 표현하기
a free bottle of wine 무료 와인 한 병 → A complimentary beverage 무료 음료

Questions 38-40 refer to the following conversation.

[3세] 캐나다식 발음 → 영국식 발음

M: Diane, ³⁸I'm so glad you could make it to the first day of the exhibit!

W: Thank you. I've read so much about Richard Li's work, so I had to come and see it. Are all the paintings on the second floor?

M: Yes. All the paintings are upstairs. Oh, please don't forget to pick up a booklet from the entrance. ³⁹Mr. Li himself has not arrived yet, but I expect he will be here shortly. He's giving a speech about what he was trying to accomplish with this exhibit.

W: That sounds wonderful. ⁴⁰Hopefully, I can speak with Mr. Li in person at some point tonight.

38 What event is most likely taking place?
    (A) A book signing
    (B) An exhibit opening
    (C) An art class
    (D) A lecture

39 What will Mr. Li do when he arrives?
    (A) Deliver a talk
    (B) Hold an auction
    (C) Buy some paintings
    (D) Teach some students

40 What does the woman want to do?
    (A) Buy an artwork
    (B) Read a publication
    (C) Meet an artist
    (D) Tour a facility

38-40번은 다음 대화에 관한 문제입니다.

M: Diane, ³⁸당신이 전시회의 첫날에 올 수 있게 되어 기뻐요!

W: 감사합니다. 저는 Richard Li의 작품에 대해 정말 많이 읽어보았고, 그래서 와서 보고 싶었어요. 모든 그림들이 2층에 있나요?

M: 네. 모든 그림들은 위층에 있어요. 오, 입구에서 소책자를 가지고 가는 것을 잊지 마세요. ³⁹Mr. Li는 아직 도착하지 않았지만, 저는 그가 곧 이곳에 올 것이라고 예상해요. 그는 그가 이 전시회로 무엇을 성취해내고자 했는지에 대해 연설을 할 거예요.

W: 좋네요. ⁴⁰바라건대, 오늘 밤의 어느 시점에 그와 직접 이야기할 수 있었으면 좋겠어요.

38. 무슨 행사가 일어나고 있는 것 같은가?
    (A) 책 사인회
    (B) 전시회 개장
    (C) 미술 수업
    (D) 강의

39. Mr. Li는 도착해서 무엇을 할 것인가?
    (A) 연설을 한다.
    (B) 경매를 개최한다.
    (C) 몇몇 그림들을 구입한다.
    (D) 몇몇 학생들을 가르친다.

40. 여자는 무엇을 하고 싶어 하는가?
    (A) 미술품을 구매한다.
    (B) 출판물을 읽는다.
    (C) 예술가를 만난다.
    (D) 시설을 견학한다.

지문 booklet[búklit] 소책자 accomplish[미 əkáːmpliʃ, 영 əkʌ́mpliʃ] 성취하다, 이루다 in person 직접
39 auction[ɔ́ːkʃən] 경매

---

38 ■ **세부 사항 관련 문제** 특정 세부 사항   정답 (B)

일어나고 있는 행사의 종류를 묻는 문제이므로, 질문의 핵심어구(event ~ taking place)와 관련된 내용을 주의 깊게 듣는다. 남자가 "I'm so glad you could make it to the first day of the exhibit!"이라며 여자가 전시회의 첫날에 올 수 있게 되어 기쁘다고 하였다. 따라서 정답은 (B) An exhibit opening이다.

39 ■ **세부 사항 관련 문제** 다음에 할 일   정답 (A)

Mr. Li가 도착해서 할 일을 묻는 문제이므로, 질문의 핵심어구(Mr. Li do when he arrives)와 관련된 내용을 주의 깊게 듣는다. 남자가 "Mr. Li himself has not arrived yet, but I expect he will be here shortly."라며 Mr. Li가 아직 도착하지 않았지만 곧 도착할 것이라고 예상한다고 한 뒤, "He's giving a speech about what he was trying to accomplish with this exhibit."이라며 Mr. Li가 이 전시회로 무엇을 성취해내고자 했는지에 대해 연설을 할 것이라고 했다. 따라서 정답은 (A) Deliver a talk이다.

바꾸어 표현하기
giving a speech 연설하는 것 → Deliver a talk 연설하다

40 ■ **세부 사항 관련 문제** 특정 세부 사항   정답 (C)

여자가 하고 싶어 하는 것을 묻는 문제이므로, 질문의 핵심어구(woman want to do)와 관련된 내용을 주의 깊게 듣는다. 여자가 "Hopefully, I can speak with Mr. Li in person at some point tonight."이라며 오늘 밤의 어느 시점에 Mr. Li와 직접 이야기할 수 있었으면 좋겠다고 하였다. 따라서 정답은 (C) Meet an artist이다.

Questions 41-43 refer to the following conversation with three speakers.

🎧 미국식 발음 → 캐나다식 발음 → 영국식 발음

W1: Excuse me. ⁴¹I just visited the break room and noticed that we're out of instant coffee.

M: No big deal, Sophie. ⁴²For now, you can go down to the ninth floor and ask for a packet from someone in the maintenance department.

W2: Um, has anyone explained our system for restocking the break room to you, Sophie?

W1: Not yet.

M: It's pretty simple. There's a form on top of the microwave. If you notice that something's running low—instant coffee or coffee filters, for example—mark how many are needed.

W2: Right. ⁴³Our office manager, Mr. Harper, checks the form once a month and then buys what is needed.

41 What problem does Sophie mention?
(A) A handbook is missing.
(B) A machine is out of order.
(C) A meeting space is occupied.
(D) A beverage is unavailable.

42 What does the man suggest?
(A) Sending out a form
(B) Searching in some compartments
(C) Repairing a microwave
(D) Visiting a different part of the building

43 What is mentioned about Mr. Harper?
(A) He regularly orders items.
(B) He was recently promoted.
(C) He is in the break room now.
(D) He owns a coffee farm.

41-43번은 다음 세 명의 대화에 관한 문제입니다.

W1: 실례합니다. ⁴¹방금 휴게실을 방문했는데 인스턴트 커피가 다 떨어진 걸 발견했어요.

M: 별거 아니에요, Sophie. ⁴²현재로서는, 9층으로 내려가서 관리부서의 누군가에게 한 통을 요청하면 될 거예요.

W2: 음, 우리의 휴게실 재고 보충 시스템에 대해 누가 설명해 준 적이 있나요, Sophie?

W1: 아직이요.

M: 꽤 간단해요. 전자레인지 위에 양식 하나가 있어요. 만약 당신이 예를 들어 인스턴트 커피나 커피 필터와 같이 무엇인가 떨어져 가는 것을 발견한다면, 몇 개가 필요한지 표시하면 됩니다.

W2: 맞아요. ⁴³우리의 사무실 관리인 Mr. Harper가 한 달에 한 번 양식을 확인하고 나서 필요한 것을 구매해요.

41. Sophie는 어떤 문제점을 언급하는가?
(A) 안내서가 없어졌다.
(B) 기계가 고장 났다.
(C) 회의 공간이 사용 중이다.
(D) 음료를 이용할 수 없다.

42. 남자는 무엇을 제안하는가?
(A) 양식을 보내는 것
(B) 몇몇 칸들을 찾아보는 것
(C) 전자레인지를 수리하는 것
(D) 건물의 다른 부분을 찾아가는 것

43. Mr. Harper에 관해 무엇이 언급되는가?
(A) 그는 정기적으로 품목들을 주문한다.
(B) 그는 최근에 승진했다.
(C) 그는 현재 휴게실에 있다.
(D) 그는 커피 농장을 소유하고 있다.

지문 **packet**[pǽkit] 통, 꾸러미 **restock**[미 rìːstáːk, 영 rìːstɔ́k] 재고를 보충하다, 다시 채우다 **run low** 떨어져가다, 고갈되다
42 **compartment**[미 kəmpáːrtmənt, 영 kəmpáːtmənt] 칸, 객실

41 ■ 세부 사항 관련 문제 문제점
정답 (D)
Sophie, 즉 여자 1이 언급하는 문제점을 묻는 문제이므로, 여자 1의 말에서 부정적인 표현이 언급된 다음을 주의 깊게 듣는다. 여자 1이 "I just visited the break room and noticed that we're out of instant coffee."라며 자신이 방금 휴게실을 방문했는데 인스턴트 커피가 다 떨어진 것을 발견했다고 하였다. 따라서 정답은 (D) A beverage is unavailable이다.

42 ■ 세부 사항 관련 문제 제안
정답 (D)
남자가 제안하는 것을 묻는 문제이므로, 남자의 말에서 제안과 관련된 표현이 언급된 다음을 주의 깊게 듣는다. 남자가 Sophie, 즉 여자 1에게 "For now, you can go down to the ninth floor and ask for a packet from someone in the maintenance department."라며 현재로서는 9층으로 내려가 관리부서의 누군가에게 커피 한 통을 요청하면 될 것이라고 하였다. 따라서 정답은 (D) Visiting a different part of the building이다.

43 ■ 세부 사항 관련 문제 언급
정답 (A)
Mr. Harper에 관해 언급되는 것을 묻는 문제이므로, 질문의 핵심어구(Mr. Harper)가 언급된 주변을 주의 깊게 듣는다. 여자 2가 "Our office manager, Mr. Harper, checks the form once a month and then buys what is needed."라며 사무실 관리인 Mr. Harper가 한 달에 한 번 양식을 확인하고 필요한 것을 구매한다고 하였다. 따라서 정답은 (A) He regularly orders items이다.

Questions 44-46 refer to the following conversation.

🎧 영국식 발음 → 호주식 발음

W: Hello. Danya Wentz speaking.

M: Hi, Ms. Wentz. This is Harold Gatti from the Dorset Science Institute. ⁴⁴We found your résumé and cover letter very impressive. At this stage, we just need a reference from your current employer.

W: Sure. I'll send you my supervisor's contact information by e-mail. But ⁴⁵were you thinking of getting in touch with him today?

M: ⁴⁵Yes, actually. Is there a problem?

W: Um . . . the workday has already ended.

M: Oh. ⁴⁶I forgot that you're in a different time zone. It's alright— ⁴⁶I'll talk to him on Monday.

44 What most likely did the man receive from the woman?
(A) A list of employees
(B) A research paper
(C) A job application
(D) A reference letter

45 What does the woman mean when she says, "the workday has already ended"?
(A) She is not able to stay late.
(B) Her boss may not be available.
(C) Her working hours have been shortened.
(D) She has a busy schedule these days.

46 What will the man do on Monday?
(A) Make a phone call
(B) Send an e-mail
(C) Revise a document
(D) Start a training session

44-46번은 다음 대화에 관한 문제입니다.

W: 안녕하세요, Danya Wentz입니다.
M: 안녕하세요, Ms. Wentz. 저는 Dorset Science Institute의 Harold Gatti입니다. ⁴⁴우리는 당신의 이력서와 자기소개서가 매우 인상 깊다고 생각했습니다. 이 단계에서, 우리는 당신의 현 고용주의 추천서만이 필요할 뿐이에요.
W: 물론이죠. 제 관리자의 연락처 정보를 메일로 보내드릴게요. 그런데 ⁴⁵그에게 오늘 연락하려고 하셨나요?
M: ⁴⁵사실, 그렇습니다. 무언가 문제가 있나요?
W: 음… 근무 시간이 이미 끝났거든요.
M: 오. ⁴⁶당신이 다른 시간대에 있다는 걸 잊었네요. 괜찮아요. ⁴⁶그와는 월요일에 이야기하도록 할게요.

44. 남자는 여자에게 무엇을 받았을 것 같은가?
(A) 직원 명단
(B) 연구 논문
(C) 입사 지원서
(D) 추천서

45. 여자는 "근무 시간이 이미 끝났거든요"라고 말할 때 무엇을 의도하는가?
(A) 그녀는 늦게까지 남아 있을 수 없다.
(B) 그녀의 상사가 시간이 없을 수도 있다.
(C) 그녀의 근무 시간이 단축되었다.
(D) 그녀는 최근 바쁜 일정이 있다.

46. 남자는 월요일에 무엇을 할 것인가?
(A) 전화를 건다.
(B) 메일을 보낸다.
(C) 서류를 수정한다.
(D) 교육을 시작한다.

지문 **résumé**[미 rézumèi, 영 rézjumèi] 이력서 **cover letter** 자기소개서 **impressive**[imprésiv] 인상적인 **reference**[réfərəns] 추천서, 참조 **time zone** 시간대

44 ■ 세부 사항 관련 문제 특정 세부 사항 정답 (C)

남자가 여자에게 무엇을 받았는지를 묻는 문제이므로, 질문의 핵심어구(man receive from the woman)와 관련된 내용을 주의 깊게 듣는다. 남자가 "We found your résumé and cover letter very impressive."라며 여자의 이력서와 자기소개서를 매우 인상 깊게 생각했다고 하였다. 이를 통해 남자가 여자에게 입사 지원서를 받았음을 알 수 있다. 따라서 정답은 (C) A job application이다.

45 ■ 세부 사항 관련 문제 의도 파악 정답 (B)

여자가 하는 말의 의도를 묻는 문제이므로, 질문의 인용어구(the workday has already ended)가 언급된 주변을 주의 깊게 듣는다. 여자가 "were you thinking of getting in touch with him[supervisor] today?"이라며 남자에게 오늘 관리자에게 연락할 생각이었는지를 묻고, 남자가 "Yes, actually. Is there a problem?"라며 문제가 있는지 되묻자, "the workday has already ended"라며 근무 시간이 이미 끝났다고 하였다. 이를 통해 그녀의 상사가 시간이 없을 수도 있다는 것을 알 수 있다. 따라서 정답은 (B) Her boss may not be available이다.

46 ■ 세부 사항 관련 문제 다음에 할 일 정답 (A)

남자가 월요일에 할 일을 묻는 문제이므로, 질문의 핵심어구(Monday)가 언급된 주변을 주의 깊게 듣는다. 남자가 "I forgot that you're in a different time zone."이라며 여자가 다른 시간대에 있는 것을 잊었다고 한 뒤, "I'll talk to him[supervisor] on Monday."라며 그녀의 관리자와 월요일에 이야기하겠다고 하였다. 이를 통해 남자가 월요일에 전화를 걸 것이라는 것을 알 수 있다. 따라서 정답은 (A) Make a phone call이다.

Questions 47-49 refer to the following conversation.

[3◄)] 미국식 발음 → 호주식 발음

W: Max, ⁴⁷do you think you'll have your article on the San Diego Bucks ready by February 2?

M: Absolutely. ⁴⁷I'm almost finished with it. I just need to interview the basketball club owner and integrate his quotes into the piece.

W: Why haven't you done that already?

M: ⁴⁸I haven't been able to reach him yet, but I'm going to keep trying. Next week, I'm going to visit his office.

W: OK. ⁴⁹We were hoping to run your story in our February 4 issue. If you can't get an interview with him by the deadline, we will have to include your article in our next issue.

M: That's fine. Like I said, I'll keep trying.

47 What most likely is the man's job?
(A) Newspaper publisher
(B) Web designer
(C) Journalist
(D) Sports club owner

48 What problem does the man mention?
(A) A meeting has been rescheduled.
(B) He does not know where an office is.
(C) He is unable to contact an individual.
(D) A team is underperforming.

49 According to the woman, what will happen on February 4?
(A) An applicant will be hired.
(B) An interview will be held.
(C) A Web site will be updated.
(D) A publication will be released.

47-49번은 다음 대화에 관한 문제입니다.

W: Max, ⁴⁷San Diego Bucks를 다룬 당신의 기사가 2월 2일까지 준비될 것 같나요?

M: 물론입니다. ⁴⁷저는 그것을 거의 완료했어요. 단지 그 농구팀 구단주와 인터뷰를 하고 그의 인용구들을 기사에 합치기만 하면 돼요.

W: 왜 아직 그것을 하지 않았나요?

M: ⁴⁸아직까지 그와 접촉할 수 없었지만, 계속 시도해 볼 겁니다. 다음 주에, 그의 사무실을 방문할 예정이에요.

W: 알겠어요. ⁴⁹우리는 2월 4일 자 발행물에 당신의 글을 게재하고자 했어요. 만약 당신이 마감 기한까지 그와의 인터뷰를 할 수 없다면, 우리는 당신의 기사를 다음 호에 실어야 할 거예요.

M: 괜찮습니다. 말씀드렸다시피, 계속 시도해 볼 거예요.

47. 남자의 직업은 무엇인 것 같은가?
(A) 신문 출판인
(B) 웹 디자이너
(C) 기자
(D) 스포츠팀 구단주

48. 남자는 무슨 문제를 언급하는가?
(A) 회의 일정이 변경되었다.
(B) 그는 사무실이 어디에 있는지 모른다.
(C) 그는 특정인과 연락을 취할 수 없다.
(D) 팀이 기량을 발휘하지 못 하고 있다.

49. 여자에 따르면, 2월 4일에 무슨 일이 일어날 것인가?
(A) 지원자가 채용될 것이다.
(B) 인터뷰가 실시될 것이다.
(C) 웹사이트가 업데이트될 것이다.
(D) 출판물이 발행될 것이다.

지문 **article**[미 á:rtikl, 영 á:tikl] 기사 **club owner** 구단주 **integrate**[íntəgrèit] 합치다, 통합시키다 **quote**[미 kwout, 영 kwəut] 인용구 **piece**[píːs] 기사, 조각 **run**[rʌn] 게재하다 **issue**[íʃuː] 발행물, 문제
48 **underperform**[미 ʌ̀ndərpəfɔ́ːrm, 영 ʌ̀ndəpəfɔ́ːm] 기량 발휘를 못 하다, 다른 것만큼 잘하지 못하다
49 **applicant**[ǽplikənt] 지원자 **publication**[pʌ̀blikéiʃən] 출판물

47 ■ 전체 대화 관련 문제 화자   정답 (C)

남자의 직업을 묻는 문제이므로, 신분 및 직업과 관련된 표현을 놓치지 않고 듣는다. 여자가 "do you think you'll have your article on the San Diego Bucks ready by February 2?"라며 남자에게 2월 2일까지 San Diego Bucks를 다룬 기사가 준비될 것 같은지 물은 뒤, 남자가 "I'm almost finished with it. I just need to interview the basketball club owner and integrate his quotes into the piece."라며 그것을 거의 완료했으며, 단지 농구팀 구단주와 인터뷰를 하고 그의 인용구들을 기사에 합치는 것만을 남겨두고 있다고 하였다. 이를 통해 남자가 기자임을 알 수 있다. 따라서 정답은 (C) Journalist이다.

48 ■ 세부 사항 관련 문제 문제점   정답 (C)

남자가 언급하는 문제점을 묻는 문제이므로, 남자의 말에서 부정적인 표현이 언급된 다음을 주의 깊게 듣는다. 남자가 "I haven't been able to reach him[club owner] yet, but I'm going to keep trying."이라며 아직 구단주와 접촉할 수 없었지만 계속 시도할 것이라고 하였다. 따라서 정답은 (C) He is unable to contact an individual이다.

바꾸어 표현하기
haven't been able to reach 접촉할 수 없었다 → is unable to contact 연락할 수 없다

49 ■ 세부 사항 관련 문제 다음에 할 일   정답 (D)

2월 4일에 일어날 일을 묻는 문제이므로, 여자의 말에서 질문의 핵심어구(February 4)가 언급된 주변을 주의 깊게 듣는다. 여자가 "We were hoping to run your story in our February 4 issue."라며 2월 4일 자 발행물에 남자의 글을 게재하고자 했다고 하였다. 이를 통해 2월 4일에 출판물이 발행될 것임을 알 수 있다. 따라서 정답은 (D) A publication will be released이다.

Questions 50-52 refer to the following conversation.

🔊 미국식 발음 → 캐나다식 발음

W: ⁵⁰A lot of the workers at our company are requesting more vacation days. They feel that having just 10 days off isn't enough.

M: Yes, I suppose that's true. Most companies offer significantly more vacation time.

W: ⁵¹I think we should give workers 15 days' vacation time. One of our competitors, Pilsen Suppliers, decided to do that a few weeks ago.

M: You have a good point . . . Maybe we should increase the amount of leave our employees get. ⁵²I'll think about making a proposal to the other managers at our meeting next week.

50 Why are the employees dissatisfied?
(A) They work too many hours per day.
(B) They only get half an hour for lunch.
(C) They have to come into the office too early.
(D) They do not have enough days off.

51 What is mentioned about Pilsen Suppliers?
(A) It has updated its vacation policy.
(B) It will hire additional workers.
(C) It will go out of business.
(D) It recently opened a new branch.

52 What will the man consider doing next week?
(A) Presenting an idea
(B) Submitting a form
(C) Sending out an e-mail
(D) Announcing a change

50-52번은 다음 대화에 관한 문제입니다.

W: ⁵⁰우리 회사의 많은 직원들이 더 많은 휴가일을 요구하고 있어요. 그들은 단지 10일의 휴일을 가지는 것이 충분하지 않다고 생각해요.
M: 네, 그것이 사실이라고 생각해요. 대부분의 회사들은 현저히 더 많은 휴가를 제공해요.
W: ⁵¹저는 우리가 직원들에게 15일의 휴가일을 제공해야 한다고 생각해요. 우리의 경쟁사들 중 하나인 Pilsen Suppliers가 몇 주 전에 그렇게 하기로 결정했어요.
M: 좋은 지적이네요… 어쩌면 우리의 직원들이 받는 휴가의 양을 늘려야 할 수 있겠어요. ⁵²다음 주에 있을 회의에서 다른 관리자들에게 제안해 보는 것에 대해 생각해 볼게요.

50. 직원들은 왜 불만스러워하는가?
(A) 그들은 하루에 너무 많은 시간을 근무한다.
(B) 그들은 점심시간을 30분만 받는다.
(C) 그들은 너무 일찍 사무실로 와야 한다.
(D) 그들은 충분한 휴무일이 없다.

51. Pilsen Suppliers에 관해 무엇이 언급되는가?
(A) 휴가 정책을 업데이트하였다.
(B) 추가적인 직원들을 고용할 것이다.
(C) 폐업할 것이다.
(D) 최근 새로운 지사를 열었다.

52. 남자는 다음 주에 무엇을 하는 것을 고려할 것인가?
(A) 아이디어를 제안하는 것
(B) 양식을 제출하는 것
(C) 메일을 발송하는 것
(D) 변경을 공지하는 것

지문 day off 휴일 significantly [signífikəntli] 현저히, 상당히
51 go out of business 폐업하다

50 ■ **세부 사항 관련 문제** 이유　　　　　　　　　　　　　　　　　　　　　　　　　　　　　　　정답 (D)
직원들이 불만스러워하는 이유를 묻는 문제이므로, 질문의 핵심어구(employees dissatisfied)와 관련된 내용을 주의 깊게 듣는다. 여자가 "A lot of the workers at our company are requesting more vacation days."라며 회사의 많은 직원들이 더 많은 휴가일을 요구하고 있다고 한 뒤, "They feel that having just 10 days off isn't enough." 그들이 단지 10일의 휴일을 가지는 것이 충분하지 않다고 생각한다고 하였다. 따라서 정답은 (D) They do not have enough days off이다.

51 ■ **세부 사항 관련 문제** 언급　　　　　　　　　　　　　　　　　　　　　　　　　　　　　　　정답 (A)
Pilsen Suppliers에 관해 언급되는 것을 묻는 문제이므로, 질문의 핵심어구(Pilsen Suppliers)가 언급된 주변을 주의 깊게 듣는다. 여자가 "I think we should give workers 15 days' vacation time."이라며 직원들에게 15일의 휴가일을 제공해야 한다고 생각한다고 한 뒤, "One of our competitors, Pilsen Suppliers, decided to do that a few weeks ago." 자신들의 경쟁사들 중 하나인 Pilsen Suppliers가 몇 주 전에 그렇게 하기로 결정했다고 하였다. 따라서 정답은 (A) It has updated its vacation policy이다.

52 ■ **세부 사항 관련 문제** 특정 세부 사항　　　　　　　　　　　　　　　　　　　　　　　　　　　정답 (A)
남자가 다음 주에 무엇을 하는 것을 고려할 것인지를 묻는 문제이므로, 질문의 핵심어구(considering doing next week)와 관련된 내용을 주의 깊게 듣는다. 남자가 "I'll think about making a proposal to the other managers at our meeting next week."라며 다음 주에 있을 회의에서 다른 관리자들에게 제안해 보겠다고 하였다. 따라서 정답은 (A) Presenting an idea이다.

Questions 53-55 refer to the following conversation.

🔊 캐나다식 발음 → 영국식 발음

W: Hi. Welcome to our annual Black Tie Gala. ⁵³May I see your invitation, please?

M: I don't have one, actually. But I should be on the guest list. My last name's Brandt. B-R-A-N-D-T.

W: Let me take a look. Hmm . . . I'm afraid I don't see it here.

M: That can't be right. ⁵⁴My lawyer, Keith Harrison, said he added me. He's one of the sponsors of the event.

W: Well, ⁵⁵there's a Brunt listed—Brian Brunt. Would that be you?

M: ⁵⁵Probably, yes. My name is quite difficult to spell.

W: I'm glad everything worked out then. You are seated at Table 14, right next to the stage.

53 What does the woman ask the man for?
(A) His seating preferences
(B) His business card
(C) A telephone number
(D) An invitation

54 Who most likely is Keith Harrison?
(A) A legal practitioner
(B) A real estate agent
(C) A receptionist
(D) An event planner

55 Why does the man say, "My name is quite difficult to spell"?
(A) To indicate concern
(B) To show understanding
(C) To raise an objection
(D) To point out an error

53-55번은 다음 대화에 관한 문제입니다.

W: 안녕하세요. Black Tie 축제에 오신 것을 환영합니다. ⁵³초대장을 보여주시겠어요?

M: 사실, 초대장을 가지고 있지 않아요. 하지만 제 이름이 손님 명단에 있을 거예요. 제 성은 Brandt입니다. B-R-A-N-D-T요.

W: 찾아보겠습니다. 흠… 여기에는 없는 것 같은데요.

M: 그럴 리가요. ⁵⁴제 변호사이신 Keith Harrison이 저를 추가해 두었다고 했어요. 그는 행사의 후원자들 중 하나입니다.

W: 음, ⁵⁵Brian Brunt, Brunt는 명단에 있어요. 그것이 귀하이실까요?

M: ⁵⁵아마도, 그럴 거예요. 제 이름은 철자를 쓰기 꽤 힘들죠.

W: 그러면 모든 일이 잘 해결되어 기쁘네요. 귀하의 좌석은 무대 바로 옆인, 14번 테이블입니다.

53. 여자는 남자에게 무엇을 요청하는가?
(A) 그의 선호 좌석
(B) 그의 명함
(C) 전화번호
(D) 초대장

54. Keith Harrison은 누구인 것 같은가?
(A) 변호사
(B) 부동산 중개인
(C) 접수 안내원
(D) 이벤트 기획자

55. 남자는 왜 "제 이름은 철자를 쓰기 꽤 힘들죠"라고 말하는가?
(A) 우려를 표하기 위해
(B) 이해를 나타내기 위해
(C) 이의를 제기하기 위해
(D) 오류를 지적하기 위해

지문 spell[spel] 철자를 (맞게) 쓰다
53 seating preference 선호 좌석 business card 명함
54 legal practitioner 변호사

53 ■ 세부 사항 관련 문제 요청 정답 (D)

여자가 남자에게 요청하는 것을 묻는 문제이므로, 여자의 말에서 요청과 관련된 표현이 언급된 다음을 주의 깊게 듣는다. 여자가 남자에게 "May I see your invitation, please?"라며 초대장을 보여달라고 요청하였다. 따라서 정답은 (D) An invitation이다.

54 ■ 전체 대화 관련 문제 화자 정답 (A)

Keith Harrison의 신분을 묻는 문제이므로, 신분 및 직업과 관련된 표현을 놓치지 않고 듣는다. 남자가 "My lawyer, Keith Harrison"이라며 자신의 변호사인 Keith Harrison을 언급하였다. 따라서 정답은 (A) A legal practitioner이다.

55 ■ 세부 사항 관련 문제 의도 파악 정답 (B)

남자가 하는 말의 의도를 묻는 문제이므로, 질문의 인용어구(My name is quite difficult to spell)가 언급된 주변을 주의 깊게 듣는다. 여자가 "there's a Brunt listed—Brian Brunt. Would that be you?"라며 남자에게 Brian Brunt가 명단에 있으며 이것이 본인일지를 묻자, 남자가 "Probably, yes. My name is quite difficult to spell."이라며 아마도 그럴 것이라고 한 뒤 자신의 이름이 철자를 쓰기 꽤 힘들다고 하였으므로, 이름의 철자 오류에 관해 이해하였음을 나타내려는 의도임을 알 수 있다. 따라서 정답은 (B) To show understanding이다.

Questions 56-58 refer to the following conversation with three speakers.

🔊 미국식 발음 → 캐나다식 발음 → 호주식 발음

W: Since ⁵⁶we'll be participating in the tourism expo this afternoon, why don't we take some brochures to hand out at the convention center? It would be good publicity for our resort.

M1: But haven't we run out of those?

M2: Actually, I found a whole box of them in the supply room.

W: ⁵⁷Those must be left over from our grand opening at this time last year . . . Then, Joel, could you take out a couple of stacks?

M2: I can do that in about 30 minutes, but I need to call back our client Mr. Harris first.

M1: I'll contact Mr. Harris for you, Joel.

M2: Oh, I appreciate that. ⁵⁸I'll head down to the supply room then.

56 Where most likely will the speakers go this afternoon?
(A) To a print shop
(B) To a resort
(C) To an exhibition hall
(D) To a tourist attraction

57 What does the woman mention about a grand opening?
(A) It was held about a year ago.
(B) It included a performance.
(C) It took place at a convention center.
(D) It was attended by clients.

58 What will Joel probably do next?
(A) Rearrange an office
(B) Wait at an entrance
(C) Visit a storage area
(D) Return a phone call

56-58번은 다음 세 명의 대화에 관한 문제입니다.

W: ⁵⁶우리가 오늘 오후에 관광 박람회에 참가할 것이니, 컨벤션 센터에서 나누어줄 만한 책자들을 가지고 가는 게 어때요? 우리 리조트에 대한 좋은 홍보가 될 거예요.

M1: 그런데 그것들이 다 떨어지지 않았나요?

M2: 사실, 비품실에서 한 상자를 통째로 발견했어요.

W: ⁵⁷그것들은 작년 이맘때 개업식 때 남은 것들이 틀림없어요… 그러면, Joel, 몇 더미 꺼내와 줄래요?

M2: 30분 정도 후에는 할 수 있지만, 저는 우선 우리의 고객인 Mr. Harris에게 전화를 해야 해요.

M1: 제가 Mr. Harris에게 연락할게요, Joel.

M2: 오, 감사합니다. ⁵⁸그러면 제가 비품실로 가 볼게요.

56. 화자들은 오늘 오후에 어디에 갈 것 같은가?
(A) 인쇄소에
(B) 리조트에
(C) 박람회장에
(D) 관광명소에

57. 여자는 개업식에 관해 무엇을 언급하는가?
(A) 약 1년 전에 개최되었다.
(B) 공연을 포함했다.
(C) 컨벤션 센터에서 개최되었다.
(D) 고객들이 참석했다.

58. Joel은 다음에 무엇을 할 것 같은가?
(A) 사무실을 다시 정리한다.
(B) 입구에서 기다린다.
(C) 창고 구역에 방문한다.
(D) 전화에 회신한다.

지문 expo[ékspou] 박람회, 전시회 hand out 나눠주다 grand opening 개업식, 개장
56 exhibition[미 èksəbíʃən, 영 èksibíʃən] 박람회, 전시회 tourist attraction 관광명소

56 ■ 세부 사항 관련 문제 특정 세부 사항 정답 (C)
화자들이 오늘 오후에 어디에 갈 것인지를 묻는 문제이므로, 질문의 핵심어구(speakers go this afternoon)와 관련된 내용을 주의 깊게 듣는다. 여자가 "we'll be participating in the tourism expo this afternoon"이라며 오늘 오후에 관광 박람회에 참가할 것이라고 한 뒤, "why don't we take some brochures to hand out at the convention center?"라며 컨벤션 센터에서 나누어줄 만한 책자들을 가지고 가는 것이 어떤지 물었다. 이를 통해 화자들이 오늘 오후 박람회장에 갈 것임을 알 수 있다. 따라서 정답은 (C) To an exhibition hall이다.

57 ■ 세부 사항 관련 문제 언급 정답 (A)
여자가 개업식에 관해 언급하는 것을 묻는 문제이므로, 질문의 핵심어구(grand opening)가 언급된 주변을 주의 깊게 듣는다. 여자가 "Those must be left over from our grand opening at this time last year"라며 그것들이 작년 이맘때의 개업식 때 남은 것들이 틀림없다고 하였다. 이를 통해 개업식이 1년 전에 개최되었음을 알 수 있다. 따라서 정답은 (A) It was held about a year ago이다.

58 ■ 세부 사항 관련 문제 다음에 할 일 정답 (C)
Joel, 즉 남자 2가 다음에 할 일을 묻는 문제이므로, 대화의 마지막 부분을 주의 깊게 듣는다. 남자 2가 "I'll head down to the supply room then."이라며 그러면 자신이 비품실로 가 보겠다고 하였다. 따라서 정답은 (C) Visit a storage area이다.

Questions 59-61 refer to the following conversation.

🎧 미국식 발음 → 호주식 발음

W: How are you enjoying the conference so far?

M: I think it's going fine. [59]I went to a special lecture about what will happen in the automotive sector over the next several years. The instructor seemed to know a great deal about it. [60]My only complaint is that there are so few car prototypes on display.

W: Well, [61]they definitely had more interesting cars in the lobby last year. That's because the conference didn't receive quite as much funding this time around.

M: Yeah, that's understandable. Hopefully, the conference next year will feature more of them.

59 What most likely was the focus of the special lecture?
(A) An industry outlook
(B) A business opportunity
(C) A consumer trend
(D) A technology's use

60 What does the man complain about?
(A) The number of display models
(B) The cost of tickets
(C) The length of lectures
(D) The type of activities

61 How is this year's event different from the previous one?
(A) It includes more speakers.
(B) It has fewer people in attendance.
(C) It has received less support.
(D) It has generated less media interest.

59-61번은 다음 대화에 관한 문제입니다.

W: 지금까지 컨퍼런스를 잘 즐기고 있나요?

M: 잘 되어가고 있다고 생각해요. [59]앞으로 수년에 걸쳐 자동차 분야에서 어떤 일이 일어날지에 관한 특강에 다녀왔어요. 강사가 그것에 대해 많은 것을 알고 있는 것처럼 보였어요. [60]제 유일한 불만은 전시 중인 자동차 시제품들이 너무 적다는 거예요.

W: 음, [61]작년에는 로비에 흥미로운 차들이 확실히 더 많았던 것 같아요. 그건 학회가 이번에는 그렇게 많은 자금을 제공받지 못했기 때문이에요.

M: 네, 그것은 이해할 수 있어요. 바라건대, 내년의 컨퍼런스는 더 많은 것들을 포함했으면 좋겠네요.

59. 특강의 주안점은 무엇이었을 것 같은가?
(A) 업계 전망
(B) 사업 기회
(C) 소비자 동향
(D) 기술의 사용

60. 남자는 무엇에 대해 불평하는가?
(A) 전시 모델 개수
(B) 티켓 가격
(C) 강의 시간
(D) 활동 종류

61. 올해의 행사는 지난번의 것과 어떻게 다른가?
(A) 더 많은 연사들을 포함한다.
(B) 참석한 사람들이 더 적다.
(C) 더 적은 지원을 받았다.
(D) 더 적은 매체의 관심을 만들어냈다.

지문 automotive[ɔːtəmóutiv] 자동차의 sector[séktər] 분야 prototype[미 próutətaip, 영 práutətaip] 시제품, 원형
59 outlook[áutluk] 전망 consumer[미 kənsúːmər, 영 kənsjúːmə] 소비자, 고객
61 in attendance 참석한 generate[dʒénərèit] 만들어내다, 생성하다

59 ■ 세부 사항 관련 문제 특정 세부 사항

정답 (A)

특강의 주안점이 무엇인지를 묻는 문제이므로, 질문의 핵심어구(focus of the special lecture)와 관련된 내용을 주의 깊게 듣는다. 남자가 "I went to a special lecture about what will happen in the automotive sector over the next several years."라며 앞으로 수년에 걸쳐 자동차 분야에서 어떤 일이 일어날지에 관한 특강에 다녀왔다고 하였다. 따라서 정답은 (A) An industry outlook 이다.

60 ■ 세부 사항 관련 문제 특정 세부 사항

정답 (A)

남자가 무엇에 대해 불평하는지를 묻는 문제이므로, 질문의 핵심어구(man complain about)와 관련된 내용을 주의 깊게 듣는다. 남자가 "My only complaint is that there are so few car prototypes on display."라며 전시 중인 자동차 시제품들이 너무 적은 것이 자신의 유일한 불만이라고 하였다. 따라서 정답은 (A) The number of display models이다.

61 ■ 세부 사항 관련 문제 특정 세부 사항

정답 (C)

올해의 행사가 지난번의 것과 어떻게 다른지를 묻는 문제이므로, 질문의 핵심어구(this year's event different from the previous one)와 관련된 내용을 주의 깊게 듣는다. 여자가 "they definitely had more interesting cars in the lobby last year"라며 작년에는 로비에 흥미로운 차들이 확실히 더 많았던 것 같다고 한 뒤, "That's because the conference didn't receive quite as much funding this time around."라며 학회가 이번에는 그렇게 많은 자금을 제공받지 못했기 때문이라고 하였다. 따라서 정답은 (C) It has received less support이다.

Questions 62-64 refer to the following conversation and e-mail inbox.

🎧 호주식 발음 → 미국식 발음

M: Stella, you leave for Cardiff tomorrow, right? I have a few things I want to discuss before you visit our branch there.

W: Actually, ⁶²I'm going to postpone my departure until Friday.

M: ⁶²Really? Why's that?

W: ⁶²There's a problem with one of our largest client's orders. I'm meeting with our warehouse manager tomorrow morning to deal with it. ⁶³I was notified by e-mail that the shipment is two weeks overdue.

M: Hmm . . . I don't want you to push back your visit to Cardiff if you can avoid it. ⁶⁴Why don't you get Janice in the sales department to deal with the client's problem?

W: OK. I'll call her now and explain the situation.

Inbox		
From	**Subject**	**Received**
David Greer	Warehouse Expansion	2:40 P.M.
⁶³Brent Hong	Late Delivery	1:20 P.M.
Lisa Porter	Workshop Details	10:15 A.M.
Mia Gomez	Report Deadline	8:45 A.M.

62 Why does the woman want to delay her departure?
(A) To review some materials
(B) To meet a deadline
(C) To visit a branch
(D) To resolve an issue

63 Look at the graphic. Whose e-mail does the woman refer to?
(A) David Greer's
(B) Brent Hong's
(C) Lisa Porter's
(D) Mia Gomez's

64 What does the man suggest the woman do?
(A) Go to a warehouse
(B) Hand over a task
(C) Postpone a meeting
(D) Speak with a client

62-64번은 다음 대화와 메일 수신함에 관한 문제입니다.

M: Stella, 내일 카디프로 떠나죠, 그렇죠? 당신이 그곳의 우리 지사에 방문하기 전에 논의하고 싶은 몇 가지가 있어요.

W: 사실, ⁶²저는 출발을 금요일까지 미룰 거예요.

M: ⁶²정말인가요? 왜죠?

W: ⁶²우리의 최대 고객의 주문 중 하나에 문제가 있어요. 내일 아침에 그 문제를 처리하기 위해 우리 창고 관리자와 만날 거예요. ⁶³배송이 2주 늦었다고 이메일로 알림을 받았어요.

M: 흠… 저는 당신이 그걸 피할 수 있다면 카디프 방문을 미루지 않았으면 좋겠어요. ⁶⁴영업부의 Janice에게 그 고객의 문제를 처리하도록 하는 게 어때요?

W: 알겠어요. 지금 그녀에게 전화해서 상황을 설명할게요.

받은 편지함		
발신인	제목	받은 시간
David Greer	창고 확장	오후 2시 40분
⁶³Brent Hong	늦은 배송	오후 1시 20분
Lisa Porter	워크숍 세부 사항	오전 10시 15분
Mia Gomez	보고 기한	오전 8시 45분

62. 여자는 왜 그녀의 출발을 미루고 싶어 하는가?
(A) 몇몇 자료들을 검토하기 위해
(B) 마감 기한을 맞추기 위해
(C) 지사를 방문하기 위해
(D) 문제를 해결하기 위해

63. 시각 자료를 보시오. 여자는 누구의 이메일을 언급하는가?
(A) David Greer의 것
(B) Brent Hong의 것
(C) Lisa Porter의 것
(D) Mia Gomez의 것

64. 남자는 여자에게 무엇을 하라고 제안하는가?
(A) 창고로 간다.
(B) 업무를 넘겨준다.
(C) 회의를 연기한다.
(D) 고객과 이야기한다.

지문 postpone [미 pouspóun, 영 pəspóun] 연기하다 departure [미 dipá:rtʃər, 영 dipá:tʃə] 출발 deal with ~을 처리하다, 다루다
notify [미 nóutifài, 영 nə́utifai] 알리다, 통지하다
62 resolve [미 rizá:lv, 영 rizɔ́lv] 해결하다
64 hand over 넘겨주다, 이양하다

62 ■ 세부 사항 관련 문제 이유

여자가 출발을 미루고 싶어 하는 이유를 묻는 문제이므로, 질문의 핵심어구(delay her departure)와 관련된 내용을 주의 깊게 듣는다. 여자가 "I'm going to postpone my departure until Friday."라며 출발을 금요일까지 미룰 것이라고 하자, 남자가 "Really? Why's that?"이라며 이유를 묻고, 이에 여자가 "There's a problem with one of our largest client's orders. I'm meeting with our warehouse manager tomorrow morning to deal with it."이라며 그들의 최대 고객의 주문 중 하나에 문제가 있으며 내일 아침에 그 문제를 처리하기 위해 창고 관리자와 만날 것이라고 하였다. 따라서 정답은 (D) To resolve an issue이다.

63 ■ 세부 사항 관련 문제 시각 자료

정답 (B)

여자가 누구의 이메일을 언급하는지 묻는 문제이므로, 제시된 메일 수신함의 정보를 확인한 뒤 질문의 핵심어구(Whose e-mail)와 관련된 내용을 주의 깊게 듣는다. 여자가 "I was notified by e-mail that the shipment is two weeks overdue."라며 배송이 2주 늦었다고 이메일로 알림을 받았다고 한 것을 통해 여자가 언급한 이메일은 Brent Hong으로부터 온 메일임을 메일 수신함에서 알 수 있다. 따라서 정답은 (B) Brent Hong's이다.

64 ■ 세부 사항 관련 문제 제안

정답 (B)

남자가 여자에게 제안하는 것을 묻는 문제이므로, 남자의 말에서 제안과 관련된 표현이 언급된 다음을 주의 깊게 듣는다. 남자가 "Why don't you get Janice in the sales department to deal with the client's problem?"이라며 영업부의 Janice에게 고객의 문제를 처리하도록 하는 것이 어떤지 제안하였다. 따라서 정답은 (B) Hand over a task이다.

TEST 01 PART 3 **45**

Questions 65-67 refer to the following conversation and floor plan.

🎧 캐나다식 발음 → 미국식 발음

M: This is getting tiring—we've been standing here for half an hour. I thought Gene said he'd arrive at 4:30.

W: Yeah. ⁶⁵Our movie starts just 10 minutes from now, and he's the one with the tickets.

M: Do you think he might be waiting somewhere else in the mall?

W: I doubt it. ⁶⁶We were pretty clear about the meeting point—right in front of Hadley's Stationery Store.

M: Wait! ⁶⁷I just remembered that the stationery store has another level. Maybe Gene's waiting on the fourth floor.

W: ⁶⁷I'll go and check. You stay here on the third floor in case he shows up.

M: OK. I won't move from this spot.

65-67번은 다음 대화와 평면도에 관한 문제입니다.

M: 이거 점점 피곤해지네요. 우리는 30분 동안 여기 서 있었어요. 저는 Gene이 4시 30분에 도착할 거라고 한 줄 알았는데요.

W: 맞아요. ⁶⁵우리 영화는 지금으로부터 10분이면 시작하는데, 그가 표를 가지고 있어요.

M: 그가 쇼핑몰의 다른 곳에서 기다리고 있을 수도 있을까요?

W: 그렇지는 않을 것 같아요. ⁶⁶우리는 만남 장소에 대해서 꽤 확실히 했죠. Hadley's 문구점 바로 앞이요.

M: 잠시만요! ⁶⁷방금 이 문구점에 다른 층도 있다는 게 떠올랐어요. 어쩌면 Gene이 4층에서 기다리고 있을지도 몰라요.

W: ⁶⁷제가 가서 확인해볼게요. 당신은 혹시 그가 나타날 경우를 대비해 여기 3층에 남아있어요.

M: 알겠어요. 이 지점에서 움직이지 않을게요.

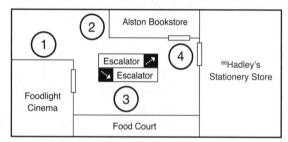

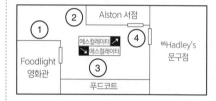

65 What does the woman mention about Gene?
(A) He has a set of tickets.
(B) He has already seen the movie.
(C) He is coming from a lower floor.
(D) He did not bring his phone along.

66 Look at the graphic. Where are the speakers standing?
(A) Location 1
(B) Location 2
(C) Location 3
(D) Location 4

67 What will the woman probably do next?
(A) Confirm a meeting location
(B) Visit an information desk
(C) Head up to a different floor
(D) Enter a stationery store

65. 여자는 Gene에 관해 무엇을 언급하는가?
(A) 그는 티켓들을 가지고 있다.
(B) 그는 이미 그 영화를 보았다.
(C) 그는 아래층으로부터 오고 있다.
(D) 그는 전화기를 가지고 오지 않았다.

66. 시각 자료를 보시오. 화자들은 어디에 서 있는가?
(A) 장소 1
(B) 장소 2
(C) 장소 3
(D) 장소 4

67. 여자는 다음에 무엇을 할 것 같은가?
(A) 만남 장소를 확정한다.
(B) 안내 데스크를 방문한다.
(C) 다른 층으로 향한다.
(D) 문구점에 들어간다.

지문 tiring [táiəriŋ] 피곤한, 피곤하게 만드는 stationery [미 stéiʃənèri, 영 stéiʃənəri] 문구류 show up 나타나다

65 ■ **세부 사항 관련 문제** 언급 　　　　　　　　　　　　　　　　　　　　　　　　　　　　　　정답 (A)

여자가 Gene에 관해 언급하는 것을 묻는 문제이므로, 여자의 말에서 질문의 핵심어구(Gene)가 언급된 주변을 주의 깊게 듣는다. 여자가 "Our movie starts just 10 minutes from now, and he[Gene]'s the one with the tickets."라며 자신들의 영화가 지금으로부터 10분이면 시작하는데, 그, 즉 Gene이 티켓을 가지고 있다고 하였다. 따라서 정답은 (A) He has a set of tickets이다.

66 ■ **세부 사항 관련 문제** 특정 세부 사항 　　　　　　　　　　　　　　　　　　　　　　　　　정답 (D)

화자들이 어디에 서 있는지를 묻는 문제이므로, 제시된 평면도의 정보를 확인한 뒤 질문의 핵심어구(speakers standing)와 관련된 내용을 주의 깊게 듣는다. 여자가 "We were pretty clear about the meeting point—right in front of Hadley's Stationery Store."라며 자신들은 만남 장소가 Hadley's 문구점 바로 앞이라는 것에 대해서 꽤 확실히 했다고 하였으므로, 화자들이 장소 4에 서 있다는 것을 평면도에서 알 수 있다. 따라서 정답은 (D) Location 4이다.

67 ■ **세부 사항 관련 문제** 다음에 할 일 　　　　　　　　　　　　　　　　　　　　　　　　　　정답 (C)

여자가 다음에 할 일을 묻는 문제이므로, 대화의 마지막 부분을 주의 깊게 듣는다. 남자가 "I just remembered that the stationery store has another level."이라며 이 문구점에 다른 층도 있다는 것이 떠올랐다고 한 뒤, "Maybe Gene's waiting on the fourth floor."라며 Gene이 4층에서 기다리고 있을지도 모른다고 하자, 여자가 "I'll go and check."라며 자신이 가서 확인해보겠다고 하였다. 따라서 정답은 (C) Head up to a different floor이다.

68
69
70

Questions 68-70 refer to the following conversation and catalog.

호주식 발음 → 영국식 발음

M: Excuse me . . . ⁶⁸I need to buy some tiles for a client's home that I'm remodeling.
W: You'll find those in Aisle 7.
M: Actually, I was just there, but I didn't see what I was looking for. Um, ⁶⁹a company called Pearson recently released a model with horizontal stripes.
W: Unfortunately, those are currently out of stock. But we're expecting more to arrive next week. ⁷⁰If you'd like to place an advance order, you can fill out a request form at the customer service desk.
M: Hmm . . . Let me call my client to ask her what her preference is. I'll let her know what you've told me.

68-70번은 다음 대화와 카탈로그에 관한 문제입니다.

M: 실례합니다··· ⁶⁸제가 리모델링하고 있는 고객의 집을 위한 타일을 좀 사야 하는데요.
W: 그것들은 7번 통로에서 찾으실 수 있습니다.
M: 사실, 제가 방금 거기에 있었는데, 제가 찾는 것을 발견하지 못했어요. 음, ⁶⁹Pearson이라는 회사가 최근에 가로줄이 있는 모델을 출시했거든요.
W: 유감이지만, 그것들은 현재 재고가 없습니다. 하지만 우리는 다음 주에 더 많이 도착할 것이라고 기대하고 있어요. ⁷⁰사전 주문을 하시고 싶으시다면, 고객 서비스 데스크로 가셔서 요청 양식을 작성하시면 됩니다.
M: 흠··· 제 고객에게 전화해서 그녀가 선호하는 것이 무엇인지 물어볼게요. 그녀에게 당신이 제게 말해준 것을 알려줄게요.

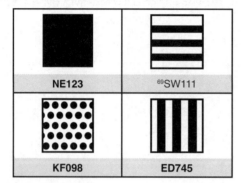

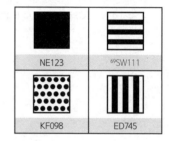

68 Who most likely is the man?
(A) A sales representative
(B) An interior designer
(C) A real estate agent
(D) A store manager

69 Look at the graphic. Which model was recently released?
(A) NE123
(B) SW111
(C) KF098
(D) ED745

70 What should the man do to place an advance order?
(A) Consult a manager
(B) Go to a Web site
(C) Submit a document
(D) Place a phone call

68. 남자는 누구인 것 같은가?
(A) 영업 사원
(B) 인테리어 디자이너
(C) 부동산 중개인
(D) 가게 관리인

69. 시각 자료를 보시오. 어떤 모델이 최근에 출시되었는가?
(A) NE123
(B) SW111
(C) KF098
(D) ED745

70. 남자는 사전 주문을 하기 위해 무엇을 해야 하는가?
(A) 관리자와 상담한다.
(B) 웹사이트에 방문한다.
(C) 서류를 제출한다.
(D) 전화를 건다.

지문 aisle[ail] 통로, 복도 horizontal[미 hɔ̀:rəzά:ntl, 영 hɔ̀rizɔ́ntl] 가로의, 수평의
68 representative[rèprizéntətiv] 대표자 real estate 부동산 agent[éidʒənt] 중개인, 요원

68 ■ **전체 대화 관련 문제** 화자   정답 (B)

남자의 신분을 묻는 문제이므로, 신분 및 직업과 관련된 표현을 놓치지 않고 듣는다. 남자가 "I need to buy some tiles for a client's home that I'm remodeling."이라며 자신이 리모델링하고 있는 고객의 집을 위한 타일을 사야 한다고 했다. 이를 통해 남자가 인테리어 디자이너라는 것을 알 수 있다. 따라서 정답은 (B) An interior designer이다.

69 ■ **세부 사항 관련 문제** 시각 자료   정답 (B)

최근에 출시된 모델을 묻는 문제이므로, 제시된 카탈로그의 정보를 확인한 뒤 질문의 핵심어구(model ~ recently released)와 관련된 내용을 주의 깊게 듣는다. 남자가 "a company called Pearson recently released a model with horizontal stripes."라며 Pearson이라는 회사가 최근에 가로줄이 있는 모델을 출시했다고 하였다. 이를 통해 최근에 출시된 모델은 SW111임을 카탈로그에서 알 수 있다. 따라서 정답은 (B) SW111이다.

70 ■ **세부 사항 관련 문제** 특정 세부 사항   정답 (C)

남자가 사전 주문을 하기 위해 해야 하는 것을 묻는 문제이므로, 질문의 핵심어구(place an advance order)가 언급된 주변을 주의 깊게 듣는다. 여자가 "If you'd like to place an advance order, you can fill out a request form at the customer service desk."라며 사전 주문을 하고 싶다면 고객 서비스 데스크로 가서 요청 양식을 작성하면 된다고 하였다. 따라서 정답은 (C) Submit a document 이다.

바꾸어 표현하기

fill out a request form 요청 양식을 작성한다 → Submit a document 서류를 제출한다

PART 4

71
72
73

Questions 71-73 refer to the following telephone message.

🔊 영국식 발음

Ryan, it's Paula Martin, the accounting manager. Sorry to bother you. ⁷¹I know you are getting ready to head to the airport this afternoon. I have a question about the budget report for your department that you e-mailed me. ⁷²Could you stop by my office quickly? I'd like to ask you about it before you go to Tokyo. Your trip will be so busy, and I don't want you to worry about this while there. Oh, and ⁷³remember, I'm now working on the fifth floor, not the third. Thanks!

71　What will the listener do later today?
　　(A) Submit a report
　　(B) Go to an airport
　　(C) Send out an e-mail
　　(D) Fill out a survey

72　What is the listener asked to do?
　　(A) Print a document
　　(B) Meet with a manager
　　(C) Increase a budget
　　(D) Talk to a client

73　What does the speaker remind the listener about?
　　(A) A reimbursement policy
　　(B) A promotion opportunity
　　(C) A workspace relocation
　　(D) A deadline extension

71-73번은 다음 전화 메시지에 관한 내용입니다.

Ryan, 회계 관리자 Paula Martin이에요. 방해해서 미안해요. ⁷¹오늘 오후에 공항으로 가는 것에 대해 준비하고 있다는 걸 알고 있어요. 어제 저에게 이메일로 보내주신 당신 부서의 예산 보고서에 대해 질문이 있어요. ⁷²제 사무실에 잠깐만 들러 주실 수 있나요? 당신이 도쿄로 떠나기 전에 그것에 관해 물어보고 싶어요. 당신의 출장은 매우 바쁠 것이고, 저는 당신이 그곳에 있는 동안 이것에 대해 걱정하지 않길 원해요. 오, 그리고 ⁷³제가 이제 3층이 아닌, 5층에서 근무하고 있다는 것을 기억해 주세요. 감사합니다!

71.　청자는 오늘 늦게 무엇을 할 것인가?
　　(A) 보고서를 제출한다.
　　(B) 공항으로 간다.
　　(C) 이메일을 보낸다.
　　(D) 설문을 작성한다.

72.　청자는 무엇을 하도록 요청받는가?
　　(A) 서류를 출력한다.
　　(B) 관리자와 만난다.
　　(C) 예산을 늘린다.
　　(D) 고객과 이야기한다.

73.　화자는 청자에게 무엇에 관해 상기시키는가?
　　(A) 배상 규정
　　(B) 승진 기회
　　(C) 근무지 이전
　　(D) 마감 기한 연장

지문　accounting [əkáuntiŋ] 회계
73　reimbursement [미 rìːimbɔ́ːrsmənt, 영 rìːimbɔ́ːsmənt] 배상, 환불　relocation [미 rìːloukéiʃən, 영 rìːləukéiʃən] 이전, 재배치
extension [iksténʃən] 연장

71　■ **세부 사항 관련 문제** 특정 세부 사항　　　　　　　　　　　　　　　　　　　　　　　　　　　　　　　　정답 (B)
청자가 오늘 늦게 무엇을 할 것인지를 묻는 문제이므로, 질문의 핵심어구(listener do later today)와 관련된 내용을 주의 깊게 듣는다. "I know you are getting ready to head to the airport this afternoon."이라며 청자가 오늘 오후에 공항으로 가는 것에 대해 준비하고 있다는 것을 알고 있다고 하였다. 따라서 정답은 (B) Go to an airport이다.

72　■ **세부 사항 관련 문제** 요청　　　　　　　　　　　　　　　　　　　　　　　　　　　　　　　　　　　　　정답 (B)
청자가 요청받는 것을 묻는 문제이므로, 지문의 중반에서 요청과 관련된 표현이 포함된 문장을 주의 깊게 듣는다. "Could you stop by my office quickly?"라며 화자가 청자에게 본인의 사무실에 잠깐 들러줄 수 있는지 물었다. 따라서 정답은 (B) Meet with a manager이다.

73　■ **세부 사항 관련 문제** 특정 세부 사항　　　　　　　　　　　　　　　　　　　　　　　　　　　　　　　　정답 (C)
화자가 청자에게 상기시키는 것을 묻는 문제이므로, 질문의 핵심어구(remind)와 관련된 내용을 주의 깊게 듣는다. "remember, I'm now working on the fifth floor, not the third"라며 화자 자신이 3층이 아닌 5층에서 근무하고 있다는 것을 기억해 달라고 하였다. 따라서 정답은 (C) A workspace relocation이다.

74
75
76

Questions 74-76 refer to the following speech.

🎧 미국식 발음

I'm so happy everyone could be here to celebrate the completion of the documentary *School of Life*. ⁷⁴As the director, I cannot be more proud of the work we have done. You all made a great production team, and this movie could not have been made without you. ⁷⁵I'd like to give special thanks to the film's editor, Margot Anderson, for putting in some overtime to make the changes I requested. I just watched the final version, and I think it is fantastic. ⁷⁶After dinner, we will assemble in the ballroom so you can see the finished product.

74 Who most likely is the speaker?
(A) A photographer
(B) A writer
(C) A director
(D) An actress

75 Why does the speaker especially thank Ms. Anderson?
(A) She worked additional hours.
(B) She edited a script.
(C) She gave some advice.
(D) She planned an event.

76 What will happen after dinner?
(A) A speech will be given.
(B) A work will be shown.
(C) A workshop will be held.
(D) An evaluation will be conducted.

74-76번은 다음 연설에 관한 문제입니다.

오늘 모두가 다큐멘터리 *School of Life*의 완성을 축하하기 위해 이곳에 모일 수 있어 기쁩니다. ⁷⁴감독으로서, 우리들이 완성한 작품에 대해 이보다 더 자랑스러울 수는 없습니다. 여러분은 하나의 훌륭한 제작팀을 꾸렸으며, 이 영화는 여러분이 없었다면 만들어질 수 없었을 것입니다. ⁷⁵저는 영화의 편집인인 Margot Anderson에게 제가 요청했던 변경 사항들을 반영하기 위해 초과근무를 해준 것에 대해 특별한 감사를 전하고 싶습니다. 저는 막 최종 버전을 시청했고, 그것이 환상적이라고 생각합니다. ⁷⁶저녁 식사 이후, 여러분들이 완성품을 볼 수 있도록 우리는 연회장에서 모일 것입니다.

74. 화자는 누구일 것 같은가?
(A) 사진사
(B) 작가
(C) 감독
(D) 배우

75. 화자는 왜 Ms. Anderson에게 특별히 감사하는가?
(A) 그녀는 시간 외 근무를 하였다.
(B) 그녀는 대본을 편집하였다.
(C) 그녀는 조언을 해주었다.
(D) 그녀는 행사를 기획하였다.

76. 저녁 식사 후에 무슨 일이 일어날 것인가?
(A) 연설이 있을 것이다.
(B) 작품이 상영될 것이다.
(C) 워크숍이 개최될 것이다.
(D) 평가가 시행될 것이다.

지문 celebrate[séləbrèit] 축하하다 director[미 diréktər, 영 dairéktə] 감독 production[prədʌ́kʃən] 제작, 생산
put in overtime 초과근무를 하다, 시간 외 근무를 하다 ballroom[bɔ́:lrum] 연회장
76 evaluation[ivæljuéiʃən] 평가 conduct[kəndʌ́kt] 시행하다, 지휘하다

74 ■ 전체 대화 관련 문제 화자   정답 (C)
화자의 신분을 묻는 문제이므로, 신분 및 직업과 관련된 표현을 놓치지 않고 듣는다. "As the director, I cannot be more proud of the work we have done."이라며 감독으로서 자신과 청자들이 완성한 작품에 대해 이보다 더 자랑스러울 수 없다고 하였다. 따라서 정답은 (C) A director이다.

75 ■ 세부 사항 관련 문제 이유   정답 (A)
화자가 Ms. Anderson에게 특별히 감사하는 이유를 묻는 문제이므로, 질문의 핵심어구(thank Ms. Anderson)와 관련된 내용을 주의 깊게 듣는다. "I'd like to give special thanks to the film's editor, Margot Anderson, for putting in some overtime to make the changes I requested."라며 자신이 요청했던 변경 사항들을 반영하기 위해 초과근무를 해준 것에 대해 Margot Anderson에게 특별한 감사를 전하고 싶다고 하였다. 따라서 정답은 (A) She worked additional hours이다.

76 ■ 세부 사항 관련 문제 다음에 할 일   정답 (B)
저녁 식사 후에 일어날 일을 묻는 문제이므로, 질문의 핵심어구(after dinner)가 언급된 주변을 주의 깊게 듣는다. "After dinner, we will assemble in the ballroom so you can see the finished product."라며 저녁 식사 이후 청자들이 완성품을 볼 수 있도록 연회장에서 모일 것이라고 하였다. 따라서 정답은 (B) A work will be shown이다.

Questions 77-79 refer to the following announcement.

🔊 캐나다식 발음

⁷⁷Attention, all warehouse workers. ⁷⁷/⁷⁸An unusually large shipment has just arrived, and it needs to be unloaded into the storeroom 12. ⁷⁸You know, it's a warm day, and, uh . . . there is a lot of frozen food. Unless you are working on an urgent assignment right now, please head straight to Loading Dock 7. When you get there, the supervisor of that section . . . um, David Wilkins will let you know what to do. In addition, ⁷⁹if there are any empty carts in your current area, please bring them with you. Mr. Wilkins mentioned that they were running short of them, and he wants to retrieve as many of them as possible.

77 Where most likely is the announcement taking place?
(A) In a service center
(B) In a restaurant kitchen
(C) In a storage facility
(D) In a retail outlet

78 What does the speaker mean when he says, "there is a lot of frozen food"?
(A) A product needs to be consumed.
(B) A task must be completed quickly.
(C) A delivery includes the wrong items.
(D) A worker should be told of a problem.

79 What is mentioned about Mr. Wilkins?
(A) He can be found in his office.
(B) He is planning to hire staff.
(C) He was just promoted.
(D) He asked for some equipment.

77-79번은 다음 공지에 관한 문제입니다.

⁷⁷모든 창고 직원들께서는 주목해주세요. ⁷⁷/⁷⁸평소와 달리 많은 양의 수송품이 방금 도착했고, 12호 창고로 내려져야 합니다. ⁷⁸아시다시피, 날이 따뜻하고, 어… 그곳에는 냉동식품이 많습니다. 긴급한 업무를 수행하고 있는 것이 아닌 한, 7번 하역장으로 즉시 향해주십시오. 그곳에 도착하시면, 그 구역의 관리자인, 음… David Wilkins씨가 여러분이 무엇을 해야 하는지 알려줄 것입니다. 추가적으로, ⁷⁹여러분이 현재 있는 구역에 빈 수레들이 있다면, 함께 가지고 와 주십시오. Mr. Wilkins가 그것들이 부족하다고 언급하였고, 그는 그것들을 가능한 한 많이 회수하고 싶어 합니다.

77. 공지는 어디에서 일어나고 있는 것 같은가?
(A) 서비스 센터에서
(B) 식당 주방에서
(C) 창고 시설에서
(D) 소매판매점에서

78. 화자는 "그곳에는 냉동식품이 많습니다"라고 말할 때 무엇을 의도하는가?
(A) 제품이 소비되어야 한다.
(B) 업무가 빠르게 완료되어야 한다.
(C) 배달물이 잘못된 품목들을 포함한다.
(D) 근무자에게 문제가 알려져야 한다.

79. Mr. Wilkins에 관해 무엇이 언급되는가?
(A) 그는 그의 사무실에서 찾을 수 있다.
(B) 그는 직원들을 고용할 계획이다.
(C) 그는 이제 막 승진했다.
(D) 그는 몇몇 장비들을 요청했다.

지문 unload[ənloud] (짐을) 내리다 urgent[ə́:rdʒənt] 긴급한, 촉박한 loading dock 하역장, 짐 싣는 곳 run short of ~이 부족하다
77 retail outlet 소매판매점
78 consume[미 kənsú:m, 영 kənsjú:m] 소비하다, 소모하다

77 ■ 전체 대화 관련 문제 장소　　　　　　　　　　　　　　　　　　　　　　　　　　　　　　　　정답 (C)
공지가 이루어지는 장소를 묻는 문제이므로, 장소와 관련된 표현을 놓치지 않고 듣는다. "Attention, all warehouse workers."라며 모든 창고 직원들은 주목해달라고 한 후, "An unusually large shipment has just arrived, and it needs to be unloaded into the storeroom 12."라며 평소와 달리 많은 양의 수송품이 방금 도착했으며 12호 창고로 내려져야 한다고 하였다. 이를 통해 창고 시설에서 공지가 이루어지고 있음을 알 수 있다. 따라서 정답은 (C) In a storage facility이다.

78 ■ 세부 사항 관련 문제 의도 파악　　　　　　　　　　　　　　　　　　　　　　　　　　　　　　　정답 (B)
화자가 하는 말의 의도를 묻는 문제이므로, 질문의 인용어구(there is a lot of frozen food)가 언급된 주변을 주의 깊게 듣는다. "An unusually large shipment has just arrived ~."라며 평소와 달리 많은 양의 수송품이 방금 도착했다고 한 후, "You know, it's a warm day, and ~ there is a lot of frozen food."라며 청자들이 알다시피 날이 따뜻하고 냉동식품이 많다고 하였다. 이를 통해 업무가 빠르게 완료되어야 한다는 것을 알 수 있다. 따라서 정답은 (B) A task must be completed quickly이다.

79 ■ 세부 사항 관련 문제 언급　　　　　　　　　　　　　　　　　　　　　　　　　　　　　　　　정답 (D)
Mr. Wilkins에 관해 언급되는 것을 묻는 문제이므로, 질문의 핵심어구(Mr. Wilkins)와 관련된 내용을 주의 깊게 듣는다. "if there are any empty carts in your current area, please bring them with you"라며 청자들이 현재 있는 구역에 빈 수레들이 있다면 함께 가지고 와 달라고 한 뒤, "Mr. Wilkins mentioned that they were running short of them, and he wants to retrieve as many of them as possible."이라며 Mr. Wilkins가 그것들이 부족하다고 언급하였고, 그가 그것들을 가능한 한 많이 회수하고 싶어 한다고 하였다. 따라서 정답은 (D) He asked for some equipment이다.

Questions 80-82 refer to the following talk.

🎧 호주식 발음

OK . . . My name is Dwight Farley, and I'll be giving you a tour today. [80]As interns, you will need to be familiar with the museum's layout and the specific paintings on display here. [81]Usually, I start the tour in the main lobby. However, it is undergoing some renovations right now. I will show you that area next week when the work has been finished. [81]Instead, we will start in the Italian Gallery and make our way around the first floor. Then, [82]we will break for a 30-minute lunch at Mario's Pizzeria across the street. In the afternoon, we will finish the tour on the second floor. Let's begin!

80 Who most likely are the listeners?
    (A) Painters
    (B) Curators
    (C) Tourists
    (D) Interns

81 According to the speaker, why does the tour start from the Italian Gallery?
    (A) An area is being remodeled.
    (B) A display has been taken down.
    (C) An exhibition is being prepared.
    (D) A section has been newly opened.

82 What will the listeners do after lunch?
    (A) They will go to the second floor.
    (B) They will attend a lecture.
    (C) They will take a break.
    (D) They will join a workshop.

80~82번은 다음 담화에 관한 문제입니다.

좋습니다… 제 이름은 Dwight Farley이고, 오늘 여러분께 견학을 시켜드릴 것입니다. [80]인턴 직원들로서, 여러분은 박물관의 배치도와 이곳에서 전시 중인 특정 그림들에 익숙해질 필요가 있을 것입니다. [81]보통, 저는 견학을 메인 로비에서 시작합니다. 그러나, 그곳은 현재 보수 작업 중입니다. 작업이 완료되면 다음 주에 그 구역을 보여드리도록 하겠습니다. [81]대신, 우리는 이탈리아 갤러리에서 시작하여 1층 주변을 돌아볼 것입니다. 그 뒤, [82]우리는 도로 건너편 Mario's Pizzeria에서 30분간 점심 식사를 위해 휴식할 것입니다. 오후에, 우리는 2층에서 견학을 마무리할 것입니다. 시작합시다!

80. 청자들은 누구일 것 같은가?
    (A) 화가들
    (B) 전시 기획자들
    (C) 관광객들
    (D) 인턴 직원들

81. 화자에 따르면, 견학은 왜 이탈리아 갤러리에서부터 시작하는가?
    (A) 한 구역이 개조되고 있다.
    (B) 전시품이 치워졌다.
    (C) 전시회가 준비되고 있다.
    (D) 한 구역이 새롭게 개장되었다.

82. 점심 식사 후에 청자들은 무엇을 할 것인가?
    (A) 그들은 2층으로 향할 것이다.
    (B) 그들은 강의에 참석할 것이다.
    (C) 그들은 휴식을 취할 것이다.
    (D) 그들은 워크숍에 참가할 것이다.

지문 **layout**[leiaut] 배치도, 설계 **undergo**[미 ʌndərgóu, 영 ʌndəgóu] 받다, 겪다 **renovation**[rènəvéiʃən] 보수, 개조
80 **curator**[미 kjuréitər, 영 kjuəréitə] 전시 기획자
81 **take down** 치우다

80 ■ **전체 지문 관련 문제** 청자   정답 (D)

청자들의 신분을 묻는 문제이므로, 신분 및 직업과 관련된 표현을 놓치지 않고 듣는다. "As interns, you will need to be familiar with the museum's layout and the specific paintings on display here."라며 인턴 직원으로서 청자들이 박물관의 배치도와 전시 중인 특정 그림들에 익숙해질 필요가 있을 것이라고 하였다. 이를 통해 청자들이 인턴 직원들임을 알 수 있다. 따라서 정답은 (D) Interns이다.

81 ■ **세부 사항 관련 문제** 이유   정답 (A)

견학이 이탈리아 갤러리에서부터 시작되는 이유를 묻는 문제이므로, 질문의 핵심어구(Italian Gallery)가 언급된 주변을 주의 깊게 듣는다. "Usually, I start the tour in the main lobby. However, it is undergoing some renovations right now."라며 보통 견학을 메인 로비에서 시작하지만 현재 메인 로비가 보수 작업 중이라고 하고, "Instead, we will start in the Italian Gallery and make our way around the first floor."라며 대신 이탈리아 갤러리에서 시작하여 1층 주변을 돌아볼 것이라고 하였다. 따라서 정답은 (A) An area is being remodeled이다.

82 ■ **세부 사항 관련 문제** 다음에 할 일   정답 (A)

점심 식사 후에 청자들이 무엇을 할 것인지를 묻는 문제이므로, 질문의 핵심어구(after lunch)와 관련된 내용을 주의 깊게 듣는다. "we will break for a 30-minute lunch at Mario's Pizzeria across the street."이라며 도로 건너편의 Mario's Pizzeria에서 30분간 점심 식사를 위해 휴식할 것이라고 한 뒤, "In the afternoon, we will finish the tour on the second floor."라며 오후에는 2층에서 견학을 마무리할 것이라고 하였다. 이를 통해 청자들이 점심 식사 후 2층으로 향할 것임을 알 수 있다. 따라서 정답은 (A) They will go to the second floor이다.

Questions 83-85 refer to the following telephone message.

🔊 영국식 발음

Hi, this is a message for Victor Abrams. My name is Cathy Harris, and I'm calling from Maypole Bank. [83]We discovered your bank card in one of our ATMs yesterday. What we do in cases like this is keep the card at our information desk. [84]You can stop by and pick it up on any workday between 9:00 A.M. and 5:00 P.M. However, if you are considering coming in the afternoon on a Friday, uh . . . that option will no longer be available from next week. [85]Please also note that you should bring a piece of government-issued ID. Call me back if you have any questions.

83 Why is the speaker calling?
(A) To report a found item
(B) To offer a financial service
(C) To address a question
(D) To confirm an appointment

84 What does the speaker imply when she says, "that option will no longer be available from next week"?
(A) Business hours will be changed.
(B) An employee will go on leave.
(C) A branch will be closed down.
(D) Security procedures will be updated.

85 What does the listener have to bring?
(A) A photocopy of a bankbook
(B) An exact amount of cash
(C) A credit card application
(D) An identification card

83-85번은 다음 전화 메시지에 관한 문제입니다.

안녕하세요, 이것은 Victor Abrams를 위한 메시지입니다. 제 이름은 Cathy Harris이고, Maypole 은행으로부터 전화를 드립니다. [83]어제 저희의 ATM 기기들 중 하나에서 귀하의 은행 카드를 발견하였습니다. 이러한 경우에 저희가 하는 것은 카드를 안내 데스크에 보관하는 것입니다. [84]귀하께서는 어느 영업일이든 오전 9시와 오후 5시 사이에 방문하셔서 그것을 찾아가실 수 있습니다. 그러나, 만약 귀하께서 금요일 오후에 오시는 것을 고려하고 있으시다면, 어… 그 선택지는 다음 주부터 더 이상 유효하지 않게 될 것입니다. [85]정부로부터 발급된 신분증을 가지고 오셔야 한다는 것 또한 유념해주시기를 바랍니다. 질문이 있으시다면 회신 부탁드립니다.

83. 화자는 왜 전화를 하고 있는가?
(A) 습득물을 보고하기 위해
(B) 금융 서비스를 제안하기 위해
(C) 질문하기 위해
(D) 예약을 확정하기 위해

84. 화자는 "그 선택지는 다음 주부터 더 이상 유효하지 않게 될 것입니다"라고 말할 때 무엇을 의도하는가?
(A) 영업시간이 변경될 것이다.
(B) 직원이 휴가를 떠날 것이다.
(C) 지점이 폐점될 것이다.
(D) 보안 절차가 갱신될 것이다.

85. 청자는 무엇을 가지고 와야 하는가?
(A) 은행 통장의 사본
(B) 정확한 액수의 현금
(C) 신용카드 신청서
(D) 신분증

지문 workday[미 wə́ːrkdei, 영 wə́ːkdei] 영업일, 근무일
84 business hours 영업시간, 근무 시간 go on leave 휴가를 가다
85 bankbook[bǽŋkbùk] 은행 통장 identification card 신분증

---

83 ■ 전체 지문 관련 문제 목적
정답 (A)

전화의 목적을 묻는 문제이므로, 지문의 초반을 반드시 듣는다. "We discovered your bank card in one of our ATMs yesterday." 라며 어제 ATM 기기에서 청자의 은행 카드를 발견하였다고 하였다. 따라서 정답은 (A) To report a found item이다.

84 ■ 세부 사항 관련 문제 의도 파악
정답 (A)

화자가 하는 말의 의도를 묻는 문제이므로, 질문의 인용어구(that option will no longer be available from next week)가 언급된 주변을 주의 깊게 듣는다. "You can stop by and pick it[card] up on any workday between 9:00 A.M. and 5:00 P.M."이라며 어느 영업일이든 오전 9시와 오후 5시 사이에 방문하여 그것, 즉 카드를 찾아갈 수 있다고 한 뒤, "However, if you are considering coming in the afternoon on a Friday ~ that option will no longer be available from next week."라며 그러나 금요일 오후에 오는 것을 고려하고 있다면 그 선택지는 다음 주부터 더 이상 유효하지 않게 될 것이라고 하였다. 이를 통해 영업시간이 변경될 것임을 알 수 있다. 따라서 정답은 (A) Business hours will be changed이다.

85 ■ 세부 사항 관련 문제 특정 세부 사항
정답 (D)

청자가 가지고 와야 하는 것이 무엇인지를 묻는 문제이므로, 질문의 핵심어구(have to bring)와 관련된 내용을 주의 깊게 듣는다. "Please also note that you should bring a piece of government-issued ID."라며 정부로부터 발급된 신분증을 가지고 와야 한다는 것 또한 유념해달라고 하였다. 따라서 정답은 (D) An identification card이다.

Questions 86-88 refer to the following advertisement.

🎧 미국식 발음

86Are you interested in being on the most popular television show in the country? *Blue Sunset*, a comedy series on Channel 7, is looking for hundreds of people to be extras in party scenes. No acting experience is required. We just need a large group to be in the shots. 87Filming will take place in the Orange Hotel in Miami between June 13 and 16. If you are interested, 88please just send an e-mail with your name, age, and phone number to our casting coordinator, Joe Geltman, by June 10. Don't miss this exciting opportunity to be in a top-rated TV show!

86 What is the advertisement mainly about?
(A) A chance to appear in a production
(B) An opportunity to compete in a contest
(C) An offer to subscribe to a cable service
(D) An invitation to an outdoor party

87 What does the speaker mention about the Orange Hotel?
(A) It has a large banquet room.
(B) It is a famous tourist attraction.
(C) It will be closed in June.
(D) It will be a filming location.

88 What does the speaker ask the listeners to send to Mr. Geltman?
(A) Some scenario samples
(B) Some personal details
(C) A photograph
(D) A video clip

86-88번은 다음 광고에 관한 문제입니다.

86이 나라에서 가장 인기 있는 텔레비전 쇼에 출연하는 것에 관심이 있으신가요? 7채널의 코미디 시리즈, *Blue Sunset*에서 파티 장면들의 보조 출연자가 될 수백 명의 사람들을 찾고 있습니다. 연기 경험은 요구되지 않습니다. 우리는 그저 장면들에 등장할 대규모의 그룹이 필요합니다. 87촬영은 마이애미의 Orange 호텔에서 6월 13일부터 16일 사이에 이루어질 것입니다. 만약 관심이 있으시다면, 6월 10일까지, 88이름, 나이, 전화번호가 적힌 이메일을 우리의 캐스팅 책임자 Joe Geltman에게 보내기만 하십시오. 가장 인기 있는 TV쇼에 출연할 이 흥미로운 기회를 놓치지 마세요!

86. 광고는 주로 무엇에 관한 것인가?
(A) 상연 작품에 출연할 기회
(B) 대회에서 경쟁할 수 있는 기회
(C) 케이블 서비스 구독 제안
(D) 야외 파티로의 초대

87. 화자는 Orange 호텔에 관해 무엇을 언급하는가?
(A) 그곳은 넓은 연회장을 가지고 있다.
(B) 그곳은 유명한 관광 명소이다.
(C) 그곳은 6월에 폐장된다.
(D) 그곳은 촬영지가 될 것이다.

88. 화자는 청자들에게 Mr. Geltman에게 무엇을 보내라고 요청하는가?
(A) 시나리오 샘플
(B) 개인 정보
(C) 사진
(D) 동영상 클립

지문 be interested in ~에 관심이 있다 coordinator[kouɔ́:rdəneitər] 책임자, 조정자
86 production[prədʌ́kʃən] 상연 작품, 제작물 subscribe[səbskráib] 구독하다
87 banquet[bǽŋkwit] 연회 tourist attraction 관광 명소

86 ■ 전체 지문 관련 문제 주제 　　　　　　　　　　　　　　　　　　　　　　　　　　정답 (A)
광고의 주제를 묻는 문제이므로, 지문의 초반을 반드시 듣는다. "Are you interested in being on the most popular television show in the country?"라며 인기 있는 텔레비전 쇼에 출연하는 것에 관심이 있는지 물은 뒤, "*Blue Sunset*, a comedy series on Channel 7, is looking for hundreds of people to be extras in party scenes"라며 7채널의 코미디 시리즈 *Blue Sunset*에서 파티 장면들의 보조 출연자가 될 수백 명의 사람들을 찾고 있다고 하였다. 따라서 정답은 (A) A chance to appear in a production 이다.

87 ■ 세부 사항 관련 문제 언급 　　　　　　　　　　　　　　　　　　　　　　　　　　정답 (D)
화자가 Orange 호텔에 관해 언급하는 것을 묻는 문제이므로, 질문의 핵심어구(Orange Hotel)가 언급된 주변을 주의 깊게 듣는다. "Filming will take place in the Orange Hotel in Miami"라며 촬영은 마이애미의 Orange 호텔에서 이루어질 것이라고 하였다. 따라서 정답은 (D) It will be a filming location이다.

88 ■ 세부 사항 관련 문제 요청 　　　　　　　　　　　　　　　　　　　　　　　　　　정답 (B)
화자가 청자들에게 무엇을 Mr. Geltman에게 보내도록 요청하는지를 묻는 문제이므로, 지문의 중후반에서 요청과 관련된 표현이 포함된 문장을 주의 깊게 듣는다. "please just send an e-mail with your name, age, and phone number to our casting coordinator, Joe Geltman"이라며 이름, 나이, 전화번호가 적힌 이메일을 캐스팅 책임자 Joe Geltman에게 보내라고 요청하였다. 따라서 정답은 (B) Some personal details이다.

Questions 89-91 refer to the following talk.

🎧 호주식 발음

First of all, I'd like to thank Mary Williams for inviting me to speak today. Since [89]this lecture series will focus on fiction and society, [90]I have chosen to speak about Miles Kramer's classic work *The University Student*. This novel highlights some of the issues within the educational system that existed about 50 years ago. If you haven't read it, don't worry. I will be focusing on small sections of the book and reading them out loud. [91]If you are having trouble hearing me clearly, you should move closer to the front. There are plenty of seats in the first row still.

89 What is mentioned about the lecture series?
(A) It is held at a university.
(B) It is an annual event.
(C) It has a specific theme.
(D) It started later than anticipated.

90 Who most likely is Miles Kramer?
(A) An educational researcher
(B) A novelist
(C) A graduate student
(D) A professor

91 What does the speaker suggest the listeners do?
(A) Move to the front seats
(B) Form a discussion group
(C) Purchase a publication
(D) Read the first chapter of a book

89-91번은 다음 담화에 관한 문제입니다.

우선, 오늘 제가 연설을 하게끔 초내해 주신 Mary Williams에게 감사를 드리고 싶습니다. [89]이 강의 시리즈가 소설과 사회에 초점을 맞출 것이기에, [90]저는 Miles Kramer의 고전 작품인 *The University Student*에 관해 이야기하기로 선택했습니다. 이 소설은 50여 년 전에 존재했던 교육 제도 내의 몇몇 문제들을 강조합니다. 만약 그것을 읽지 않으셨더라도, 걱정하지 마세요. 저는 책의 작은 부분들에 집중할 예정이고 그 부분을 소리 내어 읽어드릴 것입니다. [91]만약 제 말을 정확히 듣는 데 어려움이 있으시다면, 앞으로 더 가까이 이동하셔야 할 거예요. 첫 줄에 아직 많은 좌석들이 있습니다.

89. 강의 시리즈에 관해 무엇이 언급되는가?
(A) 그것은 대학교에서 열린다.
(B) 그것은 연례행사이다.
(C) 그것에는 특정 주제가 있다.
(D) 그것은 예상했던 것보다 늦게 시작되었다.

90. Miles Kramer는 누구인 것 같은가?
(A) 교육 연구원
(B) 소설가
(C) 대학원생
(D) 교수

91. 화자는 청자들에게 무엇을 하라고 제안하는가?
(A) 앞쪽 자리로 이동한다.
(B) 토론 그룹을 형성한다.
(C) 출판물을 구입한다.
(D) 책의 첫 장을 읽는다.

지문 classic[klǽsik] 고전의, 전통적인 highlight[háilàit] 강조하다 plenty of 많은 row[rou] 줄, 열
89 anticipate[æntísəpèit] 예상하다, 기대하다
90 novelist[미 nάːvəlist, 영 nɔ́vəlist] 소설가 graduate student 대학원생
91 discussion[diskʌ́ʃən] 토론, 논의 purchase[미 pə́ːrtʃəs, 영 pə́ːtʃəs] 구입하다 publication[pʌ̀bləkéiʃən] 출판물

89 ■ 세부 사항 관련 문제 언급   정답 (C)
강의 시리즈에 관해 언급되는 것을 묻는 문제이므로, 질문의 핵심어구(lecture series)가 언급된 주변을 주의 깊게 듣는다. "this lecture series will focus on fiction and society"라며 강의 시리즈가 소설과 사회에 초점을 맞출 것이라고 하였다. 따라서 정답은 (C) It has a specific theme이다.

90 ■ 세부 사항 관련 문제 특정 세부 사항   정답 (B)
Miles Kramer의 신분을 묻는 문제이므로, 질문 대상(Miles Kramer)의 신분 및 직업과 관련된 표현을 놓치지 않고 듣는다. "I have chosen to speak about Miles Kramer's classic work *The University Student*."라며 Miles Kramer의 고전 작품인 *The University Student*에 관해 이야기하겠다고 한 뒤, "This novel[*The University Student*] highlights some of the issues within the educational system"이라며 소설 *The University Student*가 교육 제도 내의 몇몇 문제들을 강조한다고 하였다. 이를 통해 Miles Kramer가 소설가임을 알 수 있다. 따라서 정답은 (B) A novelist이다.

91 ■ 세부 사항 관련 문제 제안   정답 (A)
화자가 청자들에게 제안하는 것을 묻는 문제이므로, 지문의 후반에서 제안과 관련된 표현이 포함된 문장을 주의 깊게 듣는다. "If you are having trouble hearing me clearly, you should move closer to the front."라며 화자의 목소리를 정확히 듣는 데 어려움이 있다면 앞으로 더 가까이 이동해야 할 것이라고 하였다. 따라서 정답은 (A) Move to the front seats이다.

Questions 92-94 refer to the following introduction.

🎧 캐나다식 발음

Everyone, could you please stop what you're doing and listen up? 92This is Stacy Addison from Westgate Consultancy Services. She'll be working with us over the next three weeks on the Gulf Ridge property development. 92Ms. Addison will put together a cost analysis that includes our expenditures on materials, labor, and equipment. 93I am confident that her report will help us increase profits . . . she's worked on many similar projects before. Please take some time to introduce yourself to her today. 94She will be working in the conference room this week until she is assigned an office.

92 Who most likely is Stacy Addison?
    (A) A consultant
    (B) A realtor
    (C) An investor
    (D) A recruiter

93 Why does the speaker say, "she's worked on many similar projects before"?
    (A) To indicate surprise
    (B) To suggest a solution
    (C) To express confidence
    (D) To accept a suggestion

94 What will be assigned to Ms. Addison?
    (A) A personal computer
    (B) A workspace
    (C) A deadline
    (D) An employee card

92-94번은 다음 소개에 관한 문제입니다.

모두들, 지금 하고 있는 것을 멈추고 들어주시겠습니까? 92이쪽은 Westgate Consultancy Services의 Stacy Addison입니다. 그녀는 Gulf Ridge 부동산 개발과 관련하여 다음 3주 동안 우리와 함께 일하게 될 것입니다. 92Ms. Addison은 자재, 인력, 장비에 대한 우리의 지출들을 포함하여 비용 분석을 종합해 줄 것입니다. 93저는 그녀의 보고서가 우리의 이익을 증가시키는 데 도움을 줄 것이라고 자신합니다… 그녀는 많은 비슷한 프로젝트들에서 일했었습니다. 그녀에게 스스로를 소개하는 약간의 시간을 가지도록 해주세요. 94그녀는 사무실을 배정받을 때까지 이번 주에는 회의실에서 일하게 될 것입니다.

92. Stacy Addison은 누구인 것 같은가?
    (A) 자문 위원
    (B) 부동산업자
    (C) 투자자
    (D) 신입사원 모집자

93. 화자는 왜 "그녀는 많은 비슷한 프로젝트들에서 일했었습니다"라고 말하는가?
    (A) 놀라움을 나타내기 위해
    (B) 해결책을 제안하기 위해
    (C) 자신감을 표현하기 위해
    (D) 제안을 수용하기 위해

94. Ms. Addison에게 무엇이 배정될 것인가?
    (A) 개인용 컴퓨터
    (B) 업무 공간
    (C) 마감 기한
    (D) 사원증

지문 property [미 prá:pərti, 영 prɔ́pəti] 부동산, 소유물 expenditure [미 ikspéndiʧər, 영 ikspéndiʧə] 지출
 93 realtor [미 rí:əltər, 영 ríəltə] 부동산업자 recruiter [미 rikrú:tər, 영 rikrú:tə] 신입사원 모집자, 스카우터

92 ■ 세부 사항 관련 문제 특정 세부 사항   정답 (A)
Stacy Addison의 신분을 묻는 문제이므로, 질문 대상(Stacy Addison)의 신분 및 직업과 관련된 표현을 놓치지 않고 듣는다. "This is Stacy Addison from Westgate Consultancy Services."라며 Stacy Addison이 Westgate Consultancy Services사에서 왔다고 소개한 후, "Ms. Addison will put together a cost analysis that includes our expenditures on materials, labor, and equipment."라며 Ms. Addison이 자재, 인력, 장비에 대한 지출들을 포함해 비용 분석을 종합해 줄 것이라고 소개한 것을 통해 Stacy Addison이 자문 위원임을 알 수 있다. 따라서 정답은 (A) A consultant이다.

93 ■ 세부 사항 관련 문제 의도 파악   정답 (C)
화자가 하는 말의 의도를 묻는 문제이므로, 질문의 인용어구(she's worked on many similar projects before)가 언급된 주변을 주의 깊게 듣는다. "I am confident that her report will help us increase profits"라며 그녀의 보고서가 이익을 증가시키는 데 도움을 줄 것이라고 자신한다고 한 뒤, "She's worked on many similar projects before"라며 그녀가 많은 비슷한 프로젝트들에서 일했었다고 하였다. 이를 통해 화자가 자신감을 표현하려는 의도임을 알 수 있다. 따라서 정답은 (C) To express confidence이다.

94 ■ 세부 사항 관련 문제 특정 세부 사항   정답 (B)
Ms. Addison에게 무엇이 배정될 것인지를 묻는 문제이므로, 질문의 핵심어구(assigned to Ms. Addison)와 관련된 내용을 주의 깊게 듣는다. "She[Ms. Addison] will be working in the conference room this week until she is assigned an office."라며 그녀, 즉 Ms. Addison은 사무실을 배정받을 때까지 이번 주에는 회의실에서 일하게 될 것이라고 하였다. 따라서 정답은 (B) A workspace 이다.

바꾸어 표현하기
an office 사무실 → A workspace 업무 공간

Questions 95-97 refer to the following excerpt from a meeting and chart.

🎧 호주식 발음

Next, I'd like to discuss our airline's rewards system. 95The marketing department just completed a customer survey. It turns out that 25 percent of those who fly with us for the first time choose our airline because of our mileage program. So, we're not going to make many changes to our membership scheme. However, 96we're going to stop offering discounts on in-flight snacks and drinks. The reason is quite simple. 97The company that supplies these to us has raised its prices recently to cover the higher cost of obtaining raw ingredients.

Benefits	Membership Level			
	96Blue	Yellow	Green	Purple
Discounts on refreshments on-board	√	√	√	√
Access to exclusive lounge		√	√	√
Free travel insurance			√	√
Priority boarding				√

95 What did the marketing department recently do?
(A) Organized a promotion
(B) Conducted a survey
(C) Replaced a slogan
(D) Updated a policy

96 Look at the graphic. Which membership level will probably be discontinued?
(A) Blue
(B) Yellow
(C) Green
(D) Purple

97 Why did a supplier raise its prices recently?
(A) Shipping costs have risen.
(B) Workers demanded a wage increase.
(C) Ingredient prices have gone up.
(D) Consumer demand has grown stronger.

95-97번은 다음 회의 발췌록과 차트에 관한 문제입니다.

다음으로, 저는 우리 항공사의 보상 제도에 대해 논의해보고 싶습니다. 96마케팅 부서가 이제 막 고객 설문 조사를 완료하였습니다. 우리와 처음으로 함께 비행하기로 결정한 사람들의 25퍼센트는 마일리지 프로그램 때문에 우리 항공사를 선택한 것으로 밝혀졌습니다. 그래서, 우리는 멤버십 제도에 대해 많은 변화를 만들지는 않을 것입니다. 그러나, 96우리는 기내 간식과 음료에 대한 할인을 제공하는 것은 중단할 것입니다. 이유는 꽤 단순합니다. 97우리에게 이것들을 공급해주는 회사가 높아진 원재료 입수 비용을 충당하기 위해 최근에 가격을 인상했습니다.

혜택	멤버십 등급			
	96Blue	Yellow	Green	Purple
기내 다과 할인	√	√	√	√
전용 라운지 이용		√	√	√
무료 여행자 보험			√	√
우선 탑승				√

95. 마케팅 부서는 최근에 무엇을 했는가?
(A) 홍보를 계획했다.
(B) 설문조사를 실시했다.
(C) 슬로건을 교체했다.
(D) 정책을 업데이트했다.

96. 시각 자료를 보시오. 어떤 멤버십 등급이 중단될 것 같은가?
(A) Blue
(B) Yellow
(C) Green
(D) Purple

97. 공급사는 최근에 왜 가격을 인상했는가?
(A) 수송료가 상승했다.
(B) 근로자들이 임금 인상을 요구했다.
(C) 재료비가 올라갔다.
(D) 소비자 수요가 더욱 강해졌다.

지문 turn out 밝혀지다, 나타나다 scheme[ski:m] 제도 in-flight 기내의 obtain[əbtéin] 입수하다, 획득하다
refreshment[rifréʃmənt] 다과, 가벼운 음식 on-board 기내의, 선상의 exclusive[iksklú:siv] 전용, 독점적
priority[미 praiɔ́:rəti, 영 praiɔ́riti] 우선, 중요

95 ■ **세부 사항 관련 문제** 특정 세부 사항　　　　　　　　　　　　　　　　　　　　　　　　정답 (B)

마케팅 부서가 최근에 한 것을 묻는 문제이므로, 질문의 핵심어구(marketing department recently do)와 관련된 내용을 주의 깊게 듣는다. "The marketing department just completed a customer survey."라며 마케팅 부서가 이제 막 고객 설문 조사를 완료했다고 하였다. 따라서 정답은 (B) Conducted a survey이다.

96 ■ **세부 사항 관련 문제** 시각 자료　　　　　　　　　　　　　　　　　　　　　　　　정답 (A)

어떤 멤버십 등급이 중단될 것인지를 묻는 문제이므로, 제시된 차트의 정보를 확인한 뒤 질문의 핵심어구(membership level will ~ be discontinued)와 관련된 내용을 주의 깊게 듣는다. "we're going to stop offering discounts on in-flight snacks and drinks"라며 기내 간식과 음료에 대한 할인을 제공하는 것은 중단할 것이라고 하였으므로, 중단될 멤버십 등급은 Blue 등급임을 차트에서 알 수 있다. 따라서 정답은 (A) Blue이다.

97 ■ **세부 사항 관련 문제** 이유　　　　　　　　　　　　　　　　　　　　　　　　　　정답 (C)

공급사가 최근 가격을 인상한 이유를 묻는 문제이므로, 질문의 핵심어구(supplier raise its prices)와 관련된 내용을 주의 깊게 듣는다. "The company that supplies these[snacks and drinks] to us has raised its prices recently to cover the higher cost of obtaining raw ingredients."라며 간식과 음료를 공급해주는 회사가 높아진 원재료 입수 비용을 충당하기 위해 최근에 가격을 인상했다고 하였다. 따라서 정답은 (C) Ingredient prices have gone up이다.

Questions 98-100 refer to the following broadcast and subway map.

🔊 영국식 발음

And now for local news. ⁹⁸The typhoon that passed through the region yesterday caused extensive damage across the city. Many neighborhoods are still without power. ⁹⁹At 10 A.M. today, Mayor Roberson stated that it would take city workers two more days to restore electricity to the downtown area and four more days to get power to the suburbs. If you are commuting to work this morning, please note that the metro system is not fully functional. In particular, ¹⁰⁰the line that runs from Greendale Station to City Heights Station has been closed due to flooding. Furthermore, there has been water damage to the lower levels of Market Station. Stay tuned for further updates.

98-100번은 다음 방송과 지하철 노선도에 관한 문제입니다.

이제 지역 뉴스를 보내드리겠습니다. ⁹⁸어제 지역을 통과한 태풍이 도시를 가로질러 대규모의 피해를 초래하였습니다. 많은 주민들은 아직도 동력이 없는 상태입니다. ⁹⁹오늘 오전 10시에, Roberson 시장은 도시 근로자들이 시내 지역에 전기를 복구하는 데 이틀, 그리고 교외 지역들에 동력을 공급하는 데 나흘이 더 걸릴 것이라고 언급했습니다. 오늘 아침 직장까지 통근하신다면, 지하철 시스템이 완전히 가동되지 않고 있다는 점을 주의하시기 바랍니다. 특히, ¹⁰⁰Greendale역부터 City Heights역까지 운행되는 노선은 침수로 인해 폐쇄되었습니다. 또한, Market역의 저층부에 수해가 있었습니다. 추가적인 업데이트를 위해 채널을 고정해 주십시오.

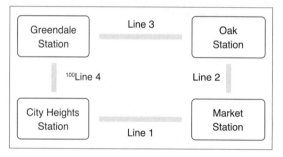

98 What is the purpose of the broadcast?
(A) To warn residents of potential danger
(B) To describe the effects of a storm
(C) To explain how a building was damaged
(D) To offer advice on how to fix the power

99 What did Mayor Roberson do this morning?
(A) Inspected a power facility
(B) Visited suburban areas
(C) Met with city workers
(D) Announced a work schedule

100 Look at the graphic. Which metro line has been closed?
(A) Line 1
(B) Line 2
(C) Line 3
(D) Line 4

98. 방송의 목적은 무엇인가?
(A) 거주민들에게 잠재적인 위험에 대해 경고하기 위해
(B) 폭풍의 영향을 설명하기 위해
(C) 건물이 얼마나 손상되었는지 설명하기 위해
(D) 동력을 어떻게 고치는지에 대한 조언을 제공하기 위해

99. Roberson 시장은 오늘 아침에 무엇을 했는가?
(A) 발전 시설을 점검했다.
(B) 교외 지역들을 방문했다.
(C) 도시 근로자들과 만났다.
(D) 작업 일정을 발표했다.

100. 시각 자료를 보시오. 어떤 지하철 노선이 폐쇄되었는가?
(A) 1호선
(B) 2호선
(C) 3호선
(D) 4호선

지문 **pass through** ~을 통과하다, 지나가다 **extensive**[iksténsiv] 대규모의, 광범위한 **restore**[미 ristɔ́ːr, 영 ristɔ́ː] 복구하다, 회복하다 **suburb**[미 sʌ́bəːrb, 영 sʌ́bəːb] 교외, 근교 **commute**[kəmjúːt] 통근하다
98 **resident**[rézidənt] 거주민
99 **inspect**[inspékt] 점검하다, 조사하다

98 ■ **전체 지문 관련 문제** 목적

방송의 목적을 묻는 문제이므로, 지문의 초반을 반드시 듣는다. "The typhoon that passed through the region yesterday caused extensive damage across the city."라며 어제 지역을 통과한 태풍이 도시를 가로질러 대규모의 피해를 초래하였다고 한 뒤, 지문 전반에 걸쳐 태풍의 영향을 설명하고 있다. 따라서 정답은 (B) To describe the effects of a storm이다.

바꾸어 표현하기
typhoon 태풍 → storm 폭풍

99 ■ **세부 사항 관련 문제** 특정 세부 사항

Roberson 시장이 오늘 아침에 무엇을 했는지 묻는 문제이므로, 질문의 핵심어구(Mayor Roberson do this morning)와 관련된 내용을 주의 깊게 듣는다. "At 10 A.M. today, Mayor Roberson stated that it would take city workers two more days to restore electricity to the downtown area and four more days to get power to the suburbs."라며 오늘 오전 10시에 Roberson 시장이 도시 근로자들이 시내 지역에 전기를 복구하는 데 이틀, 그리고 교외 지역들에 동력을 공급하는 데 나흘이 더 걸릴 것이라고 언급했다고 했다. 이를 통해 Roberson 시장이 작업 일정을 발표했음을 알 수 있다. 따라서 정답은 (D) Announced a work schedule이다.

100 ■ **세부 사항 관련 문제** 시각 자료

폐쇄된 지하철 노선을 묻는 문제이므로, 제시된 지하철 노선도의 정보를 확인한 뒤 질문의 핵심어구(metro line has been closed)와 관련된 내용을 주의 깊게 듣는다. "the line that runs from Greendale Station to City Heights Station has been closed due to flooding"이라며 Greendale역부터 City Heights역까지 운행되는 노선이 침수로 인해 폐쇄되었다고 하였으므로, 폐쇄된 노선은 4호선임을 지하철 노선도에서 알 수 있다. 따라서 정답은 (D) Line 4이다.

▌TEST 02

PART 1   스크립트·해석·해설

PART 2   스크립트·해석·해설

PART 3   스크립트·해석·해설

PART 4   스크립트·해석·해설

🎧 TEST 02.mp3

실전용·복습용 문제풀이 MP3 무료 다운로드 및 스트리밍 바로듣기 (HackersIngang.com)

* 실제 시험장의 소음까지 재현해 낸 고사장 소음/매미 버전 MP3, 영국식·호주식 발음 집중 MP3, 고속 버전 MP3까지
  구매하면 실전에 더욱 완벽히 대비할 수 있습니다.

무료MP3 바로듣기

1

○○○●
●○
중

🔊 캐나다식 발음

(A) She is decorating a bookshelf.
(B) She is replacing a light bulb.
(C) She is covering a sofa in plastic.
(D) She is taking a lamp out of a box.

(A) 그녀는 책꽂이를 꾸미고 있다.
(B) 그녀는 전구를 교체하고 있다.
(C) 그녀는 비닐로 소파를 덮고 있다.
(D) 그녀는 상자에서 전등을 꺼내고 있다.

■ 1인 사진

정답 (D)

한 여자가 전등을 들고 있는 모습과 주변 사물의 상태를 주의 깊게 살핀다.
(A) [×] decorating(꾸미고 있다)은 여자의 동작과 무관하므로 오답이다. 사진에 있는 책꽂이(bookshelf)를 사용하여 혼동을 주었다.
(B) [×] 사진에서 여자가 전구를 교체하고 있는지 알 수 없으므로 오답이다. 여자가 전등을 들고 있는 모습에서 연상할 수 있는 replacing a light bulb(전구를 교체하고 있다)를 사용하여 혼동을 주었다.
(C) [×] 소파가 비닐로 덮여 있는 상태인데 여자가 비닐로 소파를 덮고 있다는 동작으로 잘못 묘사했으므로 오답이다. sofa(소파)와 plastic (비닐)만 듣고 정답으로 선택하지 않도록 주의한다.
(D) [○] 상자에서 전등을 꺼내고 있는 여자의 모습을 가장 잘 묘사한 정답이다.

어휘   decorate[dékəreit] 꾸미다, 장식하다   replace[ripléis] 교체하다, 바꾸다   light bulb 전구   cover[kʌ́vər] 덮다, 씌우다

2

○○○○
●
하

🔊 영국식 발음

(A) They are buying train tickets.
(B) They are emptying their backpacks.
(C) They are facing the windows.
(D) They are pushing against a door.

(A) 그들은 기차표를 사고 있다.
(B) 그들은 자신들의 배낭을 비우고 있다.
(C) 그들은 창문을 향해 있다.
(D) 그들은 문을 밀고 있다.

■ 2인 이상 사진

정답 (C)

두 남녀가 기차에서 배낭을 메고 창문을 향해 서 있는 모습을 확인한다.
(A) [×] buying(사고 있다)은 사람들의 동작과 무관하므로 오답이다. 사진의 장소인 기차와 관련된 train tickets(기차표)를 사용하여 혼동을 주 었다.
(B) [×] emptying(비우고 있다)은 사람들의 동작과 무관하므로 오답이다. 사진에 있는 배낭(backpacks)을 사용하여 혼동을 주었다.
(C) [○] 창문을 향해 있는 사람들의 모습을 정확히 묘사한 정답이다.
(D) [×] pushing(밀고 있다)은 사람들의 동작과 무관하므로 오답이다. 사진에 있는 문(door)을 사용하여 혼동을 주었다.

어휘   empty[émpti] 비우다; 비어 있는   backpack[bǽkpæk] 배낭   face[feis] ~을 향하다, 마주보다   push[puʃ] 밀다

3

○○○●
●●○
상

🔊 캐나다식 발음

(A) Items have been placed in a case.
(B) Merchandise is being labeled.
(C) Dishes have been piled on the floor.
(D) Food is being prepared for service.

(A) 물건들이 상자 안에 놓여 있다.
(B) 상품에 상표가 붙여지고 있다.
(C) 접시들이 바닥에 쌓여 있다.
(D) 음식이 서비스를 위해 준비되고 있다.

■ 사물 및 풍경 사진

정답 (A)

가게 안에 있는 물건들의 위치와 상태를 주의 깊게 살핀다.
(A) [○] 물건들이 상자 안에 놓여 있는 모습을 정확히 묘사한 정답이다.
(B) [×] being labeled(상표가 붙여지고 있다)는 상품의 상태와 무관하므로 오답이다. 사진에 있는 Merchandise(상품)를 사용하여 혼동을 주 었다.
(C) [×] piled on the floor(바닥에 쌓여 있다)는 접시들의 상태와 무관하므로 오답이다. 사진에 있는 Dishes(접시들)를 사용하여 혼동을 주었다.
(D) [×] 사진에서 음식은 보이지만 서비스를 위해 준비되고 있는(is being prepared for service) 모습은 아니므로 오답이다.

어휘   merchandise[mɑ́ːrtʃəndàiz] 상품

4
○○○●
중

🔊 미국식 발음

(A) Some shoppers are exchanging bags.
(B) Some shoppers are pointing at a pillar.
(C) Some shoppers are passing a display.
(D) Some shoppers are trying on clothing.

(A) 쇼핑객들이 가방들을 교환하고 있다.
(B) 쇼핑객들이 기둥을 가리키고 있다.
(C) 쇼핑객들이 진열품을 지나가고 있다.
(D) 쇼핑객들이 옷을 입어 보고 있다.

■ 2인 이상 사진 정답 (C)

두 쇼핑객들이 쇼핑백들을 들고 진열품 옆을 지나가고 있는 모습을 확인한다.
(A) [×] 쇼핑객들이 가방들을 들고 있는데 교환하고 있다고(exchanging) 잘못 묘사했으므로 오답이다.
(B) [×] pointing at(~을 가리키고 있다)은 쇼핑객들의 동작과 무관하므로 오답이다. 사진에 있는 기둥(pillar)을 사용하여 혼동을 주었다.
(C) [○] 진열품을 지나가고 있는 쇼핑객들의 모습을 가장 잘 묘사한 정답이다.
(D) [×] trying on(~을 입어 보고 있다)은 쇼핑객들의 동작과 무관하므로 오답이다. 사진에 있는 옷(clothing)을 사용하여 혼동을 주었다.

어휘 shopper[ʃápər] 쇼핑객, 구매자 exchange[ikstʃéindʒ] 교환하다 pillar[pílər] 기둥 pass[pæs] 지나가다, 통과하다
display[displéi] 진열품, 전시 try on ~을 입어 보다 clothing[klóuðiŋ] 옷

5
○○●●
상

🔊 호주식 발음

(A) A man is lifting a bowl off the ground.
(B) A vendor is filling containers.
(C) Vases are being stacked in a corner.
(D) Some pottery is being made by hand.

(A) 한 남자가 땅에서 그릇을 들어 올리고 있다.
(B) 행상인이 용기들을 채우고 있다.
(C) 항아리들이 구석에 쌓이고 있다.
(D) 도자기가 손으로 만들어지고 있다.

■ 1인 사진 정답 (D)

한 남자가 손으로 도자기를 빚고 있는 모습을 확인한다.
(A) [×] lifting(들어 올리고 있다)은 남자의 동작과 무관하므로 오답이다. 사진에 있는 그릇(bowl)을 사용하여 혼동을 주었다.
(B) [×] filling(채우고 있다)은 남자의 동작과 무관하므로 오답이다. 사진의 도자기와 관련된 containers(용기들)를 사용하여 혼동을 주었다.
(C) [×] 사진에서 항아리들은 보이지만 쌓이고 있는(are being stacked) 모습은 아니므로 오답이다.
(D) [○] 도자기가 손으로 만들어지고 있는 모습을 가장 잘 묘사한 정답이다.

어휘 lift[lift] 들어 올리다 bowl[미 boul, 영 bəul] 그릇 ground[graund] 땅 vendor[미 véndər, 영 véndə] 행상인, 노점상 fill[fil] 채우다
container[미 kəntéinər, 영 kəntéinə] 용기, 그릇 vase[미 veis, 영 vɑːz] 항아리, 꽃병 stack[stæk] 쌓다 corner[미 kɔ́ːrnər, 영 kɔ́ːnə] 구석, 모퉁이
pottery[미 pátəri, 영 pɔ́təri] 도자기

6
○○●●
상

🔊 영국식 발음

(A) Some people are lining up outside a restaurant.
(B) Furniture has been arranged on the sidewalk.
(C) Curtains are covering some windows.
(D) Some men are installing an awning.

(A) 사람들이 식당 밖에서 줄을 서고 있다.
(B) 인도에 가구가 배치되어 있다.
(C) 커튼이 몇몇 창문들을 덮고 있다.
(D) 몇몇 남자들이 차양을 설치하고 있다.

■ 사물 및 풍경 사진 정답 (B)

레스토랑의 풍경과 사람들의 동작 및 사물들의 상태를 주의 깊게 살핀다.
(A) [×] lining up outside a restaurant(식당 밖에서 줄을 서고 있다)은 사람들의 동작과 무관하므로 오답이다. 사진에 있는 restaurant(식당)을 사용하여 혼란을 주었다.
(B) [○] 인도에 가구가 배치되어 있는 모습을 정확히 묘사한 정답이다.
(C) [×] 사진에 커튼(Curtains)이 없으므로 오답이다. 사진에 있는 windows(창문들)를 사용하여 혼동을 주었다.
(D) [×] installing an awning(차양을 설치하고 있다)은 남자들의 동작과 무관하므로 오답이다. 사진에 있는 awning(차양)을 사용하여 혼동을 주었다.

어휘 furniture[미 fə́ːrnitʃər, 영 fə́ːnitʃə] 가구 arrange[əréindʒ] 배치하다, 준비하다, 마련하다 sidewalk[sáidwɔːk] 인도 cover[kʌ́vər] 덮다, 가리다
install[instɔ́ːl] 설치하다 awning[ɔ́ːniŋ] 차양

PART 2

7 ○○○○● 하

🔊 캐나다식 발음 → 미국식 발음

When will the clients arrive?

(A) They most likely will.
(B) The building lobby.
(C) No later than 3 o'clock.

고객들이 언제 도착할까요?

(A) 그들은 아마 올 거예요.
(B) 건물 로비요.
(C) 늦어도 3시까지요.

■ When 의문문

정답 (C)

고객들이 언제 도착할지를 묻는 When 의문문이다.
(A) [×] 질문의 clients(고객들)를 나타낼 수 있는 They를 사용하고, 질문의 will을 반복 사용하여 혼동을 준 오답이다.
(B) [×] 고객들이 언제 도착할지를 물었는데 장소로 응답했으므로 오답이다. 질문의 When을 Where로 혼동하여 Where will the clients arrive(고객들이 어디에 도착할까요)로 생각해 정답으로 선택하지 않도록 주의한다.
(C) [○] 늦어도 3시까지라며 고객들이 도착할 시간을 언급했으므로 정답이다.

어휘   client[kláiənt] 고객   no later than 늦어도 ~까지

8 ○○○●○ 중

🔊 영국식 발음 → 호주식 발음

Which of these shirts do you think I should buy?

(A) You should wrap them.
(B) My preference is the brown one.
(C) Yes, it's the perfect size.

제가 이 셔츠들 중 어느 것을 사야 한다고 생각하나요?

(A) 당신은 그것들을 포장해야 해요.
(B) 제가 선호하는 것은 갈색 셔츠예요.
(C) 네, 그것은 딱 맞는 크기예요.

■ Which 의문문

정답 (B)

셔츠들 중 어느 것을 사야 한다고 생각하는지를 묻는 Which 의문문이다. Which of these shirts를 반드시 들어야 한다.
(A) [×] 질문의 I를 나타낼 수 있는 You를 사용하고, shirts(셔츠들)를 나타낼 수 있는 them을 사용하여 혼동을 준 오답이다.
(B) [○] 자신이 선호하는 것은 갈색 셔츠라며 상대방이 사야 한다고 생각하는 셔츠를 언급했으므로 정답이다.
(C) [×] 의문사 의문문에 Yes로 응답했으므로 오답이다. shirts(셔츠들)와 관련 있는 size(크기)를 사용하여 혼동을 주었다.

어휘   wrap[ræp] 포장하다, 싸다   preference[préfərəns] 선호하는 것, 선호

9 ○○○●○ 중

🔊 미국식 발음 → 캐나다식 발음

Will my transportation costs be reimbursed?

(A) We stopped in Venice.
(B) If you hand in the receipts.
(C) I'll look in my purse.

제 교통비가 상환될까요?

(A) 우리는 베니스에 들렀어요.
(B) 당신이 영수증을 제출하면요.
(C) 제 지갑 안을 볼게요.

■ 조동사 의문문

정답 (B)

교통비가 상환될지를 확인하는 조동사(Will) 의문문이다.
(A) [×] transportation(교통)에서 연상할 수 있는 목적지와 관련된 Venice(베니스)를 사용하여 혼동을 준 오답이다.
(B) [○] 영수증을 제출하면이라는 말로 교통비가 상환될 수 있음을 간접적으로 전달했으므로 정답이다.
(C) [×] transportation costs(교통비)에서 연상할 수 있는 돈과 관련된 purse(지갑)를 사용하여 혼동을 준 오답이다.

어휘   reimburse[rìːimbə́ːrs] 상환하다, 배상하다   hand in 제출하다   receipt[risíːt] 영수증

10

🔊 호주식 발음 → 영국식 발음

Do you know who was named the new lead engineer?

(A) I can't recall the restaurant's name.
(B) Someone was recruited from outside the firm.
(C) Mr. Vans placed the order.

누가 새로운 수석 기술자로 임명되었는지 아시나요?

(A) 저는 식당의 이름이 기억나지 않아요.
(B) 회사 외부에서 누군가가 뽑혔어요.
(C) Mr. Vans가 주문했어요.

■ 의문사를 포함한 일반 의문문
정답 (B)

의문사 who를 포함하여 누가 새로운 수석 기술자로 임명되었는지 아는지를 묻는 일반 의문문이다.
(A) [x] 질문의 named(임명되다)를 '이름'이라는 의미의 명사 name으로 반복 사용하여 혼동을 준 오답이다. I can't recall까지만 듣고 정답으로 고르지 않도록 주의한다.
(B) [○] 회사 외부에서 누군가가 뽑혔다며 새로운 수석 기술자로 임명된 인물을 언급했으므로 정답이다.
(C) [x] 누가 새로운 수석 기술자로 임명되었는지 아는지를 물었는데, 이와 관련이 없는 Mr. Vans가 주문했다는 내용으로 응답했으므로 오답이다. 사람 이름인 Mr. Vans를 사용하여 혼동을 주었다.

어휘 name[neim] 임명하다, 부르다; 이름 recall[rikɔ́:l] 기억해내다, 상기하다 recruit[rikrú:t] 뽑다, 모집하다 outside[àutsáid] ~의 외부에서; 바깥쪽
place an order 주문하다

11

🔊 캐나다식 발음 → 미국식 발음

Where did the delivery person leave the package?

(A) Check with the receptionist.
(B) It arrived about 10 minutes ago.
(C) You can just leave it on my desk.

배달원이 소포를 어디에 두었나요?

(A) 안내원에게 확인하십시오.
(B) 그것은 약 10분 전에 도착했습니다.
(C) 그냥 그것을 제 책상 위에 두시면 됩니다.

■ Where 의문문
정답 (A)

배달원이 소포를 어디에 두었는지 묻는 Where 의문문이다.
(A) [○] 안내원에게 확인하라는 말로 배달원이 소포를 어디에 두었는지 모른다는 것을 간접적으로 전달했으므로 정답이다.
(B) [x] 배달원이 소포를 어디에 두었는지를 물었는데 시점으로 응답했으므로 오답이다. 질문의 Where를 When으로 혼동하여 When did the delivery person leave the package(배달원이 언제 소포를 두고 갔나요)로 생각해 정답으로 선택하지 않도록 주의한다.
(C) [x] 질문의 package를 나타낼 수 있는 it을 사용하고, 질문의 leave(두다)를 반복 사용하여 혼동을 준 오답이다.

어휘 delivery[dilívəri] 배달 package[pǽkidʒ] 소포 receptionist[risépʃənist] 안내원

12

🔊 호주식 발음 → 영국식 발음

How did you get tickets for the sold-out concert?

(A) Our seats are very close to the stage.
(B) My company is the event's sponsor.
(C) The band will be performing on Friday.

매진된 콘서트의 표는 어떻게 구하셨나요?

(A) 저희 좌석은 무대에서 아주 가까워요.
(B) 우리 회사가 그 행사의 후원자예요.
(C) 그 밴드는 금요일에 공연할 거예요.

■ How 의문문
정답 (B)

매진된 콘서트의 표를 어떻게 구했는지 묻는 How 의문문이다.
(A) [x] concert(콘서트)와 관련 있는 stage(무대)를 사용하여 혼동을 준 오답이다.
(B) [○] 자신의 회사가 그 행사의 후원자라는 말로 콘서트의 표를 구한 방법을 언급했으므로 정답이다.
(C) [x] concert(콘서트)와 관련 있는 band(밴드)와 will be performing(공연할 것이다)을 사용하여 혼동을 준 오답이다.

어휘 sold-out[sóuldàut] 매진된 sponsor[미 spá:nsər, 영 spɔ́nsə] 후원자 perform[미 pərfɔ́:rm, 영 pəfɔ́:m] 공연하다

🎧 미국식 발음 → 캐나다식 발음

Who volunteered for our community service event?

(A) Thanks for offering your time.
(B) The event was a major success.
(C) Why don't you ask our boss about that?

누가 우리의 지역 봉사 활동 행사에 자원했나요?

(A) 시간을 내주셔서 감사해요.
(B) 그 행사는 큰 성공이었어요.
(C) 그것에 관해 우리의 상사에게 물어보는 것이 어때요?

■ Who 의문문

정답 (C)

누가 지역 봉사 활동 행사에 자원했는지를 묻는 Who 의문문이다.
(A) [×] volunteered(자원했다)와 관련 있는 offering ~ time(시간을 내다)을 사용하여 혼동을 준 오답이다.
(B) [×] 누가 지역 봉사 활동에 자원했는지를 물었는데, 이와 관련이 없는 그 행사는 큰 성공이었다는 내용으로 응답했으므로 오답이다. 질문의 event를 반복 사용하여 혼동을 주었다.
(C) [○] 그것에 관해 상사에게 물어보는 것이 어떤지를 되물어 모른다는 것을 간접적으로 전달했으므로 정답이다.

어휘   volunteer[vὰləntíər] 자원하다   community service 지역 봉사 활동   major[méidʒər] 큰, 두드러진   success[səksés] 성공
boss[bɔːs] 상사, 상관

14

🎧 호주식 발음 → 영국식 발음

A taxi is coming for me at 7 A.M.

(A) Sure, taxes are due on April 15th.
(B) You'll have to be up very early, then.
(C) Sometime this morning.

택시가 오전 7시에 저를 태우러 올 거예요.

(A) 물론이죠, 세금은 4월 15일에 지불되어야 해요.
(B) 그렇다면, 당신은 매우 일찍 일어나야 하겠네요.
(C) 오늘 오전 중에요.

■ 평서문

정답 (B)

택시가 오전 7시에 자신을 태우러 올 것이라는 객관적인 사실을 전달하는 평서문이다.
(A) [×] 택시가 오전 7시에 자신을 태우러 올 것이라고 했는데, 이와 관련이 없는 세금이 4월 15일에 지불되어야 한다는 내용으로 응답했으므로 오답이다. taxi – taxes의 유사 발음 어휘를 사용하여 혼동을 주었다.
(B) [○] 그렇다면 상대방이 매우 일찍 일어나야 하겠다는 말로 사실에 대한 의견을 제시했으므로 정답이다.
(C) [×] 7 A.M.(오전 7시)과 관련 있는 morning(오전)을 사용하여 혼동을 준 오답이다.

어휘   tax[tæks] 세금   due[미 djuː, 영 dʒuː] (돈을) 지불해야 하는

15

🎧 미국식 발음 → 호주식 발음

Who's responsible for promoting the technology expo?

(A) The response was very positive.
(B) Mr. Graves hasn't selected anyone yet.
(C) That seems like a reasonable deadline.

누가 기술 박람회를 홍보하는 것을 책임지고 있나요?

(A) 답변이 매우 긍정적이었어요.
(B) Mr. Graves는 아직 아무도 선택하지 않았어요.
(C) 그것은 적당한 마감 기한인 것 같아요.

■ Who 의문문

정답 (B)

누가 기술 박람회를 홍보하는 것을 책임지고 있는지를 묻는 Who 의문문이다.
(A) [×] responsible – response의 유사 발음 어휘를 사용하여 혼동을 준 오답이다.
(B) [○] Mr. Graves가 아직 아무도 선택하지 않았다는 말로 기술 박람회를 홍보하는 것을 책임지고 있는 인물이 결정되지 않았다는 간접적인 응답을 했으므로 정답이다.
(C) [×] 누가 기술 박람회를 홍보하는 것을 책임지고 있는지를 물었는데, 이와 관련이 없는 그것은 적당한 마감 기한인 것 같다는 내용으로 응답했으므로 오답이다. responsible – reasonable의 유사 발음 어휘를 사용하여 혼동을 주었다.

어휘   promote[prəmóut] 홍보하다   expo[ékspou] 박람회   reasonable[ríːzənəbl] 적당한, 합리적인

16

🎧 영국식 발음 → 호주식 발음

○○○○ 중

I have an appointment with Mr. Khan in 10 minutes.

(A) Yes, he's been expecting you.
(B) I've been appointed team leader.
(C) We were too busy at the time.

저는 10분 후에 Mr. Khan과 약속이 있어요.

(A) 네, 그는 당신을 기다리고 있었어요.
(B) 저는 팀장으로 임명되었어요.
(C) 저희는 그때 너무 바빴어요.

■ 평서문

정답 (A)

자신이 10분 후에 Mr. Khan과 약속이 있다는 객관적인 사실을 전달하는 평서문이다.

(A) [○] Yes로 상대방이 10분 후에 Mr. Khan과 약속이 있다는 사실을 알고 있음을 전달한 후, 그가 기다리고 있었다는 부연 설명을 했으므로 정답이다.
(B) [×] 10분 후에 Mr. Khan과 약속이 있다고 했는데, 이와 관련이 없는 자신이 팀장으로 임명되었다는 내용으로 응답했으므로 오답이다. appointment – appointed의 유사 발음 어휘를 사용하여 혼동을 주었다.
(C) [×] in 10 minutes(10분 후에)와 관련 있는 at the time(그때)을 사용하여 혼동을 준 오답이다.

어휘 appointment[əpɔ́intmənt] 약속 expect[ikspékt] (오기로 되어 있는 대상을) 기다리다, 기대하다 appoint[əpɔ́int] 임명하다

17

🎧 캐나다식 발음 → 영국식 발음

○○○○ 상

Why are there only three candidates for our job opening?

(A) Oh, Drake has the other résumés.
(B) No, I haven't found a job yet.
(C) We will open another location.

왜 우리의 채용 공고에 대해 세 명의 지원자들만 있나요?

(A) 아, Drake가 다른 이력서들을 갖고 있어요.
(B) 아니요, 저는 아직 일자리를 찾지 못했어요.
(C) 우리는 다른 지점을 열 거예요.

■ Why 의문문

정답 (A)

왜 채용 공고에 대해 세 명의 지원자들만 있는지를 묻는 Why 의문문이다.

(A) [○] Drake가 다른 이력서들을 갖고 있다는 말로 세 명 외에 다른 지원자들도 있음을 간접적으로 전달했으므로 정답이다.
(B) [×] 의문사 의문문에 No로 응답했으므로 오답이다. job opening(채용 공고)과 관련 있는 found a job(일자리를 찾다)을 사용하여 혼동을 주었다.
(C) [×] job opening(채용 공고)에서 연상할 수 있는 채용 이유와 관련된 open another location(다른 지점을 열다)을 사용하여 혼동을 준 오답이다.

어휘 candidate[kǽndideit] 지원자, 후보자 résumé[미 rézumei, 영 rézjuːmei] 이력서

18

🎧 영국식 발음 → 호주식 발음

○○○○ 상

This evening's press conference has been rescheduled.

(A) When our collection was announced.
(B) You have to push this button.
(C) I wonder why there's a delay.

오늘 저녁의 기자 회견 일정이 변경되었어요.

(A) 우리의 신상품들이 발표되었을 때요.
(B) 당신은 이 버튼을 눌러야 해요.
(C) 왜 지연이 있는지 궁금해요.

■ 평서문

정답 (C)

오늘 저녁의 기자 회견 일정이 변경되었다는 객관적인 사실을 전달하는 평서문이다.

(A) [×] press conference(기자 회견)와 관련 있는 announced(발표되다)를 사용하여 혼동을 준 오답이다.
(B) [×] 오늘 저녁의 기자 회견 일정이 변경되었다고 했는데, 이와 관련이 없는 상대방이 이 버튼을 눌러야 한다는 내용으로 응답했으므로 오답이다. 질문의 press(기자)의 다른 의미인 '누르다'와 의미가 동일한 push를 사용하여 혼동을 주었다.
(C) [○] 왜 지연이 있는지 궁금하다는 말로 사실에 대한 의견을 제시했으므로 정답이다.

어휘 press conference 기자 회견 reschedule[미 riːskédʒuːl, 영 riʃédʒuːl] 일정을 변경하다 collection[kəlékʃən] 신상품들, 컬렉션 announce[ənáuns] 발표하다, 공지하다 wonder[미 wʌ́ndər, 영 wʌ́ndə] 궁금하다 delay[diléi] 지연; 연기하다

19

⏺ 미국식 발음 → 캐나다식 발음

Don't we have an insufficient number of brochures?

(A) My team won't be attending the seminar.
(B) I designed some of them myself.
(C) This lighting is insufficient.

우리가 부족한 수의 소책자들을 갖고 있지 않나요?

(A) 저희 팀은 세미나에 참석하지 않을 거예요.
(B) 그것들 중 일부를 제가 직접 디자인했어요.
(C) 이 조명은 불충분해요.

■ **부정 의문문**   정답 (A)

자신들이 부족한 수의 소책자들을 갖고 있는지를 확인하는 부정 의문문이다.

(A) [o] 자신의 팀은 세미나에 참석하지 않을 거라는 말로 소책자들이 부족하지 않음을 간접적으로 전달했으므로 정답이다.
(B) [x] brochures(소책자들)와 관련 있는 designed(디자인했다)를 사용하고, brochures(소책자들)를 나타낼 수 있는 them을 사용하여 혼동을 준 오답이다.
(C) [x] 자신들이 부족한 수의 소책자들을 갖고 있는지를 물었는데, 이와 관련이 없는 이 조명은 불충분하다는 내용으로 응답했으므로 오답이다. 질문의 insufficient를 반복 사용하여 혼동을 주었다.

어휘   insufficient[ìnsəfíʃənt] 부족한, 불충분한   brochure[brouʃúər] 소책자   design[dizáin] 디자인하다, 설계하다   lighting[láitiŋ] 조명

20

⏺ 영국식 발음 → 미국식 발음

Why don't we ask if the flight attendant has headphones?

(A) We don't want to go to that convention.
(B) An economy class seat.
(C) I don't need any right now.

승무원이 헤드폰을 갖고 있는지 물어보는 게 어때요?

(A) 우리는 그 협의회에 가고 싶지 않아요.
(B) 일반석이요.
(C) 저는 지금 당장 필요하지 않아요.

■ **제안 의문문**   정답 (C)

승무원이 헤드폰을 갖고 있는지 물어보자는 제안 의문문이다. Why don't we가 제안하는 표현임을 이해할 수 있어야 한다.

(A) [x] 승무원이 헤드폰을 갖고 있는지 물어보자고 했는데, 이와 관련이 없는 자신들은 그 협의회에 가고 싶지 않다는 내용으로 응답했으므로 오답이다. We don't want까지만 듣고 정답으로 고르지 않도록 주의한다.
(B) [x] 질문의 flight attendant(승무원)에서 '비행'이라는 의미의 flight와 관련 있는 economy class seat(일반석)를 사용하여 혼동을 준 오답이다.
(C) [o] 자신은 지금 당장 필요하지 않다는 말로 제안을 간접적으로 거절한 정답이다.

어휘   flight attendant 승무원   economy class (여객기의) 일반석, 보통석

21

⏺ 캐나다식 발음 → 호주식 발음

Aren't special permits required in order to park here?

(A) Yes, those changes are necessary.
(B) The outing was held at Hawthorne Park.
(C) This lot is open to the public.

이곳에 주차하려면 특별 허가증이 필요하지 않나요?

(A) 네, 그 변경들은 불가피해요.
(B) 야유회는 Hawthorne 공원에서 열렸어요.
(C) 이 부지는 대중에게 개방되어 있어요.

■ **부정 의문문**   정답 (C)

이곳에 주차하려면 특별 허가증이 필요한지를 확인하는 부정 의문문이다.

(A) [x] required(필요하다)와 관련 있는 necessary(불가피한)를 사용하여 혼동을 준 오답이다. Yes만 듣고 정답으로 고르지 않도록 주의한다.
(B) [x] 이곳에 주차하려면 특별 허가증이 필요한지를 물었는데, 이와 관련이 없는 야유회는 공원에서 열렸다는 내용으로 응답했으므로 오답이다. 질문의 park(주차하다)를 '공원'이라는 의미의 명사로 반복 사용하여 혼동을 주었다.
(C) [o] 이 부지는 대중에게 개방되어 있다는 말로 이곳에 주차하는 데 특별 허가증이 필요하지 않음을 간접적으로 전달했으므로 정답이다.

어휘   permit[pərmít] 허가(증)   necessary[nésəseri] 불가피한, 필수적인   outing[áutiŋ] 야유회   lot[미 lɑt, 영 lɔt] 부지, 지역

22

3ᵉ 미국식 발음 → 캐나다식 발음

What organization are we partnering with?

(A) It's been nice working with you.
(B) Actually, I organized the party.
(C) An environmental research institute.

우리는 어떤 단체와 협력하고 있나요?

(A) 당신과 일하는 것은 좋았어요.
(B) 실은, 제가 파티를 준비했어요.
(C) 환경 연구 기관이요.

■ What 의문문
정답 (C)

자신들이 어떤 단체와 협력하고 있는지를 묻는 What 의문문이다. What organization을 반드시 들어야 한다.

(A) [×] partnering with(~와 협력하고 있다)와 관련 있는 working with(~와 일하다)를 사용하여 혼동을 준 오답이다.
(B) [×] organization – organized와 partnering – party의 유사 발음 어휘를 사용하여 혼동을 준 오답이다.
(C) [○] 환경 연구 기관이라며 협력하고 있는 단체를 언급했으므로 정답이다.

어휘   organization[ɔ̀ːrɡənizéiʃən] 단체, 기구   partner with ~와 협력하다   organize[ɔ́ːrɡənaiz] 준비하다, 조직하다
environmental[invàiərənméntl] 환경의   institute[ínstətjuːt] 기관, 협회

23

3ᵉ 호주식 발음 → 미국식 발음

When was an inspection last conducted at your establishment?

(A) Just over a month ago, I believe.
(B) The inspector left the message.
(C) I looked at it closely.

당신의 회사에서 언제 점검이 마지막으로 실시되었나요?

(A) 불과 한 달 전쯤인 것 같아요.
(B) 검사관이 메시지를 남겼어요.
(C) 저는 그것을 자세히 봤어요.

■ When 의문문
정답 (A)

상대방의 회사에서 언제 점검이 마지막으로 실시되었는지를 묻는 When 의문문이다.

(A) [○] 불과 한 달 전쯤인 것 같다는 말로 점검이 마지막으로 실시된 시점을 언급했으므로 정답이다.
(B) [×] 상대방의 회사에서 언제 점검이 마지막으로 실시되었는지를 물었는데, 이와 관련이 없는 검사관이 메시지를 남겼다는 내용으로 응답했으므로 오답이다. inspection – inspector의 유사 발음 어휘를 사용하여 혼동을 주었다.
(C) [×] inspection(점검)에서 연상할 수 있는 행동과 관련된 looked at ~ closely(자세히 봤다)를 사용하여 혼동을 준 오답이다.

어휘   inspection[inspékʃən] 점검   establishment[istǽbliʃmənt] 회사, 시설

24

3ᵉ 미국식 발음 → 호주식 발음

How does going out for dinner next week sound to you?

(A) I usually bring my lunch to work.
(B) Let me check my schedule.
(C) I had a great time.

다음 주에 저녁을 먹으러 나가는 게 어때요?

(A) 전 주로 직장에 점심을 가져와요.
(B) 제 일정을 확인해 볼게요.
(C) 저는 즐거운 시간을 보냈어요.

■ 제안 의문문
정답 (B)

다음 주에 저녁을 먹으러 나가자는 제안 의문문이다. How does ~ sound가 제안하는 표현임을 이해할 수 있어야 한다.

(A) [×] dinner(저녁)와 관련 있는 lunch(점심)를 사용하여 혼동을 준 오답이다.
(B) [○] 일정을 확인해 보겠다는 말로 제안을 수락할 수 있을지 모른다는 간접적인 응답을 했으므로 정답이다.
(C) [×] going out for dinner(저녁을 먹으러 나가다)와 관련 있는 a great time(즐거운 시간)을 사용하여 혼동을 준 오답이다.

25
○○○●○ 중

🔊 영국식 발음 → 캐나다식 발음

A celebrity spokesperson has finally been selected for the company.

(A) Well, each person should get one.
(B) I was told this place is famous.
(C) Yes, Joseph mentioned that earlier.

회사의 명사 대변인이 마침내 선발되었어요.

(A) 글쎄요, 각자 하나씩 받아야 해요.
(B) 저는 이 장소가 유명하다고 들었어요.
(C) 네, Joseph이 전에 그것을 말했어요.

■ 평서문   정답 (C)

회사의 명사 대변인이 마침내 선발되었다는 객관적인 사실을 전달하는 평서문이다.

(A) [×] 회사의 명사 대변인이 마침내 선발되었다고 했는데, 이와 관련이 없는 각자 하나씩 받아야 한다는 내용으로 응답했으므로 오답이다. spokesperson – person의 유사 발음 어휘를 사용하여 혼동을 주었다.
(B) [×] celebrity(명사)와 관련 있는 famous(유명한)를 사용하여 혼동을 준 오답이다.
(C) [○] Yes로 회사의 명사 대변인이 선발되었다는 사실을 알고 있음을 전달한 후, Joseph이 전에 그것을 말했다는 부연 설명을 했으므로 정답이다.

어휘   celebrity[səlébrəti] 명사, 유명 인사   spokesperson[미 spóukspə̀ːrsn, 영 spə́ukspə̀ːsən] 대변인   mention[ménʃən] 말하다, 언급하다

26
○○○●○ 중

🔊 영국식 발음 → 호주식 발음

Have Sam and Janie registered for the accounting workshop?

(A) These are the proper forms.
(B) One of the accounts is low on money.
(C) They'll do so after lunch.

Sam과 Janie가 회계 워크숍에 등록했나요?

(A) 이것들이 적절한 양식들이에요.
(B) 계좌들 중 하나에 돈이 부족해요.
(C) 그들은 점심 후에 그렇게 할 거예요.

■ 조동사 의문문   정답 (C)

Sam과 Janie가 회계 워크숍에 등록했는지를 확인하는 조동사(Have) 의문문이다.

(A) [×] registered for(~에 등록했다)와 관련 있는 forms(양식들)를 사용하여 혼동을 준 오답이다.
(B) [×] Sam과 Janie가 회계 워크숍에 등록했는지를 물었는데, 이와 관련이 없는 계좌들 중 하나에 돈이 부족하다는 내용으로 응답했으므로 오답이다. accounting – accounts의 유사 발음 어휘를 사용하여 혼동을 주었다.
(C) [○] 그들은 점심 후에 그렇게 할 것이라는 말로 Sam과 Janie가 회계 워크숍에 아직 등록하지 않았음을 간접적으로 전달했으므로 정답이다.

어휘   register for ~에 등록하다   accounting[əkáuntiŋ] 회계   proper[미 prápər, 영 prɔ́pə] 적절한, 알맞은   form[미 fɔːrm, 영 fɔːm] 양식, 서식
account[əkáunt] 계좌   low on ~이 부족한

27
○○○○○ 하

🔊 캐나다식 발음 → 영국식 발음

Was Jones Industries or Peters Manufacturing contracted to produce our shoe line?

(A) Our contract expires soon.
(B) Clients waited in line for several hours.
(C) A different one was chosen.

Jones사가 우리의 신발 라인을 생산하기로 계약을 맺었나요, 아니면 Peters 제조사가 우리의 신발 라인을 생산하기로 계약을 맺었나요?

(A) 우리의 계약은 곧 만료돼요.
(B) 고객들이 몇 시간 동안 줄을 서서 기다렸어요.
(C) 다른 곳이 선택되었어요.

■ 선택 의문문   정답 (C)

Jones사가 자신들의 신발 라인을 생산하기로 계약을 맺었는지 아니면 Peters 제조사가 자신들의 신발 라인을 생산하기로 계약을 맺었는지를 묻는 선택 의문문이다.

(A) [×] 질문의 contracted(계약을 맺다)를 '계약'이라는 의미의 명사 contract로 반복 사용하여 혼동을 준 오답이다.
(B) [×] Jones사가 자신들의 신발 라인을 생산하기로 계약을 맺었는지 아니면 Peters 제조사가 자신들의 신발 라인을 생산하기로 계약을 맺었는지를 물었는데, 이와 관련이 없는 고객들이 몇 시간 동안 줄을 서서 기다렸다는 내용으로 응답했으므로 오답이다. 질문의 line(라인)을 '줄'이라는 의미로 반복 사용하여 혼동을 주었다.
(C) [○] 다른 곳이 선택되었다는 말로 둘 중 하나가 아닌 제3의 것을 선택했으므로 정답이다.

어휘   contract[kəntrǽkt] 계약을 맺다; 계약   produce[prədjúːs] 생산하다, 제조하다   expire[미 ikspáiər, 영 ikspáiə] 만료되다
wait in line 줄을 서서 기다리다   choose[tʃuːz] 선택하다, 고르다

28

[호주] 호주식 발음 → 미국식 발음

Curtis is joining us for a picnic on Saturday, right?

(A) The weather was nice on Sunday.
(B) Did you bring some snacks?
(C) That's why we planned it for the morning.

Curtis는 토요일 소풍에 우리와 함께할 거예요, 그렇죠?

(A) 일요일에 날씨가 좋았어요.
(B) 간식을 좀 가져왔나요?
(C) 그게 바로 우리가 그것을 아침으로 계획한 이유예요.

■ 부가 의문문

정답 (C)

Curtis가 토요일 소풍에 함께할 것인지를 확인하는 부가 의문문이다.
(A) [×] Saturday(토요일)와 관련 있는 Sunday(일요일)를 사용하여 혼동을 준 오답이다.
(B) [×] picnic(소풍)과 관련 있는 snacks(간식)를 사용하여 혼동을 준 오답이다.
(C) [○] 그게 바로 소풍을 아침으로 계획한 이유라는 말로 Curtis가 토요일 소풍에 함께할 것임을 간접적으로 전달했으므로 정답이다.

어휘   join[dʒɔin] 함께하다, 합류하다   bring[briŋ] 가져오다   snack[snæk] 간식, 가벼운 식사

29

[영국] 영국식 발음 → 캐나다식 발음

Are you going to forward the memo to personnel, or should I do that?

(A) It's up to you.
(B) The entire human resources division.
(C) It discusses the new leave policy.

당신이 직원들에게 회람을 보낼 건가요, 아니면 제가 그것을 해야 하나요?

(A) 그건 당신에게 달려 있어요.
(B) 인사부서 전체요.
(C) 그것은 새로운 휴가 정책을 논해요.

■ 선택 의문문

정답 (A)

상대방이 직원들에게 회람을 보낼 것인지 아니면 자신이 그것을 해야 하는지를 묻는 선택 의문문이다.
(A) [○] 그건 당신에게 달려 있다는 말로 상대방의 의견에 따르겠다는 것을 전달했으므로 정답이다.
(B) [×] personnel(직원들)과 관련 있는 division(부서)을 사용하여 혼동을 준 오답이다.
(C) [×] 질문의 memo(회람)를 나타낼 수 있는 It을 사용하고, memo(회람)에서 연상할 수 있는 회람 내용과 관련된 new leave policy(새로운 휴가 정책)를 사용하여 혼동을 준 오답이다.

어휘   forward[미 fɔ́:rwərd, 영 fɔ́:wəd] 보내다, 전달하다   entire[intáiər] 전체의   discuss[diskʌ́s] 논하다   policy[pɑ́ləsi] 정책, 제도

30

[호주] 호주식 발음 → 미국식 발음

What could be the cause of our company's recent drop in sales?

(A) Because I dropped a platter.
(B) Shoppers' buying habits are changing.
(C) The sails were torn by the strong winds.

무엇이 우리 회사의 최근 매출 하락의 이유가 될 수 있을까요?

(A) 제가 접시를 떨어뜨렸기 때문이에요.
(B) 쇼핑객들의 구매 습관이 변하고 있어요.
(C) 돛들이 강풍에 의해 찢어졌어요.

■ What 의문문

정답 (B)

무엇이 회사의 최근 매출 하락의 이유가 될 수 있을지를 묻는 What 의문문이다. What could be the cause가 이유를 묻는 것임을 이해할 수 있어야 한다.
(A) [×] 질문의 drop(하락)을 '떨어뜨리다'라는 의미의 동사 dropped로 반복 사용하여 혼동을 준 오답이다. Because만 듣고 정답으로 고르지 않도록 주의한다.
(B) [○] 쇼핑객들의 구매 습관이 변하고 있다며 회사의 최근 매출 하락의 이유를 언급했으므로 정답이다.
(C) [×] 무엇이 우리 회사의 최근 매출 하락의 이유가 될 수 있을지를 물었는데, 이와 관련이 없는 돛들이 강풍에 의해 찢어졌다는 내용으로 응답했으므로 오답이다. sales – sails의 유사 발음 어휘를 사용하여 혼동을 주었다.

어휘   cause[kɔːz] 이유, 원인   drop[미 drɑp, 영 drɔp] 하락; 떨어뜨리다   platter[plǽtər] 접시   sail[seil] 돛   tear[tɛər] 찢다

🔊 캐나다식 발음 → 미국식 발음

The business center is scheduled to be remodeled this fall.

(A) I heard the project could cost millions.
(B) Here's the spring catalog.
(C) We already sent her the outline.

비즈니스 센터는 올가을에 개조될 예정이에요.

(A) 그 프로젝트는 수백만 달러가 들 수도 있다고 들었어요.
(B) 여기 봄 카탈로그가 있어요.
(C) 우리는 이미 그녀에게 개요를 보냈어요.

■ **평서문**

정답 (A)

비즈니스 센터가 올가을에 개조될 예정이라는 객관적인 사실을 전달하는 평서문이다.

(A) [○] 그 프로젝트는 수백만 달러가 들 수도 있다고 들었다는 말로 사실에 대한 추가 정보를 제공했으므로 정답이다.

(B) [×] fall(가을)과 관련 있는 spring(봄)을 사용하여 혼동을 준 오답이다.

(C) [×] 비즈니스 센터가 올가을에 개조될 예정이라고 했는데, 이와 관련이 없는 자신들이 이미 그녀에게 개요를 보냈다는 내용으로 응답했으므로 오답이다. center – sent her의 유사 발음 어휘를 사용하여 혼동을 주었다.

어휘   remodel[rìːmάːdl] 개조하다   cost[kɔːst] (값·비용이) 들다   outline[άutlain] 개요

PART 3

32
33
34

Questions 32-34 refer to the following conversation.

[3»] 영국식 발음 → 캐나다식 발음

W: ³²A representative of the state government just contacted me regarding our recent funding proposal. Our request was approved, so the community center is going to be the recipient of a technology grant worth $75,000.

M: Wonderful! Now ³³we can finally afford to replace the outdated electronics in our computer lab with more modern equipment. People in the community are going to be very pleased with the news.

W: That's right. However, ³⁴there are limitations on how the grant money can be spent. So, we'll have to read over the documents carefully before buying computers or other devices.

32 What will the community center receive?
    (A) Donations from a company
    (B) Computers from local charities
    (C) Funds from the government
    (D) Equipment from a university

33 What are the speakers planning to do?
    (A) Upgrade old devices
    (B) Move to a larger building
    (C) Order additional books
    (D) Run an educational workshop

34 Why must the speakers review some documents?
    (A) To compare some prices
    (B) To identify some donors
    (C) To determine some restrictions
    (D) To research some venues

32-34번은 다음 대화에 관한 문제입니다.

W: ³²주 정부의 직원 한 명이 방금 우리의 최근 자금 제안에 관해 제게 연락했어요. 우리의 요청이 승인되어서 지역 문화 센터가 7만 5천 달러 상당 기술 보조금의 수령 대상이 될 거예요.

M: 정말 좋네요! 이제 ³³드디어 우리가 컴퓨터실의 구식 전자 기기들을 더 최신 장비로 바꿀 수 있어요. 지역 주민들은 그 소식에 매우 기뻐할 거예요.

W: 맞아요. 그런데, ³⁴보조금이 어떻게 쓰일 수 있는지에 대해 제한이 있어요. 그래서, 우리는 컴퓨터나 다른 기기들을 사기 전에 서류들을 주의 깊게 검토해봐야 할 거예요.

32. 지역 문화 센터는 무엇을 받을 것인가?
    (A) 회사로부터의 기부금
    (B) 지역 자선 단체들로부터의 컴퓨터
    (C) 정부로부터의 자금
    (D) 대학으로부터의 장비

33. 화자들은 무엇을 하려고 계획하고 있는가?
    (A) 오래된 기기들을 상급의 것으로 변경한다.
    (B) 더 큰 건물로 이전한다.
    (C) 추가의 책들을 주문한다.
    (D) 교육 워크숍을 운영한다.

34. 화자들은 왜 서류들을 검토해야 하는가?
    (A) 가격들을 비교하기 위해
    (B) 기부자들을 확인하기 위해
    (C) 제약 조건들을 알아내기 위해
    (D) 장소들을 조사하기 위해

지문 funding [fʌ́ndiŋ] 자금   proposal [미 prəpóuzəl, 영 prəpə́uzəl] 제안   approve [əprú:v] 승인하다   grant [미 grænt, 영 grɑːnt] 보조금
     afford to (경제적으로) ~할 수 있다   outdated [àutdéitid] 구식인, 시대에 뒤진   limitation [미 lìmətéiʃən, 영 lìmitéiʃən] 제한, 한계
32 charity [tʃǽrəti] 자선 단체   34 restriction [ristríkʃən] 제약 조건, 제한   venue [vénjuː] 장소

32 ■ 세부 사항 관련 문제 특정 세부 사항   정답 (C)

○○○○ 지역 문화 센터가 받을 것을 묻는 문제이므로, 질문의 핵심어구(community center receive)와 관련된 내용을 주의 깊게 듣는다. 여자가
●●● "A representative of the state government just contacted me regarding our recent funding proposal. Our request was
중상 approved, so the community center is going to be the recipient of a technology grant"라며 주 정부의 직원 한 명이 방금
     자신들의 최근 자금 제안에 관해 연락했다고 한 뒤, 자신들의 요청이 승인되어서 지역 문화 센터가 기술 보조금의 수령 대상이 될 것이라고
     하였다. 따라서 정답은 (C) Funds from the government이다.

33 ■ 세부 사항 관련 문제 특정 세부 사항   정답 (A)

○○○○ 화자들이 하려고 계획하고 있는 것을 묻는 문제이므로, 질문의 핵심어구(planning to do)와 관련된 내용을 주의 깊게 듣는다. 남자가 "we
●●● can finally afford to replace the outdated electronics in our computer lab with more modern equipment"라며 드디어
중상 컴퓨터실의 구식 전자 기기들을 더 최신 장비로 바꿀 수 있다고 하였다. 따라서 정답은 (A) Upgrade old devices이다.

바꾸어 표현하기

replace the outdated electronics ~ with more modern equipment 구식 전자 기기들을 더 최신 장비로 바꾸다 → Upgrade old
devices 오래된 기기들을 상급의 것으로 변경하다

34 ■ 세부 사항 관련 문제 이유   정답 (C)

○○○○ 화자들이 서류들을 검토해야 하는 이유를 묻는 문제이므로, 질문의 핵심어구(review some documents)와 관련된 내용을 주의 깊게
●●● 듣는다. 여자가 "there are limitations on how the grant money can be spent. So, we'll have to read over the documents
중상 carefully"라며 보조금이 어떻게 쓰일 수 있는지에 대해 제한이 있으니 서류들을 주의 깊게 검토해봐야 할 것이라고 하였다. 따라서 정답은
     (C) To determine some restrictions이다.

Questions 35-37 refer to the following conversation.

🎧 미국식 발음 → 캐나다식 발음

W: Good morning, Mr. Abdul. ³⁵This is Alicia Ponds calling from Davenport Architecture. We received your résumé and cover letter in regard to our associate architect position. And ³⁶we would like to invite you in for an interview this Thursday. Are you available in the morning?

M: Thank you for contacting me. I already have an appointment scheduled then, but I'm free that afternoon or at any time before 12 P.M. on Friday.

W: Thursday afternoon at 2 P.M. will be fine.

M: I'll mark it in my calendar. ³⁷Is there anything else I should bring? Like a reference letter?

W: ³⁷I'd appreciate an example of a blueprint that you created for a previous employer. Other than that, I have everything I need.

35 What industry does the woman work in?
(A) Hospitality
(B) Agriculture
(C) Construction
(D) Economics

36 Why did the woman contact the man?
(A) To verify a delivery time
(B) To inquire about job duties
(C) To arrange an interview
(D) To confirm a contract detail

37 What will the man most likely bring for the woman?
(A) A résumé
(B) A work sample
(C) An application form
(D) A reference letter

35-37번은 다음 대화에 관한 문제입니다.

W: 안녕하세요, Mr. Abdul. ³⁵저는 Davenport 건설사에서 전화드리는 Alicia Ponds입니다. 저희의 부건축가 직무에 관한 귀하의 이력서와 자기소개서를 받았습니다. 그리고 ³⁶이번 주 목요일에 면접을 위해 귀하를 초청하고 싶습니다. 오전에 시간이 있으신가요?

M: 연락해주셔서 감사해요. 제가 이미 그때 예정된 약속이 있는데, 그날 오후나 금요일 오후 12시 전에는 언제든 한가해요.

W: 목요일 오후 2시가 괜찮을 겁니다.

M: 그것을 제 달력에 표시해 놓겠습니다. ³⁷제가 가져가야 할 다른 무언가가 있나요? 추천서 같은 거요?

W: 이전 고용주를 위해 ³⁷귀하가 제작했던 설계도 견본이면 감사하겠습니다. 그것 말고는, 제가 필요한 모든 것을 가지고 있습니다.

35. 여자는 어떤 산업에서 일하는가?
(A) 접객
(B) 농업
(C) 건설
(D) 경제

36. 여자는 왜 남자에게 연락했는가?
(A) 배송 시간을 확인하기 위해
(B) 직무에 대해 문의하기 위해
(C) 면접을 마련하기 위해
(D) 계약 세부 사항을 확인하기 위해

37. 남자는 여자를 위해 무엇을 가지고 올 것 같은가?
(A) 이력서
(B) 작업 견본
(C) 지원서
(D) 추천서

지문 **cover letter** 자기소개서 **in regard to** ~에 관해 **available**[əvéiləbl] 시간이 있는 **mark**[mɑːrk] (표·기호 등으로) 표시하다
reference letter 추천서 **appreciate**[əpríːʃieit] 고마워하다 **blueprint**[blúːprint] 설계도, 청사진
36 **verify**[vérəfai] 확인하다 **inquire**[inkwáiər] 문의하다 **job duty** 직무 **arrange**[əréindʒ] 마련하다

35 ■ **전체 내용 관련 문제** 화자 · · · · · · 정답 (C)
하
여자가 일하는 산업을 묻는 문제이므로, 신분 및 직업과 관련된 표현을 놓치지 않고 듣는다. 여자가 "This is Alicia Ponds calling from Davenport Architecture."라며 자신을 Davenport 건설사의 직원으로 소개한 뒤, "We received your résumé and cover letter in regard to our associate architect position."이라며 부건축가 직무에 관한 남자의 이력서와 자기소개서를 받았다고 하였다. 이를 통해 여자가 건축 산업에서 일한다는 것을 알 수 있다. 따라서 정답은 (C) Construction이다.

36 ■ **전체 대화 관련 문제** 목적 · · · · · · 정답 (C)
하
여자가 남자에게 연락한 목적을 묻는 문제이므로, 대화의 초반을 반드시 듣는다. 여자가 남자에게 "we would like to invite you in for an interview this Thursday"라며 이번 주 목요일에 면접을 위해 남자를 초청하고 싶다고 하였다. 따라서 정답은 (C) To arrange an interview이다.

37 ■ **세부 사항 관련 문제** 특정 세부 사항 · · · · · · 정답 (B)
중
남자가 여자를 위해 가지고 올 것을 묻는 문제이므로, 질문의 핵심어구(bring)가 언급된 주변을 주의 깊게 듣는다. 남자가 여자에게 "Is there anything else I should bring?"이라며 자신이 가져가야 할 다른 무언가가 있는지 묻자, 여자가 "I'd appreciate an example of a blueprint that you created"라며 남자가 제작했던 설계도 견본이면 고맙겠다고 하였다. 따라서 정답은 (B) A work sample이다.

바꾸어 표현하기
an example of a blueprint 설계도 견본 → A work sample 작업 견본

Questions 38-40 refer to the following conversation.

🎧 영국식 발음 → 호주식 발음

W: Do you know why our investor Mr. Herman hasn't gotten in touch with me yet? He was supposed to call at around 9:00 A.M. today, which is when his flight was scheduled to arrive. But it's 9:45 now, and I haven't heard from him.

M: I just received a message from his secretary indicating that ³⁸his flight was delayed in Detroit. Apparently, ³⁸his departure was postponed by an hour due to a severe blizzard. His flight should arrive shortly, however.

W: Oh, I see. In that case, ³⁹we'll have to hold off starting the presentation on product development until this afternoon, as Mr. Herman is flying in to listen to it.

M: Yes, that looks unavoidable at this point. ⁴⁰I'll notify the research team.

38 What does the man say about Detroit?
(A) It experienced bad weather.
(B) It has a newly built airport.
(C) It is only an hour away.
(D) It is hosting a major event.

39 According to the woman, why is Mr. Herman coming to the office?
(A) To train some personnel
(B) To discuss travel arrangements
(C) To make an announcement
(D) To observe a presentation

40 What will the man probably do next?
(A) Take a lunch break
(B) Begin a meeting
(C) Pass on some information
(D) Share some sales reports

38-40번은 다음 대화에 관한 문제입니다.

W: 우리의 투자자인 Mr. Herman이 왜 아직 저에게 연락하지 않았는지 아시나요? 그는 그의 비행기가 도착하기로 예정되어 있었던 시간인 오늘 오전 9시쯤에 전화하기로 했었거든요. 그런데 지금은 9시 45분이고, 저는 그에게서 연락을 받지 못했어요.

M: 제가 방금 그의 비서로부터 ³⁸그의 비행기가 디트로이트에서 지연되었음을 알리는 메시지를 받았어요. 듣자 하니, ³⁸심한 눈보라로 인해 그의 출발이 한 시간 지연되었대요. 하지만, 그의 비행기는 곧 도착할 거예요.

W: 아, 그렇군요. 그렇다면, ³⁹Mr. Herman은 그것을 들으러 오는 거니까, 상품 개발에 관한 발표를 시작하는 것을 오늘 오후로 미뤄야겠네요.

M: 네, 지금은 그게 불가피해 보이네요. ⁴⁰제가 연구팀에 알릴게요.

38. 남자는 디트로이트에 관해 무엇을 말하는가?
(A) 궂은 날씨를 겪었다.
(B) 새로 지어진 공항이 있다.
(C) 불과 한 시간 거리에 있다.
(D) 중요한 행사를 주최하고 있다.

39. 여자에 따르면, Mr. Herman은 왜 사무실로 오고 있는가?
(A) 몇몇 직원들을 교육하기 위해
(B) 여행 준비에 관해 논의하기 위해
(C) 공지를 하기 위해
(D) 발표를 보기 위해

40. 남자는 다음에 무엇을 할 것 같은가?
(A) 점심시간을 갖는다.
(B) 회의를 시작한다.
(C) 정보를 전달한다.
(D) 판매 보고서를 공유한다.

지문 get in touch with ~에게 연락하다, 접촉하다 apparently[əpǽrəntli] 듣자 하니 severe[미 sivír, 영 sivíə] 심한, 맹렬한
blizzard[미 blízərd, 영 blízəd] 눈보라 hold off 미루다, 연기하다 unavoidable[ʌ̀nəvɔ́idəbl] 불가피한, 어쩔 수 없는
38 host[houst] 주최하다   40 pass on ~을 전달하다, 넘겨주다

38 ■ 세부 사항 관련 문제 언급   정답 (A)

남자가 디트로이트에 관해 언급하는 것을 묻는 문제이므로, 질문의 핵심어구(Detroit)가 언급된 주변을 주의 깊게 듣는다. 남자가 "his [Mr. Herman's] flight was delayed in Detroit"이라며 Mr. Herman의 비행기가 디트로이트에서 지연되었다고 한 뒤, "his departure was postponed by an hour due to a severe blizzard"라며 심한 눈보라로 인해 그의 출발이 한 시간 지연되었다고 하였다. 따라서 정답은 (A) It experienced bad weather이다.

바꾸어 표현하기
severe blizzard 심한 눈보라 → bad weather 궂은 날씨

39 ■ 세부 사항 관련 문제 이유   정답 (D)

여자가 Mr. Herman이 사무실로 오고 있는 이유라고 말한 것을 묻는 문제이므로, 여자의 말에서 질문의 핵심어구(Mr. Herman coming to the office)와 관련된 내용을 주의 깊게 듣는다. 여자가 "we'll have to hold off starting the presentation ~, as Mr. Herman is flying in to listen to it"이라며 Mr. Herman이 발표를 들으러 오는 것이니까 그것을 시작하는 것을 미뤄야겠다고 하였다. 따라서 정답은 (D) To observe a presentation이다.

40 ■ 세부 사항 관련 문제 다음에 할 일   정답 (C)

남자가 다음에 할 일을 묻는 문제이므로, 대화의 마지막 부분을 주의 깊게 듣는다. 남자가 "I'll notify the research team."이라며 자신이 연구팀에 알리겠다고 하였다. 따라서 정답은 (C) Pass on some information이다.

Questions 41-43 refer to the following conversation.

🎧 미국식 발음 → 캐나다식 발음

W: ⁴¹We're having trouble selling a lot of the sweaters, jackets, and other warm clothing in our store. Sales of these items have dropped about 20 percent in the past month.

M: Yeah, summer is approaching. Usually what we do is hold a big sale on winter and fall clothing. Jackets go for 25 percent off, sweaters for 30 percent off, and so on. I'll send you an e-mail with further information.

W: Sounds like a plan. ⁴²When will the sale go into effect?

M: ⁴²Usually, it starts on April 1 and goes until April 15. ⁴³Over the next couple days, I'm going to start calling newspapers and inquire about advertising rates. I'm planning on placing a few full-page advertisements.

41 Why does the man say "summer is approaching"?
(A) To suggest a change of schedule
(B) To ask a deadline extension
(C) To announce a seasonal event
(D) To explain a decline in sales

42 What does the woman ask about?
(A) The start of a promotion
(B) The amount of a discount
(C) The location of a business
(D) The name of a product

43 What will the man do in the coming days?
(A) Contact media outlets
(B) Order different kinds of clothing
(C) Create an advertisement
(D) Clean a section of the store

41-43번은 다음 대화에 관한 문제입니다.

W: ⁴¹지희는 매장에서 스웨디, 재킷, 그리고 다른 따뜻한 옷들을 파는 데 어려움을 겪고 있어요. 이들 품목의 판매율이 지난달에 약 20퍼센트 하락했어요.

M: 네, 여름이 다가오고 있어요. 보통 저희가 하는 건 겨울과 가을 의류에 대한 큰 세일을 여는 거예요. 재킷은 25퍼센트 할인, 스웨터는 30퍼센트 할인 등이요. 제가 당신에게 추가 정보가 포함된 메일을 보내 드릴게요.

W: 좋은 계획 같군요. ⁴²그 할인 판매는 언제부터 시행되나요?

M: ⁴²보통, 그것은 4월 1일에 시작해서 4월 15일까지 계속돼요. ⁴³앞으로 며칠 동안, 저는 신문사들에 전화를 걸어 광고료에 대해 문의하기 시작할 거예요. 전면 광고들을 몇몇 게 재할 계획입니다.

41. 남자는 왜 "여름이 다가오고 있어요"라고 말하는가?
(A) 일정 변경을 제안하기 위해
(B) 마감 기한 연장을 요청하기 위해
(C) 계절 행사를 알리기 위해
(D) 판매량의 감소를 설명하기 위해

42. 여자는 무엇에 관해 문의하는가?
(A) 판촉 행사의 시작
(B) 할인 금액
(C) 사업체 소재지
(D) 제품명

43. 남자는 다음 며칠간 무엇을 할 것인가?
(A) 언론 매체에 연락한다.
(B) 다른 종류의 옷을 주문한다.
(C) 광고를 제작한다.
(D) 매장의 한 구역을 청소한다.

지문 approach[미 əpróutʃ, 영 əpráutʃ] 다가가다, 접근하다 go into effect 시행되다 inquire[미 inkwáiər, 영 inkwáiə] 문의하다 full-page 전면의
43 media outlet 언론 매체, 매스컴 section[sékʃən] 구역

41 ■ 세부 사항 관련 문제 의도 파악   정답 (D)

남자가 하는 말의 의도를 묻는 문제이므로, 질문의 인용어구(summer is approaching)가 언급된 주변을 주의 깊게 듣는다. 여자가 "We're having trouble selling a lot of the sweaters, jackets, and other warm clothing in our store. Sales of these items have dropped about 20 percent in the past month."라며 매장에서 스웨터, 재킷, 그리고 다른 따뜻한 옷들을 파는 데 어려움을 겪고 있고, 이들 품목의 판매율이 지난달에 약 20퍼센트 하락했다고 하자, 남자가 "summer is approaching"이라며 여름이 다가오고 있다고 하였다. 이를 통해 남자가 판매량의 감소를 설명하려는 의도임을 알 수 있다. 따라서 정답은 (D) To explain a decline in sales 이다.

42 ■ 세부 사항 관련 문제 특정 세부 사항   정답 (A)

여자가 문의하는 것을 묻는 문제이므로, 여자의 말을 주의 깊게 듣는다. 여자가 남자에게 "When will the sale go into effect?"라며 할인 판매가 언제부터 시행되는지 묻자, 남자가 "Usually, it starts on April 1"라며 그것은 보통 4월 1일에 시작한다고 하였다. 따라서 정답은 (A) The start of a promotion이다.

43 ■ 세부 사항 관련 문제 다음에 할 일   정답 (A)

남자가 다음 며칠간 무엇을 할 것인지를 묻는 문제이므로, 질문의 핵심어구(do in the coming days)와 관련된 내용을 주의 깊게 듣는다. 남자가 "Over the next couple days, I'm going to start calling newspapers and inquire about advertising rates."라며 자신이 앞으로 며칠 동안 신문사들에 전화를 걸어 광고료에 대해 문의하기 시작할 것이라고 했다. 따라서 정답은 (A) Contact media outlets이다.

Questions 44-46 refer to the following conversation with three speakers.

3₩ 호주식 발음 → 미국식 발음 → 영국식 발음

M: Good morning. ⁴⁴I have three large parcels to bring in, and I'm wondering if someone can hold the front doors open for me.

W1: Oh, hold on a second . . . Anna, can you take care of the doors?

W2: Sure, no problem. ⁴⁵It must be the shelves we ordered a week ago.

M: Is there a particular place where you'd like to put the boxes?

W1: Please bring them to the storage room. Oh, and ⁴⁶be careful with our pottery displays on your way.

M: Oh, in that case, ⁴⁶how about putting those somewhere safe first?

44 Who most likely is the man?
(A) A sales associate
(B) A store manager
(C) A delivery person
(D) A maintenance worker

45 What is mentioned about the shelves?
(A) They must be installed on the door.
(B) They have already been assembled.
(C) They are too large to be brought in.
(D) They were purchased last week.

46 What does the man suggest?
(A) Displaying some signs
(B) Signing a document
(C) Delaying a task
(D) Moving some items

44-46번은 다음 세 명의 대화에 관한 문제입니다.

M: 좋은 아침이에요. ⁴⁴들여올 큰 소포가 3개 있는데, 누군가 저를 위해 현관문을 잡아줄 수 있을지 궁금합니다.

W1: 오, 잠시만요… Anna, 당신이 문을 신경 써 주실 수 있나요?

W2: 네, 문제없어요. ⁴⁵그것은 저희가 일주일 전에 주문한 선반들이 틀림없어요.

M: 이 상자들을 놓고 싶으신 특정한 장소가 있나요?

W1: 그것들을 창고로 가져와 주세요. 아, 그리고 ⁴⁶오시는 길에 있는 저희의 도자기 진열품들을 조심하세요.

M: 오, 그렇다면, ⁴⁶그것들을 먼저 안전한 곳에 두는 것이 어떠세요?

44. 남자는 누구일 것 같은가?
(A) 영업 사원
(B) 가게 관리인
(C) 배달원
(D) 유지 보수 작업자

45. 선반들에 관해 무엇이 언급되는가?
(A) 문에 설치되어야 한다.
(B) 이미 조립되어 있다.
(C) 너무 커서 들여올 수 없다.
(D) 지난주에 구입되었다.

46. 남자는 무엇을 제안하는가?
(A) 몇몇 표지판을 게시하는 것
(B) 문서에 서명하는 것
(C) 작업을 연기하는 것
(D) 몇몇 물품을 이동하는 것

지문 **wonder**[wʌ́ndər] 궁금해하다 **particular**[미 pərtíkjulər, 영 pətíkjulə] 특정한 **storage room** 창고 **pottery**[미 pá:təri, 영 pɔ́təri] 도자기 display[dispiéi] 진열품, 진열

44 **sales associate** 영업 사원 **maintenance**[méintənəns] 유지 보수

45 **install**[instɔ́:l] 설치하다 **assemble**[əsémbl] 조립하다 **purchase**[미 pá:rtʃəs, 영 pá:tʃəs] 구입하다

---

44 ■ **전체 지문 관련 문제** 화자   정답 (C)

남자의 신분을 묻는 문제이므로, 신분 및 직업과 관련된 표현을 놓치지 않고 듣는다. 남자가 "I have three large parcels to bring in" 이라며 들여올 큰 소포가 3개 있다고 한 것을 통해 남자가 배달원임을 알 수 있다. 따라서 정답은 (C) A delivery person이다.

45 ■ **세부 사항 관련 문제** 언급   정답 (D)

선반에 대해 언급되는 것을 묻는 문제이므로, 질문의 핵심어구(shelves)가 언급된 주변을 주의 깊게 듣는다. 여자 2가 "It must be the shelves we ordered a week ago."라며 자신들이 일주일 전에 주문한 선반들이 틀림없다고 하였다. 따라서 정답은 (D) They were purchased last week이다.

46 ■ **세부 사항 관련 문제** 제안   정답 (D)

남자가 제안하는 것을 묻는 문제이므로, 남자의 말에서 제안과 관련된 표현이 언급된 주변을 주의 깊게 듣는다. 여자 1이 남자에게 "be careful with our pottery displays on your way"라며 오는 길에 있는 자신들의 도자기 진열품들을 조심하라고 하자, 남자가 "how about putting those somewhere safe first?"라며 그것들을 먼저 안전한 곳에 두는 것이 어떤지 제안하였다. 따라서 정답은 (D) Moving some items이다.

Questions 47-49 refer to the following conversation.

🎧 캐나다식 발음 → 영국식 발음

M: Good morning. I work at Spector Industries, and we want to convert a vacant lot on our property into a garden with a seating area. ⁴⁷Could your landscaping company handle a job of that scale?

W: Absolutely. Although our firm mostly does residential work, ⁴⁸we have commercial clients too. In fact, just last summer we did a large landscaping project for the Seward Grocery Store, which is located three blocks from your facility.

M: Oh, really? I pass by that building daily, and I'm always impressed with how nice its front lawn looks.

W: We certainly appreciate the compliment. Now, ⁴⁹why don't you tell me more about the work you'd like done?

47 Where does the woman work?
(A) At a consultancy
(B) At a real estate company
(C) At a grocery store
(D) At a landscaping firm

48 What does the woman say her company did last summer?
(A) Took on a commercial job
(B) Expanded to other cities
(C) Relocated its headquarters
(D) Raised its prices

49 What does the woman ask for?
(A) Property locations
(B) Budget amounts
(C) Price comparisons
(D) Project details

47-49번은 다음 대화에 관한 문제입니다.

M: 안녕하세요. 저는 Spector사에서 일하며, 저희 건물에 있는 빈 부지를 좌석 구역이 있는 정원으로 개조하고 싶어요. ⁴⁷당신의 조경 회사가 그 정도 규모의 일을 처리해줄 수 있나요?

W: 물론입니다. 저희 회사가 주로 주거용 작업을 하긴 하지만, ⁴⁸기업 고객들도 있습니다. 사실, 저희는 바로 지난여름에 귀하의 시설에서 세 블록 떨어진 곳에 위치한 Seward 식료품점을 위해 대규모 조경 프로젝트를 했습니다.

M: 아, 정말요? 저는 그 건물을 매일 지나는데, 그곳의 앞 정원이 얼마나 멋져 보이는지에 대해 항상 인상 깊게 생각하고 있었어요.

W: 칭찬해주셔서 정말 감사해요. 이제, ⁴⁹귀하께서 하시길 원하는 작업에 대해 좀 더 이야기해주시겠어요?

47. 여자는 어디에서 일하는가?
(A) 자문 회사에서
(B) 부동산 회사에서
(C) 식료품점에서
(D) 조경 회사에서

48. 여자는 자신의 회사가 지난여름에 무엇을 했다고 말하는가?
(A) 기업용 작업을 맡았다.
(B) 다른 도시들로 확장했다.
(C) 본사를 이전했다.
(D) 가격을 인상했다.

49. 여자는 무엇을 요청하는가?
(A) 건물 위치
(B) 예산 금액
(C) 가격 비교
(D) 프로젝트 세부 사항

지문 **convert**[kənvə́rt] 개조하다 **lot**[lɑt] 부지 **property**[prápərti] 건물, 부동산 **landscaping**[lǽndskeipiŋ] 조경 **scale**[skeil] 규모
residential[미 rèzədénʃəl, 영 rèzidénʃəl] 주거용의, 주택의 **commercial**[미 kəmə́:rʃəl, 영 kəmə́:ʃəl] 기업(용)의
47 **consultancy**[kənsʌ́ltənsi] 자문 회사 **real estate** 부동산
48 **take on** (일 등을) 맡다 **headquarters**[hédkwɔ:rtərz] 본사
49 **comparison**[kəmpǽrisn] 비교

47 ■ 전체 대화 관련 문제 화자 　　　　　　　　　　　　　　　　　　　　　　　　　　　　　　　　정답 (D)
여자가 일하는 장소를 묻는 문제이므로, 신분 및 직업과 관련된 표현을 놓치지 않고 듣는다. 남자가 여자에게 "Could your landscaping company handle a job of that scale?"이라며 여자의 조경 회사가 그 정도 규모의 일을 처리해줄 수 있는지를 물었다. 따라서 정답은 (D) At a landscaping firm이다.

48 ■ 세부 사항 관련 문제 특정 세부 사항 　　　　　　　　　　　　　　　　　　　　　　　　　　　　　　　정답 (A)
여자가 자신의 회사가 지난여름에 했다고 말한 것을 묻는 문제이므로, 질문의 핵심어구(last summer)가 언급된 주변을 주의 깊게 듣는다. 여자가 "we have commercial clients too. In fact, just last summer we did a large landscaping project for the Seward Grocery Store"라며 기업 고객들도 있다고 한 뒤, 자신들이 바로 지난여름에 Seward 식료품점을 위해 대규모 조경 프로젝트를 했다고 하였다. 따라서 정답은 (A) Took on a commercial job이다.

49 ■ 세부 사항 관련 문제 요청 　　　　　　　　　　　　　　　　　　　　　　　　　　　　　　　　　　정답 (D)
여자가 요청하는 것을 묻는 문제이므로, 여자의 말에서 요청과 관련된 표현이 언급된 다음을 주의 깊게 듣는다. 여자가 남자에게 "why don't you tell me more about the work you'd like done?"이라며 남자가 하길 원하는 작업에 대해 좀 더 이야기해달라고 한 말을 통해 남자가 하고자 하는 프로젝트의 세부 사항을 요청하고 있음을 알 수 있다. 따라서 정답은 (D) Project details이다.

Questions 50-52 refer to the following conversation with three speakers.

🔊 미국식 발음 → 캐나다식 발음 → 호주식 발음

W: Hello. ⁵⁰/⁵¹I've come to pick up medicine prescribed to me by Dr. Vasquez. My name is Marcia Chow.

M1: Certainly. ⁵¹Here you are. Can I help you with anything else today?

W: Yes. Do you know if it is possible to get a free flu shot at the medical clinic next door?

M1: It costs $30, I believe.

W: I see. And ⁵¹where exactly should I go to get the shot? I've never been inside the clinic before.

M1: I'm not sure. Ah . . . ⁵¹I can ask my supervisor, though. One moment, please. Daniel, this customer is interested in getting a flu vaccination at the clinic. ⁵²Where exactly should she go?

M2: ⁵²Just head to the eighth floor—the area for family medicine. You can't miss it.

50 What is the purpose of the woman's visit?
(A) To view some test results
(B) To schedule an appointment
(C) To get some medication
(D) To pick up a building map

51 Who most likely are the men?
(A) Pharmacists
(B) Doctors
(C) Medical researchers
(D) Clinic directors

52 What information does Daniel provide?
(A) The location for a shot
(B) The name of a business
(C) The cost of an examination
(D) The number of a room

50-52번은 다음 세 명의 대화에 관한 문제입니다.

W: 안녕하세요. ⁵⁰/⁵¹저는 Dr. Vasquez가 제게 처방한 약을 가지러 왔어요. 제 이름은 Marcia Chow입니다.
M1: 그럼요. ⁵¹여기 있습니다. 오늘 제가 더 도와드릴 일이 있나요?
W: 네. 옆 병원에서 무료 독감 예방 주사를 맞는 것이 가능한지 혹시 아시나요?
M1: 제가 알기로는, 30달러의 비용이 들어요.
W: 그렇군요. 그리고 ⁵¹주사를 맞으려면 제가 정확히 어디로 가야 하는 건가요? 제가 그 병원 안에 가본 적이 없어요.
M1: 잘 모르겠어요. 아… ⁵¹하지만, 제 상사에게 물어봐 드릴 수 있어요. 잠시만요. Daniel, 이 손님이 병원에서 독감 백신 접종을 받는 것에 관심이 있어요. ⁵²그녀가 정확히 어디로 가야 하나요?
M2: ⁵²가정의학과 구역인, 8층으로 가시면 돼요. 찾기 쉬우실 거예요.

50. 여자의 방문 목적은 무엇인가?
(A) 검사 결과를 보기 위해
(B) 약속을 잡기 위해
(C) 약을 받기 위해
(D) 건물 약도를 얻기 위해

51. 남자들은 누구인 것 같은가?
(A) 약사들
(B) 의사들
(C) 의료 연구자들
(D) 병원 관리자들

52. Daniel은 무슨 정보를 제공하는가?
(A) 주사를 맞을 장소
(B) 업체 이름
(C) 진찰 비용
(D) 방의 개수

지문 prescribe[priskráib] 처방하다 flu shot 독감 예방 주사 supervisor[súːpərvaizər] 상사 vaccination[væksənéiʃən] 백신 접종
50 medication[mèdəkéiʃən] 약, 약물 51 pharmacist[fáːrməsist] 약사 52 examination[igzæmənéiʃən] 진찰, 검사

50 ■ 전체 대화 관련 문제 목적 정답 (C)
여자의 방문 목적을 묻는 문제이므로, 대화의 초반을 반드시 듣는다. 여자가 "I've come to pick up medicine prescribed to me by Dr. Vasquez."라며 Dr. Vasquez가 자신에게 처방한 약을 가지러 왔다고 하였다. 따라서 정답은 (C) To get some medication이다.

51 ■ 전체 대화 관련 문제 화자 정답 (A)
남자들의 신분을 묻는 문제이므로, 신분 및 직업과 관련된 표현을 놓치지 않고 듣는다. 여자가 "I've come to pick up medicine prescribed to me by Dr. Vasquez."라며 Dr. Vasquez가 자신에게 처방한 약을 가지러 왔다고 하자, 남자 1이 "Here you are."라며 여기 있다고 하였다. 그리고 여자가 "where exactly should I go to get the shot?"이라며 주사를 맞으려면 정확히 어디로 가야 하는지 묻자, 남자 1이 "I can ask my supervisor ~. Daniel"이라며 자신의 상사에게 물어봐 줄 수 있다고 한 뒤, 남자 2[Daniel]를 불렀다. 이를 통해 남자들이 약사들임을 알 수 있다. 따라서 정답은 (A) Pharmacists이다.

52 ■ 세부 사항 관련 문제 특정 세부 사항 정답 (A)
Daniel 즉, 남자 2가 제공하는 정보를 묻는 문제이므로, 남자 2의 말에서 질문의 핵심어구(information)와 관련된 내용을 주의 깊게 듣는다. 남자 1이 남자 2[Daniel]에게 "Where exactly should she[customer] go?"라며 손님이 정확히 어디로 가야 하는지 묻자, 남자 2가 "Just head to the eighth floor—the area for family medicine."이라며 가정의학과 구역인 8층으로 가면 된다고 하였다. 따라서 정답은 (A) The location for a shot이다.

Questions 53-55 refer to the following conversation.

🎧 영국식 발음 → 호주식 발음

W: Mr. Dorsey, I want to get your feedback regarding next month's Oxford Commerce Convention. ⁵³Should our company booth feature a poster board with images of our latest makeup products? ⁵⁴I'm trying to figure out how to best promote our new line of products to attendees.

M: You know, ⁵⁴we incorporated a digital slideshow last year. Many people commented on it.

W: Hmm . . . ⁵⁵I'm not sure how to set that up, though.

M: ⁵⁵Why don't you take a look at the one from last year? I'm sure it only needs a few minor changes. Danny Connor in marketing should have a copy.

53 Where most likely do the speakers work?
(A) At a financial institution
(B) At a cosmetics company
(C) At an advertising agency
(D) At a convention center

54 What does the man mean when he says, "Many people commented on it"?
(A) A method was a great success.
(B) A service received positive feedback.
(C) An event attracted many visitors.
(D) A venue introduced a new policy.

55 What does the man suggest?
(A) Reviewing a slideshow
(B) Relocating a booth
(C) Contacting a colleague
(D) Leaving for a function

53-55번은 다음 대화에 관한 문제입니다.

W: Mr. Dorsey, 다음 달 Oxford 무역 컨벤션에 관해서 당신의 피드백을 받고 싶습니다. ⁵³저희 회사의 부스에 최신 화장품들의 사진을 담은 포스터 판을 특별히 포함시켜야 하나요? ⁵⁴참석자들에게 저희의 새로운 제품 라인을 가장 잘 홍보하는 방법을 찾으려 노력하고 있어요.

M: 아시다시피, ⁵⁴저희가 작년에 디지털 슬라이드 쇼를 포함시켰어요. 많은 사람들이 그것을 언급했었죠.

W: 음... ⁵⁵하지만, 저는 그것을 어떻게 준비할지 잘 모르겠어요.

M: ⁵⁵지난해의 것을 확인해 보는 건 어때요? 분명히 몇몇 사소한 변경만 필요할 거예요. 마케팅부의 Danny Connor가 사본을 가지고 있을 겁니다.

53. 화자들은 어디에서 일할 것 같은가?
(A) 금융 기관에서
(B) 화장품 회사에서
(C) 광고 대행사에서
(D) 컨벤션 센터에서

54. 남자가 "많은 사람들이 그것을 언급했었죠"라고 말할 때 무엇을 의도하는가?
(A) 방법이 큰 성공을 거두었다.
(B) 서비스가 긍정적인 피드백을 받았다.
(C) 행사가 많은 방문객들을 끌어들였다.
(D) 행사장에서 새로운 정책을 도입했다.

55. 남자는 무엇을 제안하는가?
(A) 슬라이드 쇼를 검토하는 것
(B) 부스를 재배치하는 것
(C) 동료에게 연락하는 것
(D) 행사를 위해 떠나는 것

지문 commerce [미 káːməːrs, 영 kɔ́məːs] 무역 feature [미 fíːtʃər, 영 fíːtʃə] 특별히 포함시키다 incorporate [미 inkɔ́ːrpəreit, 영 inkɔ́ːpəreit] 포함하다
53 financial [fainǽnʃəl] 금융의 institution [미 ìnstitúːʃən, 영 ìnstətjúːʃən] 기관 cosmetics [미 kɑːzmétiks, 영 kɔzmétiks] 화장품
55 relocate [미 rìːloukéit, 영 rìːləukéit] 재배치하다 function [fʌ́ŋkʃən] 행사

53 ■ 전체 지문 관련 문제 화자 정답 (B)

화자들이 일하는 장소를 묻는 문제이므로, 신분 및 직업과 관련된 표현을 놓치지 않고 듣는다. 여자가 "Should our company booth feature a poster board with images of our latest makeup products?"라며 회사 부스에 자신들의 최신 화장품들의 사진을 담은 포스터를 특별히 포함시켜야 할지 물었다. 이를 통해 화자들이 화장품 회사에서 일한다는 것을 알 수 있다. 따라서 정답은 (B) At a cosmetics company이다.

54 ■ 세부 사항 관련 문제 의도 파악 정답 (A)

남자가 하는 말의 의도를 묻는 문제이므로, 질문의 인용어구(Many people commented on it)가 언급된 주변을 주의 깊게 듣는다. 여자가 "I'm trying to figure out how to best promote our new line of products to attendees."라며 참석자들에게 자신들의 새로운 제품 라인을 가장 잘 홍보하는 방법을 찾으려 노력하고 있다고 하자, 남자가 "we incorporated a digital slideshow last year" 라며 작년에 디지털 슬라이드 쇼를 포함시켰다고 하고, "Many people commented on it"이라며 많은 사람들이 그것을 언급했었다고 한 것을 통해 디지털 슬라이드쇼를 사용한 방법이 큰 성공을 거두었다는 것을 알 수 있다. 따라서 정답은 (A) A method was a great success이다.

55 ■ 세부 사항 관련 문제 제안 정답 (A)

남자가 제안하는 것을 묻는 문제이므로, 남자의 말에서 제안과 관련된 표현이 언급된 주변을 주의 깊게 듣는다. 여자가 "I'm not sure how to set that[digital slideshow] up, though."라며 디지털 슬라이드 쇼를 어떻게 준비할지 잘 모르겠다고 하자, 남자가 "Why don't you take a look at the one from last year?"라며 지난해의 것을 확인해 보는 것이 어떤지 제안하였다. 따라서 정답은 (A) Reviewing a slideshow이다.

Questions 56-58 refer to the following conversation.

미국식 발음 → 캐나다식 발음

W: As you can see, 56this apartment has a fully renovated kitchen. All of the counters and appliances are brand new. Take a look at that stainless steel stove.

M: That's great! I really like cooking, so having an updated kitchen is important. And 56this apartment is definitely better than the last one. 57I'd like to fill out an application today if possible.

W: Of course. I have the form right here. Oh . . . I'm not sure if you are aware, but 58once your application is reviewed and accepted, the deposit needs to be submitted within a week.

M: I understand. That won't be a problem.

56 Who most likely is the woman?
(A) A construction worker
(B) A restaurant owner
(C) A real estate agent
(D) An interior designer

57 What does the man want to do?
(A) Test an appliance
(B) Prepare a meal
(C) Visit another location
(D) Complete a form

58 What does the woman mention about the deposit?
(A) It will be returned after a one-week period.
(B) It may be increased in special circumstances.
(C) It must be paid with a personal check.
(D) It is due shortly after an application is accepted.

56-58번은 다음 대화에 관한 문제입니다.

W: 보시다시피, 56이 아파트는 완전히 개조된 부엌을 가지고 있어요. 모든 조리대와 설비들이 새것이에요. 저 스테인리스 강 스토브를 한 번 보세요.

M: 그거 좋네요! 저는 요리하는 것을 정말 좋아해서, 최신식 주방을 갖는 것이 중요해요. 그리고 56이 아파트는 저번 것보다 확실히 더 좋네요. 57가능하다면 오늘 신청서를 작성하고 싶습니다.

W: 물론이죠. 여기 양식이 있습니다. 아… 아실지 모르겠지만, 58일단 신청서가 검토되고 승인되면, 보증금은 일주일 안에 제출되어야 해요.

M: 이해했습니다. 그건 문제없을 거예요.

56. 여자는 누구일 것 같은가?
(A) 건설 노동자
(B) 식당 주인
(C) 부동산 중개인
(D) 인테리어 디자이너

57. 남자는 무엇을 하기를 원하는가?
(A) 설비를 시험한다.
(B) 식사를 준비한다.
(C) 또 다른 장소를 방문한다.
(D) 양식을 작성한다.

58. 여자는 보증금에 관해 무엇을 언급하는가?
(A) 1주일의 기간 후에 반환될 것이다.
(B) 특수한 경우에는 인상될 수 있다.
(C) 개인 수표로 지불되어야 한다.
(D) 신청이 승인된 후 곧 지불되어야 한다.

지문 renovated[rénəvèitid] 개조된 appliance[əpláiəns] 설비, 기기 fill out 작성하다 application[æ̀plikéiʃən] 신청서, 지원서 deposit[미 dipá:zit, 영 dipɔ́zit] 보증금
56 real estate 부동산 agent[éidʒənt] 중개인, 대리인
58 circumstance[미 sə́:rkəmstæns, 영 sə́:kəmstəns] 경우, 상황 check[tʃek] 수표 due[미 du:, 영 dju:] 지불되어야 하는

56 ■ 전체 지문 관련 문제 화자 ··· 정답 (C)

여자의 신분을 묻는 문제로, 신분 및 직업과 관련된 표현을 놓치지 않고 듣는다. 여자가 "this apartment has a fully renovated kitchen. All of the counters and appliances are brand new."라며 이 아파트는 완전히 개조된 부엌을 가지고 있고, 모든 조리대와 설비들이 새것이라고 한 뒤, 남자가 "this apartment is definitely better than the last one"이라며 이 아파트가 저번 것보다 확실히 더 좋다고 한 것을 통해 여자가 집을 보여주는 부동산 중개인인 것을 알 수 있다. 따라서 정답은 (C) A real estate agent이다.

57 ■ 세부 사항 관련 문제 특정 세부 사항 ··· 정답 (D)

남자가 하고 싶어 하는 것을 묻는 문제이므로, 질문의 핵심어구(man want to do)와 관련된 내용을 주의 깊게 듣는다. 남자가 "I'd like to fill out an application today if possible."이라며 가능하다면 오늘 신청서를 작성하고 싶다고 하였다. 따라서 정답은 (D) Complete a form이다.

58 ■ 세부 사항 관련 문제 언급 ··· 정답 (D)

여자가 보증금에 관해 언급하는 것을 묻는 문제이므로, 질문의 핵심어구(deposit)가 언급된 주변을 주의 깊게 듣는다. 여자가 남자에게 "once your application is reviewed and accepted, the deposit needs to be submitted within a week."라며 일단 신청서가 검토되고 승인되면, 보증금은 일주일 안에 제출되어야 한다고 하였다. 따라서 정답은 (D) It is due shortly after an application is accepted이다.

Questions 59-61 refer to the following conversation.

🎧 호주식 발음 → 영국식 발음

M: ⁵⁹How are negotiations going with TruCare Medical Supplies? Did the president of TruCare say whether the company agrees to our acquisition terms regarding the retention of personnel?

W: Yes. He agreed that none of our existing employees will be dismissed immediately. However, ⁶⁰all staff will be subject to a six-month evaluation following the purchase to determine whether they will receive contract extensions.

M: Hmm . . . Well, at least everyone will have a chance to maintain their jobs. Have financial figures been discussed at all?

W: As of now, ⁶¹we're being offered $45 million, which our analysts tell me is a bit low. I need your approval to ask the company to pay $48 million instead.

59 What is the conversation mainly about?
(A) The reason for evaluations
(B) The details of a negotiation
(C) The success of an investment
(D) The cost of operations

60 What is mentioned about staff?
(A) They will receive salary increases.
(B) They will learn specialized skills.
(C) They will transfer to a new division.
(D) They will undergo an assessment.

61 Why does the woman require the man's approval?
(A) She needs to conduct an analysis.
(B) She plans to post a memo.
(C) She wants to submit another offer.
(D) She wishes to agree to a deal.

59-61번은 다음 대화에 관한 문제입니다.

M: ⁵⁹TruCare 의료 용품사와의 협상이 어떻게 되어가고 있나요? TruCare사의 회장이 그 회사가 직원 유지에 관한 우리의 인수 조건에 동의하는지 말했나요?

W: 네. 그는 우리의 현 직원들 중 누구도 즉시 해고되지는 않을 거라는데 동의했어요. 하지만, ⁶⁰모든 직원들이 계약 연장을 받을지 결정하기 위해 매입 후에 6개월간 평가의 대상이 될 거예요.

M: 흠… 그럼, 적어도 모든 이들이 그들의 일자리를 유지할 기회를 가지겠네요. 재정적인 수치는 조금이라도 논의되었나요?

W: 현재로서는, ⁶¹저희가 4천 5백만 달러를 제안받고 있는데, 이는 저희의 분석가들이 제게 말하기로 약간 낮아요. 제가 그 회사에 대신 4천 8백만 달러를 지불할 것을 요청하기 위해 당신의 승인이 필요해요.

59. 대화는 주로 무엇에 관한 것인가?
(A) 평가의 이유
(B) 협상의 세부 사항
(C) 투자의 성공
(D) 운영 비용

60. 직원들에 관해 무엇이 언급되는가?
(A) 그들은 임금 인상을 받을 것이다.
(B) 그들은 전문 기술을 배울 것이다.
(C) 그들은 새로운 부서로 전근 갈 것이다.
(D) 그들은 평가를 받을 것이다.

61. 여자는 왜 남자의 승인을 필요로 하는가?
(A) 그녀는 분석을 실시해야 한다.
(B) 그녀는 메모를 게시할 예정이다.
(C) 그녀는 다른 제안을 내놓고 싶어 한다.
(D) 그녀는 거래에 동의하고 싶어 한다.

지문 negotiation[미 nigòuʃiéiʃən, 영 nəgəuʃiéiʃən] 협상 acquisition[ӕkwizíʃən] 인수, 매수 term[미 tə:rm, 영 tə:m] (계약 등의) 조건
retention[riténʃən] 유지, 보유 personnel[미 pə̀:rsənél, 영 pə̀:sənél] 직원 dismiss[dismís] 해고하다
be subject to ~의 대상이 되다, ~을 받아야 하다 evaluation[ivӕljuéiʃən] 평가 purchase[미 pə́:rtʃəs, 영 pə́:tʃəs] 매입, 구매
determine[미 ditə́:rmin, 영 ditə́:min] 결정하다 analyst[ӕnəlist] 분석가 approval[əprú:vəl] 승인
60 specialized[spéʃəlaizd] 전문의 transfer[trænsfə́:r] 전근 가다 undergo[ʌ̀ndərgóu] (검사 등을) 받다, 겪다 assessment[əsésmənt] 평가
61 deal[di:l] 거래

59 ■ 전체 대화 관련 문제 주제
정답 (B)

대화의 주제를 묻는 문제이므로, 대화의 초반을 반드시 듣는다. 남자가 "How are negotiations going with TruCare Medical Supplies? Did the president of TruCare say whether the company agrees to our acquisition terms regarding the retention of personnel?"이라며 TruCare 의료 용품사와의 협상이 어떻게 되어가고 있는지와 TruCare사의 회장이 직원 유지에 관한 자신들의 인수 조건에 동의하는지 말했는지를 물은 뒤, 협상의 세부 사항에 관한 내용으로 대화가 이어지고 있다. 따라서 정답은 **(B) The details of a negotiation**이다.

60 ■ 세부 사항 관련 문제 언급
정답 (D)

직원들에 관해 언급되는 것을 묻는 문제이므로, 질문의 핵심어구(staff)가 언급된 주변을 주의 깊게 듣는다. 여자가 "all staff will be subject to a six-month evaluation ~ to determine whether they will receive contract extensions"라며 모든 직원들이 계약 연장을 받을지 결정하기 위해 6개월간 평가의 대상이 될 것이라고 하였다. 따라서 정답은 **(D) They will undergo an assessment**이다.

61 ■ 세부 사항 관련 문제 이유
정답 (C)

여자가 남자의 승인을 필요로 하는 이유를 묻는 문제이므로, 질문의 핵심어구(require the man's approval)와 관련된 내용을 주의 깊게 듣는다. 여자가 "we're being offered $45 million ~. I need your approval to ask the company to pay $48 million instead."라며 자신들이 4천 5백만 달러를 제안받고 있는데, 그 회사에 대신 4천 8백만 달러를 지불할 것을 요청하기 위해 남자의 승인이 필요하다고 하였다. 따라서 정답은 **(C) She wants to submit another offer**이다.

Questions 62-64 refer to the following conversation and floor plan.

🎧 미국식 발음 → 호주식 발음

W: Roger, we have to get the auditorium lobby ready before people arrive for [62]tonight's debut performance of the play *Going for Broke*.

M: Right, I've got the actors' photographs framed for display. What else is there to do?

W: [63]Can you set up some tables where programs can be handed out?

M: Sure. There are a few in the basement. I'll ask Jacob to help me carry them up here. His shift starts in 15 minutes.

W: OK. And finally, [64]we need a spot where fans can take photos with the cast after the show.

M: [64]Let's put it where it was last year . . . in the area to the left when you enter the building, just before you reach the refreshment stand.

62-64번은 다음 대화와 평면도에 관한 문제입니다.

W: Roger, 우리는 사람들이 [62]오늘 밤에 있을 연극 *Going for Broke*의 초연 공연에 도착하기 전에 강당 로비가 준비되도록 해야 해요.

M: 맞아요, 저는 전시를 위해 배우들의 사진들을 액자에 넣어뒀어요. 다른 할 것이 무엇이 있죠?

W: [63]일정표들이 배부될 수 있는 탁자들을 설치해줄 수 있나요?

M: 물론이죠. 지하실에 몇 개 있어요. Jacob에게 그것들을 여기 위로 옮기는 것을 도와달라고 요청할게요. 그의 근무 시간은 15분 후에 시작해요.

W: 좋아요. 그리고 마지막으로, [64]우리는 공연 후에 팬들이 출연진과 함께 사진을 찍을 수 있는 장소가 필요해요.

M: [64]작년에 그 장소가 있었던 곳을 사용하도록 하죠… 당신이 건물에 들어왔을 때 왼쪽에 있는 구역인데, 다과 판매대에 이르기 바로 전 말이에요.

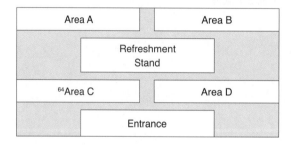

62 What type of event is happening tonight?
(A) A performance rehearsal
(B) An awards ceremony
(C) A movie screening
(D) A play opening

63 What does the woman ask the man to do?
(A) Arrange some furniture
(B) Work a late shift
(C) Hang up some frames
(D) Greet incoming guests

64 Look at the graphic. Where most likely will photos be taken?
(A) In Area A
(B) In Area B
(C) In Area C
(D) In Area D

62. 어떤 종류의 행사가 오늘 밤에 일어날 것인가?
(A) 공연 리허설
(B) 시상식
(C) 영화 상영
(D) 연극 개막

63. 여자는 남자에게 무엇을 하라고 요청하는가?
(A) 가구를 배열한다.
(B) 야간 근무를 한다.
(C) 액자들을 건다.
(D) 들어오는 손님들을 맞이한다.

64. 시각 자료를 보시오. 사진은 어디에서 찍힐 것 같은가?
(A) A구역에서
(B) B구역에서
(C) C구역에서
(D) D구역에서

지문   auditorium[ɔːditɔ́ːriəm] 강당   debut[deibjúː] 초연   frame[freim] 액자에 넣다; 액자   display[displéi] 전시, 진열품   set up 설치하다
program[próugræm] 일정표, 행사 계획표   hand out 배부하다, 나누어 주다   basement[béismənt] 지하실   shift[ʃift] (교대) 근무
cast[kæst] 출연진   refreshment[rifréʃmənt] 다과   stand[stænd] 판매대

62   screening[skríːniŋ] 상영   opening[óupəniŋ] 개막, 개관식

63   arrange[əréindʒ] 배열하다, 준비하다   hang up (벽 등에) 걸다   greet[griːt] 맞이하다, 환영하다   incoming[ínkʌmiŋ] 들어오는, 도착하는

62 ■ 세부 사항 관련 문제 | 특정 세부 사항

정답 (D)

오늘 밤에 일어날 행사의 종류를 묻는 문제이므로, 질문의 핵심어구(tonight)가 언급된 주변을 주의 깊게 듣는다. 여자가 "tonight's debut performance of the play *Going for Broke*"라며 오늘 밤에 있을 연극 *Going for Broke*의 초연 공연을 언급하였다. 따라서 정답은 (D) A play opening이다.

바꾸어 표현하기
debut performance of the play 연극의 초연 공연 → A play opening 연극 개막

63 ■ 세부 사항 관련 문제 | 요청

정답 (A)

여자가 남자에게 요청하는 것을 묻는 문제이므로, 여자의 말에서 요청과 관련된 표현이 언급된 다음을 주의 깊게 듣는다. 여자가 "Can you set up some tables where programs can be handed out?"이라며 일정표들이 배부될 수 있는 탁자들을 설치해달라고 요청하였다. 따라서 정답은 (A) Arrange some furniture이다.

바꾸어 표현하기
set up some tables 탁자들을 설치하다 → Arrange some furniture 가구를 배열하다

64 ■ 세부 사항 관련 문제 | 시각 자료

정답 (C)

사진이 찍힐 장소를 묻는 문제이므로, 제시된 평면도의 정보를 확인한 뒤 질문의 핵심어구(photos ~ taken)와 관련된 내용을 주의 깊게 듣는다. 여자가 "we need a spot where fans can take photos with the cast after the show"라며 공연 후에 팬들이 출연진과 함께 사진을 찍을 수 있는 장소가 필요하다고 하자, 남자가 "Let's put it[spot] ~ in the area to the left when you enter the building, just before you reach the refreshment stand."라며 건물에 들어왔을 때 왼쪽에 있는 구역이자 다과 판매대에 이르기 바로 전인 곳을 사용하자고 하였으므로 C구역이 사진이 찍힐 장소임을 평면도에서 알 수 있다. 따라서 정답은 (C) In Area C이다.

Questions 65-67 refer to the following conversation and form.

🔊 캐나다식 발음 → 영국식 발음

M: Hey, Pamela. There's an issue regarding the reimbursement request I filed for my recent business trip to Osaka. ⁶⁵I was paid back for all of my costs except a meal I bought at the airport departure lounge.

W: Really? That's strange. Let me see . . . ⁶⁶It seems you forgot the receipt for that one.

M: ⁶⁶Oh, sorry. I'll look for it and send it to you right away. Will that resolve the matter?

W: ⁶⁷As an accountant, I actually don't have the authority to approve specific repayments. The financial manager, Ronald Brenton, has final say over such things.

M: Oh, I see.

W: I believe he's in a meeting right now, but if you leave him a voice mail, I'm sure he'll look into it.

65-67번은 다음 대화와 양식에 관한 문제입니다.

M: 안녕하세요, Pamela. 제가 최근에 오사카 출장에 대해 신청한 변제 요청에 문제가 있어요. ⁶⁵공항 출발 라운지에서 구매한 식사를 제외하고 모든 비용을 환급 받았어요.

W: 정말요? 이상하네요. 한 번 볼게요… ⁶⁶당신이 그 건에 대해서 영수증을 깜빡한 것 같네요.

M: ⁶⁶오, 죄송해요. 그것을 찾아보고 당신에게 바로 보내드릴게요. 그것이 이 문제를 해결할까요?

W: ⁶⁷경리로서, 사실 저는 특정 상황을 승인할 권한이 없어요. 재무부장인 Ronald Brenton이 이러한 것들에 대한 최종 결정권을 갖고 있어요.

M: 오, 알겠습니다.

W: 그는 지금 회의 중인 것 같지만, 그에게 음성 메일을 남겨주시면 그가 그것을 주의 깊게 살펴볼 것이라고 생각해요.

Dale Consultancy Reimbursement Form
Employee Name: James Vold

Reason for Expense	Amount
Airfare	$345
Osaka Hotel (3 nights)	$621
Bento Hotel Restaurant	$31
Taxi fares	$45
Shiro Airport Café	⁶⁵$24
TOTAL	$1,067

Dale Consultancy 변제 양식
직원 성명: James Vold

지출 사유	금액
항공 운임	345달러
Osaka 호텔 (3박)	621달러
Bento 호텔 레스토랑	31달러
택시 운임	45달러
Shiro 공항 카페	⁶⁵24달러
합계	1,067달러

65 Look at the graphic. Which amount was not reimbursed?
(A) $345
(B) $31
(C) $45
(D) $24

66 Why does the man apologize?
(A) He sent a report to the wrong address.
(B) He failed to submit a document.
(C) He made a mistake in his calculations.
(D) He did not get permission for an expense.

67 What problem does the woman mention?
(A) A due date has been already passed.
(B) A company policy was changed.
(C) A budget amount has been reduced.
(D) A supervisor's permission is required.

65. 시각 자료를 보시오. 어떤 금액이 변제되지 않았는가?
(A) 345달러
(B) 31달러
(C) 45달러
(D) 24달러

66. 남자는 왜 사과하는가?
(A) 그는 보고서를 잘못된 주소로 보냈다.
(B) 그는 문서를 제출하지 못했다.
(C) 그는 계산에서 실수를 했다.
(D) 그는 지출에 대한 허가를 받지 않았다.

67. 여자는 어떤 문제를 언급하는가?
(A) 기한이 이미 지났다.
(B) 회사 정책이 변경되었다.
(C) 예산 금액이 축소되었다.
(D) 상사의 허가가 필요하다.

지문 reimbursement[미 rì:imbə́:rsmənt, 영 rì:imbə́:smənt] 변제, 상환, 배상 file for ~을 신청하다 approve[əprúːv] 승인하다
accountant[əkáuntənt] 경리, 회계사 authority[미 əθɔ́:rəti, 영 ɔ:θɔ́riti] 권한 repayment[ripéimənt] 상환, 상환금
final say 최종 결정권
66 permission[미 pərmíʃən, 영 pəmíʃən] 허가
67 budget[bʌ́dʒit] 예산

65 ■ 세부 사항 관련 문제 시각 자료
정답 (D)

변제되지 않은 금액을 묻는 문제이므로, 제시된 양식의 정보를 확인한 뒤 질문의 핵심어구(not reimbursed)와 관련된 내용을 주의 깊게 듣는다. 남자가 "I was paid back for all of my costs except a meal I bought at the airport departure lounge."라며 공항 출발 라운지에서 구매한 식사를 제외하고 모든 비용을 환급 받았다고 했으므로, 남자가 Shiro 공항 카페에서 지불한 24달러를 환급 받지 못했음을 양식에서 알 수 있다. 따라서 정답은 (D) $24이다.

66 ■ 세부 사항 관련 문제 특정 세부 사항
정답 (B)

남자가 사과하는 이유를 묻는 문제이므로, 질문의 핵심어구(apologize)와 관련된 내용을 주의 깊게 듣는다. 여자가 "It seems you forgot the receipt for that one."이라며 남자가 그 건에 대해서 영수증을 깜빡한 것 같다고 하자, 남자가 "Oh, sorry. I'll look for it and send it to you right away."라며 미안하다고 사과한 후 자신이 그것을 찾아보고 바로 보내주겠다고 하였다. 따라서 정답은 (B) He failed to submit a document이다.

67 ■ 세부 사항 관련 문제 문제점
정답 (D)

여자가 언급하는 문제점을 묻는 문제이므로, 질문의 핵심어구(problem)와 관련된 내용을 주의 깊게 듣는다. "As an accountant, I actually don't have the authority to approve specific repayments. The financial manager ~ has final say over such things."라며 자신은 경리로서 특정 상환을 승인할 권한이 없고, 재무부장이 이러한 것들에 대한 최종 결정권을 갖고 있다고 하였다. 따라서 정답은 (D) A supervisor's permission is required이다.

Questions 68-70 refer to the following conversation and flight schedule.

68-70번은 다음 대화와 비행 일정표에 관한 문제입니다.

[3해] 호주식 발음 → 미국식 발음

M: Let's hurry, Kelsey. [68]I'm concerned we won't catch our connecting flight to our destination.

W: Wait—look here. [70]This screen says our flight has been delayed.

M: Yeah, you're right. In that case, [69]I'd like to find a spot in this terminal that provides Wi-Fi. I need to download the lecture notes from the sales conference we attended in Cincinnati.

W: Just so you know, there's a charge to use the airport's Internet service.

M: Really? I'd rather not pay a fee. Well, [70]I should still have time to review the notes before our noon meeting today in Portland.

W: Yeah. Ms. Anderson probably won't ask us much about the conference anyway. She'll be more interested in whether we secured any sales contracts on our trip.

M: 서두릅시다, Kelsey. [68]저는 우리가 목적지까지의 연결 항공편을 타지 못할까 봐 걱정돼요.

W: 잠시만요, 여기 보세요. [70]이 화면에 우리의 항공편이 지연되었다고 쓰여 있어요.

M: 네, 당신 말이 맞네요. 그렇다면, [69]저는 이 터미널에서 무선 인터넷을 제공하는 곳을 찾고 싶어요. 우리가 신시내티에서 참석했던 판매 학회의 강의록을 다운로드받아야 해요.

W: 참고로 말하자면, 공항의 인터넷 서비스를 이용하는 것은 비용이 들어요.

M: 정말요? 저는 요금을 지불하고 싶지는 않네요. 음, [70]저는 오늘 포틀랜드에서 있을 우리의 정오 회의 전에 강의록을 살펴볼 시간이 그래도 있을 거예요.

W: 네, Ms. Anderson은 어차피 우리에게 학회에 대해서 많이 물어보지 않을 것 같아요. 그녀는 우리가 출장 동안 어떤 판매 계약이라도 얻어 냈는지에 더 관심이 있을 거예요.

Flight	Destination	Status	Updated Arrival Time
AB701	Phoenix	On Time	9:00 A.M.
[70]UR770	Portland	Delayed	10:30 A.M.
WX803	Cincinnati	Delayed	12:00 P.M.
ZP890	Portland	On Time	3:30 P.M.
TA900	Dallas	Delayed	6:00 P.M.

항공편	목적지	상황	업데이트된 도착 시각
AB701	피닉스	정시	오전 9:00
[70]UR770	포틀랜드	지연	오전 10:30
WX803	신시내티	지연	오후 12:00
ZP890	포틀랜드	정시	오후 3:30
TA900	댈러스	지연	오후 6:00

68 Why is the man worried?
(A) A ticket was not printed.
(B) An airport is located far away.
(C) A flight might be missed.
(D) A terminal has been blocked off.

68. 남자는 왜 걱정을 하는가?
(A) 표가 출력되지 않았다.
(B) 공항이 멀리 위치해 있다.
(C) 비행기를 놓칠 수도 있다.
(D) 터미널이 차단되었다.

69 What does the man want to do?
(A) Listen to a lecture on a laptop
(B) Access the Internet
(C) Check in at a gate
(D) Inform a supervisor of an arrival time

69. 남자는 무엇을 하고 싶어 하는가?
(A) 노트북 컴퓨터로 강의를 듣는다.
(B) 인터넷에 접속한다.
(C) 게이트에서 탑승 수속을 밟는다.
(D) 관리자에게 도착 시각을 알린다.

70 Look at the graphic. Which flight will the speakers take?
(A) UR770
(B) WX803
(C) ZP890
(D) TA900

70. 시각 자료를 보시오. 화자들은 어느 항공편을 탈 것인가?
(A) UR770
(B) WX803
(C) ZP890
(D) TA900

지문 delay[diléi] 지연시키다 lecture note 강의록 attend[əténd] 참석하다 charge[tʃɑːrdʒ] 비용, 요금 review[rivjúː] 살피다, 검토하다 secure[sikjúər] 얻어 내다, 확보하다 contract[kántrækt] 계약
68 block off (도로 등을) 차단하다, 막다
69 access[ǽkses] (컴퓨터에) 접속하다 check in 탑승 수속을 밟다, 수속하다 inform[infɔ́rm] 알리다 supervisor[súːpərvaizər] 관리자

68 ■ **세부 사항 관련 문제** 문제점   정답 (C)

남자의 문제점을 묻는 문제이므로, 남자의 말에서 부정적인 표현이 언급된 다음을 주의 깊게 듣는다. 남자가 "I'm concerned we won't catch our connecting flight to our destination."이라며 자신들이 목적지까지의 연결 항공편을 타지 못할까 봐 걱정된다고 하였다. 따라서 정답은 (C) A flight might be missed이다.

69 ■ **세부 사항 관련 문제** 특정 세부 사항   정답 (B)

남자가 하고 싶어 하는 것을 묻는 문제이므로, 질문의 핵심어구(man want to do)와 관련된 내용을 주의 깊게 듣는다. 남자가 "I'd like to find a spot in this terminal that provides Wi-Fi. I need to download the lecture notes from the sales conference we attended in Cincinnati."라며 터미널에서 무선 인터넷을 제공하는 곳을 찾고 싶다고 한 뒤, 자신들이 신시내티에서 참석했던 판매 학회의 강의록을 다운로드받아야 한다고 하였다. 따라서 정답은 (B) Access the Internet이다.

70 ■ **세부 사항 관련 문제** 시각 자료   정답 (A)

화자들이 탈 항공편을 묻는 문제이므로, 제시된 비행 일정표의 정보를 확인한 뒤 질문의 핵심어구(flight ~ speakers take)와 관련된 내용을 주의 깊게 듣는다. 여자가 "This screen says our flight has been delayed."라며 이 화면에 자신들의 항공편이 지연되었다고 쓰여 있다고 한 뒤, 남자가 "I should ~ have time to review the notes before our noon meeting today in Portland"라며 오늘 포틀랜드에서 있을 정오 회의 전에 강의록을 살펴볼 시간이 있을 것이라고 하였으므로, 지연된 항공편들 중 포틀랜드로 가는 UR770이 화자들이 탈 항공편임을 비행 일정표에서 알 수 있다. 따라서 정답은 (A) UR770이다.

PART 4

71
72
73

Questions 71-73 refer to the following recorded message.

🎧 미국식 발음

Hello, Mr. Richter. This is Deloris Burke from Anytime Optical. As a friendly reminder, you have a 3:30 P.M. appointment on Saturday, January 13. Also, [71]we moved our main office . . . It's now on Clyde Boulevard, right next door to the Devon Art Gallery. To avoid any complications during your visit, [72]we ask that you have your current pair of glasses and a copy of your latest prescription on hand. Our optometrist will need to look at them both before conducting your eye examination. [73]Please arrive at least 15 minutes early, as you'll need to fill out a couple of brief forms.

71   What was changed recently?
      (A) The name of a company
      (B) The time of an appointment
      (C) The cost of a service
      (D) The location of a business

72   What is the listener asked to do?
      (A) Request new glasses
      (B) Contact a physician
      (C) Arrange an examination
      (D) Bring a document

73   Why should the listener show up early?
      (A) To talk with a specialist
      (B) To pay an outstanding bill
      (C) To complete some paperwork
      (D) To take a short test

71-73번은 다음 녹음 메시지에 관한 문제입니다.

안녕하세요, Mr. Richter. 저는 Anytime 안경점의 Deloris Burke입니다. 귀하께서 1월 13일 토요일 오후 3시 30분에 예약이 있으시다는 것을 상기시켜드립니다. 또한, [71]저희는 본점을 이전했습니다… 그것은 이제 Clyde대로에 있는데, Devon 미술관 바로 옆입니다. 귀하의 방문 중에 복잡한 상황을 피하기 위해, [72]소유하고 계신 귀하의 현재 안경과 최근의 처방전 사본을 가져오실 것을 요청드립니다. 저희의 검안사는 귀하의 시력 검사를 실시하기 전에 그것들을 둘 다 검토해야 할 것입니다. [73]두어 개의 간단한 양식을 작성하셔야 하니, 최소한 15분은 일찍 도착해 주십시오.

71.   최근에 무엇이 변경되었는가?
      (A) 회사 이름
      (B) 예약 시간
      (C) 서비스 비용
      (D) 업체 위치

72.   청자는 무엇을 하도록 요청받는가?
      (A) 새 안경을 요청한다.
      (B) 의사에게 연락한다.
      (C) 검사를 준비한다.
      (D) 서류를 가져온다.

73.   청자는 왜 일찍 와야 하는가?
      (A) 전문가와 이야기하기 위해
      (B) 미지불 금액을 지불하기 위해
      (C) 몇몇 서류를 작성하기 위해
      (D) 짧은 검사를 받기 위해

지문   prescription[priskrípʃən] 처방전 on hand 소유하고 있는 optometrist[ɑptάmətrist] 검안사 examination[igzæmənéiʃən] 검사, 점검
72   physician[fizíʃən] 의사
73   specialist[spéʃəlist] 전문가 outstanding[autstǽndiŋ] 미지불의, 미결제의 complete[kəmplíːt] 작성하다 paperwork[péipərwəːrk] 서류

71 ■ **세부 사항 관련 문제** 특정 세부 사항   정답 (D)

최근에 변경된 것을 묻는 문제이므로, 질문의 핵심어구(changed recently)와 관련된 내용을 주의 깊게 듣는다. "we moved our main office ~. It's now on Clyde Boulevard"라며 본점을 이전했다고 한 뒤, 그것은 이제 Clyde대로에 있다고 하였다. 이를 통해 최근에 업체 위치가 변경되었음을 알 수 있다. 따라서 정답은 (D) The location of a business이다.

72 ■ **세부 사항 관련 문제** 요청   정답 (D)

청자가 요청받는 것을 묻는 문제이므로, 지문의 중후반에서 요청과 관련된 표현이 포함된 문장을 주의 깊게 듣는다. "we ask that you have ~ a copy of your latest prescription on hand"라며 소유하고 있는 최근의 처방전 사본을 가져와달라고 요청하였다. 따라서 정답은 (D) Bring a document이다.

73 ■ **세부 사항 관련 문제** 이유   정답 (C)

청자가 일찍 와야 하는 이유를 묻는 문제이므로, 질문의 핵심어구(early)가 언급된 주변을 주의 깊게 듣는다. "Please arrive at least 15 minutes early, as you'll need to fill out a couple of brief forms."라며 두어 개의 간단한 양식을 작성해야 하니 최소한 15분은 일찍 도착해 달라고 하였다. 따라서 정답은 (C) To complete some paperwork이다.

바꾸어 표현하기
fill out ~ forms 양식을 작성하다 → complete ~ paperwork 서류를 작성하다

74
75
76

Questions 74-76 refer to the following talk.

[호주식 발음]

Good afternoon, ladies and gentlemen. I'm Erik Mackay. ⁷⁴I'm here today to tell you the story of how I built up Starbox Incorporated . . . um, ⁷⁵from a start-up with just three employees to a large company with a range of popular software products, not to mention offices in 25 different countries. In fact, ⁷⁶this company now employs over 2,000 people worldwide. Yet when I was working on the prototype of our first product, Starbox Productivity, I was simply pursuing my hobby at the time. OK, now, I'd like to talk about our first product, and how it contributed to Starbox's rapid expansion.

74 Who most likely is the speaker?
(A) A company president
(B) A business consultant
(C) A government official
(D) A branch manager

75 What does Starbox Incorporated most likely focus on?
(A) Computer programs
(B) Travel packages
(C) Television programs
(D) Property development

76 What does the speaker imply when he says, "I was simply pursuing my hobby at the time"?
(A) He knew that a product was imperfect.
(B) He took a job because it interested him.
(C) He did not want to work in the field.
(D) He did not expect to achieve success.

74-76번은 다음 담화에 관한 문제입니다.

신사 숙녀 여러분, 안녕하세요. 저는 Erik Mackay입니다. ⁷⁴저는 오늘 제가 어떻게 Starbox사를 키웠는지에 관해 이야기하기 위해 여기에 왔습니다… 음, ⁷⁵고작 직원 3명의 신생기업에서부터, 25개국에 있는 사무실들은 말할 것도 없는, 인기 있는 소프트웨어 제품군을 갖춘 대기업에 이르기까지요. 사실, ⁷⁶이 회사는 현재 전 세계적으로 2,000명 이상의 사람들을 고용하고 있습니다. 하지만 제가 우리의 첫 제품인 Starbox Productivity의 시제품을 작업하고 있었을 때, 저는 당시에 단순히 제 취미를 추구하고 있었을 뿐입니다. 자, 이제 저희의 첫 번째 제품과, 그것이 Starbox의 급격한 성장에 어떻게 기여했는지에 대해 말씀드리겠습니다.

74. 화자는 누구일 것 같은가?
(A) 회사 사장
(B) 경영 컨설턴트
(C) 정부 관리
(D) 지점장

75. Starbox사는 무엇에 초점을 맞추는 것 같은가?
(A) 컴퓨터 프로그램
(B) 여행 상품
(C) 텔레비전 프로그램
(D) 부동산 개발

76. 화자는 "저는 당시에 단순히 제 취미를 추구하고 있었을 뿐입니다"라고 말할 때 무엇을 의도하는가?
(A) 그는 제품이 불완전하다는 것을 알았다.
(B) 그는 흥미를 느꼈기 때문에 그 일을 맡았다.
(C) 그는 그 분야에서 일하고 싶지 않았다.
(D) 그는 성공을 이룰 것이라고 기대하지 않았다.

지문 employ[impl5i] 고용하다 prototype[미 próutətaip, 영 prə́utətaip] 시제품, 원형 pursue[미 pərsú:, 영 pəsjú:] 추구하다 rapid[rǽpid] 급격한
75 package[pǽkidʒ] 상품 property[미 prá:pərti, 영 própəti] 부동산, 재산

74 ■ 전체 지문 관련 문제 화자 정답 (A)

화자의 신분을 묻는 문제이므로, 신분 및 직업과 관련된 표현을 놓치지 않고 듣는다. "I'm here today to tell you the story of how I built up Starbox Incorporated"라며 오늘 자신이 어떻게 Starbox사를 키웠는지에 관해 이야기하기 위해 여기에 왔다고 했으므로, 화자가 Starbox사의 사장이라는 것을 알 수 있다. 따라서 정답은 (A) A company president이다.

75 ■ 세부 사항 관련 문제 특정 세부 사항 정답 (A)

Starbox사가 무엇에 초점을 맞추는 것 같은지를 묻는 문제이므로, 질문의 핵심어구(Starbox Incorporated ~ focus on)와 관련된 내용을 주의 깊게 듣는다. "from a start-up with just three employees to a large company with a range of popular software products, not to mention offices in 25 different countries"라며 Starbox사가 고작 직원 3명의 신생기업에서 25개국에 있는 사무실들은 말할 것도 없는 인기 있는 소프트웨어 제품군을 갖춘 대기업에 이르게 되었다고 언급하였다. 따라서 정답은 (A) Computer programs이다.

76 ■ 세부 사항 관련 문제 의도 파악 정답 (D)

화자가 하는 말의 의도를 묻는 문제이므로, 질문의 인용어구(I was simply pursuing my hobby at the time)가 언급된 주변을 주의 깊게 듣는다. "this company[Starbox Incorporated] now employs over 2,000 people worldwide."라며 Starbox사가 현재 전 세계적으로 2,000명이 넘는 직원들을 고용하고 있다고 한 뒤, "Yet when I was working on the prototype of our first product, Starbox Productivity, I was simply pursuing my hobby at the time."이라며 그러나 첫 제품인 Starbox Productivity의 시제품을 작업하고 있었을 때, 화자는 단순히 자신의 취미를 추구하고 있었을 뿐이라고 하였다. 이를 통해 화자가 성공을 이룰 것이라고 기대하지 않았음을 알 수 있다. 따라서 정답은 (D) He did not expect to achieve success이다.

Questions 77-79 refer to the following introduction.

[♪) 영국식 발음

I'd like to begin by introducing myself. My name is Catherine Coulson, and 77I'm the consultant who has been hired to advise your team on marketing techniques. As far as my credentials go, I worked in the field of market research for two decades before 78branching out on my own to found Prime Advertising Services five years ago. Throughout my career, I've consulted for dozens of the country's largest companies with much success. 79Over the next two weeks, I'm going to collaborate with you all to create a series of online advertisements to ensure your firm's brand recognition among consumers. Together, I think we can greatly improve your company's standing in the market.

77　Who is the speaker?
(A) A research assistant
(B) A corporate advisor
(C) A product engineer
(D) A Web site designer

78　What did the speaker do five years ago?
(A) Started a new company
(B) Created a social media platform
(C) Oversaw a business merger
(D) Accepted a job at an agency

79　What will happen over the next two weeks?
(A) Discounts will be offered.
(B) A survey will be conducted.
(C) A campaign will be developed.
(D) Evaluations will be performed.

77-79번은 다음 소개에 관한 문제입니다.

저를 소개하며 시작하고 싶습니다. 제 이름은 Catherine Coulson이고, 77저는 여러분의 팀에게 마케팅 기술들에 관해 조언하기 위해 고용된 컨설턴트입니다. 저의 경력에 관해 말씀드리자면, 저는 785년 전 혼자 새로운 분야로 진출하여 Prime 광고사를 설립하기 전에 시장 조사 분야에서 20년간 일했습니다. 제 경력 전반에 걸쳐, 저는 수십 개의 국내 대기업들을 아주 성공적으로 상담해왔습니다. 79앞으로 2주 동안, 소비자들 사이에서 귀사의 브랜드 인지도를 확보하기 위한 온라인 광고 시리즈를 만들기 위해 저는 여러분 모두와 협력할 것입니다. 함께, 저는 우리가 시장 내에서 귀사의 명성을 크게 향상시킬 수 있을 것으로 생각합니다.

77. 화자는 누구인가?
(A) 연구 조교
(B) 기업 자문가
(C) 제품 기술자
(D) 웹사이트 디자이너

78. 화자는 5년 전에 무엇을 했는가?
(A) 새로운 회사를 시작했다.
(B) 소셜 미디어 플랫폼을 만들었다.
(C) 기업 합병을 감독했다.
(D) 한 기관의 일자리를 수락했다.

79. 다음 2주 동안 무슨 일이 일어날 것인가?
(A) 할인이 제공될 것이다.
(B) 설문 조사가 시행될 것이다.
(C) 캠페인이 전개될 것이다.
(D) 평가가 실시될 것이다.

지문　credential[kridénʃəl] 경력, 자격　branch out (새로운 분야로) 진출하다　found[faund] 설립하다　dozen[dʌ́zn] 수십, 12개
collaborate[kəlǽbəreit] 협력하다, 협동하다　ensure[미 inʃúər, 영 inʃɔ́ː] 확보하다　brand recognition 브랜드 인지도
78　platform[plǽtfɔːrm] 플랫폼(사용 기반이 되는 컴퓨터 시스템·소프트웨어)　oversee[ðuvərsíː] 감독하다　merger[mə́ːrdʒər] 합병

77　■ 전체 지문 관련 문제 화자　　　　　　　　　　　　　　　　　　　　　　　　　　　　　　　　　　　정답 (B)
화자의 신분을 묻는 문제이므로, 신분 및 직업과 관련된 표현을 놓치지 않고 듣는다. "I'm the consultant who has been hired to advise your team on marketing techniques"라며 자신은 청자들의 팀에게 마케팅 기술들에 관해 조언하기 위해 고용된 컨설턴트라고 하였다. 이를 통해 화자가 기업 자문가임을 알 수 있다. 따라서 정답은 (B) A corporate advisor이다.

바꾸어 표현하기
consultant 컨설턴트 → advisor 자문가

78　■ 세부 사항 관련 문제 특정 세부 사항　　　　　　　　　　　　　　　　　　　　　　　　　　　　　　정답 (A)
화자가 5년 전에 한 일을 묻는 문제이므로, 질문의 핵심어구(five years ago)가 언급된 주변을 주의 깊게 듣는다. "branching out on my own to found Prime Advertising Services five years ago"라며 5년 전 혼자 새로운 분야로 진출하여 Prime 광고사를 설립했다고 하였다. 따라서 정답은 (A) Started a new company이다.

79　■ 세부 사항 관련 문제 다음에 할 일　　　　　　　　　　　　　　　　　　　　　　　　　　　　　　정답 (C)
다음 2주 동안 일어날 일을 묻는 문제이므로, 질문의 핵심어구(next two weeks)가 언급된 주변을 주의 깊게 듣는다. "Over the next two weeks, I'm going to collaborate with you all to create a series of online advertisements"라며 앞으로 2주 동안, 온라인 광고 시리즈를 만들기 위해 청자들 모두와 협력할 것이라고 하였다. 따라서 정답은 (C) A campaign will be developed이다.

바꾸어 표현하기
create a series of online advertisements 온라인 광고 시리즈를 만들다 → A campaign ~ be developed 캠페인이 전개되다

Questions 80-82 refer to the following advertisement.

🎧 캐나다식 발음

⁸⁰At Recycled Tech, we specialize in the sale of used electronics. We sell laptops, tablets, desktop computers, and much more, all of which are available at up to 60 percent off their original retail prices! Although you may be accustomed to purchasing new items, all of our products come with a one-year warranty, so you can buy with confidence! And in addition to great prices, ⁸¹we hold a drawing every month to give a free tablet to one lucky customer. ⁸²All you need to do to enter the drawing is to make a purchase of at least $100. Both in-store and online purchases qualify for this offer, so be sure to shop at Recycled Tech today!

80 What type of business is being advertised?
(A) An electronics retailer
(B) A waste disposal company
(C) An appliance repair shop
(D) A computer manufacturer

81 According to the speaker, what happens each month?
(A) A device is put on sale.
(B) An exhibit is held.
(C) An item is given away.
(D) A donation is made.

82 How can the listeners take part in a drawing?
(A) By becoming a member
(B) By making an online profile
(C) By using a coupon
(D) By spending a certain amount

80-82번은 다음 광고에 관한 문제입니다.

⁸⁰Recycled Tech에서는, 중고 전자 기기들의 판매를 전문으로 합니다. 저희는 노트북 컴퓨터, 태블릿, 데스크톱 컴퓨터, 그리고 훨씬 더 많은 것들을 판매하는데, 모두 기존 소매가에서 60퍼센트까지 할인된 가격에 구하실 수 있습니다! 여러분이 새 물품들을 구매하는 데 익숙하실 수도 있지만, 저희의 모든 제품들은 일 년의 품질 보증서가 딸려 있으니, 믿고 구매하셔도 됩니다! 그리고 좋은 가격과 더불어, ⁸¹저희는 매달 추첨을 시행하여 행운의 고객 한 분께 무료로 태블릿을 드립니다. ⁸²여러분은 추첨에 참여하기 위해 최소 100달러만큼의 구매를 하시기만 하면 됩니다. 매장 내 및 온라인 구매 모두 이 제공의 대상이 되니, 오늘 꼭 Recycled Tech에서 쇼핑하세요!

80. 어떤 종류의 업체가 광고되고 있는가?
(A) 전자 기기 소매점
(B) 폐기물 처리 회사
(C) 가전제품 수리점
(D) 컴퓨터 제조 업체

81. 화자에 따르면, 매달 무슨 일이 일어나는가?
(A) 기기가 발매된다.
(B) 전시가 열린다.
(C) 물품이 선물로 주어진다.
(D) 기부가 이뤄진다.

82. 청자들은 어떻게 추첨에 참여할 수 있는가?
(A) 회원이 됨으로써
(B) 온라인 프로필을 만듦으로써
(C) 쿠폰을 사용함으로써
(D) 일정 금액을 소비함으로써

지문 **specialize**[spéʃəlaiz] 전문으로 하다 **be accustomed to** ~에 익숙하다 **come with** ~이 딸려 있다 **warranty**[wɔ́:rənti] 품질 보증서
confidence[kɑ́:nfidəns] 믿음, 신뢰, 확신 **drawing**[drɔ́:iŋ] 추첨
80 **waste**[weist] 폐기물 **disposal**[dispóuzəl] 처리
81 **give away** ~을 선물로 주다
82 **take part in** ~에 참여하다 **amount**[əmáunt] 금액, 액수

80 ■ **전체 지문 관련 문제** 주제 　　　　　　　　　　　　　　　　　　　　　　　　　　　　　　　　　　　정답 (A)
광고의 주제를 묻는 문제이므로, 지문의 초반을 반드시 듣는다. "At Recycled Tech, we specialize in the sale of used electronics." 라며 Recycled Tech는 중고 전자 기기들의 판매를 전문으로 한다고 하였다. 이를 통해 전자 기기 소매점이 광고되고 있음을 알 수 있다. 따라서 정답은 (A) An electronics retailer이다.

81 ■ **세부 사항 관련 문제** 특정 세부 사항 　　　　　　　　　　　　　　　　　　　　　　　　　　　　　　　정답 (C)
매달 일어나는 일을 묻는 문제이므로, 질문의 핵심어구(each month)와 관련된 내용을 주의 깊게 듣는다. "we hold a drawing every month to give a free tablet to one lucky customer"라며 매달 추첨을 시행하여 행운의 고객 한 명에게 무료로 태블릿을 준다고 하였다. 따라서 정답은 (C) An item is given away이다.

82 ■ **세부 사항 관련 문제** 방법 　　　　　　　　　　　　　　　　　　　　　　　　　　　　　　　　　　　정답 (D)
청자들이 추첨에 참여할 수 있는 방법을 묻는 문제이므로, 질문의 핵심어구(drawing)가 언급된 주변을 주의 깊게 듣는다. "All you need to do to enter the drawing is to make a purchase of at least $100."라며 청자들은 추첨에 참여하기 위해 최소 100달러만큼의 구매를 하기만 하면 된다고 하였다. 따라서 정답은 (D) By spending a certain amount이다.

바꾸어 표현하기
make a purchase of at least $100 최소 100달러만큼의 구매를 하다 → spending a certain amount 일정 금액을 소비하다

Questions 83-85 refer to the following talk.

🎧 미국식 발음

Western College will be holding a job fair on Saturday, September 14, for its students. The event will be an excellent way for [83]a small investment company like ours to reach out to potential future employees. That's why [84]I'd like to have at least two staff members operate a booth at the event. [85]Informational pamphlets have already been made and printed. So, [84]those who volunteer would only be responsible for attending the event, answering attendees' questions, and passing out materials. If this sounds like something you'd be willing to do, please let me know by the end of the week so that I can make the necessary arrangements.

83 Where most likely does the speaker work?
(A) At a university
(B) At a print shop
(C) At a financial firm
(D) At an advertising agency

84 Why are volunteers needed?
(A) To plan a job fair for students
(B) To rent an informational booth
(C) To post flyers around a city
(D) To represent a business at an event

85 According to the speaker, what has already been done?
(A) A legal professional was contacted.
(B) Some handouts were prepared.
(C) Applications were collected.
(D) Some questions were answered.

83-85번은 다음 담화에 관한 문제입니다.

Western 대학은 9월 14일 토요일에 학생들을 위해 취업 박람회를 개최할 것입니다. 이 행사는 [83]우리와 같은 소규모 투자 회사가 잠재적인 장차 직원들이 될 사람들과 접촉할 좋은 방법일 것입니다. 그것이 [84]제가 적어도 두 명의 직원들이 그 행사에서 부스를 운영하길 원하는 이유입니다. [85]정보를 제공하는 소책자들은 이미 제작되어 인쇄되었습니다. 그러니, [84]자원하는 직원들은 그 행사에 참여하여, 참가자들의 질문에 대답하고, 자료들을 배포하는 것에만 책임이 있을 것입니다. 만약 이것이 여러분이 기꺼이 하고자 하는 일 같다면, 제가 필요한 준비들을 할 수 있도록 이번 주말까지 제게 알려주시기 바랍니다.

83. 화자는 어디에서 일하는 것 같은가?
(A) 대학교에서
(B) 인쇄소에서
(C) 금융 회사에서
(D) 광고 대행사에서

84. 지원자들이 왜 필요한가?
(A) 학생들을 위한 취업 박람회를 계획하기 위해
(B) 정보를 제공하는 부스를 임대하기 위해
(C) 도시 곳곳에 전단을 게시하기 위해
(D) 행사에서 업체를 대표하기 위해

85. 화자에 따르면, 무엇이 이미 완료되었는가?
(A) 법률 전문가와 연락이 되었다.
(B) 유인물들이 준비되었다.
(C) 신청서들이 수집되었다.
(D) 질문들에 대답이 되었다.

지문 **fair**[fɛər] 박람회 **potential**[pəténʃəl] 잠재적인 **pass out** 배포하다 **arrangement**[əréindʒmənt] 준비, 배열
83 **agency**[éidʒənsi] 대행사

83 ■ 전체 지문 관련 문제 화자

정답 (C)

화자가 일하는 장소를 묻는 문제이므로, 신분 및 직업과 관련된 표현을 놓치지 않고 듣는다. "a small investment company like ours"라며 자신들과 같은 소규모 투자 회사라고 언급하였다. 이를 통해 화자가 금융 회사에서 일한다는 것을 알 수 있다. 따라서 정답은 (C) At a financial firm이다.

84 ■ 세부 사항 관련 문제 이유

정답 (D)

지원자들이 필요한 이유를 묻는 문제이므로, 질문의 핵심어구(volunteers needed)와 관련된 내용을 주의 깊게 듣는다. "I'd like to have at least two staff members operate a booth at the event"라며 적어도 두 명의 직원이 그 행사에서 부스를 운영하길 원한다고 한 뒤, "those who volunteer would only be responsible for attending the event, answering attendees' questions, and passing out materials"라며 자원하는 직원들은 그 행사에 참여하여 참가자들의 질문에 대답하고 자료를 배포하는 것에 책임이 있을 것이라고 하였다. 따라서 정답은 (D) To represent a business at an event이다.

85 ■ 세부 사항 관련 문제 특정 세부 사항

정답 (B)

이미 완료된 것을 묻는 문제이므로, 질문의 핵심어구(already ~ done)와 관련된 내용을 주의 깊게 듣는다. "Informational pamphlets have already been made and printed."라며 정보를 제공하는 소책자들이 이미 제작되어 인쇄되었다고 하였다. 따라서 정답은 (B) Some handouts were prepared이다.

바꾸어 표현하기
Informational pamphlets have ~ been made and printed 정보를 제공하는 소책자들이 제작되어 인쇄되었다 → handouts were prepared 유인물이 준비되었다

Questions 86-88 refer to the following excerpt from a meeting.

[🎧] 캐나다식 발음

To begin our meeting, I have some important news to share. ⁸⁶Our director of sales, Emily Delane, has decided to remove Visseria line of office furniture from our stores. The collection has become a bit outdated. The line will be officially removed from over 30 retail outlets next month. In the meantime, ⁸⁷everything from the collection will be dramatically discounted. Our warehouse is currently full of stock. Um, ⁸⁸moving on, I'd now like to share our plan for the store's new layout. We are hoping this will make it easier for customers to shop in our stores.

86 What is the speaker mainly discussing?
(A) The expansion of a retail chain
(B) The introduction of a new model
(C) The elimination of a product line
(D) The promotion of a department head

87 Why does the speaker say, "Our warehouse is currently full of stock"?
(A) To express uncertainty
(B) To explain a decision
(C) To offer an apology
(D) To request suggestions

88 What will the speaker probably do next?
(A) Answer questions from staff
(B) Arrange a future meeting
(C) Hand out some clothing
(D) Introduce a floor plan

86-88번은 다음 회의 발췌록에 관한 문제입니다.

우리의 회의를 시작하며, 공유해야 하는 몇 가지 중요한 소식들이 있습니다. ⁸⁶저희 영업부장 Emilay Delane이 사무실 가구 중 Visseria 라인을 우리 매장들에서 없애기로 결정했습니다. 그 컬렉션은 조금 구식이 되었어요. 이 제품군은 다음 달에 30개 이상의 소매 판매점에서 공식적으로 빠질 것입니다. 그동안, ⁸⁷컬렉션의 모든 것들이 극적으로 할인될 것입니다. 저희 창고는 현재 재고로 가득 차 있어요. 음, ⁸⁸다음으로, 이제 우리 상점의 새로운 배치를 위한 계획을 공유하고자 합니다. 우리는 이것이 고객들로 하여금 우리 상점들에서 더 쉽게 쇼핑할 수 있도록 하기를 바랍니다.

86. 화자는 주로 무엇에 관해 이야기하고 있는가?
(A) 소매 체인점의 확장
(B) 신모델의 도입
(C) 제품 라인의 배제
(D) 부서장의 승진

87. 화자는 왜 "저희 창고는 현재 재고로 가득 차 있어요"라고 말하는가?
(A) 불확실성을 표현하기 위해
(B) 결정을 설명하기 위해
(C) 사과하기 위해
(D) 제안을 요청하기 위해

88. 화자는 다음에 무엇을 할 것 같은가?
(A) 직원의 질문에 답변한다.
(B) 향후의 회의 준비를 준비한다.
(C) 옷을 나누어 준다.
(D) 도면을 선보인다.

지문 outdated[àutdéitid] 구식의, 오래된 dramatically[drəmǽtikəli] 극적으로 warehouse[미 wérhaus, 영 wéəhaus] 창고
86 retail[rí:teil] 소매의 elimination[ilìmənéiʃən] 배제, 제거
87 uncertainty[미 ʌnsə́:rtənti, 영 ʌnsə́:tənti] 불확실성
88 arrange[əréindʒ] 준비하다 hand out 나누어 주다 floor plan 도면, 평면도

86 ■ 전체 지문 관련 문제 주제 정답 (C)

회의 발췌록의 주제를 묻는 문제이므로, 지문의 초반을 반드시 듣는다. "Our director of sales, Emily Delane, has decided to remove Visseria line of office furniture from our stores."라며 영업부장 Emily Delane이 사무실 가구의 Visseria 라인을 매장에서 없애기로 결정했다고 한 뒤, 그 이유와 향후 계획을 언급하였다. 따라서 정답은 (C) The elimination of a product line이다.

87 ■ 세부 사항 관련 문제 의도 파악 정답 (B)

화자가 하는 말의 의도를 묻는 문제이므로, 질문의 인용어구(Our warehouse is currently full of stock)가 언급된 주변을 주의 깊게 듣는다. "everything from the collection will be dramatically discounted"라며 컬렉션의 모든 것들이 극적으로 할인될 것이라고 한 뒤, "Our warehouse is currently full of stock"이라며 자신들의 창고가 현재 재고로 가득 차 있다고 한 것을 통해 화자가 할인 결정에 대한 설명을 하려는 의도임을 알 수 있다. 따라서 정답은 (B) To explain a decision이다.

88 ■ 세부 사항 관련 문제 다음에 할 일 정답 (D)

화자가 다음에 할 일을 묻는 문제이므로, 질문의 핵심어구(do next)와 관련된 내용을 주의 깊게 듣는다. 화자가 "moving on, I'd now like to share our plan for the store's new layout"이라며 다음으로 상점의 새로운 배치 계획을 공유하고자 한다고 하였다. 따라서 정답은 (D) Introduce a floor plan이다.

Questions 89-91 refer to the following telephone message.

🎧 미국식 발음

Hello, this is Olga Nabokov. I live at 4209 Grand Avenue, and ⁸⁹I'm calling because I'm very unhappy with the lawn care service your company recently provided. My front lawn has more weeds than usual this year, so I arranged for one of your employees to spray a chemical on it last Sunday. ⁹⁰I was told that the substance he used would kill the weeds within a few days of its application, but now it seems like he needs to visit my home again. ⁹¹Please call me at 555-0583 to discuss a date and time. I would prefer next Saturday afternoon, if possible. Thank you.

89-91번은 다음 전화 메시지에 관한 문제입니다.

안녕하세요, 저는 Olga Nabokov입니다. 저는 Grand가 4209번지에 살고 있으며, ⁸⁹최근에 당신의 회사가 제공한 잔디 관리 서비스에 매우 불만족스러워서 전화드립니다. 저희 앞 잔디밭에 올해 평소보다 더 많은 잡초들이 있어서, 지난 일요일에 당신의 직원들 중 한 명이 그것에 화학 물질을 살포하도록 했습니다. ⁹⁰저는 그가 사용한 물질이 그것을 사용한 며칠 내에 잡초들을 죽일 것이라고 들었는데, 지금 보니 그가 저희 집에 다시 방문해야 할 것 같습니다. ⁹¹날짜와 시간을 논의하기 위해 555-0583으로 제게 전화해주십시오. 가능하다면, 저는 다음 주 토요일 오후가 좋습니다. 감사합니다.

89 What is the purpose of the call?
(A) To cancel a payment
(B) To change a service
(C) To confirm an address
(D) To make a complaint

89. 전화의 목적은 무엇인가?
(A) 지불을 취소하기 위해
(B) 서비스를 변경하기 위해
(C) 주소를 확인하기 위해
(D) 항의를 하기 위해

90 What does the speaker mean when she says, "it seems like he needs to visit my home again"?
(A) A package was not delivered.
(B) A worker was not available.
(C) A treatment was not effective.
(D) A task was not agreed upon.

90. 화자는 "그가 저희 집에 다시 방문해야 할 것 같습니다"라고 말할 때 무엇을 의도하는가?
(A) 소포가 배송되지 않았다.
(B) 직원이 시간이 없었다.
(C) 처리가 효과적이지 않았다.
(D) 업무가 합의되지 않았다.

91 What does the speaker want to discuss?
(A) An application process
(B) A refund policy
(C) A future appointment
(D) A discount amount

91. 화자는 무엇에 관해 논의하고 싶어 하는가?
(A) 신청 절차
(B) 환불 규정
(C) 향후 예약
(D) 할인 금액

지문 weed[wiːd] 잡초 chemical[kémikəl] 화학 물질 substance[sʌ́bstəns] 물질, 물건 application[æplikéiʃən] 사용, 신청
89 payment[péimənt] 지불 complaint[kəmpléint] 항의, 불평
90 treatment[tríːtmənt] (약품에 의한) 처리 effective[iféktiv] 효과적인, 효력이 있는

---

89 ■ 전체 지문 관련 문제 목적
정답 (D)

전화의 목적을 묻는 문제이므로, 지문의 초반을 반드시 듣는다. "I'm calling because I'm very unhappy with the lawn care service your company recently provided."라며 최근에 청자의 회사가 제공한 잔디 관리 서비스에 매우 불만족스러워서 전화한다고 하였다. 이를 통해 화자가 항의를 하기 위해 전화했음을 알 수 있다. 따라서 정답은 (D) To make a complaint이다.

90 ■ 세부 사항 관련 문제 의도 파악
정답 (C)

화자가 하는 말의 의도를 묻는 문제이므로, 질문의 인용어구(it seems like he needs to visit my home again)가 언급된 주변을 주의 깊게 듣는다. "I was told that the substance he[one of your employees] used would kill the weeds within a few of its application, but now it seems like he needs to visit my home again."이라며 청자의 직원들 중 한 명이 사용한 물질이 그것을 사용한 며칠 내에 잡초들을 죽일 것이라고 들었는데, 지금 보니 그가 화자의 집에 다시 방문해야 할 것 같다고 한 것을 통해 직원의 처리가 효과적이지 않았음을 알 수 있다. 따라서 정답은 (C) A treatment was not effective이다.

91 ■ 세부 사항 관련 문제 특정 세부 사항
정답 (C)

화자가 논의하고 싶어 하는 것을 묻는 문제이므로, 질문의 핵심어구(discuss)가 언급된 주변을 주의 깊게 듣는다. "Please call me ~ to discuss a date and time."이라며 날짜와 시간을 논의하기 위해 자신에게 전화해달라고 하였다. 따라서 정답은 (C) A future appointment이다.

92
93
94

Questions 92-94 refer to the following instructions.

🔊 영국식 발음

Good morning, and ⁹²thanks for attending this one-day seminar on import and export laws here in the United Kingdom. If you look at the program that was handed out earlier, you'll see that the seminar is going to be broken down into three main sections. ⁹³During the first part of the meeting, I am going to give a lecture, in which I will discuss the most recent changes to the country's laws. Following that, we will focus on a handful of well-known case studies that highlight breaches of those regulations. Finally, we will conclude by holding an open forum. At that point, ⁹⁴you all will be given an opportunity to pose questions related to your specific industries.

92   What is the topic of the seminar?
(A) Labor laws
(B) Trade regulations
(C) Investment strategies
(D) Overseas markets

93   What will most likely happen first?
(A) A case study will be reviewed.
(B) Guests will divide into groups.
(C) Programs will be handed out.
(D) A talk will be given.

94   According to the speaker, what will listeners be able to do?
(A) Work on independent exercises
(B) Inquire about their fields
(C) Take a brief break for lunch
(D) Turn in forms after the session

92-94번은 다음 설명에 관한 문제입니다.

안녕하세요, 이곳 영국의 ⁹²수출입 법률에 관한 이 일일 세미나에 참석해주셔서 감사합니다. 전에 배부된 일정표를 보시면, 세미나가 크게 세 부분으로 나뉠 것임을 아실 것입니다. ⁹³회의의 첫 부분 동안에는, 제가 강의를 할 것이며, 이때 국가의 법률에의 가장 최근의 변화들에 관해 논의할 것입니다. 그다음, 우리는 그러한 규정들의 위반을 잘 보여주는 널리 알려진 소수의 사례 연구들에 집중할 것입니다. 마지막으로, 우리는 공개 토론회를 하면서 끝마칠 것입니다. 그때, ⁹⁴여러분은 모두 여러분의 특정 업종들과 관련된 질문들을 할 기회를 얻으실 것입니다.

92. 세미나의 주제는 무엇인가?
(A) 노동법
(B) 무역 규정
(C) 투자 전략
(D) 해외 시장

93. 처음에 무슨 일이 일어날 것 같은가?
(A) 사례 연구가 검토될 것이다.
(B) 내빈들이 그룹으로 나뉠 것이다.
(C) 일정표가 배부될 것이다.
(D) 연설이 제공될 것이다.

94. 화자에 따르면, 청자들은 무엇을 할 수 있을 것인가?
(A) 독자적인 활동에 착수한다.
(B) 그들의 분야에 대해 문의한다.
(C) 짧은 점심시간을 갖는다.
(D) 회의 후에 양식을 제출한다.

지문   import [미 impɔ́:rt, 영 impɔ́:t] 수입   export [미 ikspɔ́:rt, 영 ikspɔ́:t] 수출   program [미 próugræm, 영 próugræm] 일정표, 계획
a handful of 소수의   case [keis] 사례   breach [bri:tʃ] 위반, 불이행   open forum 공개 토론회
94   independent [ìndipéndənt] 독자적인, 독립된   session [séʃən] 회의

92 ■ **세부 사항 관련 문제** 특정 세부 사항   정답 (B)

세미나의 주제를 묻는 문제이므로, 질문의 핵심어구(topic of the seminar)와 관련된 내용을 주의 깊게 듣는다. "thanks for attending this one-day seminar on import and export laws"라며 수출입 법률에 관한 일일 세미나에 참석해줘서 고맙다고 하였다. 따라서 정답은 (B) Trade regulations이다.

바꾸어 표현하기
import and export laws 수출입 법률 → Trade regulations 무역 규정

93 ■ **세부 사항 관련 문제** 특정 세부 사항   정답 (D)

처음에 일어날 일을 묻는 문제이므로, 질문의 핵심어구(happen first)와 관련된 내용을 주의 깊게 듣는다. "During the first part of the meeting, I am going to give a lecture, in which I will discuss the most recent changes to the country's laws."라며 회의의 첫 부분 동안에는 화자가 강의를 할 것이며 이때 국가의 법률에의 가장 최근의 변화들에 관해 논의할 것이라고 하였다. 따라서 정답은 (D) A talk will be given이다.

94 ■ **세부 사항 관련 문제** 특정 세부 사항   정답 (B)

청자들이 할 수 있을 것을 묻는 문제이므로, 질문의 핵심어구(listeners be able to do)와 관련된 내용을 주의 깊게 듣는다. "you all will be given an opportunity to pose questions related to your specific industries"라며 청자들 모두 자신들의 특정 업종들과 관련된 질문들을 할 기회를 얻을 것이라고 하였다. 따라서 정답은 (B) Inquire about their fields이다.

Questions 95-97 refer to the following talk and chart.

🎧 호주식 발음

For those of you who don't know me, my name is Lucas Scott. ⁹⁵I'm in charge of collecting and analyzing data about consumer trends. ⁹⁶I've been asked to discuss the results of the survey that I e-mailed to customers on our mailing list last Wednesday. Um, we requested their opinions on our current line of products. Many were impressed with the design of our newest shoes . . . the Hornet Pumps. They said they plan to buy them even though they are more expensive than our other items. However, ⁹⁷we got some negative feedback on our second-best-selling athletic shoes. A number of customers indicated that they felt they weren't durable enough. Now . . . please turn your attention to the screen behind me to see my slideshow.

95-97번은 다음 담화와 그래프에 관한 문제입니다.

저를 모르는 분들을 위해 말씀드리자면, 제 이름은 Lucas Scott 입니다. ⁹⁵저는 고객 동향에 관한 자료를 수집하고 분석하는 것을 담당하고 있습니다. ⁹⁶저는 지난 수요일에 우리의 우편물 수신자 명단에 있는 고객들에게 이메일로 보냈던 설문 조사의 결과들을 논하도록 요청받았습니다. 음, 우리는 우리의 현재 제품 라인에 대해 그들의 의견을 요청했습니다. 많은 사람들이 우리의 최신 신발인··· Hornet Pumps의 디자인에 좋은 인상을 받았습니다. 그들은 우리의 다른 상품들보다 그것이 더 비싸지만 그것을 살 계획이라고 말했습니다. 하지만, ⁹⁷우리는 두 번째로 잘 팔리는 운동화에 대해 부정적인 의견을 좀 받았습니다. 많은 고객들은 그것이 충분히 튼튼하지 않은 것 같다고 말했습니다. 이제··· 저의 슬라이드 쇼를 보기 위해 제 뒤에 있는 화면을 주목해주십시오.

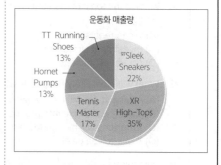

Athletic Shoe Sales

TT Running Shoes 13%
⁹⁷Sleek Sneakers 22%
Hornet Pumps 13%
Tennis Master 17%
XR High-Tops 35%

운동화 매출량

TT Running Shoes 13%
⁹⁷Sleek Sneakers 22%
Hornet Pumps 13%
Tennis Master 17%
XR High-Tops 35%

95 Who most likely is the speaker?
(A) A product designer
(B) A company spokesperson
(C) A research analyst
(D) A corporate lawyer

96 What did the speaker do last week?
(A) Held an informal meeting
(B) Distributed questionnaires
(C) Responded to queries
(D) Tested merchandise

97 Look at the graphic. Which product are customers dissatisfied with?
(A) XR High-Tops
(B) Sleek Sneakers
(C) Tennis Master
(D) Hornet Pumps

95. 화자는 누구인 것 같은가?
(A) 제품 디자이너
(B) 회사 대변인
(C) 조사 분석가
(D) 회사 변호사

96. 화자는 지난주에 무엇을 했는가?
(A) 비공식 회의를 열었다.
(B) 설문지를 배부했다.
(C) 문의에 답변했다.
(D) 상품을 시험했다.

97. 시각 자료를 보시오. 고객들은 어느 제품에 불만족스러워 하는가?
(A) XR High-Tops
(B) Sleek Sneakers
(C) Tennis Master
(D) Hornet Pumps

지문 analyze[ǽnəlàiz] 분석하다 impressed[imprést] 좋은 인상을 받은 expensive[ikspénsiv] 비싼 indicate[índikeit] 말하다, 나타내다
durable[미 djúərəbl, 영 dʒúərəbl] 튼튼한, 내구성이 있는
95 spokesperson[spóukspə̀:rsn] 대변인 analyst[ǽnəlist] 분석가
96 informal[infɔ́:rməl] 비공식의 questionnaire[kwèstʃənɛ́ər] 설문지 query[kwíəri] 문의, 의문 merchandise[mə́:rtʃəndaiz] 상품, 물품

95 ■ 전체 지문 관련 문제 화자

정답 (C)

화자의 신분을 묻는 문제이므로, 신분 및 직업과 관련된 표현을 놓치지 않고 듣는다. "I'm in charge of collecting and analyzing data about consumer trends."라며 자신은 고객 동향에 관한 자료를 수집하고 분석하는 것을 담당하고 있다고 하였다. 따라서 정답은 (C) A research analyst이다.

96 ■ 세부 사항 관련 문제 특정 세부 사항

정답 (B)

화자가 지난주에 한 것을 묻는 문제이므로, 질문의 핵심어구(last week)와 관련된 내용을 주의 깊게 듣는다. "I've been asked to discuss the results of the survey that I e-mailed to customers on our mailing list last Wednesday."라며 자신이 지난 수요일에 우편물 수신자 명단에 있는 고객들에게 이메일로 보냈던 설문 조사의 결과들을 논하도록 요청받았다고 하였다. 따라서 정답은 (B) Distributed questionnaires이다.

97 ■ 세부 사항 관련 문제 시각 자료

정답 (B)

고객들이 불만족스러워하는 제품을 묻는 문제이므로, 제시된 그래프의 정보를 확인한 뒤 질문의 핵심어구(customers dissatisfied with)와 관련된 내용을 주의 깊게 듣는다. "we got some negative feedback on our second-best-selling athletic shoes"라며 두 번째로 잘 팔리는 운동화에 대해 부정적인 의견을 좀 받았다고 하였으므로, 고객들이 두 번째로 잘 팔리는 운동화인 Sleek Sneakers에 불만족스러워함을 그래프에서 알 수 있다. 따라서 정답은 (B) Sleek Sneakers이다.

Questions 98-100 refer to the following talk and table.

[3초] 영국식 발음

Welcome to the Sahara Wildlife Reserve. When ⁹⁸your professor contacted us about arranging a special tour for his class members, we were happy to accommodate his request. Today, I'll be showing you around the facility and introducing you to our director and some of the other people who work here . . . like the biologists and medical staff. The reserve currently covers an area of 500 acres, but ⁹⁹an additional 100 acres will be . . . um . . . added to it later this fall. We need all this space because we care for 200 animals from 60 different species. ¹⁰⁰The first inhabitant that you're going to see arrived here 10 days ago. It is our only animal under six months old. Her enclosure is just this way.

98-100번은 다음 담화와 표에 관한 문제입니다.

사하라 야생 동물 보호 구역에 오신 것을 환영합니다. ⁹⁸여러분의 교수님께서 자신의 학생들을 위한 특별 투어를 마련하는 것에 관해 연락하셨을 때, 저희는 그분의 부탁을 들어드리게 되어 기뻤습니다. 오늘, 저는 여러분에게 시설을 구경시켜 주고 관리자 및 생물학자와 의료 직원 같은… 이곳에서 근무하는 다른 사람들 중 몇몇에게 여러분을 소개해줄 것입니다. 보호 구역은 현재 5000에이커의 구역에 걸쳐 있습니다만, ⁹⁹추가로 100에이커가… 음… 이곳에 올가을 늦게 더해질 것입니다. 저희는 각기 다른 60종의 동물 200마리를 보살피기 위해 이 모든 공간이 필요합니다. ¹⁰⁰여러분이 처음으로 보게 될 서식 동물은 열흘 전에 이곳에 도착했습니다. 그것은 6개월이 되지 않은 저희의 유일한 동물입니다. 그녀의 우리는 바로 이쪽에 있습니다.

Animal Name	Species	Age
Mocha	¹⁰⁰Sand fox	5 months
Ginger	Jackal	10 months
Omar	Hyena	6 years
Pebble	Ostrich	28 years

동물 이름	종	연령
Mocha	¹⁰⁰모래 여우	5개월
Ginger	자칼	10개월
Omar	하이에나	6세
Pebble	타조	28세

98 Who most likely are the listeners?
(A) Guest lecturers
(B) Government inspectors
(C) New employees
(D) University students

99 What is mentioned about the Sahara Wildlife Reserve?
(A) It relies entirely on donations.
(B) It will be expanded this year.
(C) It offers internship opportunities.
(D) It cannot take in any more animals.

100 Look at the graphic. What will the listeners see first?
(A) A sand fox
(B) A jackal
(C) A hyena
(D) An ostrich

98. 청자들은 누구인 것 같은가?
(A) 초청 강사들
(B) 정부 검사관들
(C) 새로운 직원들
(D) 대학생들

99. 사하라 야생 동물 보호 구역에 관해 무엇이 언급되는가?
(A) 전적으로 기부금에 의존한다.
(B) 올해 확장될 것이다.
(C) 인턴십 기회를 제공한다.
(D) 더 이상의 동물을 받아들일 수 없다.

100. 시각 자료를 보시오. 청자들은 처음으로 무엇을 볼 것인가?
(A) 모래 여우
(B) 자칼
(C) 하이에나
(D) 타조

지문 wildlife [wáildlaif] 야생 동물 reserve [미 rizə́:rv, 영 rizə́:v] 보호 구역; 보존하다 professor [미 prəfésər, 영 prəfésə] 교수
accommodate [미 əkámədeit, 영 əkɔ́mədeit] (부탁을) 들어주다, 수용하다 facility [fəsíləti] 시설
biologist [미 baiálədʒist, 영 baiɔ́lədʒist] 생물학자 medical [médikəl] 의료의 species [spí:ʃi:z] 종
inhabitant [미 inhǽbətənt, 영 inhǽbitənt] 서식 동물, 주민 enclosure [미 inklóuʒər, 영 inkləuʒə] 우리, 울타리
98 inspector [inspéktər] 검사관
99 rely on ~에 의존하다, 의지하다 donation [douréiʃən] 기부금

98 ■ 전체 지문 관련 문제 청자 정답 (D)

청자들의 신분을 묻는 문제이므로, 신분 및 직업과 관련된 표현을 놓치지 않고 듣는다. "your professor contacted us about arranging a special tour for his class members"라며 청자들의 교수가 자신의 학생들을 위한 특별 투어를 마련하는 것에 관해 연락했다고 하였다. 이를 통해 청자들이 대학생들임을 알 수 있다. 따라서 정답은 (D) University students이다.

99 ■ 세부 사항 관련 문제 언급 정답 (B)

사하라 야생 동물 보호 구역에 관해 언급되는 것을 묻는 문제이므로, 질문의 핵심어구(Sahara Wildlife Reserve)와 관련된 내용을 주의 깊게 듣는다. "an additional 100 acres will be ~ added to it[Sahara Wildlife Reserve] later this fall"이라며 추가로 100 에이커가 사하라 야생 동물 보호 구역에 올가을 늦게 더해질 것이라고 하였다. 따라서 정답은 (B) It will be expanded this year이다.

바꾸어 표현하기

additional 100 acres will be ~ added 추가로 100에이커가 더해질 것이다 → will be expanded 확장될 것이다

100 ■ 세부 사항 관련 문제 시각 자료 정답 (A)

청자들이 처음에 볼 것을 묻는 문제이므로, 제시된 표의 정보를 확인한 뒤 질문의 핵심어구(see first)와 관련된 내용을 주의 깊게 듣는다. "The first inhabitant that you're going to see arrived here 10 days ago. It is our only animal under six months old."라며 청자들이 처음으로 보게 될 서식 동물은 열흘 전에 이곳에 도착했다고 한 뒤, 그것은 6개월이 되지 않은 유일한 동물이라고 하였으므로, 처음에 보게 될 동물은 연령이 5개월인 모래 여우임을 표에서 알 수 있다. 따라서 정답은 (A) A sand fox이다.

▌TEST 03

PART 1   스크립트·해석·해설

PART 2   스크립트·해석·해설

PART 3   스크립트·해석·해설

PART 4   스크립트·해석·해설

🎧 TEST 03.mp3

실전용·복습용 문제풀이 MP3 무료 다운로드 및 스트리밍 바로듣기 (HackersIngang.com)

* 실제 시험장의 소음까지 재현해 낸 고사장 소음/매미 버전 MP3, 영국식·호주식 발음 집중 MP3, 고속 버전 MP3까지
구매하면 실전에 더욱 완벽히 대비할 수 있습니다.

무료MP3 바로듣기

1

○○○○●하

🎧 캐나다식 발음

(A) The man is holding a power drill.
(B) The man is picking up one of the boards.
(C) The man is packing some tools.
(D) The man is cutting a piece of wood.

(A) 남자가 전기 드릴을 들고 있다.
(B) 남자가 판자들 중 하나를 들어 올리고 있다.
(C) 남자가 도구들을 챙기고 있다.
(D) 남자가 나무 조각을 자르고 있다.

■ 1인 사진

정답 (A)

한 남자가 전기 드릴을 들고 나무판자들 옆에 서 있는 모습을 확인한다.
(A) [○] 전기 드릴을 들고 있는 남자의 모습을 정확히 묘사한 정답이다.
(B) [×] picking up(들어 올리고 있다)은 남자의 동작과 무관하므로 오답이다. 사진에 있는 판자들(boards)을 사용하여 혼동을 주었다.
(C) [×] packing(챙기다)은 남자의 동작과 무관하므로 오답이다. 사진에 있는 도구들(tools)을 사용하여 혼동을 주었다.
(D) [×] cutting(자르고 있다)은 남자의 동작과 무관하므로 오답이다. 사진에 있는 나무 조각(a piece of wood)을 사용하여 혼동을 주었다.

어휘 **power drill** 전기 드릴 **pick up** ~을 들어 올리다 **board**[bɔːrd] 판자 **pack**[pæk] 챙기다, 싸다

2

○○○○●하

🎧 영국식 발음

(A) They're placing their feet on a rug.
(B) They're installing an electronic device.
(C) They're watching television from a couch.
(D) They're repositioning some cushions.

(A) 그들은 자신들의 발을 깔개 위에 두고 있다.
(B) 그들은 전자 기기를 설치하고 있다.
(C) 그들은 소파에서 텔레비전을 보고 있다.
(D) 그들은 쿠션들을 옮기고 있다.

■ 2인 이상 사진

정답 (C)

두 남녀가 소파에 앉아 텔레비전을 보고 있는 모습을 확인한다.
(A) [×] 사람들이 자신들의 발을 소파 위에 두고 있는데 깔개(rug) 위에 두고 있다고 잘못 묘사했으므로 오답이다. place가 무언가를 어디에 두고 있는 모습을 나타냄을 알아둔다.
(B) [×] installing(설치하고 있다)은 사람들의 동작과 무관하므로 오답이다. 사진의 텔레비전과 관련된 electronic device(전자 기기)를 사용하여 혼동을 주었음에 유의한다.
(C) [○] 소파에서 텔레비전을 보고 있는 사람들의 모습을 가장 잘 묘사한 정답이다.
(D) [×] repositioning(옮기고 있다)은 사람들의 동작과 무관하므로 오답이다. 사진에 있는 쿠션들(cushions)을 사용하여 혼동을 주었다.

어휘 **place**[pleis] 두다 **rug**[rʌg] 깔개, 양탄자 **install**[instɔ́ːl] 설치하다 **electronic device** 전자 기기 **couch**[kautʃ] 소파, 긴 의자
reposition[rìːpəzíʃən] (다른 장소로) 옮기다, ~의 위치를 바꾸다

3

○○○●○중

🎧 미국식 발음

(A) One woman is hanging up a gown.
(B) One woman is taking a measurement.
(C) A tailor is greeting some customers.
(D) A dress is being altered on a sewing machine.

(A) 한 여자가 드레스를 걸고 있다.
(B) 한 여자가 치수를 재고 있다.
(C) 재단사가 고객들을 맞이하고 있다.
(D) 드레스가 재봉틀 위에서 고쳐지고 있다.

■ 2인 이상 사진

정답 (B)

한 여자가 줄자를 들고 다른 여자의 치수를 재고 있는 모습을 확인한다.
(A) [×] 사진에 드레스를 걸고 있는(hanging up) 여자가 없으므로 오답이다. 사진에 있는 드레스(gown)를 사용하여 혼동을 주었다.
(B) [○] 한 여자가 치수를 재고 있는 모습을 가장 잘 묘사한 정답이다.
(C) [×] greeting(맞이하고 있다)은 재단사의 동작과 무관하므로 오답이다. 사진에 있는 재단사(tailor)를 사용하여 혼동을 주었다.
(D) [×] 사진에 재봉틀(sewing machine)이 없고, 사진에서 드레스는 보이지만 고쳐지고 있는(is being altered) 모습은 아니므로 오답이다.

어휘 **hang up** 걸다 **gown**[gaun] 드레스, 가운 **take a measurement** 치수를 재다 **tailor**[téilər] 재단사 **greet**[griːt] 맞이하다, 환영하다
alter[ɔ́ːltər] 고치다, 바꾸다 **sewing machine** 재봉틀

4
○○○○ 상

🎧 캐나다식 발음

(A) Some trees are being trimmed.
(B) A flag is hanging from a branch.
(C) Some people are walking on the beach.
(D) A hammock has been tied to some trees.

(A) 나무 몇 그루가 다듬어지고 있다.
(B) 깃발이 나뭇가지에 늘어뜨려져 있다.
(C) 사람들이 해변을 걷고 있다.
(D) 해먹이 몇몇 나무들에 묶여 있다.

■ 사물 및 풍경 사진

정답 (D)

해변에 있는 사물들과 풍경을 주의 깊게 살핀다.
(A) [×] 사진에서 나무들은 보이지만 다듬어지고 있는(are being trimmed) 모습은 아니므로 오답이다. 사진에 있는 나무들(trees)을 사용하여 혼동을 주었다.
(B) [×] 사진에 깃발(flag)이 없으므로 오답이다. 사진의 나무와 관련된 branch(나뭇가지)를 사용하여 혼동을 주었다.
(C) [×] 사진에 해변을 걷고 있는(walking on the beach) 사람들이 없으므로 오답이다. 사진의 장소인 beach(해변)를 사용하여 혼동을 주었다.
(D) [○] 해먹이 몇몇 나무들에 묶여 있는 모습을 정확히 묘사한 정답이다.

어휘 trim[trim] 다듬다

5
○○○○ 상

🎧 호주식 발음

(A) Some people are entering a meeting room.
(B) A man is holding a poster.
(C) Chairs have been positioned by a window.
(D) A laptop is currently in use.

(A) 몇몇 사람들이 회의실로 들어가고 있다.
(B) 한 남자가 포스터를 들고 있다.
(C) 의자들이 창문 주위에 놓여 있다.
(D) 노트북 한 대가 현재 사용 중이다.

■ 2인 이상 사진

정답 (D)

사람들이 사무실에서 일하고 있는 모습과 주변 사물의 상태를 주의 깊게 살핀다.
(A) [×] entering a meeting room(회의실로 들어가고 있다)은 사람들의 동작과 무관하므로 오답이다. 사진의 장소인 meeting room(회의실)을 사용하여 혼동을 주었다.
(B) [×] 사진에 포스터를 들고 있는(holding a poster) 남자가 없으므로 오답이다.
(C) [×] 사진에서 의자들(Chairs)은 보이지만 창문 주위에 놓여 있는(positioned by a window) 모습은 아니므로 오답이다.
(D) [○] 노트북 한 대가 사용 중인 모습을 정확히 묘사한 정답이다.

어휘 position[pəzíʃən] 놓다, 위치시키다   currently[kə́:rəntli] 현재는, 지금은

6
○○○● 중

🎧 영국식 발음

(A) A railroad track emerges from a tunnel.
(B) A train has arrived at a platform.
(C) A group of people has collected at a bus stop.
(D) A ticket agent is checking passes.

(A) 철로가 터널에서부터 나와 있다.
(B) 기차가 승강장에 도착해 있다.
(C) 한 무리의 사람들이 버스 정류장에 모여있다.
(D) 매표원이 탑승권을 확인하고 있다.

■ 2인 이상 사진

정답 (B)

기차가 승강장에 들어와 있는 모습과 주변 환경의 상태를 주의 깊게 살핀다.
(A) [×] 사진에서 터널(tunnel)을 확인할 수 없으므로 오답이다. 사진에 있는 철로(railroad track)를 사용하여 혼동을 주었다.
(B) [○] 기차가 승강장에 도착해 있는 모습을 가장 잘 묘사한 정답이다.
(C) [×] 사람들이 기차 승강장에 모여있는데 버스 정류장(bus stop)에 모여있다고 잘못 묘사했으므로 오답이다. A group of people has collected(한 무리의 사람들이 모여있다)까지만 듣고 정답으로 선택하지 않도록 주의한다.
(D) [×] 사진에서 매표원(ticket agent)을 확인할 수 없으므로 오답이다. 사진의 장소인 기차 승강장에서 연상할 수 있는 checking passes(탑승권을 확인하고 있다)를 사용하여 혼동을 주었다.

어휘 railroad track 철로   emerge[미 imə́:rdʒ, 영 imə́:dʒ] 나오다, 모습을 드러내다   platform[미 plǽtfɔːrm, 영 plǽtfɔːm] 승강장   collect[kəlékt] 모이다

7
○○○○● 하

🔊 미국식 발음 → 호주식 발음

When are you heading to the medical convention?

(A) We've got a booth on the third floor.
(B) I'm departing on June 14.
(C) About twenty minutes from downtown.

당신은 언제 의학 총회에 가나요?

(A) 우리는 3층에 부스를 가지고 있어요.
(B) 저는 6월 14일에 떠나요.
(C) 시내에서 약 20분이요.

■ When 의문문

정답 (B)

언제 의학 총회에 가는지를 묻는 When 의문문이다.
(A) [×] convention(총회)과 관련 있는 booth(부스)를 사용하여 혼동을 준 오답이다.
(B) [○] 6월 14일에 떠난다며 의학 총회에 갈 시점을 언급했으므로 정답이다.
(C) [×] 언제 의학 총회에 가는지를 물었는데 소요 시간으로 응답했으므로 오답이다.

어휘 head[hed] 가다, 향하다 medical[médikəl] 의학의, 의료의 depart[미 dipá:rt, 영 dipá:t] 떠나다, 출발하다 downtown[dàuntáun] 시내, 상업 지구

8
○○○●○ 중

🔊 캐나다식 발음 → 미국식 발음

Who manages our corporate acquisitions?

(A) If everyone cooperates.
(B) He managed to arrive on time.
(C) That's the director's responsibility.

누가 우리의 기업 인수들을 관리하나요?

(A) 만약 모두가 협력한다면요.
(B) 그는 간신히 제시간에 도착했어요.
(C) 그건 임원의 책임이에요.

■ Who 의문문

정답 (C)

누가 기업 인수들을 관리하는지를 묻는 Who 의문문이다.
(A) [×] 누가 기업 인수들을 관리하는지를 물었는데, 이와 관련이 없는 만약 모두가 협력한다면이라는 내용으로 응답했으므로 오답이다.
corporate – cooperates의 유사 발음 어휘를 사용하여 혼동을 주었다.
(B) [×] He가 나타내는 대상이 질문에 없으므로 오답이다. 질문의 manages(관리하다)를 '간신히 해내다'라는 의미의 managed로 반복 사용
하여 혼동을 주었다.
(C) [○] 그것은 임원의 책임이라며 기업 인수들을 관리하는 인물을 언급했으므로 정답이다.

어휘 manage[mǽnidʒ] 관리하다, 간신히 해내다 corporate[kɔ́:rpərət] 기업의, 회사의 acquisition[ækwizíʃən] 인수, 습득
cooperate[kouápəreit] 협력하다, 합동하다 director[diréktər] 임원, 책임자 responsibility[rispànsəbíləti] 책임, 책무

9
○○○○● 하

🔊 영국식 발음 → 호주식 발음

Currently, a train ticket to Barcelona costs 40 Euros.

(A) I'll take one, please.
(B) Luggage is stored separately.
(C) The exchange rate in Europe.

현재, 바르셀로나로 가는 기차표는 40유로예요.

(A) 한 장 살게요.
(B) 짐은 별도로 보관돼요.
(C) 유럽의 환율이요.

■ 평서문

정답 (A)

현재 바르셀로나로 가는 기차표는 40유로라는 객관적인 사실을 전달하는 평서문이다.
(A) [○] 한 장 사겠다는 말로 바르셀로나로 가는 기차표에 40유로를 지불할 것임을 전달했으므로 정답이다.
(B) [×] train(기차)과 관련 있는 Luggage(짐)를 사용하여 혼동을 준 오답이다.
(C) [×] Euros(유로)와 관련 있는 exchange rate(환율)와 Europe(유럽)을 사용하여 혼동을 준 오답이다.

어휘 currently[미 ká:rəntli, 영 kʌ́rəntli] 현재, 지금 cost[미 kɔːst, 영 kɔst] (값이) ~이다, 비용이 들다 luggage[lʌ́gidʒ] 짐, 수하물
store[미 stɔːr, 영 stɔː] 보관하다, 저장하다; 가게 separately[sépərətli] 별도로, 따로따로 exchange rate 환율

10

🎧 미국식 발음 → 캐나다식 발음

Is Klein Avenue closed down throughout the weekend?

(A) No, I don't own a truck any longer.
(B) Throughout the main hallway.
(C) Yes, a section has to be repaved.

Klein가가 주말 내내 폐쇄되나요?

(A) 아니요, 저는 더 이상 트럭을 소유하지 않아요.
(B) 중앙 복도의 전체에 걸쳐서요.
(C) 네, 한 구획이 다시 포장되어야 해요.

■ Be 동사 의문문
정답 (C)

Klein가가 주말 내내 폐쇄되는지를 확인하는 Be 동사 의문문이다.
(A) [×] Klein Avenue(Klein가)에서 연상할 수 있는 교통과 관련된 truck(트럭)을 사용하여 혼동을 준 오답이다. No만 듣고 정답으로 고르지 않도록 주의한다.
(B) [×] Klein가가 주말 내내 폐쇄되는지를 물었는데, 이와 관련이 없는 중앙 복도의 전체에 걸쳐서라는 내용으로 응답했으므로 오답이다. 질문의 throughout(~ 내내)을 '~의 전체에 걸쳐'라는 의미로 반복 사용하여 혼동을 주었다.
(C) [○] Yes로 Klein가가 주말 내내 폐쇄됨을 전달한 후, 한 구획이 다시 포장되어야 한다는 추가 정보를 제공했으므로 정답이다.

어휘 close down 폐쇄하다, 마치다 throughout[θruːáut] ~ 내내, ~의 전체에 걸쳐 not ~ any longer 더 이상 ~가 아닌 own[oun] 소유하다
hallway[hɔ́ːlwei] 복도 section[sékʃən] 구획, 부분 repave[ripéiv] 다시 포장하다

11

🎧 영국식 발음 → 호주식 발음

Could you ask a technician to repair our photocopier?

(A) Thank you for fixing it.
(B) I'll need 10 copies, please.
(C) One is already on the way.

기술자에게 복사기를 수리해달라고 부탁해 주실 수 있나요?

(A) 그것을 수리해 주셔서 감사합니다.
(B) 10부 부탁드립니다.
(C) 한 명이 이미 가고 있습니다.

■ 요청 의문문
정답 (C)

기술자에게 복사기의 수리를 부탁해달라고 요청하는 요청 의문문이다. Could you가 요청하는 표현임을 이해할 수 있어야 한다.
(A) [×] 질문의 repair(수리하다)와 같은 의미인 fix(수리하다)를 사용하여 혼동을 준 오답이다.
(B) [×] photocopier – copies의 유사 발음 어휘를 사용하여 혼동을 준 오답이다.
(C) [○] 기술자 한 명이 이미 복사기를 수리하러 가고 있다는 말로 이미 수리 부탁을 마쳤다는 간접적인 응답을 했으므로 정답이다.

어휘 technician[tekníʃən] 기술자 photocopier[미 fóutəkàːpiər, 영 fóutəkɔ̀piər] 복사기 on the way 가는 중인, 진행 중인

12

🎧 영국식 발음 → 캐나다식 발음

How often does the janitor mop the hallway floors?

(A) I'll grab a broom from the closet.
(B) You should ask the building manager.
(C) He is off today.

그 청소부는 복도 바닥을 얼마나 자주 닦나요?

(A) 보관함에서 빗자루를 하나 꺼내올게요.
(B) 건물 관리인에게 물어보세요.
(C) 그는 오늘 휴무예요.

■ How 의문문
정답 (B)

청소부가 복도 바닥을 얼마나 자주 닦는지를 묻는 How 의문문이다. How often이 빈도를 묻는 것임을 이해할 수 있어야 한다.
(A) [×] 청소부가 복도 바닥을 얼마나 자주 닦는지를 물었는데, 이와 관련이 없는 보관함에서 빗자루를 하나 꺼내오겠다는 내용으로 응답했으므로 오답이다. janitor(청소부)와 관련 있는 broom(빗자루)을 사용하여 혼동을 주었다.
(B) [○] 건물 관리인에게 물어보라는 말로 모르겠다는 간접적인 응답을 했으므로 정답이다.
(C) [×] 질문의 janitor(청소부)를 나타낼 수 있는 He를 사용하여 혼동을 준 오답이다.

어휘 janitor[dʒǽnitər] 청소부, 관리인 broom[bruːm] 빗자루

13

○○○
상

🔊 호주식 발음 → 미국식 발음

Why did Ms. Collins call a meeting for this afternoon?

(A) In the main conference room at 2.
(B) There's a problem at the Dallas branch.
(C) Because she isn't available today.

Ms. Collins는 왜 오늘 오후에 회의를 소집했나요?

(A) 2시에 주 회의실에서요.
(B) Dallas 지점에 문제가 있어요.
(C) 그녀가 오늘 시간이 없기 때문이에요.

■ Why 의문문

정답 (B)

Ms. Collins가 왜 오늘 오후에 회의를 소집했는지를 묻는 Why 의문문이다.

(A) [×] 왜 Ms. Collins가 회의를 소집했는지를 물었는데 장소로 응답했으므로 오답이다. 질문의 When을 Where로 혼동하여 Where did Ms. Collins call a meeting for this afternoon(Ms. Collins가 오늘 오후 회의를 어디로 소집했나요)으로 생각해 정답으로 선택하지 않도록 주의한다.
(B) [○] Dallas 지점에 문제가 있다는 말로 Ms. Collins가 오늘 오후에 회의를 소집한 이유를 언급했으므로 정답이다.
(C) [×] 질문의 Ms. Collins를 나타낼 수 있는 she를 사용하여 혼동을 준 오답이다. Because만 듣고 정답으로 고르지 않도록 주의한다.

14

○○○●
중

🔊 영국식 발음 → 캐나다식 발음

Where should we go to eat dinner following the screening?

(A) Probably around 8 P.M.
(B) I don't know where deliveries go.
(C) I was thinking of having Latin food.

우리는 영화 상영 후에 저녁을 먹으러 어디로 가야 할까요?

(A) 아마도 오후 8시쯤에요.
(B) 저는 배달물들이 어디로 가는지 몰라요.
(C) 저는 라틴 음식을 먹으려고 생각하고 있었어요.

■ Where 의문문

정답 (C)

영화 상영 후에 저녁을 먹으러 어디로 가야 할지를 묻는 Where 의문문이다.
(A) [×] 영화 상영 후에 저녁을 먹으러 어디로 가야 할지를 물었는데 시간으로 응답했으므로 오답이다.
(B) [×] 질문의 Where와 go를 반복 사용하여 혼동을 준 오답이다. I don't know where까지만 듣고 정답으로 고르지 않도록 주의한다.
(C) [○] 라틴 음식을 먹으려고 생각하고 있었다는 말로 저녁을 먹으러 갈 장소를 간접적으로 전달했으므로 정답이다.

어휘 following[미 fáלouiŋ, 영 fɔ́ləuiŋ] ~ 후에 screening[skrí:niŋ] (영화) 상영, 검사 probably[prɑ́bəbli] 아마도 delivery[dilívəri] 배달물, 배달

15

○○○○●
하

🔊 미국식 발음 → 캐나다식 발음

Why were you late for the consultation yesterday?

(A) There was heavy traffic on the highway.
(B) Don't worry. She'll be on time.
(C) By at least fifteen minutes or so.

당신은 어제 상담에 왜 늦었나요?

(A) 고속도로에 교통 혼잡이 있었어요.
(B) 걱정하지 마세요. 그녀는 제때 올 거예요.
(C) 적어도 15분쯤이요.

■ Why 의문문

정답 (A)

어제 상담에 왜 늦었는지를 묻는 Why 의문문이다.
(A) [○] 고속도로에 교통 혼잡이 있었다며 어제 상담에 늦은 이유를 언급했으므로 정답이다.
(B) [×] 어제 상담에 왜 늦었는지를 물었는데, 이와 관련이 없는 걱정하지 말라며 그녀가 제때 올 거라는 내용으로 응답했으므로 오답이다. 질문의 late(늦은)와 반대 의미인 on time(제때)을 사용하여 혼동을 주었다.
(C) [×] late(늦은)에서 연상할 수 있는 늦은 시간과 관련된 fifteen minutes or so(15분쯤)를 사용하여 혼동을 준 오답이다.

어휘 consultation[kɑ̀nsəltéiʃən] 상담, 진찰 heavy traffic 교통 혼잡 highway[háiwei] 고속도로 or so ~쯤, ~ 정도

16

🔊 호주식 발음 → 영국식 발음

Should we rent a car while we're in Morocco or rely on cabs?

(A) He's very reliable.
(B) I'd rather have a vehicle.
(C) I bought one while living in New York.

우리는 모로코에 있는 동안 차를 빌려야 할까요, 아니면 택시에 의존해야 할까요?

(A) 그는 매우 믿음직해요.
(B) 저는 차량을 얻겠어요.
(C) 뉴욕에 사는 동안 하나 샀어요.

■ 선택 의문문   정답 (B)

모로코에 있는 동안 차를 빌려야 할지 아니면 택시에 의존해야 할지를 묻는 선택 의문문이다.
(A) [×] 모로코에 있는 동안 차를 빌려야 할지 아니면 택시에 의존해야 할지를 물었는데, 이와 관련이 없는 그가 매우 믿음직하다는 내용으로 응답했으므로 오답이다. rely – reliable의 유사 발음 어휘를 사용하여 혼동을 주었다.
(B) [○] 차량을 얻겠다며 차를 빌리는 것을 선택했으므로 정답이다.
(C) [×] 질문의 car(차)를 나타낼 수 있는 one을 사용하고, 질문의 while을 반복 사용하여 혼동을 준 오답이다.

어휘   rent[rent] 빌리다, 임대하다   rely on ~에 의존하다   cab[kæb] 택시   reliable[riláiəbl] 믿음직한, 신뢰할 수 있는   would rather (차라리) ~하겠다
        vehicle[미 ví:ikl, 영 víəkl] 차량

17

🔊 미국식 발음 → 캐나다식 발음

Which spare bookcase do you want moved into your office?

(A) Whichever binder isn't being used.
(B) A few movers just showed up.
(C) The one with lots of shelves.

어느 여분의 책장을 당신의 사무실로 옮기길 원하나요?

(A) 사용되고 있지 않은 어느 바인더라도요.
(B) 몇몇 이삿짐 운송업자들이 방금 왔어요.
(C) 선반이 많은 거요.

■ Which 의문문   정답 (C)

어느 여분의 책장을 사무실로 옮기길 원하는지를 묻는 Which 의문문이다. Which spare bookcase를 반드시 들어야 한다.
(A) [×] Which – Whichever의 유사 발음 어휘를 사용하고, bookcase(책장)와 관련 있는 binder(바인더)를 사용하여 혼동을 준 오답이다.
(B) [×] 어느 여분의 책장을 사무실로 옮기길 원하는지를 물었는데, 이와 관련이 없는 몇몇 이삿짐 운송업자들이 방금 왔다는 내용으로 응답했으므로 오답이다. moved – movers의 유사 발음 어휘를 사용하여 혼동을 주었다.
(C) [○] 선반이 많은 것이라며 사무실로 옮기길 원하는 책장을 언급했으므로 정답이다.

어휘   spare[spεər] 여분의, 남는   bookcase[búkkeis] 책장, 책꽂이   binder[báindər] (종이 등을 함께 묶는) 바인더   mover[mú:vər] 이삿짐 운송업자
        show up 오다, 나타나다   shelf[ʃelf] 선반

18

🔊 호주식 발음 → 미국식 발음

Does this pair of jeans come in black as well?

(A) Every pair of sunglasses.
(B) Only blue ones are available.
(C) Come over after work.

이 청바지는 검은색으로도 들어오나요?

(A) 모든 선글라스들이요.
(B) 파란색인 것들만 구하실 수 있어요.
(C) 퇴근 후에 들르세요.

■ 조동사 의문문   정답 (B)

청바지가 검은색으로도 들어오는지를 확인하는 조동사(Do) 의문문이다.
(A) [×] 청바지가 검은색으로도 들어오는지를 물었는데, 이와 관련이 없는 모든 선글라스들이라는 내용으로 응답했으므로 오답이다. 질문의 pair of를 반복 사용하여 혼동을 주었다.
(B) [○] 파란색인 것들만 구할 수 있다는 말로 청바지가 검은색으로는 들어오지 않음을 간접적으로 전달했으므로 정답이다.
(C) [×] 질문의 come을 반복 사용하여 혼동을 준 오답이다.

어휘   come in (상품 등이) 들어오다   available[əvéiləbl] 구할 수 있는, 이용할 수 있는

19

🎧 영국식 발음 → 캐나다식 발음

Benson Lawn Care has excellent customer service.

(A) What a great company logo!
(B) I've read about it on the Internet.
(C) At the customer service desk.

| |
Benson 잔디 관리사에는 훌륭한 고객 서비스가 있어요.

(A) 정말 멋진 회사 로고네요!
(B) 인터넷에서 그것에 관해 읽었어요.
(C) 고객 서비스 데스크에서요.

■ 평서문　　정답 (B)

Benson 잔디 관리사에는 훌륭한 고객 서비스가 있다는 의견을 제시하는 평서문이다.
(A) [×] 질문의 excellent(훌륭한)와 같은 의미인 great(멋진)을 사용하여 혼동을 준 오답이다. What a great company까지만 듣고 정답으로 고르지 않도록 주의한다.
(B) [○] 인터넷에서 그것에 관해 읽었다는 말로 Benson 잔디 관리사에 훌륭한 고객 서비스가 있다는 것을 알고 있음을 전달했으므로 정답이다.
(C) [×] Benson 잔디 관리사에는 훌륭한 고객 서비스가 있다고 했는데, 이와 관련이 없는 고객 서비스 데스크에서라는 내용으로 응답했으므로 오답이다. 질문의 customer service를 반복 사용하여 혼동을 주었다.

어휘　excellent[éksələnt] 훌륭한, 탁월한

20

🎧 호주식 발음 → 미국식 발음

How far from your house is Sharper Mall?

(A) Well, I'd like to go shopping.
(B) From noon until 1 o'clock.
(C) Let me check a map quickly.

| |
Sharper 쇼핑몰은 당신의 집에서 얼마나 멀리 있나요?

(A) 음, 저는 쇼핑하러 가고 싶어요.
(B) 정오부터 1시까지요.
(C) 제가 빨리 지도를 확인해볼게요.

■ How 의문문　　　　　　　　　　　　　　　　　　　　　　　　　　　　　　　　　　　　　　정답 (C)

Sharper 쇼핑몰이 상대방의 집에서 얼마나 멀리 있는지를 묻는 How 의문문이다. How far가 거리를 묻는 표현임을 이해할 수 있어야 한다.
(A) [×] Mall(쇼핑몰)과 관련 있는 go shopping(쇼핑하러 가다)을 사용하여 혼동을 준 오답이다.
(B) [×] Sharper 쇼핑몰이 상대방의 집에서 얼마나 멀리 있는지를 물었는데 기간으로 응답했으므로 오답이다. 질문의 from을 반복 사용하여 혼동을 주었다.
(C) [○] 빨리 지도를 확인해보겠다는 말로 모르겠다는 간접적인 응답을 했으므로 정답이다.

어휘　check[tʃek] 확인하다　quickly[kwíkli] 빨리

21

🎧 캐나다식 발음 → 미국식 발음

When do you expect to hire a permanent assistant?

(A) It'll be permanently installed.
(B) I'm waiting for approval.
(C) The help is much appreciated.

| |
당신은 언제 상임 비서를 고용할 거라 예상하나요?

(A) 그것은 영구적으로 설치될 거예요.
(B) 저는 승인을 기다리고 있어요.
(C) 그 도움은 매우 고맙게 생각돼요.

■ When 의문문　　　　　　　　　　　　　　　　　　　　　　　　　　　　　　　　　　　　　　정답 (B)

언제 상임 비서를 고용할 거라 예상하는지를 묻는 When 의문문이다.
(A) [×] 언제 상임 비서를 고용할 거라 예상하는지를 물었는데, 이와 관련이 없는 그것이 영구적으로 설치될 거라는 내용으로 응답했으므로 오답이다. permanent – permanently의 유사 발음 어휘를 사용하여 혼동을 주었다.
(B) [○] 승인을 기다리고 있다는 말로 모르겠다는 간접적인 응답을 했으므로 정답이다.
(C) [×] 질문의 assistant(비서)의 다른 의미인 '조수'와 관련된 help(도움)를 사용하여 혼동을 준 오답이다.

어휘　expect[ikspékt] 예상하다, 기다리다　permanent[pə́rmənənt] 상임의, 영구적인　assistant[əsístənt] 비서, 조수　install[instɔ́ːl] 설치하다
　　　approval[əprúːvəl] 승인　appreciate[əpríːʃieit] 고맙게 생각하다

22

[영국식 발음 → 호주식 발음]

The mayor is giving a speech today in the town square.

(A) I'm glad you decided to give a lecture.
(B) I heard it'll cover education funding.
(C) If I have enough time.

시장이 오늘 시내 광장에서 연설할 거예요.

(A) 당신이 강연을 하기로 결정했다니 기쁘네요.
(B) 저는 그것이 교육 자금 제공을 다룰 것이라고 들었어요.
(C) 만약 제가 충분한 시간이 있다면요.

■ 평서문

정답 (B)

시장이 오늘 시내 광장에서 연설할 것이라는 객관적인 사실을 전달하는 평서문이다.
(A) [×] giving a speech(연설하다)와 관련 있는 give a lecture(강연하다)를 사용하여 혼동을 준 오답이다.
(B) [○] 그것이 교육 자금 제공을 다룰 것이라고 들었다며 연설에 대한 추가 정보를 전달했으므로 정답이다.
(C) [×] 시장이 오늘 시내 광장에서 연설할 것이라는 말에 답변할 수 있는 '당신은 참석할 건가요?'에 대한 응답이므로 오답이다.

어휘 **mayor**[미 méiər, 영 meə] 시장 **give a speech** 연설하다 **square**[미 skwɛər, 영 skweə] 광장 **decide**[disáid] 결정하다
give a lecture 강연하다 **cover**[미 kʌ́vər, 영 kʌ́və] 다루다, 포함시키다 **funding**[fʌ́ndiŋ] 자금 제공, 재정 지원

23

[호주식 발음 → 영국식 발음]

Who created the notice that's hanging in the front window?

(A) A sign was put up there?
(B) I registered to receive e-mail notifications.
(C) We can hang them next to the door.

누가 앞쪽 창문에 걸려 있는 표지판을 만들었나요?

(A) 그곳에 표지판이 게시됐어요?
(B) 저는 이메일 통지를 받기 위해 등록했어요.
(C) 우리는 그것들을 문 옆에 걸 수 있어요.

■ Who 의문문

정답 (A)

누가 앞쪽 창문에 걸려 있는 표지판을 만들었는지를 묻는 Who 의문문이다.
(A) [○] 그곳에 표지판이 게시됐는지를 되물어 앞쪽 창문에 표지판이 걸려 있는지 몰랐다는 간접적인 응답을 했으므로 정답이다.
(B) [×] 누가 앞쪽 창문에 걸려 있는 표지판을 만들었는지를 물었는데, 이와 관련이 없는 자신이 이메일 통지를 받기 위해 등록했다는 내용으로 응답했으므로 오답이다. 질문의 notice(표지판)의 다른 의미인 '통지'와 의미가 동일한 notifications(통지)를 사용하여 혼동을 주었다.
(C) [×] 질문의 hanging을 hang으로 반복 사용하고, window(창문)와 관련 있는 door(문)를 사용하여 혼동을 준 오답이다.

어휘 **create**[kriéit] 만들다, 창조하다 **notice**[미 nóutis, 영 náutis] 표지판, 통지 **hang**[hæŋ] 걸리다, 걸다 **sign**[sain] 표지판 **put up** 게시하다, 세우다
register[미 rédʒistər, 영 rédʒistə] 등록하다 **notification**[미 nòutəfikéiʃən, 영 nəutifikéiʃən] 통지, 알림

24

[영국식 발음 → 캐나다식 발음]

Why haven't you unpacked your belongings yet?

(A) Because the price tag was removed.
(B) I was meeting with a colleague.
(C) No, we haven't done it yet.

왜 당신의 소지품들을 아직 풀지 않았나요?

(A) 가격표가 제거되었기 때문이에요.
(B) 저는 동료와 만나고 있었어요.
(C) 아니요, 저희는 아직 그것을 하지 않았어요.

■ Why 의문문

정답 (B)

왜 소지품들을 아직 풀지 않았는지를 묻는 Why 의문문이다.
(A) [×] 왜 소지품들을 아직 풀지 않았는지를 물었는데, 이와 관련이 없는 가격표가 제거되었기 때문이라는 내용으로 응답했으므로 오답이다. Because만 듣고 정답으로 고르지 않도록 주의한다.
(B) [○] 동료와 만나고 있었다며 소지품들을 아직 풀지 않은 이유를 언급했으므로 정답이다.
(C) [×] 의문사 의문문에 No로 응답했으므로 오답이다. 질문의 haven't와 yet을 반복 사용하여 혼동을 주었다.

어휘 **unpack**[ʌnpǽk] (짐을) 풀다 **belonging**[미 bilɔ́ːŋiŋ, 영 bilɔ́ŋiŋ] 소지품, 소유물 **remove**[rimúːv] 제거하다, 치우다 **colleague**[káliːg] 동료

🎧 미국식 발음 → 호주식 발음

Has the singer Jeff Bloom agreed to perform at our charity event?

(A) Cash donations are preferred.
(B) Some musicians were playing along the street.
(C) It appears that he can participate.

가수 Jeff Bloom이 우리의 자선 행사에서 공연하기로 동의했나요?

(A) 현금 기부들이 선호돼요.
(B) 몇몇 음악가들이 길을 따라 연주하고 있었어요.
(C) 그가 참여할 수 있을 듯해요.

■ 조동사 의문문

정답 (C)

가수 Jeff Bloom이 자선 행사에서 공연하기로 동의했는지를 확인하는 조동사(Have) 의문문이다.
(A) [×] charity(자선)와 관련 있는 donations(기부들)를 사용하여 혼동을 준 오답이다.
(B) [×] singer(가수)와 관련 있는 musicians(음악가들)를 사용하고, perform(공연하다)과 관련 있는 playing(연주하다)을 사용하여 혼동을 준 오답이다.
(C) [○] 그가 참여할 수 있을 듯하다는 말로 가수 Jeff Bloom이 자선 행사에서 공연하기로 동의했음을 전달했으므로 정답이다.

어휘   perform[pərfɔ́ːrm] 공연하다   charity[tʃǽrəti] 자선   donation[미 dounéiʃən, 영 dəunéiʃən] 기부   prefer[미 prifɔ́ːr, 영 prifɔ́ː] 선호하다, 좋아하다
appear[미 əpíər, 영 əpíə] ~인 듯하다   participate[미 pɑːrtísəpeit, 영 pɑːtísipeit] 참여하다

🎧 캐나다식 발음 → 미국식 발음

The heat in the office can be turned down, can't it?

(A) I'm not sure who can adjust it.
(B) Yes, both of these sheets.
(C) The rack is a bit too high.

사무실의 온도가 낮춰질 수 있어요, 안 그런가요?

(A) 누가 그것을 조정할 수 있는지 잘 모르겠어요.
(B) 네, 이 종이들 두 장 다요.
(C) 선반이 좀 너무 높네요.

■ 부가 의문문

정답 (A)

사무실의 온도가 낮춰질 수 있는지를 확인하는 부가 의문문이다.
(A) [○] 누가 그것을 조정할 수 있는지 잘 모르겠다는 말로 모른다는 간접적인 응답을 했으므로 정답이다.
(B) [×] heat – sheets의 유사 발음 어휘를 사용하여 혼동을 준 오답이다. Yes만 듣고 정답으로 고르지 않도록 주의한다.
(C) [×] turned down(낮춰지다)과 관련 있는 high(높은)를 사용하여 혼동을 준 오답이다.

어휘   turn down (온도·소리 등을) 낮추다   adjust[ədʒʌ́st] 조정하다   sheet[ʃiːt] 종이, 시트   rack[ræk] 선반, 걸이

🎧 호주식 발음 → 영국식 발음

We need to send out the wedding invitations for Ms. Lang and her fiancé.

(A) The ceremony is in Hall A.
(B) No, Mr. Cho is not invited.
(C) I totally forgot about that.

우리는 Ms. Lang과 그녀의 약혼자를 위한 결혼 초대장들을 보내야 해요.

(A) 식은 A홀에서 열려요.
(B) 아니요, Mr. Cho는 초대되지 않았어요.
(C) 저는 그것에 대해 완전히 잊어버렸어요.

■ 평서문

정답 (C)

Ms. Lang과 그녀의 약혼자를 위한 결혼 초대장들을 보내야 한다는 객관적인 사실을 전달하는 평서문이다.
(A) [×] wedding(결혼)과 관련 있는 ceremony(식)를 사용하여 혼동을 준 오답이다.
(B) [×] Ms. Lang과 그녀의 약혼자를 위한 결혼 초대장들을 보내야 한다고 했는데, 이와 관련이 없는 Mr. Cho는 초대되지 않았다는 내용으로 응답했으므로 오답이다. invitations – invited의 유사 발음 어휘를 사용하여 혼동을 주었다.
(C) [○] 그것에 대해 완전히 잊어버렸다는 말로 결혼 초대장들을 보내야 한다는 사실을 잊고 있었음을 전달했으므로 정답이다.

어휘   send out ~을 보내다   invitation[ìnvitéiʃən] 초대장, 초청   fiancé[미 fiːɑːnséi, 영 fiɔ́nsei] 약혼자   ceremony[미 sérəmouni, 영 sériməni] 식, 의식
totally[미 tóutəli, 영 táutəli] 완전히   forget[미 fərgét, 영 fəgét] 잊어버리다, 잊다

28

🎧 영국식 발음 → 캐나다식 발음

What's the problem with the flyers we printed for the seminar?

(A) There is a stack of printer paper over there.
(B) Everything seems fine.
(C) I'm flying into Madrid for the seminar.

우리가 세미나를 위해 출력한 전단들의 문제가 무엇인가요?

(A) 인쇄 종이 더미가 저쪽에 있어요.
(B) 모든 것이 괜찮아 보여요.
(C) 저는 세미나를 위해 마드리드로 비행기를 타고 갈 거예요.

■ **What 의문문**
정답 (B)

세미나를 위해 출력한 전단들의 문제가 무엇인지를 묻는 What 의문문이다.
(A) [x] printed – printer의 유사 발음 어휘를 사용하고, flyers(전단들)와 관련 있는 paper(종이)를 사용하여 혼동을 준 오답이다.
(B) [o] 모든 것이 괜찮아 보인다는 말로 세미나를 위해 출력한 전단들에 문제가 없음을 간접적으로 전달했으므로 정답이다.
(C) [x] flyers – flying의 유사 발음 어휘를 사용하고, 질문의 seminar를 반복 사용하여 혼동을 준 오답이다.

어휘 flyer[미 fláiər, 영 fláiə] 전단 stack[stæk] 더미, 무더기, 많음

29

🎧 캐나다식 발음 → 미국식 발음

Do you think we should buy a new refrigerator?

(A) Our current one still works well.
(B) Across from the break room.
(C) No, I think they're next to the stoves.

우리가 새로운 냉장고를 사야 한다고 생각하나요?

(A) 우리의 지금 것은 여전히 잘 작동해요.
(B) 휴게실 바로 맞은편에요.
(C) 아니요, 그것들은 가스레인지들 옆에 있는 것 같아요.

■ **조동사 의문문**
정답 (A)

새로운 냉장고를 사야 한다고 생각하는지를 확인하는 조동사(Do) 의문문이다.
(A) [o] 지금 것이 여전히 잘 작동한다는 말로 새로운 냉장고를 사야 한다고 생각하지 않음을 간접적으로 전달했으므로 정답이다.
(B) [x] refrigerator(냉장고)에서 연상할 수 있는 사용 장소와 관련된 break room(휴게실)을 사용하여 혼동을 준 오답이다.
(C) [x] refrigerator(냉장고)와 관련 있는 stoves(가스레인지들)를 사용하여 혼동을 준 오답이다. No, I think까지만 듣고 정답으로 고르지 않도록 주의한다.

어휘 current[kə́:rənt] 지금의, 현재의 break room 휴게실 stove[stouv] 가스레인지, 요리용 화덕

30

🎧 호주식 발음 → 미국식 발음

Should I order a filing cabinet with a single drawer or one with three?

(A) Extra storage is always helpful.
(B) In the top drawer.
(C) Most of the documents are in there.

서랍이 하나 있는 서류 캐비닛을 주문해야 하나요, 아니면 세 개 있는 것을 주문해야 하나요?

(A) 여분의 저장 공간은 항상 유용해요.
(B) 맨 위에 있는 서랍 안에요.
(C) 대부분의 서류들이 그곳 안에 있어요.

■ **선택 의문문**
정답 (A)

서랍이 하나 있는 서류 캐비닛을 주문해야 하는지 아니면 세 개 있는 것을 주문해야 하는지를 묻는 선택 의문문이다.
(A) [o] 여분의 저장 공간은 항상 유용하다는 말로 서랍이 세 개 있는 서류 캐비닛을 주문하는 것을 간접적으로 선택했으므로 정답이다.
(B) [x] 서랍이 하나 있는 서류 캐비닛을 주문해야 하는지 아니면 세 개 있는 것을 주문해야 하는지를 물었는데, 이와 관련이 없는 맨 위에 있는 서랍 안에라는 내용으로 응답했으므로 오답이다. 질문의 drawer를 반복 사용하여 혼동을 주었다.
(C) [x] filing cabinet(서류 캐비닛)과 관련 있는 documents(서류들)를 사용하고, 질문의 filing cabinet(서류 캐비닛)을 나타낼 수 있는 there를 사용하여 혼동을 준 오답이다.

어휘 order[미 ɔ́:rdər, 영 ɔ́:də] 주문하다 filing cabinet 서류 캐비닛 single[síŋgl] 하나의, 단일의 drawer[미 drɔ:r, 영 drɔ:] 서랍
extra[ékstrə] 여분의, 추가의 helpful[hélpfəl] 유용한, 도움이 되는 document[dάkjumənt] 서류, 문서

31

🎧 영국식 발음 → 호주식 발음

While Peter is editing the slide show, we should rehearse the rest of the presentation.

(A) Why don't you go first?
(B) Everyone found it relaxing.
(C) The editor likes the manuscript.

Peter가 슬라이드 쇼를 편집하는 동안, 우리는 발표의 나머지 부분들을 연습해야 해요.
(A) 당신이 먼저 하는 게 어때요?
(B) 모두가 그것이 마음을 느긋하게 해준다고 생각했어요.
(C) 편집자가 원고를 마음에 들어 해요.

■ 평서문

정답 (A)

Peter가 슬라이드 쇼를 편집하는 동안 발표의 나머지 부분들을 연습하자고 제안하는 평서문이다.

(A) [o] 상대방이 먼저 하는 게 어떤지를 되물어 Peter가 슬라이드 쇼를 편집하는 동안 발표의 나머지 부분들을 연습하자는 제안을 간접적으로 수락한 정답이다.

(B) [×] 질문의 presentation(발표)을 나타낼 수 있는 it을 사용하고, 질문의 rest(나머지)의 다른 의미인 '휴식'과 관련된 relaxing(마음을 느긋 하게 해주는)을 사용하여 혼동을 준 오답이다.

(C) [×] editing – editor의 유사 발음 어휘를 사용하고, presentation(발표)과 관련 있는 manuscript(원고)를 사용하여 혼동을 준 오답이다.

어휘 **edit**[édit] 편집하다, 교정하다   **rehearse**[미 rihə́:rs, 영 rəhə́:s] 연습하다, 리허설하다   **rest**[rest] 나머지, 휴식   **presentation**[prèzəntéiʃən] 발표
relaxing[riléksiŋ] 마음을 느긋하게 해주는, 편한   **editor**[미 édətər, 영 éditə] 편집자, 교정자   **manuscript**[미 mǽnjuskript, 영 mǽnjəskript] 원고, 필사본

32
33
34

Questions 32-34 refer to the following conversation.

🎧 미국식 발음 → 캐나다식 발음

W: Ted, ³²have you booked accommodations for the speakers presenting at the environmental conference on January 12 that our company is organizing?

M: I was planning to reserve rooms for all eight speakers at the Drake Inn. It's the same hotel we used when we arranged the trade show last month. But nothing is confirmed yet. Why?

W: Well, ³³the Silkwood Hotel is offering a 15 percent discount on all deluxe suites booked next week. ³⁴The details about the deal are included in the newsletter that the hotel sent out by e-mail yesterday.

M: ³⁴Could you forward the message to me? I'll check it out.

32 Who most likely are the speakers?
(A) Travel agents
(B) Event planners
(C) Advertising executives
(D) Environmental researchers

33 What is mentioned about the Silkwood Hotel?
(A) It launched a new service.
(B) It has renovated its suites.
(C) It is hosting a conference.
(D) It will hold a promotion.

34 What does the man ask the woman to do?
(A) Call a company
(B) Make a reservation
(C) Revise a newsletter
(D) Send an e-mail

32-34번은 다음 대화에 관한 문제입니다.

W: Ted, ³²우리 회사에서 주최하는 1월 12일의 환경 회담에서 발표하는 연설자들을 위한 숙소를 예약했나요?

M: 저는 Drake 호텔에 총 8명의 연설자들을 위한 객실을 예약하려고 계획하고 있었어요. 그곳은 우리가 지난달에 무역 박람회를 준비했을 때 이용했던 같은 호텔이에요. 하지만 아직 아무것도 확정되지 않았어요. 왜요?

W: 음, ³³Silkwood 호텔이 다음 주에 예약되는 모든 고급 스위트룸에 15퍼센트의 할인을 제공할 거예요. ³⁴그 거래에 관한 세부 사항들은 호텔이 어제 이메일로 보낸 소식지에 포함되어 있어요.

M: ³⁴그 메시지를 제게 전송해주시겠어요? 제가 그것을 확인해볼게요.

32. 화자들은 누구인 것 같은가?
(A) 여행사 직원들
(B) 행사 기획자들
(C) 광고업 임원들
(D) 환경 연구원들

33. Silkwood 호텔에 관해 무엇이 언급되는가?
(A) 새로운 서비스를 개시했다.
(B) 스위트룸들을 개조했다.
(C) 회담을 주최하고 있다.
(D) 판촉 행사를 열 것이다.

34. 남자는 여자에게 무엇을 하라고 요청하는가?
(A) 회사에 전화한다.
(B) 예약을 한다.
(C) 소식지를 수정한다.
(D) 이메일을 보낸다.

지문 book[buk] 예약하다 accommodation[əkàmədéiʃən] 숙소, 숙박 시설 present[prizént] 발표하다 environmental[invàirənméntl] 환경의 conference[kánfərəns] 회담, 회의 organize[ɔ́ːrgənaiz] 주최하다, 준비하다 reserve[rizə́ːrv] 예약하다 confirm[kənfə́ːrm] 확정하다 discount[dískaunt] 할인 deluxe[dəlʌ́ks] 고급의 deal[diːl] 거래 newsletter[núːzletər] 소식지, 회보 forward[fɔ́ːrwərd] (편지 따위를) 전송하다, 보내다 check out ~을 확인하다

32 advertising[ǽdvərtaiziŋ] 광고업 executive[igzékjutiv] 임원, 경영진

33 launch[lɔːntʃ] 개시하다, 시작하다 renovate[rénəveit] 개조하다, 보수하다 host[houst] 주최하다 promotion[prəmóuʃən] 판촉 행사, 홍보

32 ■ 전체 대화 관련 문제 화자   정답 (B)

○○●● 중

화자들의 신분을 묻는 문제이므로, 신분 및 직업과 관련된 표현을 놓치지 않고 듣는다. 여자가 "have you booked accommodations for the speakers presenting at the environmental conference ~ that our company is organizing?"이라며 자신들의 회사에서 주최하는 환경 회담에서 발표하는 연설자들을 위한 숙소를 예약했는지 물었다. 이를 통해 화자들이 행사 기획자들임을 알 수 있다. 따라서 정답은 (B) Event planners이다.

33 ■ 세부 사항 관련 문제 언급   정답 (D)

○○●● 중

Silkwood 호텔에 관해 언급되는 것을 묻는 문제이므로, 질문의 핵심어구(Silkwood Hotel)가 언급된 주변을 주의 깊게 듣는다. 여자가 "the Silkwood Hotel is offering a 15 percent discount on all deluxe suites booked next week"이라며 Silkwood 호텔이 다음 주에 예약되는 모든 고급 스위트룸에 15퍼센트의 할인을 제공할 거라고 하였다. 따라서 정답은 (D) It will hold a promotion이다.

34 ■ 세부 사항 관련 문제 요청   정답 (D)

○○○●● 하

남자가 여자에게 요청하는 것을 묻는 문제이므로, 남자의 말에서 요청과 관련된 표현이 언급된 주변을 주의 깊게 듣는다. 여자가 "The details about the deal are included in the newsletter that the hotel sent out by e-mail yesterday."라며 거래에 관한 세부 사항들은 호텔이 어제 이메일로 보낸 소식지에 포함되어 있다고 하자, 남자가 여자에게 "Could you forward the message to me?"라며 그 메시지를 자신에게 전송해달라고 요청하였다. 따라서 정답은 (D) Send an e-mail이다.

Questions 35-37 refer to the following conversation with three speakers.

🔊 영국식 발음 → 호주식 발음 ▸ 미국식 발음

W1: Our competitor is launching a free delivery service next month. To stay competitive, ³⁵we should consider eliminating the fee to deliver furniture from our store to customers' homes as well. What do you think?

M: Hmm . . . ³⁶I'm concerned we'd need to buy additional delivery trucks. More customers would use that service if there were no charge.

W1: Well, we could just lease them instead. That would require less initial investment.

M: I like your suggestion. Amelia, do you believe we should prepare a cost projection report before we discuss your idea with our supervisor?

W2: Yes, let's do that. ³⁷Can I get my tablet back from you? I lent it to you yesterday, and it contains the report template we'll need.

35 Where most likely do the speakers work?
(A) At a car rental agency
(B) At a home electronics shop
(C) At a furniture retailer
(D) At a courier company

36 Why is the man worried?
(A) More vehicles may be required.
(B) Customers have submitted complaints.
(C) Branches might be closed.
(D) Total sales have dropped.

37 What does Amelia ask for?
(A) An electronic device
(B) A truck key
(C) An order form
(D) A business card

35-37번은 다음 세 명의 대화에 관한 문제입니다.

W1: 우리의 경쟁 업체가 다음 달에 무료 배송 서비스를 시작할 거예요. 경쟁력을 유지하기 위해, ³⁵우리도 매장에서 고객들의 집까지 가구를 배송하는 요금을 없애는 것을 고려해야 해요. 어떻게 생각해요?

M: 흠… ³⁶저는 우리가 추가의 배송 트럭들을 구입해야 할까 봐 걱정이 되네요. 요금이 없다면 더 많은 고객들이 그 서비스를 이용할 거예요.

W1: 음, 그 대신에 우리는 그것들을 그저 대여할 수 있을 거예요. 그것이 더 적은 초기 투자를 필요로 할 거예요.

M: 당신의 제안이 마음에 드네요. Amelia, 우리가 당신의 계획을 관리자와 논의하기 전에 비용 견적 보고서를 준비해야 한다고 생각하나요?

W2: 네, 그렇게 하죠. ³⁷당신에게서 제 태블릿을 돌려받을 수 있을까요? 어제 그것을 당신에게 빌려줬는데, 그것에 우리가 필요로 할 보고서 견본이 들어 있거든요.

35. 화자들은 어디에서 일하는 것 같은가?
(A) 차량 대여점에서
(B) 가전제품 매장에서
(C) 가구 소매점에서
(D) 택배 회사에서

36. 남자는 왜 걱정을 하는가?
(A) 더 많은 차량이 필요할 수도 있다.
(B) 고객들이 불평을 제기했다.
(C) 지점들이 폐점될 수도 있다.
(D) 총 매출이 하락했다.

37. Amelia는 무엇을 요청하는가?
(A) 전자 기기
(B) 트럭 열쇠
(C) 주문서
(D) 명함

지문 **competitor**[미 kəmpétitər, 영 kəmpétitə] 경쟁 업체 **launch**[lɔːntʃ] 시작하다 **competitive**[kəmpétətiv] 경쟁력 있는 **eliminate**[ilímineit] 없애다, 제거하다 **lease**[liːs] 대여하다, 임대하다 **initial**[iníʃəl] 초기의 **investment**[invéstmənt] 투자, 투자금 **projection**[prədʒékʃən] 견적, 추정 **template**[témplət] 견본, 본보기

35 ■ 전체 대화 관련 문제 화자
정답 (C)

화자들이 일하는 장소를 묻는 문제이므로, 신분 및 직업과 관련된 표현을 놓치지 않고 듣는다. 여자가 "we should consider eliminating the fee to deliver furniture from our store to customers' homes as well"이라며 자신들도 매장에서 고객들의 집까지 가구를 배송하는 요금을 없애는 것을 고려해야 할 거라고 한 말을 통해 화자들이 가구 소매점에서 일한다는 것을 알 수 있다. 따라서 정답은 (C) At a furniture retailer이다.

36 ■ 세부 사항 관련 문제 문제점
정답 (A)

남자의 문제점을 묻는 문제이므로, 남자의 말에서 부정적인 표현이 언급된 다음을 주의 깊게 듣는다. 남자가 "I'm concerned we'd need to buy additional delivery trucks."라며 추가의 배송 트럭들을 구입해야 할까 봐 걱정이 된다고 하였다. 따라서 정답은 (A) More vehicles may be required이다.

37 ■ 세부 사항 관련 문제 요청
정답 (A)

Amelia, 즉 여자 2가 요청하는 것을 묻는 문제이므로, 여자 2의 말에서 요청과 관련된 표현이 언급된 다음을 주의 깊게 듣는다. 여자 2가 남자에게 "Can I get my tablet back from you?"라며 남자에게 자신의 태블릿을 돌려받을 수 있을지 물었다. 따라서 정답은 (A) An electronic device이다.

Questions 38-40 refer to the following conversation.

🔊 미국식 발음 → 호주식 발음

W: Now, ³⁸we can take a look at the compiled feedback from the recent diner questionnaire and see if we can find some useful information to help improve our restaurant.

M: Well, it looks like a majority of guests made positive comments about our facility's decor and layout. However, there are several complaints about the attitudes of some of our serving staff.

W: I see. ³⁹I think it's best we hold a training session to remind employees about our standards of service when dealing with customers.

M: That's a thought. ⁴⁰I can even share some great tips from the conference on the food service industry that I attended last week.

38 What is the conversation mainly about?
(A) A company dinner
(B) A guest list
(C) A remodeling project
(D) A customer survey

39 What does the woman recommend?
(A) Speaking to a manager
(B) Training some staff
(C) Changing some rules
(D) Attending a conference

40 What did the man do last week?
(A) Sampled a food selection
(B) Hired a new chef
(C) Participated in an event
(D) Modified an agenda

38-40번은 다음 대화에 관한 문제입니다.

W: 이제, ³⁸우리는 최근의 식사 손님 설문 조사로부터 수집된 의견을 살펴보고 우리의 식당을 개선하는 데 도움이 될 유용한 정보를 몇 가지 찾을 수 있을지 확인할 수 있어요.

M: 음, 다수의 손님들이 우리 시설의 실내 장식과 배치에 관해 긍정적인 의견들을 남긴 것 같아요. 하지만, 우리 서빙 직원 몇 명의 태도에 관한 여러 불평들이 있어요.

W: 그렇군요. ³⁹저는 고객들을 대할 때의 우리 서비스 규범을 직원들에게 상기시키도록 교육 강습회를 여는 것이 가장 효과적인 것 같아요.

M: 좋은 생각이네요. ⁴⁰저는 제가 지난주에 참석한 음식 서비스 산업에 관한 학회에서 얻은 몇 가지 좋은 조언들도 공유할 수 있어요.

38. 대화는 주로 무엇에 관한 것인가?
(A) 회사 만찬
(B) 손님 목록
(C) 개조 프로젝트
(D) 고객 설문 조사

39. 여자는 무엇을 제안하는가?
(A) 관리자에게 이야기하기
(B) 직원들을 교육하기
(C) 규칙들을 변경하기
(D) 학회에 참석하기

40. 남자는 지난주에 무엇을 했는가?
(A) 선정된 음식을 시식했다.
(B) 새 요리사를 고용했다.
(C) 행사에 참석했다.
(D) 안건을 수정했다.

지문 compile[kəmpáil] (자료를) 수집하다, 모으다 feedback[fí:dbæk] 의견, 반응 diner[dáinər] (식사하는) 손님
questionnaire[kwèstʃənέər] 설문 조사, 설문지 improve[imprú:v] 개선하다, 향상시키다 majority[미 mədʒɔ́:rəti, 영 mədʒɔ́rəti] 다수
facility[fəsíləti] 시설, 기관 decor[미 deikɔ́:r, 영 déikɔ:] (실내) 장식 layout[léiaut] 배치, 설계 remind[rimáind] 상기시키다
standard[stǽndərd] 규범, 기준 deal with ~을 대하다

40 sample[sǽmpl] 시식하다; 표본 modify[mάdəfài] 수정하다 agenda[ədʒéndə] 안건

38 ■ 전체 대화 관련 문제 주제   정답 (D)

대화의 주제를 묻는 문제이므로, 대화의 초반을 반드시 듣는다. 여자가 "we can take a look at the compiled feedback from the recent diner questionnaire and see if we can find some useful information to help improve our restaurant"이라며 최근의 식사 손님 설문 조사로부터 수집된 의견을 살펴보고 자신들의 식당을 개선하는 데 도움이 될 유용한 정보를 몇 가지 찾을 수 있을지 확인할 수 있다고 한 뒤, 고객 설문 조사의 결과에 관한 내용으로 대화가 이어지고 있다. 따라서 정답은 (D) A customer survey이다.

39 ■ 세부 사항 관련 문제 제안   정답 (B)

여자가 제안하는 것을 묻는 문제이므로, 여자의 말에서 제안과 관련된 표현이 언급된 다음을 주의 깊게 듣는다. 여자가 "I think it's best we hold a training session to remind employees about our standards of service when dealing with customers."라며 고객들을 대할 때의 서비스 규범을 직원들에게 상기시키도록 교육 강습회를 여는 것이 가장 효과적인 것 같다고 하였다. 따라서 정답은 (B) Training some staff이다.

40 ■ 세부 사항 관련 문제 특정 세부 사항   정답 (C)

남자가 지난주에 한 것을 묻는 문제이므로, 질문의 핵심어구(last week)가 언급된 주변을 주의 깊게 듣는다. 남자가 "I can even share some great tips from the conference ~ that I attended last week."이라며 자신이 지난주에 참석한 학회에서 얻은 몇 가지 좋은 조언들도 공유할 수 있다고 하였다. 따라서 정답은 (C) Participated in an event이다.

Questions 41-43 refer to the following conversation.

🔊 캐나다식 발음 → 영국식 발음

M: Hello, Ms. Carter. This is William Glover calling from Beacon Valley Health Clinic. ⁴¹You left a message about coming in to get a flu shot next week. ⁴¹/⁴²How does Tuesday at 3 P.M. sound?

W: ⁴²Unfortunately, I will be out of town until that evening. My bus arrives at 7 P.M. Could I visit on Wednesday?

M: Sure. ⁴³Could you come to the clinic in the late afternoon?

W: I finish work at 1 P.M.

M: Great. We have an opening at 4. But please come 15 minutes early so that you can fill out some paperwork.

41 Why did the man contact the woman?
(A) To respond to a customer survey
(B) To recommend a vaccination
(C) To schedule an appointment
(D) To explain a medical procedure

42 What will the woman do on Tuesday evening?
(A) Return from a trip
(B) Visit a friend
(C) Go to a doctor's office
(D) Attend a seminar

43 Why does the woman say, "I finish work at 1 P.M."?
(A) To point out a problem
(B) To indicate a deadline
(C) To agree to a proposal
(D) To propose an alternative

41-43번은 다음 대화에 관한 문제입니다.

M: 안녕하세요, Ms. Carter. Beacon Valley 진료소의 William Glover입니다. ⁴¹다음 주에 독감 예방주사를 맞으러 오시는 것에 대한 메시지를 남기셨습니다. ⁴¹/⁴²화요일 오후 3시는 어떠세요?

W: ⁴²안타깝게도, 저는 그날 저녁까지 시내에 없을 거예요. 제 버스는 오후 7시에 도착해요. 수요일에 방문해도 될까요?

M: 물론이죠. ⁴³늦은 오후로 병원으로 와 주실 수 있나요?

W: 저는 오후 1시에 일을 마쳐요.

M: 잘됐네요. 4시에 빈자리가 있어요. 하지만 서류를 작성하실 수 있도록 15분 일찍 와 주시기 바랍니다.

41. 남자는 왜 여자에게 연락했는가?
(A) 고객 설문 조사에 응답하기 위해
(B) 예방 접종을 권하기 위해
(C) 예약 일정을 잡기 위해
(D) 의료 절차를 설명하기 위해

42. 여자는 화요일 저녁에 무엇을 할 것인가?
(A) 외출에서 돌아온다.
(B) 친구를 방문한다.
(C) 병원에 간다.
(D) 세미나에 참석한다.

43. 여자는 왜 "저는 오후 1시에 일을 마쳐요"라고 말하는가?
(A) 문제를 지적하기 위해
(B) 마감 기한을 나타내기 위해
(C) 제안에 찬성하기 위해
(D) 대안을 제시하기 위해

지문 flu shot 독감 예방주사 opening [미 óupniŋ, 영 ə́upniŋ] 빈자리, 공석, 결원 fill out 작성하다 paperwork [미 péipərwə̀:rk, 영 péipəwə̀:k] 서류
41 vaccination [væksinéiʃən] 예방 접종 schedule [미 skédʒu:l, 영 ʃédju:l] 일정을 잡다 procedure [미 prəsí:dʒər, 영 prəsí:dʒə] 절차
43 propose [미 prəpóuz, 영 prəpáuz] 제시하다 alternative [미 ɔ:ltə́:rnətiv, 영 ɔltə́:nətiv] 대안; 대안의

41 ■ 세부 사항 관련 문제 이유
정답 (C)

남자가 여자에게 연락한 이유를 묻는 문제이므로, 질문의 핵심어구(contact the woman)와 관련된 내용을 주의 깊게 듣는다. 남자가 "You left a message about coming in to get a flu shot next week."라며 여자가 다음 주에 독감 예방주사를 맞으러 오는 것에 대한 메시지를 남겼음을 언급한 후, "How does Tuesday at 3 P.M. sound?"라며 화요일 오후 3시는 어떤지 물었다. 이를 통해 남자가 독감 예방 주사의 예약 일정을 잡기 위해 여자에게 연락하였음을 알 수 있다. 따라서 정답은 (C) To schedule an appointment이다.

42 ■ 세부 사항 관련 문제 특정 세부 사항
정답 (A)

여자가 화요일 저녁에 무엇을 할 것인지 묻는 문제이므로, 질문의 핵심어구(on Tuesday evening)가 언급된 주변을 주의 깊게 듣는다. 남자가 여자에게 "How does Tuesday at 3 P.M. sound?"라며 화요일 오후 3시에 독감 예방 주사를 맞으러 오는 것이 어떤지 묻자, 여자가 "Unfortunately, I will be out of town until that evening. My bus arrives at 7 P.M."이라며 안타깝게도 자신이 그날 저녁까지 시내에 없을 것이고, 자신의 버스가 오후 7시에 도착한다고 했다. 이를 통해 화요일 저녁에 그녀가 외출에서 돌아온다는 것을 알 수 있다. 따라서 정답은 (A) Return from a trip이다.

43 ■ 세부 사항 관련 문제 의도 파악
정답 (C)

여자가 하는 말의 의도를 묻는 문제이므로, 질문의 인용어구(I finish work at 1 P.M.)가 언급된 주변을 주의 깊게 듣는다. 남자가 여자에게 "Could you come to the clinic in the late afternoon?"이라며 늦은 오후에 병원으로 와 줄 수 있는지 묻자, 여자가 "I finish work at 1 P.M."이라며 오후 1시에 일을 마친다고 하였다. 이를 통해 여자가 남자의 제안에 찬성하려는 의도임을 알 수 있다. 따라서 정답은 (C) To agree to a proposal이다.

Questions 44-46 refer to the following conversation with three speakers.

🔊 호주식 발음 → 미국식 발음 → 영국식 발음

M: Excuse me, Ms. Hill. ⁴⁴Do you have a few minutes to talk about the new brochure for our fitness center?

W1: We need your approval before we have it printed.

W2: I've got some time now. I was just looking through it. To be honest, it still needs some work.

M: What do you think needs to be addressed?

W2: ⁴⁵It should include more details about the improvements we made to our facilities last month. Specifically, our weight-lifting rooms were all expanded, and skylights were installed above the indoor pool.

W1: Oh, thank you for pointing that out. We should've been more specific.

M: I agree. ⁴⁶I can call the firm we contracted to design the brochure after lunch and request the changes.

44 What is the conversation mainly about?
(A) A printing error
(B) A construction project
(C) A business pamphlet
(D) An employee transfer

45 What happened last month?
(A) Customer refunds were processed.
(B) A new location was opened.
(C) An agreement was signed.
(D) Some facilities were renovated.

46 What does the man offer to do?
(A) Distribute some brochures
(B) Inspect a building
(C) Interview a designer
(D) Contact another company

44-46번은 다음 세 명의 대화에 관한 문제입니다.

M: 실례합니다, Ms. Hill. ⁴⁴우리 헬스클럽을 위한 새로운 소책자에 관해 잠시 이야기할 시간이 있으신가요?

W1: 저희가 그것을 인쇄하기 전에 당신의 승인이 필요해요.

W2: 지금 시간이 좀 있어요. 저는 막 그것을 살펴보고 있었어요. 솔직히 말하자면, 그것은 여전히 작업이 좀 필요해요.

M: 무엇이 다루어져야 한다고 생각하시나요?

W2: ⁴⁵그것은 지난달에 우리가 시설들을 개선한 것에 관해 더 많은 세부 사항들을 포함해야 해요. 특히, 저희의 웨이트 트레이닝실들이 모두 확장되었고, 채광창이 실내 수영장 위에 설치되었잖아요.

W1: 아, 그것을 지적해주셔서 감사해요. 저희가 더 구체적이어야 했네요.

M: 동의해요. ⁴⁶제가 점심 이후에 소책자를 디자인하도록 우리가 계약한 회사에 전화해서 변경을 요청할 수 있어요.

44 대화는 주로 무엇에 관한 것인가?
(A) 인쇄 오류
(B) 건설 프로젝트
(C) 업체 소책자
(D) 직원 전근

45 지난달에 무슨 일이 있었는가?
(A) 고객 환불들이 처리되었다.
(B) 새로운 지점이 문을 열었다.
(C) 계약서가 서명되었다.
(D) 시설들이 개조되었다.

46 남자는 무엇을 해주겠다고 제안하는가?
(A) 소책자들을 배부한다.
(B) 건물을 점검한다.
(C) 디자이너를 인터뷰한다.
(D) 다른 회사에 연락한다.

지문 brochure [미 brouʃúər, 영 bróuʃə] 소책자 approval [əprúːvəl] 승인 look through ~을 살펴보다 address [ədrés] (문제 등을) 다루다 skylight [skáilait] (지붕·천장 등의) 채광창 install [instɔ́ːl] 설치하다 point out ~을 지적하다, 언급하다 contract [kəntrǽkt] 계약하다

45 process [práses] 처리하다 renovate [rénəveit] 개조하다

46 distribute [distríbjuːt] 배부하다, 나누어 주다 inspect [inspékt] 점검하다

44 ■ 전체 대화 관련 문제 주제   정답 (C)

대화의 주제를 묻는 문제이므로, 대화의 초반을 주의 깊게 들은 후 전체 맥락을 파악한다. 남자가 여자 2에게 "Do you have a few minutes to talk about the new brochure for our fitness center?"라며 헬스클럽을 위한 새로운 소책자에 관해 잠시 이야기할 시간이 있는지 물은 뒤, 업체 소책자에 관한 내용으로 대화가 이어지고 있다. 따라서 정답은 (C) A business pamphlet이다.

45 ■ 세부 사항 관련 문제 특정 세부 사항   정답 (D)

지난달에 일어났던 일을 묻는 문제이므로, 질문의 핵심어구(last month)가 언급된 주변을 주의 깊게 듣는다. 여자 2가 "It[brochure] should include more details about the improvements we made to our facilities last month."라며 소책자는 지난달에 자신들이 시설들을 개선한 것에 관해 더 많은 세부 사항들을 포함해야 한다고 한 것을 통해 지난달에 시설들이 개조되었음을 알 수 있다. 따라서 정답은 (D) Some facilities were renovated이다.

46 ■ 세부 사항 관련 문제 제안   정답 (D)

남자가 해주겠다고 제안하는 것을 묻는 문제이므로, 남자의 말에서 여자들을 위해 해주겠다고 언급한 내용을 주의 깊게 듣는다. 남자가 "I can call the firm we contracted to design the brochure after lunch and request the changes."라며 점심 이후에 소책자를 디자인하도록 자신들이 계약한 회사에 전화해서 변경을 요청할 수 있다고 하였다. 따라서 정답은 (D) Contact another company이다.

Questions 47-49 refer to the following conversation.

[3ω] 미국식 발음 → 캐나다식 발음

W: Do you happen to know where Liew is? [47]I need him to proofread the press release we're going to publish at 5 P.M., and I can't find him in his office.

M: [48]Right now, he's in a meeting with some new employees. He is demonstrating to them how to post files and communicate using the company's systems.

W: Ah, that's annoying. [49]I really need him to look over this press release. We always have a copy editor look over the text we're going to publish.

M: [49]Don't worry. It should only last another 20 minutes. Just leave a copy of the press release you want him to look at on his desk.

47 Why is the woman looking for Liew?
(A) To check that he contacted a client
(B) To confirm that he scheduled a meeting
(C) To give him a document to review
(D) To ask him to change an account password

48 What is Liew currently doing?
(A) Attending a press conference
(B) Participating in a training session
(C) Talking to a chief editor
(D) Updating some software

49 What does the man mean when he says, "It should only last another 20 minutes"?
(A) A task can be completed.
(B) A request will be approved.
(C) A room will be available.
(D) A timetable can be altered.

47-49번은 다음 대화에 관한 문제입니다.

W: 혹시 Liew가 어디 있는지 아세요? [47]우리가 오후 5시에 발행할 보도 자료를 그가 검토해 주어야 하는데, 그의 사무실에서 그를 찾을 수가 없어요.

M: [48]지금, 그는 신입사원 몇 명과 회의를 하고 있어요. 그는 그들에게 어떻게 회사의 시스템들을 사용하여 파일을 올리고 의사소통하는지 설명하고 있어요.

W: 아, 그건 성가시네요. [49]그가 이 보도자료를 꼭 검토해 주어야 하거든요. 우리는 발행할 글을 항상 교열 담당자가 검토하게 해요.

M: [49]걱정 마세요. 그것은 20분밖에 더 걸리지 않을 거예요. 그저 그가 봐줬으면 하시는 보도 자료 사본을 그의 책상 위에 놓아주세요.

47. 여자는 왜 Liew를 찾고 있는가?
(A) 그가 고객에게 연락했는지 확인하기 위해
(B) 그가 회의 일정을 잡았는지 확인하기 위해
(C) 그에게 검토할 문서를 주기 위해
(D) 그에게 계정 암호를 변경하라고 요청하기 위해

48. Liew는 현재 무엇을 하고 있는가?
(A) 기자 회견에 참석하는 것
(B) 연수 과정에 참여하는 것
(C) 편집장과 대화하는 것
(D) 일부 소프트웨어를 업데이트하는 것

49. 남자는 "그것은 20분밖에 더 걸리지 않을 거예요"라고 말할 때 무엇을 의도하는가?
(A) 작업이 완료될 수 있다.
(B) 요청이 승인될 것이다.
(C) 방이 이용 가능할 것이다.
(D) 일정표가 변경될 수 있다.

지문 proofread[pruːfriːd] 검토하다, 교정을 보다 press release 보도 자료 demonstrate[démənstreit] 설명하다 copy editor 교열 담당자
48 press conference 기자 회견 training session 연수 과정

47 ■ 세부 사항 관련 문제 이유　　　정답 (C)
여자가 Liew를 찾고 있는 이유를 묻는 문제이므로, 질문의 핵심어구(Liew)와 관련된 내용을 주의 깊게 듣는다. 여자가 "I need him to proofread the press release we're going to publish at 5 P.M."이라며 오후 5시에 발행할 보도 자료를 그가, 즉 Liew가 검토해 주어야 한다고 했으므로, 여자가 Liew에게 그가 검토할 문서를 주기 위해 그를 찾고 있는 것을 알 수 있다. 따라서 정답은 (C) To give him a document to review이다.

48 ■ 세부 사항 관련 문제 특정 세부 사항　　　　　　　　　　　　　　　　　　　　　　　　　　　　　　　　　　　　　　　정답 (B)
Liew가 현재 무엇을 하고 있는지를 묻는 문제이므로, 질문의 핵심어구(Liew currently doing)와 관련된 내용을 주의 깊게 듣는다. "Right now, he's[Liew is] in a meeting with some new employees. He is demonstrating to them how to post files and communicate using the company's systems."라며 지금 그, 즉 Liew는 신입사원 몇 명과 회의를 하고 있고, 그들에게 어떻게 회사의 시스템들을 사용하여 파일을 올리고 의사소통하는지를 설명하고 있다고 한 것을 통해, Liew가 현재 연수 과정에 참여하고 있다는 것을 알 수 있다. 따라서 정답은 (B) Participating in a training session이다.

49 ■ 세부 사항 관련 문제 의도 파악　　　정답 (A)
남자가 하는 말의 의도를 묻는 문제이므로, 질문의 인용어구(It should only last another 20 minutes)가 언급된 주변을 주의 깊게 듣는다. 여자가 남자에게 "I really need him to look over this press release."라며 그, 즉 Liew가 보도자료를 꼭 검토해 주어야 한다고 하자, 남자가 "Don't worry. It should only last another 20 minutes."라며 걱정하지 말라고 한 뒤 그것은 20분밖에 더 걸리지 않을 것이라고 하였다. 이를 통해 작업이 완료될 수 있음을 알 수 있다. 따라서 정답은 (A) A task can be completed이다.

Questions 50-52 refer to the following conversation.

🎧 영국식 발음 → 캐나다식 발음

W: Thanks for returning my call so quickly, Derrick. ⁵⁰There's a problem with the projector in our boardroom. Someone knocked it off the table, and now it doesn't work properly.

M: Oh, no. We bought that less than a month ago. Plus, ⁵¹I'll need it when I give a presentation to the board of directors this afternoon.

W: That's why I'm contacting you. Fortunately, it turns on, but it's making a buzzing sound.

M: Well, at least it's operating. You know, ⁵²I just heard that the IT department doesn't have many requests to deal with today. Maybe I can get someone to look at it quickly and confirm that it's fine.

50 What is the problem?
(A) A purchase was not approved.
(B) A delivery will arrive late.
(C) A device is malfunctioning.
(D) A proposal was rejected.

51 What is scheduled to happen in the afternoon?
(A) An employee orientation
(B) An executive meeting
(C) A technology seminar
(D) A product demonstration

52 What does the man say about the IT department?
(A) It will hire additional staff.
(B) It is not currently busy.
(C) It moved to a new office.
(D) It has a new department head.

50-52번은 다음 대화에 관한 문제입니다.

W: 제 전화에 이렇게 빨리 답신해주셔서 고마워요, Derrick. ⁵⁰우리 회의실에 있는 프로젝터에 문제가 있어요. 누군가가 그것을 쳐서 테이블에서 떨어뜨렸고, 이제 그것이 제대로 작동하지 않아요.

M: 아, 이런. 우리는 그것을 산 지 한 달도 채 되지 않았어요. 게다가, ⁵¹제가 오늘 오후에 이사회에 발표할 때 그것이 필요할 거예요.

W: 그게 제가 당신에게 연락한 이유예요. 다행히, 그게 켜지긴 하는데, 윙윙거리는 소리를 내고 있어요.

M: 음, 어쨌든 작동은 하네요. 있잖아요, ⁵²저는 방금 IT 부서가 오늘 처리해야 할 요청들이 많이 없다고 들었어요. 아마 제가 누군가 그것을 신속하게 살펴보고 괜찮은지 확인하게 할 수 있을 거예요.

50. 무엇이 문제인가?
(A) 구매가 승인되지 않았다.
(B) 배달물이 늦게 도착할 것이다.
(C) 기기가 제대로 작동하지 않고 있다.
(D) 제안이 거절되었다.

51. 오후에 무엇이 일어나기로 예정되어 있는가?
(A) 직원 오리엔테이션
(B) 임원 회의
(C) 기술 세미나
(D) 제품 시연

52. 남자는 IT 부서에 관해 무엇을 말하는가?
(A) 추가 직원들을 고용할 것이다.
(B) 현재 바쁘지 않다.
(C) 새로운 사무실로 이전했다.
(D) 새로운 부서장이 있다.

지문 **projector**[미 prədʒéktər, 영 predʒéktə] 프로젝터, 영사기 **boardroom**[미 bɔ́:rdru:m, 영 bɔ́:dru:m] 회의실 **knock ~ off** ~을 쳐서 떨어뜨리다
buzzing[bʌ́ziŋ] 윙윙거리는 **operate**[미 á:pəreit, 영 ɔ́pəreit] 작동하다
50 **approve**[əprú:v] 승인하다 **malfunction**[mælfʌ́ŋkʃən] (기계 등이) 제대로 작동하지 않다 **reject**[ridʒékt] 거절하다
51 **executive**[igzékjətiv] 임원 **demonstration**[dèmənstréiʃən] 시연

50 ■ **세부 사항 관련 문제** 문제점 정답 (C)

문제점을 묻는 문제이므로, 대화에서 부정적인 표현이 언급된 주변을 주의 깊게 듣는다. 여자가 "There's a problem with the projector in our boardroom. Someone knocked it off the table, and now it doesn't work properly."라며 회의실에 있는 프로젝터에 문제가 있다고 한 뒤, 누군가가 그것을 쳐서 테이블에서 떨어뜨렸고 이제 그것이 제대로 작동하지 않는다고 하였다. 따라서 정답은 (C) A device is malfunctioning이다.

51 ■ **세부 사항 관련 문제** 특정 세부 사항 정답 (B)

오후에 일어나기로 예정되어 있는 것을 묻는 문제이므로, 질문의 핵심어구(afternoon)가 언급된 주변을 주의 깊게 듣는다. 남자가 "I'll need it[projector] when I give a presentation to the board of directors this afternoon"이라며 오늘 오후에 이사회에 발표할 때 프로젝터가 필요할 것이라고 하였다. 따라서 정답은 (B) An executive meeting이다.

52 ■ **세부 사항 관련 문제** 언급 정답 (B)

남자가 IT 부서에 관해 언급하는 것을 묻는 문제이므로, 질문의 핵심어구(IT department)가 언급된 주변을 주의 깊게 듣는다. 남자가 "I just heard that the IT department doesn't have many requests to deal with today"라며 자신이 방금 IT 부서가 오늘 처리해야 할 요청들이 많이 없다고 들었다고 하였다. 따라서 정답은 (B) It is not currently busy이다.

53
54
55

Questions 53-55 refer to the following conversation.

🔊 미국식 발음 → 호주식 발음

W: When will we be getting more units of the L7? ⁵³We've been sold out of that smartphone model all week, but customers keep coming in to buy it.

M: It's hard to say. The phone is extremely popular across the country, so most stores are out of stock. Plus, ⁵⁴the product manufacturer hasn't indicated when our next inventory order will be shipped out. However, you can offer to put shoppers who want the item on a waiting list.

W: OK. By the way, ⁵⁵we've had high customer traffic in the store, so I think we need another staff member to work weekday evenings.

M: Good point. I'll post a notice in the break room to see if any of our employees are looking for extra hours.

53 According to the woman, what do some customers want to buy?
(A) A portable charger
(B) A room furnishing
(C) A mobile phone
(D) A remote controller

54 What is the man uncertain about?
(A) Why a product is unavailable
(B) Where an item is located
(C) How much a device costs
(D) When a shipment will arrive

55 What does the woman suggest?
(A) Assigning another worker to a shift
(B) Offering customers a discount
(C) Contacting a product manufacturer
(D) Rewarding some staff members

53-55번은 다음 대화에 관한 문제입니다.

W: 우리가 언제 L7의 기기를 더 받게 될까요? ⁵³일주일 내내 그 스마트폰 모델이 다 팔렸었는데, 고객들은 계속해서 그것을 사러 오고 있어요.

M: 말하기 어려워요. 그 전화기는 전국적으로 아주 인기 있어서, 대부분의 상점에 재고가 없거든요. 게다가, ⁵⁴상품 제조 업체가 우리의 다음 재고 주문이 언제 발송될지 말해주지 않았어요. 하지만, 당신은 그 물품을 원하는 구매자들을 대기 명단에 올려놓도록 제안할 수 있어요.

W: 알겠어요. 그건 그렇고, ⁵⁵상점 내 고객 수가 많았으니, 주중 저녁에 일할 또 다른 직원이 필요한 것 같아요.

M: 좋은 지적이네요. 우리 직원들 중 누구라도 추가 근무 시간을 바라는지 알아보기 위해 휴게실에 공고를 게시할게요.

53. 여자에 따르면, 고객들은 무엇을 구입하고 싶어 하는가?
(A) 휴대용 충전기
(B) 실내 가구
(C) 휴대 전화
(D) 원격 조종 장치

54. 남자는 무엇에 관해 확신이 없는가?
(A) 상품을 왜 구할 수 없는지
(B) 물품이 어디에 위치해 있는지
(C) 기기가 얼마인지
(D) 배송이 언제 도착할지

55. 여자는 무엇을 제안하는가?
(A) 또 다른 직원을 근무 시간에 배정하기
(B) 고객들에게 할인을 제공하기
(C) 상품 제조 업체에 연락하기
(D) 몇몇 직원들에게 보상하기

지문 sell out ~을 다 팔다 extremely[ikstrí:mli] 아주, 매우 across the country 전국적으로 out of stock 재고가 없는 manufacturer[미 mænjufæktʃərər, 영 mænjəfæktʃərə] 제조 업체 indicate[índikeit] 말하다, 표현하다 inventory[미 ínvəntɔ:ri, 영 ínvəntəri] 재고 ship out 발송하다, 출하하다 traffic[trǽfik] (고객) 수 break room 휴게실
53 portable[pɔ́:rtəbl] 휴대용의 charger[tʃá:rdʒər] 충전기 furnishing[fə́:rniʃiŋ] 가구, 비품 remote[rimóut] 원격의
54 uncertain[ʌnsə́:rtn] 확신이 없는 unavailable[ʌnəvéiləbl] 구할 수 없는 shipment[ʃípmənt] 배송, 배송품
55 assign[əsáin] 배정하다 shift[ʃift] (교대) 근무 시간

53 ■ **세부 사항 관련 문제** 특정 세부 사항　　　　　　　　　　　　　　　　　　　　　　　　　　　정답 (C)

여자가 고객들이 구입하고 싶어 한다고 말한 것을 묻는 문제이므로, 여자의 말에서 질문의 핵심어구(customers want to buy)와 관련된 내용을 주의 깊게 듣는다. 여자가 "We've been sold out of that smartphone model all week, but customers keep coming in to buy it."이라며 일주일 내내 특정 스마트폰 모델이 다 팔렸었는데 고객들은 계속해서 그것을 사러 오고 있다고 하였다. 따라서 정답은 (C) A mobile phone이다.

54 ■ **세부 사항 관련 문제** 특정 세부 사항　　　　　　　　　　　　　　　　　　　　　　　　　　　정답 (D)

남자가 확신이 없는 것을 묻는 문제이므로, 질문의 핵심어구(uncertain)와 관련된 내용을 주의 깊게 듣는다. 남자가 "the product manufacturer hasn't indicated when our next inventory order will be shipped out"이라며 상품 제조 업체가 화자들의 다음 재고 주문이 언제 발송될지 말해주지 않았다고 하였다. 따라서 정답은 (D) When a shipment will arrive이다.

55 ■ **세부 사항 관련 문제** 제안　　　　　　　　　　　　　　　　　　　　　　　　　　　　　　　정답 (A)

여자가 제안하는 것을 묻는 문제이므로, 여자의 말에서 제안과 관련된 표현이 언급된 다음을 주의 깊게 듣는다. 여자가 "we've had high customer traffic in the store, so I think we need another staff member to work weekday evenings"라며 상점 내 고객 수가 많았으니, 주중 저녁에 일할 또 다른 직원이 필요한 것 같다고 하였다. 따라서 정답은 (A) Assigning another worker to a shift이다.

Questions 56-58 refer to the following conversation.

🔊 영국식 발음 → 캐나다식 발음

W: Excuse me. ⁵⁶Isn't the museum featuring a special exhibit about space exploration for the next few weeks? I heard a commercial on the radio that made it sound quite interesting.

M: That's correct. The exhibit is called *Deep Universe*, and it includes several interactive displays. ⁵⁷The most popular is a collection of instruments from an actual space shuttle. Um, these were lent to us by the National Space Agency.

W: Wow! I'd like to check that out. ⁵⁸Is access to the exhibit included in the regular entrance fee?

M: I'm afraid not. ⁵⁸It will be an extra $15 per person.

56 How did the woman find out about the event at the museum?
(A) By listening to the radio
(B) By watching television
(C) By reading a magazine
(D) By talking to a friend

57 According to the man, what did the National Space Agency do?
(A) Purchased some instruments
(B) Conducted a study
(C) Designed a display
(D) Provided some items

58 What costs an extra fee?
(A) Participating in a guided tour
(B) Accessing a temporary exhibit
(C) Attending a lecture series
(D) Viewing a documentary film

56-58번은 다음 대화에 관한 문제입니다.

W: 실례합니다. ⁵⁶다음 몇 주 동안 박물관이 우주 탐험에 관한 특별 전시를 포함하고 있지 않나요? 저는 라디오에서 그것을 꽤 흥미로울 것처럼 만드는 광고를 들었어요.

M: 맞아요. 전시는 *Deep Universe*라고 하고, 그것은 여러 가지 쌍방향의 전시들을 포함해요. ⁵⁷가장 인기 있는 것은 실제 우주 왕복선에서 나온 기구들의 수집품이에요. 음, 이것들은 국립 항공 우주국에서 저희에게로 대여되었어요.

W: 와! 그것을 보고 싶군요. ⁵⁸일반 입장료에 그 전시의 입장이 포함되어 있나요?

M: 유감이지만 아닙니다. ⁵⁸한 사람당 추가로 15달러일 거예요.

56. 여자는 박물관에서의 행사에 관해 어떻게 알게 되었는가?
(A) 라디오를 들음으로써
(B) 텔레비전을 시청함으로써
(C) 잡지를 읽음으로써
(D) 친구와 이야기함으로써

57. 남자에 따르면, 국립 항공 우주국은 무엇을 했는가?
(A) 몇몇 기구들을 구입했다.
(B) 연구를 수행했다.
(C) 전시를 설계했다.
(D) 몇몇 물품들을 제공했다.

58. 무엇이 추가 비용이 드는가?
(A) 가이드 투어에 참여하기
(B) 임시 전시에 들어가기
(C) 강의 시리즈에 참석하기
(D) 다큐멘터리 영화를 보기

지문 feature[미 fíːtʃər, 영 fíːtʃə] (특별히) 포함하다 exhibit[igzíbit] 전시 space exploration 우주 탐험 commercial[미 kəmə́ːrʃəl, 영 kəmə́ːʃəl] 광고 interactive[intərǽktiv] 쌍방향의, 상호적인 display[displéi] 전시, 진열 collection[kəlékʃən] 수집품 instrument[ínstrəmənt] 기구, 도구 space shuttle 우주 왕복선 check out 보다, ~을 확인하다 access[ǽkses] 입장; 접근; 들어가다

57 conduct[kəndʌ́kt] 수행하다, 실시하다 design[dizáin] 설계하다

58 temporary[témpəreri] 임시의

56 ■ 세부 사항 관련 문제 방법
정답 (A)

여자가 박물관에서의 행사에 관해 알게 된 방법을 묻는 문제이므로, 질문의 핵심어구(find out about the event at the museum)와 관련된 내용을 주의 깊게 듣는다. 여자가 "Isn't the museum featuring a special exhibit about space exploration for the next few weeks? I heard a commercial on the radio that made it sound quite interesting."이라며 다음 몇 주 동안 박물관이 우주 탐험에 관한 특별 전시를 포함하고 있지 않은지 물은 뒤, 자신이 라디오에서 그것을 꽤 흥미로울 것처럼 만드는 광고를 들었다고 하였다. 따라서 정답은 (A) By listening to the radio이다.

57 ■ 세부 사항 관련 문제 특정 세부 사항
정답 (D)

남자가 국립 항공 우주국이 했다고 말한 것을 묻는 문제이므로, 남자의 말에서 질문의 핵심어구(National Space Agency)가 언급된 주변을 주의 깊게 듣는다. 남자가 "The most popular is a collection of instruments from an actual space shuttle. ~ these were lent to us by the National Space Agency."라며 가장 인기 있는 것은 실제 우주 왕복선에서 나온 기구들의 수집품이라고 한 뒤, 이것들은 국립 항공 우주국에서 자신들에게로 대여되었다고 하였다. 따라서 정답은 (D) Provided some items이다.

58 ■ 세부 사항 관련 문제 특정 세부 사항
정답 (B)

추가 비용이 드는 것을 묻는 문제이므로, 질문의 핵심어구(extra fee)와 관련된 내용을 주의 깊게 듣는다. 여자가 "Is access to the exhibit[special exhibit] included in the regular entrance fee?"라며 일반 입장료에 특별 전시의 입장이 포함되어 있는지 묻자, 남자가 "It will be an extra $15 per person."이라며 한 사람당 추가로 15달러일 것이라고 하였다. 따라서 정답은 (B) Accessing a temporary exhibit이다.

Questions 59-61 refer to the following conversation.

🎧 호주식 발음 → 미국식 발음

M: ⁵⁹I just want to see how your department is progressing with preparations for our annual clearance sale, which starts this Friday.

W: ⁶⁰There's a slight problem. Some display racks were broken when our staff moved them from the front of the store on Tuesday. Do we have any extras in the back room?

M: Unfortunately not. We'll have to place a rush order for more racks because we need them to arrive on Thursday.

W: But the store manager has to approve such orders, right? I'm on my way to his office now anyway, so I'll submit a formal request for him to sign off on.

M: Thanks. In the meantime, ⁶¹I'll double-check if we have sufficient shopping bags underneath every cash register.

59-61번은 다음 대화에 관한 문제입니다.

M: ⁵⁹저는 당신의 부서가 이번 금요일에 시작하는 우리의 연례 재고 정리 세일을 위한 준비를 어떻게 진행하고 있는지 좀 확인하고 싶어요.

W: ⁶⁰약간의 문제가 있어요. 저희 직원들이 화요일에 상점 앞쪽으로부터 진열용 선반들을 옮길 때 몇 개가 부러졌어요. 우리가 창고에 여분의 것들을 가지고 있나요?

M: 안타깝지만 없어요. 우리는 추가 선반들이 목요일에 도착하도록 해야 하기 때문에 그것들을 급하게 주문해야 할 거예요.

W: 하지만 그러한 주문들은 매장 관리자가 승인을 해야 하잖아요, 맞죠? 어차피 제가 지금 그의 사무실로 가는 길이니, 그가 승인할 정식 요청서를 제출할게요.

M: 고마워요. 그동안, ⁶¹저는 우리가 각 계산대 아래에 충분한 쇼핑백을 가지고 있는지 재확인할게요.

59 What does the man ask the woman about?
(A) The location of merchandise
(B) Preparations for an event
(C) The progress of construction work
(D) Plans for a staff meeting

59. 남자는 여자에게 무엇에 관해 문의하는가?
(A) 상품의 위치
(B) 행사를 위한 준비
(C) 건설 공사의 진행 상황
(D) 직원 회의를 위한 계획

60 What problem does the woman mention?
(A) Some orders arrived late.
(B) A conference was canceled.
(C) Some equipment was damaged.
(D) A miscommunication occurred.

60. 여자는 무슨 문제를 언급하는가?
(A) 몇몇 주문품들이 늦게 도착했다.
(B) 회의가 취소되었다.
(C) 일부 장비가 파손되었다.
(D) 의사소통 오류가 발생했다.

61 What does the man say he will do?
(A) Sweep the aisles
(B) Verify supply levels
(C) Confirm a discount amount
(D) Locate delivered packages

61. 남자는 무엇을 할 것이라고 말하는가?
(A) 복도를 청소한다.
(B) 물품의 수량을 확인한다.
(C) 할인 금액을 확정한다.
(D) 배송된 소포들의 위치를 알아낸다.

지문 clearance sale 재고 정리 세일 display rack 진열용 선반 place an order 주문하다 rush [rʌʃ] 급한 on one's way to ~로 가는 길에 formal [fɔ́ːrməl] 정식의, 공식적인 sign off on ~에 대해 승인하다 double-check 재확인하다, 재점검하다 sufficient [səfíʃənt] 충분한 cash register 계산대

59 merchandise [mə́ːrtʃəndaiz] 상품

61 sweep [swiːp] 청소하다, 쓸다 aisle [ail] 복도, 통로 verify [vérəfai] 확인하다 supply [səplái] 물품, 비축

59 ■ 세부 사항 관련 문제 특정 세부 사항
정답 (B)

남자가 여자에게 문의하는 것을 묻는 문제이므로, 남자의 말을 주의 깊게 듣는다. 남자가 "I just want to see how your department is progressing with preparations for our annual clearance sale"이라며 여자의 부서가 연례 재고 정리 세일을 위한 준비를 어떻게 진행하고 있는지 좀 확인하고 싶다고 하였다. 따라서 정답은 (B) Preparations for an event이다.

60 ■ 세부 사항 관련 문제 문제점
정답 (C)

여자가 언급하는 문제점을 묻는 문제이므로, 여자의 말에서 부정적인 표현이 언급된 주변을 주의 깊게 듣는다. 여자가 "There's a slight problem. Some display racks were broken when our staff moved them from the front of the store on Tuesday."라며 약간의 문제가 있다고 한 뒤, 직원들이 화요일에 상점 앞쪽으로부터 진열용 선반들을 옮길 때 몇 개가 부러졌다고 하였다. 따라서 정답은 (C) Some equipment was damaged이다.

61 ■ 세부 사항 관련 문제 다음에 할 일
정답 (B)

남자가 하겠다고 말한 것을 묻는 문제이므로, 남자의 말에서 질문의 핵심어구(will do)와 관련된 내용을 주의 깊게 듣는다. 남자가 "I'll double-check if we have sufficient shopping bags underneath every cash register"라며 각 계산대 아래에 충분한 쇼핑백을 가지고 있는지 자신이 재확인하겠다고 하였다. 따라서 정답은 (B) Verify supply levels이다.

Questions 62-64 refer to the following conversation and floor information.

🔊 캐나다식 발음 → 영국식 발음

M: I'm really looking forward to going to the Brenton Sports & Leisure complex on Saturday. ⁶²My friend Jessica said that she went there last year and it was a lot of fun.

W: I'm excited too. One thing, though. When we originally planned the day, we decided we would drive there together at 11 A.M. However, ⁶³my mom needs a ride to the doctor that morning, so I won't be available until noon or possibly later.

M: That's OK. ⁶⁴Why don't you just meet us there? When you enter, leave your belongings in a locker and then come upstairs. ⁶⁴We'll already be in the pool by the time you arrive.

W: ⁶⁴Where exactly?

M: ⁶⁴Oh, the one next to the food place.

Brenton Sports & Leisure Complex Floor Information	
⁶⁴Floor 4	Rooftop pool & Snack Bar
Floor 3	Bowling alley & Ping-pong tables
Floor 2	Indoor pool & Fitness Center
Floor 1	Reception & Locker room

62 What is mentioned about Jessica?
(A) She has purchased tickets online.
(B) She has visited a complex before.
(C) She wants to borrow a car.
(D) She wants to change a schedule.

63 What will the woman most likely do on Saturday morning?
(A) Work overtime hours
(B) Attend a party
(C) Give someone a ride
(D) Help a friend move

64 Look at the graphic. Which floor will the speakers meet on?
(A) Floor 1
(B) Floor 2
(C) Floor 3
(D) Floor 4

62-64번은 다음 대화 및 층별 안내도에 관한 문제입니다.

M: 토요일에 Brenton 스포츠 & 레저 복합 건물에 가는 것이 정말 기대돼요. ⁶²제 친구인 Jessica가 작년에 그곳에 갔었는데 정말 재미있었다고 말했어요.

W: 저도 기대돼요. 하지만, 한 가지가 있어요. 처음에 저희가 그날을 계획했을 때, 저희는 오전 11시에 그곳에 함께 차를 타고 가기로 결정했어요. 그런데, ⁶³그날 아침에 어머니를 병원에 태워 드려야 해서, 저는 정오나 아마 그 이후까지 시간이 없을 거예요.

M: 괜찮아요. ⁶⁴그냥 거기서 저희를 만나시는 게 어때요? 입장하실 때, 소지품을 사물함에 넣어 두신 후 위층으로 올라오시면 돼요. ⁶⁴당신이 도착할 때쯤 저희는 이미 수영장에 있을 거예요.

W: ⁶⁴정확히 어디요?

M: ⁶⁴아, 음식점 옆에 있는 곳이요.

Brenton 스포츠 & 레저 복합 건물 층별 안내도	
⁶⁴4층	옥상 수영장 & 스낵바
3층	볼링장 & 탁구대
2층	실내 수영장 & 헬스장
1층	접수처 & 라커룸

62. Jessica에 관해 무엇이 언급되는가?
(A) 그녀는 온라인으로 티켓을 구매했다.
(B) 그녀는 전에 복합 건물을 방문한 적이 있다.
(C) 그녀는 차를 빌리고 싶어 한다.
(D) 그녀는 일정을 변경하길 원한다.

63. 토요일 아침에 여자는 무엇을 할 것 같은가?
(A) 초과 근무를 한다.
(B) 파티에 참석한다.
(C) 누군가를 태워 준다.
(D) 친구의 이사를 돕는다.

64. 시각 자료를 보시오. 화자들은 몇 층에서 만날 것인가?
(A) 1층
(B) 2층
(C) 3층
(D) 4층

지문 look forward to ~을 기대하다 complex[ká:mpleks] 복합건물, 단지 belonging[bilɔ́ŋiŋ] 소지품

62 ■ 세부 사항 관련 문제 언급

정답 (B)

Jessica에 관해 언급된 것을 묻는 문제이므로, 질문의 핵심어구(Jessica)와 관련된 내용을 주의 깊게 듣는다. "My friend Jessica said that she went there[Brenton Sports & Leisure complex] last year and it was a lot of fun."이라며 친구 Jessica가 작년에 그곳, 즉 Brenton 스포츠 & 레저 복합 건물에 갔었으며, 정말 재미있었다고 말했다고 하였다. 따라서 정답은 (B) She has visited a complex before이다.

63 ■ 세부 사항 관련 문제 특정 세부 사항

정답 (C)

토요일 아침에 여자가 무엇을 할 것인지를 묻는 문제이므로, 질문의 핵심어구(Saturday morning)와 관련된 내용을 주의 깊게 듣는다. "my mom needs a ride to the doctor that[Saturday] morning, so I won't be available until noon or possibly later."라며 토요일 아침에 어머니를 병원에 태워 드려야 해서 자신은 정오나 아마 그 이후까지 시간이 없을 것이라고 하였다. 따라서 정답은 (C) Give someone a ride이다.

64 ■ 세부 사항 관련 문제 시각 자료

정답 (D)

화자들이 몇 층에서 만날 것인지를 묻는 문제이므로, 제시된 층별 안내도를 확인한 뒤 핵심어구(Which floor ~ meet on)와 관련된 내용을 주의 깊게 듣는다. 남자가 여자에게 "Why don't you just meet us there[Brenton Sports & Leisure complex]? ~ We'll already be in the pool by the time you arrive."라며 복합 건물에서 만나는 것이 어떤지 묻고, 여자가 도착할 때쯤에는 이미 수영장에 있을 것이라고 한 뒤, 여자가 "Where exactly?"라며 정확히 어디에 있을 것인지를 묻자 남자가 "Oh, the one next to the food place."라며 음식점 옆에 있는 곳에 있을 것이라고 하였다. 이를 통해 화자들이 4층에서 만날 것임을 층별 안내도에서 알 수 있다. 따라서 정답은 (D) Floor 4이다.

Questions 65-67 refer to the following conversation and receipt.

[호주식 발음] → 미국식 발음

M: Paula, 65is your dress ready for the charity fund-raiser we're attending tomorrow evening?

W: It's still at the dry cleaners, since it needed to be shortened a few inches. I'll pick it up tomorrow morning.

M: You go to Bedford Dry Cleaners, don't you? 66I'm thinking about switching to that one, as my current dry cleaner will shut down in June.

W: Well, Bedford's customer service is exceptional, and they even have monthly discounts. Ah . . . 67in May, they're providing 10 percent off work on all leather items.

M: That sounds great. Maybe I'll come with you tomorrow and drop off some of my button-down shirts.

65-67번은 다음 대화와 영수증에 관한 문제입니다.

M: Paula, 65당신의 드레스가 우리가 내일 저녁에 참석할 자선 기금 모금 행사를 위해 준비되었나요?

W: 그것은 몇 인치를 줄여야 했기 때문에, 아직 세탁소에 있어요. 저는 그것을 내일 아침에 찾아올 거예요.

M: 당신은 Bedford 세탁소에 다니죠, 그렇지 않나요? 66제가 현재 이용하는 세탁소가 6월에 문을 닫을 거라서, 저는 그곳으로 바꾸는 것에 대해 고려하고 있어요.

W: 음, Bedford의 고객 서비스는 뛰어나고, 그들은 심지어 월간 할인도 있어요. 아… 675월에, 그들은 모든 가죽 품목들에 관한 작업에 10퍼센트의 할인을 제공하고 있어요.

M: 좋네요. 어쩌면 제가 내일 당신과 함께 가서 단추 달린 제 셔츠 몇 벌을 맡길 수 있겠어요.

Bedford Dry Cleaners

Customer: Paula Steinman
Drop-off Date: May 22

Item	Service	Charge
Jean jacket	Add buttons	$5
Silk dress	Shorten	$15
Leather skirt	67Clean	$20
Silk shirt	Press	$10
Total Paid		$50

Bedford 세탁소

고객: Paula Steinman
맡긴 날짜: 5월 22일

품목	서비스	요금
데님 재킷	단추 달기	5달러
실크 드레스	줄이기	15달러
가죽 치마	67세탁하기	20달러
실크 셔츠	다림질하기	10달러
총 지불 금액		50달러

65 What event will the speakers attend tomorrow night?
(A) A grand opening sale
(B) A fashion show
(C) A fund-raising event
(D) A trade fair

65. 화자들은 내일 밤에 무슨 행사에 참석할 것인가?
(A) 개업 기념 특별 세일
(B) 패션쇼
(C) 기금 모금 행사
(D) 무역 박람회

66 Why does the man want to switch dry cleaners?
(A) A garment was damaged.
(B) A business is going to close.
(C) A promotion has expired.
(D) A location is more convenient.

66. 남자는 왜 세탁소를 바꾸고 싶어 하는가?
(A) 옷이 손상되었다.
(B) 업체가 문을 닫을 것이다.
(C) 판촉 행사가 끝났다.
(D) 장소가 더 가깝다.

67 Look at the graphic. Which service qualifies for a discount?
(A) Adding buttons
(B) Shortening
(C) Cleaning
(D) Pressing

67. 시각 자료를 보시오. 어느 서비스가 할인 대상으로 적합한가?
(A) 단추 달기
(B) 줄이기
(C) 세탁하기
(D) 다림질하기

지문 **charity** [tʃǽrəti] 자선 **fund-raiser** 기금 모금 행사 **shorten** [ʃɔ́ːrtn] 줄이다, 짧게 하다 **pick up** ~을 찾아오다 **switch** [switʃ] 바꾸다, 변경하다 **current** [미 kə́ːrənt, 영 kʌ́rənt] 현재의 **shut down** (가게의) 문을 닫다 **exceptional** [iksépʃənl] 뛰어난, 우수한 **leather** [léðər] 가죽 **drop off** 맡기다, 갖다주다

66 **garment** [gɑ́ːrmənt] 옷, 의복 **damaged** [dǽmidʒd] 손상된 **promotion** [prəmóuʃən] 판촉 행사 **expire** [ikspáiər] (기간이) 끝나다, 만료되다 **convenient** [kənvíːnjənt] 가까운, 접근이 편리한

67 **qualify for** ~의 대상으로 적합하다 **press** [pres] 다림질하다

65 ■ 세부 사항 관련 문제 특정 세부 사항

정답 (C)

화자들이 내일 밤에 참석할 행사를 묻는 문제이므로, 질문의 핵심어구(attend tomorrow night)와 관련된 내용을 주의 깊게 듣는다. 남자가 여자에게 "is your dress ready for the charity fund-raiser we're attending tomorrow evening?"이라며 여자의 드레스가 자신들이 내일 저녁에 참석할 자선기금 모금 행사를 위해 준비되었는지 물었다. 따라서 정답은 (C) A fund-raising event이다.

바꾸어 표현하기

charity fund-raiser 자선기금 모금 행사 → fund-raising event 기금 모금 행사

66 ■ 세부 사항 관련 문제 이유

정답 (B)

남자가 세탁소를 바꾸고 싶어 하는 이유를 묻는 문제이므로, 질문의 핵심어구(switch dry cleaners)와 관련된 내용을 주의 깊게 듣는다. 남자가 "I'm thinking about switching to that one[Bedford Dry Cleaners], as my current dry cleaner will shut down in June."이라며 자신이 현재 이용하는 세탁소가 6월에 문을 닫을 거라서 Bedford 세탁소로 바꾸는 것에 대해 고려하고 있다고 하였다. 따라서 정답은 (B) A business is going to close이다.

67 ■ 세부 사항 관련 문제 시각 자료

정답 (C)

할인 대상으로 적합한 서비스를 묻는 문제이므로, 제시된 영수증의 정보를 확인한 뒤 질문의 핵심어구(service qualifies for a discount)와 관련된 내용을 주의 깊게 듣는다. 여자가 "in May, they[Bedford Dry Cleaners]'re providing 10 percent off work on all leather items"라며 5월에 Bedford 세탁소는 모든 가죽 품목들에 관한 작업에 10퍼센트의 할인을 제공하고 있다고 하였으므로, 5월 22일에 맡긴 가죽 치마에 대한 세탁 서비스가 할인 대상으로 적합한 서비스임을 영수증에서 알 수 있다. 따라서 정답은 (C) Cleaning 이다.

Questions 68-70 refer to the following conversation and notice.

🎧 캐나다식 발음 → 영국식 발음

M: Welcome to the Hartford Public Library.

W: Hi. I'd like to borrow this book. I have my library card right here.

M: OK. And just to let you know, ⁶⁸we've increased the loan period. You can borrow books for up to three weeks now.

W: Great. Um, ⁶⁹I also want to check out some new books that were supposed to arrive on August 13, but they aren't on the shelves.

M: I know the two you're referring to. ⁶⁹The guidebook will be available on August 23. There's a typo on the notice. But the other one was damaged in transit, and the replacement won't arrive until September.

W: Hmm . . . ⁷⁰Can you recommend another book on that topic?

M: Sure. ⁷⁰I'll check our system for a similar title.

Hartford Public Library **New Books (August)**		
Field	**Title**	**Available from**
Language	*Beginner Japanese*	August 7
Home	*Storage and You*	August 7
History	⁶⁹*The History of London*	August 13
Travel	*A Guide to Marseilles*	August 13

68 According to the man, what has been changed?
(A) The process of returning a book
(B) The application for membership
(C) The duration of lending
(D) The policies for technology use

69 Look at the graphic. Which book will arrive in September?
(A) *Beginner Japanese*
(B) *Storage and You*
(C) *The History of London*
(D) *A Guide to Marseilles*

70 What will the man most likely do next?
(A) Update a library account
(B) Search for a publication
(C) Order a replacement book
(D) Speak with a supervisor

68-70번은 다음 대화와 안내문에 관한 문제입니다.

M: Hartford 공립 도서관에 오신 것을 환영합니다.

W: 안녕하세요. 저는 이 책을 대여하고 싶어요. 바로 여기 제 도서관 카드가 있어요.

M: 알겠습니다. 그리고 참고로 말씀드리자면, ⁶⁸저희는 대출 기한을 늘렸어요. 이제 당신은 3주까지 책을 빌리실 수 있어요.

W: 좋네요. 음, ⁶⁹저는 또한 8월 13일에 도착하기로 되어 있던 신간 도서 몇 권을 대출하고 싶은데, 그것들이 책꽂이에 없네요.

M: 당신이 말씀하시는 그 두 권을 알아요. ⁶⁹여행 안내서는 8월 23일에 이용하실 수 있을 거예요. 안내문에 오타가 있어요. 하지만 다른 한 권은 운송 중에 손상되었고, 교환품은 9월이 되어야 도착할 거예요.

W: 흠… ⁷⁰그 주제에 관한 다른 책을 추천해주실 수 있나요?

M: 물론이죠. ⁷⁰비슷한 제목을 저희 시스템에서 확인해볼게요.

Hartford 공립 도서관 신간 도서 (8월)		
분야	제목	이용 가능일
언어	*Beginner Japanese*	8월 7일
주거	*Storage and You*	8월 7일
역사	⁶⁹*The History of London*	8월 13일
여행	*A Guide to Marseilles*	8월 13일

68. 남자에 따르면, 무엇이 변경되었는가?
(A) 도서 반납 절차
(B) 멤버십 신청서
(C) 대출 기간
(D) 기술 사용 정책

69. 시각 자료를 보시오. 어느 책이 9월에 도착할 것인가?
(A) *Beginner Japanese*
(B) *Storage and You*
(C) *The History of London*
(D) *A Guide to Marseilles*

70. 남자는 다음에 무엇을 할 것 같은가?
(A) 도서관 계정을 갱신한다.
(B) 출판물을 검색한다.
(C) 교체 도서를 주문한다.
(D) 상사와 이야기한다.

지문 loan[loun] 대출 check out (책을) 대출하다 shelf[ʃelf] 책꽂이, 선반 refer to ~을 말하다, 언급하다 guidebook[gáidbùk] 여행 안내서 available[əvéiləbl] 이용할 수 있는 typo[táipou] 오타 in transit 운송 중에 replacement[ripléismənt] 교환품, 교체
70 search for ~을 검색하다, 찾아보다 publication[pʌ̀bləkéiʃən] 출판물

68 ■ 세부 사항 관련 문제 특정 세부 사항   정답 (C)

무엇이 변경되었는지를 묻는 문제이므로, 질문의 핵심어구(changed)와 관련된 내용을 주의 깊게 듣는다. 남자가 "we've increased the loan period"라며 대출 기한을 늘렸다고 한 뒤, "You can borrow books for up to three weeks now."라며 여자에게 이제 3주까지 책을 빌릴 수 있다고 하였다. 따라서 정답은 (C) The duration of lending이다.

69 ■ 세부 사항 관련 문제 시각 자료   정답 (C)

9월에 도착할 책을 묻는 문제이므로, 제시된 안내문의 정보를 확인한 뒤 질문의 핵심어구(book ~ arrive in September)와 관련된 내용을 주의 깊게 듣는다. 여자가 "I also want to check out some new books that were supposed to arrive on August 13"라며 8월 13일에 도착하기로 되어 있던 신간 도서 몇 권을 대출하고 싶다고 하자, 남자가 "The guidebook will be available on August 23. ~ the other one was damaged in transit, and the replacement won't arrive until September."라며 여행 안내서는 8월 23일에 이용할 수 있을 것이며, 다른 한 권은 운송 중에 손상되어 교환품이 9월이 되어야 도착할 거라고 하였으므로, 8월 13일부터 이용 가능하다고 되어 있는 책들 중에서 여행 안내서가 아닌 *The History of London*이 9월에 도착할 것임을 안내문에서 알 수 있다. 따라서 정답은 (C) *The History of London*이다.

70 ■ 세부 사항 관련 문제 다음에 할 일   정답 (B)

남자가 다음에 할 일을 묻는 문제이므로, 대화의 마지막 부분을 주의 깊게 듣는다. 여자가 "Can you recommend another book ~?"이라며 다른 책을 추천해줄 수 있는지 묻자, 남자가 "I'll check our system for a similar title."이라며 비슷한 제목을 시스템에서 확인해보겠다고 하였다. 따라서 정답은 (B) Search for a publication이다.

바꾸어 표현하기

check ~ system for a similar title 비슷한 제목을 시스템에서 확인하다 → Search for a publication 출판물을 검색하다

PART 4

Questions 71-73 refer to the following announcement.

🔊 영국식 발음

Attention, all Quickstone Corporation employees. ⁷¹Next week, from June 9 to 13, all staff members are encouraged to make donations of clothing, books, and toys. These will be given to the Victoria Community Center to be distributed to needy families. ⁷²Large plastic boxes will be placed in the lobby of our office building for workers to put items into. Four volunteers from our company are also needed to help deliver the containers to the center on Monday, June 16, at 5 P.M. ⁷³Those interested should call Marcy Dwyer in the human resources department at extension 700 before the end of the day. We look forward to great participation in this charitable effort on behalf of our organization.

71-73번은 다음 공지에 관한 문제입니다.

주목해주세요, Quickstone사 전 직원 여러분. ⁷¹다음 주에, 6월 9일부터 13일까지, 모든 직원들은 옷, 책, 그리고 장난감들을 기부하도록 권해집니다. 이것들은 어려운 가정들에 나누어지도록 Victoria 시민 문화 회관에 전달될 것입니다. ⁷²우리 사무실 건물 로비에 직원들이 물품들을 넣을 대형 플라스틱 상자들이 놓일 것입니다. 또한 6월 16일 월요일 오후 5시에, 통들을 회관으로 배달하는 것을 도울 우리 회사의 지원자 4명이 필요합니다. ⁷³관심이 있는 사람들은 인사부의 Marcy Dwyer에게 내선 번호 700번으로 오늘 중으로 전화해야 합니다. 우리 조직을 대표하여 이 자선 활동에 많은 참여가 있기를 기대합니다.

71 What can employees do next week?
(A) Sign up for a contest
(B) Donate some items
(C) Make various crafts
(D) Decorate a lobby

72 Why does the speaker need some volunteers?
(A) To give out some flyers
(B) To complete some administrative tasks
(C) To advertise an upcoming fundraiser
(D) To transport some contributions

73 What should some listeners do before the end of the day?
(A) Contact a coworker
(B) Pick up a product
(C) Participate in a workshop
(D) Request a deadline extension

71. 직원들은 다음 주에 무엇을 할 수 있는가?
(A) 경연에 등록한다.
(B) 물품을 기부한다.
(C) 다양한 공예품을 만든다.
(D) 로비를 장식한다.

72. 화자는 왜 자원봉사자들을 필요로 하는가?
(A) 전단지를 나누어주기 위해
(B) 행정 업무들을 완료하기 위해
(C) 다가오는 모금 행사를 선전하기 위해
(D) 기증물을 수송하기 위해

73. 일부 청자들은 오늘 중으로 무엇을 해야 하는가?
(A) 동료에게 연락한다.
(B) 제품을 찾아온다.
(C) 워크숍에 참석한다.
(D) 마감일 연장을 요청한다.

지문 distribute[distríbjuːt] 나누어 주다 needy[níːdi] (경제적으로) 어려운, 가난한 extension[iksténʃən] 내선 번호, 연장
look forward to ~을 기대하다 charitable[미 tʃǽritəbl, 영 tʃǽrətəbl] 자선의 on behalf of ~을 대표하여
71 donate[dóuneit] 기부하다 various[vɛ́əriəs] 다양한 craft[kræft] 공예품

71 ■ **세부 사항 관련 문제** 특정 세부 사항   정답 (B)

직원들이 다음 주에 할 수 있는 것을 묻는 문제이므로, 질문의 핵심어구(next week)가 언급된 주변을 주의 깊게 듣는다. "Next week ~ all staff members are encouraged to make donations of clothing, books, and toys."라며 다음 주에 모든 직원들은 옷, 책, 그리고 장난감들을 기부하도록 권해진다고 하였다. 따라서 정답은 (B) Donate some items이다.

바꾸어 표현하기
make donations of clothing, books, and toys 옷, 책, 그리고 장난감들을 기부하다 → Donate some items 물품을 기부하다

72 ■ **세부 사항 관련 문제** 이유   정답 (D)

화자가 자원봉사자들을 필요로 하는 이유를 묻는 문제이므로, 질문의 핵심어구(volunteers)가 언급된 주변을 주의 깊게 듣는다. "Large plastic boxes will be placed in the lobby of our office building for workers to put items into."라며 사무실 건물 로비에 직원들이 기부 물품을 넣을 대형 플라스틱 상자들이 놓일 것이라고 한 뒤, "Four volunteers from our company are also needed to help deliver the containers to the center on Monday, June 16"이라며 6월 16일 월요일에 그 통들을 회관으로 배달하는 것을 도울 회사의 지원자 4명이 필요하다고 하였다. 따라서 정답은 (D) To transport some contributions이다.

73 ■ **세부 사항 관련 문제** 특정 세부 사항   정답 (A)

일부 청자들이 오늘 중으로 해야 하는 것을 묻는 문제이므로, 질문의 핵심어구(before the end of the day)가 언급된 주변을 주의 깊게 듣는다. "Those interested should call Marcy Dwyer in the human resources department ~ before the end of the day."라며 관심이 있는 사람들은 인사부의 Marcy Dwyer에게 오늘 중으로 전화해야 한다고 하였다. 따라서 정답은 (A) Contact a coworker이다.

74 75 76

Questions 74-76 refer to the following telephone message.

캐나다식 발음

This message is for Amy Yang. My name is Floyd Lamar, and I'm an employee at the Center Street DVD Shop. [74]You rented *The Brothers O'Brien* five days ago, which makes it two days past due. Please return it as soon as possible. We will be closed from December 24 to 26 for the holidays, so [75]you should use the return bin near the entrance during that period. Of course, you will have to pay a late fee. [76]You currently owe $10, and this will increase by $5 per day until we receive the DVD. So, you should act quickly. If you have any questions, call 555-8039.

74-76번은 다음 전화 메시지에 관한 문제입니다.

이 메시지는 Amy Yang을 위한 것입니다. 제 이름은 Floyd Lamar이며, 저는 Center가 DVD 가게의 직원입니다. [74]귀하는 5일 전에 *The Brothers O'Brien*을 대여하셨으며, 이는 그것이 만기일에서 이틀이 지났다는 것입니다. 그것을 최대한 빠른 시일 내에 반납해주시기 바랍니다. 저희는 12월 24일부터 26일까지 연휴로 인해 문을 닫을 것이니, [75]그 기간 동안에는 입구 근처에 있는 반납함을 이용하셔야 합니다. 물론, 귀하는 연체료를 지불하셔야 할 것입니다. [76]귀하는 현재 10달러를 지불할 의무가 있으며, 이는 저희가 DVD를 받을 때까지 하루에 5달러씩 인상될 것입니다. 그러니, 서두르셔야 합니다. 질문이 있으시면, 555-8039로 전화해주세요.

74 What is the speaker mainly discussing?
(A) A damaged product
(B) An overdue rental
(C) A new return policy
(D) An online reservation

74. 화자는 주로 무엇에 관해 이야기하고 있는가?
(A) 파손된 제품
(B) 연체된 대여
(C) 새로운 반납 방침
(D) 온라인 예약

75 What does the speaker recommend the listener do on the holidays?
(A) Use the side entrance of a building
(B) Call an information hotline
(C) Place an item in a container
(D) Go to the shop in the morning

75. 화자는 청자에게 연휴에 무엇을 하라고 권하는가?
(A) 건물의 옆문을 이용한다.
(B) 안내 직통 전화로 전화한다.
(C) 물품을 통에 넣는다.
(D) 아침에 가게로 간다.

76 Why should the listener act quickly?
(A) A schedule has been changed.
(B) A complaint has been made.
(C) A service will be canceled.
(D) An amount will increase.

76. 청자는 왜 서둘러야 하는가?
(A) 일정이 변경되었다.
(B) 항의가 제기되었다.
(C) 서비스가 취소될 것이다.
(D) 금액이 인상될 것이다.

지문 period[píːəriəd] 기간 late fee 연체료 owe[ou] 지불할 의무가 있다, 빚지고 있다
74 damaged[dǽmidʒd] 파손된 overdue[òuvərdúː] 연체된, 기한이 지난 policy[páləsi] 방침, 정책 reservation[rèzərvéiʃən] 예약
75 hotline[hɑ́ːtlain] 직통 전화
76 amount[əmáunt] 금액, 총액

74 ■ 전체 지문 관련 문제 주제

정답 (B)

●●○○ 중

전화 메시지의 주제를 묻는 문제이므로, 지문의 초반을 반드시 듣는다. "You rented *The Brothers O'Brien* five days ago, which makes it two days past due."라며 청자가 5일 전에 *The Brothers O'Brien*을 대여했으며 이것은 만기일에서 이틀이 지난 것이라고 한 뒤, 연체된 대여와 관련된 내용을 언급하였다. 따라서 정답은 (B) An overdue rental이다.

75 ■ 세부 사항 관련 문제 제안

정답 (C)

●●○○ 중

화자가 청자에게 연휴에 하라고 제안하는 것을 묻는 문제이므로, 지문의 중후반에서 제안과 관련된 표현이 포함된 문장을 주의 깊게 듣는다. "you should use the return bin near the entrance during that period[holidays]"라며 연휴 동안에는 입구 근처에 있는 반납함을 이용해야 한다고 하였다. 따라서 정답은 (C) Place an item in a container이다.

76 ■ 세부 사항 관련 문제 이유

정답 (D)

●○○○ 하

청자가 서둘러야 하는 이유를 묻는 문제이므로, 질문의 핵심어구(act quickly)가 언급된 주변을 주의 깊게 듣는다. "You currently owe $10, and this will increase by $5 per day until we receive the DVD. So, you should act quickly."라며 청자는 현재 10달러를 지불할 의무가 있으며, 이는 자신들이 DVD를 받을 때까지 하루에 5달러씩 인상될 것이니 서둘러야 한다고 하였다. 따라서 정답은 (D) An amount will increase이다.

Questions 77-79 refer to the following introduction.

③» 호주식 발음

Could I have your attention, please? This is Sally Greenly. As I mentioned last week, [77]I've hired Ms. Greenly to take headshots of everyone at our consultancy. [78]These will be included with the bios of our staff members on the Web site we are currently designing. Um, [78]it should be accessible to the public early next month and will hopefully attract more clients for our company. Anyway, [79]Ms. Greenly needs an empty room to set up her equipment, and there are no tables in the conference room at the moment. Once she is ready, she will call you in one by one. It should only take a few minutes of your time.

77-79번은 다음 소개에 관한 문제입니다.

집중해 주실 수 있으신가요? 이분은 Sally Greenly입니다. 지난주에 말씀드렸듯이, [77]저는 Ms. Greenly를 저희 컨설팅 회사 내 모든 사람들의 얼굴 사진을 찍도록 고용했습니다. [78]이것들은 우리가 현재 디자인하고 있는 웹사이트에 있는 우리 직원들의 약력과 함께 포함될 것입니다. 음, [78]그것은 다음 달 초에 대중이 이용할 수 있게 될 것이며, 바라건대 우리 회사에 더 많은 고객을 끌어들일 수 있을 것입니다. 어쨌든, [79]Ms. Greenly는 그녀의 장비를 설치하기 위해 빈방이 필요한데, **현재 회의실에는 테이블이 없습니다.** 그녀가 준비되면, 여러분을 한 명씩 부를 것입니다. 몇 분만 시간을 내주시면 됩니다.

77 Who most likely is Sally Greenly?
(A) A web designer
(B) A photographer
(C) A consultant
(D) A technician

77. Sally Greenly는 누구일 것 같은가?
(A) 웹 디자이너
(B) 사진사
(C) 컨설턴트
(D) 기술자

78 According to the speaker, what will happen next month?
(A) A Web site will be launched.
(B) A conference will be held.
(C) An office will be renovated.
(D) A company will evaluate employees.

78. 화자의 말에 따르면, 다음 달에 무슨 일이 일어날 것인가?
(A) 웹사이트가 개설될 것이다.
(B) 컨퍼런스가 개최될 것이다.
(C) 사무실이 개조될 것이다.
(D) 회사가 직원들을 평가할 것이다.

79 What does the speaker mean when he says, "there are no tables in the conference room at the moment"?
(A) Some equipment is missing.
(B) A task has been completed.
(C) Some furniture is needed.
(D) A space is available.

79. 화자는 "현재 회의실에는 테이블이 없습니다"라고 말할 때 무엇을 의도하는가?
(A) 비품이 사라졌다.
(B) 업무가 완료되었다.
(C) 가구가 필요하다.
(D) 공간이 이용 가능하다.

지문 attention [əténʃən] 집중, 주의 headshot [미 hédʃɑːt, 영 hédʃɔt] 얼굴 사진 bio [báiou] 약력, 인물 소개 call in ~를 부르다
78 launch [lɔːntʃ] 개설하다, 출시하다 renovate [rénəveit] 개조하다

77 ■ 세부 사항 관련 문제 특정 세부 사항   정답 (B)

화자의 신분을 묻는 문제이므로, 질문 대상(Sally Greenly)의 신분 및 직업과 관련된 표현을 놓치지 않고 듣는다. 화자가 "I've hired Ms. Greenly to take headshots of everyone at our consultancy."라며 자신이 Ms. Greenly를 컨설팅 회사 내 모든 사람들의 얼굴 사진을 찍도록 고용했다고 한 것을 통해, Sally Greenly가 사진사인 것을 알 수 있다. 따라서 정답은 (B) A photographer이다.

78 ■ 세부 사항 관련 문제 다음에 할 일   정답 (A)

다음 달에 일어날 일을 묻는 문제이므로, 질문의 핵심어구(next month)와 관련된 내용을 주의 깊게 듣는다. "These[headshots] will be included with the bios of our staff members on the Web site we are currently designing."이라며 얼굴 사진들이 현재 디자인하고 있는 웹사이트에 있는 직원들의 약력과 함께 포함될 것이라고 한 뒤, "it should be accessible to the public early next month"라며 그것, 즉 현재 디자인하고 있는 웹사이트가 다음 달 초에 대중이 이용할 수 있게 될 것이라고 하였다. 이를 통해 다음 달에 웹사이트가 개설될 것임을 알 수 있다. 따라서 정답은 (A) A Web site will be launched이다.

79 ■ 세부 사항 관련 문제 의도 파악   정답 (D)

화자가 하는 말의 의도를 묻는 문제이므로, 질문의 인용어구(there are no tables in the conference room at the moment)가 언급된 주변을 주의 깊게 듣는다. 화자가 "Ms. Greenly needs an empty room to set up her equipment"라며 Ms. Greenly가 그녀의 장비를 설치하기 위해 빈방이 필요하다고 한 뒤, "there are no tables in the conference room at the moment"라며 현재 회의실에 테이블이 없다고 하였다. 이를 통해 회의실의 공간이 이용 가능함을 알 수 있다. 따라서 정답은 (D) A space is available이다.

Questions 80-82 refer to the following broadcast.

🎧 미국식 발음

In tonight's *Around Town* segment, we're going to look at a recently completed construction project here in San Bernardino. ⁸⁰Burke Industries opened its City Springs Mall yesterday. This 200,000 square meter facility contains more than 275 stores and restaurants. It is expected to generate annual sales of approximately $20,000 per square meter. Of course, ⁸¹the city government will collect more taxes as a result. The mall will also create at least 5,000 new jobs, which is important because ⁸²high unemployment has been a problem in the area since Analytic Systems moved its factory abroad last year. We will now take a short commercial break. When we return, a representative from Burke Industries will join us to answer some questions.

80 What happened yesterday?
   (A) A retail facility began operations.
   (B) A construction site was chosen.
   (C) An economic report was released.
   (D) A company merger took place.

81 What does the speaker say about the city government?
   (A) It will request repayment of a debt.
   (B) It will receive additional revenue.
   (C) It will take control of a property.
   (D) It will manage a renovation project.

82 What is mentioned about Analytic Systems?
   (A) It will increase its payroll taxes.
   (B) It will purchase another factory.
   (C) Its relocation caused many job losses.
   (D) Its closure was due to financial problems.

80-82번은 다음 방송에 관한 문제입니다.

오늘 밤 *Around Town* 프로에서, 우리는 최근에 여기 샌버너디노에서 완료된 건설 프로젝트를 살펴볼 것입니다. ⁸⁰Burke사는 어제 City Springs 쇼핑몰을 개장했습니다. 이 20만 제곱미터의 시설은 275개 이상의 상점과 식당들을 포함합니다. 이것은 1제곱미터당 약 2만 달러의 연간 매출을 생산할 것으로 기대됩니다. 물론, ⁸¹그 결과 시 정부는 더 많은 세금을 모을 것입니다. 또한 쇼핑몰은 적어도 5천 개의 새로운 일자리를 만들 것인데, 이는 ⁸²Analytic Systems가 작년에 공장을 해외로 이전한 이래로 높은 실업률이 이 지역에서 문제가 되어왔기 때문에 중요합니다. 우리는 이제 짧은 광고 시간을 가지겠습니다. 돌아오면, 몇몇 질문들에 답변하기 위해 Burke사의 대표가 우리와 함께할 것입니다.

80. 어제 무슨 일이 일어났는가?
   (A) 소매 상업 시설이 영업을 시작했다.
   (B) 건축 부지가 선정되었다.
   (C) 경제 보도가 발표되었다.
   (D) 회사 합병이 이루어졌다.

81. 화자는 시 정부에 관해 무엇을 말하는가?
   (A) 부채 상환을 요청할 것이다.
   (B) 추가 세입을 얻을 것이다.
   (C) 건물을 통제할 것이다.
   (D) 개조 프로젝트를 관리할 것이다.

82. Analytic Systems에 관해 무엇이 언급되는가?
   (A) 임금세를 인상할 것이다.
   (B) 다른 공장을 매입할 것이다.
   (C) 그것의 이전이 많은 실직을 야기했다.
   (D) 그것의 폐쇄는 재정적인 문제로 인한 것이었다.

지문 **segment**[ségmənt] (텔레비전 방송 등의) 한 프로, 한 구분 **construction**[kənstrʌ́kʃən] 건설, 건축 **square meter** 제곱미터
generate[dʒénəreit] 생산하다 **annual**[ǽnjuəl] 연간의 **approximately**[əprɑ́ksəmətli] 대략 **tax**[tæks] 세금
unemployment[ʌ̀nimplɔ́imənt] 실업률 **abroad**[əbrɔ́ːd] 해외로 **commercial**[kəmɔ́ːrʃəl] 광고 **representative**[rèprizéntətiv] 대표

80 **operation**[ɑ̀pəréiʃən] 영업, 운영

81 **repayment**[ripéimənt] 상환 **debt**[det] 부채, 빚 **revenue**[révənjuː] 세입, 수입 **take control of** ~을 통제하다
property[prɑ́pərti] 건물, 소유물, 부동산

82 **payroll tax** 임금세 **closure**[klóuʒər] 폐쇄

80 ■ **세부 사항 관련 문제** 특정 세부 사항   정답 (A)

어제 일어난 일을 묻는 문제이므로, 질문의 핵심어구(yesterday)가 언급된 주변을 주의 깊게 듣는다. "Burke Industries opened its City Springs Mall yesterday."라며 Burke사가 어제 City Springs 쇼핑몰을 개장했다고 하였다. 따라서 정답은 (A) A retail facility began operations이다.

81 ■ **세부 사항 관련 문제** 언급   정답 (B)

화자가 시 정부에 관해 언급하는 것을 묻는 문제이므로, 질문의 핵심어구(city government)가 언급된 주변을 주의 깊게 듣는다. "the city government will collect more taxes as a result"라며 그 결과 시 정부는 더 많은 세금을 모을 것이라고 하였다. 따라서 정답은 (B) It will receive additional revenue이다.

82 ■ **세부 사항 관련 문제** 언급   정답 (C)

Analytic Systems에 관해 언급되는 것을 묻는 문제이므로, 질문의 핵심어구(Analytic Systems)가 언급된 주변을 주의 깊게 듣는다. "high unemployment has been a problem in the area since Analytic Systems moved its factory abroad last year"라며 Analytic Systems가 작년에 공장을 해외로 이전한 이래로 높은 실업률이 이 지역에서 문제가 되어왔다고 하였다. 이를 통해 Analytic Systems의 이전이 많은 실직을 야기했음을 알 수 있다. 따라서 정답은 (C) Its relocation caused many job losses이다.

Questions 83-85 refer to the following excerpt from a meeting.

[음성] 호주식 발음

[83]I've called you all here to this meeting to let you know that a position will soon be vacated at our firm. Marcos Gomez will be retiring in May, leaving the role of factory supervisor open. Upon informing us of his decision, [84]Mr. Gomez said that it would be better to promote his replacement than to fill the position with an outside candidate. We do have many competent employees at our company. Therefore, [85]I encourage all of you to turn in an application form for this position by April 29. It's only as a last resort that I'll recruit someone from another company.

83-85번은 다음 회의 발췌록에 관한 문제입니다.

[83]여러분께 곧 우리 회사에서 한 직책이 비워지게 될 것임을 알려 드리기 위해 이 회의에 여러분을 불렀습니다. Marcos Gomez는 5월에 은퇴할 것이며, 이는 공장 감독관 직무를 공석으로 남길 것입니다. 우리에게 그의 결정 사항을 알리며, [84]Mr. Gomez는 그 자리를 외부 후보자로 채우는 것보다 후임자를 승진시키는 것이 더 나을 것이라고 말했습니다. 우리 회사에는 유능한 직원들이 많죠. 따라서, [85]4월 29일까지 모두가 이 직위에 대한 지원서를 제출할 것을 권장 드립니다. 제가 다른 회사로부터 누군가를 모집하는 것은 최후의 수단일 뿐입니다.

83 What is the passage mainly about?
(A) A negotiation process
(B) A retirement party
(C) A training opportunity
(D) A job vacancy

83. 지문은 주로 무엇에 관한 것인가?
(A) 협상 과정
(B) 은퇴 파티
(C) 연수 기회
(D) 공석 직책

84 Why does the speaker say, "We do have many competent employees at our company"?
(A) To express agreement
(B) To explain a change
(C) To reject a request
(D) To show gratitude

84. 화자는 왜 "우리 회사에는 유능한 직원들이 많죠"라고 말하는가?
(A) 동의를 표현하기 위해
(B) 변화를 설명하기 위해
(C) 요청을 거부하기 위해
(D) 고마움을 나타내기 위해

85 What are listeners encouraged to do?
(A) Participate in a questionnaire
(B) Talk to a regional manager
(C) Submit a document
(D) Contact a partner company

85. 청자들은 무엇을 하도록 권장되는가?
(A) 설문 조사에 참여한다.
(B) 지역 관리자와 대화한다.
(C) 문서를 제출한다.
(D) 협력사에 연락한다.

지문 vacate[véikeit] 비우다 replacement[ripléismənt] 후임자, 교체, 대체 competent[미 ká:mpitənt, 영 kɔ́mpitənt] 유능한, 능력 있는 turn in 제출하다 last resort 최후의 수단
83 negotiation[미 nigòuʃiéiʃən, 영 nigəuʃiéiʃən] 협상
84 gratitude[미 grǽtitu:d, 영 grǽtətju:d] 고마움, 감사
85 questionnaire[미 kwèstʃənér, 영 kwèstʃənéə] 설문 조사 regional[rí:dʒənl] 지역의, 지방의

---

83 ■ 전체 지문 관련 문제 주제 · · · 상 　　　　　　　　　　　　　　　　　정답 (D)

지문의 주제를 묻는 문제이므로, 지문의 초반을 반드시 듣는다. "I've called you all here to this meeting to let you know that a position will soon be vacated at our firm."이라며 곧 회사에서 한 직책이 비워지게 될 것임을 알리기 위해 회의에 직원들을 불렀다고 하였다. 따라서 정답은 (D) A job vacancy이다.

84 ■ 세부 사항 관련 문제 의도 파악 · · · 상 　　　　　　　　　　　　　　　　　정답 (A)

화자가 하는 말의 의도를 묻는 문제이므로, 질문의 인용어구(We do have many competent employees at our company)가 언급된 주변을 주의 깊게 듣는다. "Mr. Gomez said that it would be better to promote his replacement than to fill the position with an outside candidate"라며 Mr. Gomez가 외부 후보자로 자리를 채우는 것보다 후임자를 승진시키는 것이 더 나을 것이라고 말했다고 한 뒤, "We do have many component employees at our company."라며 회사에 유능한 직원들이 많다고 하였다. 이를 통해 화자가 Mr. Gomez의 의견에 동의를 표현하려는 의도임을 알 수 있다. 따라서 정답은 (A) To express agreement이다.

85 ■ 세부 사항 관련 문제 특정 세부 사항 · · · 상 　　　　　　　　　　　　　　　　　정답 (C)

청자들이 무엇을 하도록 권장되는지를 묻는 문제이므로, 질문의 핵심어구(encouraged)와 관련된 내용을 놓치지 않고 듣는다. "I encourage all of you to turn in an application form for this[factory supervisor] position by April 29."라며 4월 29일까지 모두가 공장 감독관 직위에 대한 지원서를 제출할 것을 권장한다고 했으므로, 정답은 (C) Submit a document이다.

Questions 86-88 refer to the following announcement.

🔊 영국식 발음

Welcome to the Museum of Science. ⁸⁶We are pleased to announce that an audio tour is now available. To use this service, request a media player and headphones at the main information booth. ⁸⁷As you move through the museum, sensors on the device will detect nearby exhibits, causing the appropriate recorded messages to be played. Please note that temporary exhibitions are not covered by the tour, including the one on the history of photography that runs until October 25. ⁸⁸If you would like more information about this exhibition, simply pick up a brochure from the rack next to the main entrance. It includes detailed descriptions of the items on display. Thank you.

86 What is the purpose of the announcement?
(A) To promote a product
(B) To announce a regulation
(C) To describe an event
(D) To introduce a service

87 What does the speaker mention about the device?
(A) It can be used in many museums.
(B) It plays content automatically.
(C) It must be reserved in advance.
(D) It has several language settings.

88 According to the speaker, how can listeners get information about a temporary exhibition?
(A) By speaking to an employee
(B) By visiting a booth
(C) By joining a group
(D) By reading a pamphlet

86-88번은 다음 공지에 관한 문제입니다.

과학박물관에 오신 것을 환영합니다. ⁸⁶저희는 이제 오디오 투어가 이용 가능하다는 것을 알리게 되어 기쁩니다. 이 서비스를 이용하시려면, 주 안내 부스에서 미디어 재생기와 헤드폰을 요청하십시오. ⁸⁷여러분이 박물관을 이동하는 대로, 기기의 감지기가 가까이에 있는 전시품을 감지해서, 적절한 녹음 메시지가 재생되도록 할 것입니다. 10월 25일까지 운영되는 사진 촬영의 역사에 관한 것을 포함한, 임시 전시들은 투어에서 다루어지지 않는다는 것에 유의하시기 바랍니다. ⁸⁸만약 이 전시에 관한 더 많은 정보를 원하신다면, 그저 정문 옆에 있는 선반에서 책자를 가져가십시오. 그것은 전시된 물품들의 자세한 설명을 포함합니다. 감사합니다.

86. 공지의 목적은 무엇인가?
(A) 제품을 홍보하기 위해
(B) 규정을 알리기 위해
(C) 행사를 설명하기 위해
(D) 서비스를 소개하기 위해

87. 화자는 기기에 관해 무엇을 언급하는가?
(A) 많은 박물관들에서 이용될 수 있다.
(B) 내용을 자동으로 재생한다.
(C) 미리 예약되어야 한다.
(D) 여러 언어 설정들을 가지고 있다.

88. 화자에 따르면, 청자들은 어떻게 임시 전시에 관한 정보를 얻을 수 있는가?
(A) 직원에게 이야기함으로써
(B) 부스를 방문함으로써
(C) 단체에 가입함으로써
(D) 소책자를 읽음으로써

지문 available[əvéiləbl] 이용 가능한 sensor[미 sénsər, 영 sénsə] 감지기 detect[ditékt] 감지하다, 알아내다 exhibit[igzíbit] 전시품 appropriate[미 əpróupriət, 영 əprə́upriət] 적절한 brochure[미 brouʃúər, 영 brə́uʃə] 책자 rack[ræk] 선반 description[diskrípʃən] 설명
87 automatically[ɔ̀:təmǽtikəli] 자동으로 in advance 미리

86 ■ 전체 지문 관련 문제 목적 정답 (D)
공지의 목적을 묻는 문제이므로, 지문의 초반을 반드시 듣는다. "We are pleased to announce that an audio tour is now available. To use this service, request a media player and headphones"라며 이제 오디오 투어가 이용 가능하다는 것을 알리게 되어 기쁘다며, 이 서비스를 이용하려면 미디어 재생기와 헤드폰을 요청하라고 한 뒤, 지문 전반에 걸쳐 오디오 투어 서비스를 소개하고 있다. 따라서 정답은 (D) To introduce a service이다.

87 ■ 세부 사항 관련 문제 언급 정답 (B)
화자가 기기에 관해 언급하는 것을 묻는 문제이므로, 질문의 핵심어구(device)가 언급된 주변을 주의 깊게 듣는다. "As you move through the museum, sensors on the device will detect nearby exhibits, causing the appropriate recorded messages to be played."라며 청자들이 박물관을 이동하는 대로, 기기의 감지기가 가까이에 있는 전시품을 감지해서 적절한 녹음 메시지가 재생되도록 할 것이라고 하였다. 이를 통해 기기가 내용을 자동으로 재생한다는 것을 알 수 있다. 따라서 정답은 (B) It plays content automatically이다.

88 ■ 세부 사항 관련 문제 방법 정답 (D)
청자들이 임시 전시에 관한 정보를 얻을 수 있는 방법을 묻는 문제이므로, 질문의 핵심어구(get information about a temporary exhibition)와 관련된 내용을 주의 깊게 듣는다. "If you would like more information about this exhibition[temporary exhibition], simply pick up a brochure from the rack next to the main entrance."라며 만약 임시 전시에 관한 더 많은 정보를 원한다면 정문 옆에 있는 선반에서 책자를 가져가라고 하였다. 따라서 정답은 (D) By reading a pamphlet이다.

Questions 89-91 refer to the following advertisement.

[3*] 미국식 발음

89~91번은 다음 광고에 관한 문제입니다.

⁸⁹Internet access should be affordable for everyone. That's why Emerson Digital is offering a special package for people living in Creston. For just $14.99 per month, you'll enjoy upload and download speeds comparable to those of more expensive packages offered by other companies. And you can try it at no risk. ⁹⁰If you are a resident of the region, you qualify for a free, one-week evaluation period. ⁹¹Just visit our office at 1432 Pine Street to register today. Be advised that you will have to show an identification card that includes your current address to sign up. Don't miss out on this great offer!

⁸⁹인터넷 접속은 모두에게 알맞은 가격이어야 합니다. 그것이 Emerson Digital사가 크레스턴에 거주하는 분들께 특별한 패키지를 제공하는 이유입니다. 한 달에 단 14.99달러로, 귀하는 다른 회사들에서 제공되는 더 비싼 패키지들의 속도와 비슷한 업로드와 다운로드 속도를 즐기실 것입니다. 게다가 귀하는 손해를 입을 우려 없이 이것을 사용해보실 수 있습니다. ⁹⁰만약 귀하가 지역 주민이시라면, 1주 무료 평가 기간의 자격을 얻으십니다. ⁹¹오늘 등록하시려면 Pine가 1432번지에 있는 저희 사무실에 그저 방문하세요. 등록을 하기 위해서는 귀하의 현재 주소를 포함하는 신분증을 제시하셔야 할 것임을 알고 계십시오. 이 좋은 제안을 놓치지 마세요!

89 What is being advertised?
(A) A television package
(B) An insurance policy
(C) An Internet service
(D) An electronic device

90 What do residents qualify for?
(A) A gift certificate
(B) A software upgrade
(C) A discounted rate
(D) A complimentary trial

91 What should listeners bring to the office?
(A) A copy of a receipt
(B) A credit card
(C) A registration form
(D) A piece of identification

89. 무엇이 광고되고 있는가?
(A) 텔레비전 패키지
(B) 보험 증권
(C) 인터넷 서비스
(D) 전자 기기

90. 주민들은 무엇의 자격을 얻는가?
(A) 상품권
(B) 소프트웨어 업그레이드
(C) 할인된 요금
(D) 무료 시용

91. 청자들은 사무실에 무엇을 가져가야 하는가?
(A) 영수증 사본
(B) 신용 카드
(C) 신청서
(D) 신분증

지문 affordable[əfɔ́:rdəbl] (가격이) 알맞은 comparable[kámpərəbl] 비슷한 risk[risk] 손해를 입을 우려, 위험 요소 resident[rézədnt] 주민
region[rí:dʒən] 지역 qualify[kwáləfai] 자격을 얻다 evaluation[ivæljuéiʃən] 평가 period[pí:əriəd] 기간 register[rédʒistər] 등록하다
advise[ædváiz] 알리다 identification card 신분증 miss out on ~을 놓치다

89 insurance policy 보험 증권 electronic[ilektránik] 전자의
90 gift certificate 상품권 rate[reit] 요금 complimentary[kàmpləméntəri] 무료의 trial[tráiəl] 시용
91 receipt[risí:t] 영수증

89 ■ 전체 지문 관련 문제 주제   정답 (C)

○○○○○
●
하
광고의 주제를 묻는 문제이므로, 지문의 초반을 반드시 듣는다. "Internet access should be affordable for everyone. That's why Emerson Digital is offering a special package"라며 인터넷 접속은 모두에게 알맞은 가격이어야 한다고 한 뒤, 그것이 Emerson Digital사가 특별한 패키지를 제공하는 이유라고 하였다. 이를 통해 인터넷 서비스가 광고되고 있음을 알 수 있다. 따라서 정답은 (C) An Internet service이다.

90 ■ 세부 사항 관련 문제 특정 세부 사항   정답 (D)

○○○○○
●
●
상
주민들이 자격을 얻는 것을 묻는 문제이므로, 질문의 핵심어구(residents qualify for)와 관련된 내용을 주의 깊게 듣는다. "If you are a resident of the region, you qualify for a free, one-week evaluation period."라며 만약 지역 주민이라면 1주 무료 평가 기간의 자격을 얻는다고 하였다. 따라서 정답은 (D) A complimentary trial이다.

바꾸어 표현하기
free ~ evaluation period 무료 평가 기간 → complimentary trial 무료 시용

91 ■ 세부 사항 관련 문제 특정 세부 사항   정답 (D)

○○○○○
●
하
청자들이 사무실에 가져가야 하는 것을 묻는 문제이므로, 질문의 핵심어구(bring to the office)와 관련된 내용을 주의 깊게 듣는다. "Just visit our office ~ to register today. Be advised that you will have to show an identification card ~ to sign up."이라며 오늘 등록하려면 사무실에 그저 방문하라고 한 뒤, 등록을 하기 위해서는 신분증을 제시해야 할 것임을 알고 있으라고 하였다. 이를 통해 사무실에 신분증을 가져가야 함을 알 수 있다. 따라서 정답은 (D) A piece of identification이다.

Questions 92-94 refer to the following radio broadcast.

🎧 영국식 발음

This is Brett Keller for WZEB Hampton Radio. And ⁹²now for a traffic update. Unfortunately, the bridge on Jefferson Avenue is still under construction. ⁹³Crews had been working overtime to finish the project before the holiday weekend, but heavy rains fell last week. Drivers who normally use this bridge should take the one on Oak Street instead. It will only change your route slightly, and you will be able to avoid delays. ⁹⁴Up next, Jan Carlson, who runs Hampton Construction, will give us a few more details about this project.

92. What is the broadcast mainly about?
(A) A construction project
(B) A roadway accident
(C) A holiday festival
(D) A weather forecast

93. What does the speaker mean when she says, "heavy rains fell last week"?
(A) A deadline was not met.
(B) An event was not held.
(C) Some procedures were not followed.
(D) Some workers had to work overtime.

94. Who will the listeners hear from next?
(A) A professional driver
(B) A crew member
(C) A business owner
(D) A government official

92-94번은 다음 라디오 방송에 관한 문제입니다.

저는 WZEB Hampton 라디오의 Brett Keller입니다. 그리고 ⁹²이제 교통 정보입니다. 유감스럽게도, Jefferson 거리의 다리는 아직 공사 중입니다. ⁹³직원들은 주말 연휴 전에 그 프로젝트를 완료하기 위해 초과 근무를 해왔지만, 지난주에 폭우가 내렸습니다. 이 다리를 주로 이용하는 운전자분들은 Oak가에 있는 다리를 대신 이용하셔야 합니다. 그것은 여러분의 경로를 약간 변경하기만 할 것이고, 지연을 피하실 수 있을 겁니다. ⁹⁴다음으로, Hampton 건설사를 운영하는 Jan Carlson이 이 프로젝트에 대해 몇 가지 더 자세한 내용을 알려줄 것입니다.

92. 방송은 주로 무엇에 관한 것인가?
(A) 건설 프로젝트
(B) 도로 사고
(C) 명절 축제
(D) 일기예보

93. 화자가 "지난주에 폭우가 내렸습니다"라고 말할 때 무엇을 의도하는가?
(A) 기한이 지켜지지 못했다.
(B) 행사가 열리지 않았다.
(C) 일부 절차가 지켜지지 않았다.
(D) 몇몇 작업자들이 초과 근무를 해야 했다.

94. 청취자들은 다음에 누구의 말을 듣게 될 것인가?
(A) 전문 운전자
(B) 팀의 일원
(C) 경영주
(D) 정부 관리

지문 **work overtime** 초과 근무를 하다 **slightly**[sláitli] 약간 **run**[rʌn] 관리하다, 운영하다

92 **forecast**[미 fɔ́ːrkæst, 영 fɔ́ːkɑːst] 예보

92 ■ **전체 지문 관련 문제** 주제
정답 (A)
방송의 주제를 묻는 문제이므로, 지문의 초반을 반드시 듣는다. "now for a traffic update. Unfortunately, the bridge on Jefferson Avenue is still under construction."이라며 교통 정보로 유감스럽게도 Jefferson 거리의 다리는 아직 공사 중이라고 하였다. 따라서 정답은 (A) A construction project이다.

93 ■ **세부 사항 관련 문제** 의도 파악
정답 (A)
화자가 하는 말의 의도를 묻는 문제이므로, 질문의 인용어구(heavy rains fell last week)가 언급된 주변을 주의 깊게 듣는다. "Crews had been working overtime to finish the project before the holiday weekend, but heavy rains fell last week."라며 직원들이 주말 연휴 전에 그 프로젝트를 완료하기 위해 초과 근무를 해왔지만, 지난주에 폭우가 내렸다고 한 것을 통해 기한이 지켜지지 못했음을 알 수 있다. 따라서 정답은 (A) A deadline was not met이다.

94 ■ **세부 사항 관련 문제** 특정 세부 사항
정답 (C)
청취자들이 다음에 누구의 말을 듣게 될 것인지를 묻는 문제이므로, 질문의 핵심어구(listeners hear from next)와 관련된 내용을 놓치지 않고 듣는다. "Up next, Jan Carlson, who runs Hampton Construction, will give us a few more details about this project."라며 다음으로 Hampton 건설사를 운영하는 Jan Carlson이 이 프로젝트에 대해 몇 가지 더 자세한 내용을 알려줄 것이라고 하였다. 이를 통해 청취자들이 다음에 건설사 경영주의 말을 듣게 될 것이라는 것을 알 수 있다. 따라서 정답은 (C) A business owner 이다.

Questions 95-97 refer to the following telephone message and sign.

🔊 미국식 발음

Hello, Mr. Peters. It's Caley Francis from the Baldwin Performing Arts Center. ⁹⁵I wanted to let you know that you have won two free tickets for the ballet *Bold Winter*. If you are not interested in seeing this performance, call me back immediately at 555-0939. ⁹⁶I'll switch these tickets with those for another production. To claim your prize, ⁹⁷you need to visit our administration office at 1201 Harbor Street . . . um, one block away from our main building on Field Street. Parking is limited, so I recommend that you take public transportation. The office is within walking distance of the Oakridge Subway Station.

Oakridge Subway Station		
	⁹⁷Exit 10 Harbor Street	Exit 11 Field Street	
	Exit 12 Bridge Street	Exit 13 Oak Street	

95-97번은 다음 전화 메시지와 표지판에 관한 문제입니다.

안녕하세요, Mr. Peters. Baldwin 공연 예술 센터의 Caley Francis입니다. ⁹⁵저는 귀하께서 발레 공연 *Bold Winter*의 무료 표 두 장을 타셨다는 것을 알려드리고 싶었습니다. 만약 이 공연을 보는 것에 관심이 없으시다면, 제게 555-0939로 바로 다시 전화해주세요. ⁹⁶제가 이 표들을 다른 작품의 것들로 바꿔드리겠습니다. 귀하의 상품을 얻으시려면, ⁹⁷Harbor가 1201번지에 있는 저희 행정 사무실에 방문하셔야 합니다… 음, Field가에 있는 저희 본관에서 한 블록 떨어진 곳입니다. 주차 공간이 한정되어 있으니, 저는 귀하께서 대중교통을 이용하시는 것을 권해드립니다. 사무실은 Oakridge 지하철역에서 걸어갈 수 있는 거리 내에 있습니다.

Oakridge 지하철역		
	⁹⁷10번 출구 Harbor가	11번 출구 Field가	
	12번 출구 Bridge가	13번 출구 Oak가	

95 Why is the speaker calling?
(A) To announce an art gallery opening
(B) To explain a membership program
(C) To notify a prize winner
(D) To request an outstanding payment

96 What does the speaker offer to do?
(A) Exchange some tickets
(B) Cancel a fee
(C) Provide a refund
(D) Reserve some seats

97 Look at the graphic. Which exit is closest to the administration office?
(A) Exit 10
(B) Exit 11
(C) Exit 12
(D) Exit 13

95. 화자는 왜 전화를 하고 있는가?
(A) 미술관 개관을 알리기 위해
(B) 멤버십 프로그램을 설명하기 위해
(C) 상품 당첨자에게 통지하기 위해
(D) 미지불된 금액을 요청하기 위해

96. 화자는 무엇을 해주겠다고 제안하는가?
(A) 표들을 교환한다.
(B) 요금을 취소한다.
(C) 환불을 제공한다.
(D) 좌석들을 예약한다.

97. 시각 자료를 보시오. 어느 출구가 행정 사무실에서 가장 가까운가?
(A) 10번 출구
(B) 11번 출구
(C) 12번 출구
(D) 13번 출구

지문 production[prədʌ́kʃən] (문학·예술 등의) 작품 claim[kleim] 얻다, 주장하다 administration[ədmìnistréiʃən] 행정
limited[límitid] 한정된, 제한된 public transportation 대중교통
95 outstanding[autstǽndiŋ] 미지불된, 뛰어난 payment[péimənt] (지불) 금액

95 ■ 전체 지문 관련 문제 목적

정답 (C)

전화의 목적을 묻는 문제이므로, 지문의 초반을 반드시 듣는다. "I wanted to let you know that you have won two free tickets for the ballet ~."라며 청자가 발레 공연의 무료 표 두 장을 탔다는 것을 알려주고 싶었다고 하였다. 따라서 정답은 (C) To notify a prize winner이다.

96 ■ 세부 사항 관련 문제 제안

정답 (A)

화자가 해주겠다고 제안하는 것을 묻는 문제이므로, 지문의 중후반에서 화자가 청자를 위해 해주겠다고 언급한 내용을 주의 깊게 듣는다. "I'll switch these tickets[free tickets] with those for another production."이라며 무료 표들을 다른 작품의 것들로 바꿔주겠다고 하였다. 따라서 정답은 (A) Exchange some tickets이다.

97 ■ 세부 사항 관련 문제 시각 자료

정답 (A)

행정 사무실에서 가장 가까운 출구를 묻는 문제이므로, 제시된 표지판의 정보를 확인한 뒤 질문의 핵심어구(exit ~ closest to the administration office)와 관련된 내용을 주의 깊게 듣는다. "you need to visit our administration office at ~ Harbor Street"이라며 청자가 Harbor가에 있는 행정 사무실에 방문해야 한다고 하였으므로, Harbor가 방향의 10번 출구가 행정 사무실에서 가장 가까운 출구임을 표지판에서 알 수 있다. 따라서 정답은 (A) Exit 10이다.

Questions 98-100 refer to the following talk and table.

🎧 호주식 발음

Just a couple of things to keep in mind this week. ⁹⁸Our distribution center has a new floor manager, Brett Jensen. He's been hired to manage the evening shift, so his hours will be from 3 to 11 P.M. ⁹⁹If one of you is willing to show him around the facility later this afternoon, that'd be great. Also, beginning tomorrow, we'll be receiving a number of shipments from suppliers. While the schedule posted next to the loading dock is mostly right, there's one piece of outdated information. ¹⁰⁰The shipment of microwaves is going to arrive a day later—on May 15. The dishwashers and dryers scheduled to get here earlier in the week should arrive as planned, though.

98-100번은 다음 담화와 표에 관한 문제입니다.

⁹⁸이번 주에 명심해야 하는 단 몇 가지 것들입니다. ⁹⁸우리 유통 센터에 Brett Jensen이라는 새로운 작업장 관리자가 있습니다. 그는 야간 교대 조를 관리하도록 고용되었으므로, 그의 근무 시간은 오후 3시부터 11시까지일 것입니다. ⁹⁹여러분 중 한 명이 오늘 오후 늦게 그에게 시설을 둘러보도록 안내해줄 용의가 있다면, 좋을 것 같습니다. 그리고, 내일부터, 우리는 공급 업체들로부터 다수의 선적들을 받을 것입니다. 짐을 싣는 곳 옆에 게시된 일정표가 대부분 맞지만, 오래된 정보가 하나 있습니다. ¹⁰⁰전자레인지의 선적은 하루 늦은, 5월 15일에 도착할 것입니다. 하지만, 이번 주 초에 이곳에 올 예정인 식기세척기들과 건조기들은 예정대로 도착할 것입니다.

Delivery Schedule		
Date	Company	Shipment Contents
May 12	Lloyd Ferris	Dishwashers
May 13	Monroe Industries	Dryers
May 14	¹⁰⁰Abdul & Sons	Microwaves
May 15	Stone Incorporated	Refrigerators

배송 일정표		
날짜	회사	선적 내용물
5월 12일	Lloyd Ferris사	식기세척기
5월 13일	Monroe사	건조기
5월 14일	¹⁰⁰Abdul & Sons사	전자레인지
5월 15일	Stone사	냉장고

98 Where do the listeners work?
(A) At a retail store
(B) At a distribution center
(C) At a testing facility
(D) At a manufacturing plant

98. 청자들은 어디에서 일하는가?
(A) 소매점에서
(B) 유통 센터에서
(C) 실험 시설에서
(D) 제조 공장에서

99 What does the speaker ask one of the listeners to do?
(A) Give an employee a tour
(B) Post a notice near an exit
(C) Print out a new schedule
(D) Record some notes

99. 화자는 청자들 중 한 명에게 무엇을 하라고 요청하는가?
(A) 직원에게 구경을 시켜준다.
(B) 출구 근처에 안내문을 게시한다.
(C) 새로운 일정표를 인쇄한다.
(D) 몇몇 메모를 기록한다.

100 Look at the graphic. Which company has postponed its delivery?
(A) Lloyd Ferris
(B) Monroe Industries
(C) Abdul & Sons
(D) Stone Incorporated

100. 시각 자료를 보시오. 어느 회사가 배송을 연기했는가?
(A) Lloyd Ferris사
(B) Monroe사
(C) Abdul & Sons사
(D) Stone사

지문 **distribution** [미 dìstrəbjúːʃən, 영 dìstribjúʃən] 유통 **floor** [미 flɔːr, 영 flɔː] 작업장 **shift** [ʃift] 교대 조 **show ~ around** ~을 둘러보도록 안내하다
a number of 다수의 **shipment** [ʃípmənt] 선적 **supplier** [미 səpláiər, 영 səpláiə] 공급 업체 **post** [미 poust, 영 pəust] 게시하다
loading dock 짐 싣는 곳, 하역장 **outdated** [àutdéitid] 오래된, 구식의
98 **testing** [téstiŋ] 실험

98 ■ 전체 지문 관련 문제 청자
정답 (B)

청자들이 일하는 장소를 묻는 문제이므로, 신분 및 직업과 관련된 표현을 놓치지 않고 듣는다. "Our distribution center has a new floor manager"라며 자신들의 유통 센터에 새로운 작업장 관리자가 있다고 한 말을 통해 청자들이 일하는 장소가 유통 센터임을 알 수 있다. 따라서 정답은 (B) At a distribution center이다.

99 ■ 세부 사항 관련 문제 요청
정답 (A)

화자가 청자들 중 한 명에게 요청하는 것을 묻는 문제이므로, 지문의 중후반에서 요청과 관련된 표현이 포함된 문장을 주의 깊게 듣는다. "If one of you is willing to show him[new floor manager] around the facility later this afternoon, that'd be great."라며 청자들 중 한 명이 오늘 오후 늦게 새로운 작업장 관리자에게 시설을 둘러보도록 안내해줄 용의가 있다면 좋을 것 같다고 하였다. 따라서 정답은 (A) Give an employee a tour이다.

100 ■ 세부 사항 관련 문제 시각 자료
정답 (C)

배송을 연기한 회사를 묻는 문제이므로, 제시된 표의 정보를 확인한 뒤 질문의 핵심어구(postponed ~ delivery)와 관련된 내용을 주의 깊게 듣는다. "The shipment of microwaves is going to arrive a day later—on May 15."라며 전자레인지들의 선적이 하루 늦은 5월 15일에 도착할 것이라고 하였으므로, 선적 내용물이 전자레인지인 Abdul & Sons사가 배송을 연기했음을 표에서 알 수 있다. 따라서 정답은 (C) Abdul & Sons이다.

TEST 04

TEST 04.mp3

실전용·복습용 문제풀이 MP3 무료 다운로드 및 스트리밍 바로듣기 (HackersIngang.com)

* 실제 시험장의 소음까지 재현해 낸 고사장 소음/매미 버전 MP3, 영국식·호주식 발음 집중 MP3, 고속 버전 MP3까지
  구매하면 실전에 더욱 완벽히 대비할 수 있습니다.

무료MP3 바로듣기

1
○○○○ 하

🔊 미국식 발음

(A) A man is adjusting his helmet.
(B) A man is staring at a coworker.
(C) They are changing some screens.
(D) They are typing on some keyboards.

(A) 한 남자가 자신의 안전모를 단정히 하고 있다.
(B) 한 남자가 동료를 쳐다보고 있다.
(C) 그들은 화면들을 교체하고 있다.
(D) 그들은 키보드로 타자를 치고 있다.

■ 2인 이상 사진   정답 (B)

안전모를 쓴 두 남자가 제어실 안에 있는 모습을 확인한다.

(A) [x] 사진에 안전모를 단정히 하고 있는(adjusting his helmet) 남자가 없으므로 오답이다. 사진에 있는 안전모(helmet)를 사용하여 혼동을 주었다.

(B) [o] 한 남자가 동료를 쳐다보고 있는 모습을 가장 잘 묘사한 정답이다.

(C) [x] changing some screens(화면들을 교체하고 있다)는 남자들의 동작과 무관하므로 오답이다. 사진에 있는 화면들(screens)을 사용하여 혼동을 주었다.

(D) [x] typing(타자를 치고 있다)은 남자들의 동작과 무관하고, 사진에서 키보드(keyboards)를 확인할 수 없으므로 오답이다.

어휘   adjust[ədʒʌ́st] 단정히 하다, 조정하다   coworker[kóuwə̀:rkər] 동료

2
○○○● 상

🔊 호주식 발음

(A) She is reviewing the content of a book.
(B) She is stacking reading material on a windowsill.
(C) She is crossing her arms over her chest.
(D) She is turning the page of a publication.

(A) 그녀는 책의 내용을 확인하고 있다.
(B) 그녀는 창문턱에 읽을거리를 쌓고 있다.
(C) 그녀는 자신의 가슴 위로 팔짱을 끼고 있다.
(D) 그녀는 출판물의 페이지를 넘기고 있다.

■ 1인 사진   정답 (A)

한 여자가 창문턱에 앉아 책을 읽고 있는 모습을 확인한다.

(A) [o] 책의 내용을 확인하고 있는 여자의 모습을 가장 잘 묘사한 정답이다.

(B) [x] 창문턱에 읽을거리가 쌓여 있는 상태인데 쌓고 있다는 동작으로 잘못 묘사했으므로 오답이다. 창문턱을 나타내는 표현 windowsill을 알아둔다.

(C) [x] 여자가 팔짱을 끼고 있는 것이 아니라 다리를 꼬고 있으므로 오답이다. She is crossing her(그녀는 자신의 ~을 꼬고 있다)까지만 듣고 정답으로 선택하지 않도록 주의한다. 현재 진행형(is crossing)으로 사람의 상태를 묘사할 수 있음을 알아둔다.

(D) [x] 여자가 책을 읽고 있는 모습에서 연상할 수 있는 turning the page of a publication(출판물의 페이지를 넘기고 있다)을 사용하여 혼동을 준 오답이다.

어휘   windowsill[미 wíndousil, 영 wíndəusil] 창문턱   cross one's arms 팔짱을 끼다   publication[미 pʌ̀bləkéiʃən, 영 pʌ̀blikéiʃən] 출판물, 출판

3
○○○● 상

🔊 캐나다식 발음

(A) A ball has been placed on the floor.
(B) A light fixture is hanging from the ceiling.
(C) There is a rug beneath the table.
(D) There is an air-conditioning unit behind the sofa.

(A) 공이 바닥 위에 놓여 있다.
(B) 조명 기구가 천장에 매달려 있다.
(C) 탁자 밑에 깔개가 있다.
(D) 소파 뒤에 에어컨 한 대가 있다.

■ 사물 및 풍경 사진   정답 (B)

방에 있는 사물들의 위치 및 상태를 주의 깊게 살핀다.

(A) [x] 공이 선반 위에 있는데 바닥 위에(on the floor)에 놓여 있다고 잘못 묘사했으므로 오답이다. A ball has been placed(공이 놓여 있다)까지만 듣고 정답으로 선택하지 않도록 주의한다.

(B) [o] 조명 기구가 천장에 매달려 있는 모습을 정확히 묘사한 정답이다.

(C) [x] 사진에 깔개(rug)가 없으므로 오답이다. 사진에 있는 탁자(table)를 사용하여 혼동을 주었다.

(D) [x] 에어컨이 텔레비전 위에 있는데 소파 뒤에(behind the sofa) 있다고 잘못 묘사했으므로 오답이다. There is an air-conditioning unit(에어컨 한 대가 있다)까지만 듣고 정답으로 선택하지 않도록 주의한다.

어휘   light fixture 조명 기구   rug[rʌg] 깔개

4

🔊 영국식 발음

(A) A passenger boat is docked in a harbor.
(B) A handrail borders a series of steps.
(C) Some people are riding bicycles on a wharf.
(D) Water is being sprayed from a statue.

(A) 여객선이 항구에 정박해 있다.
(B) 난간이 죽 이어진 계단의 가장자리를 이루고 있다.
(C) 몇몇 사람들이 부두 근처에서 자전거를 타고 있다.
(D) 조각상으로부터 물이 뿌려지고 있다.

■ 2인 이상 사진   정답 (D)

여러 사람들이 물가에 모여 있는 모습과 주변의 전반적인 풍경을 확인한다.
(A) [×] 사진의 장소가 항구(harbor)인지 알 수 없고, 사진에서 여객선(passenger boat)을 확인할 수 없으므로 오답이다.
(B) [×] 사진에서 계단(steps)을 확인할 수 없으므로 오답이다. A handrail borders(난간이 가장자리를 이루고 있다)까지만 듣고 정답으로 선택하지 않도록 주의한다.
(C) [×] 사진에 자전거를 타고 있는(riding bicycles) 사람들이 없고, 사진의 장소가 부두(wharf)인지 알 수 없으므로 오답이다.
(D) [○] 조각상으로부터 물이 뿌려지고 있는 모습을 정확히 묘사한 정답이다.

어휘   passenger boat 여객선   dock[미 dɑk, 영 dɔk] (배를) 정박하다   harbor[미 hɑ́ːrbər, 영 hɑ́ːbə] 항구   handrail[hǽndreil] 난간
        border[미 bɔ́ːrdər, 영 bɔ́ːdə] 가장자리를 이루다   wharf[미 hwɔːrf, 영 wɔːf] 부두   spray[sprei] 뿌려지다, 뿌리다

5

🔊 캐나다식 발음

(A) He is taking off an apron.
(B) He is inspecting baked goods.
(C) He is pulling a tray from an oven.
(D) He is leaning against some equipment.

(A) 그는 앞치마를 벗고 있다.
(B) 그는 제과를 살펴보고 있다.
(C) 그는 오븐에서 쟁반을 빼내고 있다.
(D) 그는 장비에 기대어 있다.

■ 1인 사진   정답 (B)

한 남자가 오븐 앞에 서서 빵들을 살펴보고 있는 모습을 확인한다.
(A) [×] taking off(벗고 있다)는 남자의 동작과 무관하므로 오답이다. 사진에 있는 앞치마(apron)를 사용하여 혼동을 주었다.
(B) [○] 제과를 살펴보고 있는 남자의 모습을 가장 잘 묘사한 정답이다.
(C) [×] 남자가 오븐에서 빵을 빼고 있는데 쟁반(tray)을 빼내고 있다고 잘못 묘사했으므로 오답이다. He is pulling(남자가 빼내고 있다)까지만 듣고 정답으로 선택하지 않도록 주의한다.
(D) [×] 남자가 장비 쪽으로 몸을 기울이고 있는데 장비에 기대어 있다고(leaning against) 잘못 묘사했으므로 오답이다.

어휘   inspect[inspékt] 살펴보다, 검사하다   tray[trei] 쟁반   lean against ~에 기대다

6

🔊 영국식 발음

(A) Some vehicles are parked in a lot.
(B) A truck is driving along a highway.
(C) A portion of the pavement has been damaged.
(D) Some lines are being painted on a road.

(A) 차량들이 부지에 주차되어 있다.
(B) 트럭이 고속도로를 따라 달리고 있다.
(C) 포장도로의 일부가 손상되어 있다.
(D) 도로 위에 선들이 그려지고 있다.

■ 사물 및 풍경 사진   정답 (A)

도로 위에 주차된 차량들의 모습과 주변의 전반적인 풍경을 확인한다.
(A) [○] 차량들이 부지에 주차되어 있는 모습을 가장 잘 묘사한 정답이다.
(B) [×] 트럭이 멈춰있는데 달리고 있다고 잘못 묘사했고, 사진의 장소가 고속도로(highway)가 아니므로 오답이다.
(C) [×] 사진에서 포장도로의 일부가 손상되어 있는지 알 수 없으므로 오답이다.
(D) [×] 도로 위에 선들이 그려진 상태인데, 진행 수동형(are being painted)을 사용해 그려지고 있다고 잘못 묘사했으므로 오답이다.

어휘   vehicle[미 víːikl, 영 víəkl] 차량, 탈것   park[미 pɑːrk, 영 pɑːk] 주차하다   lot[미 lɑt, 영 lʌk] 부지, (토지의) 한 구획   highway[háiwei] 고속도로
        portion[미 pɔ́ːrʃən, 영 pɔ́ːʃən] 일부   pavement[péivmənt] 포장도로   damage[dǽmidʒ] 손상을 주다, 훼손하다   paint[peint] 그리다, 페인트를 칠하다

PART 2

7
○○○○●하

[3회] 미국식 발음 → 호주식 발음

Who is waiting for you in your office?

(A) Mr. Sanders took the file.
(B) To wait in line.
(C) A friend from college.

당신의 사무실에서 누가 당신을 기다리고 있나요?

(A) Mr. Sanders가 파일을 가져갔어요.
(B) 줄을 서서 기다리기 위해서요.
(C) 대학 친구요.

■ Who 의문문

정답 (C)

상대방의 사무실에서 누가 기다리고 있는지를 묻는 Who 의문문이다.

(A) [×] 상대방의 사무실에서 누가 기다리고 있는지를 물었는데, 이와 관련이 없는 Mr. Sanders가 파일을 가져갔다는 내용으로 응답했으므로 오답이다. 사람 이름인 Mr. Sanders를 사용하여 혼동을 주었다.
(B) [×] 상대방의 사무실에서 누가 기다리고 있는지를 물었는데 목적으로 응답했으므로 오답이다. 질문의 waiting을 wait으로 반복 사용하여 혼동을 주었다.
(C) [○] 대학 친구라는 말로 자신의 사무실에서 기다리고 있는 인물을 언급했으므로 정답이다.

어휘 **take**[teik] 가져가다, 데리고 가다 **wait in line** 줄을 서서 기다리다 **college**[미 kάlidʒ, 영 kɔ́lidʒ] 대학

8
○○○○●하

[3회] 영국식 발음 → 캐나다식 발음

Will you be able to contact me later?

(A) My assistant can go with them.
(B) Yes, I'll do so at three.
(C) No, I don't see the waiter.

나중에 저에게 다시 연락해줄 수 있나요?

(A) 제 비서가 그들과 함께 갈 수 있어요.
(B) 네, 3시에 그렇게 할게요.
(C) 아니요, 종업원이 보이지 않아요.

■ 조동사 의문문

정답 (B)

나중에 자신에게 다시 연락해줄 수 있는지를 확인하는 조동사(Will) 의문문이다.

(A) [×] 나중에 자신에게 다시 연락해줄 수 있는지를 물었는데, 이와 관련이 없는 자신의 비서가 그들과 함께 갈 수 있다는 내용으로 응답했으므로 오답이다. 질문의 be able to(~할 수 있다)와 같은 의미인 can(~할 수 있다)을 사용하여 혼동을 주었다.
(B) [○] Yes로 나중에 다시 연락해줄 수 있음을 전달한 후, 3시에 그렇게 하겠다는 추가 정보를 제공했으므로 정답이다.
(C) [×] 질문의 you를 나타낼 수 있는 I를 사용하고, later – waiter의 유사 발음 어휘를 사용하여 혼동을 준 오답이다. No만 듣고 정답으로 고르지 않도록 주의한다.

어휘 **contact**[미 kάntækt, 영 kɔ́ntækt] 연락하다 **assistant**[əsístənt] 비서, 조수

9
○○○○●하

[3회] 호주식 발음 → 미국식 발음

Where would you like to sit for the concert?

(A) In the back row.
(B) A local band performed.
(C) No, I probably wouldn't.

콘서트에서 당신은 어디에 앉고 싶나요?

(A) 뒷줄에요.
(B) 현지 밴드가 연주했어요.
(C) 아니요, 저는 아마 안 그럴 거예요.

■ Where 의문문

정답 (A)

콘서트에서 어디에 앉고 싶은지를 묻는 Where 의문문이다.

(A) [○] 뒷줄에라며 콘서트에서 앉고 싶은 위치를 언급했으므로 정답이다.
(B) [×] concert(콘서트)와 관련 있는 band(밴드)와 performed(연주했다)를 사용하여 혼동을 준 오답이다.
(C) [×] 의문사 의문문에 No로 응답했으므로 오답이다. 질문의 Where would you를 Would you로 혼동하여 Would you like to sit for the concert(콘서트에서 앉고 싶나요)로 생각해 정답으로 선택하지 않도록 주의한다.

어휘 **row**[rou] 줄 **local**[lóukəl] 현지의, 지역의 **perform**[pərfɔ́ːrm] 연주하다 **probably**[prάbəbli] 아마

10

🎧 영국식 발음 → 호주식 발음

You live on the east side of town, don't you?

(A) The eastern highway is blocked off.
(B) I did for a few years.
(C) I lost the key to the house.

당신은 마을의 동쪽에 살죠, 안 그런가요?

(A) 동쪽 고속도로는 막혀 있어요.
(B) 몇 년 동안은 그랬어요.
(C) 저는 집 열쇠를 잃어버렸어요.

■ 부가 의문문

정답 (B)

상대방이 마을의 동쪽에 사는지를 확인하는 부가 의문문이다.
(A) [×] 상대방이 마을의 동쪽에 사는지를 물었는데, 이와 관련이 없는 동쪽 고속도로가 막혀 있다는 내용으로 응답했으므로 오답이다. 질문의
　　 east(동쪽의)와 같은 의미인 eastern(동쪽의)을 사용하여 혼동을 주었다.
(B) [○] 몇 년 동안은 그랬다는 말로 지금은 마을의 동쪽에 살지 않음을 간접적으로 전달했으므로 정답이다.
(C) [×] live(살다)에서 연상할 수 있는 집과 관련된 key to the house(집 열쇠)를 사용하여 혼동을 준 오답이다.

어휘　highway[háiwei] 고속도로　block off 막다, 차단하다

11

🎧 캐나다식 발음 → 미국식 발음

Should we renew our lease or relocate the boutique?

(A) Not according to our rental agreement.
(B) It's a fashionable store.
(C) I want to stay in this space.

우리가 임대 계약을 연장해야 할까요, 아니면 부티크를 이전해
야 할까요?

(A) 우리의 임대 계약서에 의하면 아니에요.
(B) 그것은 고급 상점이에요.
(C) 저는 이 장소에 계속 있고 싶어요.

■ 선택 의문문

정답 (C)

임대 계약을 연장해야 할지 아니면 부티크를 이전해야 할지를 묻는 선택 의문문이다.
(A) [×] lease(임대 계약)와 관련 있는 rental agreement(임대 계약서)를 사용하여 혼동을 준 오답이다.
(B) [×] boutique(부티크)와 관련 있는 fashionable store(고급 상점)를 사용하여 혼동을 준 오답이다.
(C) [○] 이 장소에 계속 있고 싶다는 말로 임대 계약을 연장하는 것을 간접적으로 선택했으므로 정답이다.

어휘　renew[rinjú:] 연장하다, 갱신하다　lease[li:s] 임대 계약; 임대하다　relocate[rì:lóukeit] 이전하다
　　　boutique[bu:tí:k] 부티크(여자용 고급 유행복이나 액세서리를 파는 가게)　rental[réntl] 임대, 대여　fashionable[fǽʃənəbl] 고급의, 상류 계층이 이용하는

12

🎧 영국식 발음 → 캐나다식 발음

Which of those bags is yours?

(A) Use the overhead compartment.
(B) Mine is in the closet.
(C) You'll need a luggage voucher.

저 가방들 중 어느 것이 당신의 것인가요?

(A) 머리 위의 짐칸을 이용하세요.
(B) 제 것은 벽장 안에 있어요.
(C) 당신은 수하물 증표가 필요할 거예요.

■ Which 의문문

정답 (B)

저 가방들 중 어느 것이 상대방의 것인지를 묻는 Which 의문문이다. Which of those bags를 반드시 들어야 한다.
(A) [×] 저 가방들 중 어느 것이 상대방의 것인지를 물었는데, 이와 관련이 없는 머리 위의 짐칸을 이용하라는 내용으로 응답했으므로 오답이다.
　　 bags(가방들)에서 연상할 수 있는 보관 장소와 관련된 overhead compartment(머리 위의 짐칸)를 사용하여 혼동을 주었다.
(B) [○] 자신의 것은 벽장 안에 있다는 말로 저 가방들 중에 자신의 것이 없음을 간접적으로 전달했으므로 정답이다.
(C) [×] bags(가방들)와 관련 있는 luggage(수하물)를 사용하여 혼동을 준 오답이다.

어휘　compartment[kəmpá:rtmənt] 짐칸, 칸막이　voucher[váutʃər] 증표, 증거, 보증인

13

🔊 미국식 발음 → 호주식 발음

What day is your dentist appointment on?

(A) For a regular check-up.
(B) I wrote it down in my calendar.
(C) He is only available during the day.

당신의 치과 예약은 무슨 요일에 있나요?

(A) 정기 검진을 위해서요.
(B) 저는 그것을 제 달력에 적어놓았어요.
(C) 그는 낮 동안에만 시간이 있어요.

■ What 의문문

정답 (B)

상대방의 치과 예약이 무슨 요일에 있는지를 묻는 What 의문문이다. What day를 반드시 들어야 한다.
(A) [×] dentist appointment(치과 예약)와 관련 있는 regular check-up(정기 검진)을 사용하여 혼동을 준 오답이다.
(B) [○] 그것을 달력에 적어놨다는 말로 모른다는 간접적인 응답을 했으므로 정답이다.
(C) [×] He가 나타내는 대상이 질문에 없으므로 오답이다. appointment(예약)에서 연상할 수 있는 시간과 관련된 available(시간이 있는)을 사용하고, 질문의 day(요일)를 '낮'이라는 의미로 반복 사용하여 혼동을 주었다.

어휘 **day**[dei] 요일, 낮 **dentist**[déntist] 치과, 치과 의사 **appointment**[əpɔ́intmənt] 예약, 약속 **regular**[미 régjulər, 영 régjələ] 정기적인, 규칙적인
calendar[미 kǽləndər, 영 kǽləndə] 달력 **available**[əvéiləbl] 시간이 있는, 만날 수 있는

14

🔊 캐나다식 발음 → 미국식 발음

Am I allowed to bring a beverage into the theater?

(A) It's not permitted.
(B) We are sitting close to the stage.
(C) I'll get some coffee.

극장 안으로 음료를 가지고 가는 것이 허용되나요?

(A) 그것은 허용되지 않아요.
(B) 우리는 무대 가까이에 앉을 거예요.
(C) 저는 커피를 좀 마실 거예요.

■ Be 동사 의문문

정답 (A)

극장 안으로 음료를 가지고 가는 것이 허용되는지를 확인하는 Be 동사 의문문이다.
(A) [○] 그것은 허용되지 않는다는 말로 극장 안으로 음료를 가지고 가는 것이 허용되지 않음을 전달했으므로 정답이다.
(B) [×] theater(극장)와 관련 있는 stage(무대)를 사용하여 혼동을 준 오답이다.
(C) [×] beverage(음료)와 관련 있는 coffee(커피)를 사용하여 혼동을 준 오답이다.

어휘 **allow**[əláu] 허용하다, 허락하다 **beverage**[bévəridʒ] 음료 **permit**[pərmít] 허용하다, 허락하다 **stage**[steidʒ] 무대

15

🔊 호주식 발음 → 영국식 발음

Which employees need to attend tomorrow's training?

(A) Only people from the accounting department.
(B) At an employment agency.
(C) I'm happy to oversee it.

어느 직원들이 내일 교육에 참석해야 하나요?

(A) 회계 부서 사람들만요.
(B) 채용 대행업체에서요.
(C) 그것을 감독하게 되어 기뻐요.

■ Which 의문문

정답 (A)

어느 직원들이 내일 교육에 참석해야 하는지를 묻는 Which 의문문이다. Which employees를 반드시 들어야 한다.
(A) [○] 회계 부서 사람들만이라는 말로 내일 교육에 참석해야 하는 직원들을 언급했으므로 정답이다.
(B) [×] 어느 직원들이 내일 교육에 참석해야 하는지를 물었는데 장소로 응답했으므로 오답이다. employees – employment의 유사 발음 어휘를 사용하여 혼동을 주었다.
(C) [×] 질문의 training(교육)을 나타낼 수 있는 it을 사용하고, training(교육)과 관련 있는 oversee(감독하다)를 사용하여 혼동을 준 오답이다.

어휘 **training**[tréiniŋ] 교육, 연수 **accounting**[əkáuntiŋ] 회계, 경리 **employment**[implɔ́imənt] 채용 **oversee**[미 òuvərsíː, 영 əuvəsíː] 감독하다

16

🎧 캐나다식 발음 → 영국식 발음

Could you change the bulb for this lamp?

(A) Sure, you can turn the TV on.
(B) Yes, but not immediately.
(C) All of the records we modified.

이 전등의 전구를 바꿔주실 수 있나요?

(A) 물론이죠, 당신은 텔레비전을 켜도 돼요.
(B) 네, 하지만 당장은 안 돼요.
(C) 우리가 변경한 모든 기록들이요.

■ 요청 의문문

정답 (B)

전등의 전구를 바꿔 달라고 요청하는 요청 의문문이다. Could you가 요청하는 표현임을 이해할 수 있어야 한다.

(A) [×] lamp(전등)와 관련 있는 turn ~ on(~을 켜다)을 사용하여 혼동을 준 오답이다. Sure만 듣고 정답으로 고르지 않도록 주의한다.
(B) [O] Yes로 요청을 수락한 뒤, 당장은 안 된다는 부연 설명을 했으므로 정답이다.
(C) [×] 질문의 change(바꾸다)와 같은 의미인 modified(변경하다)를 사용하여 혼동을 준 오답이다.

어휘 **bulb**[bʌlb] 전구 **lamp**[læmp] 전등 **turn on** ~을 켜다 **immediately**[imí:diətli] 당장에, 즉시 **record**[미 rékərd, 영 rékɔ:d] 기록
modify[미 mádəfai, 영 mɔ́difai] 변경하다, 바꾸다

17

🎧 호주식 발음 → 미국식 발음

How do you suggest improving this manuscript?

(A) The author made a public appearance.
(B) Let's shorten it by 25 percent.
(C) Well, Novak recommends Midway Bistro.

이 원고를 어떻게 개선하는 것을 제안하시나요?

(A) 그 작가는 공식 석상에 나타났어요.
(B) 그것을 25퍼센트 줄입시다.
(C) 글쎄요, Novak은 Midway 식당을 추천해요.

■ How 의문문

정답 (B)

원고를 어떻게 개선하는 것을 제안하는지를 묻는 How 의문문이다. How do you suggest가 의견을 묻는 것임을 이해할 수 있어야 한다.

(A) [×] manuscript(원고)와 관련 있는 author(작가)를 사용하여 혼동을 준 오답이다.
(B) [O] 그것을 25퍼센트 줄이자는 말로 원고를 개선하는 방법에 대한 의견을 전달했으므로 정답이다.
(C) [×] 원고를 어떻게 개선하는 것을 제안하는지를 물었는데, 이와 관련이 없는 Novak이 Midway 식당을 추천한다는 내용으로 응답했으므로
오답이다. 질문의 suggest(제안하다)와 같은 의미인 recommends(추천하다)를 사용하여 혼동을 주었다.

어휘 **suggest**[səgdʒést] 제안하다 **improve**[imprú:v] 개선하다, 향상하다 **manuscript**[미 mǽnjuskript, 영 mǽnjəskript] 원고, 사본
public appearance 공식 석상 **shorten**[ʃɔ́:rtn] 줄이다, 단축하다 **recommend**[rèkəménd] 추천하다, 권하다

18

🎧 캐나다식 발음 → 영국식 발음

When was the projector in the conference room fixed?

(A) I will arrange a conference call.
(B) They repaired it a week ago.
(C) Details of the project are posted on the wall.

회의실의 프로젝터가 언제 수리되었나요?

(A) 제가 전화 회의를 준비할게요.
(B) 그들은 일주일 전에 그것을 수리했어요.
(C) 프로젝트의 세부 사항들은 벽에 게시되어 있어요.

■ When 의문문

정답 (B)

회의실의 프로젝터가 언제 수리되었는지를 묻는 When 의문문이다.

(A) [×] 회의실의 프로젝터가 언제 수리되었는지를 물었는데, 이와 관련이 없는 자신이 전화 회의를 준비하겠다는 내용으로 응답했으므로 오답
이다. 질문의 conference를 반복 사용하여 혼동을 주었다.
(B) [O] 그들이 일주일 전에 그것을 수리했다며 회의실의 프로젝터가 일주일 전에 수리되었음을 전달했으므로 정답이다.
(C) [×] projector – project의 유사 발음 어휘를 사용하여 혼동을 준 오답이다.

어휘 **arrange**[əréindʒ] 준비하다, 마련하다 **conference call** 전화 회의 **repair**[미 ripéər, 영 ripéə] 수리하다 **post**[미 poust, 영 pəust] 게시하다

○○○●
중

3ᵂ 미국식 발음 → 캐나다식 발음

Do you want to stop by the history museum?

(A) So long as it's free.
(B) When we stopped by the campus.
(C) The Aztec exhibit was the highlight.

역사박물관에 들르고 싶으세요?

(A) 그것이 무료이기만 하다면요.
(B) 우리가 대학 교정에 들렀을 때요.
(C) 아즈텍 전시가 가장 중요한 부분이었어요.

■ **조동사 의문문**

정답 (A)

역사박물관에 들르고 싶은지를 확인하는 조동사(Do) 의문문이다.
(A) [○] 그것이 무료이기만 하다면이라는 말로 역사박물관에 들르고 싶다는 것을 간접적으로 전달했으므로 정답이다.
(B) [×] 역사박물관에 들르고 싶은지를 물었는데, 이와 관련이 없는 자신들이 대학 교정에 들렀을 때라는 내용으로 응답했으므로 오답이다. 질문의 stop by를 stopped by로 반복 사용하여 혼동을 주었다.
(C) [×] museum(박물관)과 관련 있는 exhibit(전시)을 사용하여 혼동을 준 오답이다.

어휘   stop by 들르다   so long as ~이기만 하면, ~하는 한   campus[kǽmpəs] (대학 등의) 교정, 구내   exhibit[igzíbit] 전시; 전시하다
          highlight[háilait] 가장 중요한 부분, 인기물

○○○●
중

3ᵂ 영국식 발음 → 호주식 발음

When does the hotel restaurant normally open?

(A) Breakfast is served beginning at 6 A.M.
(B) Are you open to driving?
(C) I think the buffet is quite good.

호텔 레스토랑은 보통 언제 여나요?

(A) 아침 식사는 오전 6시부터 제공돼요.
(B) 당신은 운전할 의향이 있나요?
(C) 뷔페가 꽤 좋은 것 같아요.

■ **When 의문문**

정답 (A)

호텔 레스토랑이 보통 언제 여는지를 묻는 When 의문문이다.
(A) [○] 아침 식사가 오전 6시부터 제공된다는 말로 호텔 레스토랑이 오전 6시에 연다는 것을 간접적으로 전달했으므로 정답이다.
(B) [×] 호텔 레스토랑이 보통 언제 여는지를 물었는데, 이와 관련이 없는 상대방이 운전할 의향이 있냐는 내용으로 되물었으므로 오답이다. 질문의 open(열다)을 '(생각·태도가) 열려 있는'이라는 의미의 형용사로 반복 사용하여 혼동을 주었다.
(C) [×] restaurant(레스토랑)과 관련 있는 buffet(뷔페)를 사용하여 혼동을 준 오답이다.

어휘   normally[미 nɔ́ːrməli, 영 nɔ́ːməli] 보통, 정상적으로   be open to ~할 의향이 있다

○○●●●
상

3ᵂ 캐나다식 발음 → 미국식 발음

Why haven't we received any of the new monitors?

(A) I'll check on the order's status.
(B) My manager received similar instructions.
(C) They have touchscreens as well.

왜 우리는 새로운 모니터들 중 어떤 것도 받지 못했나요?

(A) 제가 주문 상황을 확인해볼게요.
(B) 제 관리자도 비슷한 지시들을 받았어요.
(C) 그것들도 터치스크린이 있어요.

■ **Why 의문문**

정답 (A)

왜 자신들이 새로운 모니터들 중 어떤 것도 받지 못했는지를 묻는 Why 의문문이다.
(A) [○] 주문 상황을 확인해보겠다는 말로 모르겠다는 간접적인 응답을 했으므로 정답이다.
(B) [×] 왜 자신들이 새로운 모니터들 중 어떤 것도 받지 못했는지를 물었는데, 이와 관련이 없는 자신의 관리자도 비슷한 지시들을 받았다는 내용으로 응답했으므로 오답이다. 질문의 received를 반복 사용하여 혼동을 주었다.
(C) [×] 질문의 monitors(모니터들)를 나타낼 수 있는 They를 사용하고, monitors(모니터들)와 관련 있는 touchscreens(터치스크린)를 사용하여 혼동을 준 오답이다.

어휘   receive[risíːv] 받다   check on (이상이 없는지를) 확인하다   status[stéitəs] (진행 과정상의) 상황   similar[símələr] 비슷한
          instruction[instrʌ́kʃən] 지시

22

🎧 호주식 발음 → 미국식 발음

Our firm is having a new logo designed.

(A) Yes, I often buy that brand.
(B) Hopefully, it will be appealing.
(C) Ken has resigned from his position.

우리 회사는 새로운 로고가 디자인되도록 하는 중이에요.

(A) 네, 저는 그 브랜드를 종종 구매해요.
(B) 바라건대, 그것이 매력적이면 좋겠어요.
(C) Ken이 그의 직위에서 사임했어요.

■ 평서문　　　　　　　　　　　　　　　　　　　　　　　　정답 (B)

회사가 새로운 로고가 디자인되도록 하는 중이라는 객관적인 사실을 전달하는 평서문이다.
(A) [x] logo(로고)와 관련 있는 brand(브랜드)를 사용하여 혼동을 준 오답이다.
(B) [o] 바라건대 그것이 매력적이면 좋겠다는 말로 새로운 로고가 디자인되도록 하는 중이라는 사실에 대한 의견을 제시했으므로 정답이다.
(C) [x] 회사가 새로운 로고가 디자인되도록 하는 중이라고 했는데, 이와 관련이 없는 Ken이 그의 직위에서 사임했다는 내용으로 응답했으므로 오답이다. designed – resigned의 유사 발음 어휘를 사용하여 혼동을 주었다.

어휘　hopefully [hóupfəli] 바라건대　appealing [əpí:liŋ] 매력적인, 마음을 끄는　resign [rizáin] 사임하다　position [pəzíʃən] 직위, 자리

23

🎧 영국식 발음 → 캐나다식 발음

Didn't Alan already proofread the newsletter that will be shared with gym members?

(A) We typically e-mail it out once per month.
(B) Read the proposal whenever you can.
(C) The draft is still being completed.

Alan이 체육관 회원들과 공유될 소식지를 이미 교정보지 않았나요?

(A) 우리는 보통 한 달에 한 번 그것을 이메일로 보내요.
(B) 당신이 가능할 때 언제든지 그 제안서를 읽어보세요.
(C) 초안이 아직 작성 중이에요.

■ 부정 의문문　　　　　　　　　　　　　　　　　　　　　정답 (C)

Alan이 체육관 회원들과 공유될 소식지를 이미 교정보았는지를 묻는 부정 의문문이다.
(A) [x] Alan이 체육관 회원들과 공유될 소식지를 이미 교정보았는지를 물었는데, 이와 관련이 없는 보통 한 달에 한 번 그것을 이메일로 보낸다는 내용으로 응답했으므로 오답이다. 질문의 newsletter(소식지)를 나타낼 수 있는 it을 사용하여 혼동을 주었다.
(B) [x] newsletter(소식지)와 관련 있는 Read(읽다)를 사용하여 혼동을 준 오답이다.
(C) [o] 초안이 아직 작성 중이라는 말로 Alan이 체육관 회원들과 공유될 소식지를 교정보지 않았다는 것을 간접적으로 전달했으므로 정답이다.

어휘　proofread [prú:fri:d] 교정보다　newsletter [미 nú:zletər, 영 njú:zlètə] 소식지　typically [típikəli] 보통　proposal [prəpóuzəl] 제안서
　　　draft [dræft] 초안, 원고　complete [kəmplí:t] 작성하다, 완료하다

24

🎧 미국식 발음 → 호주식 발음

Payroll mistakes should be reported to Ms. Colt, right?

(A) Yes, take a souvenir.
(B) We were paid yesterday.
(C) No, Mr. Yang handles them.

급여 지불 명세서 오류들은 Ms. Colt에게 보고되어야 해요, 그렇죠?

(A) 네, 기념품을 가져가세요.
(B) 우리는 어제 임금을 지불받았어요.
(C) 아니요, Mr. Yang이 그것들을 처리해요.

■ 부가 의문문　　　　　　　　　　　　　　　　　　　　　정답 (C)

급여 지불 명세서 오류들은 Ms. Colt에게 보고되어야 하는지를 확인하는 부가 의문문이다.
(A) [x] 부가 의문문에 가능한 응답인 Yes를 사용하고, mistakes – take의 유사 발음 어휘를 사용하여 혼동을 준 오답이다.
(B) [x] Payroll(급여 지불 명세서)과 관련 있는 paid(임금을 지불받다)를 사용하여 혼동을 준 오답이다.
(C) [o] No로 급여 지불 명세서 오류들이 Ms. Colt에게 보고되어야 하지 않음을 전달한 후, Mr. Yang이 그것들을 처리한다는 추가 정보를 제공했으므로 정답이다.

어휘　payroll [péiroul] 급여 지불 명세서　mistake [mistéik] 오류, 실수　report [ripɔ́:rt] 보고하다, 알리다　souvenir [미 sù:vəníər, 영 sù:vəníə] 기념품
　　　handle [hǽndl] 처리하다

25

🎧 호주식 발음 → 영국식 발음

The CEO has decided to step down in late October.

(A) An executive officer.
(B) You've made the right decision.
(C) He'll be difficult to replace.

최고 경영자는 10월 말에 사임하기로 결정했어요.

(A) 임원이요.
(B) 당신은 올바른 결정을 했어요.
(C) 그를 대체하기란 힘들 거예요.

■ 평서문

정답 (C)

최고 경영자가 10월 말에 사임하기로 결정했다는 객관적인 사실을 전달하는 평서문이다.

(A) [×] 최고 경영자가 10월 말에 사임하기로 결정했다고 했는데 인물로 응답했으므로 오답이다. CEO(최고 경영자)와 관련 있는 executive officer(임원)를 사용하여 혼동을 주었다.

(B) [×] decided – decision의 유사 발음 어휘를 사용하여 혼동을 준 오답이다. You've를 He has로 혼동하여 He has made the right decision(그는 올바른 결정을 했어요)으로 생각해 정답으로 선택하지 않도록 주의한다.

(C) [○] 그를 대체하기란 힘들 것이라는 말로 최고 경영자가 10월 말에 사임하기로 결정했다는 사실에 대한 의견을 제시했으므로 정답이다.

어휘 step down 사임하다 executive officer 임원 replace[ripléis] (다른 사람·사물을) 대체하다, 대신하다

26

🎧 캐나다식 발음 → 영국식 발음

Are you still in Atlanta, or has your train left the station?

(A) I'm heading to Denver now.
(B) I think I'll go to Atlanta for vacation.
(C) Really? My friend is from there.

당신은 아직 애틀랜타에 있나요, 아니면 당신의 기차가 역을 떠났나요?

(A) 저는 지금 덴버로 가고 있어요.
(B) 저는 휴가차 애틀랜타에 갈 것 같아요.
(C) 정말요? 제 친구가 그곳 출신이에요.

■ 선택 의문문

정답 (A)

상대방이 아직 애틀랜타에 있는지 아니면 기차가 역을 떠났는지를 묻는 선택 의문문이다.

(A) [○] 지금 덴버로 가고 있다는 말로 기차가 역을 떠났다는 것을 간접적으로 선택했으므로 정답이다.

(B) [×] 질문의 Atlanta를 반복 사용하여 혼동을 준 오답이다.

(C) [×] 상대방이 아직 애틀랜타에 있는지 아니면 기차가 역을 떠났는지를 물었는데, 이와 관련이 없는 자신의 친구가 그곳 출신이라는 내용으로 응답했으므로 오답이다. 질문의 Atlanta(애틀랜타)를 나타낼 수 있는 there를 사용하여 혼동을 주었다.

어휘 head[hed] 가다, 향하다 vacation[veikéiʃən] 휴가; 휴가를 보내다

27

🎧 미국식 발음 → 캐나다식 발음

Some of the shelves by the registers look low on merchandise.

(A) Yes, from our warehouse in Ohio.
(B) Shelves will be installed soon.
(C) They'll be stocked now that we have more goods.

금전 등록기들 옆의 몇몇 선반들에 물품이 부족해 보여요.

(A) 네, 오하이오에 있는 우리 창고로부터요.
(B) 선반들이 곧 설치될 거예요.
(C) 우리가 물품을 더 보유하고 있으니 그것들은 채워질 거예요.

■ 평서문

정답 (C)

금전 등록기들 옆의 몇몇 선반들에 물품이 부족해 보인다는 문제점을 언급하는 평서문이다.

(A) [×] merchandise(물품)에서 연상할 수 있는 물품 보관 장소와 관련된 warehouse(창고)를 사용하여 혼동을 준 오답이다.

(B) [×] 금전 등록기들 옆의 몇몇 선반들에 물품이 부족해 보인다고 했는데, 이와 관련이 없는 선반들이 곧 설치될 것이라는 내용으로 응답했으므로 오답이다. 질문의 shelves를 반복 사용하여 혼동을 주었다.

(C) [○] 자신들이 물품을 더 보유하고 있으니 그것들이 채워질 것이라는 말로 문제점에 대한 해결책을 제시했으므로 정답이다.

어휘 register[rédʒistər] 금전 등록기 low on ~이 부족한 merchandise[mə́:rtʃəndaiz] 물품, 상품 warehouse[wɛ́ərhaus] 창고 stock[stɑk] (물품을) 채우다, 갖추다

28

ⓐ 호주식 발음 → 영국식 발음

Are you able to troubleshoot computer problems?

(A) That depends on the issue.
(B) You've been no trouble at all.
(C) The laptops are for business use only.

당신은 컴퓨터 문제들을 해결할 수 있나요?

(A) 그것은 문제에 달려 있어요.
(B) 당신은 전혀 폐가 되지 않았어요.
(C) 노트북 컴퓨터들은 오직 업무용이에요.

■ Be 동사 의문문　　　정답 (A)

컴퓨터 문제들을 해결할 수 있는지를 확인하는 Be 동사 의문문이다.
(A) [o] 그것은 문제에 달려 있다는 말로 컴퓨터 문제들이 무엇이냐에 따라 해결할 수 있다는 것을 전달했으므로 정답이다.
(B) [x] 컴퓨터 문제들을 해결할 수 있는지를 물었는데, 이와 관련이 없는 상대방이 전혀 폐가 되지 않았다는 내용으로 응답했으므로 오답이다. troubleshoot – trouble의 유사 발음 어휘를 사용하여 혼동을 주었다.
(C) [x] computer(컴퓨터)와 관련 있는 laptops(노트북 컴퓨터들)를 사용하여 혼동을 준 오답이다.

어휘　troubleshoot[trʌ́blʃùːt] 해결하다, 중재하다　depend on ~에 달려 있다　trouble[trʌ́bl] 폐, 성가심, 문제; 폐를 끼치다, 걱정하다
　　　for business use 업무용의

29

ⓐ 호주식 발음 → 미국식 발음

Why did the diners return these appetizers to the kitchen?

(A) Do you provide full refunds?
(B) My favorite dish is the mushroom pasta.
(C) Some of the chicken seems undercooked.

손님들이 왜 이 전채 요리들을 주방으로 돌려보냈나요?

(A) 전액 환불을 해주나요?
(B) 제가 가장 좋아하는 요리는 버섯 파스타예요.
(C) 닭고기 몇 개가 덜 익은 것 같아요.

■ Why 의문문　　　정답 (C)

손님들이 왜 전채 요리들을 주방으로 돌려보냈는지를 묻는 Why 의문문이다.
(A) [x] 손님들이 왜 전채 요리들을 주방으로 돌려보냈는지를 물었는데, 이와 관련이 없는 전액 환불을 해주느냐는 내용으로 되물었으므로 오답이다. 질문의 return(돌려보내다)의 다른 의미인 '반품하다'와 관련된 refunds(환불)를 사용하여 혼동을 주었다.
(B) [x] appetizers(전채 요리)와 관련 있는 dish(요리)와 mushroom pasta(버섯 파스타)를 사용하여 혼동을 준 오답이다.
(C) [o] 닭고기 몇 개가 덜 익은 것 같다는 말로 손님들이 전채 요리들을 주방으로 돌려보낸 이유를 언급했으므로 정답이다.

어휘　appetizer[미 ǽpitaizər, 영 ǽpətaizə] 전채 요리　seem[siːm] ~인 것 같다　undercooked[ʌ̀ndərkúkt] (음식이) 덜 익은

30

ⓐ 캐나다식 발음 → 영국식 발음

Where can I find a copy of the annual budget?

(A) You should talk to someone in the finance team.
(B) It was completed in April.
(C) We brought in over $20 million last year.

제가 연례 예산안의 사본을 어디에서 찾을 수 있나요?

(A) 재무팀에 있는 누군가에게 이야기하셔야 해요.
(B) 그것은 4월에 작성되었어요.
(C) 우리는 작년에 2천만 달러 이상의 이익을 가져왔어요.

■ Where 의문문　　　정답 (A)

자신이 연례 예산안의 사본을 어디에서 찾을 수 있는지를 묻는 Where 의문문이다.
(A) [o] 재무팀에 있는 누군가에게 이야기해야 한다는 말로 연례 예산안의 사본을 찾을 수 있는 출처를 언급했으므로 정답이다.
(B) [x] 자신이 연례 예산안의 사본을 어디에서 찾을 수 있는지를 물었는데, 이와 관련이 없는 그것은 4월에 작성되었다는 내용으로 응답했으므로 오답이다. 질문의 a copy of the annual budget(연례 예산안의 사본)을 나타낼 수 있는 It을 사용하여 혼동을 주었다.
(C) [x] budget(예산안)에서 연상할 수 있는 금액과 관련된 $20 million(2천만 달러)을 사용하여 혼동을 준 오답이다.

어휘　annual[ǽnjuəl] 연례의, 해마다의　budget[bʌ́dʒit] 예산안, 예산　finance[fáinæns] 재무, 재정　complete[kəmplíːt] 작성하다, 기입하다
　　　bring in (이익·이자를) 가져오다

🎧 미국식 발음 → 호주식 발음

But I thought Ms. Stein had to postpone her flight to Mexico City.

(A) Airport shuttles leave every hour.
(B) That was before her plans were updated.
(C) Actually, the function went longer than expected.

하지만 저는 Ms. Stein이 멕시코시티로 가는 그녀의 항공편을 연기해야 하는 줄 알았어요.

(A) 공항 셔틀버스는 매시간마다 출발해요.
(B) 그것은 그녀의 계획들이 갱신되기 전이었어요.
(C) 실은, 연회가 예상보다 오래 진행됐어요.

■ 평서문

정답 (B)

Ms. Stein이 멕시코시티로 가는 항공편을 연기해야 하는 줄 알았다는 의견을 제시하는 평서문이다.

(A) [×] flight(항공편)과 관련 있는 Airport(공항)를 사용하여 혼동을 준 오답이다.
(B) [○] 그것은 그녀의 계획들이 갱신되기 전이었다는 말로 Ms. Stein이 항공편을 연기하지 않아도 됐었음을 전달했으므로 정답이다.
(C) [×] postpone(연기하다)과 관련 있는 longer than expected(예상보다 오래)를 사용하여 혼동을 준 오답이다.

어휘   postpone [poustpóun] 연기하다, 미루다   update [ʌpdéit] 갱신하다, 새롭게 하다   function [fʌ́ŋkʃən] 연회, 행사   expect [ikspékt] 예상하다

32
33
34

Questions 32-34 refer to the following conversation.

🔊 캐나다식 발음 → 영국식 발음

M: I'm calling from Data-Trend Enterprises. ³²We have a client flying in from Shanghai tomorrow morning and would like a driver from your chauffeur service to pick her up from the airport.

W: I can arrange that for you. May I have her name, flight number, and arrival time?

M: Her name is Tina Ming, and she'll be arriving on Flight DF304 at 10:20 A.M. Also, ³³could she be taken to the Palm Hotel before being brought to our office? She'll need to drop off her luggage.

W: No problem. ³⁴I'll add the pickup to our schedule, and one of our employees will be at the airport in the morning to get her.

32 Why is the man calling?
(A) To purchase a ticket
(B) To hire a car service
(C) To change a reservation
(D) To confirm a flight time

33 Where will Ms. Ming most likely go first upon arrival?
(A) To an office
(B) To a train station
(C) To a hotel
(D) To a rental agency

34 What does the woman say she will do?
(A) Update a timetable
(B) Sign an agreement
(C) Return a vehicle
(D) Wait in an airport

32-34번은 다음 대화에 관한 문제입니다.

M: Data-Trend사에서 전화드립니다. ³²저희에게는 내일 아침에 상하이에서 비행기를 타고 오는 고객이 있어서 귀사의 운전기사 서비스의 기사 한 분이 공항에서 그녀를 태워 오도록 하고 싶어요.

W: 제가 귀하를 위해 그것을 준비해드릴 수 있습니다. 그녀의 이름, 항공편 번호, 그리고 도착 시각을 알 수 있을까요?

M: 그녀의 이름은 Tina Ming이고, 오전 10시 20분에 DF304 항공편으로 도착할 거예요. 또한, ³³그녀를 저희 사무실로 데려오시기 전에 Palm 호텔로 안내해주시겠어요? 그녀가 짐을 내려놓아야 할 거예요.

W: 문제없습니다. ³⁴저희 일정에 그 승객을 태우는 것을 추가할 것이며, 저희 직원들 중 한 명이 그녀를 모셔 오기 위해 아침에 공항에 나가 있을 것입니다.

32. 남자는 왜 전화를 하고 있는가?
(A) 티켓을 구입하기 위해
(B) 자동차 서비스를 고용하기 위해
(C) 예약을 변경하기 위해
(D) 비행시간을 확인하기 위해

33. Ms. Ming은 도착하자마자 먼저 어디로 갈 것 같은가?
(A) 사무실로
(B) 기차역으로
(C) 호텔로
(D) 대여점으로

34. 여자는 무엇을 할 것이라고 말하는가?
(A) 일정표를 업데이트한다.
(B) 계약서에 서명한다.
(C) 차량을 반납한다.
(D) 공항에서 기다린다.

지문 **chauffeur**[ʃóufər] 운전기사 **arrange**[əréindʒ] 준비하다, 마련하다 **drop off** 내려놓다, 들르다
33 **rental**[réntl] 대여, 임대
34 **timetable**[táimteibl] 일정표 **agreement**[əgríːmənt] 계약서, 계약 **vehicle**[víːikl] 차량

32 ■ 전체 대화 관련 문제 목적   정답 (B)

남자가 전화를 건 목적을 묻는 문제이므로, 대화의 초반을 반드시 듣는다. 남자가 "We have a client flying in from Shanghai tomorrow morning and would like a driver from your chauffeur service to pick her up from the airport."라며 내일 아침에 상하이에서 비행기를 타고 오는 고객이 있어서, 여자 회사의 운전기사 서비스의 기사 한 명이 공항에서 고객을 태워 오도록 하고 싶다고 하였다. 따라서 정답은 (B) To hire a car service이다.

33 ■ 세부 사항 관련 문제 특정 세부 사항   정답 (C)

Ms. Ming이 도착하자마자 먼저 갈 장소를 묻는 문제이므로, 질문의 핵심어구(Ms. Ming ~ go first)와 관련된 내용을 주의 깊게 듣는다. 남자가 여자에게 "could she[Ms. Ming] be taken to the Palm Hotel before being brought to our office?"라며 Ms. Ming을 사무실로 데려오기 전에 Palm 호텔로 안내해달라고 하였다. 따라서 정답은 (C) To a hotel이다.

34 ■ 세부 사항 관련 문제 다음에 할 일   정답 (A)

여자가 하겠다고 말한 것을 묻는 문제이므로, 질문의 핵심어구(will do)와 관련된 내용을 주의 깊게 듣는다. 여자가 "I'll add the pickup to our schedule"이라며 자신들의 일정에 그 승객을 태우는 것을 추가할 것이라고 하였다. 따라서 정답은 (A) Update a timetable 이다.

바꾸어 표현하기

add the pickup to ~ schedule 일정에 그 승객을 태우는 것을 추가하다 → Update a timetable 일정표를 업데이트하다

Questions 35-37 refer to the following conversation.

🎧 미국식 발음 → 캐나다식 발음

W: Hello. My name is Leslie Carver from Dannis Incorporated. ³⁵My department will be having a luncheon on July 2 at noon. I'd like you to deliver food and drinks to the eighth-floor conference room for approximately 50 people on that day.

M: OK, Ms. Carver. Do you expect any attendees with special dietary requirements?

W: Yes, actually. ³⁶I noticed on your online menu that you have vegetarian sandwiches, so could I please order 10 of those? For the remaining sandwiches, I think a combination of the chicken salad and roast beef ones would work. Also, ³⁷do you offer drinks without any sugar?

35 What are the speakers mainly discussing?
(A) Local restaurants
(B) Food rates
(C) Event catering
(D) Diet programs

36 What does the woman mention about the menu?
(A) It includes a vegetarian selection.
(B) It was recently revised.
(C) It indicates discounts for group orders.
(D) It shows new drink varieties.

37 What does the woman ask the man about?
(A) Meal prices
(B) Venue choices
(C) Delivery times
(D) Beverage options

35-37번은 다음 대화에 관한 문제입니다.

W: 안녕하세요. 저는 Dannis사의 Leslie Carver입니다. ³⁵저희 부서는 7월 2일 정오에 오찬을 가질 예정입니다. 저는 귀사가 그날 약 50명을 위한 음식과 음료를 8층 회의실로 배달해주셨으면 해요.
M: 알겠습니다, Ms. Carver. 특정한 음식 섭취 요구 조건이 있는 참석자들을 예상하시나요?
W: 실은, 그래요. ³⁶제가 귀사의 온라인 메뉴에서 채식주의자를 위한 샌드위치가 있는 것을 알게 되었는데, 그것들 10개를 주문할 수 있을까요? 나머지 샌드위치들에 대해서는, 치킨 샐러드와 로스트 비프 샌드위치들의 조합이면 괜찮을 것 같아요. 또한, ³⁷설탕이 전혀 없는 음료를 제공하시나요?

35. 화자들은 주로 무엇에 관해 이야기하고 있는가?
(A) 지역 식당들
(B) 음식 가격
(C) 행사 음식 공급
(D) 다이어트 프로그램들

36. 여자는 메뉴에 관해 무엇을 언급하는가?
(A) 채식주의자를 위한 선택물을 포함한다.
(B) 최근에 변경되었다.
(C) 단체 주문에 대한 할인을 나타낸다.
(D) 새로운 음료 종류들을 보여준다.

37. 여자는 남자에게 무엇에 관해 문의하는가?
(A) 음식 가격
(B) 장소 선택
(C) 배달 시간
(D) 음료 선택 사항

지문 department[dipá:rtmənt] 부서 luncheon[lʌ́ntʃən] 오찬 deliver[dilívər] 배달하다 attendee[ətèndí:] 참석자
dietary[dáiətèri] 음식 섭취의 requirement[rikwáiərmənt] 요구 조건 vegetarian[vèdʒətɛ́əriən] 채식주의자를 위한
remaining[riméiniŋ] 나머지의, 남아 있는 combination[kàmbənéiʃən] 조합

35 catering[kéitəriŋ] 음식 공급

36 selection[silékʃən] 선택물 indicate[índikeit] 나타내다 variety[vəráiəti] 종류, 여러 가지

37 venue[vénju:] 장소

35 ■ 전체 대화 관련 문제 주제
○○○○● 중

정답 (C)

대화의 주제를 묻는 문제이므로, 대화의 초반을 주의 깊게 들은 후 전체 맥락을 파악한다. 여자가 "My department will be having a luncheon on July 2 at noon. I'd like you to deliver food and drinks"라며 자신의 부서가 7월 2일 정오에 오찬을 가질 예정인데 남자의 회사에서 음식과 음료를 배달해주었으면 좋겠다고 한 뒤, 행사를 위한 음식과 음료 메뉴에 관한 내용으로 대화가 이어지고 있다. 따라서 정답은 (C) Event catering이다.

36 ■ 세부 사항 관련 문제 언급
○○○○● 중

정답 (A)

여자가 메뉴에 관해 언급하는 것을 묻는 문제이므로, 여자의 말에서 질문의 핵심어구(menu)가 언급된 주변을 주의 깊게 듣는다. 여자가 "I noticed on your online menu that you have vegetarian sandwiches"라며 남자 회사의 온라인 메뉴에서 채식주의자를 위한 샌드위치가 있는 것을 알게 되었다고 하였다. 따라서 정답은 (A) It includes a vegetarian selection이다.

37 ■ 세부 사항 관련 문제 특정 세부 사항
○○○○● 하

정답 (D)

여자가 남자에게 문의하는 것을 묻는 문제이므로, 여자의 말을 주의 깊게 듣는다. 여자가 남자에게 "do you offer drinks without any sugar?"라며 설탕이 전혀 없는 음료를 제공하는지 물었다. 따라서 정답은 (D) Beverage options이다.

바꾸어 표현하기
drinks 음료 → Beverage 음료

Questions 38-40 refer to the following conversation.

[음성] 호주식 발음 → 미국식 발음

M: Good afternoon. My name is Frank Peters, and ³⁸I have my yearly physical examination today with Dr. Murray. My appointment is at 10:45 A.M.

W: Hello, Mr. Peters. ³⁸Please wait while I pull up your records. Also, ³⁹did you by chance bring your health insurance card today? If so, please place it on the counter.

M: Yes, I have it right here. But may I ask what you need it for? Isn't my insurance information already on file?

W: ⁴⁰All the state hospitals recently adopted a new record-sharing system that will keep patients like you from having to register personal information at each facility. I just want to confirm that your medical records are in order following the upgrade.

38 Who most likely is the woman?
(A) A clinic patient
(B) A personal assistant
(C) A receptionist
(D) A pharmacist

39 What does the woman ask for?
(A) An insurance card
(B) A driver's license
(C) A registration form
(D) A medicine prescription

40 According to the woman, what is a benefit of the new system?
(A) Patients will be notified.
(B) Records will be protected.
(C) Information will be shared.
(D) Software will be upgraded.

38-40번은 다음 대화에 관한 문제입니다.

M: 안녕하세요. 제 이름은 Frank Peters이고, ³⁸저는 오늘 Dr. Murray와의 연간 건강 검진이 있어요. 제 예약은 오전 10시 45분이에요.

W: 안녕하세요, Mr. Peters. ³⁸제가 귀하의 기록을 불러오는 동안 기다려주세요. 또한, ³⁹혹시 오늘 귀하의 건강 보험증을 가져오셨나요? 그렇다면, 그것을 카운터 위에 놓아주세요.

M: 네, 바로 여기 있습니다. 그런데 무엇 때문에 그것이 필요한지 여쭤봐도 될까요? 이미 파일에 제 보험 정보가 있지 않나요?

W: ⁴⁰모든 주립 병원들이 최근에 귀하와 같은 환자들이 각 시설에서마다 개인 정보를 등록하지 않아도 되게 해줄 새로운 기록 공유 시스템을 채택했어요. 저는 그저 그 업그레이드 후에 귀하의 의료 기록이 제대로 되어 있는지 확인하려고 해요.

38. 여자는 누구인 것 같은가?
(A) 병원 환자
(B) 개인 비서
(C) 접수 담당자
(D) 약사

39. 여자는 무엇을 요청하는가?
(A) 보험증
(B) 운전면허증
(C) 신청서
(D) 약 처방전

40. 여자에 따르면, 새로운 시스템의 이점은 무엇인가?
(A) 환자들이 통지를 받을 것이다.
(B) 기록이 보호될 것이다.
(C) 정보가 공유될 것이다.
(D) 소프트웨어가 업그레이드될 것이다.

지문   physical examination 건강 검진   by chance 혹시, 우연히   adopt[ədápt] 채택하다   register[rédʒistər] 등록하다   in order 제대로 된
38   pharmacist[fáːrməsist] 약사
39   prescription[priskrípʃən] 처방전
40   notify[nóutəfai] 통지하다, 알리다

38 ■ 전체 대화 관련 문제 화자   정답 (C)

여자의 신분을 묻는 문제이므로, 신분 및 직업과 관련된 표현을 놓치지 않고 듣는다. 남자가 "I have my yearly physical examination today with Dr. Murray"라며 오늘 Dr. Murray와의 연간 건강 검진이 있다고 하자, 여자가 "Please wait while I pull up your records."라며 자신이 남자의 기록을 불러오는 동안 기다려달라고 하였다. 이를 통해 여자가 접수 담당자임을 알 수 있다. 따라서 정답은 (C) A receptionist이다.

39 ■ 세부 사항 관련 문제 요청   정답 (A)

여자가 요청하는 것을 묻는 문제이므로, 여자의 말에서 요청과 관련된 표현이 언급된 주변을 주의 깊게 듣는다. 여자가 "did you ~ bring your health insurance card today?"라며 오늘 건강 보험증을 가져왔는지를 물었다. 따라서 정답은 (A) An insurance card이다.

40 ■ 세부 사항 관련 문제 특정 세부 사항   정답 (C)

여자가 새로운 시스템의 이점이라고 말한 것을 묻는 문제이므로, 여자의 말에서 질문의 핵심어구(new system)와 관련된 내용을 주의 깊게 듣는다. 여자가 "All the state hospitals recently adopted a new record-sharing system that will keep patients ~ from having to register personal information at each facility."라며 모든 주립 병원들이 최근에 환자들이 각 시설에서마다 개인 정보를 등록하지 않아도 되게 해줄 새로운 기록 공유 시스템을 채택했다고 하였다. 따라서 정답은 (C) Information will be shared이다.

Questions 41-43 refer to the following conversation.

🎧 캐나다식 발음 → 영국식 발음

M: Good morning, Ms. Willard. This is Hiro Kusanagi from Décor Max. I visited your booth at the Virginia Crafts Exhibition, and I was impressed with the wooden picture frames you make. ⁴¹Would you be willing to sell them at my store on a commission basis?

W: I'd be very interested, Mr. Kusanagi. ⁴²Why don't I bring some samples to your store later this week?

M: Great. We can talk about prices and other details then as well. Um, ⁴³how many frames can you produce each month?

W: About 40 . . . But I could make more if I hired a couple of assistants for my workshop.

M: That probably won't be necessary right away. But we can talk more about that when we meet.

41 What is the purpose of the call?
    (A) To arrange a workshop tour
    (B) To order some decorative items
    (C) To reserve an exhibition booth
    (D) To propose a business deal

42 What does the woman offer to do?
    (A) Visit a store
    (B) Mail some samples
    (C) Reduce some prices
    (D) Hang up a frame

43 What does the man ask about?
    (A) A production capacity
    (B) The size of a workforce
    (C) A manufacturing process
    (D) The names of some assistants

41-43번은 다음 대화에 관한 문제입니다.

M: 안녕하세요, Ms. Willard, 저는 Décor Max의 Hiro Kusanagi입니다. 저는 버지니아 공예 박람회에서 당신의 부스를 방문했었고, 당신이 제작하는 목제 사진 액자들에 깊은 인상을 받았어요. ⁴¹저희 상점에서 수수료 제도로 그것들을 판매할 의향이 있으신가요?

W: 저는 아주 관심이 있어요, Mr. Kusanagi. ⁴²제가 이번 주 후반에 당신의 상점으로 견본 몇 개를 가지고 가면 어떨까요?

M: 좋아요. 저희는 그때 가격과 다른 세부 사항들에 관해서도 이야기를 나눌 수 있겠군요. 음, ⁴³매달 몇 개의 액자를 생산하실 수 있으신가요?

W: 40개 정도요… 하지만 제 작업장에 두어 명의 조수들을 고용한다면, 더 많이 만들 수 있을 거예요.

M: 그것은 아마 당장 필요하지는 않을 거예요. 하지만 우리가 만나면 그것에 관해 더 많은 이야기를 나눌 수 있겠죠.

41. 전화의 목적은 무엇인가?
    (A) 작업장 견학을 계획하기 위해
    (B) 몇몇 장식용 물품들을 주문하기 위해
    (C) 전시 부스를 예약하기 위해
    (D) 사업 거래를 제안하기 위해

42. 여자는 무엇을 해주겠다고 제안하는가?
    (A) 상점을 방문한다.
    (B) 몇몇 견본을 우편으로 부친다.
    (C) 가격을 인하한다.
    (D) 액자를 건다.

43. 남자는 무엇에 관해 문의하는가?
    (A) 생산 능력
    (B) 직원 규모
    (C) 제조 과정
    (D) 몇몇 조수들의 이름

지문 craft[kræft] 공예 exhibition[èksəbíʃən] 박람회 impressed[imprést] 깊은 인상을 받은 commission[kəmíʃən] 수수료
      sample[미 sǽmpl, 영 sάːmpl] 견본 assistant[əsístənt] 조수, 보조 workshop[미 wɔ́ːrkʃɑːp, 영 wɔ́ːkʃɔp] 작업장
  41 arrange[əréindʒ] 계획하다 decorative[dékərətiv] 장식용의 propose[prəpóuz] 제안하다
  42 mail[meil] 우편으로 부치다
  43 capacity[kəpǽsəti] 능력 workforce[wɔ́ːrkfɔːrs] (특정 기업·조직 등의) (모든) 직원, 노동 인력

41 ■ 전체 대화 관련 문제 목적   정답 (D)

최상 전화의 목적을 묻는 문제이므로, 대화의 초반을 반드시 듣는다. 남자가 "Would you be willing to sell them[wooden picture frames] at my store on a commission basis?"라며 자신의 상점에서 수수료 제도로 목제 사진 액자들을 판매할 의향이 있는지 물었다. 따라서 정답은 (D) To propose a business deal이다.

42 ■ 세부 사항 관련 문제 제안   정답 (A)

중 여자가 해주겠다고 제안하는 것을 묻는 문제이므로, 여자의 말에서 남자를 위해 해주겠다고 언급한 내용을 주의 깊게 듣는다. 여자가 남자에게 "Why don't I bring some samples to your store later this week?"라며 자신이 이번 주 후반에 남자의 상점으로 견본 몇 개를 가지고 가는 것을 제안하였다. 따라서 정답은 (A) Visit a store이다.

43 ■ 세부 사항 관련 문제 특정 세부 사항   정답 (A)

상 남자가 문의하는 것을 묻는 문제이므로, 남자의 말을 주의 깊게 듣는다. 남자가 "how many frames can you produce each month?"라며 매달 몇 개의 액자를 생산할 수 있는지를 물었다. 따라서 정답은 (A) A production capacity이다.

Questions 44-46 refer to the following conversation.

🎧 영국식 발음 → 호주식 발음

W: Alonso, are you done creating the blueprints for the Morissey Building? ⁴⁴Our supervisor wants to review them in our meeting at 4:00 P.M.

M: Not yet. ⁴⁵I'm still working on the presentation slideshow for the seminar I'm leading tomorrow on finding architectural inspiration. It's been taking me longer than anticipated.

W: Hmm . . . I gave a similar presentation to new hires last year. ⁴⁶How about I finish the slideshow so that you can focus on the blueprints?

M: I'll e-mail you the presentation materials in a minute. Let me just wrap up the design for this slide and save the file to my computer. ⁴⁶I really appreciate your assistance.

44 According to the woman, what does the supervisor want to do?
(A) Search for an architect
(B) Change a meeting time
(C) Look over some plans
(D) Evaluate some staff

45 What problem does the man mention?
(A) A task is taking too long.
(B) A new hire is going to be late.
(C) A building has been closed down.
(D) A customer has made a complaint.

46 Why does the man say, "I'll e-mail you the presentation materials in a minute"?
(A) To agree to take on an assignment
(B) To show interest in a project
(C) To accept an offer of help
(D) To express concern about a situation

44-46번은 다음 대화에 관한 문제입니다.

W: Alonso, Morissey 건물의 설계도를 제작하는 것을 끝냈나요? ⁴⁴우리의 상사가 오후 4시에 있을 회의에서 그것들을 검토하고 싶어 해요.

M: 아직이요. ⁴⁵저는 여전히 내일 제가 이끌게 될 건축적인 영감을 얻는 것에 관한 세미나의 발표 슬라이드 쇼를 작업하고 있어요. 그것은 예상보다 더 오래 걸리고 있어요.

W: 흠… 제가 작년에 신입 사원들에게 비슷한 발표를 했어요. ⁴⁶당신이 설계도에 집중할 수 있도록 제가 슬라이드 쇼를 마무리 짓는 게 어떨까요?

M: 제가 곧 당신에게 발표 자료들을 이메일로 보낼게요. 이 슬라이드의 디자인만 마무리해서 제 컴퓨터에 저장해놓을게요. ⁴⁶도와주셔서 정말 감사드려요.

44. 여자에 따르면, 상사는 무엇을 하고 싶어 하는가?
(A) 건축가를 찾아본다.
(B) 회의 시간을 변경한다.
(C) 몇몇 설계도들을 검토한다.
(D) 몇몇 직원들을 평가한다.

45. 남자는 무슨 문제를 언급하는가?
(A) 업무가 너무 오래 걸리고 있다.
(B) 신입 사원이 늦을 것이다.
(C) 건물이 폐쇄되었다.
(D) 고객이 항의를 했다.

46. 남자는 왜 "제가 곧 당신에게 발표 자료들을 이메일로 보낼게요"라고 말하는가?
(A) 업무를 맡는 것에 동의하기 위해
(B) 프로젝트에 대한 관심을 보여주기 위해
(C) 도움에 대한 제안을 받아들이기 위해
(D) 상황에 대한 우려를 표하기 위해

지문 blueprint[blú:print] 설계도, 청사진 architectural[미 à:rkətéktʃərəl, 영 à:kitéktʃərəl] 건축적인 inspiration[미 ìnspəréiʃən, 영 ìnspiréiʃən] 영감 anticipate[æntísəpeit] 예상하다 new hire 신입 사원 wrap up 마무리 짓다

45 close down 폐쇄하다 complaint[kəmpléint] 항의

46 take on ~을 맡다 concern[kənsə́:rn] 우려

44 ■ **세부 사항 관련 문제** 특정 세부 사항   정답 (C)

여자가 상사가 하고 싶어 한다고 말한 것을 묻는 문제이므로, 여자의 말에서 질문의 핵심어구(supervisor want to do)와 관련된 내용을 주의 깊게 듣는다. 여자가 "Our supervisor wants to review them[blueprints] in our meeting at 4:00 P.M."이라며 자신들의 상사가 오후 4시에 있을 회의에서 설계도를 검토하고 싶어 한다고 하였다. 따라서 정답은 (C) Look over some plans이다.

45 ■ **세부 사항 관련 문제** 문제점   정답 (A)

남자가 언급하는 문제점을 묻는 문제이므로, 남자의 말에서 부정적인 표현이 언급된 주변을 주의 깊게 듣는다. 남자가 "I'm still working on the presentation slideshow for the seminar ~. It's been taking me longer than anticipated."라며 자신이 여전히 세미나의 발표 슬라이드 쇼를 작업하고 있다고 한 뒤, 그것이 예상보다 더 오래 걸리고 있다고 하였다. 따라서 정답은 (A) A task is taking too long이다.

46 ■ **세부 사항 관련 문제** 의도 파악   정답 (C)

남자가 하는 말의 의도를 묻는 문제이므로, 질문의 인용어구(I'll e-mail you the presentation materials in a minute)가 언급된 주변을 주의 깊게 듣는다. 여자가 "How about I finish the slideshow so that you can focus on the blueprints?"라며 남자가 설계도에 집중할 수 있도록 자신이 슬라이드 쇼를 마무리 짓는 게 어떨지를 제안하자, 남자가 "I ~ appreciate your assistance."라며 도와줘서 고맙다고 한 말을 통해 남자가 도움에 대한 제안을 받아들이려는 의도임을 알 수 있다. 따라서 정답은 (C) To accept an offer of help이다.

Questions 47-49 refer to the following conversation with three speakers.

🎧 캐나다식 발음 → 미국식 발음 → 호주식 발음

M1: Yumi and Brian, 47will Hall A in our museum have enough room for the Egyptian art exhibition?

W: Maybe. There aren't many pieces to display, right?

M2: Just two dozen. But 48they're all large, so we need a big space . . . I recommend Hall C instead. Is it available?

M1: It will be. Korean tapestries are there now, but our director said to take them down on August 1.

W: Umm . . . 49I'm a little worried, since that only gives us three days to set up the necessary pieces.

M2: How about printing the labels for the Egyptian works beforehand? Then we could just move everything into the hall prior to the event.

W: OK. I'll grab the artwork list for us to reference now.

47 What are the speakers mainly discussing?
(A) A museum closing
(B) A historical site
(C) A remodeled venue
(D) A future exhibition

48 What does Brian imply about Hall C?
(A) It is currently vacant.
(B) It will be expanded soon.
(C) It is bigger than another area.
(D) It will be used for a convention.

49 Why is the woman concerned?
(A) A project deadline is unclear.
(B) A display has too few items.
(C) A space has to be enlarged.
(D) A schedule might be tight.

47-49번은 다음 세 명의 대화에 관한 문제입니다.

M1: Yumi와 Brian, 47우리 박물관에 있는 A홀에 이집트 예술품 전시를 위한 충분한 공간이 있을까요?

W: 아마도요. 전시할 작품들이 많지 않죠, 그렇죠?

M2: 24개뿐이에요. 하지만 48그것들이 모두 커서, 우리는 큰 장소가 필요해요… 저는 대신에 C홀을 추천해요. 그곳이 이용 가능한가요?

M1: 그럴 거예요. 지금은 한국 벽걸이 융단들이 거기에 있지만, 우리 관리자가 8월 1일에 그것들을 내리라고 말했거든요.

W: 음… 49우리에게 필요한 작품들을 설치할 시간이 3일밖에 주어지지 않을 거라서, 저는 조금 걱정이 되네요.

M2: 이집트 작품들을 위한 라벨들을 미리 출력하는 건 어때요? 그러면 우리는 행사 전에 모든 것을 전시관으로 옮기기만 하면 될 거예요.

W: 좋아요. 우리가 참조 부호를 달 수 있도록 제가 지금 예술품 목록을 가지고 올게요.

47. 화자들은 주로 무엇에 관해 이야기하고 있는가?
(A) 박물관 폐쇄
(B) 유적지
(C) 개조된 장소
(D) 향후의 전시

48. Brian은 C홀에 관해 무엇을 암시하는가?
(A) 현재 비어 있다.
(B) 곧 확장될 것이다.
(C) 다른 구역보다 더 넓다.
(D) 컨벤션을 위해 사용될 것이다.

49. 여자는 왜 걱정을 하는가?
(A) 프로젝트 마감 기한이 불확실하다.
(B) 전시에 물품들이 너무 적다.
(C) 공간이 확장되어야 한다.
(D) 일정이 빠듯할지도 모른다.

지문 room[ruːm] 공간, 자리 exhibition[èksəbíʃən] 전시 display[displéi] 전시하다; 전시 dozen[dʌ́zn] 12개 tapestry[tǽpəstri] 벽걸이 융단 take ~ down (구조물을 해체하여) 내리다, 치우다 set up 설치하다 beforehand[미 bifɔ́ːrhænd, 영 bifɔ́ːhænd] 미리 artwork[áːrtwəːrk] 예술품 reference[réfərəns] 참조 부호를 달다, 참고 표시를 하다
48 currently[kə́ːrəntli] 현재, 지금 vacant[véikənt] 비어 있는 expand[ikspǽnd] 확장시키다
49 enlarge[inláːrdʒ] 확장하다 tight[tait] (여유가 없이) 빠듯한

47 ■ 전체 대화 관련 문제 주제
정답 (D)
대화의 주제를 묻는 문제이므로, 대화의 초반을 주의 깊게 들은 후 전체 맥락을 파악한다. 남자 1이 "will Hall A in our museum have enough room for the Egyptian art exhibition?"이라며 자신들의 박물관에 있는 A홀에 이집트 예술품 전시를 위한 충분한 공간이 있을지 물은 뒤, 향후 열게 될 전시에 관한 내용으로 대화가 이어지고 있다. 따라서 정답은 (D) A future exhibition이다.

48 ■ 세부 사항 관련 문제 추론
정답 (C)
Brian 즉, 남자 2가 C홀에 관해 암시하는 것을 묻는 문제이므로, 남자 2의 말에서 질문의 핵심어구(Hall C)가 언급된 주변을 주의 깊게 듣는다. 남자 2[Brian]가 "they[pieces]'re all large, so we need a big space ~. I recommend Hall C instead."라며 작품들이 모두 커서 큰 장소가 필요하니, 대신에 C홀을 추천한다고 한 말을 통해 C홀이 다른 구역보다 더 넓은 장소임을 알 수 있다. 따라서 정답은 (C) It is bigger than another area이다.

49 ■ 세부 사항 관련 문제 문제점
정답 (D)
여자의 문제점을 묻는 문제이므로, 여자의 말에서 부정적인 표현이 언급된 다음을 주의 깊게 듣는다. 여자가 "I'm a little worried, since that only gives us three days to set up the necessary pieces."라며 자신들에게 필요한 작품들을 설치할 시간이 3일밖에 주어지지 않을 것이라서 조금 걱정이 된다고 하였다. 따라서 정답은 (D) A schedule might be tight이다.

Questions 50-52 refer to the following conversation.

🎧 호주식 발음 → 영국식 발음

M: Good afternoon. This is Carlos Tran, and I'm a representative from the Riverside Business Institute. [50]I was hoping to reach Ms. Brenda Ling in regard to the advanced accounting course she completed last week.

W: [50]This is Ms. Ling. What can I do for you?

M: I'm contacting the participants who went through the course to gather feedback. The responses we receive will help our organization to improve its services and curriculum in the future. [51]Could you spare a moment to answer some questions? It won't take up much of your time.

W: I'm actually quite busy at the moment. [52]I'll have some free time in the afternoon, however. Please call me back after 2 P.M.

50 What did the woman do last week?
(A) Finished taking a class
(B) Completed an accounting report
(C) Attended a ceremony
(D) Taught a business course

51 What does the man ask the woman to do?
(A) Seek out an advisor
(B) Check some messages
(C) Rearrange a schedule
(D) Respond to some questions

52 What will the man probably do after 2 P.M.?
(A) Get in touch with the woman again
(B) Distribute handouts to participants
(C) Visit an administrator's office
(D) Submit a curriculum outline

50-52번은 다음 대화에 관한 문제입니다.

M: 안녕하세요. 저는 Carlos Tran이고, Riverside 기업 협회의 직원입니다. [50]Ms. Brenda Ling이 지난주에 마친 상급 회계 강의와 관련하여 그녀에게 연락하고 싶었습니다.
W: [50]제가 Ms. Ling입니다. 무슨 일이시죠?
M: 저는 의견을 모으기 위해 강의를 수강한 참석자들에게 연락을 드리고 있어요. 저희가 받는 응답들은 저희 기관이 앞으로 서비스와 교육 과정을 개선하는 데 도움이 될 것입니다. [51]몇몇 질문에 대답하는 데 잠시 시간을 할애해주실 수 있나요? 귀하의 시간을 많이 뺏지는 않을 겁니다.
W: 실은 제가 지금 꽤 바빠요. [52]하지만, 오후에는 여유 시간이 좀 있을 거예요. 오후 2시 이후에 제게 다시 전화해주세요.

50. 여자는 지난주에 무엇을 했는가?
(A) 수업을 받는 것을 마쳤다.
(B) 회계 보고서를 작성했다.
(C) 시상식에 참석했다.
(D) 경영 강의를 가르쳤다.

51. 남자는 여자에게 무엇을 해달라고 요청하는가?
(A) 자문가를 찾아낸다.
(B) 몇몇 메시지들을 확인한다.
(C) 일정을 재조정한다.
(D) 몇몇 질문들에 응답한다.

52. 남자는 오후 2시 이후에 무엇을 할 것 같은가?
(A) 여자에게 다시 연락한다.
(B) 참석자들에게 유인물을 나누어준다.
(C) 관리자의 사무실을 방문한다.
(D) 교육 과정의 개요를 제출한다.

지문 institute[미 ínstətjùːt, 영 ínstitʃùːt] 협회, 연구소 advanced[미 ædvǽnst, 영 ədváːnst] 상급의, 고급의, 선진의
participant[미 pɑːrtísəpənt, 영 pɑːtísipənt] 참석자 gather[미 gǽðər, 영 gǽðə] 모으다, 수집하다 curriculum[kəríkjuləm] 교육 과정
spare[미 spɛər, 영 spɛə] (시간 등을) 할애하다
51 advisor[ædváizər] 자문 rearrange[rìːəréindʒ] (시간·장소 등을) 재조정하다
52 get in touch with ~와 연락하다 administrator[ədmínistreitər] 관리자, 행정인

50 ■ 세부 사항 관련 문제 특정 세부 사항   정답 (A)

여자가 지난주에 한 일을 묻는 문제이므로, 질문의 핵심어구(last week)가 언급된 주변을 주의 깊게 듣는다. 남자가 "I was hoping to reach Ms. Brenda Ling in regard to the ~ course she completed last week."이라며 Ms. Brenda Ling이 지난주에 마친 강의와 관련하여 그녀에게 연락하고 싶었다고 하자, 여자가 "This is Ms. Ling."이라며 자신이 Ms. Ling이라고 하였다. 이를 통해 여자가 지난주에 수업을 받는 것을 마쳤음을 알 수 있다. 따라서 정답은 (A) Finished taking a class이다.

51 ■ 세부 사항 관련 문제 요청   정답 (D)

남자가 여자에게 요청하는 것을 묻는 문제이므로, 남자의 말에서 요청과 관련된 표현이 언급된 다음을 주의 깊게 듣는다. 남자가 여자에게 "Could you spare a moment to answer some questions?"라며 몇몇 질문들에 대답하는 데 잠시 시간을 할애해줄 수 있는지 물었다. 따라서 정답은 (D) Respond to some questions이다.

바꾸어 표현하기
answer some questions 몇몇 질문들에 대답하다 → Respond to some questions 몇몇 질문들에 응답하다

52 ■ 세부 사항 관련 문제 다음에 할 일   정답 (A)

남자가 오후 2시 이후에 할 일을 묻는 문제이므로, 질문의 핵심어구(after 2 P.M.)가 언급된 주변을 주의 깊게 듣는다. 여자가 "I'll have some free time in the afternoon ~. Please call me back after 2 P.M."이라며 오후에는 여유 시간이 좀 있을 것이니 오후 2시 이후에 자신에게 다시 전화해달라고 하였다. 따라서 정답은 (A) Get in touch with the woman again이다.

Questions 53-55 refer to the following conversation.

🔊 캐나다식 발음 → 미국식 발음

M: Do you know if Mr. Patel's flight has been delayed? ⁵³I just heard that there was a blizzard in Edinburgh. I'm a little worried that he won't make it today.

W: Actually, he is based in Edmonton.

M: Oh, OK. ⁵⁴It is important that he be here for the presentation this afternoon. The more investors at the meeting, the greater the chance we will get the financial support we require. Did you already set up the conference room?

W: Yes, but ⁵⁵the projector wasn't working. I've called someone in the IT department to come take a look at it. It should be taken care of soon.

53 What does the woman imply when she says, "he is based in Edmonton"?
(A) Mr. Patel will arrive on schedule.
(B) Mr. Patel should book a different flight.
(C) Mr. Patel should postpone a trip.
(D) Mr. Patel will relocate to another city.

54 According to the man, who most likely is Mr. Patel?
(A) A pilot
(B) A technician
(C) An investor
(D) A manager

55 What problem does the woman mention?
(A) A meeting place is all booked.
(B) An engineer is unavailable.
(C) A deadline is approaching.
(D) A device is malfunctioning.

53-55번은 다음 대화에 관한 문제입니다.

M: Mr. Patel의 비행기가 연착됐는지 아세요? ⁵³에든버러에 눈보라가 쳤다는 소식을 방금 들었어요. 그가 오늘 오지 못할까 봐 조금 걱정되네요.

W: 사실, 그는 에드먼턴에 본거지를 두고 있어요.

M: 오, 그렇군요. ⁵⁴그가 오늘 오후의 발표에 여기 있는 것이 중요하거든요. 회의에 많은 투자자들이 참석할수록, 우리가 필요로 하는 재정적 지원을 받을 가능성이 높아져요. 회의실 준비는 다 되었나요?

W: 네, 하지만 ⁵⁵프로젝터가 작동하지 않았어요. IT 부서 사람을 불러서 좀 봐 달라고 했어요. 곧 처리될 거예요.

53. 여자는 "그는 에드먼턴에 본거지를 두고 있어요"라고 말할 때 무엇을 의도하는가?
(A) Mr. Patel은 예정대로 도착할 것이다.
(B) Mr. Patel은 다른 비행기를 예약해야 한다.
(C) Mr. Patel은 여행을 연기해야 한다.
(D) Mr. Patel은 다른 도시로 이전할 것이다.

54. 남자에 따르면, Mr. Patel은 누구인 것 같은가?
(A) 조종사
(B) 기술자
(C) 투자자
(D) 관리자

55. 여자는 무슨 문제를 언급하는가?
(A) 회의 장소의 예약이 꽉 찼다.
(B) 기술자가 작업을 할 수 없다.
(C) 마감일이 다가오고 있다.
(D) 장치가 오작동한다.

지문 blizzard[미 blízərd, 영 blízəd] 눈보라 investor[invéstər] 투자자 financial[fainǽnʃəl] 재정적인
53 on schedule 예정대로 postpone[미 pouspóun, 영 pəspóun] 연기하다, 미루다 relocate[미 rì:loukéit, 영 rì:ləukéit] 이전하다
55 malfunction[mælfʌ́ŋkʃən] 오작동하다, 제대로 작동하지 않다

53 ■ 세부 사항 관련 문제 의도 파악
정답 (A)

여자가 하는 말의 의도를 묻는 문제이므로, 질문의 인용어구(he is based in Edmonton)가 언급된 주변을 주의 깊게 듣는다. 남자가 "I just heard that there was a blizzard in Edinburgh. I'm a little worried that he[Mr. Patel] won't make it today."라며 에든버러에 눈보라가 쳤다는 소식을 방금 들었고, Mr. Patel이 오늘 오지 못할까 봐 조금 걱정된다고 하자, 여자가 "he is based in Edmonton"이라며 그는 에드먼턴에 본거지를 두고 있다고 하였다. 이를 통해 여자가 Mr. Patel이 예정대로 도착할 것임을 나타내려는 의도임을 알 수 있다. 따라서 정답은 (A) Mr. Patel will arrive on schedule이다.

54 ■ 세부 사항 관련 문제 특정 세부 사항
정답 (C)

Mr. Patel의 신분을 묻는 문제이므로, 질문 대상(Mr. Patel)의 신분 및 직업과 관련된 표현을 놓치지 않고 듣는다. 여자가 "It is important that he[Mr. Patel] be here for the presentation this afternoon. The more investors at the meeting, the greater the chance we will get the financial support we require."라며 Mr. Patel이 오늘 오후의 발표에 여기 있는 것이 중요하고, 회의에 많은 투자자들이 참석할수록 자신들이 필요로 하는 재정적 지원을 받을 가능성이 높아진다고 하였다. 따라서 정답은 (C) An investor이다.

55 ■ 세부 사항 관련 문제 문제점
정답 (D)

여자가 언급하는 문제점을 묻는 문제이므로, 여자의 말에서 부정적인 표현이 언급된 다음을 주의 깊게 듣는다. 여자가 "the projector wasn't working"이라며 프로젝터가 작동하지 않았다고 하였다. 따라서 정답은 (D) A device is malfunctioning이다.

바꾸어 표현하기

projector wasn't working 프로젝터가 작동하지 않았다 → device is malfunctioning 장치가 오작동한다

Questions 56-58 refer to the following conversation.

🎧 캐나다식 발음 → 미국식 발음

M: ⁵⁶I'm trying to figure out which of these colors from the catalog would look best in my office. But there are so many options. ⁵⁶/⁵⁷Would you be able to help me decide?

W: ⁵⁷Of course. We have five brands in our store and hundreds of colors, so many customers find it hard to make a decision. What color is the furniture in the room?

M: The desk and chair are black, and the bookshelf is gray. I don't want the walls to be too bright or distracting.

W: ⁵⁷There are a few products from Meyer paints that might be suitable. And we're having a sale on that particular brand. Wait here, and ⁵⁸I'll bring back a few color samples.

56 What does the man need assistance with?
(A) Printing out a picture
(B) Placing an order
(C) Selecting a product
(D) Locating an item

57 Where does the woman most likely work?
(A) At a furniture supplier
(B) At a paint store
(C) At a print shop
(D) At an art gallery

58 What will the woman most likely do next?
(A) Put up a sign
(B) Contact a manager
(C) Announce a sale
(D) Get some samples

56-58번은 다음 대화에 관한 문제입니다.

M: ⁵⁶카탈로그의 이 색상들 중 어떤 색이 제 사무실에 가장 잘 어울릴지 알아보려고 하고 있어요. 하지만 너무 많은 선택지가 있어서요. ⁵⁶/⁵⁷제가 결정하는 것을 도와주실 수 있나요?

W: ⁵⁷물론이죠. 저희 매장에는 5개의 브랜드와 수백 가지의 색상이 있어서, 많은 고객들이 결정을 내리기가 어려워하십니다. 방에 있는 가구들은 무슨 색인가요?

M: 책상과 의자는 검은색이고, 책장은 회색이에요. 벽이 너무 밝거나 산만하지 않았으면 좋겠어요.

W: ⁵⁷Meyer 페인트에서 나온 제품들 중에서 몇 개가 적합할 수도 있겠네요. 그리고 저희는 그 특정 브랜드에 대한 세일을 진행하고 있습니다. 여기서 기다리시면, ⁵⁸색상 샘플을 몇 개 가져올게요.

56. 남자는 무엇에 대한 도움이 필요한가?
(A) 사진을 인쇄하는 것
(B) 주문을 하는 것
(C) 제품을 선택하는 것
(D) 물품을 찾는 것

57. 여자는 어디에서 일하는 것 같은가?
(A) 가구 공급업체에서
(B) 페인트 가게에서
(C) 인쇄소에서
(D) 미술관에서

58. 여자는 다음에 무엇을 할 것 같은가?
(A) 간판을 건다.
(B) 관리자에게 연락한다.
(C) 할인을 공지한다.
(D) 샘플을 가져온다.

지문 figure out 알아보다 distracting [distrǽktiŋ] 산만하게 하는, 집중할 수 없는 suitable [미 súːtəbl, 영 sjúːtəbl] 적합한

56 ■ 세부 사항 관련 문제 특정 세부 사항 　　　　　　　　　　　　　　　　　　　　　　　　정답 (C)
남자가 도움을 필요로 하는 일을 묻는 문제이므로, 질문의 핵심어구(need assistance with)와 관련된 내용을 주의 깊게 듣는다. 남자가 "I'm trying to figure out which of these colors from the catalog would look best in my office. ~ Would you be able to help me decide?"라며 카탈로그의 색상들 중 어떤 색이 자신의 사무실에 가장 잘 어울릴지 알아보려고 하고 있다고 한 뒤, 결정하는 것을 도와줄 수 있는지 물었다. 따라서 정답은 (C) Selecting a product이다.

57 ■ 전체 대화 관련 문제 화자 　　　　　　　　　　　　　　　　　　　　　　　　　　　　정답 (B)
여자가 일하는 장소를 묻는 문제이므로, 신분 및 직업과 관련된 표현을 놓치지 않고 듣는다. 남자가 여자에게 "Would you be able to help me decide?"라며 결정하는 것을 도와줄 수 있는지 묻자, 여자가 "Of course. We have five brands in our store and hundreds of colors"라며 요청을 수락한 뒤 매장에 5개의 브랜드와 수백 가지의 색상이 있다고 하고, "There are a few products from Meyer paints that might be suitable."라며 Meyer 페인트에서 나온 제품들 중에서 몇 개가 적합할 수도 있을 것 같다고 하였다. 이를 통해 여자가 페인트 가게에서 일함을 알 수 있다. 따라서 정답은 (B) At a paint store이다.

58 ■ 세부 사항 관련 문제 다음에 할 일 　　　　　　　　　　　　　　　　　　　　　　정답 (D)
여자가 다음에 할 일을 묻는 문제이므로, 대화의 마지막 부분을 주의 깊게 듣는다. 여자가 "I'll bring back a few color samples"라며 색상 샘플을 몇 개 가져오겠다고 하였다. 따라서 정답은 (D) Get some samples이다.

Questions 59-61 refer to the following conversation with three speakers.

🎧 캐나다식 발음 → 호주식 발음 → 영국식 발음

M1: ⁵⁹I'd like to create a Web site for our hair salon before our grand opening. How do you two feel about that?

M2: That's a good idea. These days, it's necessary to have a well-developed site to connect with customers.

W: Right, but ⁶⁰none of us have made a Web site before. We should pay an expert to do it.

M1: Do you know anyone who could help us?

W: Yes, actually. A former colleague . . . She's now a freelancer who designs Web sites for a living.

M2: ⁶¹Why don't you call her now? We should figure this out soon.

W: ⁶¹Sure thing. Please excuse me for just a minute or two.

59 What are the speakers mainly discussing?
(A) Marketing a new product
(B) Expanding a clothing shop
(C) Setting up a Web Site
(D) Holding a press conference

60 What does the woman recommend?
(A) Posting an advertisement
(B) Providing employee training
(C) Updating some information
(D) Hiring a professional

61 What will the woman probably do next?
(A) Read some e-mails
(B) Compare some prices
(C) Reach out to an acquaintance
(D) Stop by a store branch

59-61번은 다음 세 명의 대화에 관한 문제입니다.

M1: ⁵⁹개점 전에 우리 미용실을 위한 웹사이트를 만들고 싶어요. 두 분은 어떻게 생각하시나요?

M2: 좋은 생각이에요. 요즘은, 고객과의 연계를 위해 잘 발달된 사이트가 필수적이에요.

W: 맞아요, 하지만 ⁶⁰우리 중 누구도 웹사이트를 만든 적이 없어요. 우리는 전문가에게 돈을 지불하고 그것을 하도록 해야 해요.

M1: 우리를 도와줄 수 있는 사람을 알고 있으신가요?

W: 사실은, 있어요. 전 직장 동료로… 그녀는 지금은 생계로 웹사이트를 디자인하는 프리랜서예요.

M2: ⁶¹그녀에게 지금 전화해 보는 게 어때요? 우리는 이걸 빠르게 알아봐야 해요.

W: ⁶¹물론이죠. 잠시 실례하겠습니다.

59. 화자들은 주로 무엇에 관해 이야기하고 있는가?
(A) 신제품을 마케팅하는 것
(B) 옷 가게를 확장하는 것
(C) 웹사이트를 개설하는 것
(D) 기자회견을 개최하는 것

60. 여자는 무엇을 제안하는가?
(A) 광고를 게재하는 것
(B) 직원 교육을 제공하는 것
(C) 일부 정보를 업데이트하는 것
(D) 전문가를 고용하는 것

61. 여자는 다음에 무엇을 할 것 같은가?
(A) 이메일을 읽는다.
(B) 일부 가격을 비교한다.
(C) 지인에게 연락을 취한다.
(D) 상점의 지점에 들른다.

지문 hair salon 미용실 grand opening 개점, 개장 necessary [미 nésəseri, 영 nésəsəri] 필수적인 for a living 생계로
61 reach out to ~에게 연락을 취하다, 접촉하다 acquaintance [əkwéintəns] 지인

59 ■ **전체 대화 관련 문제** 주제   정답 (C)

대화의 주제를 묻는 문제이므로, 대화의 초반을 반드시 듣는다. 남자 1이 "I'd like to create a Web site for our hair salon before our grand opening. How do you two feel about that?"라며 개점 전에 미용실을 위한 웹사이트를 만들고 싶은데 어떻게 생각하는지를 물은 뒤, 웹사이트를 개설하는 것에 관한 내용으로 대화가 이어지고 있다. 따라서 정답은 (C) Setting up a Web Site이다.

바꾸어 표현하기

create 만들다 → setting up 개설하는 것

60 ■ **세부 사항 관련 문제** 제안   정답 (D)

여자가 제안하는 것을 묻는 문제이므로, 여자의 말에서 제안과 관련된 표현이 언급된 다음을 주의 깊게 듣는다. 여자가 "none of us have made a Web site before. We should pay an expert to do it."이라며 그들 중 누구도 웹사이트를 만든 적이 없다고 한 뒤, 전문가에게 돈을 지불하고 그것을 하도록 해야 한다고 하였다. 따라서 정답은 (D) Hiring a professional이다.

바꾸어 표현하기

pay an expert to do it 전문가에게 돈을 지불하고 그것을 하도록 하다 → hiring a professional 전문가를 고용하는 것

61 ■ **세부 사항 관련 문제** 다음에 할 일   정답 (C)

여자가 다음에 할 일을 묻는 문제이므로, 대화의 마지막 부분을 주의 깊게 듣는다. 남자 2가 "Why don't you call her[former colleague] now?"라며 지금 전 직장 동료에게 전화해 보는 게 어떤지 묻자, 여자가 "Sure thing. Please excuse me for just a minute or two."라며 알겠다고 한 후 잠시 실례하겠다고 하였다. 따라서 정답은 (C) Reach out to an acquaintance이다.

Questions 62-64 refer to the following conversation and schedule.

🔊 미국식 발음 → 호주식 발음

W: Hello. I'd like to buy a ticket to the 6:30 P.M. showing of *Made in Melbourne*.

M: ⁶²I'm very sorry, but there aren't any seats left for that particular show time. However, ⁶³you can attend the 7:45 P.M. showing.

W: ⁶³No, that'll be too late for me. Hmm . . . ⁶³I guess I'll see the one that starts at 6:45 P.M. instead. I heard that's very good too.

M: Certainly. That will be $9.

W: Here you go. Oh, one more thing . . . ⁶⁴I saw on your Web site that customers can get a free movie poster today. Where can I get one?

M: Oh, ⁶⁴there is a booth set up next to the concession stand. Just ask the employee there for one.

W: Great. ⁶⁴I'll do that now.

62-64번은 다음 대화와 일정표에 관한 문제입니다.

W: 안녕하세요. *Made in Melbourne*의 오후 6시 30분 상영 티켓을 사고 싶습니다.

M: ⁶²정말 죄송하지만, 그 상영 시간에는 좌석이 하나도 남아 있지 않아요. 하지만, ⁶³오후 7시 45분 상영에는 참석하실 수 있습니다.

W: ⁶³아니오, 그건 너무 늦을 거예요. 음… ⁶³대신 오후 6시 45분에 시작하는 것을 봐야겠네요. 그것도 아주 좋다고 들었어요.

M: 물론이죠. 9달러입니다.

W: 여기 있습니다. 아, 한 가지 더요… ⁶⁴오늘 당신의 웹사이트에서 고객들이 무료 영화 포스터를 받을 수 있다는 것을 보았습니다. 어디서 받을 수 있나요?

M: 오, ⁶⁴매점 옆에 부스가 세워져 있어요. 그곳에 있는 직원에게 하나 달라고 하시면 됩니다.

W: 좋네요. ⁶⁴지금 그렇게 할게요.

Movie Schedule		
Title	Starting time	Theater No.
Made in Melbourne	6:30 P.M.	Theater 1
⁶³*Around the Bend*	6:45 P.M.	Theater 2
On Eddy Street	6:55 P.M.	Theater 3
Made in Melbourne	7:45 P.M.	Theater 4
Through the Flames	7:55 P.M.	Theater 5

영화 상영시간표		
제목	시작 시각	상영관 번호
Made in Melbourne	오후 6시 30분	1관
⁶³*Around the Bend*	오후 6시 45분	2관
On Eddy Street	오후 6시 55분	3관
Made in Melbourne	오후 7시 45분	4관
Through the Flames	오후 7시 55분	5관

62 What problem does the man mention?
(A) Some facilities have been damaged.
(B) Some tickets are no longer valid.
(C) A film has not been released yet.
(D) A screening has no available seats.

63 Look at the graphic. Which movie will the woman watch?
(A) *Made in Melbourne*
(B) *Around the Bend*
(C) *On Eddy Street*
(D) *Through the Flames*

64 What will the woman probably do next?
(A) Review a transaction record
(B) Request a complimentary item
(C) Download a company's application
(D) Purchase some food and beverages

62. 남자는 무슨 문제를 언급하는가?
(A) 일부 설비가 손상되었다.
(B) 일부 티켓이 더 이상 유효하지 않다.
(C) 영화가 아직 개봉되지 않았다.
(D) 상영관에 빈 좌석이 없다.

63. 시각 자료를 보시오. 여자는 어떤 영화를 볼 것인가?
(A) *Made in Melbourne*
(B) *Around the Bend*
(C) *On Eddy Street*
(D) *Through the Flames*

64. 여자는 다음에 무엇을 할 것 같은가?
(A) 거래 기록을 검토한다.
(B) 무료 물품을 요청한다.
(C) 회사의 애플리케이션을 다운로드한다.
(D) 음식과 음료를 구입한다.

지문 showing[미 ʃóuiŋ, 영 ʃáuiŋ] (영화) 상영 attend[əténd] 참석하다 concession stand 매점
62 valid[vǽlid] 유한 release[rilíːs] 개봉하다, 놓아 주다 screening[skríːniŋ] 상영관, 상영
64 transaction[trænzǽkʃən] 거래 complimentary[미 kàːmpliméntri, 영 kɔ̀mpliméntri] 무료의

62 ■ **세부 사항 관련 문제** 문제점 　　　　　　　　　　　　　　　　　　　　　　　　　　　　　정답 (D)

문제점을 묻는 문제이므로, 대화에서 부정적인 표현이 언급된 다음을 주의 깊게 듣는다. 남자가 여자에게 "I'm very sorry, but there aren't any seats left for that particular show time."이라며 사과를 한 뒤 그 상영 시간에는 좌석이 하나도 남아 있지 않다고 하였다. 따라서 정답은 (D) A screening has no available seats이다.

63 ■ **세부 사항 관련 문제** 시각 자료 　　　　　　　　　　　　　　　　　　　　　　　　　　정답 (B)

여자가 볼 영화를 묻는 문제이므로, 제시된 일정표의 정보를 확인한 뒤 질문의 핵심어구(movie will the woman watch)와 관련된 내용을 주의 깊게 듣는다. 남자가 여자에게 "you can attend the 7:45 P.M. showing"이라며 7시 45분 상영에는 참석할 수 있을 것이라고 하자, 여자가 "No, that'll be too late for me."라며 그것은 너무 늦을 것이라고 하고, "I guess I'll see the one that starts at 6:45 P.M. instead"라며 대신 오후 6시 45분에 시작하는 것을 봐야겠다고 하였으므로, 여자가 6시 45분에 상영하는 *Around the Bend*를 볼 것임을 일정표에서 알 수 있다. 따라서 정답은 (B) *Around the Bend*이다.

64 ■ **세부 사항 관련 문제** 다음에 할 일 　　　　　　　　　　　　　　　　　　　　　　　　정답 (B)

여자가 다음에 할 일을 묻는 문제이므로, 대화의 마지막 부분을 주의 깊게 듣는다. 여자가 "I saw on your Web site that customers can get a free movie poster today."라며 웹사이트에서 오늘 고객들이 무료 영화 포스터를 받을 수 있다는 것을 보았다고 한 뒤, 남자가 "there is a booth set up next to the concession stand. Just ask the employee there for one."이라며 매점 옆에 부스가 세워져 있고, 그곳의 직원에게 하나 달라고 하면 된다고 하자, 여자가 "I'll do that now."라며 지금 그렇게 하겠다고 하였다. 따라서 정답은 (B) Request a complimentary item이다.

Questions 65-67 refer to the following conversation and map.

🔊 캐나다식 발음 → 영국식 발음

M: Excuse me. ⁶⁵Where is the observation deck for the harbor located?

W: ⁶⁵Just walk toward Starfish Beach after you exit this visitor center. The deck is on the corner. Ah . . . and it's fortunate you came today. ⁶⁶The boardwalk will be filled with people tomorrow because of a kite-flying competition.

M: Good to know. By the way, ⁶⁷I'll be able to see Dune Island from the deck, right?

W: ⁶⁷Yes. New viewing machines were just installed there, and the weather is clear today.

M: Great! Also, I'm curious how much the parking fee for the nearby lot is.

W: The regular price is $20 per day. But local residents only pay $15 because they get a 25 percent discount.

65-67번은 다음 대화와 약도에 관한 문제입니다.

M: 실례합니다. ⁶⁵항구 전망대는 어디에 위치해 있나요?

W: ⁶⁵이 방문객 안내소에서 나가신 다음 Starfish 해변 쪽으로 걸어가시면 돼요. 전망대는 모퉁이에 있어요. 아… 그리고 오늘 오셨다니 운이 좋네요. ⁶⁶내일 산책길은 연날리기 대회 때문에 사람들로 가득 찰 거예요.

M: 알게 되어서 다행이군요. 그나저나, ⁶⁷전망대에서 Dune섬을 볼 수 있겠죠, 그렇죠?

W: ⁶⁷네. 새로운 망원경들이 그곳에 막 설치되었고, 오늘 날씨가 맑네요.

M: 좋아요! 또한, 저는 근처 주차장의 주차 요금이 얼마인지 궁금해요.

W: 일반 요금은 하루에 20달러예요. 하지만 지역 주민들은 25퍼센트의 할인을 받기 때문에 15달러만 지불하면 돼요.

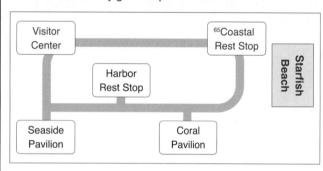

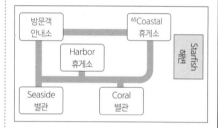

65 Look at the graphic. Where is the observation deck located?
(A) In Seaside Pavilion
(B) In Coastal Rest Stop
(C) In Harbor Rest Stop
(D) In Coral Pavilion

66 What does the woman say about the boardwalk?
(A) It will be crowded tomorrow.
(B) It will undergo renovations.
(C) It is far from a parking lot.
(D) It was damaged by poor weather.

67 According to the woman, what has been installed on a deck recently?
(A) A coastal walk
(B) A concession stand
(C) Some picnic tables
(D) Some sightseeing devices

65. 시각 자료를 보시오. 전망대는 어디에 위치해 있는가?
(A) Seaside 별관에
(B) Coastal 휴게소에
(C) Harbor 휴게소에
(D) Coral 별관에

66. 여자는 산책길에 관해 무엇을 말하는가?
(A) 내일 붐빌 것이다.
(B) 보수가 진행될 것이다.
(C) 주차장에서 멀리 있다.
(D) 악천후로 인해 훼손되었다.

67. 여자에 따르면, 최근 전망대에 무엇이 설치되었는가?
(A) 해안산책로
(B) 구내 매점
(C) 피크닉용 책상들
(D) 구경용 장치들

지문 observation deck 전망대 harbor[háːrbər] 항구 exit[égzit] 나가다 fortunate[미 fɔ́ːrtʃənət, 영 fɔ́ːtʃənət] 운이 좋은, 행운의
boardwalk[미 bɔ́ːrdwɔːk, 영 bɔ́ːdwɔːk] (해변 따위의) 산책길 be filled with ~으로 가득 차다 kite-flying 연날리기
competition[미 kàmpətíʃən, 영 kɔ̀mpətíʃən] 대회, 시합 install[instɔ́ːl] 설치하다 nearby[nìərbái] 근처의
resident[미 rézədnt, 영 rézidənt] 주민

66 crowded[kráudid] 붐비는 undergo[ʌ̀ndərgóu] 진행하다 renovation[renəvéiʃən] 보수, 수리

65 ■ 세부 사항 관련 문제 시각 자료   정답 (B)

전망대의 위치를 묻는 문제이므로, 제시된 약도의 정보를 확인한 뒤 질문의 핵심어구(observation deck located)가 언급된 주변을 주의 깊게 듣는다. 남자가 "Where is the observation deck for the harbor located?"라며 항구 전망대가 어디에 위치해 있는지 묻자, 여자가 "Just walk toward Starfish Beach after you exit this visitor center. The deck is on the corner."라며 이 방문객 안내소에서 나간 다음 Starfish 해변 쪽으로 걸어가면 전망대가 모퉁이에 있을 것이라고 하였으므로, 전망대가 위치한 곳이 Costal 휴게소임을 약도에서 알 수 있다. 따라서 정답은 (B) In Coastal Rest Stop이다.

66 ■ 세부 사항 관련 문제 언급   정답 (A)

여자가 산책길에 관해 언급하는 것을 묻는 문제이므로, 여자의 말에서 질문의 핵심어구(boardwalk)가 언급된 주변을 주의 깊게 듣는다. 여자가 "The boardwalk will be filled with people tomorrow because of a kite-flying competition."이라며 내일 산책길이 연날리기 대회 때문에 사람들로 가득 찰 것이라고 하였다. 따라서 정답은 (A) It will be crowded tomorrow이다.

바꾸어 표현하기

be filled with people 사람들로 가득 차다 → be crowded 붐비다

67 ■ 세부 사항 관련 문제 특정 세부 사항   정답 (D)

최근 전망대에 무엇이 설치되었는지를 묻는 문제이므로, 질문의 핵심어구(installed on a deck)와 관련된 내용을 주의 깊게 듣는다. 남자가 "I'll be able to see Dune Island from the deck, right?"이라며 전망대에서 Dune섬을 볼 수 있을지를 묻자, 여자가 "Yes. New viewing machines were just installed there"라며 볼 수 있다고 대답한 뒤 새로운 망원경들이 그곳에 막 설치되었다고 하였다. 따라서 정답은 (D) Some sightseeing devices이다.

Questions 68-70 refer to the following conversation and schedule.

🔊 미국식 발음 → 호주식 발음

68-70번은 다음 대화와 일정표에 관한 문제입니다.

W: ⁶⁸Did you see this section of the carpet? There's a rather large stain here.

M: Oh! What a mess! Maybe something was spilled during the year-end party that occurred earlier this afternoon. I'm worried because ⁶⁹our clients from Downview Legal Associates are arriving for a meeting at 3 P.M.

W: We should use Conference Room D instead, seeing as it's unoccupied right now.

M: All right. ⁷⁰I'll gather up our presentation handouts and bring them there. While I do that, please call the building maintenance team. They should deal with the stain in Conference Room C as soon as possible, since Janice Chung will conduct an interview there later this afternoon.

W: ⁶⁸카펫의 이 부분을 봤나요? 여기 꽤 큰 얼룩이 있어요.

M: 아! 엉망진창이네요! 아마 오늘 오후 일찍 있었던 연말 파티 동안 무언가가 엎질러진 것 같아요. ⁶⁹Downview 법률 협회의 우리 고객들이 오후 3시 회의를 위해 올 거라 걱정이 되네요.

W: D 회의실이 지금 비어 있으니, 우리는 대신 그곳을 이용해야 할 거예요.

M: 알겠어요. ⁷⁰제가 발표 인쇄물들을 모아서 그곳으로 가져갈게요. 제가 그것을 하는 동안, 건물 관리팀에게 전화해주세요. Janice Chung이 오늘 오후 늦게 그곳에서 면접을 진행할 것이기 때문에, 그들이 가능한 한 빨리 C 회의실에 있는 얼룩을 처리해야 해요.

Conference Room C Schedule

Meeting Time	Booked By
10 A.M. – 11 A.M.	Scott White
1 P.M. – 2 P.M.	Vera Gonzalez
3 P.M. – 4 P.M.	⁶⁹Brad Derby
4 P.M. – 5 P.M.	Janice Chung

C 회의실 일정표

회의 시간	예약자
오전 10시 – 오전 11시	Scott White
오후 1시 – 오후 2시	Vera Gonzalez
오후 3시 – 오후 4시	⁶⁹Brad Derby
오후 4시 – 오후 5시	Janice Chung

68 What problem does the woman mention?
(A) A meeting space is fully booked.
(B) A mark has been made on a rug.
(C) An applicant is running behind schedule.
(D) A light fixture has been damaged.

69 Look at the graphic. Who booked the room for a client meeting?
(A) Scott White
(B) Vera Gonzalez
(C) Brad Derby
(D) Janice Chung

70 What will the man probably do next?
(A) Collect some documents
(B) Contact a colleague
(C) Attend an interview
(D) Download some information

68. 여자는 무슨 문제를 언급하는가?
(A) 회의 장소가 모두 예약되었다.
(B) 깔개에 얼룩이 생겼다.
(C) 지원자가 예정보다 늦고 있다.
(D) 조명 기구가 손상되었다.

69. 시각 자료를 보시오. 누가 고객과의 회의를 위해 방을 예약했는가?
(A) Scott White
(B) Vera Gonzalez
(C) Brad Derby
(D) Janice Chung

70. 남자는 다음에 무엇을 할 것 같은가?
(A) 몇몇 서류들을 모은다.
(B) 동료에게 연락한다.
(C) 면접에 참석한다.
(D) 정보를 다운로드받는다.

지문 **section**[sékʃən] 부분 **stain**[stein] 얼룩 **mess**[mes] 엉망진창, 엉망인 상태 **spill**[spil] (액체 등을) 엎지르다 **year-end** 연말의 **unoccupied**[ʌnɑ́ːkjupaid] 비어 있는 **gather up** 모으다 **handout**[hǽndaut] 인쇄물 **maintenance**[méintənəns] 관리, 보수 **deal with** ~을 처리하다

68 **mark**[mɑːrk] 얼룩 **rug**[rʌg] 깔개 **light fixture** 조명 기구 **damaged**[dǽmidʒd] 손상된

70 **collect**[kəlékt] 모으다 **contact**[kántækt] 연락하다 **colleague**[káliːg] 동료 **attend**[əténd] 참석하다

68 ■ 세부 사항 관련 문제 문제점

정답 (B)

여자가 언급하는 문제점을 묻는 문제이므로, 여자의 말에서 부정적인 표현이 언급된 주변을 주의 깊게 듣는다. 여자가 "Did you see this section of the carpet? There's a rather large stain here."라며 카펫의 한 부분을 봤는지 물은 뒤, 그곳에 꽤 큰 얼룩이 있다고 하였다. 따라서 정답은 (B) A mark has been made on a rug이다.

바꾸어 표현하기

stain 얼룩 → mark 얼룩

69 ■ 세부 사항 관련 문제 시각 자료

정답 (C)

고객과의 회의를 위해 방을 예약한 사람을 묻는 문제이므로, 제시된 일정표의 정보를 확인한 뒤 질문의 핵심어구(booked ~ for a client meeting)와 관련된 내용을 주의 깊게 듣는다. 남자가 "our clients ~ are arriving for a meeting at 3 P.M."이라며 고객들이 오후 3시 회의를 위해 올 것이라고 하였으므로, 오후 3시 고객과의 회의를 위해 방을 예약한 사람은 Brad Derby임을 일정표에서 알 수 있다. 따라서 정답은 (C) Brad Derby이다.

70 ■ 세부 사항 관련 문제 다음에 할 일

정답 (A)

남자가 다음에 할 일을 묻는 문제이므로, 대화의 마지막 부분을 주의 깊게 듣는다. 남자가 "I'll gather up our presentation handouts and bring them"이라며 자신이 발표 인쇄물들을 모아서 가져가겠다고 하였다. 따라서 정답은 (A) Collect some documents이다.

PART 4

Questions 71-73 refer to the following telephone message.

71-73번은 다음 전화 메시지에 관한 문제입니다.

[🔊] 미국식 발음

Good morning, Ms. Chancy. I work at Source Incorporated, and [71]I'm calling to inform you about a credit card that our company just released called the Gold Rewards Card. It offers a unique benefits package that caters to the spending habits of each customer. These benefits include 10 percent off at 20 major retail chains. Moreover, [72]points accumulated through card purchases may be transferred to any of the five most popular frequent-flyer programs. [73]If you want to take advantage of this amazing opportunity, just fill out an application form at www. sourceinc.com!

안녕하세요, Ms. Chancy. 저는 Source사에서 근무하며, [71]저희 회사에서 막 출시한 Gold Rewards 카드라는 신용 카드에 관해 알려드리고자 전화드립니다. 이것은 각 고객의 소비 성향을 만족시키는 특별한 혜택 패키지를 제공합니다. 이 혜택들은 20개의 주요 소매 체인점들에서의 10퍼센트 할인을 포함합니다. 게다가, [72]카드 구매를 통해 쌓인 포인트는 가장 인기 있는 5개 항공사의 마일리지 제도로 전환될 수 있습니다. [73]만일 이 굉장한 기회를 이용하고 싶으시다면, www.sourceinc.com에서 그저 신청서를 작성하세요!

71 Where does the speaker most likely work?
(A) At a financial institution
(B) At a recruitment firm
(C) At a sportswear retailer
(D) At a chain restaurant

71. 화자는 어디에서 일하는 것 같은가?
(A) 금융 기관에서
(B) 채용 회사에서
(C) 운동복 소매점에서
(D) 레스토랑 체인점에서

72 How can some points be used?
(A) Online shopping
(B) Travel rewards
(C) Magazine subscription
(D) Extra discounts

72. 카드 포인트는 어떻게 사용될 수 있는가?
(A) 온라인 쇼핑
(B) 여행 보상
(C) 잡지 구독
(D) 추가 할인

73 What is the listener instructed to do?
(A) Call a hotline
(B) Complete an online form
(C) Reset an old code
(D) Learn about a point system

73. 청자는 무엇을 하도록 안내되는가?
(A) 직통 전화로 전화한다.
(B) 온라인 양식을 작성한다.
(C) 오래된 암호를 다시 맞춘다.
(D) 포인트 제도에 대해 배운다.

지문 **benefit**[bénəfit] 혜택, 복지 **cater**[kéitər] (요구를) 만족시키다, 음식을 공급하다 **accumulate**[əkjú:mjuleit] 쌓다, 축적하다
frequent-flyer program 항공 마일리지 제도 **take advantage of** ~을 이용하다
71 **recruitment**[rikrú:tmənt] 채용
73 **hotline**[há:tlain] 직통 전화

---

71 ■ **전체 지문 관련 문제** 화자   정답 (A)

화자가 일하는 곳을 묻는 문제이므로, 신분 및 직업과 관련된 표현을 놓치지 않고 듣는다. "I'm calling to inform you about a credit card that our company just released"라며 자신의 회사에서 막 출시한 신용 카드에 관해 알려주고자 전화한다고 한 말을 통해 화자가 금융 기관에서 일한다는 것을 알 수 있다. 따라서 정답은 (A) At a financial institution이다.

72 ■ **세부 사항 관련 문제** 방법   정답 (B)

포인트가 사용될 수 있는 방법을 묻는 문제이므로, 질문의 핵심어구(points)가 언급된 주변을 주의 깊게 듣는다. "points accumulated through card purchases may be transferred to any of the five most popular frequent-flyer programs"라며 카드 구매를 통해 쌓인 포인트는 가장 인기 있는 5개 항공사의 마일리지 제도로 전환될 수 있다고 하였다. 따라서 정답은 (B) Travel rewards이다.

73 ■ **세부 사항 관련 문제** 특정 세부 사항   정답 (B)

청자가 하도록 안내되는 것을 묻는 문제이므로, 질문의 핵심어구(instructed to do)와 관련된 내용을 주의 깊게 듣는다. "If you want to take advantage of this amazing opportunity, just fill out an application form at www.sourceinc.com!"이라며 만일 이 굉장한 기회를 이용하고 싶다면 웹사이트에서 신청서를 작성하라고 하였다. 따라서 정답은 (B) Complete an online form이다.

| 74 |
| 75 |
| 76 |

Questions 74-76 refer to the following speech.

🔊 영국식 발음

⁷⁴Please join me in welcoming Jason Chao to the stage, as he is being given the Employee of the Year Award. Mr. Chao was named one of our marketing firm's supervisors late last year, and he's really shown his worth to the company since then. ⁷⁵He was responsible for all of the marketing activities we implemented for Tiger Cars, including some of our most successful magazine advertisements to date. Because of that campaign, ⁷⁶we have attracted several new clients and have consequently seen our profits rise in recent months. So, let's give a big round of applause for Mr. Chao.

74 What is the purpose of the speech?
(A) To introduce an employee
(B) To provide instructions
(C) To open a conference
(D) To promote a new car

75 According to the speaker, what was Mr. Chao in charge of?
(A) Writing a magazine article
(B) Communicating with clients
(C) Meeting monthly sales targets
(D) Running an advertising campaign

76 What has the company done recently?
(A) Cut its production costs
(B) Opened a new branch
(C) Increased its earnings
(D) Launched a publication

74-76번은 다음 연설에 관한 문제입니다.

⁷⁴올해의 사원상을 수상하는 Jason Chao를 함께 무대로 환영해주십시오. Mr. Chao는 작년 말에 우리 마케팅 회사의 관리자들 중 한 명으로 임명되었으며, 그때부터 그는 회사에 그의 진가를 확실히 보여줬습니다. ⁷⁵그는 우리가 Tiger Cars를 위해 실시했던 모든 마케팅 활동을 담당했는데, 이는 지금까지 우리의 가장 성공적인 잡지 광고들 중 일부를 포함합니다. 그 캠페인으로 인해, ⁷⁶우리는 여러 새로운 고객들을 끌어들였고, 그 결과 최근 몇 달간 우리의 수익이 증가하는 것을 봤습니다. 그럼, Mr. Chao에게 큰 박수를 보냅시다.

74. 연설의 목적은 무엇인가?
(A) 직원을 소개하기 위해
(B) 설명을 제공하기 위해
(C) 학회를 시작하기 위해
(D) 새로운 자동차를 홍보하기 위해

75. 화자에 따르면, Mr. Chao는 무엇을 담당했는가?
(A) 잡지 기사를 쓰는 것
(B) 고객들과 소통하는 것
(C) 월간 매출 목표를 달성하는 것
(D) 광고 캠페인을 운영하는 것

76. 회사는 최근에 무엇을 했는가?
(A) 생산 비용을 줄였다.
(B) 새로운 지점을 열었다.
(C) 수익을 올렸다.
(D) 간행물을 출간했다.

지문 **worth**[미 wə:rθ, 영 wə:θ] 진가, 가치 **implement**[미 ímpləmənt, 영 ímplimənt] 실시하다, 시행하다 **attract**[ətrǽkt] 끌어들이다, 불러일으키다 **consequently**[미 kánsəkwentli, 영 kɔ́nsikwəntli] 그 결과, 따라서 **profit**[미 práfit, 영 prɔ́fit] 수익, 이윤 **applause**[əplɔ́:z] 박수

75 **meet**[mi:t] (목표를) 달성하다 **target**[tá:rgit] 목표 **run**[rʌn] 운영하다, 관리하다

76 **earning**[ə́:rniŋ] 수익, 소득 **publication**[pʌ̀bləkéiʃən] 간행물, 출판물

---

74 ■ **전체 지문 관련 문제** 목적 　　　　　　　　　　　　　　　　　　　　　　　　　　　　　　　　　정답 (A)

○○○○● 중

연설의 목적을 묻는 문제이므로, 지문의 초반을 반드시 듣는다. "Please join me in welcoming Jason Chao to the stage, as he is being given the Employee of the Year Award."라며 올해의 사원상을 수상하는 Jason Chao를 함께 무대로 환영해달라고 한 뒤, 지문 전반에 걸쳐 Jason Chao를 소개하고 있다. 따라서 정답은 (A) To introduce an employee이다.

75 ■ **세부 사항 관련 문제** 특정 세부 사항 　　　　　　　　　　　　　　　　　　　　　　　　　　　　정답 (D)

○○○○● 중

Mr. Chao가 담당했던 것을 묻는 문제이므로, 질문의 핵심어구(Mr. Chao in charge of)와 관련된 내용을 주의 깊게 듣는다. "He [Mr. Chao] was responsible for all of the marketing activities ~ for Tiger Cars, including some of our most successful magazine advertisements to date."라며 Mr. Chao가 Tiger Cars를 위한 모든 마케팅 활동을 담당했는데 이는 지금까지 자신들의 가장 성공적인 잡지 광고들 중 일부를 포함한다고 하였다. 따라서 정답은 (D) Running an advertising campaign이다.

76 ■ **세부 사항 관련 문제** 특정 세부 사항 　　　　　　　　　　　　　　　　　　　　　　　　　　　　정답 (C)

○○○○● 중

회사가 최근에 한 일을 묻는 문제이므로, 질문의 핵심어구(company done recently)와 관련된 내용을 주의 깊게 듣는다. "we[company] have ~ seen our profits rise in recent months"라며 회사가 최근 몇 달간 수익이 증가하는 것을 봤다고 하였다. 따라서 정답은 (C) Increased its earnings이다.

바꾸어 표현하기
have ~ seen ~ profits rise 수익이 증가하는 것을 봐왔다 → Increased ~ earnings 수익을 올렸다

Questions 77-79 refer to the following announcement.

🎧 호주식 발음

Holmstead Bookstore is excited to announce that the final installment in author Marianne Lane's popular series of fantasy novels, *Wicked Witches*, will be released on November 10. ⁷⁷To celebrate, our Westport branch will give away tickets to the book signing event being held there on November 30. These will be given to the first 300 customers who purchase her novel at that branch. If you are interested in this opportunity, be sure to get there early on the 10th. ⁷⁸Ms. Lane has a lot of fans who will be thrilled about this chance to meet her. For more information regarding this and other Holmstead offers, ⁷⁹I recommend downloading our mobile application.

77 What is the announcement mainly about?
(A) A store opening
(B) A membership upgrade
(C) A monthly sale
(D) An event promotion

78 What does the speaker say people will be excited to do?
(A) Attend a screening
(B) Sign up for a newsletter
(C) Watch a performance
(D) Meet an author

79 What does the speaker suggest listeners do?
(A) Purchase a pass
(B) Download a program
(C) Check an online schedule
(D) Bring a valid ID card

77-79번은 다음 공지에 관한 문제입니다.

Holmstead 서점은 작가 Marianne Lane의 인기 있는 판타지 소설 시리즈인, *Wicked Witches*의 마지막 권이 11월 10일에 출간될 것임을 발표하게 되어 기쁩니다. ⁷⁷기념하기 위해, 저희의 Westport 지점은 11월 30일에 그곳에서 열릴 책 사인회 행사의 표를 나눠드릴 것입니다. 이것들은 그 지점에서 그녀의 소설책을 구매하는 첫 300명의 고객에게 주어질 것입니다. 만약 이 기회에 관심이 있으시다면, 10일에 반드시 그곳에 일찍 도착하십시오. ⁷⁸Ms. Lane에게는 그녀를 만날 이 기회에 아주 흥분할 팬들이 많습니다. 이것과 Holmstead의 다른 제공들에 대한 더 많은 정보를 위해서는, ⁷⁹저희의 휴대 전화 애플리케이션을 다운로드하시는 것을 권해드립니다.

77. 공지는 주로 무엇에 관한 것인가?
(A) 가게 개점
(B) 멤버십 업그레이드
(C) 월간 판매
(D) 행사 홍보

78. 화자는 사람들이 무엇을 하는 데 들뜰 것이라고 말하는가?
(A) 영화 상영에 참석한다.
(B) 소식지를 신청한다.
(C) 공연을 본다.
(D) 작가를 만난다.

79. 화자는 청자들에게 무엇을 하라고 제안하는가?
(A) 입장권을 구매한다.
(B) 프로그램을 다운로드한다.
(C) 온라인 일정을 확인한다.
(D) 유효한 신분증을 가져온다.

지문 installment[instɔ́:lmənt] (연재물 등의) 한 권 author[미 ɔ́:θər, 영 ɔ́:θə] 작가 branch[미 bræntʃ, 영 brɑːntʃ] 지점, 지사 give away 나누어주다 opportunity[미 àpərtjúːnəti, 영 ɔ̀pətjúːnəti] 기회 regarding[미 rigɑ́:rdiŋ, 영 rigɑ́:diŋ] ~에 대한 offer[미 ɔ́:fər, 영 ɔ́fə] 제공
78 screening[skríːniŋ] (영화) 상영 newsletter[núːzletər] 소식지 performance[pərfɔ́ːrməns] 공연
79 pass[pæs] 입장권, 통행권 valid[vǽlid] 유효한

77 ■ 전체 지문 관련 문제 주제   정답 (D)

○○○
●○ 공지의 주제를 묻는 문제이므로, 지문의 초반을 반드시 듣는다. "To celebrate, our Westport branch will give away tickets to the
중 book signing event"라며 기념하기 위해 Westport 지점이 책 사인회 행사의 표를 나눠줄 것이라고 한 뒤, 행사와 관련된 내용을
    언급하였다. 따라서 정답은 (D) An event promotion이다.

78 ■ 세부 사항 관련 문제 특정 세부 사항   정답 (D)

○○○
○● 사람들이 하는 데 들뜰 것을 묻는 문제이므로, 질문의 핵심어구(excited to do)와 관련된 내용을 주의 깊게 듣는다. "Ms. Lane[author]
하 has a lot of fans who will be thrilled about this chance to meet her."라며 작가인 Ms. Lane에게는 그녀를 만날 이 기회에 아주
    흥분할 팬들이 많다고 하였다. 따라서 정답은 (D) Meet an author이다.

79 ■ 세부 사항 관련 문제 제안   정답 (B)

○○○
○● 화자가 청자들에게 제안하는 것을 묻는 문제이므로, 지문의 중후반에서 제안과 관련된 표현이 포함된 문장을 주의 깊게 듣는다.
하 "I recommend downloading our mobile application"이라며 자신들의 휴대 전화 애플리케이션을 다운로드하는 것을 권한다고
    하였다. 따라서 정답은 (B) Download a program이다.

바꾸어 표현하기
downloading ~ mobile application 휴대 전화 애플리케이션을 다운로드하는 것 → Download a program 프로그램을 다운로드하다

Questions 80-82 refer to the following telephone message.

[3ᵈⁱ] 미국식 발음

Hello. My name is Karen Brody, and I'm calling to request your services. ⁸⁰I will be representing the laboratory I work for at a biotech conference in Oslo. I plan to distribute a 10-page booklet to the people who attend my presentation. Therefore, ⁸¹I'll need 100 copies printed. How long would this take? **The conference is on June 15.** I'll be in a meeting for the rest of the morning, so ⁸²I would appreciate it if you could get back to me after lunch today to discuss this matter. My number is 555-0292. Thank you.

80 Who most likely is the speaker?
(A) An author
(B) A scientist
(C) An event planner
(D) A travel agent

81 What does the speaker imply when she says, "The conference is on June 15"?
(A) An appointment date must be changed.
(B) A Web site includes inaccurate information.
(C) An employee was notified of a problem.
(D) A service should be provided quickly.

82 What does the speaker ask the listener to do?
(A) Return a call
(B) Adjust a price
(C) Visit an office
(D) Reschedule a meeting

80-82번은 다음 전화 메시지에 관한 문제입니다.

안녕하세요. 제 이름은 Karen Brody이고, 서비스를 요청하고자 전화드립니다. ⁸⁰저는 오슬로에서 열리는 생명공학 컨퍼런스에서 제가 일하는 연구소를 대표하게 될 거예요. 제 발표회에 참석하는 사람들에게 10페이지 분량의 책자를 배포할 계획입니다. 따라서, ⁸¹100부가 인쇄되어야 해요. 이것이 얼마나 걸릴까요? 컨퍼런스는 6월 15일에 열립니다. 저는 남은 오전 내내 회의에 있을 것이므로, ⁸²오늘 점심 이후에 이 건에 관해 제게 다시 전화 주시면 감사하겠습니다. 제 번호는 555-0292입니다. 감사합니다.

80. 화자는 누구일 것 같은가?
(A) 작가
(B) 과학자
(C) 행사 기획자
(D) 여행사 직원

81. 화자는 "컨퍼런스는 6월 15일에 열립니다"라고 말할 때 무엇을 의도하는가?
(A) 약속 날짜가 변경되어야 한다.
(B) 웹사이트에 부정확한 정보가 포함되어 있다.
(C) 직원에게 문제가 있다는 통지를 받았다.
(D) 서비스가 빨리 제공되어야 한다.

82. 화자는 청자에게 무엇을 하라고 요청하는가?
(A) 다시 전화한다.
(B) 가격을 조정한다.
(C) 사무실을 방문한다.
(D) 회의 일정을 변경한다.

지문 laboratory[미 lǽbərətɔ:ri, 영 ləbɔ́rətri] 연구소, 실험실 biotech[báioutek] 생명공학 distribute[distríbju:t] 배포하다
81 inaccurate[inǽkjərət] 부정확한 be notified of ~을 통지받다

80 ■ 전체 대화 관련 문제 화자   정답 (B)
화자의 신분을 묻는 문제이므로, 신분 및 직업과 관련된 표현을 놓치지 않고 듣는다. "I will be representing the laboratory I work for at a biotech conference in Oslo."이라며 오슬로에서 열리는 생명공학 컨퍼런스에서 자신이 일하는 연구소를 대표하게 될 거라고 하였다. 이를 통해 화자가 과학자임을 알 수 있다. 따라서 정답은 (B) A scientist이다.

81 ■ 세부 사항 관련 문제 의도 파악   정답 (D)
화자가 하는 말의 의도를 묻는 문제이므로, 질문의 인용어구(The conference is on June 15)가 언급된 주변을 주의 깊게 듣는다. "I'll need 100 copies printed. How long would this take?"라며 100부가 인쇄되어야 하는데 이것이 얼마나 걸릴지 물은 뒤, "The conference is on June 15."라며 컨퍼런스는 6월 15일에 열린다고 한 것을 통해 서비스가 빨리 제공되어야 함을 알 수 있다. 따라서 정답은 (D) A service should be provided quickly이다.

82 ■ 세부 사항 관련 문제 요청   정답 (A)
화자가 청자에게 요청하는 것을 묻는 문제이므로, 지문의 중후반에서 요청과 관련된 표현이 포함된 문장을 주의 깊게 듣는다. "I would appreciate it if you could get back to me after lunch today to discuss this matter."라며 오늘 점심 이후에 이 건에 관해 다시 전화를 달라고 하였다. 따라서 정답은 (A) Return a call이다.

Questions 83-85 refer to the following speech.

[3⌀] 캐나다식 발음

I want to begin by saying [83]it's been an honor to spend the final two decades of my career working in the public sector here at the State Consumer Protection Agency. As the legal department administrator, [84]I oversaw the creation of numerous laws that helped protect the rights and safety of consumers. That's something I'm very proud of, and I'll always cherish my time here. Although I look forward to spending more time with my family, I will miss working with such a skilled group of people. Finally, [85]let me express my gratitude to all of you for organizing this party. I had no idea that one was being planned. Thank you.

83 Who most likely is the speaker?
(A) A political candidate
(B) A journalist
(C) A private attorney
(D) A government employee

84 What was the speaker responsible for?
(A) Overseeing an expansion
(B) Creating regulations
(C) Managing a special budget
(D) Carrying out research

85 What does the speaker say about the party?
(A) He expected more guests.
(B) He did not know about it.
(C) He planned to invite his family.
(D) He was involved in organizing it.

83-85번은 다음 연설에 관한 문제입니다.

저는 [83]제 경력의 마지막 20년을 이곳 국가 소비자 보호 기관의 공공 부문에서 근무하며 보내게 되어 영광이었다는 말로 시작하고 싶습니다. 법무부 관리자로서, [84]저는 소비자들의 권리와 안전을 보호하는 데 도움을 준 다양한 법률을 만드는 것을 감독했습니다. 그것은 제가 매우 자부심을 가지는 일이며, 저는 언제나 여기에서의 시간을 소중히 간직할 것입니다. 비록 제가 가족과 더 많은 시간을 보내는 것을 고대하고 있으나, 이렇게 능력 있는 집단의 사람들과 일하는 것을 그리워할 것입니다. 마지막으로, [85]이 파티를 준비해준 여러분 모두에게 감사를 표합니다. 저는 이것이 계획되고 있는 줄 전혀 몰랐습니다. 감사합니다.

83. 화자는 누구인 것 같은가?
(A) 정치 후보자
(B) 기자
(C) 사설 변호사
(D) 공무원

84. 화자는 무엇에 책임이 있었는가?
(A) 확장을 감독하는 것
(B) 법규를 만드는 것
(C) 특별 예산을 관리하는 것
(D) 조사를 실시하는 것

85. 화자는 파티에 관해 무엇을 말하는가?
(A) 그는 더 많은 손님들을 기대했다.
(B) 그는 그것에 대해 알지 못했다.
(C) 그는 가족들을 초대하려고 계획했다.
(D) 그는 그것을 준비하는 것에 관여했다.

지문 state[steit] 국가, 주 legal department 법무부 administrator[ədmínistreitər] 관리자, 행정인 oversee[òuvərsíː] 감독하다, 지켜보다
cherish[tʃériʃ] 소중히 간직하다
83 attorney[ətə́ːrni] 변호사, 대리인

83 ■ 전체 지문 관련 문제 화자 　　　　　　　　　　　　　　　　　　　　　　　　　　　　　　　　　　　　정답 (D)
화자의 신분을 묻는 문제이므로, 신분 및 직업과 관련된 표현을 놓치지 않고 듣는다. "it's been an honor to spend the final two decades of my career working in the public sector here at the State Consumer Protection Agency"라며 자신의 경력의 마지막 20년을 이곳 국가 소비자 보호 기관의 공공 부문에서 근무하며 보내게 되어 영광이었다고 한 것을 통해 화자가 국가 기관에서 일하는 공무원임을 알 수 있다. 따라서 정답은 (D) A government employee이다.

84 ■ 세부 사항 관련 문제 특정 세부 사항 　　　　　　　　　　　　　　　　　　　　　　　　　　　　　　　　　　　정답 (B)
화자가 책임이 있었던 것을 묻는 문제이므로, 질문의 핵심어구(responsible for)와 관련된 내용을 주의 깊게 듣는다. "I oversaw the creation of numerous laws"라며 자신은 다양한 법률을 만드는 것을 감독했다고 하였다. 따라서 정답은 (B) Creating regulations 이다.

85 ■ 세부 사항 관련 문제 언급 　　　　　　　　　　　　　　　　　　　　　　　　　　　　　　　　　　　　　　　정답 (B)
화자가 파티에 관해 언급하는 것을 묻는 문제이므로, 질문의 핵심어구(party)가 언급된 주변을 주의 깊게 듣는다. "let me express my gratitude to all of you for organizing this party. I had no idea that one was being planned."라며 파티를 준비해준 모두에게 감사를 표한다고 한 뒤, 자신은 이것이 계획되고 있는 줄 전혀 몰랐다고 하였다. 따라서 정답은 (B) He did not know about it이다.

Questions 86-88 refer to the following telephone message.

[3에] 영국식 발음

Mr. Hong, [86]this is Andrea Plume calling on behalf of Hertz Construction. Thank you for replying to my initial e-mail so promptly. [87]I reviewed your counteroffer regarding my firm's fee for the new soccer stadium project. Now it's time to discuss the project timetable. If it is convenient for you, I would like to meet later this week. Just note that [88]I'll be out of town on Thursday. That leaves Wednesday and Friday, and I'm free throughout both afternoons. Let me know which day works best with your schedule.

86 Where does the speaker work?
(A) At a construction firm
(B) At a manufacturing plant
(C) At a sports arena
(D) At a conference center

87 What does the speaker mean when she says, "Now it's time to discuss the project timetable"?
(A) A payment was received.
(B) A proposal is acceptable.
(C) A deadline is flexible.
(D) A correction was made.

88 What does the speaker plan to do on Thursday?
(A) Tour a facility
(B) Meet with a client
(C) Send an e-mail
(D) Take a trip

86-88번은 다음 전화 메시지에 관한 문제입니다.

Mr. Hong, [86]저는 Hertz 건설을 대표하여 전화드리는 Andrea Plume입니다. 제 첫 이메일에 매우 신속히 답장해 주셔서 감사합니다. [87]저는 새로운 축구 경기장 프로젝트에 관한 저희 회사의 수수료에 관련된 당신의 대안을 검토했습니다. 이제 프로젝트 일정에 대해 논의할 때입니다. 괜찮으시다면, 이번 주 후반에 만났으면 합니다. 다만 [88]제가 목요일에 시내를 비운다는 것을 참고해 주세요. 그러면 수요일과 금요일이 남는데, 저는 이틀 모두 오후 내내 시간이 있습니다. 당신의 일정에 가장 적합한 날을 알려주세요.

86. 화자는 어디에서 일하는가?
(A) 건설회사에서
(B) 제조 공장에서
(C) 스포츠 경기장에서
(D) 컨퍼런스 센터에서

87. 화자는 "이제 프로젝트 일정에 대해 논의할 때입니다"라고 말할 때 무엇을 의도하는가?
(A) 대금이 지급되었다.
(B) 제안을 받아들일 수 있다.
(C) 마감일이 유동적이다.
(D) 수정이 완료되었다.

88. 화자는 목요일에 무엇을 할 계획인가?
(A) 시설을 견학한다.
(B) 고객과 만난다.
(C) 이메일을 보낸다.
(D) 외출을 한다.

지문 on behalf of ~을 대표하여 initial[iníʃəl] 첫, 최초의 promptly[미 prá:mptli, 영 prɔ́mptli] 신속히, 즉시
counteroffer[미 kàuntərɔ́:fər, 영 kàuntəɔ́fə] 대안, 역공
86 manufacturing[mæ̀njufǽktʃəriŋ] 제조(업) arena[ərí:nə] 경기장
87 flexible[fléksəbl] 유동적인, 유연한 correction[kərékʃən] 수정, 정정

86 ■ 전체 대화 관련 문제 화자   정답 (A)
화자의 신분을 묻는 문제이므로, 신분 및 직업과 관련된 표현을 놓치지 않고 듣는다. "this is Andrea Plume calling on behalf of Hertz Construction"이라며 자신을 Hertz 건설을 대표하여 전화하는 Andrea Plume이라고 소개한 것을 통해 화자가 건설회사에서 일하는 것을 알 수 있다. 따라서 정답은 (A) At a construction firm이다.

87 ■ 세부 사항 관련 문제 의도 파악   정답 (B)
화자가 하는 말의 의도를 묻는 문제이므로, 질문의 인용어구(Now it's time to discuss the project timetable)가 언급된 주변을 주의 깊게 듣는다. "I reviewed your counteroffer regarding my firm's fee for the new soccer stadium project."라며 새로운 축구 경기장 프로젝트에 관한 자신의 회사의 수수료에 관련된 청자의 대안을 검토했다고 한 뒤, "Now it's time to discuss the project timetable."이라며 이제 프로젝트 일정에 대해 논의할 때라고 하였다. 이를 통해 화자가 제안을 받아들일 수 있음을 알 수 있다. 따라서 정답은 (B) A proposal is acceptable이다.

88 ■ 세부 사항 관련 문제 특정 세부 사항   정답 (D)
화자가 목요일에 할 일을 묻는 문제이므로, 질문의 핵심어구(Thursday)와 관련된 내용을 주의 깊게 듣는다. "I'll be out of town on Thursday"라며 자신이 목요일에 시내를 비운다고 하였다. 따라서 정답은 (D) Take a trip이다.

바꾸어 표현하기
out of town 시내를 비운다 → take a trip 외출을 한다

Questions 89-91 refer to the following radio broadcast.

[3.] 호주식 발음

Welcome to *This Week in Brooklyn* on Central Radio 96.1 FM. On Tuesday, the latest phase of a redevelopment project in the Bentham neighborhood was completed. Over the last three months, [89]an old toy factory has been renovated to provide studios for artists. The space is going to open its doors this Friday, with painters, writers, musicians, and other artists holding a party for the grand opening event. The developer of the site—who also [90]converted the old Wentworth Warehouse into apartments—hopes that it will serve to further improve the area. [91]Now, we'll have a brief talk with one of the construction company's board members, Steven Godering.

89 According to the speaker, what will be opening this week?
(A) A toy shop
(B) A radio station
(C) An artist workspace
(D) An apartment building

90 What is mentioned about Wentworth Warehouse?
(A) It was converted into housing.
(B) It was purchased at a discount.
(C) It was demolished recently.
(D) It was moved to another area.

91 What will listeners probably hear next?
(A) A song
(B) An advertisement
(C) A news report
(D) An interview

89-91번은 다음 라디오 방송에 관한 문제입니다.

96.1 FM 중앙 라디오의 *This Week in Brooklyn*입니다. 화요일에, Bentham 지역에서의 재개발 프로젝트 마지막 단계가 완료되었습니다. 지난 3개월 동안, [89]예술가들에게 작업실을 제공하기 위해 오래된 장난감 공장이 개조되었습니다. 그 공간은 이번 금요일에 화가들, 작가들, 음악가들, 그리고 다른 예술가들이 개장 행사를 위한 파티를 여는 것과 동시에 문을 열 예정입니다. [90]낡은 Wentworth 창고를 아파트로 개조하기도 했던 이 부지의 개발 업자는 그것이 이 지역을 개선하는 데 더 기여하기를 희망합니다. [91]이제, 우리는 건설 회사의 이사들 중 한 분인 Steven Godering과 짧은 이야기를 나눌 것입니다.

89. 화자에 따르면, 이번 주에 무엇이 문을 열 것인가?
(A) 장난감 가게
(B) 라디오 방송국
(C) 예술가 작업 공간
(D) 아파트 건물

90. Wentworth 창고에 관해 무엇이 언급되는가?
(A) 주택으로 개조되었다.
(B) 할인가에 매입되었다.
(C) 최근에 허물어졌다.
(D) 다른 지역으로 이전되었다.

91. 청자들은 다음에 무엇을 들을 것 같은가?
(A) 노래
(B) 광고
(C) 뉴스 보도
(D) 인터뷰

지문 **phase**[feiz] 단계, 시기, 국면 **convert**[미 kənvə́:rt, 영 kənvə́:t] 개조하다 **improve**[imprú:v] 개선하다, 향상하다 **brief**[bri:f] 짧은
board member 이사
90 **housing**[háuziŋ] 주택 **demolish**[dimáliʃ] 허물다

---

89 ■ **세부 사항 관련 문제** 특정 세부 사항   정답 (C)

이번 주에 문을 열 것을 묻는 문제이므로, 질문의 핵심어구(opening this week)와 관련된 내용을 주의 깊게 듣는다. "an old toy factory has been renovated to provide studios for artists. The space is going to open its doors this Friday"라며 예술가들에게 작업실을 제공하기 위해 오래된 장난감 공장이 개조되었다고 한 뒤, 그 공간은 이번 금요일에 문을 열 예정이라고 하였다. 따라서 정답은 (C) An artist workspace이다.

90 ■ **세부 사항 관련 문제** 언급   정답 (A)

Wentworth 창고에 관해 언급되는 것을 묻는 문제이므로, 질문의 핵심어구(Wentworth Warehouse)가 언급된 주변을 주의 깊게 듣는다. "converted the old Wentworth Warehouse into apartments"라며 낡은 Wentworth 창고를 아파트로 개조했다고 하였다. 따라서 정답은 (A) It was converted into housing이다.

91 ■ **세부 사항 관련 문제** 특정 세부 사항   정답 (D)

청자들이 다음에 들을 것을 묻는 문제이므로, 지문의 마지막 부분을 주의 깊게 듣는다. "Now, we'll have a brief talk with one of the construction company's board members"라며 이제 건설 회사의 이사들 중 한 명과 짧은 이야기를 나눌 것이라고 한 말을 통해 청자들이 인터뷰를 들을 것임을 알 수 있다. 따라서 정답은 (D) An interview이다.

Questions 92-94 refer to the following excerpt from a meeting.

🔊 미국식 발음

Could I have everyone's attention, please? ⁹²I think it's a good idea to hold some kind of promotional event for the opening of our business. To that end, ⁹²I'd like at least three employees to walk up and down William Street passing out coupons for discounted car washes. The coupons will be valid for one month. When you give them out to people, ⁹³make sure you mention that we're open until 10 P.M. on weeknights. ⁹⁴We'll also be running an advertisement in a local newspaper. Well, I'm not sure how many people read it. ⁹⁴But we've got to try everything to attract customers to our new business.

92 Where most likely do the listeners work?
(A) At an auto repair shop
(B) At a bike store
(C) At a car wash
(D) At a hardware store

93 What information should employees point out?
(A) The business's operating hours
(B) The prices for various services
(C) The code to obtain a free coupon
(D) The day when a business will open

94 What does the speaker imply when she says, "I'm not sure how many people read it"?
(A) A method may not be successful.
(B) A suggestion will not be followed.
(C) A business may be shut down.
(D) A publication will be promoted.

92-94번은 다음 회의 발췌록에 관한 문제입니다.

모두 주목해 주시겠습니까? ⁹²저희 업체의 개업 기념으로 일종의 판촉 행사를 하는 게 좋을 것 같아요. 이를 위해서, ⁹²최소한 세 명의 직원이 William가를 오가며 세차 할인 쿠폰을 나눠주었으면 합니다. 쿠폰은 한 달 동안 유효할 거예요. 사람들에게 나눠줄 때, ⁹³우리가 평일 밤에는 오후 10시까지 문을 연다는 것을 꼭 언급해 주세요. ⁹⁴우리는 또한 지역 신문에도 광고를 내게 될 것입니다. 음, 얼마나 많은 사람들이 그것을 읽는지는 모르겠습니다. ⁹⁴하지만 우리는 새로운 사업에 고객을 끌어들이기 위해 모든 것을 시도해 봐야 합니다.

92. 청자들은 어디에서 일하는 것 같은가?
(A) 자동차 정비소에서
(B) 자전거 가게에서
(C) 세차장에서
(D) 철물점에서

93. 직원들은 사람들에게 어떤 정보를 언급해야 하는가?
(A) 업체의 영업시간
(B) 다양한 서비스에 대한 가격
(C) 무료 쿠폰을 얻기 위한 코드
(D) 영업이 개시될 날짜

94. 화자는 "얼마나 많은 사람들이 그것을 읽는지는 모르겠습니다"고 말할 때 무엇을 의도하는가?
(A) 수단이 성공적이지 않을 수도 있다.
(B) 제안이 지켜지지 않을 것이다.
(C) 업체가 문을 닫을 수도 있다.
(D) 출판물이 홍보될 것이다.

지문   at least 최소한 pass out 나눠주다
92   hardware store 철물점
93   operating hours 영업 시간 various[미 vériəs, 영 véəriəs] 다양한 obtain[əbtéin] 얻다
94   method[méθəd] 수단, 방법 promote[미 prəmóut, 영 prəmáut] 홍보하다, 촉진하다, 승진시키다

92 ■ 전체 대화 관련 문제 청자   정답 (C)
○○○○○
●●●○○ 청자들의 신분을 묻는 문제이므로, 신분 및 직업과 관련된 표현을 놓치지 않고 듣는다. "I think it's a good idea to hold some kind of
●   promotional event for the opening of our business."라며 업체의 개업 기념으로 일종의 판촉 행사를 하는 게 좋을 것 같다고 한 뒤,
하   "I'd like at least three employees to walk up and down William Street passing out coupons for discounted car
       washes."라며 최소 세 명의 직원이 William가를 오가며 세차 할인 쿠폰을 나눠줬으면 한다고 한 것을 통해 청자들이 세차장에서 일하는
       것을 알 수 있다. 따라서 정답은 (C) At a car wash이다.

93 ■ 세부 사항 관련 문제 특정 세부 사항   정답 (A)
○○○
●●●   직원들이 사람들에게 언급해야 하는 정보를 묻는 문제이므로, 질문의 핵심어구(information ~ employees point out)와 관련된 내용을
●   주의 깊게 듣는다. "make sure you mention that we're open until 10 P.M. on weeknights"라며 자신들이 평일 밤에는 오후 10
중   시까지 문을 연다는 것을 꼭 언급해 달라고 하였다. 따라서 정답은 (A) The business's operating hours이다.

94 ■ 세부 사항 관련 문제 의도 파악   정답 (A)
○○
●●●   화자가 하는 말의 의도를 묻는 문제이므로, 질문의 인용어구(I'm not sure how many people read it)가 언급된 주변을 주의 깊게
●●●   듣는다. "We'll also be running an advertisement in a local newspaper."라며 지역 신문에도 광고를 내게 될 것이라고 한 뒤, "I'm
상   not sure how many people read it."이라며 얼마나 많은 사람들이 그 신문을 읽는지는 모르겠다고 하고, "But, we've got to try
       everything to attract customers to our new business."라며 그러나 새로운 사업에 고객을 끌어들이기 위해 모든 것을 시도해
       보아야 한다고 한 것을 통해 수단이 성공적이지 않을 수도 있음을 알 수 있다. 따라서 정답은 (A) A method may not be successful
       이다.

Questions 95-97 refer to the following telephone message and building directory.

🎧 영국식 발음

Kenny, it's Nina Emerson. [95]I'm calling about our conversation yesterday afternoon concerning the firm's incoming recruits. [96]You asked if I'd be willing to take charge of their orientation session next Friday. I just remembered that I'll be out of town for a convention that day, so I can't assist you. However, [96]Victoria Styles has directed training workshops in the past, and she's offered to help out. I suggest talking with her in person sometime today. Just note that her office is no longer on the third floor . . . [97]She moved to the top floor when she transferred to another department. As for your comments about the Greenway Project, we'll have to discuss that when I get back.

95-97번은 다음 전화 메시지와 건물 안내판에 관한 문제입니다.

Kenny, Nina Emerson입니다. 회사의 새로 온 신입 사원들에 관해 [95]어제 오후에 나눈 우리의 대화에 관해 전화드립니다. [96]당신은 다음 주 금요일에 제가 그들의 오리엔테이션 세션을 맡아줄 의향이 있는지를 물었죠. 제가 그날 협의회로 인해 도시를 떠나있을 거라는 것이 방금 기억나서, 당신을 도와줄 수 없겠어요. 하지만, [96]Victoria Styles가 이전에 교육 워크숍을 이끌었었고, 그녀가 도와주겠다고 제안했어요. 저는 오늘 중에 그녀와 직접 이야기하는 것을 권해요. 그녀의 사무실이 더 이상 3층에 있지 않다는 것만 유념하세요… [97]그녀가 다른 부서로 이동했을 때 제일 꼭대기 층으로 옮겼어요. Greenway 프로젝트에 관한 당신의 의견에 대해서는, 제가 돌아오면 논의해야 할 거예요.

Landville Plaza Directory	
Floor	Department
1	Finance
2	Sales
3	Human Resources
4	Customer Service
5	[97]Research and Development

Landville Plaza 안내판	
층	부서
1	재무
2	영업
3	인사
4	고객 서비스
5	[97]연구 개발

95 According to the speaker, what did the listener do yesterday?
(A) Held interviews with applicants
(B) Departed for a gathering
(C) Talked to a colleague
(D) Transferred to a new division

96 What is Victoria Styles willing to do?
(A) Lead an orientation session
(B) Accept a promotion
(C) Make some travel arrangements
(D) Reach out to a customer

97 Look at the graphic. What department does Victoria Styles work in?
(A) Finance
(B) Human Resources
(C) Customer Service
(D) Research and Development

95. 화자에 따르면, 청자는 어제 무엇을 했는가?
(A) 지원자들과 면접을 진행했다.
(B) 모임을 위해 떠났다.
(C) 동료와 이야기했다.
(D) 새로운 부서로 이동했다.

96. Victoria Styles는 무엇을 할 의향이 있는가?
(A) 오리엔테이션 세션을 이끈다.
(B) 승진을 수락한다.
(C) 여행 준비를 한다.
(D) 고객에게 연락한다.

97. 시각 자료를 보시오. Victoria Styles는 어느 부서에서 일하는가?
(A) 재무
(B) 인사
(C) 고객 서비스
(D) 연구 개발

지문 incoming[ínkʌmiŋ] 새로 온, 들어오는 recruit[rikrúːt] 신입 사원 take charge of ~을 맡다 help out 도와주다
comment[미 káːment, 영 kɔ́ment] 의견, 견해
95 division[divíʒən] 부서
96 lead[liːd] 이끌다, 지휘하다

95 ■ 세부 사항 관련 문제 특정 세부 사항

정답 (C)

청자가 어제 한 것을 묻는 문제이므로, 질문의 핵심어구(listener do yesterday)와 관련된 내용을 주의 깊게 듣는다. "I'm calling about our conversation yesterday afternoon"이라며 어제 오후에 나눈 자신들의 대화에 관해 전화한다고 하였다. 이를 통해 청자가 어제 화자와 이야기했음을 알 수 있다. 따라서 정답은 (C) Talked to a colleague이다.

96 ■ 세부 사항 관련 문제 특정 세부 사항

정답 (A)

Victoria Styles가 할 의향이 있는 것을 묻는 문제이므로, 질문의 핵심어구(Victoria Styles)가 언급된 주변을 주의 깊게 듣는다. "You asked if I'd be willing to take charge of their[recruits'] orientation session"이라며 청자가 자신에게 신입 사원들의 오리엔테이션 세션을 맡아줄 의향이 있는지를 물었다고 한 뒤, "Victoria Styles has directed training workshops in the past, and she's offered to help out"이라며 Victoria Styles가 이전에 교육 워크숍을 이끌었었고 그녀가 도와주겠다고 제안했다고 하였다. 따라서 정답은 (A) Lead an orientation session이다.

97 ■ 세부 사항 관련 문제 시각 자료

정답 (D)

Victoria Styles가 일하는 부서를 묻는 문제이므로, 제시된 건물 안내판의 정보를 확인한 뒤 질문의 핵심어구(department ~ Victoria Styles work in)와 관련된 내용을 주의 깊게 듣는다. "She[Victoria Styles] moved to the top floor when she transferred to another department."라며 Victoria Styles가 다른 부서로 이동했을 때 제일 꼭대기 층으로 옮겼다고 하였으므로, Victoria Styles가 일하는 부서가 제일 꼭대기 층에 위치한 연구 개발 부서임을 알 수 있다. 따라서 정답은 (D) Research and Development이다.

Questions 98-100 refer to the following excerpt from a meeting and table.

98-100번은 다음 회의 발췌록과 표에 관한 문제입니다.

🔊 캐나다식 발음

First of all, [98]thank you for developing the new solar panel so quickly. I didn't expect the prototype to be ready for another two weeks. And it looks like this panel will be a significant improvement over our existing model. Assuming it functions as expected, we should see a 15 percent increase in power generation. Which brings me to the next stage of the project . . . [99]The initial test of the panel will be conducted next week. The forecast calls for rain on Monday, and [99]Tuesday is a national holiday, so we'll do it on the next clear day. My assistant—[100]Charlotte Cruz—confirmed with the maintenance department this morning that we'll be able to gain access to the building's roof to set up our equipment. Any questions?

먼저, [98]이렇게 빨리 새로운 태양열 전지판을 개발해주셔서 감사드립니다. 저는 다음 2주 동안은 견본이 준비될 거라고 기대하지 않았습니다. 그리고 이 전지판은 우리의 기존 모델에 비해 상당한 진보일 것으로 보입니다. 이것이 예상대로 작동한다고 가정하면, 우리는 발전에서의 15퍼센트 증가를 볼 수 있을 것입니다. 프로젝트의 다음 단계로 넘어가면… [99]전지판의 최초 시험이 다음 주에 시행될 것입니다. 일기 예보는 월요일에 비가 올 것으로 예보하고, [99]화요일은 국경일이니, 우리는 그다음 맑은 날에 이것을 할 것입니다. 제 조수인 [100]Charlotte Cruz가 우리가 장비를 설치하도록 건물의 옥상에 대한 접근권을 얻게 될 수 있을 것임을 오늘 아침에 관리 부서에 확인했습니다. 질문 있으십니까?

Monday	Tuesday	Wednesday	[99]Thursday	Friday
☔	☀	☔	☀	☀

월요일	화요일	수요일	[99]목요일	금요일
☔	☀	☔	☀	☀

98 Why does the speaker thank the listeners?
(A) A feature was added to a product.
(B) A model received positive reviews.
(C) A report contained accurate data.
(D) A task was finished ahead of schedule.

98. 화자는 왜 청자들에게 고마워하는가?
(A) 제품에 기능이 추가되었다.
(B) 모델이 긍정적인 평가를 받았다.
(C) 보고서가 정확한 정보를 포함했다.
(D) 업무가 일정보다 빨리 완료되었다.

99 Look at the graphic. When will the test most likely be conducted?
(A) On Tuesday
(B) On Wednesday
(C) On Thursday
(D) On Friday

99. 시각 자료를 보시오. 시험은 언제 시행될 것 같은가?
(A) 화요일에
(B) 수요일에
(C) 목요일에
(D) 금요일에

100 What did Charlotte Cruz do this morning?
(A) Confirmed a reservation
(B) Contacted another department
(C) Inspected a site
(D) Set up some equipment

100. Charlotte Cruz는 오늘 아침에 무엇을 했는가?
(A) 예약을 확인했다.
(B) 다른 부서에 연락했다.
(C) 현장을 점검했다.
(D) 몇몇 장비를 설치했다.

지문   **solar panel** 태양열 전지판   **prototype**[próutətaip] 견본   **significant**[signífikənt] 상당한   **existing**[igzístiŋ] 기존의, 현재 사용되는   **power generation** 발전   **initial**[iníʃəl] 최초의, 처음의   **call for** (날씨를) 예보하다   **national holiday** 국경일   **set up** 설치하다
98   **accurate**[ǽkjurət] 정확한   **ahead of schedule** 일정보다 빨리

98 ■ **세부 사항 관련 문제** 이유

정답 (D)

화자가 청자들에게 고마워하는 이유를 묻는 문제이므로, 질문의 핵심어구(thank)가 언급된 주변을 주의 깊게 듣는다. "thank you for developing the new solar panel so quickly. I didn't expect the prototype to be ready for another two weeks."라며 이렇게 빨리 새로운 태양열 전지판을 개발해주어서 고맙다고 한 뒤, 자신이 다음 2주 동안은 견본이 준비될 거라고 기대하지 않았다고 하였다. 따라서 정답은 (D) A task was finished ahead of schedule이다.

99 ■ **세부 사항 관련 문제** 시각 자료

정답 (C)

시험이 시행될 시기를 묻는 문제이므로, 제시된 표의 정보를 확인한 뒤 질문의 핵심어구(test ~ conducted)가 언급된 주변을 주의 깊게 듣는다. "The initial test of the panel will be conducted next week."라며 전지판의 최초 시험이 다음 주에 시행될 것이라고 한 뒤, "Tuesday is a national holiday, so we'll do it on the next clear day"라며 화요일은 국경일이니 그다음 맑은 날에 이것을 할 것이라고 하였다. 따라서 국경일인 화요일 다음 맑은 날인 목요일에 시험이 시행될 것임을 표에서 알 수 있다. 따라서 정답은 (C) On Thursday이다.

100 ■ **세부 사항 관련 문제** 특정 세부 사항

정답 (B)

Charlotte Cruz가 오늘 아침에 한 것을 묻는 문제이므로, 질문의 핵심어구(Charlotte Cruz do this morning)와 관련된 내용을 주의 깊게 듣는다. "Charlotte Cruz ~ confirmed with the maintenance department this morning"이라며 Charlotte Cruz가 오늘 아침에 관리 부서에 확인했다고 한 것을 통해 Charlotte Cruz가 오늘 아침에 관리 부서에 연락했음을 알 수 있다. 따라서 정답은 (B) Contacted another department이다.

TEST 05

🎧 TEST 05.mp3

실전용·복습용 문제풀이 MP3 무료 다운로드 및 스트리밍 바로듣기 (HackersIngang.com)
* 실제 시험장의 소음까지 재현해 낸 고사장 소음/매미 버전 MP3, 영국식·호주식 발음 집중 MP3, 고속 버전 MP3까지
　구매하면 실전에 더욱 완벽히 대비할 수 있습니다.

무료MP3 바로듣기

1
○○○○ 하

🔊 호주식 발음

(A) A woman is getting out of a seat.
(B) A woman is closing a compartment.
(C) A woman is reaching for a suitcase.
(D) A woman is drawing a curtain.

(A) 한 여자가 좌석에서 벗어나고 있다.
(B) 한 여자가 짐칸을 닫고 있다.
(C) 한 여자가 여행 가방을 향해 손을 뻗고 있다.
(D) 한 여자가 커튼을 치고 있다.

■ 1인 사진

정답 (C)

한 여자가 짐칸에 있는 여행 가방을 향해 손을 뻗고 있는 모습을 확인한다.
(A) [×] getting out of(~에서 벗어나고 있다)는 여자의 동작과 무관하므로 오답이다. 사진에 있는 좌석(seat)을 사용하여 혼동을 주었다.
(B) [×] closing(닫고 있다)은 여자의 동작과 무관하므로 오답이다. 사진에 있는 짐칸(compartment)을 사용하여 혼동을 주었다.
(C) [○] 한 여자가 여행 가방을 향해 손을 뻗고 있는 모습을 정확히 묘사한 정답이다. reach for가 무언가를 잡기 위해 손을 뻗은 모습을 나타냄을 알아둔다.
(D) [×] drawing a curtain(커튼을 치고 있다)은 여자의 동작과 무관하므로 오답이다. 사진에 있는 커튼(curtain)을 사용하여 혼동을 주었다.

어휘   get out of ~에서 벗어나다   compartment[미 kəmpάːrtmənt, 영 kəmpάːtmənt] 짐칸   reach for ~을 향해 손을 뻗다   draw[drɔː] (커튼 등을) 치다

2
○○●● 중

🔊 캐나다식 발음

(A) A wheel is being taken off a car.
(B) A mechanic is hammering on metal.
(C) A man is pumping fuel into a vehicle.
(D) A man is wearing safety gear.

(A) 바퀴가 차에서 떼어지고 있다.
(B) 한 정비공이 금속을 망치로 두드리고 있다.
(C) 한 남자가 차량에 연료를 채워 넣고 있다.
(D) 한 남자가 안전 장비를 착용하고 있다.

■ 1인 사진

정답 (D)

안전 장비를 착용한 한 남자가 전기 장비를 다루고 있는 모습과 주변 사물의 상태를 주의 깊게 살핀다.
(A) [×] 바퀴가 차에서 떼어져 있는 상태인데, 진행 수동형(is being taken off)을 사용해 바퀴가 차에서 떼어지고 있다고 잘못 묘사했으므로 오답이다.
(B) [×] hammering(망치로 두드리고 있다)은 남자의 동작과 무관하므로 오답이다. 한 남자가 자동차를 정비하고 있는 모습에서 연상할 수 있는 hammering on metal(금속을 망치로 두드리고 있다)을 사용하여 혼동을 주었다.
(C) [×] pumping fuel(연료를 채워 넣고 있다)은 남자의 동작과 무관하므로 오답이다. 사진에 있는 차량(vehicle)을 사용하여 혼동을 주었다.
(D) [○] 안전 장비를 착용한 남자의 모습을 정확히 묘사한 정답이다. 참고로, 장비를 착용한 상태를 나타내는 wearing과 착용하고 있는 동작을 나타내는 putting on을 혼동하지 않도록 주의한다.

어휘   take off 떼다, 제거하다, 벗다   mechanic[məkǽnik] 정비공   hammer[hǽmər] 망치로 두드리다   pump[pʌmp] 채워 넣다   fuel[fjúːəl] 연료

3
○●●● 상

🔊 영국식 발음

(A) She is sitting on a patio.
(B) A flowerpot has fallen over.
(C) She is grasping a gardening utensil.
(D) A bouquet is being arranged.

(A) 그녀는 테라스에 앉아 있다.
(B) 화분이 넘어져 있다.
(C) 그녀는 원예 도구를 잡고 있다.
(D) 꽃다발이 준비되고 있다.

■ 1인 사진

정답 (C)

한 여자가 정원 삽으로 식물을 손질하고 있는 모습과 주변 사물의 상태를 확인한다.
(A) [×] 사진에 테라스(patio)가 없으므로 오답이다. 사진의 장소인 정원과 관련 있는 테라스(patio)를 사용하여 혼동을 주었다.
(B) [×] 사진에 화분은 보이지만 넘어져 있는(has fallen over) 모습은 아니므로 오답이다. A flowerpot(화분)만 듣고 정답으로 선택하지 않도록 주의한다.
(C) [○] 여자가 원예 도구를 잡고 있는 모습을 정확히 묘사한 정답이다.
(D) [×] 사진에 꽃다발(A bouquet)이 없으므로 오답이다. 사진의 꽃과 관련된 bouquet(꽃다발)을 사용하여 혼동을 주었다.

어휘   patio[미 pǽtiou, 영 pǽtiəu] 테라스   fall over 넘어지다   grasp[미 græsp, 영 grɑːsp] 잡다   utensil[juːténsəl] 도구, 기구

4

🔊 미국식 발음

(A) A man is giving an item to a waitress.
(B) A woman is touching some jewelry on her wrist.
(C) Water is being poured in a glass.
(D) Food is being served to some diners.

(A) 한 남자가 종업원에게 물품을 건네주고 있다.
(B) 한 여자가 그녀의 손목에 찬 보석을 만지고 있다.
(C) 유리잔에 물이 따라지고 있다.
(D) 음식이 식사하는 손님들에게 제공되고 있다.

■ 2인 이상 사진

정답 (D)

식당에 사람들이 앉아 있고 한 여자가 음식을 제공하고 있는 모습과 주변 사물의 상태를 주의 깊게 살핀다.

(A) [×] 남자가 물품을 건네주고 있는 것이 아니라 종업원이 건네주고 있으므로 오답이다.
(B) [×] 사진에 손목에 찬 보석을 만지고 있는 여자가 없으므로 오답이다. jewelry on her wrist(그녀의 손목에 찬 보석)만 듣고 정답으로 선택하지 않도록 주의한다.
(C) [×] 사진에 물이 따라지고 있는 유리잔이 없으므로 오답이다.
(D) [○] 식사하는 손님들에게 음식이 제공되고 있는 모습을 가장 잘 묘사한 정답이다.

어휘 **wrist**[rist] 손목 **pour**[pɔːr] (액체 등을) 따르다 **serve**[səːrv] (식당 등에서 음식을) 제공하다, 내다 **diner**[dáinər] 식사하는 손님

5

🔊 영국식 발음

(A) The woman is vacuuming a floor.
(B) The woman is walking into a house.
(C) The woman is approaching an entrance.
(D) The woman is bending over a chair.

(A) 여자가 진공청소기로 바닥을 청소하고 있다.
(B) 여자가 집 안으로 걸어 들어가고 있다.
(C) 여자가 입구에 다가가고 있다.
(D) 여자가 의자 위로 몸을 굽히고 있다.

■ 1인 사진

정답 (A)

한 여자가 진공청소기로 집 안을 청소하고 있는 모습을 확인한다.

(A) [○] 여자가 진공청소기로 바닥을 청소하고 있는 모습을 가장 잘 묘사한 정답이다.
(B) [×] walking into a house(집 안으로 걸어 들어가고 있다)는 여자의 동작과 무관하므로 오답이다. 사진의 장소인 집(house)을 사용하여 혼동을 주었다.
(C) [×] approaching an entrance(입구에 다가가고 있다)는 여자의 동작과 무관하므로 오답이다. 사진에 있는 입구(entrance)를 사용하여 혼동을 주었다.
(D) [×] 여자가 청소기 위로 몸을 굽히고 있는데 의자 위로 몸을 굽히고 있다고 잘못 묘사했으므로 오답이다.

어휘 **vacuum**[미 vǽkjuəm, 영 vǽkjuːm] 진공청소기로 청소하다; 진공청소기 **approach**[미 əpróutʃ, 영 əpráutʃ] 다가가다, 접근하다 **bend**[bend] (몸을) 굽히다

6

🔊 미국식 발음

(A) Words have been written on a whiteboard.
(B) A plant has been situated in a hallway.
(C) Monitors have been set up on the desks.
(D) The blinds have been shut in an office.

(A) 단어들이 화이트보드에 쓰여 있다.
(B) 식물이 복도에 위치해 있다.
(C) 모니터들이 책상 위에 놓여 있다.
(D) 사무실 안에 블라인드들이 닫혀 있다.

■ 사물 및 풍경 사진

정답 (C)

사무실에 있는 사물들의 위치 및 상태를 주의 깊게 살핀다.

(A) [×] 사진에 화이트보드에 쓰인 단어들이 없으므로 오답이다. 사진에 있는 화이트보드(whiteboard)를 사용하여 혼동을 주었다.
(B) [×] 식물이 사무실 안에 위치해 있는데 복도(hallway)에 위치해 있다고 잘못 묘사했으므로 오답이다. A plant has been situated(식물이 위치해 있다)까지만 듣고 정답으로 선택하지 않도록 주의한다.
(C) [○] 모니터들이 책상 위에 놓여 있는 모습을 정확히 묘사한 정답이다.
(D) [×] 블라인드들이 열려 있는데 닫혀 있다고 잘못 묘사했으므로 오답이다. 사진의 장소인 사무실(office)을 사용하여 혼동을 주었다.

어휘 **plant**[plænt] 식물 **situate**[sítʃueit] 위치시키다 **hallway**[hɔ́ːlwei] 복도, 통로 **set up** 놓다, 세우다 **shut**[ʃʌt] 닫다, 차단하다

PART 2

7

○○○○● 하

🔊 호주식 발음 → 영국식 발음

How do you feel about this article?

(A) To review the editorial.
(B) I think so too.
(C) It is extremely impressive.

이 기사에 대해 어떻게 생각하세요?

(A) 사설을 검토하기 위해서요.
(B) 저도 그렇게 생각해요.
(C) 그것은 아주 인상적이에요.

■ How 의문문

정답 (C)

이 기사에 대해 어떻게 생각하는지를 묻는 How 의문문이다. How do you feel about이 의견을 묻는 것임을 이해할 수 있어야 한다.
(A) [×] article(기사)과 관련 있는 editorial(사설)을 사용하여 혼동을 준 오답이다.
(B) [×] 질문의 you를 나타낼 수 있는 I를 사용하고, feel(생각하다)과 같은 의미인 think(생각하다)를 사용하여 혼동을 준 오답이다.
(C) [○] 그것은 아주 인상적이라는 말로 기사에 대한 의견을 언급했으므로 정답이다.

어휘   feel[fiːl] 생각하다, 느끼다   review[rivjúː] 검토하다   editorial[미 èdətɔ́ːriəl, 영 èditɔ́ːriəl] 사설, 논설   extremely[ikstríːmli] 아주, 매우
impressive[imprésiv] 인상적인, 깊은 감명을 주는

8

○○○○● 하

🔊 미국식 발음 → 호주식 발음

What movie are you going to see?

(A) At the cinema on Camus Drive.
(B) I bought the tickets already.
(C) The one starring Claire Holt.

당신은 무슨 영화를 볼 거예요?

(A) Camus가에 있는 영화관에서요.
(B) 전 이미 표들을 샀어요.
(C) Claire Holt가 주연을 맡은 거요.

■ What 의문문

정답 (C)

무슨 영화를 볼 것인지를 묻는 What 의문문이다. What movie를 반드시 들어야 한다.
(A) [×] 무슨 영화를 볼 것인지를 물었는데 장소로 응답했으므로 오답이다. movie(영화)와 관련 있는 cinema(영화관)를 사용하여 혼동을 주었다.
(B) [×] movie(영화)와 관련 있는 tickets(표들)를 사용하여 혼동을 준 오답이다.
(C) [○] Claire Holt가 주연을 맡은 것이라는 말로 자신이 볼 영화를 언급했으므로 정답이다.

어휘   cinema[sínəmə] 영화관, 영화   star[미 stɑːr, 영 stɑː] (배우 등이) 주연하다

9

○○○●○ 중

🔊 캐나다식 발음 → 영국식 발음

Have you read through the manual yet?

(A) I found out through my secretary.
(B) Yes, you can take it.
(C) It appears to be automatic.

이제 설명서를 끝까지 읽으셨나요?

(A) 제 비서를 통해 알게 되었어요.
(B) 네, 그것을 가져가셔도 돼요.
(C) 자동인 것 같아요.

■ 조동사 의문문

정답 (B)

이제 설명서를 끝까지 읽었는지를 확인하는 조동사(Have) 의문문이다.
(A) [×] 질문의 you를 나타낼 수 있는 I를 사용하고, 질문의 read through(끝까지 읽다)의 through를 '~을 통해'라는 의미의 전치사로 반복 사용하여 혼동을 준 오답이다.
(B) [○] Yes로 이제 설명서를 끝까지 읽었음을 전달한 후, 그것을 가져가도 된다는 추가 정보를 제공했으므로 정답이다.
(C) [×] 질문의 manual(설명서)의 다른 의미인 '수동의'와 반대 의미인 automatic(자동의)을 사용하여 혼동을 준 오답이다.

어휘   read through ~을 끝까지 읽다, 꼼꼼히 읽다   manual[mǽnjuəl] 설명서; 수동의   appear[미 əpíər, 영 əpíə] ~인 것 같다
automatic[ɔ̀ːtəmǽtik] 자동의

10

○○○○●
하

🔊 영국식 발음 → 캐나다식 발음

Can we have our glasses of wine refilled?

(A) No, I don't wear glasses.
(B) I didn't see who spilled it.
(C) Sure, right away.

우리의 와인 잔들을 다시 채울 수 있을까요?

(A) 아니요, 저는 안경을 쓰지 않아요.
(B) 누가 그것을 쏟았는지 보지 못했어요.
(C) 물론이죠, 지금 바로요.

■ 조동사 의문문   정답 (C)

와인 잔들을 다시 채울 수 있는지를 확인하는 조동사(Can) 의문문이다.

(A) [×] 질문의 glasses(잔들)를 '안경'이라는 의미로 반복 사용하여 혼동을 준 오답이다. No만 듣고 정답으로 고르지 않도록 주의한다.
(B) [×] 질문의 wine(와인)을 나타낼 수 있는 it을 사용하고, refilled – spilled의 유사 발음 어휘를 사용하여 혼동을 준 오답이다.
(C) [○] Sure로 와인 잔들을 다시 채울 수 있음을 전달한 후, 지금 바로 할 수 있다는 추가 정보를 제공했으므로 정답이다.

어휘   refill[ri:fíl] 다시 채우다, 보충하다   spill[spil] 쏟다, 흘리다

11

○○○●●
중

🔊 호주식 발음 → 미국식 발음

When did you last have a chance to communicate with Mr. Lin?

(A) Friday works for me too.
(B) I ran into him today.
(C) We discussed our workflow.

당신은 언제 마지막으로 Mr. Lin과 이야기를 나눌 기회가 있었나요?

(A) 저도 금요일에 시간이 돼요.
(B) 저는 오늘 그를 우연히 만났어요.
(C) 우리는 우리의 작업 흐름에 관해 논의했어요.

■ When 의문문   정답 (B)

언제 마지막으로 Mr. Lin과 이야기를 나눌 기회가 있었는지를 묻는 When 의문문이다.

(A) [×] 언제 마지막으로 Mr. Lin과 이야기를 나눌 기회가 있었는지를 물었는데, 이와 관련이 없는 자신도 금요일에 시간이 된다는 내용으로 응답했으므로 오답이다. Friday만 듣고 정답으로 고르지 않도록 주의한다.
(B) [○] 오늘 그를 우연히 만났다는 말로 오늘 Mr. Lin과 마지막으로 이야기를 나눌 기회가 있었음을 간접적으로 전달했으므로 정답이다.
(C) [×] 질문의 you와 Mr. Lin을 나타낼 수 있는 We를 사용하고, communicate(이야기를 나누다)과 관련 있는 discussed(논의하다)를 사용하여 혼동을 준 오답이다.

어휘   communicate[미 kəmjúːnəkeit, 영 kəmjúːnikeit] 이야기를 나누다, 연락하다   run into ~를 우연히 만나다   workflow[wə́ːrkflòu] 작업 흐름

12

○○○●●
중

🔊 영국식 발음 → 캐나다식 발음

How can we increase our sales volume this quarter?

(A) Try to lower the seat.
(B) I agree. It's very loud.
(C) By hiring more telemarketers.

우리가 이번 분기에 어떻게 판매량을 늘릴 수 있나요?

(A) 의자를 낮춰보세요.
(B) 저도 동의해요. 정말 시끄럽네요.
(C) 더 많은 텔레마케터들을 고용함으로써요.

■ How 의문문   정답 (C)

이번 분기에 어떻게 판매량을 늘릴 수 있는지를 묻는 How 의문문이다. How가 방법을 묻는 것임을 이해할 수 있어야 한다.

(A) [×] 질문의 increase(늘리다)와 반대 의미인 lower(낮추다)를 사용하여 혼동을 준 오답이다. Try to까지만 듣고 정답으로 고르지 않도록 주의한다.
(B) [×] 의문사 의문문에 Yes와 같은 의미인 I agree로 응답했으므로 오답이다. 질문의 volume(양)의 다른 의미인 '음량'과 관련된 loud(시끄러운)를 사용하여 혼동을 주었다.
(C) [○] 더 많은 텔레마케터들을 고용함으로써라며 판매량을 늘릴 수 있는 방법을 언급했으므로 정답이다.

어휘   volume[미 váljuːm, 영 vɔ́ljuːm] 양, 음량   lower[lóuər] 낮추다, 내리다

13

최상

🔊 캐나다식 발음 → 미국식 발음

Your café offers a vegetarian soup, doesn't it?

(A) You must be thinking of another place.
(B) Could I have a cup of coffee?
(C) All soups are made fresh daily.

당신의 카페는 채식 수프를 제공하죠, 그렇지 않나요?

(A) 당신은 다른 곳을 생각하고 있는 것이 틀림없어요.
(B) 커피 한 잔 마셔도 되나요?
(C) 모든 수프들은 매일 신선하게 만들어져요.

■ 부가 의문문

정답 (A)

상대방의 카페가 채식 수프를 제공하는지를 확인하는 부가 의문문이다.
(A) [○] 다른 곳을 생각하고 있는 것이 틀림없다는 말로 자신의 카페는 채식 수프를 제공하지 않음을 간접적으로 전달했으므로 정답이다.
(B) [×] café(카페)와 관련 있는 coffee(커피)를 사용하여 혼동을 준 오답이다.
(C) [×] 상대방의 카페가 채식 수프를 제공하는지를 물었는데, 이와 관련이 없는 모든 수프들은 매일 신선하게 만들어진다는 내용으로 응답했으므로 오답이다. 질문의 soup을 soups로 반복 사용하여 혼동을 주었다.

어휘 offer[ɔ́:fər] 제공하다 vegetarian[vèdʒətɛ́əriən] 채식의, 채식주의자의

14

중

🔊 영국식 발음 → 캐나다식 발음

There are several interns starting next Thursday.

(A) The Internet isn't currently working.
(B) Please make sure their work areas are ready.
(C) Why is the inspection beginning so late?

다음 주 목요일부터 시작하는 인턴들이 몇 명 있어요.

(A) 지금 인터넷이 작동하지 않아요.
(B) 반드시 그들의 작업 구역들이 준비되도록 해주세요.
(C) 점검이 왜 그렇게 늦게 시작하나요?

■ 평서문

정답 (B)

다음 주 목요일부터 시작하는 인턴들이 몇 명 있다는 객관적인 사실을 전달하는 평서문이다.
(A) [×] 다음 주 목요일부터 시작하는 인턴들이 몇 명 있다고 했는데, 이와 관련이 없는 지금 인터넷이 작동하지 않는다는 내용으로 응답했으므로 오답이다. interns – Internet의 유사 발음 어휘를 사용하여 혼동을 주었다.
(B) [○] 반드시 그들의 작업 구역들이 준비되도록 해달라는 말로 인턴들이 들어오기 전에 준비되어야 하는 사항을 전달했으므로 정답이다.
(C) [×] 질문의 starting(시작하다)과 같은 의미인 beginning(시작하다)을 사용하여 혼동을 준 오답이다.

어휘 work[wəːrk] 작동하다, 기능하다; 작업 inspection[inspékʃən] 점검, 검사

상

🔊 호주식 발음 → 미국식 발음

Are the safety measures clear, or should I further explain them?

(A) I understand them perfectly.
(B) Someone should clear out the lockers.
(C) I took the room's measurements.

안전 조치들이 명료한가요, 아니면 제가 그것들을 더 설명해야 하나요?

(A) 저는 그것들을 정확히 이해했어요.
(B) 누군가가 사물함들을 비워야 해요.
(C) 제가 방의 치수를 쟀어요.

■ 선택 의문문

정답 (A)

안전 조치들이 명료한지 아니면 그것들을 더 설명해야 하는지를 묻는 선택 의문문이다.
(A) [○] 그것들을 정확히 이해했다는 말로 안전 조치들이 명료함을 간접적으로 선택했으므로 정답이다.
(B) [×] 안전 조치들이 명료한지 아니면 그것들을 더 설명해야 하는지를 물었는데, 이와 관련이 없는 누군가가 사물함들을 비워야 한다는 내용으로 응답했으므로 오답이다. 질문의 clear(명료한)를 '비우다'라는 의미의 동사 clear out으로 반복 사용하여 혼동을 주었다.
(C) [×] measures – measurements의 유사 발음 어휘를 사용하여 혼동을 준 오답이다.

어휘 measure[미 méʒər, 영 méʒə] 조치, 방책 clear[미 kliər, 영 kliə] 명료한, 알아듣기 쉬운 further[미 fə́:rðər, 영 fə́:ðə] 더 explain[ikspléin] 설명하다 perfectly[pə́:rfiktli] 정확히, 완전히, 완벽하게 clear out 비우다, 청소하다 take a measurement 치수를 재다

🔊 캐나다식 발음 → 호주식 발음

How about I drive you to the amusement park?

(A) Oh, about three or four times.
(B) Aren't you riding with other friends?
(C) I thought it was a lot of fun.

제가 당신을 놀이공원까지 태워주는 게 어때요?

(A) 아, 대략 세 번이나 네 번이요.
(B) 당신은 다른 친구들과 타고 가지 않나요?
(C) 저는 그것이 매우 재미있었다고 생각했어요.

■ 제공 의문문   정답 (B)

놀이공원까지 태워주겠다는 제공 의문문이다. How about이 제공하는 표현임을 이해할 수 있어야 한다.
(A) [x] 놀이공원까지 태워주겠다고 했는데, 이와 관련이 없는 대략 세 번이나 네 번이라는 내용으로 응답했으므로 오답이다. 질문의 about을
반복 사용하여 혼동을 주었다.
(B) [o] 상대방이 다른 친구들과 타고 가지 않는지를 되물어 상대방이 자신을 놀이공원까지 태워주는 것에 대한 추가 정보를 요구하는 정답이다.
(C) [x] amusement park(놀이공원)와 관련 있는 fun(재미)을 사용하여 혼동을 준 오답이다.

어휘   drive[draiv] 태워다주다   amusement park 놀이공원   ride[raid] 타고 가다, 타다

17

🔊 캐나다식 발음 → 영국식 발음

What should I do with this box of paper?

(A) Just write it down here.
(B) Put it in the supply room.
(C) He helped me move the box.

이 종이 한 박스를 어떻게 해야 하나요?

(A) 여기에 적어주세요.
(B) 비품실에 놓아주세요.
(C) 그가 제가 상자를 옮기는 것을 도와주었어요.

■ What 의문문   정답 (B)

종이 박스를 어떻게 해야 하는지를 묻는 What 의문문이다.
(A) [x] paper(종이)와 관련이 있는 write down(적다)를 사용하여 혼동을 준 오답이다.
(B) [o] 비품실에 놓아 달라는 말로 종이 박스를 어떻게 해야 하는지를 언급했으므로 정답이다.
(C) [x] He가 나타내는 대상이 질문에 없으므로 오답이다. 질문의 box를 반복 사용하여 혼동을 주었다.

어휘   supply room 비품실

18

🔊 영국식 발음 → 호주식 발음

Who should be put in charge of creating our spring collection?

(A) The fashion show is this coming summer.
(B) Most of the clothing is too big for me.
(C) I suggest bringing in an outside designer.

누구에게 우리의 봄 신상품들 제작에 대한 책임이 맡겨져야 할
까요?

(A) 패션쇼는 다가오는 이번 여름에 있을 거예요.
(B) 대부분의 옷이 저에게 너무 커요.
(C) 저는 외부 디자이너를 데려오는 것을 제안해요.

■ Who 의문문   정답 (C)

누구에게 봄 신상품들 제작에 대한 책임이 맡겨져야 할지를 묻는 Who 의문문이다.
(A) [x] spring(봄)과 관련 있는 summer(여름)를 사용하고, collection(신상품들)과 관련 있는 fashion show(패션쇼)를 사용하여 혼동을 준
오답이다.
(B) [x] collection(신상품들)과 관련 있는 clothing(옷)을 사용하여 혼동을 준 오답이다.
(C) [o] 외부 디자이너를 데려오는 것을 제안한다는 말로 봄 신상품들 제작에 대한 책임이 맡겨져야 할 사람에 대한 의견을 전달했으므로 정답
이다.

어휘   collection[kəlékʃən] (특정 계절용으로 디자인된 의류 등의) 신상품들, 소장품   bring in 데려오다   outside[àutsáid] 외부의

19

🔊 미국식 발음 → 캐나다식 발음

Won't the staff be meeting later in the week?

(A) They're slightly understaffed.
(B) Mr. Gimple didn't make it.
(C) I'll ask about that this afternoon.

직원들이 이번 주 후반에 모이지 않을 건가요?

(A) 그들은 직원이 약간 부족해요.
(B) Mr. Gimple은 참석하지 않았어요.
(C) 제가 오늘 오후에 그것에 관해 물어볼게요.

■ 부정 의문문
정답 (C)

직원들이 이번 주 후반에 모일지를 묻는 부정 의문문이다.

(A) [×] 직원들이 이번 주 후반에 모일지를 물었는데, 이와 관련이 없는 그들은 직원이 약간 부족하다는 내용으로 응답했으므로 오답이다.
staff – understaffed의 유사 발음 어휘를 사용하여 혼동을 주었다.

(B) [×] meeting(모이다)과 관련 있는 make it(참석하다)을 사용하여 혼동을 준 오답이다.

(C) [○] 오늘 오후에 그것에 관해 물어보겠다는 말로 모른다는 간접적인 응답을 했으므로 정답이다.

어휘 slightly[sláitli] 약간 understaffed[ʌ̀ndərstǽft] 직원이 부족한 make it 참석하다, 시간 맞춰 가다

20

🔊 호주식 발음 → 미국식 발음

Where will the second restroom be built?

(A) The architect has the floor plans.
(B) Some building supplies.
(C) It should be finished by tomorrow.

다른 화장실은 어디에 지어질까요?

(A) 건축가가 평면도를 가지고 있어요.
(B) 몇몇 건축 자재들이요.
(C) 그것은 내일까지 완료될 거예요.

■ Where 의문문
정답 (A)

다른 화장실이 어디에 지어질지를 묻는 Where 의문문이다.

(A) [○] 건축가가 평면도를 가지고 있다는 말로 모른다는 간접적인 응답을 했으므로 정답이다.

(B) [×] built(짓다)와 관련 있는 building(건축)을 사용하여 혼동을 준 오답이다.

(C) [×] 다른 화장실이 어디에 지어질지를 물었는데, 이와 관련이 없는 그것은 내일까지 완료될 것이라는 내용으로 응답했으므로 오답이다. 질문의 Where를 When으로 혼동하여 When will the second restroom be built(다른 화장실은 언제 지어질까요)로 생각해 정답으로 선택하지 않도록 주의한다.

어휘 second[sékənd] 다른, 두 번째의 architect[á:rkətekt] 건축가 floor plan 평면도 building supplies 건축 자재

21

🔊 영국식 발음 → 캐나다식 발음

We're getting many customer complaints lately.

(A) We've gone through customs.
(B) So I've heard.
(C) There wasn't much rain today.

우리는 최근에 많은 고객 항의들을 받고 있어요.

(A) 우리는 세관을 통과했어요.
(B) 그렇다고 들었어요.
(C) 오늘은 비가 많이 오지 않았어요.

■ 평서문
정답 (B)

최근에 많은 고객 항의들을 받고 있다는 문제점을 언급하는 평서문이다.

(A) [×] 질문의 We를 반복 사용하고, customer – customs의 유사 발음 어휘를 사용하여 혼동을 준 오답이다.

(B) [○] 그렇다고 들었다는 말로 자신도 문제점을 알고 있음을 전달했으므로 정답이다.

(C) [×] 질문의 many(많은)와 같은 의미인 much(많은)를 사용하고, lately(최근에)와 관련 있는 today(오늘)를 사용하여 혼동을 준 오답이다.

어휘 complaint[kəmpléint] 항의, 불평 lately[léitli] 최근에 go through ~을 통과하다 customs[kʌ́stəmz] 세관

22

[🎧] 호주식 발음 → 영국식 발음

Do patients typically check in at the reception desk?

(A) We appreciate her patience.
(B) That desk is quite nice.
(C) Unless they're instructed otherwise.

환자들이 보통 접수처에서 수속을 밟나요?

(A) 저희는 그녀의 인내에 감사해요.
(B) 그 책상은 꽤 멋지네요.
(C) 그들이 달리 지시받지 않는다면요.

■ 조동사 의문문 정답 (C)

환자들이 보통 접수처에서 수속을 밟는지를 확인하는 조동사(Do) 의문문이다.
(A) [×] 환자들이 보통 접수처에서 수속을 밟는지를 물었는데, 이와 관련이 없는 자신들은 그녀의 인내에 감사한다는 내용으로 응답했으므로 오답이다. patients – patience의 유사 발음 어휘를 사용하여 혼동을 주었다.
(B) [×] 질문의 desk를 반복 사용하여 혼동을 준 오답이다.
(C) [○] 그들이 달리 지시받지 않는다면이라는 말로 환자들이 보통 접수처에서 수속을 밟음을 간접적으로 전달했으므로 정답이다.

어휘 patient[péiʃənt] 환자; 인내심이 있는 typically[típikəli] 보통, 대체적으로 check in 수속을 밟다, 탑승 절차를 밟다 reception desk 접수처
appreciate[əprí:ʃieit] 감사하다 unless[ənlés] ~하지 않는다면 otherwise[미 ʌðərwaiz, 영 ʌðəwaiz] 달리, 다르게

23

[🎧] 미국식 발음 → 호주식 발음

The modified surveys were e-mailed to consumers, weren't they?

(A) That's what I was told.
(B) Questions about the company.
(C) Here is my e-mail address.

수정된 설문 조사표가 소비자들에게 이메일로 보내졌어요, 그렇지 않나요?

(A) 그게 제가 들은 바에요.
(B) 회사에 관한 질문들이요.
(C) 여기 제 이메일 주소가 있어요.

■ 부가 의문문 정답 (A)

수정된 설문 조사표가 소비자들에게 이메일로 보내졌는지를 확인하는 부가 의문문이다.
(A) [○] 그게 자신이 들은 바라는 말로 수정된 설문 조사표가 소비자들에게 이메일로 보내졌음을 전달했으므로 정답이다.
(B) [×] surveys(설문 조사표)와 관련 있는 Questions(질문들)를 사용하여 혼동을 준 오답이다.
(C) [×] 수정된 설문 조사표가 소비자들에게 이메일로 보내졌는지를 물었는데, 이와 관련이 없는 여기 자신의 이메일 주소가 있다는 내용으로 응답했으므로 오답이다. 질문의 e-mailed(이메일로 보내다)를 '이메일'이라는 의미의 명사 e-mail로 반복 사용하여 혼동을 주었다.

어휘 modify[mádəfai] 수정하다, 바꾸다 survey[sə́:rvei] 설문 조사표 consumer[kənsú:mər] 소비자, 고객

24

[🎧] 영국식 발음 → 캐나다식 발음

Who is the more qualified candidate, Jordan Fink or Erin Manifold?

(A) During the next interview.
(B) Their résumés are comparable.
(C) The quality of this item is poor.

누가 더 적임인 지원자인가요, Jordan Fink인가요 아니면 Erin Manifold인가요?

(A) 다음 면접 동안에요.
(B) 그들의 이력서는 비슷해요.
(C) 이 제품의 질은 좋지 않아요.

■ 선택 의문문 정답 (B)

Jordan Fink와 Erin Manifold 중 누가 더 적임인 지원자인지를 묻는 선택 의문문이다.
(A) [×] candidate(지원자)와 관련 있는 interview(면접)를 사용하여 혼동을 준 오답이다.
(B) [○] 그들의 이력서들은 비슷하다는 말로 둘 다 선택하지 않았으므로 정답이다.
(C) [×] Jordan Fink와 Erin Manifold 중 누가 더 적임인 지원자인지를 물었는데, 이와 관련이 없는 이 제품의 질이 좋지 않다는 내용으로 응답했으므로 오답이다. qualified – quality의 유사 발음 어휘를 사용하여 혼동을 주었다.

어휘 qualified[미 kwáləfaid, 영 kwɔ́lifaid] 적임의, 적격의 candidate[kǽndideit] 지원자, 후보자 interview[íntərvjù:] 면접 résumé[rézuméi] 이력서
comparable[kámpərəbl] 비슷한, 비교할 만한

25

I'm confused about how to prepare for the product launch.

(A) Follow these directions.
(B) It was attended by the press.
(C) I don't understand the novel either.

제품 출시 행사를 어떻게 준비해야 하는지 혼란스러워요.

(A) 이 지침서를 따르세요.
(B) 기자단이 참석했어요.
(C) 저도 그 소설을 이해하지 못하겠어요.

■ 평서문

정답 (A)

제품 출시 행사를 어떻게 준비해야 하는지 혼란스럽다는 문제점을 언급하는 평서문이다.

(A) [○] 이 지침서를 따르라는 말로 문제점에 대한 해결책을 제시했으므로 정답이다.
(B) [×] 질문의 product launch(제품 출시 행사)를 나타낼 수 있는 It을 사용하고, launch(출시 행사)와 관련 있는 attended(참석했다)와 press(기자단)를 사용하여 혼동을 준 오답이다.
(C) [×] 제품 출시 행사를 어떻게 준비해야 하는지 혼란스럽다고 했는데, 이와 관련이 없는 자신도 그 소설을 이해하지 못하겠다는 내용으로 응답했으므로 오답이다. I don't understand ~ either만 듣고 정답으로 고르지 않도록 주의한다.

어휘 confused[kənfjúːzd] 혼란스러운, 분명치 않은 prepare[미 pripέər, 영 pripéə] 준비하다 launch[lɔːntʃ] 출시 행사 follow[미 fálou, 영 fɔ́ləu] 따르다 direction[dirékʃən] 지침서, 방침 attend[əténd] 참석하다 press[pres] 기자단, 보도 기관

26

Why did you ask Kurt to organize the building tour?

(A) You can register near the entrance.
(B) Guided tours are free.
(C) He's led them in the past.

왜 Kurt에게 건물 투어를 준비하라고 요청했나요?

(A) 당신은 입구 근처에서 등록할 수 있어요.
(B) 가이드가 안내하는 투어들은 무료예요.
(C) 그가 전에 그것들을 인솔했었어요.

■ Why 의문문

정답 (C)

왜 Kurt에게 건물 투어를 준비하라고 요청했는지를 묻는 Why 의문문이다.

(A) [×] tour(투어)와 관련 있는 register(등록하다)를 사용하여 혼동을 준 오답이다.
(B) [×] 왜 Kurt에게 건물 투어를 준비하라고 요청했는지를 물었는데, 이와 관련이 없는 가이드가 안내하는 투어들은 무료라는 내용으로 응답했으므로 오답이다. 질문의 tour를 tours로 반복 사용하여 혼동을 주었다.
(C) [○] 그가 전에 그것들을 인솔했었다는 말로 Kurt에게 건물 투어를 준비하라고 요청한 이유를 언급했으므로 정답이다.

어휘 organize[ɔ́ːrgənaiz] 준비하다, 조직하다 register[rédʒistər] 등록하다 entrance[éntrəns] 입구 guided[gáidid] 가이드가 안내하는 lead[liːd] 인솔하다, 이끌다

27

Where does the firm intend to open another branch?

(A) It hasn't been trimmed.
(B) A few possibilities are being considered.
(C) The president is from San Francisco.

회사는 또 다른 지점을 어디에 열 생각인가요?

(A) 그것은 다듬어지지 않았어요.
(B) 몇몇 가능성들이 고려되고 있어요.
(C) 회장은 샌프란시스코에서 왔어요.

■ Where 의문문

정답 (B)

회사가 또 다른 지점을 어디에 열 생각인지를 묻는 Where 의문문이다.

(A) [×] 질문의 branch(지점)의 다른 의미인 '가지'와 관련 있는 trimmed(다듬다)를 사용하여 혼동을 준 오답이다.
(B) [○] 몇몇 가능성들이 고려되고 있다는 말로 아직 정해지지 않았음을 간접적으로 전달했으므로 정답이다.
(C) [×] 회사가 또 다른 지점을 어디에 열 생각인지를 물었는데, 이와 관련이 없는 회장은 샌프란시스코에서 왔다는 내용으로 응답했으므로 오답이다. 장소를 나타내는 San Francisco(샌프란시스코)를 사용하여 혼동을 주었다.

어휘 intend to ~하려고 생각하다 branch[미 bræntʃ, 영 brɑːntʃ] 지점, 가지 trim[trim] 다듬다, 정돈하다 possibility[미 pàsəbíləti, 영 pɔ̀səbíləti] 가능성 consider[미 kənsídər, 영 kənsídə] 고려하다 president[미 prézədənt, 영 prézidənt] 회장, 사장

28

호주식 발음 → 미국식 발음

One more person must be named to the executive council.

(A) I got great advice from my attorney.
(B) Can anyone be appointed?
(C) You must make the booking in advance.

행정 자문 위원회에 한 사람이 더 지명되어야 해요.

(A) 제 변호사로부터 중요한 조언을 받았어요.
(B) 누구든 지명될 수 있나요?
(C) 당신은 반드시 미리 예약해야 해요.

■ 평서문

정답 (B)

행정 자문 위원회에 한 사람이 더 지명되어야 한다는 문제점을 언급하는 평서문이다.
(A) [×] council(자문 위원회)과 관련 있는 advice(조언)를 사용하여 혼동을 준 오답이다.
(B) [○] 누구든 지명될 수 있는지를 되물어 지명되어야 하는 사람에 대한 추가 정보를 요구하는 정답이다.
(C) [×] 행정 자문 위원회에 한 사람이 더 지명되어야 한다고 했는데, 이와 관련이 없는 상대방이 반드시 미리 예약해야 한다는 내용으로 응답했으므로 오답이다. 질문의 must를 반복 사용하여 혼동을 주었다.

어휘   name[neim] 지명하다   executive[igzékjutiv] 행정의   council[káunsəl] 자문 위원회   advice[ædváis] 조언, 권고   attorney[ətə́:rni] 변호사
appoint[əpɔ́int] 지명하다, 임명하다   booking[búkiŋ] 예약   in advance 미리

29

미국식 발음 → 영국식 발음

Doesn't your photography studio specialize in portraits?

(A) All of the pictures have been framed.
(B) We perform a wide array of services.
(C) Our studio is in Las Vegas.

당신의 사진 촬영 스튜디오는 인물 사진을 전문으로 하지 않나요?

(A) 모든 사진들은 액자에 넣어졌어요.
(B) 저희는 다수의 서비스들을 수행해요.
(C) 저희 스튜디오는 라스베이거스에 있어요.

■ 부정 의문문

정답 (B)

상대방의 사진 촬영 스튜디오가 인물 사진을 전문으로 하는지를 확인하는 부정 의문문이다.
(A) [×] photography(사진 촬영)와 관련 있는 pictures(사진들)를 사용하여 혼동을 준 오답이다.
(B) [○] 다수의 서비스들을 수행한다는 말로 인물 사진 외의 다른 서비스들도 제공함을 간접적으로 전달했으므로 정답이다.
(C) [×] 상대방의 사진 촬영 스튜디오가 인물 사진을 전문으로 하는지를 물었는데, 이와 관련이 없는 자신들의 스튜디오는 라스베이거스에 있다는 내용으로 응답했으므로 오답이다. 질문의 studio를 반복 사용하여 혼동을 주었다.

어휘   photography[fətágrəfi] 사진 촬영   specialize in ~을 전문으로 하다   portrait[pɔ́:rtrit] 인물 사진, 초상화   frame[freim] 액자에 넣다
a wide array of 다수의

30

호주식 발음 → 미국식 발음

Why haven't any of these posters been placed in the storefront?

(A) Beside the information booth.
(B) OK, but contact the store first.
(C) I was wondering the same thing.

왜 이 포스터들 중 어느 것도 가게 앞에 붙어 있지 않나요?

(A) 안내 부스 옆에요.
(B) 알겠어요, 하지만 가게에 먼저 연락해보세요.
(C) 저도 같은 것을 궁금하고 있었어요.

■ Why 의문문

정답 (C)

왜 포스터들 중 어느 것도 가게 앞에 붙어 있지 않은지를 묻는 Why 의문문이다.
(A) [×] 왜 포스터들 중 어느 것도 가게 앞에 붙어 있지 않은지를 물었는데 장소로 응답했으므로 오답이다. placed(붙어 있다)에서 연상할 수 있는 위치와 관련된 Beside(~ 옆에)를 사용하여 혼동을 주었다.
(B) [×] 의문사 의문문에 Yes와 같은 의미인 OK로 응답했으므로 오답이다. storefront – store first의 유사 발음 어휘를 사용하여 혼동을 주었다.
(C) [○] 자신도 같은 것을 궁금해하고 있었다며 모른다는 간접적인 응답을 했으므로 정답이다.

어휘   place[pleis] 붙이다, 놓다   storefront[미 stɔ́:rfrʌnt, 영 stɔ́:frʌnt] 가게 앞   contact[kántækt] 연락하다   wonder[wʌ́ndər] 궁금해하다

31

🎧 캐나다식 발음 → 영국식 발음

Are you interested in going for a short walk before our lunch break ends?

(A) As long as we have enough time.
(B) No, I've been there once.
(C) A brief meal with coworkers.

점심시간이 끝나기 전에 잠깐 산책하러 가는 것에 관심이 있나요?

(A) 우리에게 충분한 시간이 있기만 하면요.
(B) 아니요, 저는 그곳에 방문한 적이 한 번 있어요.
(C) 동료들과의 간단한 식사요.

■ Be 동사 의문문

정답 (A)

점심시간이 끝나기 전에 잠깐 산책하러 가는 것에 관심이 있는지를 확인하는 Be 동사 의문문이다.

(A) [O] 충분한 시간이 있기만 하면이라는 말로 점심시간이 끝나기 전에 잠깐 산책하러 가는 것에 관심이 있음을 간접적으로 전달했으므로 정답이다.

(B) [×] 질문의 you를 나타낼 수 있는 I를 사용하고, going(가다)과 관련 있는 I've been(나는 방문한 적이 있다)을 사용하여 혼동을 준 오답이다. No만 듣고 정답으로 고르지 않도록 주의한다.

(C) [×] lunch(점심)와 관련 있는 meal(식사)을 사용하여 혼동을 준 오답이다.

어휘 go for a walk 산책하러 가다 as long as ~하기만 하면, ~하는 한은 coworker[미 kóuwə̀:rkər, 영 kə̀uwə́:kə] 동료

32
33
34

Questions 32-34 refer to the following conversation.

[3에] 호주식 발음 → 미국식 발음

M: Selina, is your phone working? ³²I just tried to make a call, but there's a busy signal when I pick up my receiver.

W: I have the same problem. I contacted Mr. Bradford, the technical manager, and he said that the entire fourth floor has been affected. ³³His team is fixing the phone lines now, but it looks like we'll have to rely on our mobile devices to call clients until the matter is resolved.

M: Hmm . . . That's going to be an issue because I'm supposed to participate in a conference call in 15 minutes.

W: I see. Well, maybe ³⁴you should head to the third floor and use a phone in the meeting room there.

32 What is the conversation mainly about?
   (A) A new telephone system
   (B) A technical issue
   (C) A departmental meeting
   (D) A building renovation

33 What is Mr. Bradford's team doing?
   (A) Fixing an Intranet system
   (B) Bringing in more materials
   (C) Repairing some telephone lines
   (D) Establishing a wireless connection

34 What does the woman suggest?
   (A) Working on a different floor
   (B) Unplugging a machine from the wall
   (C) Notifying customers about an error
   (D) Purchasing a piece of equipment

32-34번은 다음 대화에 관한 문제입니다.

M: Selina, 당신의 전화기가 작동하나요? ³²제가 방금 전화를 걸려고 시도했는데, 수화기를 들면 통화 중 신호가 들려요.

W: 저도 같은 문제가 있어요. 제가 기술부장인 Mr. Bradford 에게 연락했는데, 그는 4층 전체가 영향을 받고 있다고 말했어요. ³³그의 팀이 지금 전화선들을 고치고 있지만, 그 문제가 해결될 때까지 우리는 고객들에게 전화하기 위해 휴대 기기에 의존해야 할 것 같아요.

M: 흠... 제가 15분 후에 전화 회의에 참석하기로 되어 있어서 그것이 문제가 될 거예요.

W: 그렇군요. 음, 어쩌면 ³⁴당신은 3층으로 가서 그곳 회의실에 있는 전화기를 사용해야겠어요.

32. 대화는 주로 무엇에 관한 것인가?
    (A) 새로운 전화 시스템
    (B) 기술적 문제
    (C) 부서 회의
    (D) 건물 보수

33. Mr. Bradford의 팀은 무엇을 하고 있는가?
    (A) 인트라넷 시스템을 고치기
    (B) 더 많은 자료들을 가져오기
    (C) 몇몇 전화선들을 수리하기
    (D) 무선 연결을 설치하기

34. 여자는 무엇을 제안하는가?
    (A) 다른 층에서 일하기
    (B) 벽에서 기계의 플러그를 뽑기
    (C) 고객들에게 오류에 대해 알리기
    (D) 장비 하나를 구매하기

지문 **busy signal** 통화 중 신호 **receiver**[미 risíːvər, 영 risíːvə] 수화기, 수취인 **rely on** ~에 의존하다 **resolve**[rizálv] 해결하다
32 **renovation**[renəvéiʃən] 보수, 수리
33 **fix**[fiks] 고치다, 수리하다 **repair**[ripɛ́ər] 수리하다 **establish**[istǽbliʃ] 설치하다
34 **unplug**[ʌnplʌ́g] (전기) 플러그를 뽑다 **notify**[nóutəfai] 알리다

---

32 ■ **전체 대화 관련 문제** 주제   정답 (B)

대화의 주제를 묻는 문제이므로, 대화의 초반을 반드시 듣는다. 남자가 "I just tried to make a call, but there's a busy signal when I pick up my receiver."라며 자신이 방금 전화를 걸려고 시도했는데 수화기를 들면 통화 중 신호가 들린다고 한 뒤, 전화선 고장에 관한 내용으로 대화가 이어지고 있다. 따라서 정답은 (B) A technical issue이다.

33 ■ **세부 사항 관련 문제** 특정 세부 사항   정답 (C)

Mr. Bradford의 팀이 하고 있는 것을 묻는 문제이므로, 질문의 핵심어구(Mr. Bradford's team doing)와 관련된 내용을 주의 깊게 듣는다. 여자가 "His[Mr. Bradford's] team is fixing the phone lines now"라며 Mr. Bradford의 팀이 지금 전화선들을 고치고 있다고 하였다. 따라서 정답은 (C) Repairing some telephone lines이다.

바꾸어 표현하기
fixing the phone lines 전화선들을 고치고 있다 → Repairing some telephone lines 몇몇 전화선들을 수리하기

34 ■ **세부 사항 관련 문제** 제안   정답 (A)

여자가 제안하는 것을 묻는 문제이므로, 여자의 말에서 제안과 관련된 표현이 언급된 다음을 주의 깊게 듣는다. 여자가 "you should head to the third floor and use a phone in the meeting room there"라며 3층으로 가서 그곳 회의실에 있는 전화기를 사용할 것을 제안하였다. 따라서 정답은 (A) Working on a different floor이다.

Questions 35-37 refer to the following conversation.

🎧 캐나다식 발음 → 영국식 발음

M: ³⁵My family and I will be visiting the ruins of Tikal in a few hours for a guided tour. However, I forgot to arrange a ride to the site. I heard another guest talking about a shuttle service provided by the resort and would like to know more about it.

W: That's right. ³⁶We have our own vehicles that take visitors to destinations in the area. Plus, ³⁶there is no charge for the service for those staying at our accommodation.

M: Is it possible for us to take a shuttle at 1 P.M.? We need to be at the site around 1:30 P.M.

W: ³⁷Hold on. Let me just make sure that there is a shuttle departing at that time.

35 What does the man's family plan to do?
(A) Book a table at a restaurant
(B) Find some accommodations
(C) Travel to another country
(D) Visit a tourist attraction

36 What is provided for free to guests?
(A) Meals
(B) Internet access
(C) Transportation
(D) Guidebooks

37 Why does the woman ask the man to wait?
(A) She needs to help someone else.
(B) She needs to verify something.
(C) She wants to provide a brochure.
(D) She wants to print passes to a site.

35-37번은 다음 대화에 관한 문제입니다.

M: ³⁵저희 가족과 저는 몇 시간 후에 가이드 투어를 하러 티칼 유적을 방문할 거예요. 그런데, 제가 그 장소까지의 차편을 마련하는 것을 깜빡했어요. 다른 투숙객이 리조트에서 제공되는 셔틀버스 서비스에 관해 이야기하는 것을 들었는데 그것에 대해 더 알고 싶어요.

W: 맞아요. ³⁶저희는 방문객들을 이 지역에 있는 목적지들까지 태워드리는 저희 소유의 차량이 있어요. 게다가, ³⁶저희 숙박 시설에 묵으시는 분들에게는 그 서비스가 무료예요.

M: 저희가 오후 1시에 셔틀버스를 타는 것이 가능한가요? 저희가 오후 1시 30분경에는 그 장소에 있어야 해요.

W: ³⁷기다려주세요. 제가 그때 출발하는 셔틀버스가 있는지 확인을 좀 해볼게요.

35. 남자의 가족은 무엇을 할 계획인가?
(A) 식당에 테이블을 예약한다.
(B) 숙박 시설을 찾는다.
(C) 다른 나라로 여행을 간다.
(D) 관광 명소를 방문한다.

36. 무엇이 투숙객들에게 무료로 제공되는가?
(A) 식사
(B) 인터넷 접속
(C) 교통수단
(D) 여행 안내서

37. 여자는 남자에게 왜 기다리라고 요청하는가?
(A) 그녀는 다른 누군가를 도와줘야 한다.
(B) 그녀는 무언가를 확인해야 한다.
(C) 그녀는 소책자를 제공하고 싶어 한다.
(D) 그녀는 장소로의 입장권을 인쇄하고 싶어 한다.

지문 ruin[rúːin] 유적, 잔해 arrange[əréindʒ] 마련하다 ride[raid] 차편 site[sait] 장소, 현장 vehicle[미 víːikl, 영 víəkl] 차량
destination[미 dèstənéiʃən, 영 dèstinéiʃən] 목적지 accommodation[미 əkàmədéiʃən, 영 əkɔ̀mədéiʃən] 숙박 시설, 숙소
depart[미 dipáːrt, 영 dipáːt] 출발하다, 떠나다
36 transportation[trænspərtéiʃən] 교통수단
37 verify[vérəfai] 확인하다 brochure[brouʃúər] 소책자

35 ■ 세부 사항 관련 문제 특정 세부 사항   정답 (D)
남자의 가족이 하려고 계획하는 것을 묻는 문제이므로, 질문의 핵심어구(man's family plan to do)와 관련된 내용을 주의 깊게 듣는다. 남자가 "My family and I will be visiting the ruins of Tikal in a few hours for a guided tour."라며 자신의 가족과 자신은 몇 시간 후에 가이드 투어를 하러 티칼 유적을 방문할 것이라고 하였다. 따라서 정답은 (D) Visit a tourist attraction이다.

36 ■ 세부 사항 관련 문제 특정 세부 사항   정답 (C)
투숙객들에게 무료로 제공되는 것을 묻는 문제이므로, 질문의 핵심어구(free to guests)와 관련된 내용을 주의 깊게 듣는다. 여자가 "We have our own vehicles that take visitors to destinations in the area."라며 방문객들을 이 지역에 있는 목적지들까지 태워주는 자신들 소유의 차량이 있다고 한 뒤, "there is no charge for the service for those staying at our accommodation"이라며 자신들의 숙박 시설에서 묵는 사람들에게는 그 서비스가 무료라고 하였다. 따라서 정답은 (C) Transportation이다.

37 ■ 세부 사항 관련 문제 이유   정답 (B)
여자가 남자에게 기다리라고 요청하는 이유를 묻는 문제이므로, 질문의 핵심어구(wait)와 관련된 내용을 주의 깊게 듣는다. 여자가 남자에게 "Hold on. Let me just make sure that there is a shuttle departing at that time."이라며 기다려달라고 한 뒤, 그때 출발하는 셔틀버스가 있는지 확인을 좀 해보겠다고 하였다. 따라서 정답은 (B) She needs to verify something이다.

Questions 38-40 refer to the following conversation with three speakers.

🔊 캐나다식 발음 → 미국식 발음 → 호주식 발음

M1: ³⁸Our grocery store has been really busy this month. All of our employees have been talking about it. ³⁹I wonder why we've had so many more shoppers than usual lately.

W: We were featured in a local magazine. It has a large readership among people living in the area.

M1: That's great. We should try to capitalize on that. Alex, why don't we run advertisements in the same magazine?

M2: Good idea. ⁴⁰Maybe we could include some half-price coupons to attract new customers. Everyone likes to feel like they are getting a special deal when they go shopping.

38 Where most likely do the speakers work?
   (A) At a bookstore
   (B) At a bakery
   (C) At a pharmacy
   (D) At a supermarket

39 What does the woman imply when she says, "We were featured in a local magazine"?
   (A) A publication was purchased.
   (B) An article was positive.
   (C) A report was accurate.
   (D) A subscription was renewed.

40 What does Alex suggest?
   (A) Updating a schedule
   (B) Distributing flyers
   (C) Conducting a survey
   (D) Offering discounts

38-40번은 다음 세 명의 대화에 관한 문제입니다.

M1: ³⁸우리 식료품점이 이번 달에 정말 바빴네요. 우리 직원들 모두가 그것에 대해 얘기했어요. ³⁹최근에 왜 평소보다 손님이 더 많았는지 궁금하네요.

W: 우리가 한 지역 잡지에 실렸어요. 그것이 이 지역에 사는 사람들 사이에서 많은 독자층을 가지고 있거든요.

M1: 잘됐네요. 그것을 이용하려고 노력해야겠어요. Alex, 같은 잡지에 광고를 싣는 게 어때요?

M2: 좋은 생각이에요. ⁴⁰신규 고객을 유치하기 위해 반값 쿠폰을 포함시킬 수도 있어요. 모든 사람들이 쇼핑하러 갈 때 특별 할인을 받는 것처럼 느끼기를 좋아하니까요.

38. 화자들은 어디에서 일하는 것 같은가?
   (A) 서점에서
   (B) 빵집에서
   (C) 약국에서
   (D) 슈퍼마켓에서

39. 여자가 "우리가 한 지역 잡지에 실렸어요"고 말할 때 무엇을 의도하는가?
   (A) 출판물이 구입되었다.
   (B) 기사가 긍정적이었다.
   (C) 보고가 정확했다.
   (D) 구독이 갱신되었다.

40. Alex는 무엇을 제안하는가?
   (A) 일정을 업데이트하는 것
   (B) 전단지를 배포하는 것
   (C) 설문 조사를 실시하는 것
   (D) 할인을 제공하는 것

지문 **readership**[미 rí:dərʃip, 영 rí:dəʃip] 독자층 **capitalize on** ~을 이용하다 **attract**[ətrǽkt] 유치하다, 유혹하다

38 **pharmacy**[미 fáːrməsi, 영 fáː:məsi] 약국

39 **publication**[pʌ̀blikéiʃən] 출판물 **subscription**[səbskrípʃən] 구독

40 **distribute**[distríbjuːt] 배포하다, 나눠주다 **flyer**[fláiər] 전단지

---

38 ■ **전체 대화 관련 문제** 화자   정답 (D)

화자들이 일하는 장소를 묻는 문제이므로, 신분 및 직업과 관련된 표현을 놓치지 않고 듣는다. 남자가 "Our grocery store has been really busy this month."라며 식료품점이 이번 달에 정말 바빴다고 했다. 따라서 정답은 (D) At a supermarket이다.

바꾸어 표현하기

grocery store 식료품점 → supermarket 슈퍼마켓

---

39 ■ **세부 사항 관련 문제** 의도 파악   정답 (B)

여자가 하는 말의 의도를 묻는 문제이므로, 질문의 인용어구(We were featured in a local magazine)가 언급된 주변을 주의 깊게 듣는다. 남자가 "I wonder why we've had so many more shoppers than usual lately."라며 최근에 왜 평소보다 손님이 더 많았는지 궁금하다고 하자, 여자가 "We were featured in a local magazine."이라며 자신들이 한 지역 잡지에 실렸다고 하였다. 이를 통해 잡지에 실린 기사가 긍정적이었음을 알 수 있다. 따라서 정답은 (B) An article was positive이다.

---

40 ■ **세부 사항 관련 문제** 제안   정답 (D)

Alex, 즉 남자 2가 제안하는 것을 묻는 문제이므로, 남자 2의 말에서 제안과 관련된 표현이 언급된 다음을 주의 깊게 듣는다. 여자가 "Maybe we could include some half-price coupons to attract new customers."라며 신규 고객을 유치하기 위해 반값 쿠폰을 포함시킬 수도 있다고 하였다. 따라서 정답은 (D) Offering discounts이다.

Questions 41-43 refer to the following conversation.

🎧 영국식 발음 → 호주식 발음

W: Hi, Mr. Young. This is Fatima from *Carolina Monthly*. ⁴¹I've been assigned to take your picture for the article we're writing about you, and I'm wondering when you'd be free to meet with me.

M: I'll be available tomorrow at 3 P.M., Fatima. Where do you want to get together?

W: Since the article focuses on your architectural work, perhaps ⁴²we could meet at the construction site of the latest building you designed, the Grand Theater. I'd like to photograph you in front of the partially finished structure.

M: That sounds good. By the way, ⁴³once the building is completed next month, I'll be happy to bring you back and let you capture images of the interior as well.

41 What are the speakers mainly discussing?
(A) A press conference
(B) An architect position
(C) A photo shoot
(D) A magazine subscription

42 What does the woman propose?
(A) Meeting at a construction site
(B) Rescheduling an appointment
(C) Contacting a theater owner
(D) Revising an article

43 What does the man say the woman can do?
(A) Return to a venue at a later date
(B) Bring a copy of a publication
(C) Exhibit some images at a gallery
(D) Print out some blueprints

41-43번은 다음 대화에 관한 문제입니다.

W: 안녕하세요, Mr. Young. 저는 *Carolina Monthly*의 Fatima입니다. ⁴¹제가 저희가 귀하에 관해 쓰고 있는 기사를 위해 귀하의 사진을 찍도록 배정받았는데, 언제 저와 만날 시간이 되시는지 궁금합니다.
M: 저는 내일 오후 3시에 시간이 될 거예요, Fatima. 어디에서 만나고 싶으세요?
W: 기사가 귀하의 건축물에 초점을 맞추고 있으니, 어쩌면 ⁴²저희는 귀하가 설계한 최신 건물인 Grand 극장의 건설 현장에서 만나도 될 것 같습니다. 저는 일부만 완성된 건물 앞에서 귀하의 사진을 찍고 싶습니다.
M: 그거 괜찮네요. 그건 그렇고, ⁴³건물이 다음 달에 완공되면, 기꺼이 당신을 다시 모시고 가서 내부의 사진들 또한 담아낼 수 있도록 해드릴게요.

41. 화자들은 주로 무엇에 관해 이야기하고 있는가?
(A) 기자 회견
(B) 건축가직
(C) 사진 촬영
(D) 잡지 구독

42. 여자는 무엇을 제안하는가?
(A) 건설 현장에서 만나기
(B) 약속 일정을 변경하기
(C) 극장주에게 연락하기
(D) 기사를 수정하기

43. 남자는 여자가 무엇을 할 수 있다고 말하는가?
(A) 차후 날짜에 장소로 다시 온다.
(B) 출판물의 사본을 가져온다.
(C) 미술관에 사진 몇 장을 전시한다.
(D) 설계도들을 인쇄한다.

지문 **assign**[əsáin] 배정하다, 할당하다 **architectural**[미 á:rkitèktʃərəl, 영 à:kitéktʃərəl] 건축의
capture[미 kǽptʃər, 영 kǽptʃə] (사진이나 글로) 담아내다, 포착하다 **interior**[미 intíəriər, 영 intíəriə] 내부, 실내
41 **subscription**[səbskrípʃən] 구독
43 **venue**[vénju:] 장소, 현장 **publication**[pÀbləkéiʃən] 출판물 **blueprint**[blú:print] 설계도, 청사진

41 ■ 전체 대화 관련 문제 주제   정답 (C)
대화의 주제를 묻는 문제이므로, 대화의 초반을 반드시 듣는다. 여자가 "I've been assigned to take your picture ~, and I'm wondering when you'd be free to meet with me."라며 자신이 남자의 사진을 찍도록 배정받았는데 남자가 언제 자신과 만날 시간이 되는지 궁금하다고 한 뒤, 사진 촬영에 관한 내용으로 대화가 이어지고 있다. 따라서 정답은 (C) A photo shoot이다.

42 ■ 세부 사항 관련 문제 제안   정답 (A)
여자가 제안하는 것을 묻는 문제이므로, 여자의 말에서 제안과 관련된 표현이 언급된 다음을 주의 깊게 듣는다. 여자가 "we could meet at the construction site of the latest building you designed, the Grand Theater"라며 남자가 설계한 최신 건물인 Grand 극장의 건설 현장에서 만나는 것을 제안하였다. 따라서 정답은 (A) Meeting at a construction site이다.

43 ■ 세부 사항 관련 문제 특정 세부 사항   정답 (A)
남자가 여자가 할 수 있다고 말하는 것을 묻는 문제이므로, 질문의 핵심어구(woman can do)와 관련된 내용을 주의 깊게 듣는다. 남자가 "once the building is completed next month, I'll be happy to bring you back and let you capture images of the interior as well"이라며 건물이 다음 달에 완공되면 기꺼이 여자를 다시 데리고 가서 내부의 사진들 또한 담아낼 수 있도록 해주겠다고 하였다. 따라서 정답은 (A) Return to a venue at a later date이다.

Questions 44-46 refer to the following conversation.

🎧 미국식 발음 → 캐나다식 발음

W: I'm dissatisfied with Gordon Distribution Services. Our retail outlet has received incorrect shipments of goods from them on multiple occasions over the previous six months. For instance, just ⁴⁴last Tuesday we received a dozen pairs of Eclipse basketball shoes, which is fewer than I requested. Plus, the company has yet to address my complaints.

M: Considering the ongoing troubles that we're experiencing with that company, ⁴⁵I think it would be best for us to partner with another firm.

W: In that case, I'll reach out to other reputable distributors that provide services in the Madison area. Ah . . . but before I do that, ⁴⁶can you help me hang up some signs about our membership program changes throughout the store?

44 According to the woman, what happened last Tuesday?
(A) A professional contract expired.
(B) A shipment of goods arrived.
(C) A complaint was submitted online.
(D) A customer exchanged an item.

45 How does the man want to deal with the problem?
(A) By renewing an agreement
(B) By demanding a full refund
(C) By starting a new business relationship
(D) By asking for a membership discount

46 What does the woman request the man do?
(A) Display some signs
(B) Organize a storage area
(C) Edit a service catalog
(D) Deliver some merchandise

44-46번은 다음 대화에 관한 문제입니다.

W: 저는 Gordon 유통 서비스사에 불만족스러워요. 우리 소매점은 그들로부터 지난 6개월 동안 수차례 잘못된 상품 배송을 받았어요. 예를 들어, 바로 ⁴⁴지난 화요일에 우리는 Eclipse 농구화 12켤레를 받았는데, 이건 제가 요청했던 것보다 더 적어요. 게다가, 그 회사는 아직도 제 항의를 처리해주지 않았어요.

M: 우리가 그 회사로 인해 겪고 있는 계속되는 문제들을 고려해볼 때, ⁴⁵다른 회사와 협력하는 것이 우리에게 최선일 것 같아요.

W: 그렇다면, 제가 매디슨 지역에서 서비스를 제공하는 다른 평판이 좋은 유통 업체들에 연락해볼게요. 아… 그런데 제가 그것을 하기 전에, ⁴⁶매장 전체에 우리의 멤버십 프로그램 변경에 관한 안내판 몇 개를 거는 것을 도와주시겠어요?

44. 여자에 따르면, 지난 화요일에 무슨 일이 일어났는가?
(A) 전문 계약이 만료되었다.
(B) 상품 배송이 도착했다.
(C) 온라인으로 불만 사항이 제기되었다.
(D) 고객이 물품을 교환했다.

45. 남자는 문제를 어떻게 처리하고 싶어 하는가?
(A) 계약을 갱신함으로써
(B) 전액 환불을 요구함으로써
(C) 새로운 사업 관계를 시작함으로써
(D) 멤버십 할인을 요청함으로써

46. 여자는 남자에게 무엇을 해달라고 요청하는가?
(A) 안내판을 진열한다.
(B) 보관 구역을 정리한다.
(C) 서비스 카탈로그를 수정한다.
(D) 상품을 배송한다.

지문 dissatisfied[dissǽtisfaid] 불만족스러운, 불만인 shipment[ʃípmənt] 배송, 배송품 address[ədrés] 처리하다, 다루다
complaint[kəmpléint] 항의, 불만 partner[pά:rtnər] 협력하다, 제휴하다 reputable[répjutəbl] 평판이 좋은 hang up ~을 걸다
44 expire[ikspáiər] 만료되다
45 renew[rinjú:] 갱신하다 agreement[əgrí:mənt] 계약, 합의, 동의 demand[dimǽnd] 요구하다 full refund 전액 환불

44 ■ 세부 사항 관련 문제 특정 세부 사항   정답 (B)

여자가 지난 화요일에 일어났다고 말한 것을 묻는 문제이므로, 여자의 말에서 질문의 핵심어구(last Tuesday)가 언급된 주변을 주의 깊게 듣는다. 여자가 "last Tuesday we received a dozen pairs of Eclipse basketball shoes"라며 지난 화요일에 Eclipse 농구화 12켤레를 받았다고 하였다. 따라서 정답은 (B) A shipment of goods arrived이다.

45 ■ 세부 사항 관련 문제 방법   정답 (C)

남자가 문제를 처리하고 싶어 하는 방법을 묻는 문제이므로, 질문의 핵심어구(deal with the problem)와 관련된 내용을 주의 깊게 듣는다. 남자가 "I think it would be best for us to partner with another firm"이라며 다른 회사와 협력하는 것이 자신들에게 최선일 것 같다고 하였다. 따라서 정답은 (C) By starting a new business relationship이다.

바꾸어 표현하기
partner with another firm 다른 회사와 협력하다 → starting a new business relationship 새로운 사업 관계를 시작하다

46 ■ 세부 사항 관련 문제 요청   정답 (A)

여자가 남자에게 요청하는 것을 묻는 문제이므로, 여자의 말에서 요청과 관련된 표현이 언급된 다음을 주의 깊게 듣는다. 여자가 남자에게 "can you help me hang up some signs about our membership program changes throughout the store?"라며 매장 전체에 멤버십 프로그램 변경에 관한 안내판 몇 개를 거는 것을 도와달라고 요청하였다. 따라서 정답은 (A) Display some signs이다.

Questions 47-49 refer to the following conversation.

[3)] 호주식 발음 → 영국식 발음

M: Hi. I called in earlier regarding an event I am attending. ⁴⁷I need a tuxedo.

W: Hmm . . . you are much taller than average. ⁴⁷You'll need a custom-made tuxedo. The ones I have in the shop right now are all too small. Um, when do you need it by?

M: In two weeks. How much would that be?

W: It depends on the options you choose. ⁴⁸The materials will be the greatest consideration in terms of cost. But the design will also affect the price, along with any accessories you choose . . . like bowties or vests. That being said, the total price likely won't exceed $1,000.

M: That sounds reasonable.

W: Great. ⁴⁹I'll just need to measure you then.

47 Who most likely is the woman?
(A) An event organizer
(B) A tailor
(C) An engineer
(D) An interior designer

48 According to the woman, what will affect the price the most?
(A) Size
(B) Design
(C) Materials
(D) Accessories

49 What will the woman probably do next?
(A) Take some measurements
(B) Order a fabric
(C) Complete a transaction
(D) Request some adjustments

47-49번은 다음 대화에 관한 문제입니다.

M: 안녕하세요. 제가 참석하고 있는 행사 때문에 아까 전화 드렸는데요. ⁴⁷저는 턱시도가 필요해요.

W: 음… 당신은 평균보다 훨씬 더 키가 크시군요. ⁴⁷맞춤 턱시도가 필요하실 거예요. 제가 지금 매장에 가지고 있는 것들은 모두 너무 작거든요. 음, 언제까지 필요하신가요?

M: 2주 안에요. 그것은 얼마인가요?

W: 그건 선택하시는 옵션에 따라 달라져요. ⁴⁸원단이 비용 면에서 가장 큰 고려사항이 되실 거예요. 하지만 디자인과 함께, 당신이 선택하는 장신구들… 나비넥타이나 조끼 같은 것들 또한 가격에 영향을 미칠 거예요. 그렇긴 하지만, 총 가격은 1,000달러를 넘지 않을 것 같습니다.

M: 합리적인 것 같네요.

W: 좋아요. ⁴⁹그럼 이제 당신의 치수를 재기만 하면 돼요.

47. 여자는 누구일 것 같은가?
(A) 이벤트 주최자
(B) 재단사
(C) 기술자
(D) 인테리어 디자이너

48. 여자의 말에 따르면, 무엇이 가격에 가장 큰 영향을 미칠 것인가?
(A) 사이즈
(B) 디자인
(C) 원단
(D) 장신구

49. 여자는 다음에 무엇을 할 것 같은가?
(A) 치수를 잰다.
(B) 천을 주문한다.
(C) 거래를 완료한다.
(D) 일부 수선을 요청한다.

지문 **custom-made** 맞춤의 **material**[미 mətíriəl, 영 mətíəriəl] 원단, 재료 **bowtie**[미 bòutái, 영 bə̀utái] 나비 넥타이 **exceed**[iksíːd] 넘다, 초과하다 **reasonable**[ríːzənəbl] 합리적인, 합당한 **measure**[미 méʒər, 영 méʒə] 치수를 재다, 측정하다

47 **tailor**[téilər] 재단사

49 **fabric**[fǽbrik] 천, 직물 **transaction**[trænzǽkʃən] 거래, 처리

47 ■ **전체 대화 관련 문제** 화자   정답 (B)

여자의 신분을 묻는 문제이므로, 신분 및 직업과 관련된 표현을 놓치지 않고 듣는다. 남자가 "I need a tuxedo."라며 턱시도가 필요하다고 하자, 여자가 "You'll need a custom-made tuxedo. The ones I have in the shop right now are all too small."이라며 맞춤 턱시도가 필요할 것이라며 자신이 지금 매장에 가지고 있는 것들은 모두 너무 작다고 하였다. 이를 통해 여자가 재단사임을 알 수 있다. 따라서 정답은 (B) A tailor이다.

48 ■ **세부 사항 관련 문제** 특정 세부 사항   정답 (C)

무엇이 가격에 가장 큰 영향을 미칠 것인지를 묻는 문제이므로, 질문의 핵심어구(affect the price the most)와 관련된 내용을 주의 깊게 듣는다. 여자가 "The materials will be the greatest consideration in terms of cost."라며 원단이 비용 면에서 가장 큰 고려사항이 될 것이라고 하였다. 따라서 정답은 (C) Materials이다.

49 ■ **세부 사항 관련 문제** 다음에 할 일   정답 (A)

여자가 다음에 할 일을 묻는 문제이므로, 대화의 마지막 부분을 주의 깊게 듣는다. 여자가 "I'll just need to measure you then."이라며 그럼 이제 치수를 재기만 하면 된다고 하였다. 따라서 정답은 (A) Take some measurements이다.

50
51
52

Questions 50-52 refer to the following conversation with three speakers.

🔊 미국식 발음 → 호주식 발음 → 영국식 발음

W1: ⁵¹Tim, Laura . . . Have you had a chance to speak with Mr. Kang from Seaward Financial yet? ⁵⁰He needs help finding employees for the new office his company is opening in San Diego.

M: Oh, yes. ⁵¹He stopped by this morning.

W2: Right. ⁵¹We explained how our firm can manage the recruiting process, and he seemed very interested.

W1: Great. So, he's decided to hire us, then?

W2: Uh, not exactly. While the meeting went smoothly, he still hasn't made up his mind. ⁵²I think we need to explain more clearly how much time and money he'll save by paying us to do the work.

M: ⁵²I agree. It's the only way we'll be able to convince him to become a client.

50-52번은 다음 세 명의 대화에 관한 문제입니다.

W1: ⁵¹Tim, Laura… Seaward 금융사의 Mr. Kang과 이야기할 기회가 이미 있었나요? ⁵⁰그는 그의 회사가 샌디에이고에 열 예정인 새로운 사무실을 위해 직원들을 찾는 데 도움을 필요로 해요.

M: 아, 네. ⁵¹그는 오늘 아침에 들렀어요.

W2: 맞아요. ⁵¹저희는 우리 회사가 어떻게 채용 과정을 관리할 수 있는지 설명했고, 그는 매우 관심 있어 보였어요.

W1: 좋아요. 자, 그럼 그가 우리를 고용하기로 결정했나요?

W2: 어, 꼭 그런 건 아니에요. 회의는 순조롭게 진행되었지만, 그는 아직 결정하지 않았어요. ⁵²저는 그 일을 하도록 우리에게 비용을 지불하는 것으로 그가 얼마나 많은 시간과 돈을 절약하게 될지 우리가 더 분명하게 설명해야 할 것 같아요.

M: ⁵²동의해요. 그것이 우리가 그를 고객이 되도록 설득할 수 있는 유일한 방법이에요.

50 Where do the speakers most likely work?
(A) At a financial institution
(B) At a staffing agency
(C) At an office supply store
(D) At a graphic design firm

51 What did Tim and Laura do this morning?
(A) Met with a potential client
(B) Attended a staff meeting
(C) Made travel arrangements
(D) Conducted job interviews

52 What do Tim and Laura recommend?
(A) Reviewing a contract
(B) Visiting some companies
(C) Explaining some benefits
(D) Changing a process

50. 화자들은 어디에서 일하는 것 같은가?
(A) 금융 기관에서
(B) 채용 업체에서
(C) 사무용품 상점에서
(D) 그래픽 디자인 회사에서

51. Tim과 Laura는 오늘 아침에 무엇을 했는가?
(A) 잠재 고객과 만났다.
(B) 직원 회의에 참석했다.
(C) 여행 계획을 마련했다.
(D) 취업 면접을 진행했다.

52. Tim과 Laura는 무엇을 제안하는가?
(A) 계약서를 검토하기
(B) 몇몇 회사들을 방문하기
(C) 몇몇 이점들을 설명하기
(D) 절차를 변경하기

지문 recruit[rikrúːt] 채용하다, 모집하다 make up one's mind 결정하다 convince[kənvíns] 설득하다, 확신시키다 matter[mǽtər] 문제, 상황

---

50 ■ 전체 대화 관련 문제 화자   정답 (B)

화자들이 일하는 장소를 묻는 문제이므로, 신분 및 직업과 관련된 표현을 놓치지 않고 듣는다. 여자 1이 남자와 여자 2에게 "He[Mr. Kang] needs help finding employees for the new office"라며 Mr. Kang이 새로운 사무실을 위해 직원들을 찾는 데 도움을 필요로 한다고 한 뒤, 고객의 직원 채용을 관리하는 것에 대한 내용으로 대화가 이어지고 있다. 이를 통해 화자들이 채용 업체에서 일한다는 것을 알 수 있다. 따라서 정답은 (B) At a staffing agency이다.

51 ■ 세부 사항 관련 문제 특정 세부 사항   정답 (A)

Tim과 Laura 즉, 남자와 여자 2가 오늘 아침에 한 것을 묻는 문제이므로, 질문의 핵심어구(this morning)가 언급된 주변을 주의 깊게 듣는다. 여자 1이 남자와 여자 2에게 "Tim, Laura ~. Have you had a chance to speak with Mr. Kang ~?"라며 Mr. Kang과 이야기할 기회가 있었는지 묻자, 남자가 "He stopped by this morning."이라며 그가 오늘 아침에 들렀다고 하고, 여자 2가 "We explained how our firm can manage the recruiting process"라며 자신들의 회사가 어떻게 채용 과정을 관리할 수 있는지 설명했다고 하였다. 따라서 정답은 (A) Met with a potential client이다.

52 ■ 세부 사항 관련 문제 제안   정답 (C)

Tim과 Laura 즉, 남자와 여자 2가 제안하는 것을 묻는 문제이므로, 남자와 여자 2의 말에서 제안과 관련된 표현이 언급된 다음을 주의 깊게 듣는다. 여자 2가 "I think we need to explain more clearly how much time and money he[Mr. Kang]'ll save by paying us to do the work."라며 일을 하도록 자신들에게 비용을 지불하는 것으로 Mr. Kang이 얼마나 많은 시간과 돈을 절약하게 될지 더 분명하게 설명하는 것을 제안하자, 남자가 "I agree."라며 동의하였다. 따라서 정답은 (C) Explaining some benefits이다.

Questions 53-55 refer to the following conversation.

🎧 미국식 발음 → 호주식 발음

W: I just received a phone call from Lisa Belano's secretary. Ms. Belano is on her way to Raybury Park, so we should leave within a few minutes. We don't want to be late.

M: Great. ⁵³I've already packed up our cameras and spare lenses, so we can go whenever you're ready.

W: ⁵³/⁵⁴What about our portable lighting setup? I think we should bring them for the shoot.

M: Well, it's not cloudy at all today.

W: Yeah, that's a good point. In that case, ⁵⁵let's head to the park. My car is parked right out front.

53 Who most likely are the speakers?
(A) Security guards
(B) Secretaries
(C) Performers
(D) Photographers

54 Why does the man say, "it's not cloudy at all today"?
(A) To express satisfaction
(B) To indicate uncertainty
(C) To disagree with a suggestion
(D) To respond to a question

55 What will the speakers probably do next?
(A) Drive to a destination
(B) Contact a taxi service
(C) Review a schedule
(D) Find a parking spot

53-55번은 다음 대화에 관한 문제입니다.

W: 방금 Lisa Belano의 비서로부터 전화를 받았어요. Ms. Belano가 Raybury 공원으로 가고 계시니, 우리는 몇 분 안에 출발해야 해요. 늦고 싶지 않아요.

M: ⁵³좋아요. 카메라와 여분 렌즈는 이미 챙겼으니, 당신이 준비되면 언제든 갈 수 있어요.

W: ⁵³/⁵⁴우리의 휴대용 조명 설비는요? 촬영을 위해 가져가야 할 것 같아요.

M: 음, 오늘은 전혀 흐리지 않은데요.

W: 네, 좋은 지적이네요. 그렇다면, ⁵⁵공원으로 갑시다. 제 차는 바로 앞에 주차되어 있어요.

53. 화자들은 누구일 것 같은가?
(A) 경비원들
(B) 비서들
(C) 연기자들
(D) 사진사들

54. 남자는 왜 "오늘은 전혀 흐리지 않은데요"라고 말하는가?
(A) 만족을 나타내기 위해
(B) 불확실성을 암시하기 위해
(C) 제안에 동의하지 않기 위해
(D) 질문에 답하기 위해

55. 화자들은 다음에 무엇을 할 것 같은가?
(A) 목적지까지 운전한다.
(B) 택시 서비스에 연락한다.
(C) 일정을 검토한다.
(D) 주차할 곳을 찾는다.

지문 pack up 챙기다, 싸다 spare[미 sper, 영 speə] 여분의 portable[미 pɔ́:rtəbl, 영 pɔ́:təbl] 휴대용의 shoot[ʃu:t] (영화·사진) 촬영; 쏘다
54 satisfaction[sæ̀tisfǽkʃən] 만족, 충족 uncertainty[미 ʌnsə́:rtənti, 영 ʌnsə́:tnti] 불확실성

53 ■ 전체 대화 관련 문제 화자
정답 (D)

화자들의 신분을 묻는 문제이므로, 신분 및 직업과 관련된 표현을 놓치지 않고 듣는다. 남자가 "I've already packed up our cameras and spare lenses"라며 카메라와 여분 렌즈는 이미 챙겼다고 하자, 여자가 "What about our portable lighting setup? I think we should bring them for the shoot."이라며 휴대용 조명 설비는 어떤지 묻고 촬영을 위해 가져가야 할 것 같다고 하였다. 이를 통해 화자들이 사진사임을 알 수 있다. 따라서 정답은 (D) Photographers이다.

54 ■ 세부 사항 관련 문제 의도 파악
정답 (C)

남자가 하는 말의 의도를 묻는 문제이므로, 질문의 인용어구(it's not cloudy at all today)가 언급된 주변을 주의 깊게 듣는다. 여자가 "What about our portable lighting setup? I think we should bring them for the shoot."이라며 휴대용 조명 설비는 어떤지 묻고 촬영을 위해 가져가야 할 것 같다고 하자, 남자가 "it's not cloudy at all today."라며 오늘은 전혀 흐리지 않다고 하였다. 이를 통해 남자가 제안에 동의하지 않으려는 의도임을 알 수 있다. 따라서 정답은 (C) To disagree with a suggestion이다.

55 ■ 세부 사항 관련 문제 다음에 할 일
정답 (A)

화자들이 다음에 할 일을 묻는 문제이므로, 대화의 마지막 부분을 주의 깊게 듣는다. 여자가 "let's head to the park. My car is parked right out front."라며 공원으로 가자고 한 뒤, 차는 바로 앞에 주차되어 있다고 하였다. 따라서 정답은 (A) Drive to a destination이다.

Questions 56-58 refer to the following conversation.

[3] 영국식 발음 → 캐나다식 발음

W: 56I just found out about the new inventory tracking software that was installed on our computers on Tuesday. But 56its functions are a bit unusual, so I'm having some trouble. Have you figured out how to properly use it?

M: For the most part. 57Reading the user manual has been helpful. I recommend you do the same. A digital copy of it was e-mailed to everyone a few days ago.

W: Oh, really? 58I never received the message. Can you forward it to me so I can look it over?

M: Certainly. However, it's odd that you weren't included in the original e-mail. 58You should inform our manager about that to ensure you're a part of future group messages and important announcements.

56 What problem does the woman mention?
(A) She forgot to update an application.
(B) A machine stopped functioning.
(C) She is unfamiliar with a program.
(D) An inventory level is too low.

57 What does the man suggest?
(A) Referring to a handbook
(B) E-mailing some colleagues
(C) Consulting with an advisor
(D) Copying some manuals

58 According to the man, what should the woman talk to the manager about?
(A) Acquiring additional computer parts
(B) Customizing some new software
(C) Errors in an important file
(D) Complications with a messaging system

56-58번은 다음 대화에 관한 문제입니다.

W: 56저는 화요일에 우리 컴퓨터들에 설치된 새로운 재고 추적 소프트웨어에 관해 방금 알게 됐어요. 그런데 56그것의 기능들이 약간 일반적이지 않아서, 문제를 좀 겪고 있어요. 당신은 그것을 제대로 사용하는 방법을 이해했나요?

M: 대부분요. 57사용자 설명서를 읽는 것이 도움이 되었어요. 저는 당신도 똑같이 하는 것을 추천해요. 그것의 디지털 사본이 며칠 전에 모두에게 이메일로 보내졌어요.

W: 아, 정말요? 58저는 그 메시지를 전혀 받지 못했어요. 그것을 제가 살펴볼 수 있도록 전송해주실 수 있으세요?

M: 그럼요. 그런데, 원래 이메일에 당신이 포함되어 있지 않았다는 게 이상하네요. 당신이 앞으로의 단체 메시지와 중요한 공지들에 속하도록 확실히 하기 위해 58그것에 관해 우리 관리자에게 알리셔야 해요.

56. 여자는 무슨 문제를 언급하는가?
(A) 그녀는 애플리케이션을 업데이트하는 것을 잊었다.
(B) 기계가 작동하는 것을 멈췄다.
(C) 그녀는 프로그램에 익숙하지 않다.
(D) 재고량이 너무 적다.

57. 남자는 무엇을 제안하는가?
(A) 안내서를 참고하기
(B) 동료들에게 이메일 보내기
(C) 고문과 상의하기
(D) 설명서를 복사하기

58. 남자에 따르면, 여자는 관리자에게 무엇에 관해 이야기해야 하는가?
(A) 추가 컴퓨터 부품들을 얻는 것
(B) 새 소프트웨어를 주문 제작하는 것
(C) 중요한 파일에서의 오류들
(D) 메시지를 보내는 시스템의 문제들

지문 inventory[미 ínvəntɔːri, 영 ínvəntəri] 재고 tracking[trǽkiŋ] 추적, 조사 install[instɔ́:l] 설치하다 function[fʌ́ŋkʃən] 기능 figure out ~을 이해하다 properly[미 prɑ́pərli, 영 prɔ́pəli] 제대로, 적절히 forward[미 fɔ́ːrwərd, 영 fɔ́:wəd] 전송하다, 보내다 look over ~을 살펴보다 odd[ɑd] 이상한
57 refer to ~을 참고하다 handbook[hǽndbuk] 안내서 consult[kənsʌ́lt] 상의하다 advisor[ədváizər] 고문, 조언자
58 part[pɑːrt] 부품 customize[kʌ́stəmaiz] 주문 제작하다 complication[kàmpləkéiʃən] 문제

56 ■ 세부 사항 관련 문제 문제점   정답 (C)

여자가 언급하는 문제점을 묻는 문제이므로, 여자의 말에서 부정적인 표현이 언급된 주변을 주의 깊게 듣는다. 여자가 "I just found out about the new inventory tracking software"라며 자신이 새로운 재고 추적 소프트웨어에 관해 방금 알게 됐다고 한 뒤, "its functions are a bit unusual, so I'm having some trouble"이라며 그것의 기능들이 약간 일반적이지 않아서 문제를 좀 겪고 있다고 하였다. 따라서 정답은 (C) She is unfamiliar with a program이다.

57 ■ 세부 사항 관련 문제 제안   정답 (A)

남자가 제안하는 것을 묻는 문제이므로, 남자의 말에서 제안과 관련된 표현이 언급된 다음을 주의 깊게 듣는다. 남자가 "Reading the user manual has been helpful. I recommend you do the same."이라며 사용자 설명서를 읽는 것이 도움이 되었다고 한 뒤, 여자도 똑같이 할 것을 제안하였다. 따라서 정답은 (A) Referring to a handbook이다.

58 ■ 세부 사항 관련 문제 특정 세부 사항   정답 (D)

남자가 여자가 관리자에게 이야기해야 한다고 말한 것을 묻는 문제이므로, 남자의 말에서 질문의 핵심어구(talk to the manager about)와 관련된 내용을 주의 깊게 듣는다. 여자가 "I never received the message."라며 메시지를 전혀 받지 못했다고 하자, 남자가 "You should inform our manager about that"이라며 그것에 관해 관리자에게 알려야 한다고 하였다. 따라서 정답은 (D) Complications with a messaging system이다.

Questions 59-61 refer to the following conversation.

[음성] 미국식 발음 → 호주식 발음

W: Hello. My name is Padma Jodhpur. ⁵⁹I am calling because I was charged a fee for canceling a class even though I registered in another one right away. I'm not sure why this happened.

M: I apologize for that, but ⁶⁰the company changed its late cancellation procedure. You can only change an existing reservation without any fee up to 12 hours before the class starts. ⁶⁰I informed all students of this policy change through a text message a few days ago.

W: Really? I never received that.

M: Hmm . . . That's unfortunate. I can't cancel the charge, but ⁶¹I can give you a coupon for 10 percent off the next class you sign up for.

59 Why is the woman calling?
(A) To change some billing information
(B) To ask about a charge
(C) To complain about a product
(D) To cancel a membership account

60 What did the man recently do?
(A) Updated a Web page
(B) Sent out a notification
(C) Hired an instructor
(D) Renewed a policy

61 What does the man offer to do?
(A) Provide a discount
(B) Print a document
(C) Refund a fee
(D) Confirm a purchase

59-61번은 다음 대화에 관한 문제입니다.

W: 안녕하세요. 제 이름은 Padma Jodhpur입니다. ⁵⁹바로 다른 수업에 등록했는데도 불구하고 수업을 취소한 것에 대한 수수료가 부과되어 연락드립니다. 저는 왜 이런 일이 일어났는지 잘 모르겠어요.

M: 그것에 사과 드립니다만, ⁶⁰회사에서 늦은 취소 절차를 변경했어요. 수수료 없이 기존 예약을 변경하는 것은 수업 시작 12시간 전까지만 가능합니다. ⁶⁰제가 며칠 전에 문자 메시지로 이 정책 변경을 모든 학생들에게 통지했습니다.

W: 정말요? 저는 그것을 받은 적이 없어요.

M: 음… 유감스럽네요. 요금을 취소해드릴 수는 없지만, ⁶¹다음에 등록하시는 수업에 대한 10퍼센트 할인 쿠폰을 드릴 수 있습니다.

59. 여자는 왜 전화를 하고 있는가?
(A) 청구서 발송 정보를 변경하기 위해
(B) 청구 금액에 관해 묻기 위해
(C) 제품에 대해 불평하기 위해
(D) 회원 계정을 취소하기 위해

60. 남자는 최근에 무엇을 했는가?
(A) 웹페이지를 업데이트했다.
(B) 알림을 보냈다.
(C) 강사를 고용했다.
(D) 정책을 갱신했다.

61. 남자는 무엇을 해주겠다고 제안하는가?
(A) 할인을 제공한다.
(B) 문서를 인쇄한다.
(C) 요금을 환불한다.
(D) 구매를 확인한다.

지문 **register**[미 rédʒistər, 영 rédʒistə] 등록하다 **cancellation**[kænsəléiʃən] 취소 **procedure**[prəsíːdʒər] 절차, 과정
inform[미 infɔ́ːrm, 영 infɔ́ːm] 통지하다, 알리다 **unfortunate** [미 ʌnfɔ́ːrtʃənət, 영 ʌnfɔ́ːtʃənət] 유감스러운 **sign up** 등록하다

59 **billing**[bíliŋ] 청구서 발송

60 **notification**[미 nòutəfikéiʃən, 영 nə̀utifikéiʃən] 알림, 통지 **instructor**[instrʌ́ktər] 강사 **renew**[미 rinúː, 영 rinjúː] 갱신하다

59 ■ 전체 대화 관련 문제 목적

여자가 전화를 건 목적을 묻는 문제이므로, 대화의 초반을 반드시 듣는다. 여자가 "I am calling because I was charged a fee for canceling a class even though I registered in another one right away. I'm not sure why this happened."라며 바로 다른 수업에 등록했는데도 불구하고 수업을 취소한 것에 대한 수수료가 부과되어 연락했으며 왜 이런 일이 일어났는지 잘 모르겠다고 하였다. 이를 통해 여자가 신용 카드 청구 금액에 관해 묻기 위해 전화했음을 알 수 있다. 따라서 정답은 (B) To ask about a charge이다.

60 ■ 세부 사항 관련 문제 특정 세부 사항

정답 (B)

남자가 최근에 한 것을 묻는 문제이므로, 질문의 핵심어구(man recently do)와 관련된 내용을 주의 깊게 듣는다. 남자가 "the company changed its late cancellation procedure"라며 회사에서 늦은 취소 절차를 변경했다고 한 뒤, "I informed all students of this policy change through a text message a few days ago."라며 자신이 며칠 전에 문자 메시지로 이 정책 변경을 모든 학생들에게 통지했다고 하였다. 따라서 정답은 (B) Sent out a notification이다.

바꾸어 표현하기

informed 통지했다 → sent out a notification 알림을 보냈다

61 ■ 세부 사항 관련 문제 제안

정답 (A)

남자가 해주겠다고 제안하는 것을 묻는 문제이므로, 남자의 말에서 여자를 위해 해주겠다고 언급한 내용을 주의 깊게 듣는다. 남자가 여자에게 "I can give you a coupon for 10 percent off the next class you sign up for"라며 다음에 등록하는 수업에 대한 10 퍼센트 할인 쿠폰을 줄 수 있다고 하였다. 따라서 정답은 (A) Provide a discount이다.

Questions 62-64 refer to the following conversation and table.

🔊 미국식 발음 → 호주식 발음

W: Eastside Cable. How may I help you?

M: Hi. This is Jeremy Monroe. ⁶²A worker is supposed to install a new cable box at my property today, but I can't remember the appointment time.

W: Just a minute . . . Um, he'll be there at 2 P.M.

M: Thanks. I also want to change my TV package. I'm viewing your online brochure now.

W: OK . . . Well, ⁶³for this month only, Package A is offered at a discount.

M: But ⁶³that doesn't include the service I'm most interested in. I prefer Package B.

W: I see. Well, ⁶⁴you're certainly free to upgrade to that one, but you'll have to pay the standard rate.

62-64번은 다음 대화와 표에 관한 문제입니다.

W: Eastside Cable입니다. 어떻게 도와드릴까요?

M: 안녕하세요. 저는 Jeremy Monroe입니다. ⁶²작업자 한 분이 오늘 제 건물에 새로운 케이블 박스를 설치하기로 되어 있는데, 예약 시간이 기억이 안 나요.

W: 잠시만요… 음, 그는 오후 2시에 그곳에 갈 겁니다.

M: 감사해요. 저는 제 TV 패키지도 변경하고 싶어요. 지금 귀사의 온라인 안내 책자를 보고 있어요.

W: 네… 아, ⁶³오직 이번 달에만, A 패키지가 할인 금액에 제공됩니다.

M: 그런데 ⁶³그건 제가 가장 관심 있는 서비스는 포함하지 않아요. 저는 B 패키지를 선호해요.

W: 그렇군요. 음, ⁶⁴물론 고객님께서 그것으로 갱신하셔도 되지만, 일반 요금을 지불하셔야 할 겁니다.

Eastside Cable				
	Service			
	Premium Sports Channels	⁶³Game Downloads	Premium Movie Channels	Video Recording
Package A	✓		✓	✓
Package B		✓		✓
Package C	✓	✓	✓	

Eastside Cable				
	서비스			
	프리미엄 스포츠 채널	⁶³게임 다운로드	프리미엄 영화 채널	영상 녹화
A 패키지	✓		✓	✓
B 패키지		✓		✓
C 패키지	✓	✓	✓	

62 What did the man forget?
(A) An activation code
(B) A product pamphlet
(C) A fee payment
(D) A visit time

62. 남자는 무엇을 잊었는가?
(A) 활성화 암호
(B) 제품 소책자
(C) 요금 납부
(D) 방문 시간

63 Look at the graphic. Which service is the man most interested in?
(A) Premium Sports Channels
(B) Game Downloads
(C) Premium Movie Channels
(D) Video Recording

63. 시각 자료를 보시오. 남자는 어느 서비스에 가장 관심 있는가?
(A) 프리미엄 스포츠 채널
(B) 게임 다운로드
(C) 프리미엄 영화 채널
(D) 영상 녹화

64 According to the woman, what is the man unable to receive?
(A) A gift with purchase
(B) A company brochure
(C) A piece of equipment
(D) A reduced price

64. 여자에 따르면, 남자는 무엇을 받을 수 없는가?
(A) 구매에 따른 선물
(B) 회사 안내 책자
(C) 하나의 장비
(D) 할인된 가격

지문 property[미 prápərti, 영 prɔ́pəti] 건물, 소유물 brochure[미 brouʃúər, 영 brə́uʃə] (안내·광고용) 책자 rate[reit] 요금
62 activation[æktəvéiʃən] 활성화 code[koud] 암호 pamphlet[pǽmflət] 소책자 payment[péimənt] 납부, 지불

62 ■ 세부 사항 관련 문제 특정 세부 사항　　　　　　　　　　　　　　　　　　　　정답 (D)

남자가 잊은 것을 묻는 문제이므로, 질문의 핵심어구(forget)와 관련된 내용을 주의 깊게 듣는다. 남자가 "A worker is supposed to install a new cable box at my property today, but I can't remember the appointment time."이라며 작업자 한 명이 오늘 자신의 건물에 새로운 케이블 박스를 설치하기로 되어 있는데 예약 시간이 기억이 안 난다고 하였다. 따라서 정답은 (D) A visit time이다.

63 ■ 세부 사항 관련 문제 시각 자료　　　　　　　　　　　　　　　　　　　　　정답 (B)

남자가 가장 관심 있는 서비스를 묻는 문제이므로, 제시된 표의 정보를 확인한 뒤 질문의 핵심어구(service ~ most interested in)가 언급된 주변을 주의 깊게 듣는다. 여자가 "for this month only, Package A is offered at a discount"라며 이번 달에만 A 패키지가 할인 금액에 제공된다고 하자, 남자가 "that doesn't include the service I'm most interested in. I prefer Package B."라며 그건 자신이 가장 관심 있는 서비스는 포함하지 않으며 자신은 B 패키지를 선호한다고 하였으므로, 남자가 가장 관심 있는 서비스는 A 패키지에는 포함되지 않았고 B 패키지에는 포함된 게임 다운로드임을 표에서 알 수 있다. 따라서 정답은 (B) Game Downloads이다.

64 ■ 세부 사항 관련 문제 특정 세부 사항　　　　　　　　　　　　　　　　　　　정답 (D)

여자가 남자가 받을 수 없다고 말한 것을 묻는 문제이므로, 여자의 말에서 질문의 핵심어구(unable to receive)와 관련된 내용을 주의 깊게 듣는다. 여자가 "you're ~ free to upgrade to that one[Package B], but you'll have to pay the standard rate"이라며 남자가 B 패키지로 갱신해도 되지만, 일반 요금을 지불해야 할 것이라고 하였다. 따라서 정답은 (D) A reduced price이다.

65
66
67

Questions 65-67 refer to the following conversation and instruction manual.

🔊 영국식 발음 → 캐나다식 발음

W: Hi, Billy. What are you doing?

M: I'm trying to assemble this table. Um, ⁶⁵our manager told me to set up another one in this conference room.

W: Is it very complicated?

M: The instructions are pretty straightforward. ⁶⁶I've used all the bolts to attach the legs to the tabletop. However, one of the remaining parts seems to be missing.

W: That must be frustrating. Have you contacted the company you ordered it from?

M: ⁶⁷I called them this morning, but their customer service department was busy dealing with other issues. I'm going to try them again during my lunch hour.

Perez Office Table

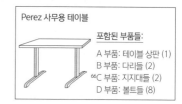

Parts Included:

Part A: Tabletop (1)
Part B: Legs (2)
⁶⁶Part C: Support bases (2)
Part D: Bolts (8)

65 Where does the conversation most likely take place?
(A) In a meeting room
(B) In an employee lounge
(C) In a furniture store
(D) In a warehouse

66 Look at the graphic. Which part is missing?
(A) Part A
(B) Part B
(C) Part C
(D) Part D

67 What will the man probably do during his lunch break?
(A) Call a business
(B) Move some tables
(C) Look over a manual
(D) Find additional tools

65-67번은 다음 대화와 사용 설명서에 관한 문제입니다.

W: 안녕하세요, Billy. 무엇을 하고 있어요?

M: 저는 이 테이블을 조립하려고 노력 중이에요. 음, ⁶⁵저희 관리자가 제게 이 회의실에 하나를 더 설치하라고 했거든요.

W: 그게 매우 복잡한가요?

M: 사용 설명서는 꽤 간단해요. ⁶⁶저는 테이블 상판에 다리들을 고정시키기 위해 모든 볼트들을 사용했어요. 그런데, 남은 부품들 중 하나가 빠진 것 같아요.

W: 그거 답답하겠네요. 그것을 주문한 회사에 연락해보셨나요?

M: ⁶⁷오늘 아침에 그들에게 전화했는데, 그들의 고객 서비스 부서가 다른 문제들을 처리하느라 바빴어요. 저는 점심시간 중에 다시 시도해볼 거예요.

Perez 사무용 테이블

포함된 부품들:

A 부품: 테이블 상판 (1)
B 부품: 다리들 (2)
⁶⁶C 부품: 지지대들 (2)
D 부품: 볼트들 (8)

65. 대화는 어디에서 일어나고 있는 것 같은가?
(A) 회의실에서
(B) 직원 휴게실에서
(C) 가구점에서
(D) 창고에서

66. 시각 자료를 보시오. 어느 부품이 빠졌는가?
(A) A 부품
(B) B 부품
(C) C 부품
(D) D 부품

67. 남자는 점심시간 중에 무엇을 할 것 같은가?
(A) 업체에 전화한다.
(B) 테이블들을 옮긴다.
(C) 설명서를 살펴본다.
(D) 다른 도구들을 찾는다.

지문 assemble [əsémbl] 조립하다 complicated [미 kámpləkeitid, 영 kɔ́mplikeitid] 복잡한 instruction [instrʌ́kʃən] 사용 설명서 straightforward [strèitfɔ́:rwərd] 간단한 remaining [riméiniŋ] 남은, 남아 있는 missing [mísiŋ] 빠진, 분실된 frustrating [미 frʌ́streitiŋ, 영 frʌ́strèitiŋ] 답답하게 하는, 좌절감을 주는 contact [미 kántækt, 영 kɔ́ntækt] 연락하다 deal with ~을 처리하다, 다루다
65 warehouse [wérhaus] 창고
67 business [bíznis] 업체 look over ~을 살펴보다 manual [mǽnjuəl] 설명서 additional [ədíʃənəl] 다른, 추가의

65 ■ 전체 대화 관련 문제 장소

정답 (A)

대화가 일어나는 장소를 묻는 문제이므로, 장소와 관련된 표현을 놓치지 않고 듣는다. 남자가 "our manager told me to set up another one[table] in this conference room"이라며 관리자가 자신에게 이 회의실에 테이블을 하나 더 설치하라고 했다고 하였다. 이를 통해 회의실에서 대화가 일어나고 있음을 알 수 있다. 따라서 정답은 (A) In a meeting room이다.

66 ■ 세부 사항 관련 문제 시각 자료

정답 (C)

빠진 부품을 묻는 문제이므로, 제시된 사용 설명서를 확인한 뒤 질문의 핵심어구(part ~ missing)가 언급된 주변을 주의 깊게 듣는다. 남자가 "I've used all the bolts to attach the legs to the tabletop. However, one of the remaining parts seems to be missing."이라며 자신이 테이블 상판에 다리들을 고정시키기 위해 모든 볼트들을 사용했는데, 남은 부품들 중 하나가 빠진 것 같다고 하였으므로, 테이블 상판과 다리들 및 볼트들을 사용한 후 남은 부품은 지지대들인 C 부품임을 사용 설명서에서 알 수 있다. 따라서 정답은 (C) Part C이다.

67 ■ 세부 사항 관련 문제 다음에 할 일

정답 (A)

남자가 점심시간 중에 할 일을 묻는 문제이므로, 질문의 핵심어구(during ~ lunch break)와 관련된 내용을 주의 깊게 듣는다. 남자가 "I called them[company] this morning, but their customer service department was busy ~. I'm going to try them again during my lunch hour."라며 오늘 아침에 회사에 전화했는데 그들의 고객 서비스 부서가 바빴다며 자신이 점심시간 중에 다시 시도해볼 것이라고 하였다. 따라서 정답은 (A) Call a business이다.

Questions 68-70 refer to the following conversation and building directory.

68-70번은 다음 대화와 건물 안내도에 관한 문제입니다.

🎧 호주식 발음 → 미국식 발음

M: Hey, ⁶⁸sorry I'm late. The freeway was really backed up. It took twice as long as usual to get to the construction site.

W: That's fine. Were you able to stop by Timber World and get the supplies I asked for?

M: Yeah. The lumber is in my truck now. ⁶⁹Where do you want me to store it for the time being?

W: We're eventually going to use it in the bedrooms, but ⁶⁹you can put everything in the living room for now . . . Oh, and another thing. ⁷⁰This afternoon, an air purifier is going to be dropped off. If I'm not here when it comes, have the delivery people bring it into the kitchen.

M: 안녕하세요, ⁶⁸늦어서 죄송해요. 고속도로가 많이 막혔거든요. 공사 현장에 도착하는 데 평소보다 두 배나 걸렸어요.

W: 괜찮아요. Timber World에 들러서 제가 부탁한 물품들을 받으실 수 있었나요?

M: 네. 목재는 지금 제 트럭에 있어요. ⁶⁹그것을 우선 어디에 보관해 두기를 원하시나요?

W: 결국엔 침실에서 사용할 것이지만, ⁶⁹지금은 모든 것을 거실에 놓아두셔도 됩니다… 오, 그리고 또 한 가지가 있어요. ⁷⁰오늘 오후에, 공기 청정기가 배달될 거예요. 그것이 왔을 때 제가 여기에 없으면, 배달원이 부엌으로 가져다 두도록 해 주세요.

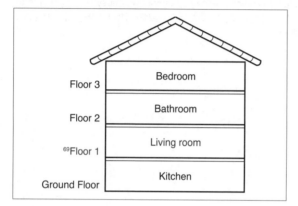

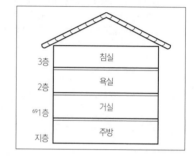

68 Why is the man late?
(A) He was stuck in traffic.
(B) He met with a client.
(C) He was not feeling well.
(D) He misplaced an item.

68. 남자는 왜 늦었는가?
(A) 그는 교통 체증에 갇혀 있었다.
(B) 그는 고객을 만났다.
(C) 그는 몸이 좋지 않았다.
(D) 그는 물건을 잘못 두었다.

69 Look at the graphic. On which floor will some supplies be stored?
(A) Ground Floor
(B) Floor 1
(C) Floor 2
(D) Floor 3

69. 시각 자료를 보시오. 몇 층에 물품들이 보관될 것인가?
(A) 지상층
(B) 1층
(C) 2층
(D) 3층

70 According to the woman, what will be delivered this afternoon?
(A) Some furniture
(B) Some computer components
(C) An appliance
(D) A culinary tool

70. 여자의 말에 따르면, 오늘 오후에 무엇이 배달될 것인가?
(A) 가구
(B) 일부 컴퓨터 부품
(C) 가전제품
(D) 요리 도구

지문 freeway[fríːwei] 고속도로 lumber[lʌ́mbər] 목재 store[stɔːr] 보관하다 for the time being 우선, 당장
68 be stuck 갇혀 있다 misplace[mìspléis] ~을 잘못 두다
70 component[미 kəmpóunənt, 영 kəmpáunənt] 부품 appliance[əpláiəns] 가전제품 culinary[미 kjúːləneri, 영 kʌ́linəri] 요리의, 부엌의

68 ■ 세부 사항 관련 문제 이유

정답 (A)

남자가 늦은 이유를 묻는 문제이므로, 질문의 핵심어구(late)가 언급된 주변을 주의 깊게 듣는다. 남자가 "sorry I'm late. The freeway was really backed up. It took twice as long as usual to get to the construction site."라며 늦어서 죄송하다며 고속도로가 많이 막혔고, 공사 현장에 도착하는 데 평소보다 두 배나 걸렸다고 하였다. 따라서 정답은 (A) He was stuck in traffic이다.

69 ■ 세부 사항 관련 문제 시각 자료

정답 (B)

몇 층에 물품들이 보관될 것인지를 묻는 문제이므로, 제시된 건물 안내도의 정보를 확인한 뒤 질문의 핵심어구(some supplies be stored)와 관련된 내용을 주의 깊게 듣는다. 남자가 "Where do you want me to store it for the time being?"이라며 그것을 우선 어디에 보관해 두기를 원하는지 묻자, 여자가 "you can put everything in the living room for now"라며 지금은 모든 것을 거실에 놓아둬도 된다고 하였으므로, 거실이 위치한 1층에 물품이 보관될 것임을 건물 안내도에서 알 수 있다. 따라서 정답은 (B) Floor 1이다.

70 ■ 세부 사항 관련 문제 특정 세부 사항

정답 (C)

여자가 오늘 오후에 배달될 것이라고 말한 것을 묻는 문제이므로, 여자의 말에서 질문의 핵심어구(delivered this afternoon)와 관련된 내용을 주의 깊게 듣는다. 여자가 "This afternoon, an air purifier is going to be dropped off."라며 오늘 오후에 공기 청정기가 배달될 것이라고 하였다. 따라서 정답은 (C) An appliance이다.

PART 4

71
72
73

Questions 71-73 refer to the following announcement.

🔊 캐나다식 발음

May I have your attention, please? ⁷¹There is a red Jupiter four-door sedan in parking lot 4D that is currently blocking the hospital's east exit. Its license plate number is DTG103. ⁷¹We ask the owner to please move the car immediately. Also, ⁷²as a reminder, vehicles should never be left in the hospital's emergency areas. ⁷³To identify these, look for red and yellow stripes on the pavement. Anyone who parks their vehicle in one of these areas will be subject to a fine of up to $500 in accordance with state laws. We appreciate your cooperation.

71 Who most likely is the speaker?
(A) A delivery person
(B) A tow truck driver
(C) A hospital employee
(D) A city worker

72 What does the speaker remind the listeners to do?
(A) Use marked entrances and exits
(B) Consult with medical officials
(C) Contact emergency personnel
(D) Avoid parking in certain zones

73 According to the speaker, what should the listeners look for?
(A) Detour signs
(B) Colored lines
(C) Lighted displays
(D) Traffic cones

71-73번은 다음 공지에 관한 문제입니다.

주목해주시겠습니까? ⁷¹현재 4D 주차장에 병원의 동쪽 출구를 막고 있는 빨간색 Jupiter 4도어 세단이 있습니다. 그것의 자동 차 등록 번호는 DTG103입니다. ⁷¹저희는 차주께 즉시 차를 이 동시켜주시길 요청드립니다. 또한, ⁷²상기시켜드리자면, 병원의 응급 구역에는 절대로 차량이 놓여서는 안 됩니다. ⁷³이 구역들 을 식별하기 위해서는, 포장도로 위의 빨간색과 노란색 줄을 찾 으십시오. 이 구역들 중 한 곳에 자신의 차량을 주차하는 분은 누구든지 주법에 따라 500달러에 달하는 벌금의 대상이 될 것 입니다. 여러분의 협조에 감사드립니다.

71. 화자는 누구인 것 같은가?
(A) 배달원
(B) 견인차 운전사
(C) 병원 직원
(D) 시 공무원

72. 화자는 청자들에게 무엇을 하라고 상기시키는가?
(A) 표시되어 있는 입구와 출구를 이용한다.
(B) 의료 관계자와 상담한다.
(C) 응급 의료 종사자에게 연락한다.
(D) 특정 구역에 주차하는 것을 피한다.

73. 화자에 따르면, 청자들은 무엇을 찾아야 하는가?
(A) 우회로 표지판
(B) 색깔 있는 선
(C) 불이 켜진 화면
(D) 원뿔형의 도로 표지

지문 license plate number 자동차 등록 번호 identify[aidéntəfai] 식별하다 pavement[péivmənt] 포장도로 be subject to ~의 대상이다
fine[fain] 벌금 in accordance with ~에 따라 cooperation[kouàpəréiʃən] 협조, 협력
71 tow truck 견인차
73 detour[díːtuər] 우회로

71 ■ 전체 지문 관련 문제 화자   정답 (C)
화자의 신분을 묻는 문제이므로, 신분 및 직업과 관련된 표현을 놓치지 않고 듣는다. "There is a red Jupiter four-door sedan ~ that is currently blocking the hospital's east exit."이라며 현재 병원의 동쪽 출구를 막고 있는 빨간색 Jupiter 4도어 세단이 있다고 한 뒤, "We ask the owner to please move the car immediately."라며 차주에게 즉시 차를 이동시켜주길 요청한다고 하였다. 이를 통해 화자가 병원에서 일하는 직원임을 알 수 있다. 따라서 정답은 (C) A hospital employee이다.

72 ■ 세부 사항 관련 문제 특정 세부 사항   정답 (D)
화자가 청자들에게 상기시키는 것을 묻는 문제이므로, 질문의 핵심어구(remind listeners to do)와 관련된 내용을 주의 깊게 듣는다. "as a reminder, vehicles should never be left in the hospital's emergency areas"라며 상기시켜주자면 병원의 응급 구역에는 절대로 차량이 놓여서는 안 된다고 하였다. 따라서 정답은 (D) Avoid parking in certain zones이다.

바꾸어 표현하기
vehicles should never be left in the ~ emergency areas 응급 구역에는 절대로 차량이 놓여서는 안 된다 → Avoid parking in certain zones 특정 구역에 주차하는 것을 피하다

73 ■ 세부 사항 관련 문제 특정 세부 사항   정답 (B)
청자들이 찾아야 하는 것을 묻는 문제이므로, 질문의 핵심어구(look for)가 언급된 주변을 주의 깊게 듣는다. "To identify these [emergency areas], look for red and yellow stripes on the pavement."라며 응급 구역들을 식별하기 위해서, 포장도로 위의 빨간색과 노란색 줄을 찾으라고 하였다. 따라서 정답은 (B) Colored lines이다.

74
75
76

Questions 74-76 refer to the following telephone message.

🔊 미국식 발음

Hello, Minho. This is Katy. I just finished meeting with our client in Philadelphia. ⁷⁴Unfortunately, I will not be able to return this evening as scheduled, as my flight has been pushed back for several hours. ⁷⁵Would you mind making the presentation to Techworth at 3 P.M. tomorrow? You helped create the application for them last year, so ⁷⁵the presentation's contents should be very familiar to you. I e-mailed you the necessary files a few minutes ago. Could you confirm that you received them and can cover for me? ⁷⁶If you need any help with this assignment, contact my assistant, Rin Richards.

74 What problem does the speaker mention?
(A) A trip has been delayed.
(B) A project has been canceled.
(C) A client made a complaint.
(D) A coworker missed an appointment.

75 What does the speaker imply when she says, "You helped create the application for them last year"?
(A) A deadline will be met.
(B) A task will not be difficult.
(C) A product will be purchased.
(D) A program was popular.

76 What does the speaker suggest the listener do?
(A) Reschedule a meeting
(B) Speak with an assistant
(C) Check a schedule
(D) E-mail a file

74-76번은 다음 전화 메시지에 관한 문제입니다.

안녕, Minho. Katy예요. 저는 방금 필라델피아에서 거래처와 회의를 마쳤습니다. ⁷⁴유감스럽게도, 제 비행기가 몇 시간 뒤로 미뤄져서 예정대로 오늘 저녁에 돌아갈 수는 없을 거예요. ⁷⁵내일 오후 3시에 Techworth에서 발표를 해 주실 수 있을까요? 당신은 작년에 그들을 위한 애플리케이션을 만드는 것을 도우셨으니, ⁷⁵발표의 내용은 당신에게 매우 익숙할 겁니다. 몇 분 전에 필요한 파일을 이메일로 보냈어요. 당신이 그것들을 받았는지와 저를 대신해줄 수 있는지를 확인해주실 수 있나요? ⁷⁶이 업무에 도움이 필요하시면, 제 비서인 Rin Richards에게 연락해 주세요.

74. 화자는 어떤 문제를 언급하는가?
(A) 여정이 지연되었다.
(B) 프로젝트가 취소되었다.
(C) 고객이 불만을 제기했다.
(D) 동료가 약속을 지키지 않았다.

75. 화자는 "당신은 작년에 그들을 위한 애플리케이션을 만드는 것을 도우셨어요"라고 말할 때 무엇을 의도하는가?
(A) 마감일이 맞춰질 것이다.
(B) 업무가 어렵지 않을 것이다.
(C) 제품이 구매될 것이다.
(D) 프로그램이 인기가 있었다.

76. 화자는 청자에게 무엇을 하라고 제안하는가?
(A) 회의 일정을 변경한다.
(B) 비서와 이야기한다.
(C) 일정을 확인한다.
(D) 파일을 이메일로 보낸다.

지문 push back 미루다 be familiar to ~에게 익숙하다 cover for ~를 대신하다
74 complaint[kəmpléint] 불만 coworker[미 kóuwə̀:rkər, 영 kə́uwə̀:kə] 동료
76 reschedule[미 rì:skédʒu:l, 영 rì:ʃédju:l] 일정을 변경하다

---

74 ■ 세부 사항 관련 문제 특정 세부 사항　　　　　　　　　　　　　　　　　　　　　　　　　정답 (A)

화자가 언급한 문제점을 묻는 문제이므로, 질문의 핵심어구(problem)와 관련된 내용을 주의 깊게 듣는다. "Unfortunately, I will not be able to return this evening as scheduled, as my flight has been pushed back for several hours."라며 유감스럽게도 비행기가 몇 시간 뒤로 미뤄져서 예정대로 오늘 저녁에 돌아갈 수는 없을 것이라고 하였다. 따라서 정답은 (A) A trip has been delayed 이다.

75 ■ 세부 사항 관련 문제 의도 파악　　　　　　　　　　　　　　　　　　　　　　　　　　정답 (B)

화자가 하는 말의 의도를 묻는 문제이므로, 질문의 인용어구(You helped create the application for them last year)가 언급된 주변을 주의 깊게 듣는다. "Would you mind making the presentation to Techworth at 3 P.M. tomorrow?"라며 내일 오후 3시에 Techworth에서 발표를 해 줄 수 있을지 물은 뒤, "You helped create the application for them[Techworth] last year"라며 청자가 작년에 Techworth를 위한 애플리케이션을 만드는 것을 도왔다고 하고, "the presentation's contents should be very familiar to you"라며 발표의 내용이 청자에게 매우 익숙할 것이라고 하였다. 이를 통해 화자는 업무가 어렵지 않을 것임을 나타내려는 의도임을 알 수 있다. 따라서 정답은 (B) A task will not be difficult이다.

76 ■ 세부 사항 관련 문제 제안　　　　　　　　　　　　　　　　　　　　　　　　　　　　정답 (B)

화자가 청자에게 제안하는 것을 묻는 문제이므로, 지문의 중후반에서 제안과 관련된 표현이 포함된 문장을 주의 깊게 듣는다. "If you need any help with this assignment, contact my assistant, Rin Richards."라며 업무에 도움이 필요하면 자신의 비서인 Rin Richards에게 연락하라고 하였다. 따라서 정답은 (B) Speak with an assistant이다.

Questions 77-79 refer to the following excerpt from a meeting.

[3ω] 캐나다식 발음

⁷⁷Over the month of August, we will be painting and remodeling parts of our office. This work will take place on the third floor, and it may be a bit noisy. That's why ⁷⁸personnel from our division are going to use temporary workstations on the fourth floor. Since the construction is scheduled to begin in a couple of weeks, preparations have already been made, with desks having been set up on the designated floor. However, ⁷⁹staff members' work computers won't be relocated until the final week of this month. I understand that these temporary changes will be an inconvenience, but I trust that everyone will try to make the best of the situation.

77 According to the speaker, what will happen in August?
(A) Some computers will be purchased.
(B) A division will be expanded.
(C) A building will be renovated.
(D) Some workers will be trained.

78 What is located on the fourth floor?
(A) Temporary workstations
(B) Executive offices
(C) Construction tools
(D) New conference rooms

79 What will most likely be done toward the end of this month?
(A) Desks will be set up.
(B) Equipment will be moved.
(C) Staff will go on leave.
(D) Painters will finish a job.

77-79번은 다음 회의 발췌록에 관한 문제입니다.

⁷⁷8월 한 달 동안, 우리는 사무실의 일부를 페인트칠하고 개조할 것입니다. 이 작업은 3층에서 이뤄질 것이며, 다소 시끄러울 수도 있습니다. 그것이 ⁷⁸우리 부서의 직원들이 4층의 임시 작업 장소를 이용하게 될 이유입니다. 공사가 2주 후에 시작될 것으로 예정되어 있으므로, 지정된 층에 책상들이 설치된 것을 포함하여, 이미 준비가 되었습니다. 하지만, ⁷⁹직원들의 업무용 컴퓨터들은 이달 마지막 주가 되어서야 옮겨질 것입니다. 이러한 일시적인 변화가 불편한 일이 될 것임을 알지만, 이 상황에서도 여러분 모두가 최선을 다하고자 노력할 거라고 믿습니다.

77. 화자에 따르면, 8월에 무슨 일이 일어날 것인가?
(A) 컴퓨터들이 구입될 것이다.
(B) 부서가 확장될 것이다.
(C) 건물이 개조될 것이다.
(D) 직원들이 교육을 받을 것이다.

78. 4층에 무엇이 위치해 있는가?
(A) 임시 작업 장소들
(B) 임원 사무실들
(C) 공사 도구들
(D) 새로운 회의실들

79. 이달 말 무렵에 무슨 일이 행해질 것 같은가?
(A) 책상들이 설치될 것이다.
(B) 장비가 옮겨질 것이다.
(C) 직원들이 휴가를 갈 것이다.
(D) 페인트공들이 작업을 끝낼 것이다.

지문 personnel[pə̀ːrsənél] 직원(들) temporary[témpəreri] 임시의, 일시적인 workstation[wə́ːrksteiʃən] 작업 장소
construction[kənstrʌ́kʃən] 공사, 건설 designate[dézigneit] 지정하다, 지명하다 relocate[rìːlóukeit] (새 자리로) 옮겨놓다, 이동하다
inconvenience[ìnkənvíːnjəns] 불편한 일, 불편, 애로 make the best of (힘든 상황에서도) 최선을 다하다
79 toward[tɔ́ːrd] 무렵, ~을 향하여 equipment[ikwípmənt] 장비, 기기

77 ■ 세부 사항 관련 문제 다음에 할 일 정답 (C)

8월에 일어날 일을 묻는 문제이므로, 질문의 핵심어구(August)가 언급된 주변을 주의 깊게 듣는다. "Over the month of August, we will be painting and remodeling parts of our office."라며 8월 한 달 동안 사무실의 일부를 페인트칠하고 개조할 것이라고 하였다. 따라서 정답은 (C) A building will be renovated이다.

78 ■ 세부 사항 관련 문제 특정 세부 사항 정답 (A)

4층에 위치해 있는 것을 묻는 문제이므로, 질문의 핵심어구(fourth floor)가 언급된 주변을 주의 깊게 듣는다. "personnel ~ are going to use temporary workstations on the fourth floor"라며 직원들이 4층의 임시 작업 장소를 이용하게 될 것이라고 하였다. 따라서 정답은 (A) Temporary workstations이다.

79 ■ 세부 사항 관련 문제 특정 세부 사항 정답 (B)

이달 말 무렵에 행해질 일을 묻는 문제이므로, 질문의 핵심어구(the end of this month)와 관련된 내용을 주의 깊게 듣는다. "staff members' work computers won't be relocated until the final week of this month"라며 직원들의 업무용 컴퓨터는 이달 마지막 주가 되어서야 옮겨질 것이라고 하였다. 따라서 정답은 (B) Equipment will be moved이다.

Questions 80-82 refer to the following telephone message.

80-82번은 다음 전화 메시지에 관한 문제입니다.

🎧 영국식 발음

Hello, Ms. Olsen. ⁸⁰I'm calling from Vine Express to let you know that we're holding a package for you. One of our employees tried to deliver the item to your house three times, but you were not home on any of those occasions. Because the parcel needs to be signed for, ⁸¹you'll have to pick it up at our sorting facility at 896 West Pine Drive between 9 A.M. and 5 P.M. ⁸²If you don't retrieve the package within seven days, it will be returned to the sender. For more information about the item, please feel free to call us at 555-9172. Thank you.

안녕하세요, Ms. Olsen. ⁸⁰저희가 귀하를 위한 소포를 가지고 있음을 알려드리고자 Vine 택배 회사에서 전화드립니다. 저희 직원들 중 한 명이 세 번이나 귀하의 댁으로 물품을 배달해드리려 했지만, 귀하는 그중 한 번도 집에 계시지 않았습니다. 그 소포는 서명이 되어야 하기 때문에, ⁸¹귀하는 오전 9시에서 오후 5시 사이에 West Pine길 896번지에 있는 저희 우편물 분류 시설에서 그것을 찾아가셔야 할 것입니다. ⁸²만일 7일 이내로 그 소포를 회수하지 않으시면, 그것은 발송인에게 반송될 것입니다. 물품에 관해 더 많은 정보를 원하시면, 555-9172로 저희에게 부담 없이 전화해주시기 바랍니다. 감사합니다.

80 Where most likely does the speaker work?
(A) At a real estate firm
(B) At a retail outlet
(C) At a travel agency
(D) At a delivery company

80. 화자는 어디에서 일하는 것 같은가?
(A) 부동산 회사에서
(B) 소매점에서
(C) 여행사에서
(D) 택배 회사에서

81 What does the speaker instruct the listener to do?
(A) Provide an electronic signature
(B) Return a parcel
(C) Visit a facility
(D) Confirm an address

81. 화자는 청자에게 무엇을 하라고 지시하는가?
(A) 전자 서명을 한다.
(B) 소포를 반송한다.
(C) 시설을 방문한다.
(D) 주소를 확인한다.

82 What does the speaker say might happen after seven days?
(A) A message will be sent out.
(B) A request will be processed.
(C) A tracking number will expire.
(D) A package will be shipped back.

82. 화자는 7일 후에 무슨 일이 일어날 수도 있다고 말하는가?
(A) 메시지가 보내질 것이다.
(B) 요청이 처리될 것이다.
(C) 추적 번호가 만료될 것이다.
(D) 소포가 반송될 것이다.

지문 parcel[미 páːrsəl, 영 páːsəl] 소포 sorting[미 sɔ́ːrtiŋ, 영 sɔ́ːtiŋ] 분류 retrieve[ritríːv] 회수하다, 되찾다
80 real estate 부동산
81 signature[sígnətʃər] 서명
82 process[práses] 처리하다 tracking[trǽkiŋ] 추적 expire[ikspáiər] 만료되다

80 ■ 전체 지문 관련 문제 화자 　　　　　　　　　　　　　　　　　　　　　　　　　　　　　　　　　정답 (D)
화자가 일하는 장소를 묻는 문제이므로, 신분 및 직업과 관련된 표현을 놓치지 않고 듣는다. "I'm calling from Vine Express to let you know that we're holding a package for you. One of our employees tried to deliver the item to your house three times" 라며 청자를 위한 소포를 가지고 있음을 알려주고자 Vine 택배 회사에서 전화한다고 한 뒤, 직원들 중 한 명이 세 번이나 청자의 집으로 물품을 배달하려 했다고 하였다. 이를 통해 화자가 택배 회사에서 일한다는 것을 알 수 있다. 따라서 정답은 (D) At a delivery company 이다.

81 ■ 세부 사항 관련 문제 특정 세부 사항 　　　　　　　　　　　　　　　　　　　　　　　　　　　　　　정답 (C)
화자가 청자에게 하라고 지시하는 것을 묻는 문제이므로, 질문의 핵심어구(instruct ~ to do)와 관련된 내용을 주의 깊게 듣는다. "you'll have to pick it[parcel] up at our sorting facility"라며 청자가 우편물 분류 시설에서 소포를 찾아가야 할 것이라고 하였다. 따라서 정답은 (C) Visit a facility이다.

82 ■ 세부 사항 관련 문제 특정 세부 사항 　　　　　　　　　　　　　　　　　　　　　　　　　　　　　　정답 (D)
화자가 7일 후에 일어날 수도 있다고 말하는 것을 묻는 문제이므로, 질문의 핵심어구(seven days)가 언급된 주변을 주의 깊게 듣는다. "If you don't retrieve the package within seven days, it will be returned to the sender."라며 만일 청자가 7일 이내로 소포를 회수하지 않으면 그것이 발송인에게 반송될 것이라고 하였다. 따라서 정답은 (D) A package will be shipped back이다.

바꾸어 표현하기
be returned 반송되다 → be shipped back 반송되다

Questions 83-85 refer to the following broadcast.

🔊 영국식 발음

Officials from the Dublin Electric Utility have decided to expand the city's use of renewable energy sources. [83]The head of the company, Betty O'Rourke, shared the news at a press conference yesterday afternoon. The goal is to reduce residents' dependency on fossil fuels and move toward using solar power exclusively. [84]The utility company has hired Renew Incorporated to install the necessary solar panels. This company has extensive experience with this type of project. Of course, [85]some customers are concerned about higher monthly bills. But Ms. O'Rourke has stated that while this is possible, people should not worry.

83-85번은 다음 방송에 관한 문제입니다.

디블린 전력회사의 임원들이 그 도시의 재생 가능한 에너지 자원 이용을 확대하기로 결정했습니다. [83]그 회사의 대표인 Betty O'Rourke가 어제 오후의 기자회견에서 이 소식을 전했습니다. 목표는 화석 연료에 대한 주민들의 의존을 줄이고 태양광 발전을 전적으로 활용하는 쪽으로 이행하는 것입니다. [84]전력 회사는 필요한 태양 전지판을 설치하기 위해 Renew사를 고용했습니다. 그 회사는 이러한 종류의 프로젝트에 대해 광범위한 경험을 가지고 있습니다. 물론, [85]일부 고객들은 더 높은 월 요금 청구서를 걱정하고 있습니다. 그러나 Ms.O'Rourke가 언급한 바에 따르면 이것이 가능하긴 하지만, 사람들이 걱정할 필요는 없습니다.

83 According to the speaker, who is Betty O'Rourke?
(A) A local celebrity
(B) A mechanical engineer
(C) A corporate leader
(D) A city mayor

83. 화자에 따르면, Betty O'Rourke는 누구인가?
(A) 지역 유명인사
(B) 기술자
(C) 기업 대표
(D) 시장

84 What is mentioned about Renew Incorporated?
(A) It lost a recent bid.
(B) It will set up equipment.
(C) It will lead a marketing effort.
(D) It switched to solar energy.

84. Renew사에 관해 무엇이 언급되는가?
(A) 그것은 최근 입찰에서 졌다.
(B) 그것은 장비를 설치할 것이다.
(C) 그것은 마케팅 작업을 이끌 것이다.
(D) 그것은 태양 에너지로 전환했다.

85 What does the speaker imply when she says, "people should not worry"?
(A) Increases will be minor.
(B) Bills will be accurate.
(C) Customers will be notified.
(D) Errors will be avoided.

85. 화자는 "사람들이 걱정할 필요는 없습니다"라고 말할 때 무엇을 의도하는가?
(A) 인상폭이 작을 것이다.
(B) 청구서가 정확할 것이다.
(C) 고객이 통지를 받을 것이다.
(D) 오류가 방지될 것이다.

지문 **renewable**[미 rinu:əbl, 영 rinjú:əbl] 재생 가능한 **dependency**[dipéndənsi] 의존 **fossil fuel** 화석 연료 **solar power** 태양광
exclusively[iksklú:sivli] 전적으로 **extensive**[iksténsiv] 광범위한
85 **minor**[máinər] 작은, 사소한 **accurate**[ǽkjurət] 정확한

---

83 ■ **세부 사항 관련 문제** 특정 세부 사항　　　　　　　　　　　　　　　　　　　　　　　　　　정답 (C)

Betty O'Rourke의 신분을 묻는 문제이므로, 신분 및 직업과 관련된 표현을 놓치지 않고 듣는다. "The head of the company[Dublin Electric Utility], Betty O'Rourke"라며 더블린 전력회사의 대표인 Betty O'Rourke를 언급하였다. 따라서 정답은 (C) A corporate leader이다.

84 ■ **세부 사항 관련 문제** 언급　　　　　　　　　　　　　　　　　　　　　　　　　　　　　　　정답 (B)

화자가 Renew사에 관해 언급하는 것을 묻는 문제이므로, 질문의 핵심어구(Renew Incorporated)가 언급된 주변을 주의 깊게 듣는다. "The utility company has hired Renew Incorporated to install the necessary solar panels."라며 전력 회사가 필요한 태양 전지판을 설치하기 위해 Renew사를 고용했다고 한 것을 통해 그 회사가 장비를 설치할 것임을 알 수 있다. 따라서 정답은 (B) It will set up equipment이다.

바꾸어 표현하기
install 설치하다 → set up 설치하다

85 ■ **세부 사항 관련 문제** 의도 파악　　　　　　　　　　　　　　　　　　　　　　　　　　　　　정답 (A)

화자가 하는 말의 의도를 묻는 문제이므로, 질문의 인용어구(people should not worry)가 언급된 주변을 주의 깊게 듣는다. "some customers are concerned about higher monthly bills. But Ms. O'Rourke has stated that while this is possible, people should not worry."라며 일부 고객들이 더 높은 월 요금 청구서를 걱정하고 있으나, Ms.O'Rourke가 언급한 바에 따르면 이것이 가능하긴 하지만 사람들이 걱정할 필요는 없다고 하였다. 이를 통해 인상폭이 작을 것임을 알 수 있다. 따라서 정답은 (A) Increases will be minor이다.

Questions 86-88 refer to the following radio broadcast.

🔊 캐나다식 발음

In business news, local firm [86]Digital Solutions has announced plans to release the latest version of its mobile phone application, SpeakVid. The application allows users to record, edit, and share short video messages. [87]It has become hugely popular, resulting in a sharp rise in the developer's stock prices. The upgrade is anticipated among consumers and investors alike. The general public is excited for the application's updated interface, while business analysts predict that the upgrade will expand the firm's market base. SpeakVid has attracted national media coverage already, and [88]experts believe that interest will increase next month when the new version of the application comes out.

86 What type of business most likely is Digital Solutions?
(A) An online retailer
(B) A software developer
(C) A graphic design company
(D) A recording studio

87 Why has the firm's stock value risen?
(A) Its product has been very successful.
(B) Its operations have moved overseas.
(C) It was awarded a major contract.
(D) It has teamed up with another business.

88 What does the speaker say will happen next month?
(A) A device will be distributed to stores.
(B) A merger will be formalized.
(C) An application will be released.
(D) A cell phone will be reviewed.

86-88번은 다음 라디오 방송에 관한 문제입니다.

비즈니스 뉴스로, 지역 기업인 [86]Digital Solutions사가 자신들의 휴대 전화 애플리케이션 SpeakVid의 최신 버전을 출시할 계획을 발표했습니다. 이 애플리케이션은 사용자들이 짧은 동영상 메시지를 녹화하고, 편집하고, 그리고 공유할 수 있도록 합니다. [87]이것은 매우 인기가 많아졌고, 개발 회사의 주가의 급격한 상승을 야기했습니다. 이 업그레이드는 소비자들과 투자자들 사이에서 모두 기대되고 있습니다. 기업 분석가들은 이 업그레이드가 회사의 시장 기반을 확장할 것이라고 예상하는 반면, 일반 대중들은 애플리케이션의 개선된 인터페이스에 대해 흥분합니다. SpeakVid는 이미 전국적인 언론 보도를 끌어모았으며, [88]전문가들은 애플리케이션의 새로운 버전이 출시되는 다음 달에 관심이 증가할 것으로 생각합니다.

86. Digital Solutions사는 어떤 종류의 업체인 것 같은가?
(A) 온라인 소매 업체
(B) 소프트웨어 개발 회사
(C) 그래픽 디자인 회사
(D) 녹음 스튜디오

87. 회사의 주가는 왜 올랐는가?
(A) 상품이 매우 성공적이었다.
(B) 사업체가 해외로 이전했다.
(C) 큰 계약이 체결되었다.
(D) 다른 업체와 협력했다.

88. 화자는 다음 달에 무슨 일이 일어날 것이라고 말하는가?
(A) 기기가 가게들에 유통될 것이다.
(B) 합병이 공식화될 것이다.
(C) 애플리케이션이 출시될 것이다.
(D) 휴대 전화가 정밀 검사될 것이다.

지문 edit[édit] 편집하다 result in (결과적으로) ~을 야기하다, 그 결과 ~이 되다 sharp[ʃɑːrp] 급격한, 날카로운 stock price 주가
interface[íntərfeis] 인터페이스(서로 다른 소프트웨어 따위를 이어 주는 접속 장치) coverage[kʌ́vəridʒ] 보도, 취재
87 operation[àpəréiʃən] 사업체, 활동, 기업 team up 협력하다
88 merger[mə́ːrdʒər] 합병 formalize[fɔ́ːrməlaiz] 공식화하다 review[rivjúː] 정밀 검사하다, 검토하다

86 ■ 세부 사항 관련 문제 특정 세부 사항   정답 (B)
Digital Solutions사의 업체 종류를 묻는 문제이므로, 질문의 핵심어구(Digital Solutions)가 언급된 주변을 주의 깊게 듣는다. "Digital Solutions has announced plans to release the latest version of its mobile phone application"이라며 Digital Solutions사가 휴대 전화 애플리케이션의 최신 버전을 출시할 계획을 발표했다고 하였다. 이를 통해 Digital Solutions사가 소프트웨어 개발 회사임을 알 수 있다. 따라서 정답은 (B) A software developer이다.

87 ■ 세부 사항 관련 문제 이유   정답 (A)
회사의 주가가 오른 이유를 묻는 문제이므로, 질문의 핵심어구(stock value risen)와 관련된 내용을 주의 깊게 듣는다. "It[application] has become hugely popular, resulting in a sharp rise in the developer's stock prices."라며 애플리케이션이 매우 인기가 많아졌고 개발 회사의 주가의 급격한 상승을 야기했다고 하였다. 따라서 정답은 (A) Its product has been very successful이다.

88 ■ 세부 사항 관련 문제 다음에 할 일   정답 (C)
다음 달에 일어날 일을 묻는 문제이므로, 질문의 핵심어구(next month)가 언급된 주변을 주의 깊게 듣는다. "experts believe that interest will increase next month when the new version of the application comes out"이라며 전문가들은 애플리케이션의 새로운 버전이 출시되는 다음 달에 관심이 증가할 것으로 생각한다고 하였다. 따라서 정답은 (C) An application will be released이다.

Questions 89-91 refer to the following announcement.

🎧 호주식 발음

Could I have everyone's attention please? I have a quick announcement. As you all know, [89/90]I texted everyone this morning to say that today's employee workshop on graphic design will be held in the main conference room. [90]However, Mr. Bailey wants to meet with clients in there. That leaves us the break room. We will meet there at the originally scheduled time. For those of you who want to take part but have yet to sign up, there's still space. We have one more opening left. [91]The registration form is at the reception desk.

89 What did the speaker do this morning?
(A) Attended a workshop
(B) Approved a design
(C) Read an e-mail
(D) Sent a message

90 What does the speaker mean when he says, "That leaves us the break room"?
(A) A suggestion has been accepted.
(B) A room must be prepared.
(C) A change must be made.
(D) A proposal has been considered.

91 According to the speaker, what is at the reception desk?
(A) A survey
(B) A training manual
(C) A sign-up sheet
(D) A program

89-91번은 다음 공지에 관한 문제입니다.

모두 주목해 주시겠습니까? 여러분에게 빠르게 공지할 것이 있습니다. 모두 아시다시피, [89/90]제가 오늘 아침 그래픽 디자인에 관한 직원 워크숍이 주 회의실에서 열린다는 것을 말씀드리기 위해 문자를 발송했었습니다. [90]하지만, Mr. Bailey가 그곳에서 고객들을 만나고 싶어 합니다. 그러면 우리에게는 휴게실이 남습니다. 우리는 원래 예정된 시간에 그곳에서 만날 것입니다. 참가하고 싶으나 아직 등록하지 않으신 분들을 위해, 아직 자리가 있습니다. 빈자리가 하나 더 남아 있습니다. [91]등록 양식은 접수처에 있습니다.

89. 화자는 오늘 아침에 무엇을 했는가?
(A) 워크숍에 참석했다.
(B) 디자인을 승인했다.
(C) 이메일을 읽었다.
(D) 메시지를 보냈다.

90. 화자는 "그러면 우리에게는 휴게실이 남습니다"라고 말할 때 무엇을 의도하는가?
(A) 제안이 받아들여졌다.
(B) 방이 준비되어야 한다.
(C) 변경이 생겨야 한다.
(D) 제안이 검토되었다.

91. 화자에 따르면, 접수처에는 무엇이 있는가?
(A) 설문 조사
(B) 교육 매뉴얼
(C) 등록 시트
(D) 프로그램

지문 break room 휴게실 originally[ərídʒənəli] 원래 take part 참가하다, 참여하다
89 approve[əprúːv] 승인하다

89 ■ 세부 사항 관련 문제 특정 세부 사항   정답 (D)
화자가 오늘 아침에 무엇을 했는지를 묻는 문제이므로, 질문의 핵심어구(this morning)가 언급된 주변을 주의 깊게 듣는다. "I texted everyone this morning to say that today's employee workshop on graphic design will be held in the main conference room."이라며 오늘 아침 그래픽 디자인에 관한 직원 워크숍이 주 회의실에서 열린다는 것을 말해주기 위해 문자를 발송했다고 하였다. 따라서 정답은 (D) Sent a message이다.

90 ■ 세부 사항 관련 문제 의도 파악   정답 (C)
화자가 하는 말의 의도를 묻는 문제이므로, 질문의 인용어구(That leaves us the break room)가 언급된 주변을 주의 깊게 듣는다. "I texted everyone this morning to say that today's employee workshop on graphic design will be held in the main conference room. However, Mr. Bailey wants to meet with clients in there."라며 오늘 아침 그래픽 디자인에 관한 직원 워크숍이 주 회의실에서 열린다는 것을 말해주기 위해 문자를 발송했으나 Mr. Bailey가 그곳에서 고객들을 만나고 싶어 한다고 한 후, "That leaves us the break room."이라며 그러면 우리에게는 휴게실이 남는다고 하였다. 이를 통해 변경이 생겨야 한다는 것을 알 수 있다. 따라서 정답은 (C) A change must be made이다.

91 ■ 세부 사항 관련 문제 특정 세부 사항   정답 (C)
접수처에 무엇이 있는지를 묻는 문제이므로, 질문의 핵심어구(the reception desk)가 언급된 주변을 주의 깊게 듣는다. "The registration form is at the reception desk."라며 등록 양식은 접수처에 있다고 하였다. 따라서 정답은 (C) A sign-up sheet이다.

바꾸어 표현하기
registration form 등록 양식 → sign-up sheet 등록 시트

92
93
94

Questions 92-94 refer to the following telephone message.

🔊 미국식 발음

I'm calling on behalf of Music Central in Newark, New Jersey. I apologize for this last-minute change, but ⁹²I need to update the order that my store put in yesterday for a bulk shipment of electronics. As of now, the order is for 20 portable Kentmoore speakers, 25 wireless Conquest microphones, and 25 Pure Sound noise-canceling headphones. However, ⁹³we need 10 more Kentmoore speakers than were originally requested. If it's not too late to add items to our order, please do so and bill us for the additional costs. Also, ⁹⁴I'd appreciate it if you could e-mail me an updated invoice at purchasing@soundequip.com this afternoon.

92. Why is the speaker calling?
(A) To ask about an incorrect invoice
(B) To change an earlier order
(C) To thank a company for its services
(D) To get information about a speaker

93. What does Music Central need?
(A) Extra microphones
(B) A partial refund
(C) Additional speakers
(D) An extended warranty

94. What is the listener asked to do this afternoon?
(A) Send a revised statement
(B) Print a company catalog
(C) Fill out a registration form
(D) Ship a sample product

92-94번은 다음 전화 메시지에 관한 문제입니다.

뉴저지의 뉴어크에 있는 Music Central사를 대표하여 전화드립니다. 이 마지막 순간의 변경에 대해 죄송하지만, ⁹²저는 어제 저희 가게가 대량의 전자 제품 선적에 대한 주문을 업데이트해야 합니다. 현재로서, 주문은 Kentmoore 휴대용 스피커 20개, Conquest 무선 마이크 25개, 그리고 Pure Sound 잡음 제거 헤드폰 25개에 대한 것입니다. 하지만, ⁹³저희는 원래 요청된 것보다 Kentmoore 스피커 10개가 더 필요합니다. 저희 주문에 물품들을 추가하기에 너무 늦지 않았다면, 그렇게 해주시고 저희에게 추가 비용을 청구해주시기 바랍니다. 또한, ⁹⁴업데이트된 청구서를 오늘 오후에 purchasing@soundequip.com으로 제게 이메일로 보내주시면 감사하겠습니다.

92. 화자는 왜 전화를 하고 있는가?
(A) 부정확한 청구서에 관해 문의하기 위해
(B) 이전 주문을 변경하기 위해
(C) 회사의 서비스에 감사를 표하기 위해
(D) 스피커에 관한 정보를 얻기 위해

93. Music Central사는 무엇을 필요로 하는가?
(A) 추가 마이크들
(B) 부분적인 환불
(C) 추가 스피커들
(D) 연장된 품질 보증

94. 청자는 오늘 오후에 무엇을 하도록 요청받는가?
(A) 수정된 명세서를 보낸다.
(B) 회사 카탈로그를 인쇄한다.
(C) 신청서를 작성한다.
(D) 샘플 상품을 보낸다.

지문 last-minute 마지막 순간의, 막바지의 put in an order 주문하다 bulk[bʌlk] 대량의; 대부분 portable[pɔ́:rtəbl] 휴대용의, 들고 다닐 수 있는 bill[bil] (계산서로) 청구하다 invoice[ínvɔis] 청구서, 송장
92 incorrect[ìnkərékt] 부정확한, 맞지 않는
93 partial[pá:rʃəl] 부분적인 warranty[wɔ́:rənti] 품질 보증
94 statement[stéitmənt] (청구) 명세서, 성명, 진술 registration form 신청서

92 ■ 전체 지문 관련 문제 목적 　　　　　　　　　　　　　　　　　　　　　　　　　　　　　　　정답 (B)
전화의 목적을 묻는 문제이므로, 지문의 초반을 반드시 듣는다. "I need to update the order that my store put in yesterday"라며 어제 자신의 가게가 한 주문을 업데이트해야 한다고 하였다. 이를 통해 화자가 이전 주문을 변경하기 위해 전화했음을 알 수 있다. 따라서 정답은 (B) To change an earlier order이다.

93 ■ 세부 사항 관련 문제 특정 세부 사항 　　　　　　　　　　　　　　　　　　　　　　　　　　　　정답 (C)
Music Central사가 필요로 하는 것을 묻는 문제이므로, 질문의 핵심어구(Music Central need)와 관련된 내용을 주의 깊게 듣는다. "we[Music Central] need 10 more Kentmoore speakers than were originally requested"라며 원래 요청된 것보다 Kentmoore 스피커 10개가 더 필요하다고 하였다. 따라서 정답은 (C) Additional speakers이다.

94 ■ 세부 사항 관련 문제 요청 　　　　　　　　　　　　　　　　　　　　　　　　　　　　　　　　정답 (A)
청자가 오늘 오후에 하도록 요청받는 것을 묻는 문제이므로, 질문의 핵심어구(this afternoon)가 언급된 주변을 주의 깊게 듣는다. "I'd appreciate it if you could e-mail me an updated invoice ~ this afternoon"이라며 업데이트된 청구서를 오늘 오후에 자신에게 이메일로 보내주면 고맙겠다고 하였다. 따라서 정답은 (A) Send a revised statement이다.

바꾸어 표현하기
e-mail ~ an updated invoice 업데이트된 청구서를 이메일로 보내다 → Send a revised statement 수정된 명세서를 보내다

Questions 95-97 refer to the following announcement and a survey.

🎧 호주식 발음

Thank you for participating in this focus group. [95]The designer of the product . . . uh, Greg Henderson . . . wanted to welcome you personally, but he's dealing with a problem at our factory. Anyway, the goal today is to get your feedback on our newest product, the Flow S60. We are confident that there is a strong demand for it. [96]In a recent survey about upcoming purchases, a large percentage of respondents indicated that they plan to buy this type of device soon. Next to air conditioners, it was the most popular choice. However, we're concerned that our model may be difficult to operate. So to start, [97]please give your opinion about the most recent draft of the user instructions. I'll hand this document out now . . .

Survey Results	
Air Conditioner	34%
[96]Air Purifier	26%
Electric Fan	22%
Space Heater	18%

95 Why is Greg Henderson unavailable?
(A) He is participating in a focus group.
(B) He is attending a design conference.
(C) He is visiting a production plant.
(D) He is inspecting a research facility.

96 Look at the graphic. What type of device is the Flow S60?
(A) An air conditioner
(B) An air purifier
(C) An electric fan
(D) A space heater

97 What will the speaker distribute?
(A) Manuals
(B) Application forms
(C) Promotional brochures
(D) Questionnaires

95~97번은 다음 공지와 설문 조사표에 관한 문제입니다.

이 포커스 그룹에 참여해주셔서 감사합니다. [95]제품의 디자이너인… 어, Greg Henderson이… 직접 여러분을 맞이하고 싶어했지만, 그는 저희 공장에서의 문제를 해결하고 있습니다. 어쨌든, 오늘의 목표는 저희의 최신 제품인 Flow S60에 관한 여러분의 의견을 받는 것입니다. 저희는 이것에 대한 막대한 수요가 있을 것이라고 확신합니다. [96]향후 구매에 관한 최근 설문 조사에서, 많은 비율의 응답자들이 이 종류의 기기를 곧 구매할 계획임을 나타냈습니다. 에어컨 다음으로, 이것이 가장 인기 있는 선택이었습니다. 하지만, 저희는 저희 모델이 조작하기 어려울 수도 있어서 걱정이 됩니다. 그래서 시작하자면, [97]사용자 설명서의 가장 최근 원고에 대해 여러분의 의견을 주시길 바랍니다. 지금 이 문서를 나눠드리겠습니다…

설문 조사 결과	
에어컨	34퍼센트
[96]공기 정화기	26퍼센트
선풍기	22퍼센트
실내 난방기	18퍼센트

95. Greg Henderson은 왜 만날 수 없는가?
(A) 그는 포커스 그룹에 참여하고 있다.
(B) 그는 디자인 회의에 참석하고 있다.
(C) 그는 생산 공장을 방문하고 있다.
(D) 그는 연구 시설을 점검하고 있다.

96. 시각 자료를 보시오. Flow S60은 무슨 종류의 기기인가?
(A) 에어컨
(B) 공기 정화기
(C) 선풍기
(D) 실내 난방기

97. 화자는 무엇을 나눠줄 것인가?
(A) 설명서
(B) 신청서
(C) 홍보 책자
(D) 설문지

지문 **focus group** 포커스 그룹(테스트할 상품에 대해서 토의하는 소비자 그룹) **confident**[미 kánfədənt, 영 kɔ́nfidənt] 확신하는, 자신감 있는 **demand**[미 dimǽnd, 영 dimάːnd] 수요 **percentage**[미 pərséntidʒ, 영 pəséntidʒ] 비율 **respondent**[미 rispάndənt, 영 rispɔ́ndənt] 응답자 **indicate**[índikeit] 나타내다, 가리키다 **next to** ~의 다음의, 바로 옆의 **operate**[미 άpəreit, 영 ɔ́pəreit] 조작하다 **draft**[미 dræft, 영 drɑːft] 원고, 초안 **instruction**[instrʌ́kʃən] 설명서

96 **purifier**[pjúərəfaiər] 정화기 **electric fan** 선풍기

97 **manual**[mǽnjuəl] 설명서 **brochure**[brouʃúər] 책자

95 ■ 세부 사항 관련 문제 이유

정답 (C)

Greg Henderson을 만날 수 없는 이유를 묻는 문제이므로, 질문의 핵심어구(Greg Henderson unavailable)와 관련된 내용을 주의 깊게 듣는다. "The designer of the product ~ Greg Henderson ~ wanted to welcome you personally, but he's dealing with a problem at our factory."라며 제품의 디자이너인 Greg Henderson이 직접 청자들을 맞이하고 싶어 했지만 공장에서의 문제를 해결하고 있다고 하였다. 따라서 정답은 (C) He is visiting a production plant이다.

바꾸어 표현하기

dealing with a problem at ~ factory 공장에서의 문제를 해결하고 있다 → visiting a production plant 생산 공장을 방문하고 있다

96 ■ 세부 사항 관련 문제 시각 자료

정답 (B)

Flow S60 기기의 종류를 묻는 문제이므로, 제시된 설문 조사표의 정보를 확인한 뒤 질문의 핵심어구(Flow S60)가 언급된 주변을 주의 깊게 듣는다. "In a recent survey about upcoming purchases, a large percentage of respondents indicated that they plan to buy this type of device[Flow S60] soon. Next to air conditioners, it was the most popular choice."라며 향후 구매에 관한 최근 설문 조사에서 많은 비율의 응답자들이 Flow S60 종류의 기기를 곧 구매할 계획임을 나타냈다고 한 뒤, 에어컨 다음으로 이것이 가장 인기 있는 선택이었다고 하였으므로, Flow S60 기기의 종류는 에어컨 다음으로 높은 비율을 차지하는 공기 정화기임을 설문 조사표에서 알 수 있다. 따라서 정답은 (B) An air purifier이다.

97 ■ 세부 사항 관련 문제 특정 세부 사항

정답 (A)

화자가 나눠줄 것을 묻는 문제이므로, 질문의 핵심어구(distribute)와 관련된 내용을 주의 깊게 듣는다. "please give your opinion about the most recent draft of the user instructions. I'll hand this document out now"라며 사용자 설명서의 가장 최근 원고에 대해 청자들의 의견을 주길 바란다고 한 뒤, 지금 이 문서를 나눠주겠다고 하였다. 따라서 정답은 (A) Manuals이다.

바꾸어 표현하기

distribute 나눠주다 → hand ~ out ~을 나눠주다

Questions 98-100 refer to the following advertisement and map.

🎧 미국식 발음

Looking for a quick and affordable way to see the sights in Boston? Then hop on the Bean Bus! Our bus stops at historical sites throughout the city. 98To purchase a ticket, drop by our company's information booth in the lobby of the Stanford Hotel. Tickets usually cost $20, but 99we will be offering a 10 percent discount during the month of May to celebrate our company's fifth anniversary. For route information, visit www.beanbus.com. 100Please note that the bus will not stop at the site between Boston Harbor and Bunker Hill from June 25 until July 15 due to ongoing road construction in the area. Explore Boston with the Bean Bus today!

98-100번은 다음 광고와 약도에 관한 문제입니다.

보스턴의 관광지를 빠르고 알맞은 가격에 볼 방법을 찾고 계신가요? 그렇다면 Bean 버스에 타세요! 저희 버스는 도시 전반에 걸친 유적지들에 정차합니다. 98티켓을 구매하기 위해서는, Stanford 호텔 로비에 있는 저희 회사의 안내 부스에 들르세요. 티켓의 가격은 평소 20달러지만, 저희 회사의 5주년을 기념하여 995월 동안 10퍼센트 할인을 제공할 것입니다. 노선 정보를 위해서는, www.beanbus.com을 방문하세요. 1006월 25일부터 7월 15일까지는 지역에서 진행 중인 도로 공사로 인해 버스가 보스턴항과 벙커힐 사이에 있는 유적지에 정차하지 않을 것임을 유의하시기 바랍니다. 오늘 Bean 버스와 함께 보스턴을 둘러보세요!

Bean Bus Tour

Departure	Boston Common
Stop 1	Newbury Street
Stop 2	Boston Harbor
100Stop 3	Old State House
Stop 4	Bunker Hill

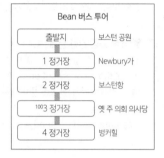

Bean 버스 투어

출발지	보스턴 공원
1 정거장	Newbury가
2 정거장	보스턴항
1003 정거장	옛 주 의회 의사당
4 정거장	벙커힐

98 What does the speaker mention about the information booth?
(A) It opened five years ago.
(B) It will begin selling souvenirs.
(C) It has few employees.
(D) It is located in a hotel.

99 Which month will the company offer a discount?
(A) April
(B) May
(C) June
(D) July

100 Look at the graphic. Which stop will be temporarily inaccessible?
(A) Stop 1
(B) Stop 2
(C) Stop 3
(D) Stop 4

98. 화자는 안내 부스에 관해 무엇을 언급하는가?
(A) 5년 전에 열었다.
(B) 기념품을 팔기 시작할 것이다.
(C) 직원이 얼마 안 된다.
(D) 호텔 안에 위치하고 있다.

99. 회사는 어느 달에 할인을 제공할 것인가?
(A) 4월
(B) 5월
(C) 6월
(D) 7월

100. 시각 자료를 보시오. 어느 정거장이 일시적으로 접근할 수 없을 것인가?
(A) 1 정거장
(B) 2 정거장
(C) 3 정거장
(D) 4 정거장

지문 affordable [əfɔ́ːrdəbl] (가격이) 알맞은, 입수 가능한 hop [hɑp] (탈것에) 타다 historical site 유적지 route [ruːt] 노선, 길
ongoing [áːngouiŋ] 진행 중인
98 souvenir [sùːvəniɔ́r] 기념품 located [lóukeitid] ~에 위치한
100 temporarily [tèmpərérəli] 일시적으로 inaccessible [ìnəksésəbl] 접근할 수 없는

98 ■ **세부 사항 관련 문제** 언급 정답 (D)

화자가 안내 부스에 관해 언급하는 것을 묻는 문제이므로, 질문의 핵심어구(information booth)가 언급된 주변을 주의 깊게 듣는다. "To purchase a ticket, drop by our company's information booth in the lobby of the Stanford Hotel."이라며 티켓을 구매하기 위해서는 Stanford 호텔 로비에 있는 회사의 안내 부스에 들르라고 하였다. 따라서 정답은 (D) It is located in a hotel이다.

99 ■ **세부 사항 관련 문제** 특정 세부 사항 정답 (B)

회사가 할인을 제공할 달을 묻는 문제이므로, 질문의 핵심어구(month ~ offer a discount)가 언급된 주변을 주의 깊게 듣는다. "we will be offering a 10 percent discount during the month of May"라며 5월 동안 10퍼센트 할인을 제공할 것이라고 하였다. 따라서 정답은 (B) May이다.

100 ■ **세부 사항 관련 문제** 시각 자료 정답 (C)

일시적으로 접근할 수 없을 정거장을 묻는 문제이므로, 제시된 약도의 정보를 확인한 뒤 질문의 핵심어구(stop ~ temporarily inaccessible)와 관련된 내용을 주의 깊게 듣는다. "Please note that the bus will not stop at the site between Boston Harbor and Bunker Hill from June 25 until July 15"라며 6월 25일부터 7월 15일까지는 버스가 보스턴항과 벙커힐 사이에 있는 유적지에 정차하지 않을 것임을 유의하기 바란다고 하였으므로, 보스턴항과 벙커힐 사이인 옛 주 의회 의사당이 있는 3 정거장에 일시적으로 접근할 수 없을 것임을 약도에서 알 수 있다. 따라서 정답은 (C) Stop 3이다.

TEST 06

TEST 06.mp3

실전용·복습용 문제풀이 MP3 무료 다운로드 및 스트리밍 바로듣기 (HackersIngang.com)
* 실제 시험장의 소음까지 재현해 낸 고사장 소음/매미 버전 MP3, 영국식·호주식 발음 집중 MP3, 고속 버전 MP3까지
  구매하면 실전에 더욱 완벽히 대비할 수 있습니다.

무료MP3 바로듣기

1
○○○●
하

🎧 캐나다식 발음

(A) The man is knocking on a door.
(B) The man is stacking packages on a cart.
(C) The man is carrying a box into a house.
(D) The man is getting out of a vehicle.

(A) 남자가 문을 두드리고 있다.
(B) 남자가 카트에 포장물을 쌓고 있다.
(C) 남자가 상자를 집 안으로 운반하고 있다.
(D) 남자가 차에서 내리고 있다.

■ 1인 사진
정답 (B)

한 남자가 차량에서 물건을 꺼내고 있는 모습을 확인한다.

(A) [×] knocking on a door(문을 두드리고 있다)는 남자의 동작과 무관하므로 오답이다. 사진에 있는 차량의 문(door)을 사용하여 혼동을 주었다.
(B) [○] 남자가 카트에 포장물을 쌓고 있는 모습을 정확히 묘사한 정답이다.
(C) [×] carrying a box into a house(상자를 집 안으로 운반하고 있다)는 남자의 동작과 무관하므로 오답이다. 사진에 있는 상자(box)를 사용하여 혼동을 주었다.
(D) [×] getting out of a vehicle(차에서 내리고 있다)은 남자의 동작과 무관하므로 오답이다. 사진에 있는 차(vehicle)를 사용하여 혼동을 주었다.

어휘 **stack**[stæk] 쌓다 **carry**[kǽri] 운반하다 **vehicle**[víːhikl] 차, 탈 것

2
○○○●
중

🎧 영국식 발음

(A) A woman is typing on a keyboard.
(B) A computer monitor is being installed.
(C) Some men are standing near a screen.
(D) Some books are being placed on a shelf.

(A) 한 여자가 키보드를 치고 있다.
(B) 컴퓨터 모니터가 설치되고 있다.
(C) 몇몇 남자들이 스크린 가까이에 서 있다.
(D) 몇몇 책들이 책꽂이에 놓이고 있다.

■ 2인 이상 사진
정답 (C)

사람들이 탁자 주변에 서 있는 모습과 사람들의 동작 및 상태를 주의 깊게 살핀다.

(A) [×] typing(키보드를 치다)은 여자의 동작과 무관하므로 오답이다. 사진에 있는 키보드(a keyboard)를 사용하여 혼동을 주었다.
(B) [×] 사진에서 모니터는 보이지만 설치되고 있는(is being installed) 모습은 아니므로 오답이다.
(C) [○] 몇몇 남자들이 스크린 가까이에 서 있는 모습을 정확히 묘사한 정답이다.
(D) [×] 책들이 탁자 위에 놓여 있는데 책꽂이에 놓이고 있다고 잘못 묘사했으므로 오답이다. 사진에 있는 책들(books)을 사용하여 혼동을 주었다.

어휘 **type**[taip] (키보드, 타자를) 치다 **install**[instɔ́ːl] 설치하다 **place**[pleis] 놓다

3
○○○●
하

🎧 호주식 발음

(A) He is preparing a dish.
(B) He is holding a plate.
(C) He is serving a customer.
(D) He is stirring a pot.

(A) 그는 요리를 준비하고 있다.
(B) 그는 접시를 들고 있다.
(C) 그는 손님을 접대하고 있다.
(D) 그는 냄비를 젓고 있다.

■ 1인 사진
정답 (A)

남자가 접시 위로 몸을 기울인 채 음식을 놓고 있는 모습을 확인한다.

(A) [○] 남자가 요리를 준비하고 있는 모습을 정확히 묘사한 정답이다.
(B) [×] 남자가 집게를 들고 있는데 접시를 들고 있다고 잘못 묘사한 오답이다. 사진에 있는 접시(plate)를 사용하여 혼동을 주었다.
(C) [×] 사진에 고객(a customer)이 없으므로 오답이다. 남자가 음식을 놓고 있는 모습에서 연상할 수 있는 serving a customer(손님을 접대하고 있다)를 사용하여 혼동을 주었다.
(D) [×] 남자가 접시에 음식을 놓고 있는데 냄비를 젓고 있다(stirring a pot)고 잘못 묘사했으므로 오답이다. 사진의 장소인 주방과 관련된 pot(냄비)을 사용하여 혼동을 주었다.

어휘 **serve**[미 səːrv, 영 səːv] 손님을 접대하다, 음식을 권하다 **customer**[kʌ́stəmər] 손님, 고객, 소비자 **stir**[stəːr] 젓다, 섞다, 일으키다

4

🔊 미국식 발음

(A) A bag of trash has been left beside a bin.
(B) Bushes are growing along a fence.
(C) Some containers are being emptied.
(D) A wall separates two buildings.

(A) 쓰레기봉투가 쓰레기통 옆에 버려져 있다.
(B) 덤불들이 울타리를 따라 자라고 있다.
(C) 몇몇 용기들이 비워지고 있다.
(D) 벽이 두 건물을 나눈다.

■ 사물 및 풍경 사진　　　　　　　　　　　　　　　　　　　　　　　　　　　정답 (B)

야외의 울타리 주변에 놓여 있는 쓰레기통과 덤불을 주의 깊게 살핀다.
(A) [×] 사진에 쓰레기봉투가 없으므로 오답이다. 사진에 있는 bin(쓰레기통)을 사용하여 혼동을 주었다.
(B) [○] 덤불이 울타리를 따라 자라고 있는 모습을 정확히 묘사한 정답이다.
(C) [×] 사진에 비워지고 있는(being emptied) 용기들이 없으므로 오답이다. 사진에 있는 container(용기)를 사용하여 혼동을 주었다.
(D) [×] 사진에 건물(buildings)이 없으므로 오답이다. A wall(벽)만 듣고 정답으로 선택하지 않도록 주의한다.

어휘　bush[buʃ] 덤불　container[kəntéinər] 용기, 그릇　empty[émpti] 비우다　separate[sépəreit] 나누다, 분리하다

5

🔊 영국식 발음

(A) A desk is being disassembled by workers.
(B) Safety vests are arranged on a warehouse floor.
(C) A device has been set on a table.
(D) Uniforms are organized on a shelf.

(A) 책상이 작업자들에 의해 분해되고 있다.
(B) 안전 조끼들이 창고 바닥에 정리되어 있다.
(C) 기기가 테이블 위에 설치되어 있다.
(D) 유니폼들이 선반에 정리되어 있다.

■ 2인 이상 사진　　　　　　　　　　　　　　　　　　　　　　　　　　　정답 (C)

책상 앞에 앉아 있는 사람들의 모습과 동작을 주의 깊게 살핀다.
(A) [×] 사진에서 책상은 보이지만 분해되고 있는(being disassembled) 모습은 아니므로 오답이다. 사진에 있는 책상(desk)을 사용하여 혼동을 주었다.
(B) [×] 안전 조끼들이 여자들에게 입혀져 있는데 바닥에 정리되어 있다고 잘못 묘사했으므로 오답이다. 사진에 있는 Safety vests(안전 조끼들)과 사진의 장소인 warehouse(창고)를 사용하여 혼동을 주었음에 유의한다.
(C) [○] 기기, 즉 컴퓨터가 테이블 위에 설치되어 있는 모습을 정확히 묘사한 정답이다.
(D) [×] 사진 속 사람들이 유니폼을 입고 있는데 유니폼들이 선반에 정리되어 있다고 잘못 묘사되었으므로 오답이다. 사진에 있는 Uniforms(유니폼들)를 사용하여 혼동을 주었다.

어휘　disassemble[dìsəsémbl] 분해하다　arrange[əréindʒ] 정리하다, 배열하다　warehouse[미 wérhaus, 영 wéəhaus] 창고　device[diváis] 기기, 장치

6

🔊 캐나다식 발음

(A) There is a painting hanging above the fireplace.
(B) A window blind has been partially opened.
(C) A lamp has been attached to a wall.
(D) There is a cup on the windowsill.

(A) 그림이 벽난로 위에 걸려 있다.
(B) 창문 블라인드가 부분적으로 열려 있다.
(C) 전등이 벽에 부착되어 있다.
(D) 창틀 위에 컵이 있다.

■ 사물 및 풍경 사진　　　　　　　　　　　　　　　　　　　　　　　　　　　정답 (B)

실내에 있는 사물들의 상태 및 위치를 주의 깊게 살핀다.
(A) [×] 사진에 그림(painting)이 없으므로 오답이다. 사진에 있는 the fireplace(벽난로)를 사용하여 혼동을 주었다.
(B) [○] 창문 블라인드가 부분적으로 열려 있는 모습을 정확히 묘사한 정답이다.
(C) [×] 전등이 천장에 부착되어 있는데 벽에 부착되어 있다고 잘못 묘사했으므로 오답이다. 사진에 있는 전등(lamp)만 듣고 정답으로 선택하지 않도록 주의한다.
(D) [×] 사진에 컵(cup)이 없으므로 오답이다. 사진에 있는 windowsill(창틀)을 사용하여 혼동을 주었다.

어휘　fireplace[미 fáiərpleis, 영 fáiəpleis] 벽난로　partially[미 pά:rʃəli, 영 pά:ʃəli] 부분적으로　attach[ətǽtʃ] 부착하다　windowsill[wíndousìl] 창틀

PART 2

7 ○○○○○●
하

🔊 호주식 발음 → 영국식 발음

When does your flight arrive?

(A) From Lisbon.
(B) At noon.
(C) Her flight is late.

당신의 비행기는 언제 도착합니까?

(A) 리스본에서요.
(B) 정오에요.
(C) 그녀의 비행기는 늦어요.

■ When 의문문

정답 (B)

비행기가 언제 도착하는지를 묻는 When 의문문이다.

(A) [×] 비행기가 언제 도착하는지 물었는데, 이와 관련 없는 리스본에서라는 내용으로 응답했으므로 오답이다. flight(비행기)에서 연상할 수 있는 장소와 관련된 Lisbon(리스본)을 사용하여 혼동을 준 오답이다.

(B) [○] 정오에 도착한다는 말로 비행기가 도착하는 시점을 언급했으므로 정답이다.

(C) [×] Her가 가리키는 대상이 질문에 없으므로 오답이다. 질문의 flight를 반복 사용하여 혼동을 주었다.

---

8 ○○○●○
중

🔊 미국식 발음 → 캐나다식 발음

Who is in charge of hiring interns?

(A) Let me get back to you.
(B) That's not one of their responsibilities.
(C) Don't miss your turn.

인턴 채용은 누가 담당하나요?

(A) 다시 말씀드릴게요.
(B) 그것은 그들의 책무들 중 하나가 아닙니다.
(C) 당신의 차례를 놓치지 마세요.

■ Who 의문문

정답 (A)

누가 인턴 채용을 담당하는지를 묻는 Who 의문문이다.

(A) [○] 다시 말해주겠다는 말로 자신은 누가 담당인지 모른다는 간접적인 응답을 했으므로 정답이다.

(B) [×] in charge of(담당하는)와 관련 있는 responsibilities(책무들)를 사용하여 혼동을 준 오답이다.

(C) [×] 인턴 채용을 누가 담당하는지 물었는데, 이와 관련이 없는 차례를 놓치지 말라는 내용으로 응답했으므로 오답이다. interns – turn의 유사 발음 어휘를 사용하여 혼동을 주었다.

어휘 be in charge of ~을 담당하다 responsibility [미 rispà:nsəbíləti, 영 rispɔ̀nsəbíləti] 책무, 책임

---

9 ○○○●○
중

🔊 미국식 발음 → 호주식 발음

The city's new mayor is very popular.

(A) That's what I've heard.
(B) The election is next week.
(C) His office is at city hall.

그 도시의 새로운 시장이 매우 인기가 있습니다.

(A) 그렇다고 들었어요.
(B) 선거가 다음 주입니다.
(C) 그의 사무실은 시청에 있습니다.

■ 평서문

정답 (A)

그 도시의 새로운 시장이 매우 인기가 있다는 사실을 전달하는 평서문이다.

(A) [○] 그렇다고 들었다는 말로 새로운 시장이 인기가 있다는 것을 자신도 알고 있음을 전달했으므로 정답이다.

(B) [×] mayor(시장)와 관련 있는 election(선거)을 사용하여 혼동을 준 오답이다.

(C) [×] 도시의 새로운 시장이 매우 인기가 있다고 했는데, 이와 관련이 없는 그의 사무실이 시청에 있다는 내용으로 응답했으므로 오답이다. 질문의 mayor(시장)와 관련된 city hall(시청)을 사용하여 혼동을 준 오답이다.

어휘 mayor [미 méiər, 영 meə] 시장

10

When do you need me to pick you up?

(A) I drove there earlier.
(B) In front of Terminal A.
(C) Friday evening around 8.

제가 언제 태우러 가면 될까요?

(A) 저는 이전에 그곳에 운전해 갔었어요.
(B) 터미널 A 앞이요.
(C) 금요일 저녁 8시경이에요.

■ When 의문문

정답 (C)

언제 태우러 가면 될지를 묻는 When 의문문이다.
(A) [×] pick up(~를 태우러 가다)과 관련 있는 drove(운전해 갔다)를 사용하여 혼동을 준 오답이다.
(B) [×] 언제 태우러 가면 될지를 물었는데 장소로 응답했으므로 오답이다. 질문의 When을 Where로 혼동하여 Where do you need me to
pick you up(제가 어디로 태우러 가면 될까요)으로 생각해 정답으로 선택하지 않도록 주의한다.
(C) [○] 금요일 저녁 8시경이라는 말로 태우러 와야 하는 시점을 언급했으므로 정답이다.

어휘   pick up ~를 태우러 가다, 태우다

11

Where should I put the office supplies?

(A) The storage closet over there.
(B) We've got a few cases of paper.
(C) No, I work in the other office.

사무용품은 어디에 두면 되나요?

(A) 저쪽에 있는 수납장이에요.
(B) 종이가 든 상자가 몇 개 있어요.
(C) 아니요, 저는 다른 하나의 사무실에서 일해요.

■ Where 의문문

정답 (A)

사무용품을 어디에 두면 될지를 묻는 Where 의문문이다.
(A) [○] 저쪽에 있는 수납장이라며 사무용품을 두어야 하는 위치를 알려 주었으므로 정답이다.
(B) [×] office supplies(사무용품)와 관련 있는 cases of paper(종이가 든 상자)를 사용하여 혼동을 준 오답이다.
(C) [×] 의문사 의문문에 No로 응답했으므로 오답이다. 질문의 office를 반복 사용하여 혼동을 주었다.

어휘   supply[səplái] 용품, 보급품, 공급   storage closet 수납장

12

Where was the company founded?

(A) In San Francisco.
(B) It is a charity foundation.
(C) Right here on my desk.

그 회사는 어디에 설립되었나요?

(A) 샌프란시스코에요.
(B) 그것은 자선 단체예요.
(C) 바로 여기 내 책상 위에요.

■ Where 의문문

정답 (A)

회사가 어디에 설립되었는지를 묻는 Where 의문문이다.
(A) [○] 샌프란시스코라며 회사가 설립된 장소를 언급했으므로 정답이다.
(B) [×] 질문의 founded를 '단체'라는 의미의 foundation으로 반복 사용하여 혼동을 준 오답이다.
(C) [×] Where(어디)와 관련 있는 on my desk(내 책상 위)를 사용하여 혼동을 준 오답이다.

어휘   found[faund] 설립하다

13

🔊 호주식 발음 → 영국식 발음

What should we get Tanya for her going-away gift?

(A) How about a bouquet?
(B) She's a gifted person.
(C) It's going to be very useful to her.

Tanya의 송별 선물로 무엇을 주어야 할까요?

(A) 꽃다발은 어때요?
(B) 그녀는 재능 있는 사람이에요.
(C) 그것은 그녀에게 매우 유용할 거예요.

■ What 의문문
정답 (A)

Tanya의 송별 선물로 무엇을 주어야 할지를 묻는 What 의문문이다.
(A) [○] 선물로 꽃다발이 어떨지를 되물어 Tanya의 송별 선물로 무엇을 사줄지 언급했으므로 정답이다.
(B) [×] Tanya의 송별 선물로 무엇을 사주면 좋을지 물었는데, 이와 관련 없는 그녀가 재능 있는 사람이라는 내용으로 응답했으므로 오답이다.
　　 gift – gifted의 유사 발음 어휘를 사용하여 혼동을 주었다.
(C) [×] It이 나타내는 대상이 질문에 없으므로 오답이다. gift(선물)와 관련 있는 useful(유용한)을 사용하여 혼동을 주었다.

어휘　going-away 송별의　bouquet[boukéi] 꽃다발　gifted[gíftid] 재능 있는, 영재의

14

🔊 미국식 발음 → 캐나다식 발음

Isn't Angela's new apartment very beautiful?

(A) They're just for decoration.
(B) I was really impressed by it.
(C) Her apartment is on the third floor.

Angela의 새 아파트는 매우 아름답지 않나요?

(A) 그것들은 그냥 장식을 위한 것이에요.
(B) 저는 그것에 매우 감명받았습니다.
(C) 그녀의 아파트는 3층에 있습니다.

■ 부정 의문문
정답 (B)

Angela의 새 아파트가 매우 아름답지 않은지를 묻는 부정 의문문이다.
(A) [×] They가 나타내는 대상이 질문에 없으므로 오답이다. beautiful(아름다운)과 관련 있는 decoration(장식)을 사용하여 혼동을 주었다.
(B) [○] 그것에 매우 감명받았다는 말로 Angela의 아파트가 아름답다는 것에 동의했으므로 정답이다.
(C) [×] Angela의 새 아파트가 매우 아름답지 않은지를 물었는데, 이와 관련이 없는 그녀의 아파트가 3층에 있다는 내용으로 응답했으므로 오답이다. 질문의 apartment를 반복 사용하여 혼동을 주었다.

어휘　impressed[imprést] 감명받은

15

🔊 영국식 발음 → 호주식 발음

Can you finish painting the room on your own, or do you need help?

(A) Yes, I've seen that painting before.
(B) An extra set of hands would be great.
(C) I couldn't have it done alone.

혼자서 방 페인트칠을 끝낼 수 있나요, 아니면 도움이 필요한가요?

(A) 네, 저는 전에 그 그림을 본 적이 있어요.
(B) 추가적인 일손이 더 있으면 좋을 것 같아요.
(C) 저 혼자서는 그것을 마칠 수 없었을 거예요.

■ 선택 의문문
정답 (B)

혼자서 방 페인트칠을 끝낼 수 있는지 아니면 도움이 필요한지를 묻는 선택 의문문이다.
(A) [×] 질문의 painting(페인트칠하는 것)을 '그림'이라는 의미로 반복 사용하여 혼동을 준 오답이다.
(B) [○] 일손이 더 있으면 좋을 것 같다는 내용으로 도움이 더 필요함을 간접적으로 전달했으므로 정답이다.
(C) [×] finish(끝내다)와 관련 있는 have it done(그것을 마치다)을 사용하여 혼동을 준 오답이다.

어휘　extra[ékstrə] 추가적인　set of hands 일손

16

🔊 호주식 발음 → 미국식 발음

Which cinema is the movie playing at?

(A) A horror movie.
(B) The Grand Theater.
(C) It starts at 8 P.M.

그 영화는 어느 극장에서 상영되고 있습니까?

(A) 공포 영화예요.
(B) 대극장이요.
(C) 저녁 8시에 시작해요.

■ Which 의문문

정답 (B)

영화가 어느 극장에서 상영되고 있는지를 묻는 Which 의문문이다.
(A) [×] 영화가 어느 극장에서 상영되고 있는지를 물었는데, 이와 관련이 없는 공포 영화라는 내용으로 응답했으므로 오답이다. 질문의 movie를 반복 사용하여 혼동을 주었다.
(B) [○] 대극장이라며 영화가 상영되고 있는 장소를 전달했으므로 정답이다.
(C) [×] 영화가 어느 극장에서 상영되고 있는지를 물었는데, 이와 관련이 없는 저녁 8시에 시작한다는 내용으로 응답했으므로 오답이다. playing(상영되고 있다)과 관련 있는 starts(시작하다)를 사용하여 혼동을 주었다.

17

🔊 캐나다식 발음 → 미국식 발음

Would you like to pay by cash or card?

(A) It's way too expensive.
(B) No, thank you.
(C) That depends on the price.

현금으로 결제하시겠습니까, 카드로 결제하시겠습니까?

(A) 그것은 너무 비싸네요.
(B) 아니오, 감사합니다.
(C) 그것은 가격에 달려 있습니다.

■ 선택 의문문

정답 (C)

현금과 카드 중에서 무엇으로 결제할 것인지를 묻는 선택 의문문이다.
(A) [×] It이 나타내는 대상이 지문에 없으므로 오답이다. pay(결제하다)에서 연상되는 expensive(비싼)를 사용하여 혼동을 주었다.
(B) [×] or 앞뒤로 단어가 제시된 선택 의문문에 No로 응답했으므로 오답이다. or 앞뒤로 단어 또는 구를 연결한 선택 의문문에서는 Yes/No로 답할 수 없음을 알아둔다.
(C) [○] 가격에 달려 있다는 말로 결제 수단을 아직 정하지 않았음을 간접적으로 전달했으므로 정답이다.

어휘 depend on ~에 달려 있다, 의존하다

18

🔊 영국식 발음 → 호주식 발음

Why is the Mexican restaurant closed?

(A) It is being remodeled.
(B) The chef is from Mexico City.
(C) Most people order tacos.

그 멕시코 식당은 왜 문을 닫았습니까?

(A) 그것은 개조되고 있습니다.
(B) 그 요리사는 멕시코 시티 출신입니다.
(C) 대부분의 사람들은 타코를 주문합니다.

■ Why 의문문

정답 (A)

멕시코 식당이 왜 문을 닫는지를 묻는 Why 의문문이다.
(A) [○] 개조되고 있다는 말로 그 멕시코 식당이 문을 닫은 이유를 언급했으므로 정답이다.
(B) [×] restaurant(식당)과 관련 있는 chef(요리사)를 사용하고, Mexican(멕시코의)과 관련 있는 Mexico city(멕시코 시티)를 사용하여 혼동을 준 오답이다.
(C) [×] Mexican restaurant(멕시코 식당)에서 연상할 수 있는 tacos(타코)를 사용하여 혼동을 준 오답이다.

어휘 remodel[미 rì:má:dəl, 영 rì:mɔ́dl] 개조하다, 고쳐 만들다

19

○○○●

중

🎧 캐나다식 발음 → 영국식 발음

I'm having trouble finding a venue for the banquet.

(A) It sounds like the best solution.
(B) Let me call some places.
(C) There's a bank on the corner.

저는 연회를 위한 장소를 찾는 데 어려움을 겪고 있어요.

(A) 그것이 가장 좋은 해결책처럼 들리네요.
(B) 제가 몇 군데 전화를 걸어 볼게요.
(C) 모퉁이에 은행이 하나 있습니다.

■ 평서문
정답 (B)

연회를 위한 장소를 찾는 데 어려움을 겪고 있다는 문제점을 언급하는 평서문이다.
(A) [×] It이 나타내는 대상이 질문에 없으므로 오답이다. trouble(어려움)과 관련 있는 solution(해결책)을 사용하여 혼동을 주었다.
(B) [○] 자신이 몇 군데 전화를 걸어 보겠다는 말로 문제점에 대한 해결책을 제시했으므로 정답이다.
(C) [×] 연회를 위한 장소를 찾는 데 어려움을 겪고 있다고 했는데, 이와 관련이 없는 모퉁이에 은행이 하나 있다는 내용으로 응답했으므로 오답이다. banquet – bank의 유사 발음 어휘를 사용하여 혼동을 주었다.

어휘   venue[vénju:] 장소

20

○○○○

하

🎧 미국식 발음 → 호주식 발음

Please be sure to submit your expense report by this afternoon.

(A) It cost more than I thought.
(B) I'll send it to you now.
(C) Sarah reported the problem.

당신의 경비 보고서를 오늘 오후까지 반드시 제출해 주세요.

(A) 그것은 생각보다 돈이 많이 들었어요.
(B) 지금 그것을 당신께 보내 드릴게요.
(C) Sarah가 그 문제를 보고했어요.

■ 평서문
정답 (B)

경비 보고서를 오늘 오후까지 반드시 제출해 달라고 요청하는 평서문이다.
(A) [×] expense(경비)와 관련 있는 cost(돈이 들다)를 사용하여 혼동을 준 오답이다.
(B) [○] 지금 그것을 보내주겠다는 말로 경비 보고서를 제출하겠다는 것을 전달했으므로 정답이다.
(C) [×] 질문의 report를 '보고했다'라는 의미의 reported로 반복 사용하여 혼동을 준 오답이다.

어휘   submit[səbmít] 제출하다   expense[ikspéns] 경비, 비용, 지출

21

○○○

중

🎧 영국식 발음 → 캐나다식 발음

Aren't you meeting the department manager about your promotion today?

(A) Let's meet for lunch.
(B) She is my supervisor.
(C) We already discussed it.

오늘 당신의 승진과 관련해서 부서장을 만나지 않나요?

(A) 만나서 점심 먹읍시다.
(B) 그녀가 제 관리자예요.
(C) 우리는 이미 그것을 논의했어요.

■ 부정 의문문
정답 (C)

오늘 승진과 관련해서 부서장을 만나지 않는지를 확인하는 부정 의문문이다.
(A) [×] 오늘 승진과 관련해서 부서장을 만나지 않는지를 물었는데, 이와 관련이 없는 만나서 점심을 먹자는 내용으로 응답했으므로 오답이다. 질문의 meeting을 meet로 반복 사용하여 혼동을 주었다.
(B) [×] department manager(부서장)와 관련 있는 supervisor(관리자)를 사용하여 혼동을 준 오답이다.
(C) [○] 이미 그것을 논의했다는 말로 오늘 부서장을 만나지 않는다는 사실을 간접적으로 전달했으므로 정답이다.

어휘   promotion[미 prəmóuʃən, 영 prəmə́uʃən] 승진   supervisor[미 sú:pərvaizər, 영 sú:pəvaizə] 관리자

238 무료 토익 학습자료 및 취업정보 Hackers.co.kr

22

〔3ੈ〕 호주식 발음 → 미국식 발음

How did Louis learn about the two companies' merger talks?

(A) You'll have to ask him.
(B) He missed the meeting yesterday.
(C) Sometime last week.

Louis는 어떻게 그 두 회사의 합병 협상에 대해 알게 되었나요?

(A) 그에게 물어보셔야 할 거예요.
(B) 그는 어제 회의에 참석하지 않았어요.
(C) 지난주 언젠가요.

■ How 의문문   정답 (A)

Louis가 어떻게 두 회사의 합병 협상에 대해 알게 되었는지를 묻는 How 의문문이다.

(A) [O] 그에게 물어봐야 할 것이라는 말로 자신은 Louis가 어떻게 그 두 회사의 합병 협상에 대해 알게 되었는지 모른다는 사실을 간접적으로 전달했으므로 정답이다.
(B) [×] talks(협상)와 관련 있는 meeting(회의)을 사용하여 혼동을 준 오답이다.
(C) [×] Louis가 어떻게 그 두 회사의 합병 협상에 대해 알게 되었냐고 물었는데 시점으로 응답했으므로 오답이다. 질문의 How를 When으로 혼동하여 When did Louis learn(Louis가 언제 알게 되었나요)으로 생각해 정답으로 선택하지 않도록 주의한다.

어휘 merger[미 mə́:rdʒər, 영 mə́:dʒə] 합병 talk[tɔːk] 협상, 회담

23

〔3ੈ〕 캐나다식 발음 → 영국식 발음

Please inform all of the staff about the changes to the holiday schedule.

(A) It's full of useful information.
(B) I'll post a memo.
(C) It changes every year.

휴가 일정에 대한 변경 사항들을 모든 직원에게 알려주기 바랍니다.

(A) 그것은 유용한 정보로 가득 차 있습니다.
(B) 제가 메모를 게시할게요.
(C) 그것은 매년 변합니다.

■ 평서문   정답 (B)

휴가 일정에 대한 변경 사항들을 모든 직원에게 알려줄 것을 요청하는 평서문이다.

(A) [×] inform – information의 유사 발음 어휘를 사용하여 혼동을 준 오답 보기이다.
(B) [O] 메모를 게시하겠다는 말로 휴가 일정에 대한 변경 사항들을 알리겠다는 것을 전달했으므로 정답이다.
(C) [×] 휴가 일정에 대한 변경 사항들을 모든 직원에게 알려 달라고 요청했는데, 이와 관련 없는 그것은 매년 변한다는 내용으로 응답했으므로 오답이다. 질문의 changes를 '변하다'라는 의미의 동사로 반복 사용하여 혼동을 주었다.

어휘 inform[미 infɔ́:rm, 영 infɔ́:m] 알리다 useful[júːsfəl] 유용한

24

〔3ੈ〕 영국식 발음 → 캐나다식 발음

Did you visit the Louvre while you were in Paris?

(A) It's my first time in France.
(B) I might have to extend my trip.
(C) I didn't have enough time.

파리에 있었을 때 루브르 박물관을 방문했나요?

(A) 저는 프랑스가 처음이에요.
(B) 여행을 연장해야 할 것 같아요.
(C) 충분한 시간이 없었어요.

■ 조동사 의문문   정답 (C)

파리에 있었을 때 루브르 박물관을 방문했는지를 확인하는 조동사(Do) 의문문이다.

(A) [×] Paris(파리)와 관련 있는 France(프랑스)를 사용하여 혼동을 준 오답이다.
(B) [×] visit(방문하다)과 관련 있는 trip(여행)을 사용하여 혼동을 준 오답이다.
(C) [O] 충분한 시간이 없었다는 말로 루브르 박물관을 방문하지 못했다는 사실을 간접적으로 전달했으므로 정답이다.

어휘 extend[iksténd] 연장하다

25

🎧 미국식 발음 → 호주식 발음

상

Who showed you how to use the accounting software?

(A) I attended a workshop on it.
(B) Managing accounts is time-consuming.
(C) Your experience really shows.

누가 당신에게 회계 소프트웨어를 어떻게 사용하는지를 가르쳐 주었나요?

(A) 그것에 대한 연수에 참석했어요.
(B) 회계 장부 관리는 시간이 오래 걸립니다.
(C) 당신의 경험이 확실히 드러나네요.

■ Who 의문문

정답 (A)

누가 회계 소프트웨어를 어떻게 사용하는지 가르쳐 주었는지를 묻는 Who 의문문이다.
(A) [o] 그것에 대한 연수에 참석했다는 말로 누구에게서 소프트웨어 사용법을 배웠는지를 간접적으로 전달했으므로 정답이다.
(B) [x] 질문의 accounting(회계)을 '회계 장부'라는 의미의 accounts로 반복 사용하여 혼동을 준 오답이다.
(C) [x] 질문의 showed를 shows로 반복 사용하여 혼동을 준 오답이다.

어휘 accounting[əkáuntiŋ] 회계 attend[əténd] 참석하다 account[əkáunt] 회계 장부 time-consuming 시간이 오래 걸리는

26

🎧 캐나다식 발음 → 영국식 발음

상

Mr. Colt approved the budget change, right?

(A) We need to save money.
(B) Didn't you get the e-mail?
(C) Yes, I have some right here.

Mr. Colt가 예산 변경을 승인했어요, 그렇죠?

(A) 우리는 돈을 저축해야 합니다.
(B) 이메일을 받지 않으셨어요?
(C) 네, 여기 일부가 있어요.

■ 부가 의문문

정답 (B)

Mr. Colt가 예산 변경을 승인했는지 확인하는 부가 의문문이다.
(A) [x] budget(예산)과 관련 있는 save money(돈을 저축하다)를 사용하여 혼동을 준 오답이다.
(B) [o] 이메일을 받지 않았는지 되물어 예산 변경 승인 여부가 이미 공지되었다는 간접적인 응답을 했으므로 정답이다.
(C) [x] 부가 의문문에 가능한 응답인 Yes를 사용하고, 질문의 right를 반복 사용하여 혼동을 준 오답이다.

어휘 approve[əprú:v] 승인하다 budget[bʌ́dʒit] 예산

27

🎧 호주식 발음 → 미국식 발음

상

The employee break room is the last door on the right, isn't it?

(A) I'm afraid it's broken.
(B) That's the janitor's office.
(C) Please close the door.

직원 휴게실이 오른쪽에서 마지막 문이죠, 그렇지 않나요?

(A) 그것은 고장 난 것 같아요.
(B) 그곳은 관리인 사무실입니다.
(C) 문을 닫아주세요.

■ 부가 의문문

정답 (B)

직원 휴게실이 오른쪽에서 마지막 문인지를 확인하는 부가 의문문이다.
(A) [x] door(문)와 관련 있는 broken(고장 난)을 사용하여 혼동을 준 오답이다.
(B) [o] 그곳은 관리인 사무실이라는 말로 오른쪽에서 마지막 문이 직원 휴게실이 아님을 간접적으로 전달했으므로 정답이다.
(C) [x] 직원 휴게실이 오른쪽에서 마지막 문인지를 물었는데, 이와 관련이 없는 문을 닫으라는 내용으로 응답했으므로 오답이다. 질문의 door를 반복 사용하여 혼동을 주었다.

어휘 employee[implɔ́ii:] 직원 broken[미 bróukən, 영 bráukən] 고장 난 janitor[dʒǽnitər] 관리인, 수위

28

[3제] 미국식 발음 → 호주식 발음

Can you make sure the package is delivered by tomorrow?

(A) By Friday.
(B) You can order it online.
(C) The overnight delivery fee is $30.

소포가 확실히 내일까지 배송되도록 해주실 수 있을까요?

(A) 금요일까지요.
(B) 온라인으로 주문하실 수 있습니다.
(C) 익일 배달 요금은 30달러입니다.

■ 조동사 의문문
정답 (C)

소포가 확실히 내일까지 배송되도록 해줄 수 있는지를 확인하는 조동사(Can) 의문문이다.
(A) [×] 소포가 확실히 내일까지 배송되도록 해줄 수 있냐고 물었는데, 이와 관련이 없는 금요일까지라는 내용으로 응답했으므로 오답이다. tomorrow(내일)에서 연상할 수 있는 날짜와 관련된 Friday(금요일)를 사용하여 혼동을 주었다.
(B) [×] package(소포)와 관련 있는 order(주문하다)를 사용하여 혼동을 준 오답이다.
(C) [○] 익일 배달 요금은 30달러라는 말로 내일까지 배송되도록 하려면 추가 요금을 내야 한다는 간접적인 응답을 했으므로 정답이다.

어휘 package[pǽkidʒ] 소포 overnight[òuvərnáit] 익일 배달의, 야간의 fee[fi:] 요금

29

[3제] 영국식 발음 → 캐나다식 발음

I think we'd better look for another party planner.

(A) What's wrong with the one we have?
(B) I'm looking forward to being there.
(C) The party lasted longer than expected.

다른 파티 기획자를 찾아보는 게 좋을 것 같아요.

(A) 우리와 일하고 있는 사람이 무언가 잘못되었나요?
(B) 그곳에 가는 것을 고대하고 있어요.
(C) 파티가 예상했던 것보다 오래 계속되었어요.

■ 평서문
정답 (A)

다른 파티 기획자를 찾아보는 것이 좋을 것 같다고 제안하는 평서문이다.
(A) [○] 그들과 일하고 있는 사람이 무언가 잘못되었는지를 되물어 제안에 대한 추가 정보를 요구하는 정답이다.
(B) [×] there가 나타내는 대상이 질문에 없으므로 오답이다. look for – looking forward to의 유사 발음 어휘를 사용하여 혼동을 주었다.
(C) [×] 질문의 party를 반복 사용하여 혼동을 준 오답이다.

어휘 look forward to ~을 고대하다

30

[3제] 미국식 발음 → 캐나다식 발음

What was Ms. Fulton's position at her last job?

(A) She has a master's degree.
(B) At Gable Brothers Law Firm.
(C) Marketing director.

Ms. Fulton의 이전 직장에서 그녀의 직위는 무엇이었나요?

(A) 그녀는 석사 학위를 가지고 있습니다.
(B) Gable Brothers 법률 사무소에서요.
(C) 마케팅 책임자요.

■ What 의문문
정답 (C)

Ms. Fulton의 이전 직장에서 그녀의 직위가 무엇이었는지를 묻는 What 의문문이다.
(A) [×] Ms. Fulton의 이전 직장에서의 직위를 물었는데, 이와 관련이 없는 그녀가 석사 학위를 가지고 있다는 말로 응답했으므로 오답이다.
(B) [×] 직위가 무엇인지를 물었는데 장소로 응답했으므로 오답이다. job(직장)에서 연상할 수 있는 회사명(Gable Brothers Law Firm)을 사용하여 혼동을 주었다.
(C) [○] 마케팅 책임자라는 말로 Ms. Fulton의 이전 직위를 언급했으므로 정답이다.

어휘 position[pəzíʃən] 직위, 직책 master's degree 석사 학위 director[미 diréktər, 영 dairéktə] 책임자, 감독

○○○
●●
중

[🎧] 호주식 발음 → 영국식 발음

Carter was named Employee of the Year.

(A) In a couple of years.
(B) He deserves it.
(C) It has 40 employees.

Carter가 올해의 직원으로 선정되었어요.

(A) 몇 년 안에요.
(B) 그는 그럴 자격이 있어요.
(C) 그곳은 40명의 직원들을 두고 있어요.

■ **평서문**

정답 (B)

Carter가 올해의 직원으로 선정되었다는 객관적 사실을 전달하는 평서문이다.

(A) [×] the Year(올해)와 관련 있는 a couple of years(몇 년)를 사용하여 혼동을 준 오답이다.
(B) [○] 그는 그럴 자격이 있다는 말로 사실에 대한 의견을 제시했으므로 정답이다.
(C) [×] It이 나타내는 대상이 질문에 없으므로 오답이다. 질문의 Employee를 반복 사용하여 혼동을 주었다.

어휘   deserve[미 dizə́:rv, 영 dizə́:v] ~할 자격이 있다, ~을 받을 만하다

PART 3

Questions 32-34 refer to the following conversation.

🎧 호주식 발음 → 미국식 발음

M: Good morning. ³²Where can I take you today?

W: ³²I'm on my way to the Spring Valley Clothing Store on 19th Street. It's right past Thompson Square.

M: OK, I know where that is. By the way, ³³there is heavy traffic right now because part of Victoria Avenue is closed. Um, ³³city workers are fixing a water line. I might have to take a side road. The distance will be technically longer, but we should get to your destination more quickly.

W: That's totally fine as long as I get to the store before it closes at 5 P.M. ³⁴This is the last day of a sale, and I'm trying to buy a sweater.

32 Who most likely is the man?

(A) A store clerk
(B) A ticket seller
(C) A taxi driver
(D) A travel guide

33 According to the man, why is traffic heavy now?

(A) Repair work is being done.
(B) A parade is being held.
(C) Rush hour has begun.
(D) A sports event has ended.

34 Why is the woman going to a store today?

(A) To participate in a job interview
(B) To cover a shift for a coworker
(C) To return a damaged product
(D) To take advantage of an offer

32-34번은 다음 대화에 관한 문제입니다.

M: 좋은 아침입니다. ³²오늘은 어디로 모셔다드릴까요?

W: ³²저는 19번가에 있는 Spring Valley 의류점으로 향하는 중이에요. 그것은 Thompson 광장을 지나서 바로 있어요.

M: 네, 그것이 어디인지 알아요. 그나저나, ³³지금 Victoria가의 일부가 폐쇄되어 심각한 교통 체증이 있어요. 음, ³³도시 근로자들이 송수관을 수리하고 있어요. 샛길로 가야 할 수도 있을 거예요. 엄밀히 따지면 거리는 더 멀지만, 우리는 당신의 목적지까지 더 빠르게 갈 수 있을 거예요.

W: 그 가게가 오후 5시에 폐점하기 전에 도착하기만 한다면 전혀 상관없어요. ³⁴오늘은 세일의 마지막 날이고, 저는 스웨터를 사려고 하거든요.

32. 남자는 누구인 것 같은가?

(A) 가게 점원
(B) 티켓 판매원
(C) 택시 운전사
(D) 여행 가이드

33. 남자에 따르면, 현재 왜 교통체증이 있는가?

(A) 수리 작업이 진행되고 있다.
(B) 퍼레이드가 개최되고 있다.
(C) 러시아워가 시작되었다.
(D) 스포츠 행사가 종료되었다.

34. 여자는 오늘 왜 가게에 가는가?

(A) 구직 면접에 참여하기 위해
(B) 동료의 근무 시간을 대신하기 위해
(C) 파손된 제품을 반환하기 위해
(D) 가격 할인을 이용하기 위해

지문 **water line** 송수관 **side road** 샛길 **technically** [téknikəli] 엄밀히 따지면, 기술적으로
34 **participate** [미 pɑːrtísəpeit, 영 pɑ́ːtisipeit] 참여하다, 참가하다 **shift** [ʃift] 근무 시간, 교대조 **take advantage of** ~을 이용하다
offer [미 ɔ́ːfər, 영 ɔ́ːfə] 가격 할인, 제안

32 ■ 전체 대화 관련 문제 화자   정답 (C)

남자의 신분을 묻는 문제이므로, 신분 및 직업과 관련된 표현을 놓치지 않고 듣는다. 남자가 "Where can I take you today?"라며 여자에게 목적지를 물은 뒤, 여자가 "I'm on my way to the Spring Valley Clothing Store on 19th Street. It's right past Thompson Square."라며 자신은 19번가에 있는 Spring Valley 의류점으로 향하는 중이고, 그 의류점은 Thompson 광장을 지나서 바로 있다고 하였다. 이를 통해 남자가 택시 운전사임을 알 수 있다. 따라서 정답은 (C) A taxi driver이다.

33 ■ 세부 사항 관련 문제 이유   정답 (A)

교통체증의 이유를 묻는 문제이므로, 질문의 핵심어구(traffic heavy now)와 관련된 내용을 주의 깊게 듣는다. 남자가 "there is a heavy traffic right now because part of Victoria Avenue is closed"라며 지금 Victoria가의 일부가 폐쇄되어 심각한 교통 체증이 있다고 한 뒤, "city workers are fixing a water line"이라며 도시 근로자들이 송수관을 수리하고 있다고 하였다. 따라서 정답은 (A) Repair work is being done이다.

바꾸어 표현하기

fixing 수리하고 있다 → Repair work 수리 작업

34 ■ 세부 사항 관련 문제 이유   정답 (D)

여자가 오늘 가게에 가는 이유를 묻는 문제이므로, 질문의 핵심어구(going to a store today)와 관련된 내용을 주의 깊게 듣는다. 여자가 "This is the last day of a sale, and I'm trying to buy a sweater."라며 오늘이 세일의 마지막 날이며, 스웨터를 사려고 한다고 하였다. 따라서 정답은 (D) To take advantage of an offer이다.

바꾸어 표현하기

a sale 세일 → an offer 할인

Questions 35-37 refer to the following conversation.

🎧 캐나다식 발음 → 미국식 발음

M: Hi, Fumiko. It's Christian from HR. ³⁵Could I get your self-performance review? The deadline is today.

W: Hi, Christian. Sorry, I have not had the time to do it yet. I thought I could submit it during the performance evaluation meeting.

M: That won't work. ³⁶I need to review it beforehand to make sure everything is all right. ³⁷You can simply go online and fill in the form. There are only multiple-choice questions.

W: I understand. I'll log in to the site now.

M: Alright. Let me know if you need any further information.

35 What does the man ask the woman for?
(A) A computer password
(B) A product review
(C) A performance assessment
(D) A project schedule

36 Why does the man have to check the woman's work in advance?
(A) To meet a new deadline
(B) To fulfill a manager's request
(C) To evaluate her performance
(D) To ensure there are no issues

37 What does the man imply when he says, "There are only multiple-choice questions"?
(A) He worries about the difficulty of a task.
(B) He thinks a task will not take long.
(C) He believes a test should be changed.
(D) He wants a task to be done online.

35-37번은 다음 대화에 관한 문제입니다.

M: 안녕하세요, Fumiko. 인사과의 Christian입니다. ³⁵당신의 자체 실적 평가서를 받을 수 있을까요? 마감일이 오늘이에요.

W: 안녕하세요, Christian. 죄송해요, 아직 그것을 작성할 시간이 없었어요. 저는 실적 평가 회의에서 그것을 제출할 수 있을 것이라고 생각했어요.

M: 그건 안될 것 같아요. ³⁶제가 사전에 검토해서 모든 것이 괜찮은지 확실히 해야 하거든요. ³⁷간단히 온라인에 접속해서 양식을 채울 수 있어요. 객관식 문제들밖에 없어요.

W: 알겠습니다. 지금 사이트에 접속할게요.

M: 좋아요. 뭔든 정보가 더 필요하면 제게 알려주세요.

35. 남자는 여자에게 무엇을 요청하는가?
(A) 컴퓨터 비밀번호
(B) 제품 리뷰
(C) 실적 평가
(D) 프로젝트 일정

36. 남자는 왜 여자의 업무를 미리 검토해야 하는가?
(A) 새로운 마감 기한에 맞추기 위해
(B) 관리자의 요청을 이행하기 위해
(C) 그녀의 성과를 평가하기 위해
(D) 문제가 없음을 확실하게 하기 위해

37. 남자는 "객관식 문제들밖에 없어요"라고 말할 때 무엇을 의도하는가?
(A) 그는 업무의 난이도에 관해 걱정한다.
(B) 그는 업무가 오래 걸리지 않을 것이라고 생각한다.
(C) 그는 시험이 변경되어야 한다고 생각한다.
(D) 그는 업무가 온라인으로 완료되기를 원한다.

지문 **evaluation**[ivǽljuéiʃən] 평가 **beforehand**[미 bifɔ́:rhænd, 영 bifɔ́:hænd] 사전에 **multiple-choice** 객관식의
35 **assessment**[əsésmənt] 평가
36 **in advance** 미리, 사전에 **fulfill**[fulfíl] 이행하다, 완료하다 **ensure**[미 inʃúər, 영 inʃɔ́:] 확실히 하다, 보장하다

35 ■ 세부 사항 관련 문제 요청 　　　　　　　　　　　　　　　　　　　　　　　　　　　　　　　　　정답 (C)
남자가 여자에게 요청하는 것을 묻는 문제이므로, 남자의 말에서 요청과 관련된 표현이 언급된 다음을 주의 깊게 듣는다. 남자가 여자에게 "Could I get your self-performance review?"라며 여자의 자체 실적 평가서를 받을 수 있을지를 물었다. 따라서 정답은 (C) A performance assessment이다.

36 ■ 세부 사항 관련 문제 이유 　　　　　　　　　　　　　　　　　　　　　　　　　　　　　　　　　정답 (D)
남자가 여자의 업무를 미리 검토해야 하는 이유를 묻는 문제이므로, 질문의 핵심어구(check the woman's work in advance)와 관련된 내용을 주의 깊게 듣는다. 남자가 "I need to review it[self-performance review] beforehand to make sure everything is all right."이라며 자신이 여자의 자체 실적 평가서를 사전에 검토해서 모든 것이 괜찮은지 확실히 해야 한다고 하였다. 따라서 정답은 (D) To ensure there are no issues이다.

37 ■ 세부 사항 관련 문제 의도 파악 　　　　　　　　　　　　　　　　　　　　　　　　　　　　　　정답 (B)
남자가 하는 말의 의도를 묻는 문제이므로, 질문의 인용어구(There are only multiple-choice questions)가 언급된 주변을 주의 깊게 듣는다. 남자가 "You can simply go online and fill in the form. There are only multiple-choice questions."라며 간단히 온라인에 접속해서 양식을 채울 수 있다고 한 뒤, 객관식 문제들밖에 없다고 하였다. 이를 통해 업무가 오래 걸리지 않을 것임을 알 수 있다. 따라서 정답은 (B) He thinks a task will not take long이다.

Questions 38-40 refer to the following conversation.

[3▣] 호주식 발음 → 영국식 발음

M: Excuse me. ³⁸I'd like to sit down on this bench and read my newspaper, so can you move your bicycle?

W: Sorry about that. I wasn't sure where to leave my bike, so I just leaned it against this bench.

M: ³⁹There is a bike rack near the fountain. It is the only designated area you can park your bicycle, but quite difficult to find as many people have picnics near it. By the way, do you have a bicycle lock?

W: Yes. I've got one in my backpack. Why?

M: Uh, ⁴⁰I heard that some bikes have gone missing recently. Just make sure to use it.

W: I see. Thanks for your help.

38 Where most likely is the conversation taking place?
(A) In a parking garage
(B) At a public park
(C) At a sports stadium
(D) In a repair shop

39 What does the man say about a bike rack?
(A) It is the only place to put bicycles.
(B) It is easy to find.
(C) It is usually full with bicycles.
(D) It is surrounded by benches.

40 Why does the man suggest using a lock?
(A) Visitors can borrow a lock free of charge.
(B) A safety regulation is strictly enforced.
(C) Security at a site is inadequate.
(D) A facility will close soon.

38-40번은 다음 대화에 관한 문제입니다.

M: 실례합니다. ³⁸제가 이 벤치에서 신문을 읽으려고 하니, 당신의 자전거를 옮겨주시겠어요?

W: 죄송합니다. 자전거를 어디에 두어야 하는지 확실치 않아서, 그냥 이 벤치에 기대어 두었어요.

M: ³⁹분수대 근처에 자전거 보관소가 있어요. 그곳은 당신의 자전거를 주차할 수 있는 유일한 지정 구역이지만, 그 근처에서 많은 사람들이 소풍을 하기 때문에 찾기 꽤나 힘들어요. 그나저나, 자전거 자물쇠를 가지고 있으신가요?

W: 네. 배낭에 하나 가지고 있어요. 왜 그러시죠?

M: 어, ⁴⁰최근 들어서 몇몇 자전거들이 사라졌다고 들었어요. 그것을 꼭 사용하도록 하세요.

W: 그렇군요. 도와주셔서 감사합니다.

38. 대화는 어디에서 일어나고 있는 것 같은가?
(A) 주차장에서
(B) 공원에서
(C) 스포츠 경기장에서
(D) 수리점에서

39. 남자는 자전거 보관대에 관해 무엇을 말하는가?
(A) 그것은 자전거를 둘 수 있는 유일한 장소이다.
(B) 그것은 찾기 쉽다.
(C) 그것은 대개 자전거들로 가득 차 있다.
(D) 그것은 벤치들로 둘러싸여 있다.

40. 남자는 왜 자물쇠를 사용하는 것을 제안하는가?
(A) 방문객들이 자물쇠를 무료로 빌릴 수 있다.
(B) 안전 규칙이 엄격히 시행된다.
(C) 장소의 보안이 불충분하다.
(D) 시설이 곧 문을 닫을 것이다.

지문 lean against ~에 기대다 bike rack 자전거 보관대 designated area 지정 구역 go missing 사라지다
39 be surrounded by ~에 둘러싸여 있다
40 strictly [stríktli] 엄격히, 절대적으로 enforce [미 infɔ́:rs, 영 infɔ́:s] 시행하다, 집행하다 inadequate [inǽdikwət] 불충분한

38 ■ 전체 대화 관련 문제 장소   정답 (B)
대화가 일어나는 장소를 묻는 문제이므로, 장소와 관련된 표현을 놓치지 않고 듣는다. 남자가 "I'd like to sit down on this bench and read my newspaper, so can you move your bicycle?"이라며 자신이 벤치에서 신문을 읽으려고 하니 자전거를 옮겨줄 수 있는지 물었다. 이를 통해 공원에서 대화가 일어나고 있음을 알 수 있다. 따라서 정답은 (B) At a public park이다.

39 ■ 세부 사항 관련 문제 언급   정답 (A)
남자가 자전거 보관대에 관해 언급하는 것을 묻는 문제이므로, 질문의 핵심어구(bike rack)가 언급된 주변을 주의 깊게 듣는다. 남자가 "There is a bike rack near the fountain"이라며 분수대 근처에 자전거 보관소가 있다고 한 뒤, "It is the only designated area you can park your bicycle"이라며 그곳이 여자가 자전거를 주차할 수 있는 유일한 지정 구역이라고 하였다. 따라서 정답은 (A) It is the only place to put bicycles이다.

40 ■ 세부 사항 관련 문제 이유   정답 (C)
남자가 자물쇠의 사용을 제안하는 이유를 묻는 문제이므로, 질문의 핵심어구(using a lock)와 관련된 내용을 주의 깊게 듣는다. 남자가 "I heard that some bikes have gone missing recently."라며 최근 들어서 몇몇 자전거들이 없어졌다고 들었다고 한 뒤, "Just make sure to use it[bicycle lock]."이라며 꼭 자물쇠를 사용하라고 하였다. 이를 통해 그들이 있는 장소의 보안이 불충분함을 알 수 있다. 따라서 정답은 (C) Security at a site is inadequate이다.

Questions 41-43 refer to the following conversation.

🔊 영국식 발음 → 캐나다식 발음

W: Hello, ⁴¹I would like to order some of your lab coats . . . Uh, the model number is YE210. We have some new employees that we would like to get them for.	W: 안녕하세요, ⁴¹저는 귀사의 실험복 몇 벌을 주문하고 싶어요… 어, 모델 번호는 YE210이에요. 그것을 가져다주고자 하는 몇몇 신입사원들이 있거든요.
M: ⁴²I am sorry, but we no longer sell that here at Work Solution Gear. We do have several new models available, though.	M: ⁴²죄송합니다만, 이곳 Work Solution Gear사에서는 더 이상 그것을 판매하지 않습니다. 그렇지만, 우리는 구입 가능한 여러 새로운 모델들을 보유하고 있어요.
W: I would need a coat with the same material as the YE210. Do you have anything like that?	W: 음, 저는 YE210과 같은 소재의 실험복이 필요해요. 그런 것이 있나요?
M: Yes. ⁴³The YK160 is the one I would recommend. It has the same material and design. However, extra pockets were added for convenience.	M: 네. ⁴³제가 추천하는 것은 YK160입니다. 그것은 동일한 소재와 디자인을 가지고 있습니다. 하지만, 편의를 위해 여분의 주머니들이 추가되었어요.
W: OK. I'll order 15 of them.	W: 좋아요. 그걸로 15개 주문할게요.

41 What does the woman want to order?
 (A) Some chemical solutions
 (B) Some work apparel
 (C) Some laboratory devices
 (D) Some office tables

41. 여자는 무엇을 주문하고 싶어 하는가?
 (A) 화학 용액들
 (B) 근무복들
 (C) 실험실 기기들
 (D) 사무용 책상들

42 Why does the man apologize?
 (A) A product is unavailable.
 (B) A payment was not made.
 (C) A shipment will arrive late.
 (D) A model has not been released.

42. 남자는 왜 사과하는가?
 (A) 제품을 구할 수 없다.
 (B) 지불이 이루어지지 않았다.
 (C) 수송품이 늦게 도착할 것이다.
 (D) 모델이 출시되지 않았다.

43 Why does the man recommend YK160?
 (A) It is available in several versions.
 (B) It is the most discounted model.
 (C) It is similar to another item.
 (D) It is made of improved materials.

43. 남자는 왜 YK160을 추천하는가?
 (A) 다양한 버전으로 이용 가능하다.
 (B) 가장 많이 할인된 모델이다.
 (C) 다른 제품과 비슷하다.
 (D) 개선된 소재로 만들어졌다.

지문 lab coat 실험복 material[미 mətíriəl, 영 mətíəriəl] 소재, 재료 comfort[미 kʌ́mfərt, 영 kʌ́mfət] 편안, 위안
41 chemical solution 화학 용액 apparel[əpǽrəl] 의복, 의류 laboratory[미 lǽbərətɔ̀:ri, 영 ləbɔ́rətri] 실험실
42 shipment[ʃípmənt] 수송품, 출하 release[rilíːs] 출시하다

41 ■ 세부 사항 관련 문제 특정 세부 사항   정답 (B)
여자가 무엇을 주문하고 싶어 하는지를 묻는 문제이므로, 질문의 핵심어구(want to order)와 관련된 내용을 주의 깊게 듣는다. 여자가 "I would like to order some of your lab coats"라며 실험복 몇 벌을 주문하고 싶다고 하였다. 따라서 정답은 (B) Some work apparel이다.

42 ■ 세부 사항 관련 문제 이유   정답 (A)
남자가 사과하는 이유를 묻는 문제이므로, 질문의 핵심어구(apologize)와 관련된 주변을 주의 깊게 듣는다. 남자가 "I am sorry, but we no longer sell that[YE210] here at Work Solution Gear."라며 남자의 회사에서는 여자가 원하는 YE210을 더 이상 판매하지 않는다고 하였다. 따라서 정답은 (A) A product is unavailable이다.

43 ■ 세부 사항 관련 문제 이유   정답 (C)
남자가 YK160을 추천하는 이유를 묻는 문제이므로, 질문의 핵심어구(YK160)가 언급된 주변을 주의 깊게 듣는다. 남자가 "The YK160 is the one I would recommend."라며 YK160을 추천한다고 한 뒤, "It has the same material and design."이라며 여자가 찾는 모델과 동일한 소재와 디자인을 가지고 있다고 하였다. 따라서 정답은 (C) It is similar to another item이다.

Questions 44-46 refer to the following conversation with three speakers.

🔊 캐나다식 발음 → 호주식 발음 → 미국식 발음

M1: Kyle, ⁴⁴have you noticed that shoppers haven't shown much interest in the new line of salad dressings we've got in stock?

M2: Yes, ⁴⁵I'm a bit worried that the ones on our shelves are nearing their expiration date. And there's a full box in our storeroom. What should we do?

M1: How about marking down the price and setting up a special display near the cashier counters? Could you handle that, Beth?

W: Sure. ⁴⁶I'll also make some eye-catching signs. How much of a discount are you thinking of?

M2: How about 30 percent? Would it be too much?

44 What industry do the speakers most likely work in?
(A) Manufacturing
(B) Retail
(C) Shipping
(D) Marketing

45 Why is Kyle worried?
(A) Costs have risen recently.
(B) A facility is at full capacity.
(C) Items will expire soon.
(D) A display is ineffective.

46 What does the woman offer to do?
(A) Train some staff members
(B) Move some furniture
(C) Repair some equipment
(D) Design some advertisements

44-46번은 다음 세 명의 대화에 관한 문제입니다.

M1: Kyle, ⁴⁴쇼핑객들이 입고되어 있는 새로운 샐러드드레싱 종류에 별 관심을 보이지 않았다는 것을 알아차렸나요?
M2: 네, ⁴⁵우리의 선반에 있는 것들은 유통기한에 가까워지고 있어 조금 걱정이에요. 그리고 창고에 한 박스가 가득 들어있죠. 어떻게 해야 할까요?
M1: 가격을 할인해서 계산대 가까이에 특별 진열대를 설치하는 것은 어때요? Beth, 그것을 해 줄 수 있나요?
W: 물론이죠. ⁴⁶이목을 끄는 표지판도 제작할게요. 어느 정도의 할인을 생각 중이신가요?
M2: 30퍼센트는 어떤가요? 너무 많을까요?

44. 화자들은 어떤 산업에서 일하는 것 같은가?
(A) 제조업
(B) 소매업
(C) 운송업
(D) 마케팅

45. Kyle은 왜 걱정을 하는가?
(A) 최근 비용이 증가했다.
(B) 시설의 용량이 꽉 찼다.
(C) 제품들이 곧 기한 만료될 것이다.
(D) 진열이 효과가 없다.

46. 여자는 무엇을 해주겠다고 제안하는가?
(A) 직원들을 교육한다.
(B) 가구들을 옮긴다.
(C) 장비들을 수리한다.
(D) 광고들을 디자인한다.

지문 expiration date 유통기한 storeroom[stɔ́:ru:m] 창고, 저장실 mark down 할인을 하다 eye-catching 이목을 끄는
44 manufacturing[mæ̀njufǽktʃəriŋ] 제조업 retail[rí:teil] 소매업, 소매상
45 capacity[kəpǽsəti] 용량, 능력 expire[ikspáiər] 기한이 만료되다 ineffective[ìnifɛ́ktiv] 효과 없는

44 ■ 전체 지문 관련 문제 화자 정답 (B)
화자들이 일하는 산업을 묻는 문제이므로, 신분 및 직업과 관련된 표현을 놓치지 않고 듣는다. 남자 1이 "have you noticed that shoppers haven't shown much interest in the new line of salad dressings we've got in stock?"이라며 쇼핑객들이 입고되어 있는 새로운 샐러드드레싱 종류에 별 관심이 없다는 것을 알아차렸느냐고 질문한 것을 통해 화자들이 소매업에서 일하고 있음을 알 수 있다. 따라서 정답은 (B) Retail이다.

45 ■ 세부 사항 관련 문제 문제점 정답 (C)
Kyle, 즉 남자 2가 언급하는 문제를 묻는 문제이므로, 남자 2의 말에서 부정적인 표현이 언급된 다음을 주의 깊게 듣는다. 남자 2가 "I'm a bit worried that the ones on our shelves are nearing their expiration date."라며 제품들이 유통기한에 가까워지고 있어 조금 걱정이라고 하였다. 따라서 정답은 (C) Items will expire soon이다.

46 ■ 세부 사항 관련 문제 제안 정답 (D)
여자가 해주겠다고 제안하는 것을 묻는 문제이므로, 여자의 말에서 그들을 위해 해주겠다고 언급한 내용을 주의 깊게 듣는다. 여자가 "I'll also make some eye-catching signs."라며 이목을 끄는 표지판도 제작하겠다고 하였다. 따라서 정답은 (D) Design some advertisements이다.

47
48
49

Questions 47-49 refer to the following conversation.

🎧 미국식 발음 → 캐나다식 발음

W: Hi, Robert. ⁴⁷This is Dominica Jones from Fresh Advertising Solutions. I am happy to offer you the TV commercial copywriter position you interviewed for. We would like for you to start next Monday.

M: Oh, thank you. I'm happy to hear that. ⁴⁸I have another couple of weeks left at my current job, but then I will be ready to start.

W: That is later than we had anticipated, but still works. In the meantime, ⁴⁹I will send you a copy of our employee manual. Please go through the company policies carefully and feel free to contact me if any of them are unclear.

M: I'll be sure to do that.

47 Where does the woman most likely work?
(A) At a public library
(B) At an advertising agency
(C) At a grocery store
(D) At a private law firm

48 What is the man unable to do?
(A) Sign a contract
(B) Begin a job immediately
(C) Leave for a trip
(D) Revise a schedule later

49 What does the woman ask the man to do?
(A) Review some regulations
(B) Answer some questions
(C) Photocopy a document
(D) Contact a manager

47-49번은 다음 대화에 관한 문제입니다.

W: 안녕하세요, Robert. ⁴⁷저는 Fresh Advertising Solutions사의 Dominica Jones입니다. 당신이 면접을 본 TV 광고 카피라이터 직을 제안 드리게 되어 기쁩니다. 저희는 당신이 다음 주 월요일에 일을 시작했으면 좋겠어요.

M: 오, 감사합니다. 기쁘네요. ⁴⁸저는 아직 지금 직장에서 2주가 남아있지만, 그 이후에는 시작할 준비가 될 것입니다.

W: 그것은 우리가 예상했던 것보다 더 늦지만, 그래도 괜찮네요. 그동안에, ⁴⁹제가 당신께 직원 매뉴얼 사본 한 부를 보내 드릴게요. 회사 방침들을 꼼꼼히 살펴보시고 그것들 중 어떤 것이라도 불명확하다면 제게 편하게 연락해 주세요.

M: 꼭 그렇게 하겠습니다.

47. 여자는 어디에서 일하는 것 같은가?
(A) 공립 도서관에서
(B) 광고 대행사에서
(C) 식료품점에서
(D) 개인 법률 사무소에서

48. 남자는 무엇을 할 수 없는가?
(A) 계약서에 서명한다.
(B) 즉시 일을 시작한다.
(C) 여행을 위해 떠난다.
(D) 이후에 일정을 수정한다.

49. 여자는 남자에게 무엇을 해달라고 요청하는가?
(A) 몇몇 규정들을 검토한다.
(B) 몇몇 질문들에 답변한다.
(C) 서류를 복사한다.
(D) 관리자에게 연락한다.

지문 current[미 kə́ːrənt, 영 kʌ́rənt] 지금의, 현재의 anticipate[æntísəpèit] 예상하다, 기대하다 in the meantime 그 동안에
49 regulation[règjuléiʃən] 규정, 규칙 photocopy[미 fóutoukɑːpi, 영 fə́utəukɔpi] 복사하다

47 ■ 전체 대화 관련 문제 화자 　　　　　　정답 (B)

여자가 일하는 장소를 묻는 문제이므로, 신분 및 직업과 관련된 표현을 놓치지 않고 듣는다. 여자가 "This is Dominica Jones from Fresh Advertising Solutions. I am happy to offer you the TV commercial copywriter position you interviewed for."라며 자신이 Fresh Advertising Solutions사에 있으며 남자에게 면접을 본 TV 광고 카피라이터 직을 제안하게 되어 기쁘다고 한 것을 통해 여자가 광고 대행사에서 일한다는 것을 알 수 있다. 따라서 정답은 (B) At an advertising agency이다.

48 ■ 세부 사항 관련 문제 특정 세부 사항 　　　　　　정답 (B)

남자가 무엇을 할 수 없는지를 묻는 문제이므로, 남자의 말을 주의 깊게 듣는다. 남자가 "I have another couple of weeks left at my current job, but then I will be ready to start."라며 아직 지금 직장에서 2주가 남아있지만 그 이후에는 시작할 준비가 될 것이라고 하였다. 따라서 정답은 (B) Begin a job immediately이다.

49 ■ 세부 사항 관련 문제 요청 　　　　　　정답 (A)

여자가 남자에게 요청하는 것을 묻는 문제이므로, 여자의 말에서 요청과 관련된 표현이 언급된 다음을 주의 깊게 듣는다. 여자가 "I will send you a copy of our employee manual."이라며 직원 매뉴얼 사본을 보내주겠다고 한 뒤, "Please go through the company policies carefully"라며 남자에게 회사 방침들을 꼼꼼히 살펴보라고 요청하였다. 따라서 정답은 (A) Review some regulations이다.

바꾸어 표현하기
go through ~ policies 방침들을 살펴보다 → Review some regulations 몇몇 규정들을 검토하다

Questions 50-52 refer to the following conversation.

영국식 발음 → 호주식 발음

W: I just finished setting up the Coleman X20 Standing Desk that I purchased online. ⁵⁰I thought the height would be adjustable, but it isn't. It's too short for me. I would like to send this one back and get the taller model from the same company.

M: Unfortunately, X20 is the only Coleman model we have. ⁵¹We could have a technician put in an extra part in order to make the model you purchased work for you.

W: Hmm . . . I would rather just get one that is the right size for me. So please take this one back.

M: Absolutely. ⁵²I'll just need your name and order number so that I can refund your payment.

50 What problem does the woman mention?
(A) An office is too small.
(B) An instruction manual is missing.
(C) A desk is not the right size.
(D) A Web site is not working.

51 What does the man offer to do?
(A) Find some information online
(B) Send a repairperson with a part
(C) Order some models from a factory
(D) Visit a manager of another branch

52 What type of information does the man need?
(A) A delivery address
(B) A product code
(C) A date of purchase
(D) An order number

50-52번은 다음 대화에 관한 문제입니다.

W: 저는 방금 온라인으로 구입한 Coleman X20 Standing Desk를 설치하는 것을 끝냈어요. ⁵⁰높이가 조절 가능할 것이라고 생각했는데, 그렇지 않네요. 이것은 제게 너무 짧아요. 이것을 되돌려 보내고 같은 회사의 더 큰 모델을 받고 싶습니다.

M: 안타깝게도, X20이 우리가 보유한 유일한 Coleman 모델입니다. ⁵¹구매하신 모델이 당신에게 맞게 만들도록 하기 위해 기술자가 추가 부품을 설치하도록 할 수는 있어요.

W: 흠… 그냥 제 사이즈에 맞는 것을 구하도록 할게요. 그러니 이것을 다시 가져가 주시길 부탁드립니다.

M: 물론입니다. 제가 지불 금액을 환불해 드릴 수 있도록 ⁵²성함과 주문 번호가 필요합니다.

50. 여자는 무슨 문제를 언급하는가?
(A) 사무실이 너무 작다.
(B) 취급 설명서가 빠졌다.
(C) 책상이 적절하지 않은 크기이다.
(D) 웹사이트가 작동하지 않는다.

51. 남자는 무엇을 해주겠다고 제안하는가?
(A) 온라인으로 정보를 찾는다.
(B) 부품과 함께 수리공을 보낸다.
(C) 공장으로부터 몇몇 모델들을 주문한다.
(D) 다른 지점의 관리자를 방문한다.

52. 남자는 어떤 종류의 정보를 필요로 하는가?
(A) 배달 주소
(B) 제품 코드
(C) 구매 일자
(D) 주문 번호

지문 purchase[미 pə́:rtʃəs, 영 pə́:tʃəs] 구입하다 height[hait] 높이 adjustable[ədʒʌ́stəbl] 조절 가능한 in order to ~을 위해
50 instruction manual 취급 설명서
51 component[미 kəmpóunənt, 영 kəmpóunənt] 부품, 성분 factory[fǽktəri] 공장 by a person 인편으로
52 transaction[trænzǽkʃən] 거래

50 ■ 세부 사항 관련 문제 문제점　　정답 (C)

여자가 언급하는 문제점을 묻는 문제이므로, 여자의 말에서 부정적인 표현이 언급된 다음을 주의 깊게 듣는다. 여자가 "I thought the height would be adjustable, but it isn't."라며 제품의 높이가 조절 가능할 것이라고 생각했는데 그렇지 않다고 한 뒤, "It's too short for me."라며 해당 제품이 자신에게 너무 짧다고 하였다. 따라서 정답은 (C) A desk is not the right size이다.

51 ■ 세부 사항 관련 문제 제안　　정답 (B)

남자가 해주겠다고 제안하는 것을 묻는 문제이므로, 남자의 말에서 여자를 위해 해주겠다고 언급한 내용을 주의 깊게 듣는다. 남자가 "We could have a technician put in an extra part in order to make the model you purchased work for you."라며 여자가 구매한 모델이 여자에게 맞게 만들도록 하기 위해 기술자가 추가 부품을 설치하도록 할 수는 있다고 하였다. 따라서 정답은 (B) Send a repairperson with a part이다.

52 ■ 세부 사항 관련 문제 특정 세부 사항　　정답 (D)

남자가 필요로 하는 정보의 종류를 묻는 문제이므로, 질문의 핵심어구(type of information)와 관련된 부분을 주의 깊게 듣는다. 남자가 "I'll just need your name and order number"라며 여자의 이름과 주문 번호가 필요하다고 하였다. 따라서 정답은 (D) An order number이다.

53
54
55

Questions 53-55 refer to the following conversation.

🔊 미국식 발음 → 캐나다식 발음

W: Hi, this is Cathy Conde from Wave Credit Card. ⁵³I am responding to an inquiry you made on our Web site. ⁵⁴What exactly is the nature of your problem?

M: ⁵⁴There is an unexpected charge of $14 labeled as a fee on my card. Could you explain to me what that is?

W: That fee is for making your monthly minimum payment a day late.

M: Oh, I see. I got kind of busy last month, and it just slipped my mind.

W: To avoid this problem in the future, ⁵⁵why don't you sign up for our auto-payment program? Your credit card will be linked to a bank account of your choice.

M: ⁵⁵That sounds great. I'll do that right now.

53 Why does the woman make a call?
(A) To sign up a new client
(B) To sell a financial product
(C) To respond to a question
(D) To talk about an online application

54 What problem does the man mention?
(A) He forgot his password.
(B) He was charged a fee.
(C) He lost his credit card.
(D) He received a wrong item.

55 What will the man probably do next?
(A) Check an account balance
(B) Change a password
(C) Register for a service
(D) Participate in a survey

53-55번은 다음 대화에 관한 문제입니다.

W: 안녕하세요, Wave 신용카드의 Cathy Conde입니다. ⁵³귀하가 저희 웹사이트에 남기신 문의에 답변을 드리고자 합니다. ⁵⁴문제의 본질이 정확하게 무엇인가요?

M: ⁵⁴제 카드에 수수료라고 표시된 14달러의 예상치 못한 청구 금액이 있어요. 그것이 무엇인지 제게 설명해주실 수 있나요?

W: 그 수수료는 월 최소 납입금이 하루 연체됨에 따른 것입니다.

M: 오, 그렇군요. 제가 지난달에 약간 바빴어서, 깜빡했네요.

W: 향후 이런 문제를 피하기 위해, ⁵⁵저희의 자동 결제 프로그램에 가입하시는 게 어떤가요? 귀하의 신용 카드가 선택하신 은행 계좌에 연결될 것입니다.

M: ⁵⁵좋네요. 지금 바로 그렇게 할게요.

53. 여자는 왜 전화를 하는가?
(A) 새로운 고객과 계약하기 위해
(B) 금융 상품을 판매하기 위해
(C) 질문에 응답하기 위해
(D) 온라인 신청에 관해 이야기하기 위해

54. 남자는 무슨 문제를 언급하는가?
(A) 그는 비밀번호를 잊어버렸다.
(B) 그에게 수수료가 청구되었다.
(C) 그는 신용카드를 잃어버렸다.
(D) 그는 잘못된 물건을 받았다.

55. 남자는 다음에 무엇을 할 것 같은가?
(A) 잔고를 확인한다.
(B) 비밀번호를 변경한다.
(C) 서비스에 등록한다.
(D) 설문조사에 참여한다.

지문 inquiry[미 ínkwəri, 영 inkwáiəri] 문의, 질문 nature[néitʃər] 본질 unexpected[ʌnikspéktid] 예상치 못한
slip one's mind 깜빡하다, 잊어버리다 sign up 가입하다, 등록하다 auto-payment 자동 결제
55 account balance 잔고, 계좌 잔액 register[미 rédʒistər, 영 rédʒistə] 등록하다

53 ■ 세부 사항 관련 문제 이유 정답 (C)

여자가 전화를 하는 이유를 묻는 문제이므로, 질문의 핵심어구(make a call)와 관련된 내용을 주의 깊게 듣는다. 여자가 "I am responding to an inquiry you made on our Web Site."라며 남자가 웹사이트에 남긴 문의에 답변하고자 한다고 하였다. 따라서 정답은 (C) To respond to a question이다.

54 ■ 세부 사항 관련 문제 문제점 정답 (B)

남자가 언급하는 문제점을 묻는 문제이므로, 남자의 말에서 부정적인 표현이 언급된 다음을 주의 깊게 듣는다. 여자가 남자에게 "What exactly is the nature of your problem?"이라며 문제의 본질이 무엇인지 묻자, 남자가 "There is an unexpected charge of $14 labeled as a fee on my card."라며 자신의 카드에 수수료 명목으로 예상치 못한 14달러의 청구 금액이 있다고 하였다. 따라서 정답은 (B) He was charged a fee이다.

55 ■ 세부 사항 관련 문제 다음에 할 일 정답 (C)

남자가 다음에 할 일을 묻는 문제이므로, 대화의 마지막 부분을 주의 깊게 듣는다. 여자가 남자에게 "why don't you sign up for our auto-payment system?"이라며 자동 결제 프로그램에 가입하는 것을 권유하자, 남자가 "That sounds great. I'll do that right now."라며 동의한 후 지금 바로 그렇게 하겠다고 하였다. 따라서 정답은 (C) Register for a service이다.

바꾸어 표현하기
sign up 가입하다 → register 등록하다

Questions 56-58 refer to the following conversation.

🎧 미국식 발음 → 호주식 발음

W: ⁵⁶Have you finished writing our company's annual report, Marvin? We'll need to send out copies to shareholders before December 20.

M: ⁵⁷The summary of our profits and losses is done, but ⁵⁸I'm still struggling with the section on what we've achieved this year. We failed to achieve one of our main goals, and I'm quite sure that our shareholders won't be happy about that.

W: ⁵⁸Focus on the aspects of our business that have the most potential. The Edgar Telecom project, and, um. . . I'm sure you can think of other opportunities that will interest our investors.

M: Good idea. Thanks for your advice.

56 What is the conversation mainly about?
(A) An update for investors
(B) An agenda for a conference
(C) A script for a presentation
(D) An article for a newsletter

57 What has the man finished doing?
(A) Organizing upcoming negotiations
(B) Summarizing some information
(C) Responding to some criticism
(D) Printing out some documents

58 Why does the woman say, "The Edgar Telecom project"?
(A) To provide an example
(B) To explain a decision
(C) To identify a problem
(D) To suggest a change

56-58번은 다음 대화에 관한 문제입니다.

W: ⁵⁶Marvin, 우리 회사의 연례 보고서 작성을 마쳤나요? 우리는 12월 20일 이전에 주주들에게 사본을 발송해야 할 거예요.

M: ⁵⁷손익에 대한 요약은 완료되었는데, ⁵⁸저는 아직 우리가 올해 무엇을 성취했는지에 대한 부분에서 고심하고 있어요. 우리는 주요 목표 중 하나를 달성하는 데 실패했는데, 저는 우리의 주주들이 그것에 대해 기뻐하지 않을 것이라고 꽤나 확신해요.

W: ⁵⁸우리의 사업이 가장 잠재성을 가지는 부분들에 초점을 맞춰요. Edgar Telecom 프로젝트요, 그리고, 음… 저는 당신이 우리의 투자자들이 흥미를 가질 다른 기회들을 생각해낼 수 있을 것이라고 확신해요.

M: 좋은 생각이네요. 조언 감사합니다.

56. 대화는 주로 무엇에 관한 것인가?
(A) 투자자들을 위한 최신 정보
(B) 회의를 위한 의제
(C) 발표를 위한 대본
(D) 소식지를 위한 기사

57. 남자는 무엇을 하는 것을 완료했는가?
(A) 다가올 협상들을 준비하는 것
(B) 정보를 요약하는 것
(C) 비판에 응답하는 것
(D) 서류들을 출력하는 것

58. 여자는 왜 "Edgar Telecom 프로젝트요"라고 말하는가?
(A) 사례를 제공하기 위해
(B) 결정을 설명하기 위해
(C) 문제점을 확인하기 위해
(D) 변경을 제안하기 위해

지문 **annual**[ǽnjuəl] 연례의, 연간의 **shareholder**[미 ʃérhóuldər, 영 ʃéəhəuldə] 주주 **struggle with** ~으로 고심하다 **potential**[pəténʃəl] 잠재성
57 **negotiation**[미 nigòuʃiéiʃən, 영 nəgòuʃiéiʃən] 협상 **criticism**[krítəsizm] 비판

56 ■ **전체 대화 관련 문제** 주제 　　　　　　　　　　　　　　　　　　　　　　　　　　　　　　　　정답 (A)

대화의 주제를 묻는 문제이므로, 대화의 초반을 반드시 듣는다. 여자가 남자에게 "Have you finished writing our company's annual report, Marvin?"이라며 연례 보고서 작성을 마쳤는지 질문한 뒤, "We'll need to send out copies to shareholders before December 20."이라며 12월 20일 이전에 주주들에게 사본을 발송해야 한다고 하였다. 따라서 정답은 (A) An update for investors이다.

바꾸어 표현하기
shareholders 주주들 → investors 투자자들

57 ■ **세부 사항 관련 문제** 특정 세부 사항 　　　　　　　　　　　　　　　　　　　　　　　　　　　　　정답 (B)

남자가 무엇을 완료했는지 묻는 문제이므로, 질문의 핵심어구(finished doing)와 관련된 내용을 주의 깊게 듣는다. "The summary of our profits and losses is done"이라며 손익에 대한 요약은 완료되었다고 하였다. 따라서 정답은 (B) Summarizing some information이다.

58 ■ **세부 사항 관련 문제** 의도 파악 　　　　　　　　　　　　　　　　　　　　　　　　　　　　　　　정답 (A)

여자가 하는 말의 의도를 묻는 문제이므로, 질문의 인용어구(The Edgar Telecom project)가 언급된 주변을 주의 깊게 듣는다. 남자가 "I'm still struggling with the section on what we've achieved this year"라며 아직 자신들이 올해 성취한 부분에서 고심하고 있다고 하자, 여자가 "Focus on the aspects of our business that have the most potential. The Edgar Telecom Project"이라며 자신들의 사업이 가장 잠재성을 가지는 부분들에 초점을 맞추라고 한 뒤 Edgar Telecom Project를 언급하였다. 이를 통해 여자가 Edgar Telecom 프로젝트를 사례로 제시하려는 의도임을 알 수 있다. 따라서 정답은 (A) To provide an example이다.

Questions 59-61 refer to the following conversation with three speakers.

[3\] 영국식 발음 → 호주식 발음 → 캐나다식 발음

W: OK, ⁵⁹let's talk about Vickie's retirement. Do you have any ideas?

M1: We should really get something nice for her because she has been an integral part of this team for so many years.

W: ⁶⁰Maybe we should throw her a party.

M1: Good idea. I could reserve a private room at a restaurant.

M2: Also, ⁶¹it would be nice if we got her a gift card. We could ask everyone on the team to pitch in a few dollars. Would you mind doing that, Greg?

M1: ⁶¹All right. I will send everyone an e-mail about it. Let's try to keep it a secret from Vickie, though.

59 What are the speakers mainly discussing?
(A) A coworker's retirement
(B) A holiday party
(C) A recent vacation
(D) A company's anniversary

60 What does the woman suggest?
(A) Arranging a vacation
(B) Organizing an event
(C) Expanding a team
(D) Providing a day off

61 What does Greg agree to do?
(A) Assess a proposal
(B) Ask for contributions
(C) Send a letter
(D) Buy a greeting card

59-61번은 다음 세 명의 대화에 관한 문제입니다.

W: 좋아요, ⁵⁹Vickie의 은퇴에 관해 이야기해 봅시다. 좋은 생각이 있나요?

M1: 그녀가 오랜 기간 동안 이 팀의 필수적인 부분이었으니 우리는 반드시 그녀에게 좋은 무언가를 줘야 해요.

W: ⁶⁰아마 우리가 파티를 열어 줘야 할 것 같아요.

M1: 좋은 생각이네요. 제가 레스토랑에 개인실을 예약할 수 있어요.

M2: 그리고, ⁶¹그녀에게 상품권을 주는 것도 좋을 것 같아요. 팀의 모든 사람들에게 몇 달러씩 협력해 달라고 부탁할 수도 있을 거예요. 그걸 해 주실 수 있나요, Greg?

M1: ⁶¹좋아요. 제가 모두에게 그것에 대한 이메일을 발송할게요. 하지만, Vickie에게는 비밀로 해봅시다.

59. 화자들은 무엇에 관해 이야기하고 있는가?
(A) 동료의 은퇴
(B) 휴일 파티
(C) 최근 휴가
(D) 회사의 기념일

60. 여자는 무엇을 제안하는가?
(A) 휴가를 마련하는 것
(B) 행사를 준비하는 것
(C) 팀을 확장시키는 것
(D) 휴일을 제공하는 것

61. Greg은 무엇을 하기로 동의하는가?
(A) 제안을 평가한다.
(B) 기부금을 요청한다.
(C) 편지를 보낸다.
(D) 연하장을 구매한다.

지문 integral [íntigrəl] 필수적인 pitch in 협력하다, 기여하다
59 anniversary [미 æ̀nəvə́:rsəri, 영 æ̀nivə́:səri] 기념일
61 proposal [미 prəpóuzəl, 영 prəpə́uzəl] 제안 contribution [미 kɑ̀:ntribjú:ʃən, 영 kɔ̀ntribjú:ʃən] 기부금, 기여 greeting card 연하장, 인사장

59 ■ 전체 대화 관련 문제 주제

정답 (A)

대화의 주제를 묻는 문제이므로, 대화의 초반을 주의 깊게 들은 후 전체 맥락을 파악한다. 여자가 "let's talk about Vickie's retirement"라며 동료 직원인 Vickie의 은퇴에 관해 이야기해 보자고 한 뒤, Vickie의 은퇴를 축하하기 위해 무엇을 준비할 것인지에 관한 내용으로 대화가 이어지고 있다. 따라서 정답은 (A) A coworker's retirement이다.

60 ■ 세부 사항 관련 문제 제안

정답 (B)

여자가 제안하는 것을 묻는 문제이므로, 여자의 말에서 제안과 관련된 표현이 언급된 다음을 주의 깊게 듣는다. 여자가 "Maybe we should throw her a party."라며 파티를 열어 주는 것을 제안하였다. 따라서 정답은 (B) Organizing an event이다.

61 ■ 세부 사항 관련 문제 특정 세부 사항

정답 (B)

Greg, 즉 남자 1이 하기로 동의한 것을 묻는 문제이므로, 남자 1의 말에서 질문의 핵심어구(Greg will do)와 관련된 내용을 주의 깊게 듣는다. 남자 2가 "it would be nice if we got her a gift card"라며 그녀에게 상품권을 주는 것도 좋을 것 같다고 한 후, "We could ask everyone on the team to pitch in a few dollars. Would you mind doing that, Greg?"이라며 팀의 모든 사람들에게 몇 달러씩 협력해 달라고 부탁할 수도 있을 것 같다며 그것을 해줄 수 있는지 남자 1에게 묻자, 남자 1이 "All right. I will send everyone an e-mail about it."이라며 요청을 수락한 후 그것과 관련하여 모두에게 이메일을 발송하겠다고 하였다. 따라서 정답은 (B) Ask for contributions이다.

Questions 62-64 refer to the following conversation and tag.

🔊 캐나다식 발음 → 영국식 발음

M: Welcome. ⁶²Do you have a room reservation?

W: Yeah. ⁶²Here's my confirmation form.

M: Thank you, Ms. Graham. ⁶²We have you booked for two nights, and you'll be staying in one of our executive suites. Um. . . ⁶³I'm afraid the room won't be ready until 3 P.M. You can wait in the hotel lounge if you like.

W: That's OK. ⁶³I can do some window shopping while I wait. ⁶⁴Could I leave my suitcase here?

M: Not a problem. Please keep this baggage claim check. You'll need to present it here when you return.

W: Oh, ⁶⁴on second thought, I'd like to leave my backpack as well.

M: That's fine.

Claim Check	
Name	Janet Graham
⁶⁴Number of Items	1
Item Type	Bag
Date Left	April 7
Date of Pickup	April 7

62 Where most likely is the conversation taking place?
(A) In an airport
(B) In a tourism office
(C) In a train station
(D) In a hotel

63 What will the woman do until 3 P.M.?
(A) Visit a bank
(B) Unpack some products
(C) Tour a facility
(D) Browse in some stores

64 Look at the graphic. Which piece of information needs to be changed?
(A) Number of Items
(B) Item Type
(C) Date Left
(D) Date of Pickup

62-64번은 다음 대화와 태그에 관한 문제입니다.

M: 환영합니다. ⁶²객실을 예약하셨나요?

W: 예. ⁶²여기 제 확인서입니다.

M: 감사합니다, Graham씨. ⁶²귀하는 이틀간 숙박이 예약되어 있으시며, 저희의 고급 스위트룸들 중 한 곳에서 머물게 되실 것입니다. 음… ⁶³유감이지만 객실이 오후 3시까지는 준비되지 않을 것입니다. 원하신다면 호텔 라운지에서 대기하실 수 있습니다.

W: 괜찮아요. ⁶³기다리는 동안 쇼핑을 좀 하면 돼요. ⁶⁴제 여행 가방을 이곳에 두어도 될까요?

M: 문제없습니다. 이 수하물 보관증을 보관해 주세요. 돌아오셨을 때 이곳에 제시해 주셔야 할 거예요.

W: 오, ⁶⁴다시 생각해보니, 제 배낭도 두고 가고 싶어요.

M: 괜찮습니다.

물품 보관증	
성명	Janet Graham
⁶⁴물품 수량	1
물품 종류	Bag
보관 일자	April 7
수령 일자	April 7

62. 대화는 어디에서 일어나고 있는 것 같은가?
(A) 공항에서
(B) 관광 사무실에서
(C) 기차역에서
(D) 호텔에서

63. 여자는 오후 3시까지 무엇을 할 것인가?
(A) 은행을 방문한다.
(B) 몇몇 상품들을 꺼낸다.
(C) 시설을 돌아다닌다.
(D) 몇몇 가게들을 둘러본다.

64. 시각 자료를 보시오. 정보의 어떤 부분이 변경되어야 하는가?
(A) 물품 수량
(B) 물품 종류
(C) 보관 일자
(D) 수령 일자

지문 confirmation [미 kà:nfərméiʃən, 영 kɔ̀nfəméiʃən] 확인   executive [igzékjutiv] 고급의, 경영의   claim check 물품 보관증, 예치표
on second thought 다시 생각해보니

63 browse [brauz] 둘러보다, 훑어보다

62 ■ 전체 대화 관련 문제 장소 정답 (D)

대화가 일어나는 장소를 묻는 문제이므로, 장소와 관련된 표현을 놓치지 않고 듣는다. 남자가 "Do you have a room reservation?"이라며 예약 여부를 물은 뒤, 여자가 "Here's my confirmation form."이라며 확인서를 제시하자, 다시 남자가 "We have you booked for two nights, and you'll be staying in one of our executive suites."라며 숙박 기간과 객실의 종류를 언급하였다. 이를 통해 숙박 시설에서 대화가 일어나고 있음을 알 수 있다. 따라서 정답은 (D) In a hotel이다.

63 ■ 세부 사항 관련 문제 특정 세부 사항 정답 (D)

여자가 오후 3시까지 무엇을 할 것인지를 묻는 문제이므로, 질문의 핵심어구(do until 3 P.M.)와 관련된 내용을 주의 깊게 듣는다. 남자가 "I'm afraid the room won't be ready until 3 P.M."이라며 오후 3시까지 객실이 준비되지 않을 것이라고 하자, 여자가 "I can do some window shopping while I wait."이라며 기다리는 동안 쇼핑을 하면 된다고 하였다. 따라서 정답은 (D) Browse in some stores이다.

바꾸어 표현하기
do some window shopping 쇼핑을 하다 → browse in some stores 가게들을 둘러보다

64 ■ 세부 사항 관련 문제 시각 자료 정답 (A)

변경되어야 하는 정보를 묻는 문제이므로, 제시된 태그의 정보를 확인한 뒤 질문의 핵심어구(information needs to be changed)와 관련된 내용을 주의 깊게 듣는다. 여자가 "Could I leave my suitcase here?"라며 여행 가방을 이곳에 두어도 될지 물은 후, "on second thought, I'd like to leave my backpack as well"이라며 자신의 배낭도 두고 가겠다고 하였으므로, 태그에서 보관하는 물품의 수량과 관련된 내용이 변경되어야 함을 알 수 있다. 따라서 정답은 (A) Number of Items이다.

Questions 65-67 refer to the following conversation and list.

🔊 미국식 발음 → 호주식 발음

W: Lewis, since you weren't in the meeting yesterday, [65]I want to let you know that we've decided to stop handing out loyalty cards to customers.

M: Really? [65]How are we going to encourage customers to keep coming back to our restaurant then?

W: Well, [66]we're going to introduce a membership app for smartphones, just like one of our competitors has done.

M: That'll be a lot of work. Are there any advantages to launching an application?

W: Well, having an app will appeal to more customers and be very convenient for them.

M: Hmm . . . And [67]I suppose the app will also help our company gather customer data.

W: [67]That's right.

Our Competitors	Feature of Reward Program
Grant's Deli	points for writing online reviews
The Sandwich Crew	points for attending events
Waterfield Eats	points for ordering set meals
[67]Urban Picnic	points for using a mobile app

65 What are the speakers mainly discussing?
(A) The agenda for a department gathering
(B) The replacement of a promotional method
(C) The outcome of an advertising campaign
(D) The decision to buy programs for employees

66 Look at the graphic. Which business does the woman refer to?
(A) Grant's Deli
(B) The Sandwich Crew
(C) Waterfield Eats
(D) Urban Picnic

67 What will the company most likely gain in the future?
(A) Positive coverage on television
(B) Detailed information about customers
(C) Tax benefits from the government
(D) Patents for some new technology

65-67번은 다음 대화와 목록에 관한 문제입니다.

W: Lewis, 당신은 이제 회의에 없었으니, [65]저는 우리가 고객들에게 고객 카드를 배포하는 것을 그만두기로 결정했다는 것을 알려주고 싶어요.

M: 정말요? [65]그러면 우리는 어떻게 고객들이 우리의 식당으로 계속해서 돌아오도록 권장할 것인가요?

W: 음, [66]우리의 경쟁사들 중 한 곳이 했던 것처럼, 스마트폰 애플리케이션을 출시할 거예요.

M: 그건 굉장히 많은 노력이 들겠네요. 애플리케이션을 출시하는 것에 어떤 장점이 있나요?

W: 음, 애플리케이션을 가지는 것이 더 많은 고객들의 관심을 끌 것이고 그들에게 있어서 굉장히 편리할 거예요.

M: 흠… 그리고 [67]그 애플리케이션은 우리 회사가 고객 정보를 수집하는 데에도 도움을 주겠군요.

W: [67]맞아요.

우리의 경쟁사들	보상 프로그램의 특징
Grant's Deli	온라인 리뷰 작성에 대해 포인트 제공
The Sandwich Crew	행사 참석에 대해 포인트 제공
Waterfield Eats	세트 식사 주문에 대해 포인트 제공
[67]Urban Picnic	모바일 앱 사용에 대해 포인트 제공

65. 화자들은 주로 무엇에 관해 이야기하고 있는가?
(A) 부서 모임을 위한 의제
(B) 홍보 수단의 대체
(C) 광고 캠페인의 결과
(D) 직원들을 위한 프로그램 구매 결정

66. 시각 자료를 보시오. 여자는 어떤 업체를 언급하는가?
(A) Grant's Deli
(B) The Sandwich Crew
(C) Waterfield Eats
(D) Urban Picnic

67. 회사는 미래에 무엇을 얻을 것 같은가?
(A) 텔레비전에서의 긍정적 보도
(B) 고객들에 대한 자세한 정보
(C) 정부로부터의 세금 혜택
(D) 몇몇 새로운 기술들에 대한 특허권

지문 hand out 배포하다, 나눠주다 competitor[kəmpétitər] 경쟁사, 경쟁 상대 appeal[əpíːl] 관심을 끌다

65 gathering[gǽðəriŋ] 모임, 수집 replacement[ripléismənt] 대체, 대신 promotional[prəmóuʃənl] 홍보의 outcome[áutkʌm] 결과

67 coverage[kʌ́vəridʒ] 보도, 범위 patent[pǽtnt] 특허권

65 ■ 전체 대화 관련 문제 주제

정답 (B)

대화의 주제를 묻는 문제이므로, 대화의 초반을 주의 깊게 들은 후 전체 맥락을 파악한다. 여자가 "I want to let you know that we've decided to stop handing out loyalty cards to customers"라며 보상 카드의 배포를 그만두기로 결정했다는 것을 알려주고 싶다고 하자, 남자가 "How are we going to encourage customers to keep coming back to our restaurants then?"이라며 그렇다면 어떻게 고객들이 식당으로 돌아오도록 권장할 것인지 질문한 뒤, 홍보 수단에 관한 내용으로 대화가 이어지고 있다. 따라서 정답은 (B) The replacement of a promotional method이다.

66 ■ 세부 사항 관련 문제 시각 자료

정답 (D)

여자가 어떤 업체를 언급하는지를 묻는 문제이므로, 제시된 목록의 정보를 확인한 뒤 질문의 핵심어구(woman refer to)와 관련된 내용을 주의 깊게 듣는다. 여자가 "we're going to introduce a membership app for smartphones, just like one of our competitors has done"이라며 그들의 경쟁사들 중 한 곳이 했던 것처럼 스마트폰 애플리케이션을 출시할 것이라고 하였으므로, 목록에서 휴대전화 어플리케이션을 보상 프로그램의 특징으로 하는 업체를 언급하였음을 알 수 있다. 따라서 정답은 (D) Urban Picnic이다.

67 ■ 세부 사항 관련 문제 특정 세부 사항

정답 (B)

회사가 미래에 얻을 것을 묻는 문제이므로, 질문의 핵심어구(gain in the future)와 관련된 내용을 주의 깊게 듣는다. 남자가 "I suppose the app will also help our company gather customer data"라며 새로 출시하는 어플리케이션이 그들의 회사가 고객 정보를 모으는 데 도움을 줄 것이라고 예상하자, 여자가 "That's right."이라며 동의하였다. 따라서 정답은 (B) Detailed information about customers이다.

Questions 68-70 refer to the following conversation and map.

🔊 영국식 발음 → 캐나다식 발음

W: ⁶⁸You've reached the tourist information hotline. How may I help you?

M: Hi. ⁶⁹Someone suggested that I visit the Sugary Dessert Bar while I'm here in Melbourne. However, that restaurant doesn't have a Web site. ⁶⁹Could you let me know where it is?

W: Just a moment . . . Um, ⁶⁹the business you are looking for is on the corner of Brunswick Street and Warren Avenue.

M: Oh, that's actually very convenient for me. ⁷⁰I have to participate in a workshop at the Westwood Conference Center on Nolan Avenue until 2 P.M. today. That's just a block away. Thank you so much for your help.

W: It was my pleasure. Enjoy your time in Melbourne.

68-70번은 다음 대화와 지도에 관한 문제입니다.

W: ⁶⁸관광객 정보 안내 전화 서비스에 연락하셨습니다. 이렇게 도와드릴까요?

M: 안녕하세요. ⁶⁹누군가 제게 이곳 멜버른에 머무는 동안 Sugary 디저트 바에 방문해보아야 한다고 추천했습니다. 그런데, 그 음식점은 웹사이트가 없더군요. ⁶⁹그것이 어디에 있는지 알려주실 수 있나요?

W: 잠시만요… 음, ⁶⁹귀하께서 찾고 계신 업체는 Brunswick가와 Warren가가 만나는 모퉁이에 있습니다.

M: 오, 그것은 제게 꽤나 편리하군요. ⁷⁰저는 오늘 오후 2시까지 Nolan가에 있는 Westwood 컨퍼런스 센터에서 워크숍에 참가해야 하거든요. 한 블록밖에 떨어져 있지 않네요. 도움을 주셔서 정말 감사합니다.

W: 천만에요. 멜버른에서의 시간을 즐기시길 바랍니다.

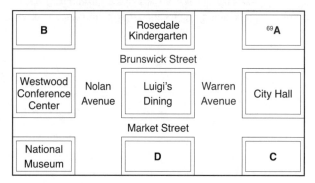

68 Who most likely is the woman?
    (A) A restaurant worker
    (B) A government official
    (C) A call center employee
    (D) A tour group leader

69 Look at the graphic. Where is the business that the man wants to visit?
    (A) In Building A
    (B) In Building B
    (C) In Building C
    (D) In Building D

70 What does the man need to do until 2 P.M.?
    (A) Submit a product review
    (B) Attend a training session
    (C) Make a reservation
    (D) Meet with a client

68. 여자는 누구인 것 같은가?
    (A) 식당 종업원
    (B) 정부 관리
    (C) 콜센터 직원
    (D) 여행 그룹 인솔자

69. 시각 자료를 보시오. 남자가 방문하고 싶어 하는 업체는 어디에 있는가?
    (A) 건물 A에
    (B) 건물 B에
    (C) 건물 C에
    (D) 건물 D에

70. 남자는 오후 2시까지 무엇을 해야 하는가?
    (A) 제품 후기를 제출한다.
    (B) 교육 연수에 참석한다.
    (C) 예약을 한다.
    (D) 고객과 만난다.

지문 reach [riːtʃ] 연락하다, 닿다 hotline [미 háːtlain, 영 hɔ́tlain] 직통 전화, 상담 전화
68 official [əfíʃəl] 관리, 공무원

68 ■ 전체 대화 관련 문제 화자
정답 (C)

여자의 신분을 묻는 문제이므로, 신분 및 직업과 관련된 표현을 놓치지 않고 듣는다. 여자가 "You've reached the tourist information hotline."이라며 남자가 연락한 곳이 관광객 정보 안내 전화 서비스라고 하였다. 이를 통해 여자가 콜센터 직원임을 알 수 있다. 따라서 정답은 (C) A call center employee이다.

69 ■ 세부 사항 관련 문제 시각 자료
정답 (A)

남자가 방문하고 싶어 하는 업체의 위치를 묻는 문제이므로, 제시된 지도의 정보를 확인한 뒤 질문의 핵심어구(the man wants to visit)와 관련된 내용을 주의 깊게 듣는다. 남자가 "Someone suggested that I visit the Sugary Dessert Bar"이라며 누군가 자신에게 Sugary 디저트 바에 방문해보아야 한다고 추천했다고 한 후 "Could you let me know where it is?"라며 그것이 어디에 있는지 알려줄 수 있는지 묻자, 여자가 "the business you are looking for is on the corner of Brunswick Street and Warren Avenue"라며 남자가 찾는 업체가 Brunswick가와 Warren가가 만나는 모퉁이에 있다고 하였다. 이를 통해 남자가 방문하고 싶어 하는 업체는 건물 A에 있음을 지도에서 알 수 있다. 따라서 정답은 (A) In a Building A이다.

70 ■ 세부 사항 관련 문제 다음에 할 일
정답 (B)

남자가 오후 2시까지 해야 하는 일을 묻는 문제이므로, 질문의 핵심어구(the man need to do until 2 P.M.)와 관련된 내용을 주의 깊게 듣는다. 남자가 "I have to participate in a workshop at the Westwood Conference Center on Nolan Avenue until 2 P.M. today."라며 오늘 오후 2시까지 Westwood 컨퍼런스 센터에서 워크숍에 참가해야 한다고 하였다. 따라서 정답은 (B) Attend a training session이다.

바꾸어 표현하기

participate in a workshop 워크숍에 참가하다 → Attend a training session 교육 연수에 참석하다

71
72
73

Questions 71-73 refer to the following advertisement.

🎧 캐나다식 발음

71Do you frequently handle documents in a foreign language or speak with clients overseas? In important situations like these, you don't want to deal with unreliable translations. Here at Commslink, we provide the expert services you need to ensure good communication. We can translate documents in over 20 languages at reasonable prices. 72We can also supply interpreters to attend lectures and conferences. 73Visit our Web site at commslink.com to read reviews from our customers and to see a list of companies that have worked with us in the past.

71 What type of business is being advertised?
    (A) A travel agency
    (B) A software developer
    (C) A translation service
    (D) A language tutoring center

72 What service does Commslink provide?
    (A) Sitting in on meetings
    (B) Grading papers in 24 hours
    (C) Providing one-on-one instruction
    (D) Introducing potential clients

73 What can people find on the company's Web site?
    (A) A map of branch locations
    (B) A list of service fees
    (C) Feedback from past clients
    (D) Names of company executives

71-73번은 다음 광고에 관한 문제입니다.

71지주 외국어로 된 문서들을 다루시거나 해외의 고객들과 이야기하시나요? 이러한 중요한 상황에서, 당신은 신뢰할 수 없는 번역들을 다루고 싶지 않으실 겁니다. 여기 Commslink에서, 저희는 당신이 좋은 의사소통을 보장하기 위해 필요한 전문적인 서비스를 제공합니다. 저희는 타당한 가격에 문서들을 20개가 넘는 언어로 번역할 수 있습니다. 72저희는 또한 강의들과 회의들에 참석하게끔 통역사들을 보내드릴 수도 있습니다. 73저희 고객들로부터의 후기를 읽고 과거에 저희와 함께 일했던 회사들의 목록을 보고자 하신다면 저희의 웹사이트 commslink.com에 접속하십시오.

71. 어떤 종류의 업체가 광고되고 있는가?
    (A) 여행사
    (B) 소프트웨어 개발사
    (C) 번역 서비스
    (D) 언어 개인 교습 센터

72. Commslink는 어떤 서비스를 제공하는가?
    (A) 회의에 참석하는 것
    (B) 시험지를 24시간 내로 채점하는 것
    (C) 1대 1 설명을 제공하는 것
    (D) 잠재적 고객들을 소개해주는 것

73. 사람들은 회사의 웹사이트에서 무엇을 찾아볼 수 있는가?
    (A) 지점 위치들의 지도
    (B) 서비스 이용료 목록
    (C) 과거 고객들로부터의 피드백
    (D) 회사 경영진들의 이름

지문 frequently[fríːkwəntli] 자주, 빈번히 overseas[미 oùvərsíːz, 영 əuvəsíːz] 해외의 deal with 다루다, 대하다
     unreliable[ʌ̀nriláiəbəl] 신뢰할 수 없는, 의지할 수 없는 expert[미 ékspəːrt, 영 ékspəːt] 전문적인, 숙련된 ensure[미 inʃúər, 영 injɔ́ː] 보장하다
72 sit in on ~에 참석하다 grade[greid] 채점하다, 성적을 매기다 paper[péipər] 시험지, 답안 one-on-one 1대 1의
73 executive[igzékjutiv] 경영진

71 ■ 전체 지문 관련 문제 주제   정답 (C)
광고의 주제를 묻는 문제이므로, 지문의 초반을 반드시 듣는다. "Do you frequently handle documents in a foreign language or speak with clients overseas?"라며 자주 외국어로 된 문서들을 다루거나 해외의 고객들과 이야기하는지 묻고, "In important situations like these, you don't want to deal with unreliable translations. Here at Commslink, we provide expert services you need to ensure good communication."이라며 중요한 상황들에서 신뢰할 수 없는 번역들을 다루고 싶지 않을 것이라고 한 뒤, Commslink에서는 좋은 의사소통을 보장하기 위해 필요한 전문적인 서비스를 제공한다고 하였다. 따라서 정답은 (C) A translation service이다.

72 ■ 세부 사항 관련 문제 특정 세부 사항   정답 (A)
Commslink에서 어떤 서비스를 제공하는지를 묻는 문제이므로, 질문의 핵심어구(Commslink provide)와 관련된 내용을 주의 깊게 듣는다. "We[Commslink] can also supply interpreters to attend lectures and conferences."라며 그들이 강의들과 회의들에 참석하게끔 통역사들을 보내줄 수 있다고 하였다. 따라서 정답은 (A) Sitting in on meetings이다.

73 ■ 세부 사항 관련 문제 특정 세부 사항   정답 (C)
사람들이 회사의 웹사이트에서 찾아볼 수 있는 것을 묻는 문제이므로, 질문의 핵심어구(find on the company's Web site)와 관련된 내용을 주의 깊게 듣는다. "Visit our Web site at commslink.com to read reviews from our customers and to see a list of companies that have worked us in the past."라며 고객들로부터의 후기와 과거에 함께 일했던 회사들의 목록을 보고 싶다면 회사의 웹사이트에 접속하라고 하였다. 따라서 정답은 (C) Feedback from past clients이다.

74
75
76

Questions 74-76 refer to the following announcement.

[3W] 미국식 발음

⁷⁴Every year, we hold a baseball game against our store's competitor, Fredericksburg Mattresses. This year, it will happen at Marshall Field, just three blocks from here, on Saturday, April 7. I encourage all of you to join our team. I believe ⁷⁵Cindy is ordering us some T-shirts we can wear. We're also going to need someone to keep track of the game's score, so if you're not interested in playing, I suggest volunteering for that job. I'm also pleased to announce that ⁷⁶Redwood Department Store is willing to provide a $25 gift certificate to each member of the winning team.

74 What will take place on Saturday?
(A) A holiday party
(B) An athletic event
(C) A training workshop
(D) A business conference

75 What does the speaker say Cindy is doing?
(A) Placing an order
(B) Contacting a volunteer
(C) Booking a venue
(D) Evaluating an employee

76 What has Redwood Department Store agreed to provide?
(A) Receipts
(B) Discounts
(C) Refunds
(D) Vouchers

74-76번은 다음 공지에 관한 문제입니다.

⁷⁴매년, 우리는 우리 가게의 경쟁사인 Fredericksburg Mattresses를 상대로 야구 경기를 개최합니다. 올해, 그것은 이곳에서 세 블록 밖에 떨어져 있지 않은 Marshall Field에서 4월 7일, 토요일에 열릴 것입니다. 저는 여러분 모두가 우리 팀에 참여하기를 권장합니다. 제가 알기로 ⁷⁵Cindy가 우리가 입을 만한 티셔츠를 주문하고 있습니다. 우리는 또한 경기의 점수를 기록할 사람을 필요로 할 것이기에, 만약 경기하는 것에 관심이 없다면, 그 일에 자원하는 것을 추천합니다. 또한 ⁷⁶Redwood 백화점이 승리 팀의 각 구성원에게 흔쾌히 25달러 상품권을 제공하기로 했다는 것을 발표하게 되어 기쁩니다.

74. 토요일에 무엇이 열릴 것인가?
(A) 휴일 파티
(B) 체육 행사
(C) 교육 워크숍
(D) 경영 컨퍼런스

75. 화자는 Cindy가 무엇을 하고 있다고 말하는가?
(A) 주문을 하는 것
(B) 자원봉사자에게 연락하는 것
(C) 장소를 예약하는 것
(D) 직원을 평가하는 것

76. Redwood 백화점은 무엇을 제공하는 것에 동의하였는가?
(A) 영수증
(B) 할인
(C) 환불
(D) 상품권

지문 **keep track of** ~을 기록하다 **volunteer**[미 vàːləntíər, 영 vɔ̀ləntíə] 자원하다 **be willing to** 흔쾌히 ~하다
74 **athletic**[æθlétik] 체육의, 육상의

74 ■ **세부 사항 관련 문제** 특정 세부 사항 정답 (B)
토요일에 무엇이 일어날 것인지를 묻는 문제이므로, 질문의 핵심어구(on Saturday)가 언급된 주변을 주의 깊게 듣는다. "Every year, we hold a baseball game against ~ Fredericks Mattresses"라며 매년 자신들이 Fredericks Mattresses를 상대로 야구 경기를 개최한다고 한 뒤, "This year, it will happen ~ on Saturday, April 7."이라며 올해에는 경기가 4월 7일 토요일에 열릴 것이라고 하였다. 이를 통해 토요일에 체육 행사가 열릴 것임을 알 수 있다. 따라서 정답은 (B) An athletic event이다.

바꾸어 표현하기
baseball game 야구 경기 → athletic event 체육 행사

75 ■ **세부 사항 관련 문제** 특정 세부 사항 정답 (A)
Cindy가 무엇을 하고 있는지를 묻는 문제이므로, 질문의 핵심어구(Cindy is doing)와 관련된 내용을 주의 깊게 듣는다. "Cindy is ordering us some T-shirts we can wear"라며 Cindy가 그들이 입을 티셔츠를 주문하고 있다고 하였다. 따라서 정답은 (A) Placing an order이다.

76 ■ **세부 사항 관련 문제** 특정 세부 사항 정답 (D)
Redwood 백화점이 무엇을 제공하는 것에 동의하였는지를 묻는 문제이므로, 질문의 핵심어구(Redwood Department Store agreed to provide)와 관련된 내용을 주의 깊게 듣는다. "Redwood Department Store is willing to provide a $25 gift certificate to each member of the winning team"이라며 Redwood 백화점이 승리 팀의 각 구성원에게 25달러 상품권을 제공할 것이라고 하였다. 따라서 정답은 (D) Vouchers이다.

바꾸어 표현하기
gift certificate 상품권 → Vouchers 상품권

Questions 77-79 refer to the following introduction.

3ᵈ 호주식 발음

While I have your attention, ⁷⁷I'd like to introduce our newest team member, Lynn Falken. She'll be in charge of setting up and maintaining our databases. And she'll have a lot of other roles as well. Um . . . ⁷⁸We recently had an incident that led to a lot of important data being lost—I'm sure you all remember. Well, Lynn will work to prevent that sort of thing from happening again. You'll be relying on her quite frequently, so ⁷⁹I recommend writing down her office extension—it's 7784.

77-79번은 다음 소개에 관한 문제입니다.

여러분께서 수복해주시는 동안, ⁷⁷우리의 새로운 팀원인 Lynn Falken을 소개하고자 합니다. 그녀는 데이터베이스를 구성하고 유지하는 것을 담당하게 될 것입니다. 그리고 그녀는 다른 많은 역할들도 가지고 있습니다. 음… ⁷⁸우리에게 최근 많은 중요한 데이터의 손실로 이어진 사고가 있었습니다. 여러분 모두가 기억하리라 확신합니다. 음, Lynn은 그런 종류의 일이 다시 일어나는 것을 방지하기 위해 일할 것입니다. 여러분은 그녀에게 자주 의지하게 될 것이기에, ⁷⁹저는 그녀의 내선 번호를 받아 적어두는 것을 추천합니다. 7784입니다.

77 Who most likely is Ms. Falken?
(A) A legal consultant
(B) A financial advisor
(C) A secretary
(D) A data specialist

77. Ms. Falken은 누구인 것 같은가?
(A) 법률 고문
(B) 재정 고문
(C) 비서
(D) 데이터 전문가

78 What does the speaker imply when he says, "I'm sure you all remember"?
(A) Some passwords were memorized.
(B) An issue was serious.
(C) An employee was introduced before.
(D) Some instructions were repeated.

78. 화자는 "여러분 모두가 기억하리라 확신합니다"라고 말할 때 무엇을 의도하는가?
(A) 몇몇 암호가 외워졌다.
(B) 문제가 심각했었다.
(C) 직원이 이전에 소개된 적이 있다.
(D) 몇몇 지시들이 반복되었다.

79 What does the speaker suggest that the listeners write down?
(A) An extension number
(B) An employee's name
(C) A company's address
(D) A meeting time

79. 화자는 청자들에게 무엇을 받아 적는 것을 제안하는가?
(A) 내선 번호
(B) 직원의 이름
(C) 회사의 주소
(D) 회의 시간

지문 attention[əténʃən] 주목, 주의 be in charge of ~을 담당하다, 책임지다 incident[ínsidənt] 사고, 사건 rely on ~을 의지하다
extension[iksténʃən] 내선
77 consultant[kənsʌ́ltənt] 고문, 상담가

77 ■ 전체 대화 관련 문제 화자   정답 (D)
Ms. Falken의 신분을 묻는 문제이므로, 질문 대상(Ms. Falken)의 신분 및 직업과 관련된 표현을 놓치지 않고 듣는다. "I'd like to introduce our newest team member, Lynn Falken"이라며 Ms. Falken을 새로운 팀원으로 소개한 뒤, "She'll be in charge of setting up and maintaining our databases."라며 그녀가 데이터베이스 구성 및 유지를 담당하게 될 것이라고 한 것을 통해 Ms. Falken이 데이터 전문가임을 알 수 있다. 따라서 정답은 (D) A data specialist이다.

78 ■ 세부 사항 관련 문제 의도 파악   정답 (B)
화자가 하는 말의 의도를 묻는 문제이므로, 질문의 인용어구(I'm sure you all remember)가 언급된 주변을 주의 깊게 듣는다. "We recently had an incident that led to a lot of important date being lost—I'm sure you all remember."라며 최근 많은 중요한 데이터의 손실로 이어진 사고가 있었다고 하고, 청자들이 기억하리라 확신한다고 하였다. 이를 통해 당시 사고로 인한 문제가 심각하였다는 것을 나타내려는 의도임을 알 수 있다. 따라서 정답은 (B) An issue was serious이다.

79 ■ 세부 사항 관련 문제 특정 세부 사항   정답 (A)
화자가 청자들에게 무엇을 받아 적도록 제안하는지를 묻는 문제이므로, 지문의 후반에서 제안과 관련된 표현이 포함된 문장을 주의 깊게 듣는다. "I recommend writing down her office extension"이라며 내선 번호를 받아 적어두는 것을 추천하였다. 따라서 정답은 (A) An extension number이다.

Questions 80-82 refer to the following telephone message.

🔊 미국식 발음

Hi, Mr. Evans, this is Linda Blake. ⁸⁰I'm calling regarding an issue with your art exhibit at our establishment. ⁸¹One of the paintings you asked us to display, *Wisconsin Summer*, is actually too big to fit on any of our walls. What would you like us to do with this painting? We can send it back to you, or we can have it shipped to one of our partner galleries in the area. We still have plenty of great paintings to display, and ⁸²we think the exhibit is going to draw the largest crowd in our gallery's history. We hope this issue won't dampen your enthusiasm for working with us.

80 Who most likely is the speaker?
(A) An artist
(B) A gallery owner
(C) A festival organizer
(D) An art instructor

81 What problem does the speaker mention?
(A) A building was damaged.
(B) A document was misplaced.
(C) An item is too large.
(D) A space is too crowded.

82 What does the speaker predict?
(A) A series of works will arrive.
(B) A show will receive good reviews.
(C) A painting will be finished next week.
(D) An event will have record attendance.

80-82번은 다음 전화 메시지에 관한 문제입니다.

안녕하세요, Mr. Evans, 저는 Linda Blake입니다. ⁸⁰저희 시설에서의 귀하의 미술 전시회와 관련된 문제로 전화 드립니다. ⁸¹귀하께서 저희에게 전시를 요청하신 그림들 중 하나인 *Wisconsin Summer*가 실은 저희의 어떤 벽에도 설치하기에는 너무 큽니다. 저희가 이 그림을 어떻게 하기를 원하시나요? 이것을 다시 귀하께 보내드릴 수도 있고, 아니면 이 구역 내 저희의 제휴 갤러리들 중 한 곳으로 수송할 수도 있습니다. 저희는 아직 전시할 훌륭한 그림들이 많이 있고, ⁸²이 전시회가 이곳 갤러리의 역사상 가장 많은 사람들을 끌어모으리라 생각합니다. 저희는 이 문제가 저희와 함께 일하고자 하는 귀하의 열정을 꺾지 않기를 희망합니다.

80. 화자는 누구인 것 같은가?
(A) 화가
(B) 갤러리 소유주
(C) 축제 주최자
(D) 미술 강사

81. 화자는 무슨 문제를 언급하는가?
(A) 건물이 손상되었다.
(B) 서류가 잘못 전해졌다.
(C) 물품이 너무 크다.
(D) 공간이 너무 붐빈다.

82. 화자는 무엇을 예측하는가?
(A) 일련의 작품들이 도착할 것이다.
(B) 전시회가 좋은 평가를 받을 것이다.
(C) 작품이 다음 주에 완성될 것이다.
(D) 행사가 기록적인 관객 수를 가질 것이다.

지문 regarding[미 rigá:rdiŋ, 영 rigá:diŋ] ~에 관하여 exhibit[igzíbit] 전시회, 전시품 establishment[istǽbliʃmənt] 시설, 기관
dampen[dǽmpən] 꺾다, 약화시키다
82 record[미 rékərd, 영 rékɔ:d] 기록적인 attendance[əténdəns] 관객 수, 참석자

80 ■ 전체 지문 관련 문제 화자　　　정답 (B)
화자의 신분을 묻는 문제이므로, 신분 및 직업과 관련된 표현을 놓치지 않고 듣는다. "I'm calling regarding an issue with your art exhibit at our establishment."라며 화자의 시설에서의 청자의 미술 전시회와 관련된 문제로 인해 전화한다고 하였다. 이를 통해 화자가 갤러리 소유주임을 알 수 있다. 따라서 정답은 (B) A gallery owner이다.

81 ■ 세부 사항 관련 문제 특정 세부 사항　　　　　　　　　　　　　　　　　　　　　　　　　　　　　　　　　　　정답 (C)
화자가 언급한 문제점을 묻는 문제이므로, 화자의 말에서 부정적인 표현이 언급된 다음을 주의 깊게 듣는다. "One of the paintings you asked us to display ~ is actually too big to fit on any of our walls"라며 청자가 전시를 요청한 그림들 중 하나가 화자가 소유한 갤러리의 벽에 설치하기에는 너무 크다고 하였다. 따라서 정답은 (C) An item is too large이다.

82 ■ 세부 사항 관련 문제 특정 세부 사항　　　　　　　　　　　　　　　　　　　　　　　　　　　　　　　　　　　정답 (D)
화자가 예측하는 것이 무엇인지를 묻는 문제이므로, 질문의 핵심어구(speaker predict)와 관련된 내용을 주의 깊게 듣는다. "we think the exhibit is going to draw the largest crowd in our gallery's history"라며 청자의 전시회가 화자의 갤러리 역사상 가장 많은 사람들을 끌어모으리라 생각한다고 하였다. 따라서 정답은 (D) An event will have record attendance이다.

바꾸어 표현하기
The largest crowd in ~ gallery's history 역사상 가장 많은 사람들 → record attendance 기록적인 관객 수

Questions 83-85 refer to the following announcement.

🎧 호주식 발음

Attention, customers. ⁸³I regret to inform you that we have opted to suspend cable car operations for the rest of the day. The wind is too strong, and we have your safety in mind. ⁸⁴To return to the base of Quail Mountain, you may either take the trail or the road down from this café. But whichever way you choose, the walk will take about 40 minutes. It should not be attempted after dark. If you bought a return ticket for the cable car, you can get a partial refund at the ticket window. ⁸⁵If you need assistance walking down the mountain, please visit the information desk. Thank you.

83. Why does the speaker say, "we have your safety in mind"?
(A) To show the importance of a program
(B) To give a reminder about a danger
(C) To offer a reason for a decision
(D) To stress the need to follow a rule

84. What does the speaker say about the routes to the mountain base?
(A) They begin at the cable-car station.
(B) They are currently being repaired.
(C) They are closed when it gets dark.
(D) They take the same amount of time.

85. Who should go to the information desk?
(A) People who lost a possession
(B) People who want to exchange a ticket
(C) People who need help walking
(D) People who are first-time visitors

83-85번은 다음 공지에 관한 문제입니다.

고객 여러분, 주목해주세요. ⁸³저희가 오늘 하루 남은 시간 동안 케이블카 운행을 중단하기로 선택했다는 것을 안내해 드리게 되어 유감스럽게 생각합니다. 바람이 너무 강하며, 저희는 여러분의 안전을 염두에 두고 있습니다. ⁸⁴Quail산의 기지로 돌아가기 위해, 여러분께서는 산길 또는 이 카페 아래로 나 있는 도로를 타실 수 있습니다. 그러나 여러분께서 어떤 길을 선택하시든, 도보로 약 40분 정도가 소요될 것입니다. 이는 해가 진 후에는 시도되어서는 안 됩니다. 만약 케이블카 왕복표를 구매하셨다면, 매표소에서 부분 환불을 받으실 수 있습니다. ⁸⁵산을 걸어 내려가는 것에 도움이 필요하시다면, 안내 데스크를 방문하여 주시기 바랍니다. 감사합니다.

83. 화자는 왜 "저희는 여러분의 안전을 염두에 두고 있습니다"라고 말하는가?
(A) 프로그램의 중요성을 보여주기 위해
(B) 위험을 상기시키기 위해
(C) 결정에 대한 이유를 제공하기 위해
(D) 규칙을 따라야 하는 필요성을 강조하기 위해

84. 화자는 산의 기지로 향하는 경로들에 관해 무엇을 말하는가?
(A) 그것들은 케이블카 정류장에서 시작된다.
(B) 그것들은 현재 수리되고 있는 중이다.
(C) 그것들은 해가 지면 폐쇄된다.
(D) 그것들은 같은 시간이 걸린다.

85. 안내 데스크로 가야 하는 사람은 누구인가?
(A) 소지품을 분실한 사람
(B) 티켓을 교환하고 싶은 사람
(C) 걷는 데 도움이 필요한 사람
(D) 처음으로 방문하는 사람

지문 **opt to** ~을 하기로 선택하다 **operation**[미 à:pəréiʃən, 영 ɔ̀pəréiʃən] 운행, 운영 **trail**[treil] 산길, 자취 **attempt**[ətémpt] 시도하다
return ticket 왕복 표 **partial**[미 pá:rʃəl, 영 pá:ʃəl] 부분적인 **assistance**[əsístəns] 도움, 지원

85 **possession**[pəzéʃən] 소지품, 소유

83 ■ **세부 사항 관련 문제** 의도 파악   정답 (C)

화자가 하는 말의 의도를 묻는 문제이므로, 질문의 인용어구(we have your safety in mind)가 언급된 주변을 주의 깊게 듣는다. "I regret to inform you that we have opted to suspend cable car operations for the rest of the day."라며 케이블카 운행 중단 결정을 내렸다는 것을 안내하게 되어 유감스럽게 생각한다고 한 뒤, "The wind is too strong, and we have your safety in mind." 라며 바람이 너무 강하며 청자들의 안전을 염두에 두고 있다고 한 것을 통해, 화자가 결정에 대한 이유를 제공하려는 의도임을 알 수 있다. 따라서 정답은 (C) To offer a reason for a decision이다.

84 ■ **세부 사항 관련 문제** 언급   정답 (D)

화자가 산의 기지로 향하는 경로들에 관해 언급하는 것을 묻는 문제이므로, 질문의 핵심어구(routes to the mountain base)와 관련된 내용을 주의 깊게 듣는다. "To return to the base of Quail Mountain, ~ whichever way you choose, the walk will take about 40 minutes."라며 Quail산의 기지로 돌아가기 위해 어떤 길을 선택하든 도보로 약 40분 정도가 소요될 것이라고 하였다. 따라서 정답은 (D) They take the same amount of time이다.

85 ■ **세부 사항 관련 문제** 특정 세부 사항   정답 (C)

안내 데스크로 가야 하는 사람이 누구인지를 묻는 문제이므로, 질문의 핵심어구(go to the information desk)와 관련된 내용을 주의 깊게 듣는다. "If you need assistance walking down the mountain, please visit the information desk."라며 산을 걸어 내려가는 것에 도움이 필요하다면 안내 데스크를 방문해 달라고 하였다. 따라서 정답은 (C) People who need help walking이다.

Questions 86-88 refer to the following broadcast.

🔊 영국식 발음

Welcome to the Tech Stuff podcast. Today, ⁸⁶I want to talk a bit about Scion Incorporated. This firm expanded to become the largest in the digital communications field after purchasing its main rival last year. At a recent press conference, a spokesperson said that ⁸⁷the company's current CEO will be replaced by the noted software developer Mitchell Horner. He plans to begin working at Scion next week. It was also announced that ⁸⁸Scion's popular social media application has been updated. I will now take a few minutes to explain to you how some of the new features work.

86 According to the speaker, how did Scion Incorporated expand?
(A) By developing a new product
(B) By enhancing marketing
(C) By utilizing social media
(D) By buying a competitor

87 What does Mitchell Horner intend to do next week?
(A) Register a business
(B) Start a position
(C) Attend a meeting
(D) Give an interview

88 What does the speaker say she will do?
(A) Give an explanation
(B) Download a program
(C) Introduce a guest
(D) Call a representative

86-88번은 다음 방송에 관한 문제입니다.

Tech Stuff 팟캐스트에 오신 것을 환영합니다. 오늘, ⁸⁶저는 Scion사에 관해 조금 이야기해보고자 합니다. 이 기업은 작년에 주요 경쟁사를 매수한 이후 디지털 커뮤니케이션 분야의 가장 큰 기업으로 확장하였습니다. 최근의 기자 회견에서, 대변인은 ⁸⁷그 회사의 현 CEO가 유명한 소프트웨어 개발자인 Mitchell Horner로 교체될 것이라고 말했습니다. 그는 Scion에서 다음 주부터 일을 시작할 계획입니다. ⁸⁸Scion의 인기 있는 소셜 미디어 애플리케이션이 업데이트되었다는 것 또한 발표되었습니다. ⁸⁸저는 이제 몇 분 동안 몇몇 새로운 특징들이 어떻게 작동하는지 여러분께 설명해 드릴 것입니다.

86. 화자에 따르면, Scion사는 어떻게 확장하였는가?
(A) 새로운 제품을 개발함으로써
(B) 마케팅을 강화함으로써
(C) 소셜 미디어를 활용함으로써
(D) 경쟁사를 매입함으로써

87. Mitchell Horner는 다음 주에 무엇을 할 생각인가?
(A) 사업체를 등록한다.
(B) 업무를 시작한다.
(C) 회의에 참석한다.
(D) 인터뷰를 한다.

88. 화자는 무엇을 할 것이라고 말하는가?
(A) 설명을 한다.
(B) 프로그램을 다운로드한다.
(C) 손님을 소개한다.
(D) 직원에게 전화한다.

지문 firm [미 fə:rm, 영 fə:m] 기업 press conference 기자 회견 spokesperson [미 spóukspə̀:rsn, 영 spə́ukspə:sn] 대변인 noted [미 nóutid, 영 nə́utid] 유명한
86 enhance [미 inhǽns, 영 inhá:ns] 강화하다, 향상시키다 utilize [jú:təlaiz] 활용하다

86 ■ 세부 사항 관련 문제 방법 정답 (D)

Scion사가 확장한 방법을 묻는 문제이므로, 질문의 핵심어구(Scion Incorporated expand)와 관련된 내용을 주의 깊게 듣는다. "I want to talk a bit about Scion Incorporated. This firm expanded to become the largest in the digital communications field after purchasing its main rival last year."라며 Scion사에 관해 이야기하고자 하는데, 이 기업이 작년에 주요 경쟁사를 매수한 이후 디지털 커뮤니케이션 분야의 가장 큰 기업으로 확장했다고 하였다. 따라서 정답은 (D) By buying a competitor이다.

바꾸어 표현하기
purchasing its main rival 주요 경쟁사를 매수하다 → buying a competitor 경쟁사를 매입함

87 ■ 세부 사항 관련 문제 특정 세부 사항 정답 (B)

Mitchell Horner가 다음 주에 무엇을 할 생각인지를 묻는 문제이므로, 질문의 핵심어구(Mitchell Horner ~ next week)가 언급된 주변을 주의 깊게 듣는다. "the company's current CEO will be replaced by ~ Mitchell Horner. He plans to begin working at Scion next week."라며 회사의 현 CEO가 Mitchell Horner로 교체될 것이라고 한 뒤 그가 Scion에서 다음 주부터 일을 시작할 계획이라고 하였다. 따라서 정답은 (B) Start a position이다.

88 ■ 세부 사항 관련 문제 다음에 할 일 정답 (A)

화자가 다음에 할 일을 묻는 문제이므로, 방송의 마지막 부분을 주의 깊게 듣는다. "Scion's popular social media application has been updated"라며 Scion의 인기 있는 애플리케이션이 업데이트되었다고 한 뒤, "I will now take a few minutes to explain to you how some of the new features work."라며 애플리케이션의 새로운 특징들이 어떻게 작동하는지 설명해주겠다고 하였다. 따라서 정답은 (A) Give an explanation이다.

Questions 89-91 refer to the following telephone message.

🔊 캐나다식 발음

Hi, Jasmine. [89]This is Richard Hill following up on your interview for our childhood education specialist position. We've decided that you're a great fit for our institution. [90]In terms of credentials, no one else comes close. You're matchless when it comes to using the tools and platforms that are a big part of the job. [91]What we'd like to know at this stage is when you'd be able to start. Our school year begins in June. Please call me back at this number, or send an e-mail if you prefer.

89 Why is the speaker calling?
(A) To ask for a portfolio
(B) To explain a task
(C) To set up an interview
(D) To announce a decision

90 According to the speaker, what distinguishes the listener from others?
(A) She has excellent technical abilities.
(B) She has received awards for her achievement.
(C) She has worked in the industry for decades.
(D) She has been highly recommended by another firm.

91 Why does the speaker say, "Our school year begins in June"?
(A) To explain a promotion strategy
(B) To indicate a start date
(C) To answer a scheduling question
(D) To specify an application deadline

89-91번은 다음 전화 메시지에 관한 문제입니다.

안녕하세요, Jasmine. [89]저는 Richard Hill이고 이것은 우리의 아동 교육 전문가 자리를 위한 당신의 면접에 있어서의 후속 조치입니다. 우리는 당신이 우리 기관에 아주 적합하다고 판단하였습니다. [90]자격의 측면에서, 다른 어떤 누구도 근접하지 못했습니다. 당신은 업무의 큰 부분을 차지하는 도구와 플랫폼을 사용하는 것에 관한 한 독보적입니다. [91]우리가 이 단계에서 알고 싶은 것은 당신이 언제 일을 시작할 수 있는지입니다. 우리의 학사 연도는 6월에 시작합니다. 이 번호로 회신하여 주시거나, 메일을 선호하신다면 이메일을 보내주시기 바랍니다.

89. 화자는 왜 전화를 하고 있는가?
(A) 포트폴리오를 요청하기 위해
(B) 업무를 설명하기 위해
(C) 면접을 잡기 위해
(D) 결정을 알리기 위해

90. 화자에 따르면, 무엇이 청자를 다른 사람들과 구별되게 하는가?
(A) 그녀는 훌륭한 기술적 능력을 갖추고 있다.
(B) 그녀는 그녀의 업적들에 대해 상을 받았다.
(C) 그녀는 업계에서 수십 년을 일해왔다.
(D) 그녀는 다른 기업으로부터 강력히 추천되었다.

91. 화자는 왜 "우리의 학사 연도는 6월에 시작합니다"라고 말하는가?
(A) 홍보 전략을 설명하기 위해
(B) 시작 날짜를 나타내기 위해
(C) 일정 질문에 답변하기 위해
(D) 지원 기한을 명시하기 위해

지문 follow up on 후속 조치를 취하다, 끝까지 하다 childhood education 아동 교육 institution[미 ìnstətú:ʃən, 영 ìnstətjú:ʃən] 기관 credential[krədénʃəl] 자격, 적성 matchless[mǽtʃləs] 독보적인 when it comes to ~에 관한 한 school year 학사 연도
90 achievement [ətʃí:vmənt] 업적, 성취 decade [dékeid] 10년 highly[háili] 강력히, 매우

89 ■ 전체 지문 관련 문제 목적   정답 (D)

전화의 목적을 묻는 문제이므로, 지문의 초반을 반드시 듣는다. "This is Richard Hill following up on your interview for our childhood education specialist position. We've decided that you're a great fit for our institution."이라며 아동 교육 전문가 자리를 위한 면접에 있어서의 후속 조치로 전화하는 것임을 밝힌 뒤, 청자가 화자의 기관에 적합하다고 판단했음을 알렸다. 따라서 정답은 (D) To announce a decision이다.

90 ■ 세부 사항 관련 문제 특정 세부 사항   정답 (A)

청자를 다른 사람들과 구별되도록 하는 것이 무엇인지를 묻는 문제이므로, 질문의 핵심어구(distinguishes the listener from others)와 관련된 내용을 주의 깊게 듣는다. "In terms of credentials, no one else comes close."라며 자격의 측면에서는 다른 어떤 누구도 청자에게 근접하지 못했다고 한 뒤, "You're matchless when it comes to using the tools and platforms that are a big part of the job."이라며 청자가 업무의 큰 부분을 차지하는 도구와 플랫폼을 사용하는 것에 관한 한 독보적이라고 하였다. 따라서 정답은 (A) She has excellent technical abilities이다.

91 ■ 세부 사항 관련 문제 의도 파악   정답 (B)

화자가 하는 말의 의도를 묻는 문제이므로, 질문의 인용어구(Our school year begins in June)가 언급된 주변을 주의 깊게 듣는다. "What we'd like to know at this stage is when you'd be able to start. Our school year begins in June."이라며 이 단계에서 알고 싶은 것은 청자가 언제부터 일을 시작할 수 있는지라고 한 후 학사 연도는 6월에 시작한다고 한 것을 통해 화자가 원하는 근무 시작일을 나타내려는 의도임을 알 수 있다. 따라서 정답은 (B) To indicate a start date이다.

Questions 92-94 refer to the following telephone message.

🔊 영국식 발음

Hi, Mr. Ahmad. This is Cynthia from *Car Digest Monthly*. ⁹²We received your change of address form, and we will begin shipping our magazines to your new apartment starting January 1. ⁹³I would also like to remind you that you have free access to all of our online content, including back issues of our magazine. We encourage you to check out our previous stories about famous car manufacturers, championship races throughout history, competitive drivers, and more. ⁹⁴If you would like to access this online content, just go to our Web site, click "Set Up an Online Account," and you will be guided from there.

92 What did the listener recently do?
(A) Moved to a new residence
(B) Started his subscription
(C) Wrote an article for a magazine
(D) Ordered some back issues

93 According to the speaker, what can the listener read from the magazine?
(A) Techniques to repair a car
(B) Past racing competitions
(C) Safety regulations for drivers
(D) Prices of brand-new vehicles

94 According to the speaker, what must the listener do to access online content?
(A) Update a password
(B) Contact an employee
(C) Create an account
(D) Make a payment

92-94번은 다음 전화 메시지에 관한 문제입니다.

안녕하세요, Mr. Ahmad. 저는 *Car Digest Monthly*지의 Cynthia입니다. ⁹²우리는 귀하의 주소 변경 양식을 전달받았고, 1월 1일부로 우리 잡지를 귀하의 새로운 아파트로 보내기 시작할 것입니다. ⁹³저는 또한 귀하께서 저희 잡지의 과월호들을 포함하는 모든 온라인 콘텐츠를 무료로 이용하실 수 있다는 것을 상기시켜드리고자 합니다. 귀하께 저명한 자동차 제조사들, 역사에 걸친 챔피언십 경주들, 경쟁력 있는 운전자들, 그리고 더 많은 이전의 이야기들을 확인해 보실 것을 권장해 드립니다. ⁹⁴만약 귀하께서 이 온라인 콘텐츠를 이용하시고 싶으실 경우, 우리의 웹사이트로 가셔서 "온라인 계정 생성"을 클릭하시면, 그곳에서부터 안내받으실 수 있을 것입니다.

92. 청자는 최근에 무엇을 했는가?
(A) 새로운 거주지로 이사했다.
(B) 그의 구독을 시작했다.
(C) 잡지를 위한 기사를 썼다.
(D) 몇몇 과월호들을 주문했다.

93. 화자에 따르면, 청자는 잡지에서 무엇에 대해 읽을 수 있는가?
(A) 차를 수리하기 위한 기술들
(B) 과거의 레이싱 대회들
(C) 운전자들을 위한 안전 규정들
(D) 신형 차들의 가격들

94. 화자에 따르면, 청자는 온라인 콘텐츠를 이용하기 위해 무엇을 해야 하는가?
(A) 암호를 갱신한다.
(B) 직원에게 연락한다.
(C) 계정을 생성한다.
(D) 금액을 납부한다.

지문 **back issue** (잡지의) 과월호, 지난 호 **manufacturer**[mænjufǽktʃərər] 제조사
92 **residence**[rézidəns] 거주지, 주택 **subscription**[səbskrípʃən] 구독, 기부금

---

92 ■ **세부 사항 관련 문제** 특정 세부 사항
정답 (A)

청자가 최근에 한 것을 묻는 문제이므로, 질문의 핵심어구(listener recently do)와 관련된 내용을 주의 깊게 듣는다. "We received your change of address form"이라며 청자의 주소 변경 양식을 전달받았다고 하였다. 이를 통해 청자가 최근 새로운 거주지로 이사했음을 알 수 있다. 따라서 정답은 (A) Moved to a new residence이다.

93 ■ **세부 사항 관련 문제** 특정 세부 사항
정답 (B)

청자가 잡지에서 읽을 수 있는 것이 무엇인지를 묻는 문제이므로, 질문의 핵심어구(read from the magazine)와 관련된 내용을 주의 깊게 듣는다. "I would also like to remind you that you have free access to all of our online content, including back issues of our magazine."이라며 청자가 잡지의 과월호들을 포함하는 모든 온라인 콘텐츠를 무료로 이용할 수 있음을 상기시킨 뒤, "We encourage you to check out our previous stories about ~ championship races throughout history"라며 역사에 걸친 챔피언십 경주들에 대한 이야기들을 확인해 볼 것을 권장하였다. 따라서 정답은 (B) Past racing competitions이다.

94 ■ **세부 사항 관련 문제** 특정 세부 사항
정답 (C)

청자가 온라인 콘텐츠를 이용하기 위해서 무엇을 해야 하는지를 묻는 문제이므로, 질문의 핵심어구(listener do to access online content)와 관련된 내용을 주의 깊게 듣는다. "If you would like to access this online content, just go to our Web site, click "Set Up an Online Account," and you will be guided from there."라며 온라인 콘텐츠를 이용하고 싶다면 웹사이트로 가서 "온라인 계정 생성"을 클릭하면 그곳에서부터 안내 받을 수 있을 것이라고 하였다. 따라서 정답은 (C) Create an account이다.

바꾸어 표현하기
Set up an ~ account 계정을 생성하다 → Create an account 계정을 생성하다

Questions 95-97 refer to the following talk and screenshot.

🎧 호주식 발음

⁹⁵I would like to thank everyone for participating in Vistant Securities' online workshop on personal investment strategies. My name is Kevin Coleman, and I have been assigned to fill in for your regular instructor, uh, Laura Welch. ⁹⁶She can't take part in today's session because there is a problem with the Internet connection at her home office. There is one more thing I have to mention before we get started. The video conferencing software we use for this class will be updated later this week. Once this happens, ⁹⁷you will no longer find the option to save the video. This is being done to address concerns about privacy.

User Options
⁹⁷(1) Record
(2) Invite
(3) Mute
(4) Chat

95 What is the purpose of the workshop?
(A) To explain company policies
(B) To provide investment advice
(C) To promote information security
(D) To present job-search strategies

96 Why is Ms. Welch unable to participate in the session today?
(A) She is working on another assignment.
(B) She has taken some personal leave.
(C) She has relocated to a new office.
(D) She is experiencing a technical issue.

97 Look at the graphic. Which option will be removed?
(A) Option (1)
(B) Option (2)
(C) Option (3)
(D) Option (4)

95-97번은 다음 담화와 스크린샷에 관한 문제입니다.

⁹⁵개인 투자 전략에 관한 Vistant Securities의 온라인 워크숍에 참가해주신 여러분 모두에게 감사를 전하고 싶습니다. 제 이름은 Kevin Coleman이고, 여러분의 정규 강사인, 어, Laura Welch의 자리를 대신하기 위해 선임되었습니다. ⁹⁶그녀는 그녀의 재택 사무실에 인터넷 연결 문제가 있어 오늘 모임에 참여할 수 없습니다. 시작하기 전에 제가 언급해야 하는 것이 하나 더 있습니다. 우리가 이 강의에 사용하는 화상 회의 소프트웨어가 이번 주 후반에 업데이트될 것입니다. 일단 이것이 이루어지고 나면, ⁹⁷여러분은 더 이상 영상을 저장하는 옵션을 찾아볼 수 없을 것입니다. 이것은 사생활에 관한 우려들을 처리하기 위해 행해졌습니다.

사용자 옵션
⁹⁷(1) 녹화
(2) 초대
(3) 음소거
(4) 채팅

95. 워크숍의 목적은 무엇인가?
(A) 회사 방침을 설명하기 위해
(B) 투자 조언을 제공하기 위해
(C) 정보 보안을 홍보하기 위해
(D) 구직 전략을 제시하기 위해

96. Ms. Welch는 왜 오늘의 모임에 참여할 수 없는가?
(A) 그녀는 다른 업무를 하고 있다.
(B) 그녀는 개인 휴가를 냈다.
(C) 그녀는 새로운 사무실로 이전했다.
(D) 그녀는 기술적 문제를 겪고 있다.

97. 시각 자료를 보시오. 어떤 옵션이 삭제될 것인가?
(A) 옵션 (1)
(B) 옵션 (2)
(C) 옵션 (3)
(D) 옵션 (4)

지문 investment[invéstmənt] 투자 strategy[strǽtədʒi] 전략 fill in ~를 대신하다, 채우다 take part in ~에 참여하다 mute[mju:t] 음소거
95 job-search 구직
96 leave[li:v] 휴가 relocate[미 rìloúkeit, 영 rìləukéit] 이전하다, 옮기다

95 ■ 전체 지문 관련 문제 목적

정답 (B)

워크숍의 목적을 묻는 문제이므로, 지문의 초반을 반드시 듣는다. "I would like to thank everyone for participating in Vistant Securities' online workshop on personal investment strategies."라며 개인 투자 전략에 관한 온라인 워크숍에 참가한 모두에게 감사를 전하고 싶다고 하였다. 따라서 정답은 (B) To provide investment advice이다.

96 ■ 세부 사항 관련 문제 이유

정답 (D)

Ms. Welch가 오늘 모임에 참가할 수 없는 이유를 묻는 문제이므로, 질문의 핵심어구(Ms. Welch unable to participate)와 관련된 내용을 주의 깊게 듣는다. "She can't take part in today's session because there is a problem with the Internet connection at her home office."라며 그녀, 즉 Laura Welch가 그녀의 재택 사무실의 인터넷 연결 문제가 있어 오늘 모임에 참여할 수 없다고 하였다. 따라서 정답은 (D) She is experiencing a technical issue이다.

97 ■ 세부 사항 관련 문제 시각 자료

정답 (A)

어떤 옵션이 삭제될 것인지를 묻는 문제이므로, 제시된 스크린샷의 정보를 파악한 뒤 질문의 핵심어구(option will be removed)와 관련된 내용을 주의 깊게 듣는다. "you will no longer find the option to save the video"라며 더 이상 영상을 저장하는 옵션을 찾아볼 수 없을 것이라고 하였으므로, 녹화 옵션이 삭제될 것임을 스크린샷에서 알 수 있다. 따라서 정답은 (A) Option (1)이다.

바꾸어 표현하기
Record 녹화 → save the video 영상을 저장하다

Questions 98-100 refer to the following talk and map.

🎧 영국식 발음

OK, listen up everyone. ⁹⁸I hope you enjoyed today's tour of Chinatown. We really lucked out with the weather . . . So, um, ⁹⁸if you look at our schedule, you'll see that tomorrow is a free day. That means that you get to explore the city on your own. If you'd like to do some shopping for souvenirs, ⁹⁹I suggest visiting Kingsway Mall. It includes a number of stores that sell local products. ⁹⁹You will find it on Davis Avenue between the Hillside Library and Elmwood Park. Oh, and before I forget . . . ¹⁰⁰If you are planning on having lunch in the hotel restaurant, you should book a table in advance. It gets really busy on Saturdays and Sundays.

98-100번은 다음 담화와 지도에 관한 문제입니다.

지, 모두 돌이주세요. ⁹⁸모든 분들이 오늘 차이나타운 관광을 즐기셨기를 바랍니다. 우리는 오늘 날씨 운이 무척 좋았어요… 그래서, 음, ⁹⁸우리의 일정을 확인해보시면, 내일은 자유시간인 것을 보실 수 있을 거예요. 그것은 여러분들이 스스로 이 도시를 탐방하게 된다는 것을 의미하죠. 만약 기념품 쇼핑을 하시고 싶으시다면, ⁹⁹저는 Kingsway 쇼핑몰을 방문하는 것을 추천합니다. 그것은 지역 상품을 판매하는 여러 가게들을 포함하고 있어요. ⁹⁹Davis가의 Hillside 도서관과 Elmwood 공원 사이에서 찾으실 수 있습니다. 오, 그리고 제가 잊어버리기 전에… ¹⁰⁰호텔 레스토랑에서 점심 식사를 하는 것을 계획하고 있으시다면, 자리를 미리 예약하셔야 합니다. 그곳은 토요일과 일요일에 굉장히 바빠지거든요.

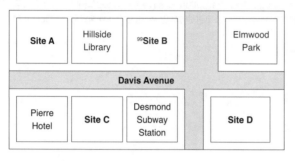

98 Who most likely are the listeners?
(A) Tour group members
(B) Camp attendees
(C) Language academy students
(D) City officials

99 Look at the graphic. Where is Kingsway Mall located?
(A) Site A
(B) Site B
(C) Site C
(D) Site D

100 What does the speaker mention about the restaurant?
(A) It has many customers on weekends.
(B) It stays open late in the evenings.
(C) It offers affordable lunch specials.
(D) It hosts a variety of special events.

98. 청자들은 누구인 것 같은가?
(A) 여행 그룹 구성원들
(B) 캠핑 참석자들
(C) 어학원 학생들
(D) 시 공무원들

99. 시각 자료를 보시오. Kingsway 쇼핑몰은 어디에 위치하는가?
(A) 장소 A
(B) 장소 B
(C) 장소 C
(D) 장소 D

100. 화자는 레스토랑에 관해 무엇을 언급하는가?
(A) 주말에 많은 고객들이 있다.
(B) 저녁에 늦게까지 문을 연다.
(C) 가격이 적당한 점심 특선을 제공한다.
(D) 다양한 특별 행사를 주최한다.

지문 luck out 운이 좋다 explore [ikspló:r] 탐방하다, 조사하다 souvenir [미 sù:vəníər, 영 sù:vəníə] 기념품 in advance 미리, 사전에
100 affordable [미 əfɔ́:rdəbl, 영 əfɔ́:dəbl] 적당한, 알맞은 host [미 houst, 영 həust] 주최하다

98 ■ 전체 지문 관련 문제 청자

정답 (A)

청자들의 신분을 묻는 문제이므로, 신분 및 직업과 관련된 표현을 놓치지 않고 듣는다. "I hope you enjoyed today's tour of Chinatown."이라며 청자들이 오늘의 차이나타운 관광을 즐겼기를 바란다고 한 뒤, "if you look at our schedule, you'll see that tomorrow is a free day."라며 일정을 확인해보면 내일은 자유시간인 것을 볼 수 있다고 하였다. 이를 통해 청자들이 여행 그룹의 구성원들임을 알 수 있다. 따라서 정답은 (A) Tour group members이다.

99 ■ 세부 사항 관련 문제 시각 자료

정답 (B)

Kingsway 쇼핑몰이 어디에 위치하는지 묻는 문제이므로, 제시된 지도의 정보를 확인한 뒤 질문의 핵심어구(Kingsway Mall)가 언급된 주변을 주의 깊게 듣는다. "I suggest visiting Kingsway Mall"이라며 Kingsway 쇼핑몰 방문을 추천한 뒤, "You will find it on Davis Avenue between the Hillside Library and Elmwood Park."라며 Davis가의 Hillside 도서관과 Elmwood 공원 사이에서 찾을 수 있다고 설명하고 있으므로, Kingsway 쇼핑몰의 위치는 장소 B임을 지도에서 알 수 있다. 따라서 정답은 (B) Site B이다.

100 ■ 세부 사항 관련 문제 언급

정답 (A)

화자가 레스토랑에 관해 언급하는 것을 묻는 문제이므로, 질문의 핵심어구(restaurant)가 언급된 주변을 주의 깊게 듣는다. "If you are planning on having lunch in the hotel restaurant, you should book a table in advance."에서 호텔 레스토랑에서 점심식사를 하는 것을 계획하고 있다면 자리를 예약해야 한다고 한 뒤, "It gets really busy on Saturdays and Sundays."라며 그곳은 토요일과 일요일에 굉장히 바빠진다고 하였다. 따라서 정답은 (A) It has many customers on weekends이다.

해커스 토익 실전 1000제 3 LISTENING

TEST 07

PART 1   스크립트·해석·해설

PART 2   스크립트·해석·해설

PART 3   스크립트·해석·해설

PART 4   스크립트·해석·해설

🎧 TEST 07.mp3

실전용·복습용 문제풀이 MP3 무료 다운로드 및 스트리밍 바로듣기 (HackersIngang.com)
* 실제 시험장의 소음까지 재현해 낸 고사장 소음/매미 버전 MP3, 영국식·호주식 발음 집중 MP3, 고속 버전 MP3까지
  구매하면 실전에 더욱 완벽히 대비할 수 있습니다.

무료MP3 바로듣기

1

○○○○
하

🔊 캐나다식 발음

(A) The man is wiping a fan.
(B) The man is twisting a metal knob.
(C) The man is washing a cup.
(D) The man is drinking water.

(A) 남자가 선풍기를 닦고 있다.
(B) 남자가 금속 손잡이를 돌리고 있다.
(C) 남자가 컵을 씻고 있다.
(D) 남자가 물을 마시고 있다.

■ 1인 사진

정답 (C)

한 남자가 컵을 씻고 있는 모습을 확인한다.
(A) [×] 남자가 선풍기(fan)를 닦고 있는 것이 아니라 컵을 닦고 있으므로 오답이다. The man is wiping(남자가 닦고 있다)까지만 듣고 정답으로 선택하지 않도록 주의한다.
(B) [×] twisting(돌리고 있다)은 남자의 동작과 무관하므로 오답이다. 사진에 있는 금속 손잡이(metal knob)를 사용하여 혼동을 주었다.
(C) [○] 남자가 컵을 씻고 있는 모습을 정확히 묘사한 정답이다.
(D) [×] drinking(마시고 있다)은 남자의 동작과 무관하므로 오답이다. 사진에 있는 물(water)을 사용하여 혼동을 주었다.

어휘 **wipe**[waip] 닦다 **twist**[twist] (무엇을 손으로 잡고) 돌리다 **metal**[métl] 금속의 **knob**[nɑb] 손잡이

2

○○○●
중

🔊 영국식 발음

(A) The woman is dressing a mannequin.
(B) The woman is looking at her reflection.
(C) The woman is collecting some hangers.
(D) The woman is putting away some merchandise.

(A) 여자가 마네킹에 옷을 입히고 있다.
(B) 여자가 거울에 비친 자신의 모습을 보고 있다.
(C) 여자가 옷걸이들을 모으고 있다.
(D) 여자가 상품을 치우고 있다.

■ 1인 사진

정답 (B)

한 여자가 거울을 보고 있는 모습과 주변 사물의 상태를 주의 깊게 살핀다.
(A) [×] dressing(옷을 입히고 있다)은 여자의 동작과 무관하므로 오답이다. 사진에 있는 마네킹(mannequin)을 사용하여 혼동을 주었다.
(B) [○] 여자가 거울에 비친 자신의 모습을 보고 있는 모습을 가장 잘 묘사한 정답이다.
(C) [×] collecting(모으고 있다)은 여자의 동작과 무관하므로 오답이다. 사진에 있는 옷걸이들(hangers)을 사용하여 혼동을 주었다.
(D) [×] putting away(치우고 있다)는 여자의 동작과 무관하므로 오답이다. 사진에 있는 상품(merchandise)을 사용하여 혼동을 주었다.

어휘 **mannequin**[mǽnəkin] 마네킹 **reflection**[riflékʃən] (거울 등에 비친) 모습 **collect**[kəlékt] 모으다, 수거하다 **hanger**[미 hǽŋər, 영 hǽŋə] 옷걸이

3

○○○●
중

🔊 호주식 발음

(A) One of the women is wearing a headset.
(B) One of the women is shaking hands with the man.
(C) They are posting a document on a notice board.
(D) They are working at different stations.

(A) 여자들 중 한 명이 헤드셋을 쓰고 있다.
(B) 여자들 중 한 명이 남자와 악수하고 있다.
(C) 그들은 게시판에 서류를 게시하고 있다.
(D) 그들은 다른 장소들에서 일하고 있다.

■ 2인 이상 사진

정답 (A)

함께 서류를 보고 있는 사람들의 모습을 확인한다.
(A) [○] 여자들 중 한 명이 헤드셋을 쓰고 있는 모습을 정확히 묘사한 정답이다. 현재 진행형(is wearing)으로 사람의 상태를 묘사할 수 있음을 확인한다.
(B) [×] 사진에 남자와 악수하고 있는(shaking hands with the man) 여자가 없으므로 오답이다.
(C) [×] 사진에 게시판(notice board)이 없고, posting(게시하고 있다)은 사람들의 동작과 무관하므로 오답이다. 사진에 있는 서류(document)를 사용하여 혼동을 주었다.
(D) [×] 사람들이 한 장소에서 함께 일하고 있는데 다른 장소들에서(at different stations) 일하고 있다고 잘못 묘사했으므로 오답이다.

어휘 **headset**[hédsèt] 헤드셋(마이크가 달린 헤드폰) **shake hands** 악수하다 **notice board** 게시판 **station**[stéiʃən] 장소, 위치

4

🎧 미국식 발음

(A) Textbooks are being distributed in a lecture hall.
(B) Some people are giving a presentation.
(C) Some people are leaving an auditorium.
(D) A pen is being pointed at a page.

(A) 교재들이 강당에서 배부되고 있다.
(B) 몇몇 사람들이 발표를 하고 있다.
(C) 몇몇 사람들이 강당을 떠나고 있다.
(D) 펜이 페이지를 향해 있다.

■ 2인 이상 사진

정답 (D)

한 여자가 펜으로 한 남자의 책을 가리키고 있는 모습과 강당에 사람들이 앉아 있는 모습을 확인한다.
(A) [x] 사진에서 교재들은 보이지만 배부되고 있는(are being distributed) 모습은 아니므로 오답이다. Textbooks(교재들)와 in a lecture hall(강당에서)만 듣고 정답으로 선택하지 않도록 주의한다.
(B) [x] 사진에서 사람들이 발표를 하고 있는지 확인할 수 없으므로 오답이다.
(C) [x] 사람들이 강당에 앉아 있는데 강당을 떠나고 있다(leaving)고 잘못 묘사했으므로 오답이다. 사진의 장소인 강당(auditorium)을 사용하여 혼동을 주었다.
(D) [o] 펜이 페이지를 향해 있는 모습을 정확히 묘사한 정답이다.

어휘   distribute[distríbjuːt] 배부하다   lecture hall 강당   auditorium[ɔ̀ːditɔ́ːriəm] 강당   point[pɔint] 향하다, 가리키다

5

🎧 호주식 발음

(A) One of the men is pulling up a chair.
(B) A beverage is being poured from a pitcher.
(C) One of the men is serving some food.
(D) A plate is being passed around a table.

(A) 남자들 중 한 명이 의자를 끌어당기고 있다.
(B) 음료가 주전자로부터 따라지고 있다.
(C) 남자들 중 한 명이 음식을 서빙하고 있다.
(D) 접시가 테이블 주위로 돌려지고 있다.

■ 2인 이상 사진

정답 (C)

사람들이 테이블 주변에 앉아 있는 모습과 사람들의 동작 및 주변 사물의 상태를 주의 깊게 살핀다.
(A) [x] pulling up a chair(의자를 끌어당기고 있다)는 남자의 동작과 무관하므로 오답이다. 사진에 있는 의자(chair)를 사용하여 혼동을 주었다.
(B) [x] 음료가 주전자에 담겨 있는데 따라지고 있다(being poured)고 잘못 묘사했으므로 오답이다. 사진에 있는 음료(beverage)를 사용하여 혼동을 주었다.
(C) [o] 남자들 중 한 명이 음식을 서빙하고 있는 모습을 정확히 묘사한 정답이다.
(D) [x] 접시가 테이블 위에 올려져 있는데 테이블 주위로 돌려지고 있다(being passed around a table)고 잘못 묘사했으므로 오답이다.

어휘   pitcher[pítʃər] 주전자, 피처

6

🎧 미국식 발음

(A) A window frame of a house is being painted.
(B) A mailbox has fallen on the ground.
(C) A residential garage door has been raised.
(D) A railing has been erected near an entrance.

(A) 집의 창틀이 페인트칠 되고 있다.
(B) 우체통이 땅에 떨어져 있다.
(C) 주택의 차고 문이 올려져 있다.
(D) 난간이 입구 근처에 세워져 있다.

■ 사물 및 풍경 사진

정답 (D)

난간이 집의 입구 근처에 세워져 있는 모습 및 주위의 전반적인 풍경을 확인한다.
(A) [x] 사진에서 창틀은 보이지만 페인트칠 되고 있는(is being painted) 모습은 아니므로 오답이다. A window frame of a house(집의 창틀)만 듣고 정답으로 선택하지 않도록 주의한다.
(B) [x] 우체통이 세워져 있는데 땅에 떨어져 있다(fallen on the ground)고 잘못 묘사했으므로 오답이다.
(C) [x] 주택의 차고 문이 내려져 있는데 올려져(raised) 있다고 잘못 묘사했으므로 오답이다. A residential garage door(주택의 차고 문)만 듣고 정답으로 선택하지 않도록 주의한다.
(D) [o] 난간이 입구 근처에 세워져 있는 모습을 정확히 묘사한 정답이다.

어휘   window frame 창틀   residential[rèzədénʃəl] 주택의, 거주의   railing[réiliŋ] 난간   erect[irékt] 세우다

PART 2

7

○○○○● 하

🎧 캐나다식 발음 → 미국식 발음

When would it be convenient for you to have dinner?

(A) I can meet at 7 o'clock.
(B) Yes, we definitely have.
(C) At the new sushi restaurant.

당신은 언제 저녁을 먹는 것이 좋으신가요?

(A) 저는 7시에 만날 수 있어요.
(B) 네, 우리에게 분명히 있어요.
(C) 새로운 초밥 식당에서요.

■ **When 의문문**

정답 (A)

언제 저녁을 먹는 것이 좋은지를 묻는 When 의문문이다.
(A) [○] 7시에 만날 수 있다는 말로 저녁을 먹기 좋은 시간을 언급했으므로 정답이다.
(B) [×] 의문사 의문문에 Yes로 응답했으므로 오답이다. 질문의 have를 반복 사용하여 혼동을 주었다.
(C) [×] 언제 저녁을 먹는 것이 좋은지를 물었는데 장소로 응답했으므로 오답이다. have dinner(저녁을 먹다)와 관련 있는 restaurant(식당)을 사용하여 혼동을 주었다.

어휘　convenient[kənvíːnjənt] (형편이) 좋은, 편리한　definitely[défənitli] 분명히

8

○○○●○ 중

🎧 영국식 발음 → 호주식 발음

Hasn't Ms. Kramer's plane already landed?

(A) Her passport hasn't expired.
(B) It gets in soon.
(C) She has plain black luggage.

Ms. Kramer의 비행기는 벌써 착륙하지 않았나요?

(A) 그녀의 여권은 만료되지 않았어요.
(B) 그것은 곧 도착해요.
(C) 그녀는 무늬가 없는 검은색 가방을 가지고 있어요.

■ **부정 의문문**

정답 (B)

Ms. Kramer의 비행기가 벌써 착륙했는지를 묻는 부정 의문문이다.
(A) [×] 질문의 Ms. Kramer's를 나타낼 수 있는 Her를 사용하고, plane(비행기)과 관련 있는 passport(여권)를 사용하여 혼동을 준 오답이다.
(B) [○] 그것이 곧 도착한다는 말로 비행기가 아직 착륙하지 않았음을 간접적으로 전달했으므로 정답이다.
(C) [×] 질문의 Ms. Kramer를 나타낼 수 있는 She를 사용하고, plane – plain의 유사 발음 어휘를 사용하여 혼동을 준 오답이다.

어휘　land[lænd] 착륙하다　expire[미 ikspáiər, 영 ikspáiə] 만료되다　get in 도착하다　plain[plein] 무늬가 없는, 평범한

9

○○●○○ 상

🎧 캐나다식 발음 → 영국식 발음

Why am I getting so many advertisements in my e-mail?

(A) We get a lot of packages too.
(B) I prefer the other commercial.
(C) Have you tried unsubscribing from mailing lists?

왜 저는 이메일로 이렇게 많은 광고들을 받는 건가요?

(A) 저희도 많은 소포들을 받아요.
(B) 저는 다른 광고 방송을 선호해요.
(C) 우편물 수신자 명단에서 탈퇴하는 것을 시도해보셨나요?

■ **Why 의문문**

정답 (C)

왜 자신이 이메일로 이렇게 많은 광고들을 받는지를 묻는 Why 의문문이다.
(A) [×] 질문의 getting을 get으로 반복 사용하고, 질문의 many(많은)와 같은 의미인 a lot of(많은)를 사용하여 혼동을 준 오답이다.
(B) [×] advertisements(광고들)와 관련 있는 commercial(광고 방송)을 사용하여 혼동을 준 오답이다.
(C) [○] 우편물 수신자 명단에서 탈퇴하는 것을 시도해봤는지를 되물어 이메일로 많은 광고들을 받는 것에 대한 해결책을 제시했으므로 정답이다.

어휘　advertisement[ædvərtáizmənt] 광고　commercial[미 kəmə́ːrʃəl, 영 kəmə́ːʃəl] (라디오·TV의) 광고 방송
unsubscribe[ʌ̀nsəbskráib] (명단에서) 탈퇴하다, 해지하다　mailing list 우편물 수신자 명단

10
○○●
종

🔊 호주식 발음 → 영국식 발음

What's the price of bananas at the grocery store?

(A) A worker will restock the store shelves.
(B) According to this flyer, 50¢ each.
(C) Most of this fruit is still not ripe.

식료품점에서 바나나의 가격이 얼마인가요?

(A) 직원이 가게 선반들을 다시 채울 거예요.
(B) 이 전단에 따르면, 개당 50센트예요.
(C) 이 과일의 대부분이 아직 익지 않았어요.

■ What 의문문 　　　　　　　　　　　　　　　　　　　　　　　　　　　　　　　정답 (B)

식료품점에서 바나나의 가격이 얼마인지를 묻는 What 의문문이다.
(A) [×] 식료품점에서 바나나의 가격이 얼마인지를 물었는데, 이와 관련이 없는 직원이 가게 선반들을 다시 채울 것이라는 내용으로 응답했으므로 오답이다. 질문의 store를 반복 사용하여 혼동을 주었다.
(B) [○] 전단에 따르면 개당 50센트라는 말로 바나나의 가격을 언급했으므로 정답이다.
(C) [×] bananas(바나나)와 관련 있는 fruit(과일)을 사용하여 혼동을 준 오답이다.

어휘　grocery store 식료품점, 슈퍼마켓　restock[미 riːstáːk, 영 rìːstɔ́k] 다시 채우다, 재고를 채우다　ripe[raip] (과일이) 익은

11
○○●
상

🔊 미국식 발음 → 호주식 발음

Mr. Draper will be taking over the Seattle branch next week, won't he?

(A) His promotion hasn't been finalized yet.
(B) We have an office in Oakland as well.
(C) Yes, he has been in that position for two years.

Mr. Draper가 다음 주에 시애틀 지사를 넘겨받을 거예요. 그렇지 않나요?

(A) 그의 승진은 아직 최종 승인되지 않았어요.
(B) 우리는 오클랜드에도 사무실이 있어요.
(C) 네, 그는 그 자리에 2년 동안 있어왔어요.

■ 부가 의문문 　　　　　　　　　　　　　　　　　　　　　　　　　　　　　　　정답 (A)

Mr. Draper가 다음 주에 시애틀 지사를 넘겨받을 것인지를 확인하는 부가 의문문이다.
(A) [○] 그의 승진이 아직 결정되지 않았다는 말로 Mr. Draper가 시애틀 지사를 넘겨받는 것이 아직 결정되지 않았다는 것을 간접적으로 응답했으므로 정답이다.
(B) [×] branch(지사)와 관련 있는 office(사무실)를 사용하여 혼동을 준 오답이다.
(C) [×] Mr. Draper가 시애틀 지사를 넘겨받을 것인지를 물었는데, 이와 관련이 없는 그가 그 자리에 2년 동안 있어왔다는 내용으로 응답했으므로 오답이다. Yes까지만 듣고 정답으로 고르지 않도록 주의한다.

어휘　take over 넘겨받다　branch[미 bræntʃ, 영 brɑːntʃ] 지사, 지점　finalize[fáinəlaiz] 최종적으로 승인하다, 마무리짓다

12
○○●
종

🔊 캐나다식 발음 → 미국식 발음

Where did you work during the first half of your career?

(A) Primarily at Champlain Law Office.
(B) Throughout most of the last decade.
(C) My superior makes the hiring decisions.

당신은 직장 생활의 전반기 동안 어디에서 일했나요?

(A) 주로 Champlain 법률 사무소에서요.
(B) 지난 10년의 대부분 동안이요.
(C) 제 상사가 채용 결정을 내려요.

■ Where 의문문 　　　　　　　　　　　　　　　　　　　　　　　　　　　　　　정답 (A)

직장 생활의 전반기 동안 어디에서 일했는지를 묻는 Where 의문문이다.
(A) [○] 주로 Champlain 법률 사무소에서라며 직장 생활의 전반기 동안 일한 장소를 언급했으므로 정답이다.
(B) [×] 직장 생활의 전반기 동안 일한 장소를 물었는데 기간으로 응답했으므로 오답이다. 질문의 during(~ 동안)과 같은 의미인 Throughout (~ 동안)을 사용하여 혼동을 주었다.
(C) [×] career(직장 생활)에서 연상할 수 있는 채용과 관련된 hiring decisions(채용 결정)를 사용하여 혼동을 준 오답이다.

어휘　first half 전반기, 상반기　career[kəríər] 직장 생활, 경력　primarily[praimérəli] 주로, 처음에는　throughout[θruːáut] ~ 동안
　　　decade[dékeid] 10년

13

🔊 미국식 발음 → 캐나다식 발음

How do you plan to get to the airport on Saturday?

(A) Flight 208 will depart at 8 A.M.
(B) My trip was canceled, actually.
(C) We should get a taxi to the hotel.

토요일에 어떻게 공항에 갈 계획인가요?

(A) 항공기 208편은 오전 8시에 출발할 거예요.
(B) 사실, 제 여행은 취소되었어요.
(C) 우리는 호텔까지 택시를 타야 해요.

■ How 의문문
정답 (B)

토요일에 공항에 어떻게 갈 계획인지를 묻는 How 의문문이다.
(A) [×] airport(공항)와 관련 있는 Flight(항공기)를 사용하여 혼동을 준 오답이다.
(B) [○] 자신의 여행이 취소되었다는 말로 공항에 가지 않을 것이라는 것을 간접적으로 전달했으므로 정답이다.
(C) [×] 공항에 어떻게 갈 계획인지를 물었는데, 이와 관련이 없는 호텔까지 택시를 타야 한다는 내용으로 응답했으므로 오답이다.

14

🔊 영국식 발음 → 호주식 발음

Should we try to renegotiate the price or switch suppliers?

(A) Give him the lease agreement.
(B) Our supply is low.
(C) I'm fine with either strategy.

저희가 가격을 재협상해봐야 할까요, 아니면 공급 업체를 바꿔야 할까요?

(A) 그에게 임대 계약서를 주세요.
(B) 우리의 재고품이 적어요.
(C) 저는 어느 전략이든지 다 괜찮아요.

■ 선택 의문문
정답 (C)

가격을 재협상해봐야 할지 아니면 공급 업체를 바꿔야 할지를 묻는 선택 의문문이다.
(A) [×] him이 나타내는 대상이 질문에 없고, renegotiate(재협상하다)에서 연상할 수 있는 계약과 관련된 agreement(계약서)를 사용하여 혼동을 준 오답이다.
(B) [×] 가격을 재협상해야 할지 아니면 공급 업체를 바꿔야 할지를 물었는데, 이와 관련이 없는 자신들의 재고품이 적다는 내용으로 응답했으므로 오답이다. suppliers – supply의 유사 발음 어휘를 사용하여 혼동을 주었다.
(C) [○] 어느 전략이든지 다 괜찮다는 말로 둘 다 선택했으므로 정답이다.

어휘 renegotiate[미 rì:nigóuʃièit, 영 rì:nəgóuʃieit] 재협상하다 switch[switʃ] 바꾸다 supplier[미 səpláiər, 영 səpláiə] 공급 업체
agreement[əgrí:mənt] 계약서 supply[səplái] 재고품, 용품 strategy[strǽtədʒi] 전략

15

🔊 캐나다식 발음 → 미국식 발음

Has a band been booked for the event?

(A) Concert tickets are $20 each.
(B) At a nearby venue.
(C) A jazz group is going to perform.

행사를 위해 밴드가 예약되었나요?

(A) 콘서트 표는 각 20달러입니다.
(B) 가까운 장소에서요.
(C) 재즈 그룹이 공연할 거예요.

■ 조동사 의문문
정답 (C)

행사를 위해 밴드가 예약되었는지를 확인하는 조동사(Have) 의문문이다.
(A) [×] band(밴드)와 관련 있는 Concert(콘서트)를 사용하여 혼동을 준 오답이다.
(B) [×] 행사를 위해 밴드가 예약되었는지를 물었는데 장소로 응답했으므로 오답이다. event(행사)에서 연상할 수 있는 행사 장소와 관련된 At a nearby venue(가까운 장소에서)를 사용하여 혼동을 주었다.
(C) [○] 재즈 그룹이 공연할 것이라는 말로 행사를 위해 밴드가 예약되었음을 간접적으로 전달했으므로 정답이다.

어휘 nearby[nìərbái] 가까운 perform[pərfɔ́:rm] 공연하다

16

🎧 영국식 발음 → 호주식 발음

Which products have been discounted?

(A) Everything in Aisle 4.
(B) A special promotion.
(C) Yes, I have an account.

어느 제품들이 할인되었나요?

(A) 4번 통로에 있는 모든 것들이요.
(B) 특별 판촉 활동이요.
(C) 네, 저는 계정이 있어요.

■ Which 의문문   정답 (A)

어느 제품들이 할인되었는지를 묻는 Which 의문문이다. Which products를 반드시 들어야 한다.
(A) [o] 4번 통로에 있는 모든 것들이라는 말로 할인된 제품들을 언급했으므로 정답이다.
(B) [×] discounted(할인되다)와 관련 있는 promotion(판촉 활동)을 사용하여 혼동을 준 오답이다.
(C) [×] 의문사 의문문에 Yes로 응답했으므로 오답이다. discounted – account의 유사 발음 어휘를 사용하여 혼동을 주었다.

어휘   aisle[ail] 통로

17

🎧 캐나다식 발음 → 미국식 발음

When should we inform the audience about upcoming shows?

(A) There's an intermission in 30 minutes.
(B) In the main auditorium.
(C) Over 30 of the people here.

우리는 언제 관객들에게 다음 공연들에 관해 안내해야 할까요?

(A) 30분 뒤에 중간 휴식 시간이 있어요.
(B) 대강당에서요.
(C) 여기에 있는 사람들 중 30명 이상이요.

■ When 의문문   정답 (A)

언제 관객들에게 다음 공연들에 관해 안내해야 할지를 묻는 When 의문문이다.
(A) [o] 30분 뒤에 중간 휴식 시간이 있다는 말로 관객들에게 다음 공연들에 관해 안내해야 하는 시점을 언급했으므로 정답이다.
(B) [×] 언제 관객들에게 다음 공연들에 관해 안내해야 할지를 물었는데 장소로 응답했으므로 오답이다. 질문의 When을 Where로 혼동하여
        Where should we inform the audience about upcoming shows(우리는 어디에서 관객들에게 다음 공연들에 관해 안내해야 할까요)
        로 생각해 정답으로 선택하지 않도록 주의한다.
(C) [×] 언제 관객들에게 다음 공연들에 관해 안내해야 할지를 물었는데 대상으로 응답했으므로 오답이다. 질문의 audience(관객)를 나타낼 수
        있는 people(사람들)을 사용하여 혼동을 주었다.

어휘   inform[infɔ́:rm] 안내하다, 알리다   intermission[ìntərmíʃən] 중간 휴식 시간, 막간

18

🎧 호주식 발음 → 미국식 발음

Why haven't you ever owned a vehicle?

(A) Bring it to the automotive shop.
(B) My city has a great public transit system.
(C) I guess we can drive.

당신은 왜 여태껏 차량을 소유한 적이 없나요?

(A) 자동차 매장에 그것을 가져오세요.
(B) 저희 도시는 좋은 대중교통 시스템을 갖췄어요.
(C) 우리가 운전할 수 있을 것 같아요.

■ Why 의문문   정답 (B)

왜 여태껏 차량을 소유한 적이 없는지를 묻는 Why 의문문이다.
(A) [×] vehicle(차량)과 관련 있는 automotive shop(자동차 매장)을 사용하여 혼동을 준 오답이다.
(B) [o] 자신의 도시가 좋은 대중교통 시스템을 갖췄다며 여태껏 차량을 소유한 적이 없는 이유를 언급했으므로 정답이다.
(C) [×] vehicle(차량)과 관련 있는 drive(운전하다)를 사용하여 혼동을 준 오답이다.

어휘   automotive[ɔ̀:təmóutiv] 자동차의   public transit 대중교통

🎧 영국식 발음 → 호주식 발음

Please don't forget to give me the files I requested.

(A) Don't worry about the ticket.
(B) You should pile the supplies in the corner.
(C) I wrote myself a reminder.

제가 요청한 파일들을 제게 주는 것을 잊지 마세요.

(A) 표에 대해서는 걱정하지 마세요.
(B) 당신은 용품들을 구석에 쌓아야 해요.
(C) 저 스스로에게 상기시켜주는 메모를 썼어요.

■ 평서문 　　　정답 (C)

자신이 요청한 파일들을 자신에게 주는 것을 잊지 말라고 요청하는 평서문이다.
(A) [×] 요청한 파일들을 자신에게 주는 것을 잊지 말라고 요청했는데, 이와 관련이 없는 표에 대해서는 걱정하지 말라는 내용으로 응답했으므로 오답이다. Don't worry about까지만 듣고 정답으로 고르지 않도록 주의한다.
(B) [×] 질문의 I를 나타낼 수 있는 You를 사용하고, files – pile의 유사 발음 어휘를 사용하여 혼동을 준 오답이다.
(C) [○] 스스로에게 상기시켜주는 메모를 썼다는 말로 잊지 않겠다는 것을 전달했으므로 정답이다.

어휘　pile[pail] 쌓다　in the corner 구석에　reminder[미 rimáindər, 영 rimáində] 상기시켜주는 메모

🎧 캐나다식 발음 → 영국식 발음

How did the conference attendees like your lecture about social media?

(A) Their Web site is due for upgrades.
(B) By heading to Conference Room 1.
(C) Overall, it was a success.

회의 참석자들은 소셜 미디어에 관한 당신의 강연을 마음에 들어 했나요?

(A) 그들의 웹사이트는 업그레이드될 예정이에요.
(B) 1번 회의실로 향함으로써요.
(C) 전반적으로, 그것은 성공적이었어요.

■ How 의문문 　　정답 (C)

회의 참석자들이 소셜 미디어에 관한 상대방의 강연을 마음에 들어 했는지를 묻는 How 의문문이다. How did ~ like가 의견을 묻는 것임을 이해할 수 있어야 한다.
(A) [×] social media(소셜 미디어)와 관련 있는 Web site(웹사이트)을 사용하여 혼동을 준 오답이다.
(B) [×] 회의 참석자들이 소셜 미디어에 관한 상대방의 강연을 마음에 들어 했는지를 물었는데 방법으로 응답했으므로 오답이다. 질문의 conference를 반복 사용하여 혼동을 주었다.
(C) [○] 전반적으로 그것은 성공적이었다는 말로 회의 참석자들이 강연을 마음에 들어 했음을 간접적으로 전달했으므로 정답이다.

어휘　attendee[ətèndíː] 참석자, 출석자　due for ~할 예정인　overall[미 ðuvərɔ́ːl, 영 əuvərɔ́ːl] 전반적으로

🎧 미국식 발음 → 캐나다식 발음

Are all the servers required to wear a uniform?

(A) They served snacks this afternoon.
(B) It is standard procedure.
(C) I think your outfit looks very nice.

모든 서빙하는 사람들이 유니폼을 입도록 요구되나요?

(A) 그들은 오늘 오후에 간식을 제공했어요.
(B) 그것은 표준 수칙이에요.
(C) 당신의 의상이 정말 멋진 것 같아요.

■ Be 동사 의문문 　　　　　　　　　　　　　　　　　　　　　　　　　　　　　　　　　　　　　　정답 (B)

모든 서빙하는 사람들이 유니폼을 입도록 요구되는지를 확인하는 Be 동사 의문문이다.
(A) [×] 질문의 servers(서빙하는 사람들)를 나타낼 수 있는 They를 사용하고, servers – served의 유사 발음 어휘를 사용하여 혼동을 준 오답이다.
(B) [○] 그것은 표준 수칙이라는 말로 모든 서빙하는 사람들이 유니폼을 입도록 요구된다는 것을 간접적으로 전달했으므로 정답이다.
(C) [×] uniform(유니폼)과 관련 있는 outfit(의상)을 사용하여 혼동을 준 오답이다.

어휘　server[sə́ːrvər] 서빙하는 사람, 웨이터　serve[səːrv] 제공하다　standard[stǽndərd] 표준의, 기준이 되는　procedure[prəsíːdʒər] 수칙, 절차
　　　outfit[áutfit] 의상

22

[미국식 발음 → 호주식 발음]

Should we order one or two desks for the office?

(A) I'm undecided.
(B) I will wait in the office.
(C) There are three lamps.

사무실에 놓을 책상을 한두 개 주문해야 할까요?

(A) 저는 결정하지 못했어요.
(B) 사무실에서 기다릴게요.
(C) 전등이 세 개 있어요.

■ 조동사 의문문   정답 (A)

사무실에 놓을 책상을 한두 개 주문해야 할지를 확인하는 조동사(Should) 의문문이다.
(A) [○] 결정하지 못했다는 말로 사무실에 놓을 책상을 한두 개 주문해야 할지 아직 결정하지 않았음을 전달했으므로 정답이다.
(B) [×] 사무실에 놓을 책상을 한두 개 주문해야 할지를 물었는데, 이와 관련이 없는 사무실에서 기다리겠다는 내용으로 응답했으므로 오답이다.
    질문의 office를 반복 사용하여 혼동을 주었다.
(C) [×] one or two(한두 개의)와 관련 있는 three(세 개의)를 사용하여 혼동을 준 오답이다.

어휘   undecided[ʌ̀ndisáidid] 결정하지 못한

23

[영국식 발음 → 캐나다식 발음]

Wouldn't you rather share a taxi to save money?

(A) We only accept cash.
(B) I'm riding with some friends.
(C) Taxes are going to increase.

돈을 절약하기 위해 택시에 합승하는 것이 낫지 않나요?

(A) 저희는 현금만 받아요.
(B) 저는 친구들 몇 명과 같이 탈 거예요.
(C) 세금이 인상될 거예요.

■ 제안 의문문   정답 (B)

돈을 절약하기 위해 택시에 합승하라는 제안 의문문이다. Wouldn't you rather가 제안하는 표현임을 이해할 수 있어야 한다.
(A) [×] money(돈)와 관련 있는 cash(현금)를 사용하여 혼동을 준 오답이다.
(B) [○] 친구들 몇 명과 같이 탈 것이라는 말로 돈을 절약하기 위해 택시에 합승하라는 제안을 수락한 정답이다.
(C) [×] 돈을 절약하기 위해 택시에 합승하라고 했는데, 이와 관련이 없는 세금이 인상될 것이라는 내용으로 응답했으므로 오답이다.
    taxi – Taxes의 유사 발음 어휘를 사용하여 혼동을 주었다.

어휘   share a taxi 택시에 합승하다   accept[æksépt] 받다

24

[호주식 발음 → 영국식 발음]

We're not sure how to make copies on this odd paper size.

(A) The tray has to be adjusted.
(B) You have a good idea.
(C) Our hats come in one size.

저희는 이 이상한 종이 크기에 어떻게 복사를 해야 할지 모르겠어요.

(A) 트레이가 조정되어야 해요.
(B) 당신에게 좋은 생각이 있군요.
(C) 저희 모자는 한 가지 사이즈로만 들어와요.

■ 평서문   정답 (A)

이상한 종이 크기에 어떻게 복사를 해야 할지 모르겠다는 문제점을 언급하는 평서문이다.
(A) [○] 트레이가 조정되어야 한다는 말로 문제점에 대한 해결책을 제시했으므로 정답이다.
(B) [×] not sure(잘 모르는)와 반대 의미인 have a good idea(좋은 생각이 있다)를 사용하여 혼동을 준 오답이다.
(C) [×] 이상한 종이 크기에 어떻게 복사를 해야 할지 모르겠다고 했는데, 이와 관련이 없는 자신들의 모자는 한 가지 사이즈로만 들어온다는 내용으로 응답했으므로 오답이다. 질문의 size를 반복 사용하여 혼동을 주었다.

어휘   odd[미 ɑd, 영 ɔd] 이상한, 특이한   tray[trei] 트레이, (다양한 용도로 쓰이는 납작한 플라스틱) 상자   adjust[ədʒʌ́st] 조정하다
    come in (상품 등이) 들어오다

25

○●●●상

🔊 캐나다식 발음 → 미국식 발음

A representative must inspect our factory in China, right?

(A) Some of the labor regulations.
(B) That won't be necessary.
(C) Yes, across from the plant.

대표가 중국에 있는 저희 공장을 점검해야만 해요, 그렇죠?

(A) 노동 규제들 중 몇 가지요.
(B) 그럴 필요는 없을 거예요.
(C) 네, 공장 건너편에요.

■ 부가 의문문   정답 (B)

대표가 중국에 있는 자신들의 공장을 점검해야만 하는지를 확인하는 부가 의문문이다.

(A) [×] inspect(점검하다)에서 연상할 수 있는 점검 대상과 관련된 labor regulations(노동 규제들)를 사용하여 혼동을 준 오답이다.
(B) [○] 그럴 필요는 없을 것이라는 말로 대표가 중국에 있는 자신들의 공장을 점검하지 않아도 된다는 것을 전달했으므로 정답이다.
(C) [×] 부가 의문문에 가능한 응답인 Yes를 사용하고, 질문의 factory(공장)와 같은 의미인 plant(공장)를 사용하여 혼동을 준 오답이다.

어휘 representative[rèprizéntətiv] 대표, 대리인 regulation[règjuléiʃən] 규제, 법규

26

○○○●상

🔊 호주식 발음 → 영국식 발음

Do you know what the fastest route downtown is?

(A) Take Sonny Street.
(B) Oh, just set them down.
(C) I know how they feel.

시내로 가는 가장 빠른 길이 무엇인지 아시나요?

(A) Sonny가로 가세요.
(B) 아, 그것들을 그냥 내려놓으세요.
(C) 그들이 어떤 기분일지 알아요.

■ 의문사를 포함한 일반 의문문   정답 (A)

의문사 what을 포함하여 시내로 가는 가장 빠른 길이 무엇인지 아는지를 묻는 일반 의문문이다.

(A) [○] Sonny가로 가라는 말로 시내로 가는 가장 빠른 길을 전달했으므로 정답이다.
(B) [×] 시내로 가는 가장 빠른 길이 무엇인지 아는지를 물었는데, 이와 관련이 없는 그것들을 그냥 내려놓으라는 내용으로 응답했으므로 오답이다. downtown – down의 유사 발음 어휘를 사용하여 혼동을 주었다.
(C) [×] 질문의 know를 반복 사용하여 혼동을 준 오답이다. I know(알아요)까지만 듣고 정답으로 고르지 않도록 주의한다.

어휘 route[ru:t] 길 downtown[dàuntáun] 시내로 set down ~을 내려놓다

27

○●●●상

🔊 미국식 발음 → 캐나다식 발음

Will the architect be able to stop by for a consultation today?

(A) Well, the building has modern furnishings.
(B) A tour of the architecture in Delaware.
(C) Her assistant made an appointment for 3 P.M.

건축가가 상담을 위해 오늘 들를 수 있을까요?

(A) 음, 그 건물은 현대적인 가구들을 갖추고 있어요.
(B) 델라웨어에 있는 건축물 관광이요.
(C) 그녀의 비서가 오후 3시로 약속을 잡았어요.

■ 조동사 의문문   정답 (C)

건축가가 상담을 위해 오늘 들를 수 있을지를 확인하는 조동사(Will) 의문문이다.

(A) [×] architect(건축가)와 관련 있는 building(건물)을 사용하여 혼동을 준 오답이다.
(B) [×] 건축가가 상담을 위해 오늘 들를 수 있을지를 물었는데, 이와 관련이 없는 델라웨어에 있는 건축물 관광이라는 말로 응답했으므로 오답이다. architect – architecture의 유사 발음 어휘를 사용하여 혼동을 주었다.
(C) [○] 그녀의 비서가 오후 3시로 약속을 잡았다는 말로 건축가가 상담을 위해 오늘 들를 수 있음을 간접적으로 전달했으므로 정답이다.

어휘 architect[á:rkətèkt] 건축가 consultation[kànsəltéiʃən] 상담, 상담 furnishing[fə́:rniʃiŋ] 가구 architecture[á:rkitèktʃər] 건축물

28

🎧 영국식 발음 → 호주식 발음

○○○○
●●○○
상

How can I access my online bank account while I'm overseas?

(A) Our financial institution has expanded.
(B) Just log in using your normal information.
(C) You'll thoroughly enjoy traveling abroad.

제가 해외에 있는 동안 제 온라인 은행 계좌에 어떻게 접속할 수 있나요?

(A) 저희 금융 기관은 확장했어요.
(B) 당신의 기본 정보를 사용하여 로그인만 하세요.
(C) 해외로 여행가는 것을 아주 즐기게 될 거예요.

■ How 의문문
정답 (B)

해외에 있는 동안 자신의 온라인 은행 계좌에 어떻게 접속할 수 있는지를 묻는 How 의문문이다. How가 방법을 묻는 것임을 이해할 수 있어야 한다.

(A) [x] bank account(은행 계좌)와 관련 있는 financial institution(금융 기관)을 사용하여 혼동을 준 오답이다.
(B) [o] 기본 정보를 사용하여 로그인만 하라는 말로 해외에 있는 동안 온라인 은행 계좌에 접속하는 방법을 언급했으므로 정답이다.
(C) [x] 질문의 I를 나타낼 수 있는 You를 사용하고, 질문의 overseas(해외에)와 같은 의미인 abroad(해외로)를 사용하여 혼동을 준 오답이다.

어휘 institution [미 ìnstətjúːʃən, 영 ìnstitjúːʃən] 기관 thoroughly [미 θə́ːrouli, 영 θʌ́rəli] 아주, 대단히

29

🎧 미국식 발음 → 캐나다식 발음

○○○○
●●●●
상

What is the plan for replacing Ms. Jenkins after her retirement?

(A) We're hoping to hire internally.
(B) Formal attire is required at the party.
(C) She's been with us for 30 years.

Ms. Jenkins의 은퇴 후에 그녀를 대체하기 위한 계획은 무엇인가요?

(A) 저희는 내부적으로 채용하길 원해요.
(B) 파티에 정장이 요구돼요.
(C) 그녀는 30년 동안 우리와 함께했어요.

■ What 의문문
정답 (A)

Ms. Jenkins의 은퇴 후에 그녀를 대체하기 위한 계획이 무엇인지를 묻는 What 의문문이다.

(A) [o] 내부적으로 채용하길 원한다는 말로 Ms. Jenkins를 대체하기 위한 계획을 언급했으므로 정답이다.
(B) [x] Ms. Jenkins의 은퇴 후에 그녀를 대체하기 위한 계획이 무엇인지를 물었는데, 이와 관련이 없는 파티에 정장이 요구된다는 내용으로 응답했으므로 오답이다. retirement – required의 유사 발음 어휘를 사용하여 혼동을 주었다.
(C) [x] 질문의 Ms. Jenkins를 나타낼 수 있는 She를 사용하고, retirement(은퇴)에서 연상할 수 있는 근무 기간과 관련된 for 30 years (30년 동안)를 사용하여 혼동을 준 오답이다.

어휘 retirement [ritáiərmənt] 은퇴 internally [intə́ːrnəli] 내부적으로 formal attire 정장

30

🎧 호주식 발음 → 미국식 발음

○○○○
●●●●
상

This rental space is very conveniently located.

(A) It's on top of the microwave.
(B) I have a feeling it's overpriced.
(C) No, another parking space.

이 임대 공간은 매우 편리한 곳에 위치해 있어요.

(A) 그것은 전자레인지 위에 있어요.
(B) 전 그것이 너무 비싸다는 생각이 들어요.
(C) 아니요, 다른 주차 공간이요.

■ 평서문
정답 (B)

임대 공간이 매우 편리한 곳에 위치해 있다는 의견을 제시하는 평서문이다.

(A) [x] located(위치해 있다)와 관련 있는 on top of(~의 위에)를 사용하여 혼동을 준 오답이다.
(B) [o] 너무 비싸다는 생각이 든다는 말로 임대 공간에 대한 의견을 언급했으므로 정답이다.
(C) [x] 임대 공간이 매우 편리한 곳에 위치해 있다고 했는데, 이와 관련이 없는 다른 주차 공간이라는 말로 응답했으므로 오답이다. 질문의 space를 반복 사용하여 혼동을 주었다.

어휘 microwave [máikrəweiv] 전자레인지 overpriced [òuvərpráist] 너무 비싼

31

[3예] 영국식 발음 → 캐나다식 발음

Are you willing to write a reference letter on my behalf?

(A) All the résumés were left in that folder.
(B) If you don't need one until next week.
(C) Yes, both reference manuals.

당신은 저를 위해 추천서를 써주실 의향이 있나요?

(A) 모든 이력서들은 저 서류철 안에 있었어요.
(B) 만약 당신이 다음 주까지 필요하지 않다면요.
(C) 네, 참조 설명서 둘 다요.

■ Be 동사 의문문

정답 (B)

자신을 위해 추천서를 써줄 의향이 있는지를 확인하는 Be 동사 의문문이다.

(A) [×] reference letter(추천서)와 관련 있는 résumés(이력서들)를 사용하여 혼동을 준 오답이다.

(B) [○] 만약 다음 주까지 필요하지 않다면이라는 말로 추천서를 써줄 의향이 있음을 간접적으로 전달했으므로 정답이다.

(C) [×] 질문의 reference letter(추천서)의 reference를 '참조'라는 의미로 반복 사용하여 혼동을 준 오답이다. Yes만 듣고 정답으로 고르지 않도록 주의한다.

어휘 be willing to ~할 의향이 있다 reference letter 추천서 on one's behalf ~를 위해, ~를 대신하여 reference manual 참조 설명서

32
33
34

Questions 32-34 refer to the following conversation.

영국식 발음 → 호주식 발음

W: ³²Now that we've finished weeding the existing flowerbed, the new rose bushes must be planted along the front of the customer's house. This task will take us a couple of hours at most to complete, so we'll be done with it by lunchtime.

M: OK, but ³³before we unload the plants, holes need to be dug for the bushes. I'll pull our shovels and work gloves out of the truck.

W: ³⁴Could you also bring over the small cart? We'll use it to carry away the excess dirt.

M: Oh! ³⁴I didn't remember to pack that this morning. I'd better go get it from our company's shed. Sorry about that.

32 Who most likely are the speakers?
(A) Park rangers
(B) Construction workers
(C) Florists
(D) Landscapers

33 What does the man want to do first?
(A) Prepare the ground for plants
(B) Fill in holes with dirt
(C) Go on an early lunch break
(D) Clean out the back of a truck

34 What problem does the man mention?
(A) A cart was left behind.
(B) A bush cannot be removed.
(C) A glove was damaged.
(D) A shovel is not large enough.

32-34번은 다음 대화에 관한 문제입니다.

W: ³²이제 우리가 기존 화단의 잡초를 뽑는 것을 끝냈으므로, 고객의 집 앞을 따라 새로운 장미 덤불들이 심어져야 해요. 이 작업은 완료하는 데 기껏해야 두 시간 정도 걸릴 거라서, 우리는 점심시간까지 그것을 끝낼 거예요.

M: 네, 그렇지만 ³³식물들을 내리기 전에, 덤불들을 위한 구덩이들이 파져야 해요. 제가 트럭에서 우리의 삽들과 작업용 장갑들을 꺼내올게요.

W: ³⁴소형 손수레도 가져다줄 수 있나요? 우리는 여분의 흙을 운반하기 위해 그걸 사용할 거예요.

M: 아! ³⁴저는 오늘 아침에 그것을 챙기는 것을 잊어버렸어요. 우리 회사 창고에 가서 그걸 가지고 오는 게 좋겠네요. 죄송해요.

32. 화자들은 누구인 것 같은가?
(A) 공원 경비원들
(B) 공사 인부들
(C) 꽃집 직원들
(D) 정원사들

33. 남자는 무엇을 먼저 하고 싶어 하는가?
(A) 식물들을 위해 땅을 준비시킨다.
(B) 흙으로 구덩이들을 채운다.
(C) 점심시간을 일찍 시작한다.
(D) 트럭 뒤쪽을 깨끗이 치운다.

34. 남자는 무슨 문제를 언급하는가?
(A) 손수레를 두고 왔다.
(B) 덤불을 제거할 수 없다.
(C) 장갑이 훼손되었다.
(D) 삽이 충분히 크지 않다.

지문 weed[wi:d] 잡초를 뽑다 flowerbed[미 fláuərbèd, 영 fláuəbèd] 화단 at most 기껏해야, 많이 봐야 carry away ~을 운반하다
excess[iksés] 여분의, 초과의 pack[pæk] 챙기다 shed[ʃed] 창고
32 park ranger 공원 경비원 florist[flɔ́:rist] 꽃집 직원, 화초 재배가 landscaper[lǽndskèipər] 정원사
34 leave behind 두고 가다

32 ■ 전체 대화 관련 문제 화자   정답 (D)
화자들의 신분을 묻는 문제이므로, 신분 및 직업과 관련된 표현을 놓치지 않고 듣는다. 여자가 남자에게 "Now that we've finished weeding the existing flowerbed, the new rose bushes must be planted along the front of the customer's house."라며 이제 자신들이 기존 화단의 잡초를 뽑는 것을 끝냈으므로, 고객의 집 앞을 따라 새로운 장미 덤불들이 심어져야 한다고 한 말을 통해 화자들이 정원사들임을 알 수 있다. 따라서 정답은 (D) Landscapers이다.

33 ■ 세부 사항 관련 문제 특정 세부 사항   정답 (A)
남자가 먼저 하고 싶어 하는 것을 묻는 문제이므로, 질문의 핵심어구(do first)와 관련된 내용을 주의 깊게 듣는다. 남자가 "before we unload the plants, holes need to be dug for the bushes"라며 식물들을 내리기 전에 덤불들을 위한 구덩이들이 파져야 한다고 하였다. 따라서 정답은 (A) Prepare the ground for plants이다.

바꾸어 표현하기
holes need to be dug for the bushes 덤불들을 위한 구덩이들이 파져야 한다 → Prepare the ground for plants 식물들을 위해 땅을 준비시키다

34 ■ 세부 사항 관련 문제 문제점   정답 (A)
남자가 언급한 문제점을 묻는 문제이므로, 남자의 말에서 부정적인 표현이 언급된 다음을 주의 깊게 듣는다. 여자가 남자에게 "Could you also bring over the small cart?"라며 소형 손수레도 가져다줄 수 있냐고 묻자, 남자가 "I didn't remember to pack that this morning."이라며 오늘 아침에 그것을 챙기는 것을 잊어버렸다고 하였다. 따라서 정답은 (A) A cart was left behind이다.

TEST | 01 | 02 | 03 | 04 | 05 | 06 | **07** | 08 | 09 | 10 해커스 토익 실전 1000제 3 Listening

Questions 35-37 refer to the following conversation.

🎧 캐나다식 발음 → 미국식 발음

M: Welcome to Harvey Home Goods. How can I help you?

W: Yes. ³⁵I need hooks that adhere to the wall—not ones that are drilled in—to hang paintings in my apartment.

M: Those are in Aisle 13, which is where we keep hardware and fixtures. ³⁶Is there anything else I can give you a hand locating?

W: Thanks, but I'm pretty sure ³⁶I remember where the other products I need are located.

M: All right. Just in case you have trouble finding other products, ³⁷there's a . . . um . . . computer that you can use to search for store merchandise. The machine indicates where specific goods are shelved as well as whether they're in stock. It's situated near the front doors.

35 What is the woman trying to find?
(A) A spray cleaner
(B) A power drill
(C) Some artwork
(D) Some hooks

36 Why does the woman reject an offer?
(A) She is being assisted by other staff.
(B) She is not interested in a promotion.
(C) She knows where some items are stocked.
(D) She knows why a product is sold out.

37 According to the man, how can the woman get more information?
(A) By downloading an application
(B) By picking up a shop directory
(C) By seeking out employees
(D) By using a device

35-37번은 다음 대화에 관한 문제입니다.

M: Harvey 가정용품점에 오신 것을 환영합니다. 어떻게 도와드릴까요?

W: 네. 제 아파트에 그림들을 걸기 위해 ³⁵벽에 부착되는 고리들이 필요해요, 벽에 구멍을 뚫는 것들 말고요.

M: 그것들은 13번 통로에 있는데, 거기는 저희가 철물류와 고정 장치들을 비치해두는 곳입니다. ³⁶제가 위치를 찾는데 도와드릴 수 있는 다른 것이 또 있나요?

W: 감사하지만, ³⁶다른 필요한 상품들은 어디에 위치해 있는지 기억하고 있다고 꽤 확신해요.

M: 알겠습니다. 단지 귀하가 다른 상품들을 찾는 데 문제가 있을 경우를 대비해서, ³⁷음… 가게 물품을 검색하는 데 사용하실 수 있는 컴퓨터가… 있습니다. 그 기계는 특정 상품들의 재고가 있는지 뿐만 아니라 그것들이 어느 선반에 놓여 있는지도 알려줍니다. 그것은 정문 근처에 놓여 있습니다.

35. 여자는 무엇을 찾으려 하고 있는가?
(A) 분무형 세제
(B) 전동 드릴
(C) 미술품
(D) 고리들

36. 여자는 왜 제안을 거절하는가?
(A) 그녀는 다른 직원들에게 도움을 받고 있다.
(B) 그녀는 판촉 상품에 관심이 없다.
(C) 그녀는 몇몇 물품들이 있는 곳을 알고 있다.
(D) 그녀는 상품이 매진된 이유를 알고 있다.

37. 남자에 따르면, 여자는 어떻게 더 많은 정보를 얻을 수 있는가?
(A) 애플리케이션을 다운로드함으로써
(B) 가게 안내 책자를 가져옴으로써
(C) 직원들을 찾음으로써
(D) 기기를 사용함으로써

지문 adhere[ædhíər] 부착되다 hardware[háːrdwer] 철물류 fixture[fíkstʃər] 고정 장치 shelve[ʃelv] 선반에 놓다 situate[sítʃuèit] 놓다

35 ■ **세부 사항 관련 문제** 특정 세부 사항 　　　　　　　　　　　　　　　　　　　　　　　　　　　　　정답 (D)

여자가 찾으려 하고 있는 것을 묻는 문제이므로, 질문의 핵심어구(trying to find)와 관련된 내용을 주의 깊게 듣는다. 여자가 "I need hooks that adhere to the wall"이라며 벽에 부착되는 고리들이 필요하다고 하였다. 따라서 정답은 (D) Some hooks이다.

36 ■ **세부 사항 관련 문제** 이유 　　　　　　　　　　　　　　　　　　　　　　　　　　　　　　　　정답 (C)

여자가 제안을 거절하는 이유를 묻는 문제이므로, 질문의 핵심어구(reject an offer)와 관련된 내용을 주의 깊게 듣는다. 남자가 "Is there anything else I can give you a hand locating?"이라며 위치를 찾는데 도와줄 수 있는 다른 것이 또 있는지 묻자, 여자가 "I remember where the other products I need are located"라며 다른 필요한 상품들이 어디에 위치해 있는지 기억하고 있다고 하였다. 따라서 정답은 (C) She knows where some items are stocked이다.

바꾸어 표현하기

remember where ~ products ~ are located 상품들이 어디에 위치해 있는지 기억하다 → knows where ~ items are stocked 물품들이 있는 곳을 알고 있다

37 ■ **세부 사항 관련 문제** 방법 　　　　　　　　　　　　　　　　　　　　　　　　　　　　　　　　정답 (D)

남자가 여자가 더 많은 정보를 얻을 수 있는 방법이라고 말한 것을 묻는 문제이므로, 남자의 말에서 질문의 핵심어구(get more information)와 관련된 내용을 주의 깊게 듣는다. 남자가 "there's a ~ computer that you can use to search for store merchandise. The machine indicates where specific goods are shelved as well as whether they're in stock."이라며 가게 물품을 검색하는 데 사용할 수 있는 컴퓨터가 있다고 한 뒤, 그 기계는 특정 상품들의 재고가 있는지 뿐만 아니라 그것들이 어느 선반에 놓여 있는지도 알려준다고 하였다. 따라서 정답은 (D) By using a device이다.

Questions 38-40 refer to the following conversation with three speakers.

38-40번은 다음 세 명의 대화에 관한 문제입니다.

[3a] 영국식 발음 → 호주식 발음 → 캐나다식 발음

W: 38I'm supposed to work at this cash register today, but the scanner isn't working. Do you think it might be broken?

M1: That's odd. Bill, could you help us out?

M2: Oh, I switched off the scanner this morning while cleaning the checkout area. 39You just need to switch it back on before your shift starts to reset it.

W: I see. How do I turn it back on?

M2: The switch is located on the left side of the scanner. Um, 40this is all in the manual under the register.

W: Thanks. 40I should probably review that again.

M1: That's a good idea. 40There's some other information in there that you need to know.

W: 38저는 오늘 이 현금 등록기에서 일하기로 되어 있는데, 스캐너가 작동하지 않아요. 고장이 났을 수도 있다고 생각하시나요?

M1: 그건 이상하네요. Bill, 저희를 좀 도와주실 수 있나요?

M2: 오, 제가 오늘 일찍 계산대 구역을 청소할 때 스캐너를 꺼두었어요. 39그걸 재작동시키기 위해서는 근무를 시작하기 전에 다시 켜기만 하면 돼요.

W: 그렇군요. 어떻게 다시 켜나요?

M2: 스캐너의 왼쪽에 스위치가 있어요. 음, 40이건 모두 계산대 아래의 설명서에 있어요.

W: 감사합니다. 40아마 제가 그걸 다시 읽어봐야겠네요.

M1: 좋은 생각이에요. 40거기엔 당신이 알아야 할 다른 정보들도 좀 있어요.

38 Where most likely are the speakers?
(A) In a retail store
(B) In a store room
(C) In a printing office
(D) In a community center

38. 화자들은 어디에 있는 것 같은가?
(A) 소매점에
(B) 저장고에
(C) 인쇄실에
(D) 시민회관에

39 What does the woman need to do before her shift?
(A) Check a shift schedule
(B) Sign up for training
(C) Restart a device
(D) Order some supplies

39. 여자는 그녀의 근무 시간 전에 무엇을 해야 하는가?
(A) 근무 일정을 확인한다.
(B) 연수에 등록한다.
(C) 기기를 재가동시킨다.
(D) 비품을 주문한다.

40 How can the woman obtain more information?
(A) By speaking to a supervisor
(B) By downloading a manual
(C) By reviewing some instructions
(D) By looking at a posted notice

40. 여자는 어떻게 더 많은 정보를 얻을 수 있는가?
(A) 관리자와 이야기함으로써
(B) 설명서를 다운로드함으로써
(C) 설명을 다시 읽어봄으로써
(D) 게시된 공지를 봄으로써

지문 cash register 현금 등록기 checkout[tʃékaut] 계산대

38 ■ **전체 대화 관련 문제** 장소　　　　　　　　　　　　　　　　　　　　　　　　　　　　　　　　　　　정답 (A)

대화가 일어나는 장소를 묻는 문제이므로, 장소와 관련된 표현을 놓치지 않고 듣는다. 여자가 "I'm supposed to work at this cash register today, but the scanner isn't working."이라며 자신이 오늘 이 현금 등록기에서 일하기로 되어 있는데, 스캐너가 작동하지 않는다고 하였다. 이를 통해 화자들이 소매점에 있다는 것을 알 수 있다. 따라서 정답은 (A) In a retail store이다.

39 ■ **세부 사항 관련 문제** 특정 세부 사항　　　　　　　　　　　　　　　　　　　　　　　　　　　　　　정답 (C)

여자가 근무 시간 전에 무엇을 해야 하는지를 묻는 문제이므로, 질문의 핵심어구(woman need to do before her shift)와 관련된 내용을 주의 깊게 듣는다. 남자가 "You just need to switch it[scanner] back on before your shift starts to reset it."이라며 스캐너를 재작동시키기 위해서는 근무를 시작하기 전에 다시 켜기만 하면 된다고 하였다. 따라서 정답은 (C) Restart a device이다.

40 ■ **세부 사항 관련 문제** 특정 세부 사항　　　　　　　　　　　　　　　　　　　　　　　　　　　　　　정답 (C)

여자가 어떻게 더 많은 정보를 얻을 수 있는지를 묻는 문제이므로, 질문의 핵심어구(obtain more information)와 관련된 내용을 주의 깊게 듣는다. 남자 2가 "this is all in the manual under the register"라며 스캐너에 관한 정보들은 모두 계산대 아래의 설명서에 있다고 하자, 여자가 "I should probably review that[manual] again."이라며 설명서를 다시 읽어봐야겠다고 하고, 남자 1이 "There's some other information in there that you need to know."라며 거기엔 여자가 알아야 할 다른 정보들도 좀 있다고 하였다. 따라서 정답은 (C) By reviewing some instructions이다.

Questions 41-43 refer to the following conversation.

🎧 캐나다식 발음 → 영국식 발음

M: ⁴¹I want to talk about the banquet Crest Financial hired us to organize. ⁴²I'm worried that Goldfish, the band we hired, won't be able to perform. Have you heard from them?

W: I got an e-mail this morning. But that reminds me . . . ⁴²Do we need to buy extra decorations for them?

M: I think the flowers and banners are enough.

W: Great. In that case, we don't have any more expenses to factor in, as our client has hired a catering company to provide the food.

M: Right. ⁴³Our client will be pleased to know the budget is larger than necessary.

41 Who most likely are the speakers?
(A) Professional musicians
(B) Event planners
(C) Company board members
(D) Financial consultants

42 Why does the woman say, "I got an e-mail this morning"?
(A) To express confusion
(B) To report an error
(C) To ask for assistance
(D) To give assurance

43 What is mentioned about a budget?
(A) It covered all the essential expenses.
(B) It is going to be increased soon.
(C) It will be announced to a team.
(D) It should be spent on catering.

41-43번은 다음 대화에 관한 문제입니다.

M: ⁴¹저는 Crest Financial이 연회를 계획하고자 우리를 고용한 건에 관해 이야기하고 싶습니다. ⁴²저는 우리가 고용한 밴드인 Goldfish가 공연을 할 수 없을까 걱정돼요. 그들에게서 들은 것이 있나요?

W: 오늘 아침에 이메일을 받았어요. 하지만 그것이 제게 상기시키네요... ⁴²우리가 그들을 위해 추가로 장식품들을 사야 할까요?

M: 꽃들과 배너들로 충분하다고 생각해요.

W: 좋아요. 그렇다면, 우리의 고객이 음식을 제공해줄 음식 공급 업체를 고용하였으므로, 우리는 더 이상 고려해야 하는 비용이 없어요.

M: 맞아요. ⁴³우리의 고객은 예산이 필요한 것보다 더 많다는 것을 알게 되면 기뻐할 거예요.

41. 화자들은 누구인 것 같은가?
(A) 전문 음악가들
(B) 이벤트 기획자들
(C) 회사 임원들
(D) 금융 컨설턴트

42. 여자는 왜 "오늘 아침에 이메일을 받았어요"라고 말하는가?
(A) 혼란스러움을 표현하기 위해
(B) 오류를 보고하기 위해
(C) 조력을 요청하기 위해
(D) 확신을 주기 위해

43. 예산에 관해 무엇이 언급되는가?
(A) 모든 필수적인 비용을 부담했다.
(B) 곧 증액될 것이다.
(C) 팀에게 공지될 것이다.
(D) 음식 공급 업체에 쓰여야 한다.

지문 banquet[bǽŋkwit] 연회 remind[rimáind] 상기시키다, 생각나게 하다 factor in 고려하다 cater[kéitər] 음식을 공급하다
41 board member 임원, 이사
42 assurance[미 əʃúrəns, 영 əʃúərəns] 확신, 확언
43 essential[isénʃəl] 필수적인

---

41 ■ 전체 대화 관련 문제 화자   정답 (B)

화자들의 신분을 묻는 문제이므로, 신분 및 직업과 관련된 표현을 놓치지 않고 듣는다. 남자가 "I want to talk about the banquet Crest Financial hired us to organize."라며 Crest Financial이 연회를 계획하고자 화자들을 고용한 건에 관해 이야기하고 싶다고 하였다. 이를 통해 화자들이 이벤트 기획자들임을 알 수 있다. 따라서 정답은 (B) Event planners이다.

42 ■ 세부 사항 관련 문제 의도 파악   정답 (D)

여자가 하는 말의 의도를 묻는 문제이므로, 질문의 인용어구(I got an e-mail this morning)가 언급된 주변을 주의 깊게 듣는다. 남자가 "I'm worried that Goldfish, the band we hired, won't be able to perform. Have you heard from them?"이라며 화자들이 고용한 밴드인 Goldfish가 공연을 할 수 없을까 걱정이 되며 그들에게서 들은 것이 있는지 묻자, 여자가 "I got an e-mail this morning."이라며 오늘 아침에 이메일을 받았다고 한 뒤, "Do we need to buy extra decorations for them[band]?"이라며 밴드를 위해 추가로 장식품들을 사야 할지 되물었다. 이를 통해 밴드가 공연할 것이라는 확신을 주려는 의도였음을 알 수 있다. 따라서 정답은 (D) To give assurance이다.

43 ■ 세부 사항 관련 문제 언급   정답 (A)

예산에 관해 언급되는 것을 묻는 문제이므로, 질문의 핵심어구(budget)가 언급된 주변을 주의 깊게 듣는다. 남자가 "Our client will be pleased to know the budget is larger than necessary."라며 자신들의 고객은 예산이 필요한 것보다 더 많다는 것을 알게 된다면 기뻐할 것이라고 하였다. 따라서 정답은 (A) It covered all the essential expenses이다.

44
45
46

Questions 44-46 refer to the following conversation.

🎧 미국식 발음 → 호주식 발음

W: Thank you for setting aside some time to talk with me, Mr. Gabo. Now, ⁴⁴I'll explain why your retail outlet should stock the DirtDuster vacuum cleaner. First, ⁴⁵the DirtDuster has a motor attached to the wheels, making it self-propelled. Plus, it can be used on hard surfaces as well as carpets.

M: I don't know. We already have the SwiftClean, which works well on wood floors.

W: But unlike the SwiftClean, the DirtDuster is guaranteed not to leave scratches on any surfaces. Consumer polls indicate that people really appreciate this aspect of the vacuum.

M: Well, ⁴⁶I'd like you to demonstrate how the machine operates before I decide. You can use it on the floor in our staff kitchen, just down the hall.

44 Who most likely is the woman?
(A) A repairperson
(B) A salesperson
(C) A janitor
(D) A maintenance worker

45 According to the woman, what is a feature of the product?
(A) It can move itself.
(B) It can be cleaned easily.
(C) It is environmentally friendly.
(D) It comes in various sizes.

46 What will most likely happen next?
(A) A floor will be blocked off.
(B) A store will be restocked.
(C) A device will be used.
(D) An item will be put on sale.

44-46번은 다음 대화에 관한 문제입니다.

W: 저와 이야기하기 위해 시간을 좀 비워둬 주셔서 감사합니다, Mr. Gabo. 이제, ⁴⁴저는 귀하의 소매점이 왜 DirtDuster 진공청소기를 들여놓으셔야 하는지 설명하겠습니다. 먼저, ⁴⁵DirtDuster는 바퀴들에 부착된 모터가 있는데, 이는 그것이 자동으로 나아가게 합니다. 게다가, 그것은 카펫뿐만 아니라 딱딱한 표면 위에서도 사용될 수 있습니다.

M: 모르겠어요. 저희는 이미 SwiftClean을 가지고 있는데, 그건 나무 바닥에서 잘 작동하거든요.

W: 하지만 SwiftClean과 달리, DirtDuster는 어느 표면에도 긁힌 자국을 남기지 않는 것이 보장됩니다. 소비자 여론 조사는 사람들이 진공청소기의 이 측면을 정말 높이 평가한다는 것을 보여줍니다.

M: 글쎄요, ⁴⁶제가 결정하기 전에 당신이 그 기계가 어떻게 작동하는지 보여주셨으면 좋겠어요. 당신은 그것을 복도를 따라 아래쪽에 있는 저희 직원 주방 바닥에서 사용하시면 돼요.

44. 여자는 누구인 것 같은가?
(A) 수리공
(B) 판매원
(C) 관리인
(D) 정비 직원

45. 여자에 따르면, 제품의 특징은 무엇인가?
(A) 스스로 움직일 수 있다.
(B) 쉽게 세척될 수 있다.
(C) 환경친화적이다.
(D) 다양한 크기로 나온다.

46. 다음에 무슨 일이 일어날 것 같은가?
(A) 한 층이 차단될 것이다.
(B) 가게에 재고가 채워질 것이다.
(C) 기기가 사용될 것이다.
(D) 물품이 내놓아질 것이다.

지문 set aside ~을 비워두다 guarantee[gǽrəntíː] 보장하다 scratch[skrætʃ] 긁힌 자국 poll[pɑl] 여론 조사 appreciate[əpríːʃièit] 높이 평가하다
aspect[ǽspekt] 측면
44 janitor[dʒǽnitər] 관리인, 수위 maintenance[méintənəns] 정비
46 put on sale 내놓다

44 ■ **전체 대화 관련 문제** 화자 〔정답 (B)〕

여자의 신분을 묻는 문제이므로, 신분 및 직업과 관련된 표현을 놓치지 않고 듣는다. 여자가 "I'll explain why your retail outlet should stock the DirtDuster vacuum cleaner"라며 남자의 소매점이 왜 DirtDuster 진공청소기를 들여놓아야 하는지 설명하겠다고 하는 말을 통해 여자가 판매원이라는 것을 알 수 있다. 따라서 정답은 (B) A salesperson이다.

45 ■ **세부 사항 관련 문제** 특정 세부 사항 〔정답 (A)〕

여자가 제품의 특징이라고 말한 것을 묻는 문제이므로, 여자의 말에서 질문의 핵심어구(feature of the product)와 관련된 내용을 주의 깊게 듣는다. 여자가 "the DirtDuster has a motor attached to the wheels, making it self-propelled"라며 DirtDuster는 바퀴들에 부착된 모터가 있는데, 이는 그것이 자동으로 나아가게 한다고 하였다. 따라서 정답은 (A) It can move itself이다.

바꾸어 표현하기
self-propelled 자동으로 나아가는 → move itself 스스로 움직이다

46 ■ **세부 사항 관련 문제** 다음에 할 일 〔정답 (C)〕

다음에 일어날 일을 묻는 문제이므로, 대화의 마지막 부분을 주의 깊게 듣는다. 남자가 여자에게 "I'd like you to demonstrate how the machine operates ~. You can use it on the floor in our staff kitchen"이라며 기계가 어떻게 작동하는지 보여줬으면 좋겠다고 한 뒤, 직원 주방 바닥에서 사용하면 된다고 하였다. 이를 통해 기기가 사용될 것임을 알 수 있다. 따라서 정답은 (C) A device will be used 이다.

해커스 토익 실전 1000제 3 Listening

Questions 47-49 refer to the following conversation with three speakers.

[3] 캐나다식 발음 → 호주식 발음 → 미국식 발음

M1: Look at this. ⁴⁷Someone must have accidentally poured a beverage on the lobby sofa.

M2: Yeah, I see what you mean. It still looks pretty wet, so it probably happened recently.

W: ⁴⁸We should let the hotel receptionist know, so it can be dealt with.

M2: OK. I'll tell them about it now while we wait for our rooms to be prepared for us.

W: And could you ask them when the pool closes? ⁴⁹I'd like to swim this evening before I head out for the music festival.

M1: Unfortunately, ⁴⁹the singer we want to see starts performing at 8:30 P.M.—just an hour from now. So, I don't think we'll have time.

47 What is the problem?
(A) A lobby is crowded.
(B) A drink has been spilled.
(C) A hotel has no vacancies.
(D) A room is too small.

48 What solution does the woman suggest?
(A) Talking to a personnel member
(B) Canceling hotel reservations
(C) Finding some other chairs
(D) Modifying an itinerary

49 Why will the woman be unable to use the swimming pool?
(A) A check-in process was delayed.
(B) A performance has been scheduled.
(C) The facility is being remodeled.
(D) The water is being tested.

47-49번은 다음 세 명의 대화에 관한 문제입니다.

M1: 이것 보세요. ⁴⁷누군가가 이 로비 소파에 잘못해서 음료를 쏟은 것이 틀림없어요.

M2: 네, 무슨 말인지 알겠어요. 그건 아직도 상당히 축축해 보이니, 아마도 최근에 일어났을 거예요.

W: ⁴⁸이것이 처리될 수 있도록, 우리가 호텔 접수원에게 알려야 해요.

M2: 좋아요. 우리 객실들이 준비되는 것을 기다리는 동안 제가 지금 그들에게 그것에 관해 이야기할게요.

W: 그리고 그들에게 수영장이 언제 닫는지 물어봐 주시겠어요? ⁴⁹음악 축제에 가기 전 오늘 저녁에 수영을 하고 싶어요.

M1: 안타깝게도, ⁴⁹우리가 보고 싶어 하는 가수는 오후 8시 30분에 공연을 시작해요, 지금으로부터 딱 1시간 후에요. 그래서, 우리는 시간이 없을 것 같아요.

47. 무엇이 문제인가?
(A) 로비가 혼잡하다.
(B) 음료가 쏟아졌다.
(C) 호텔에 빈 객실이 없다.
(D) 객실이 너무 작다.

48. 여자는 무슨 해결책을 제안하는가?
(A) 직원에게 이야기하기
(B) 호텔 예약을 취소하기
(C) 다른 의자들을 찾기
(D) 여행 일정을 변경하기

49. 여자는 왜 수영장을 이용할 수 없을 것인가?
(A) 투숙 절차가 지연되었다.
(B) 공연이 예정되어 있다.
(C) 시설이 개조되고 있다.
(D) 물이 검사되고 있다.

47 crowded[kráudid] 혼잡한, 붐비는 spill[spil] 쏟다 vacancy[véikənsi] 빈 객실
48 personnel[pə̀ːrsənél] 직원 modify[mádəfài] 변경하다 itinerary[aitínərèri] 여행 일정

47 ■ 세부 사항 관련 문제 문제점　　　　　　　　　　　　　　　　　　　　　　　　　　　　　　　　　　　정답 (B)

문제점을 묻는 문제이므로, 대화에서 부정적인 표현이 언급된 다음을 주의 깊게 듣는다. 남자 1이 "Someone must have accidentally poured a beverage on the lobby sofa."라며 누군가가 로비 소파에 잘못해서 음료를 쏟은 것이 틀림없다고 하였다. 따라서 정답은 (B) A drink has been spilled이다.

48 ■ 세부 사항 관련 문제 제안　　　　　　　　　　　　　　　　　　　　　　　　　　　　　　　　　　　　정답 (A)

여자가 제안하는 해결책을 묻는 문제이므로, 여자의 말에서 제안과 관련된 표현이 언급된 다음을 주의 깊게 듣는다. 여자가 "We should let the hotel receptionist know, so it can be dealt with."라며 이것이 처리될 수 있도록 자신들이 호텔 접수원에게 알려야 한다고 하였다. 따라서 정답은 (A) Talking to a personnel member이다.

바꾸어 표현하기

let the hotel receptionist know 호텔 접수원에게 알리다 → Talking to a personnel member 직원에게 이야기하기

49 ■ 세부 사항 관련 문제 이유　　　　　　　　　　　　　　　　　　　　　　　　　　　　　　　　　　　　정답 (B)

여자가 수영장을 이용할 수 없는 이유를 묻는 문제이므로, 질문의 핵심어구(unable to use the swimming pool)와 관련된 내용을 주의 깊게 듣는다. 여자가 "I'd like to swim this evening before I head out for the music festival."이라며 음악 축제에 가기 전 오늘 저녁에 수영을 하고 싶다고 하자, 남자 1이 "the singer we want to see starts performing at 8:30 P.M.—just an hour from now. So, I don't think we'll have time."이라며 자신들이 보고 싶어 하는 가수가 오후 8시 30분에 공연을 시작하는데 지금으로부터 딱 1시간 후라서 시간이 없을 것 같다고 하였다. 따라서 정답은 (B) A performance has been scheduled이다.

Questions 50-52 refer to the following conversation.

[3)) 캐나다식 발음 → 영국식 발음

M: Good morning, Michaela. 50Do you have all the information you'll need to make a notice for passengers about the subway system's new transit cards?

W: I think so. But just to confirm, the cards will be able to hold up to $500 worth of credit, right?

M: Correct. And funds can be added to them at the automated machines in each station. 51Riders can also put money on their cards by making an account on the transportation authority's Web site.

W: Great. 52Is there anything else that we need to tell people about?

M: 52The upcoming closure of Line 5 tomorrow, from 10 A.M. until noon.

W: Oh, yeah. 52I forgot all about that. I'll be sure to note it too.

50 According to the man, why does the woman require some information?
(A) To prepare a notification
(B) To propose an idea to a supervisor
(C) To respond to client inquires
(D) To complete a questionnaire

51 What does the man say riders can do online?
(A) Sign up for a newsletter
(B) Request fare reductions
(C) Read about subway routes
(D) Add money to a card

52 What did the woman forget about?
(A) A new fee
(B) A special giveaway
(C) A temporary closure
(D) A station remodel

50-52번은 다음 대화에 관한 문제입니다.

M: 안녕하세요, Michaela. 50당신은 지하철 시스템의 새 교통 카드에 관한 승객용 안내문을 만드는 데 필요할 모든 정보를 가지고 있나요?

W: 그런 것 같아요. 하지만 확인을 좀 하자면, 카드는 500달러 어치까지의 잔고를 보유할 수 있을 거예요, 맞죠?

M: 정확해요. 그리고 돈은 각 역에 있는 자동화 기계에서 그것들에 추가될 수 있어요. 51승객들은 교통국 웹사이트에서 계좌를 만들어서 그들의 카드에 돈을 넣을 수도 있죠.

W: 좋아요. 52우리가 사람들에게 말해줘야 할 또 다른 것이 있나요?

M: 52내일 오전 10시부터 정오까지 있을 5호선의 폐쇄요.

W: 아, 네. 52그것에 관해 완전히 잊고 있었어요. 그것도 반드시 언급하도록 할게요.

50. 남자에 따르면, 여자는 왜 정보를 필요로 하는가?
(A) 공고문을 준비하기 위해
(B) 상사에게 아이디어를 제안하기 위해
(C) 고객의 질문들에 응답하기 위해
(D) 설문지를 작성하기 위해

51. 남자는 승객들이 온라인으로 무엇을 할 수 있다고 말하는가?
(A) 소식지를 신청한다.
(B) 요금 할인을 요청한다.
(C) 지하철 노선에 관해 읽는다.
(D) 카드에 금액을 추가한다.

52. 여자는 무엇에 관해 잊었는가?
(A) 새로운 요금
(B) 특별 증정품
(C) 일시적인 폐쇄
(D) 역 개조

지문 worth [미 wəːrθ, 영 wəːθ] 어치 credit [krédit] 잔고, 예금 transportation authority 교통국　52 giveaway [gívəwei] 증정품

---

50 ■ 세부 사항 관련 문제 이유　　　　　　　　　　　　　　　　　　　　　　　　　　　　　　정답 (A)

남자가 여자가 정보를 필요로 하는 이유라고 말한 것을 묻는 문제이므로, 남자의 말에서 질문의 핵심어구(information)가 언급된 주변을 주의 깊게 듣는다. 남자가 여자에게 "Do you have all the information you'll need to make a notice for passengers about the subway system's new transit cards?"라며 지하철 시스템의 새 교통 카드에 관한 승객용 안내문을 만드는 데 필요할 모든 정보를 가지고 있는지 물었다. 따라서 정답은 (A) To prepare a notification이다.

51 ■ 세부 사항 관련 문제 특정 세부 사항　　　　　　　　　　　　　　　　　　　　　　　　　정답 (D)

남자가 승객들이 온라인으로 할 수 있다고 말하는 것을 묻는 문제이므로, 남자의 말에서 질문의 핵심어구(riders can do online)와 관련된 내용을 주의 깊게 듣는다. 남자가 "Riders can also put money on their cards by making an account on the transportation authority's Web site."이라며 승객들은 교통국 웹사이트에서 계좌를 만들어서 그들의 카드에 돈을 넣을 수도 있다고 하였다. 따라서 정답은 (D) Add money to a card이다.

52 ■ 세부 사항 관련 문제 특정 세부 사항　　　　　　　　　　　　　　　　　　　　　　　　　정답 (C)

여자가 잊은 것을 묻는 문제이므로, 질문의 핵심어구(woman forget)와 관련된 내용을 주의 깊게 듣는다. 여자가 남자에게 "Is there anything else that we need to tell people about?"이라며 자신들이 사람들에게 말해줘야 할 또 다른 것이 있는지 묻자, 남자가 "The upcoming closure of Line 5 tomorrow, from 10 A.M. until noon."이라며 내일 오전 10시부터 정오까지 있을 5호선의 폐쇄라고 하였다. 이에 여자가 "I forgot all about that."이라며 그것에 관해 완전히 잊고 있었다고 하였다. 따라서 정답은 (C) A temporary closure이다.

Questions 53-55 refer to the following conversation. | 53-55번은 다음 대화에 관한 문제입니다.

[3ᵈ] 영국식 발음 → 호주식 발음

W: Good afternoon, Vincent. I want to let you know that ⁵³Martin Marquez, the recently appointed manager of the Northeast district, is expected to come to our headquarters. The visit will give him an opportunity to acquaint himself with our CEO. ⁵⁴He'll arrive on November 3—one month from now.

M: ⁵⁴Hasn't a consultant been hired to give a talk about productivity to some of our staff on that date? If so, ⁵⁵it might be hard to fit everything into the schedule, as there will be many activities going on.

W: I've actually requested that Mr. Marquez stop by on the same day so he can attend the lecture. I think he'd benefit from it because it will be targeted at middle management.

W: 안녕하세요, Vincent. ⁵³최근에 북동부 지역의 관리자로 임명된 Martin Marquez가 우리 본사에 올 예정이라는 것을 알려드리고 싶어요. 이 방문은 그가 스스로를 우리의 최고 경영자에게 알릴 기회를 줄 거예요. ⁵⁴그는 지금으로부터 한 달 뒤인 11월 3일에 도착할 거예요.

M: ⁵⁴그날 우리 직원들 중 일부에게 생산성에 관해 강연하기 위해 자문가가 고용되지 않았나요? 만약 그렇다면, ⁵⁵진행될 활동들이 많을 것이기 때문에, 모든 것을 일정에 맞추는 것이 어려울 수도 있겠네요.

W: 저는 사실 Mr. Marquez가 그 강연에 참석할 수 있도록 같은 날 들러달라고 요청했어요. 그 강연이 중간 관리직을 대상으로 할 것이기 때문에 제 생각에는 그가 그것으로부터 도움을 받을 것 같거든요.

53 What is mentioned about Mr. Marquez?
(A) He requested a transfer.
(B) He moved to a new position.
(C) He hired a consultant.
(D) He organized a staff activity.

53. Mr. Marquez에 관해 무엇이 언급되는가?
(A) 그는 전근을 요청했다.
(B) 그는 새로운 직책으로 옮겼다.
(C) 그는 자문가를 고용했다.
(D) 그는 직원 활동을 준비했다.

54 What will most likely happen on November third?
(A) Some invitations will be mailed out.
(B) Some employees will listen to a lecture.
(C) A safety procedure will be implemented.
(D) A director will announce a fundraiser date.

54. 11월 3일에 무슨 일이 일어날 것 같은가?
(A) 일부 초대장들이 발송될 것이다.
(B) 일부 직원들이 강의를 들을 것이다.
(C) 안전 수칙이 시행될 것이다.
(D) 관리자가 기금 모금 행사 날짜를 발표할 것이다.

55 What is the man concerned about?
(A) A failed inspection
(B) A frequent complaint
(C) A scheduling conflict
(D) An unsuccessful workshop

55. 남자는 무엇에 관해 걱정하는가?
(A) 실패한 점검
(B) 잦은 불만
(C) 일정 마찰
(D) 성공적이지 않은 워크숍

지문 appoint[əpɔ́int] 임명하다 headquarters[미 hédkwɔ:rtərz, 영 hèdkwɔ́:təz] 본사 acquaint with ~에게 ~을 알리다 fit into ~에 맞추다
target[미 tá:rgit, 영 tá:git] 대상으로 하다 middle management 중간 관리직
53 transfer[trænsfə́:r] 전근, 이전
54 mail out ~을 발송하다 implement[ímpləmənt] 시행하다
55 conflict[kənflíkt] 마찰

53 ■ 세부 사항 관련 문제 언급
정답 (B)

Mr. Marquez에 관해 언급되는 것을 묻는 문제이므로, 질문의 핵심어구(Mr. Marquez)가 언급된 주변을 주의 깊게 듣는다. 여자가 "Martin Marquez, the recently appointed manager of the Northeast district, is expected to come to our headquarters." 라며 최근에 북동부 지역의 관리자로 임명된 Martin Marquez가 자신들의 본사에 올 예정이라고 하였다. 따라서 정답은 (B) He moved to a new position이다.

54 ■ 세부 사항 관련 문제 다음에 할 일
정답 (B)

11월 3일에 일어날 일을 묻는 문제이므로, 질문의 핵심어구(November third)가 언급된 주변을 주의 깊게 듣는다. 여자가 "He[Martin Marquez]'ll arrive on November 3"라며 Martin Marquez가 11월 3일에 도착할 것이라고 하자, 남자가 "Hasn't a consultant been hired to give a talk ~ to some of our staff on that date?"이라며 그날 직원들 중 일부에게 강연하기 위해 자문가가 고용되지 않았는지 물었다. 따라서 정답은 (B) Some employees will listen to a lecture이다.

55 ■ 세부 사항 관련 문제 문제점
정답 (C)

남자의 문제점을 묻는 문제이므로, 남자의 말에서 부정적인 표현이 언급된 다음을 주의 깊게 듣는다. 남자가 "it might be hard to fit everything into the schedule, as there will be many activities going on"이라며 진행될 활동들이 많을 것이기 때문에 모든 것을 일정에 맞추는 것이 어려울 수도 있겠다고 하였다. 따라서 정답은 (C) A scheduling conflict이다.

Questions 56-58 refer to the following conversation.

🔊 미국식 발음 → 호주식 발음

W: Jake and ⁵⁶I have been asked to take five workers who are visiting from our partner corporation in Japan out next week. And we're struggling to think of something fun to do with them rather than simply dining at a fancy restaurant.

M: ⁵⁷How about renting a boat and taking them sailing for an evening? If you go around sunset, you can enjoy views of the Miami cityscape.

W: That's a wonderful suggestion, but would our boss approve something so costly?

M: ⁵⁸It's more affordable than you'd expect. Boats can be rented from local businesses for as little as $1,200 a day. Our company has spent more than that on expensive meals for similarly sized groups.

56 What is the woman planning to do next week?
(A) Entertain some visitors
(B) Book a table at a restaurant
(C) Organize a tour of a factory
(D) Travel to Japan for work

57 What does the man recommend the woman do?
(A) Ask about a down payment
(B) Contact an agent in advance
(C) Place a meal order
(D) Arrange for a boat ride

58 What does the man mention about some local businesses?
(A) They specialize in cruise packages.
(B) They offer reasonably priced rentals.
(C) They will send some representatives.
(D) They will provide area guidebooks.

56-58번은 다음 대화에 관한 문제입니다.

W: Jake와 ⁵⁶저는 다음 주에 일본에 있는 우리 협력사에서 방문할 다섯 명의 직원들을 데리고 나가 대접할 것을 요청받았어요. 그리고 저희는 단순히 고급 식당에 식사하는 것보다 그들과 함께 할만한 뭔가 재미있는 것을 생각해내려고 노력 중이에요.

M: ⁵⁷보트를 빌려서 저녁에 그들을 데리고 타러 가는 것은 어때요? 해 질 녘쯤에 나가면, 당신은 마이애미 도시 풍경의 경관을 즐길 수 있어요.

W: 그것은 정말 멋진 제안이지만, 우리 상사가 그렇게 비싼 것을 승인해줄까요?

M: ⁵⁸그건 당신이 예상하는 것보다 저렴해요. 보트는 하루에 1,200달러만큼 낮은 가격에 지역 업체들에서 빌릴 수 있어요. 우리 회사는 비슷한 규모의 단체를 위한 비싼 식사에 그것보다 더 많은 비용을 쓴 적도 있어요.

56. 여자는 다음 주에 무엇을 할 계획인가?
(A) 방문객들을 대접한다.
(B) 식당에 자리를 예약한다.
(C) 공장 견학을 준비한다.
(D) 일본으로 출장을 간다.

57. 남자는 여자에게 무엇을 하라고 권하는가?
(A) 계약금에 관해 문의한다.
(B) 직원에게 미리 연락한다.
(C) 식사를 주문한다.
(D) 보트 타기를 계획한다.

58. 남자는 지역 업체들에 관해 무엇을 언급하는가?
(A) 유람선 패키지 여행을 전문으로 한다.
(B) 가격이 적정하게 매겨진 대여를 제공한다.
(C) 대리인들을 보낼 것이다.
(D) 지역 안내서를 제공할 것이다.

지문 take out ~를 데리고 나가 대접하다 struggle[strʌ́gl] 노력하다 cityscape[sítiskeip] 도시 풍경
56 entertain[èntərtéin] 대접하다 57 down payment 계약금 agent[éidʒənt] 직원, 대리인
58 cruise[kru:z] 유람선 여행 reasonably[rí:zənəbli] 적정하게, 합리적으로

56 ■ 세부 사항 관련 문제 특정 세부 사항 정답 (A)
여자가 다음 주에 계획하고 있는 것을 묻는 문제이므로, 질문의 핵심어구(next week)가 언급된 주변을 주의 깊게 듣는다. 여자가 "I have been asked to take five workers who are visiting from our partner corporation ~ out next week"이라며 다음 주에 협력사에서 방문할 다섯 명의 직원들을 데리고 나가 대접할 것을 요청받았다고 하였다. 따라서 정답은 (A) Entertain some visitors이다.

57 ■ 세부 사항 관련 문제 제안 정답 (D)
남자가 여자에게 제안하는 것을 묻는 문제이므로, 남자의 말에서 제안과 관련된 표현이 언급된 다음을 주의 깊게 듣는다. 남자가 여자에게 "How about renting a boat and taking them[workers] sailing for an evening?"이라며 보트를 빌려서 저녁에 직원들을 데리고 타러 가는 것을 제안하였다. 따라서 정답은 (D) Arrange for a boat ride이다.

58 ■ 세부 사항 관련 문제 언급 정답 (B)
남자가 지역 업체들에 관해 언급하는 것을 묻는 문제이므로, 남자의 말에서 질문의 핵심어구(local businesses)가 언급된 주변을 주의 깊게 듣는다. 남자가 "It's more affordable than you'd expect. Boats can be rented from local businesses for as little as $1,200 a day."라며 가격이 여자가 예상하는 것보다 저렴하다고 한 뒤, 보트는 하루에 1,200달러만큼 낮은 가격에 지역 업체들에서 빌릴 수 있다고 하였다. 따라서 정답은 (B) They offer reasonably priced rentals이다.

바꾸어 표현하기
affordable 저렴한 → reasonably priced 가격이 적정하게 매겨진

Questions 59-61 refer to the following conversation.

🎧 미국식 발음 → 캐나다식 발음

W: Preston, ⁵⁹did you hear that I moved to a new office? I'm now in Room 206 . . . right opposite to the lift at the end of this hallway.

M: Mr. Collins mentioned that to me. Have you set everything up yet?

W: Actually, ⁶⁰I still need to move a cabinet. Could you give me a hand?

M: Um, I'm experiencing some pain in my wrist. I'm not sure what happened, though.

W: I'm sorry to hear that. Have you seen a doctor?

M: Not yet. I'm hoping the pain will go away on its own.

W: ⁶¹Maybe you should give it some rest. I'm sure our manager could find someone to cover for you over the next few days if you ask.

59 According to the woman, what is located at the end of a hallway?
(A) A conference room
(B) A storage closet
(C) An emergency staircase
(D) A building elevator

60 What does the man mean when he says, "I'm experiencing some pain in my wrist"?
(A) He needs to contact a doctor.
(B) He cannot help with a task.
(C) He needs to go on a break.
(D) He cannot come to work tomorrow.

61 What does the woman suggest?
(A) Taking some leave
(B) Visiting a clinic
(C) Confirming some information
(D) Rescheduling an appointment

59-61번은 다음 대화에 관한 문제입니다.

W: Preston, ⁵⁹제가 새로운 사무실로 이사했다는 것을 들었나요? 저는 이제 206호실에 있어요… 이 복도 끝 승강기의 바로 맞은 편에 있는.

M: Mr. Collins가 제게 말해줬어요. 이미 모든 것을 설치했나요?

W: 사실, ⁶⁰아직 캐비닛을 옮겨야 해요. 도와줄 수 있나요?

M: 음, 저는 약간의 손목 통증을 겪고 있어요. 무슨 일이 일어난 건지는 모르겠지만요.

W: 유감이네요. 의사를 만나보았나요?

M: 아직이요. 통증이 알아서 가시기를 바라고 있어요.

W: ⁶¹어쩌면 그것을 조금 쉬도록 해야 할지도 몰라요. 당신이 요청한다면 우리들의 관리자가 앞으로 며칠 동안 당신을 대신할 누군가를 찾아줄 수 있을 거라고 확신해요.

59. 여자에 따르면, 복도 끝에 무엇이 위치해 있는가?
(A) 회의실
(B) 수납장
(C) 비상계단
(D) 건물 승강기

60. 남자는 "저는 약간의 손목 통증을 겪고 있어요"라고 말할 때 무엇을 의도하는가?
(A) 그는 의사에게 연락해야 한다.
(B) 그는 일을 도와줄 수 없다.
(C) 그는 휴가를 갈 필요가 있다.
(D) 그는 내일 출근할 수 없다.

61. 여자는 무엇을 제안하는가?
(A) 휴가를 떠나는 것
(B) 병원을 방문하는 것
(C) 정보를 확인하는 것
(D) 약속 일정을 변경하는 것

지문 **lift**[lift] 승강기, 엘리베이터 **set up** 설치하다 **give a hand** 도와주다 **cover for** ~을 대신하다
59 **emergency**[미 imə́:rdʒənsi, 영 imə́:dʒənsi] 비상의, 비상용의 **staircase**[미 stɛ́rkeis, 영 stɛ́əkeis] 계단
60 **task**[미 tæsk, 영 tɑːsk] 일, 업무

59 ■ 세부 사항 관련 문제 특정 세부 사항   정답 (D)

복도의 끝에 무엇이 위치해 있는지를 묻는 문제이므로, 질문의 핵심어구(located at the end of a hallway)와 관련된 내용을 주의 깊게 듣는다. 여자가 남자에게 "did you hear that I moved to a new office?"라며 자신이 새로운 사무실로 이사했다는 것을 들었는지 물은 뒤, "I'm now in Room 206 ~ right opposite to the lift at the end of this hallway."라며 자신은 이제 복도 끝 승강기의 바로 맞은 편에 있는 206호실에 있다고 하였다. 따라서 정답은 (D) A building elevator이다.

60 ■ 세부 사항 관련 문제 의도 파악   정답 (B)

남자가 하는 말의 의도를 묻는 문제이므로, 질문의 인용어구(I'm experiencing some pain in my wrist)가 언급된 주변을 주의 깊게 듣는다. 여자가 "I still need to move a cabinet. Could you give me a hand?"라며 자신이 아직 캐비닛을 옮겨야 하는데 도와줄 수 있는지 묻자, 남자가 "I'm experiencing some pain in my wrist"라며 자신이 약간의 손목 통증을 겪고 있다고 하였다. 이를 통해 남자가 일을 도와줄 수 없다는 것을 나타내려는 의도임을 알 수 있다. 따라서 정답은 (B) He cannot help with a task이다.

61 ■ 세부 사항 관련 문제 제안   정답 (A)

여자가 제안하는 것을 묻는 문제이므로, 여자의 말에서 제안과 관련된 표현이 언급된 다음을 주의 깊게 듣는다. 여자가 남자에게 "Maybe you should give it[wrist] some rest."라며 손목을 조금 쉬도록 해야 할지도 모른다고 한 뒤, "I'm sure our manager could find someone to cover for you over the next few days if you ask."라며 남자가 요청한다면 관리자가 앞으로 며칠 동안 남자를 대신할 누군가를 찾아줄 수 있을 것이라고 하였다. 따라서 정답은 (A) Taking some leave이다.

Questions 62-64 refer to the following conversation and floor plan.

62-64번은 다음 대화와 평면도에 관한 문제입니다.

🎧 캐나다식 발음 → 영국식 발음

M: Thanks again for letting me into the building on such short notice, Ms. Molden. ⁶²I thought I was done working on the blueprints for your renovation project, but then I discovered that I was missing some information.

W: Oh, no problem. ⁶³I'm just sorry I didn't answer your phone call right away. I was in a meeting all morning.

M: Don't worry about it. . . Now, as I mentioned in my message, I need to measure a wall to make sure the window you requested will fit properly. Once I do that, I'll be on my way.

W: Certainly. ⁶⁴Which room do you need access to?

M: ⁶⁴The one right across the lobby. It should only take a few minutes.

M: Ms. Molden, 갑작스러운 통보에도 이렇게 저를 안에 들여보내주신 것에 다시 한번 감사드립니다. ⁶²저는 제가 당신의 수리 계획을 위한 청사진 작업을 마친 줄 알았으나, 일부 정보들을 놓쳤다는 것을 발견했습니다.

W: 오, 천만에요. ⁶³전화를 바로 받지 못해서 죄송해요. 아침 내내 회의에 가 있었거든요.

M: 신경 쓰지 마세요… 이제, 제가 메시지로 말씀드렸듯, 저는 요청하신 창문이 맞을지 확실하게 하기 위해 벽을 측정해야 해요. 그것을 하고 나면 떠나도록 할게요.

W: 물론이죠. ⁶⁴어느 방에 들어가셔야 하나요?

M: ⁶⁴로비 바로 맞은 편에 있는 것이요. 몇 분밖에 걸리지 않을 거예요.

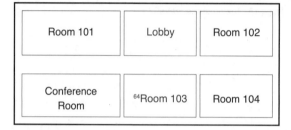

62 Who most likely is the man?
(A) An architect
(B) A repairperson
(C) A building janitor
(D) A graphic designer

62. 남자는 누구인 것 같은가?
(A) 건축가
(B) 수리공
(C) 건물 관리인
(D) 그래픽 디자이너

63 Why does the woman apologize?
(A) She forgot to make a reservation.
(B) She provided incorrect information.
(C) She missed a phone call.
(D) She was late for an appointment.

63. 여자는 왜 사과하는가?
(A) 그녀는 예약하는 것을 잊어버렸다.
(B) 그녀는 잘못된 정보를 제공했다.
(C) 그녀는 전화를 놓쳤다.
(D) 그녀는 약속에 늦었다.

64 Look at the graphic. Which room will the man visit?
(A) Room 101
(B) Room 102
(C) Room 103
(D) Room 104

64. 시각 자료를 보시오. 남자는 어떤 방에 방문할 것인가?
(A) 101호
(B) 102호
(C) 103호
(D) 104호

지문 blueprint[blú:print] 청사진, 계획 renovation[rènəvéiʃən] 수리, 개혁
62 architect[미 á:rkitekt, 영 à:kitekt] 건축가 repairperson[ripèrpá:rsn] 수리공 janitor[dʒǽnitər] 관리인, 경비원

62 ■ 전체 대화 관련 문제 화자

정답 (A)

남자의 신분을 묻는 문제이므로, 신분 및 직업과 관련된 표현을 놓치지 않고 듣는다. 남자가 "I thought I was done working on the blueprints for your renovation project, but then I discovered that I was missing some information."이라며 자신이 여자의 수리 계획을 위한 청사진 작업을 마친 줄 알았으나, 일부 정보들을 놓쳤다는 것을 발견했다고 하였다. 이를 통해 남자가 건축가임을 알 수 있다. 따라서 정답은 (A) An architect이다.

63 ■ 세부 사항 관련 문제 이유

정답 (C)

여자가 사과하는 이유를 묻는 문제이므로, 질문의 핵심어구(woman apologize)와 관련된 내용을 주의 깊게 듣는다. 여자가 "I'm just sorry I didn't answer your phone call right away."라며 남자에게 전화를 바로 받지 못해 미안하다고 하였다. 따라서 정답은 (C) She missed a phone call이다.

64 ■ 세부 사항 관련 문제 시각 자료

정답 (C)

남자가 방문할 방을 묻는 문제이므로, 제시된 평면도의 정보를 확인한 뒤 질문의 핵심어구(room will the man visit)와 관련된 내용을 주의 깊게 듣는다. 여자가 "Which room do you need access to?"라며 어느 방에 들어가야 하는지 묻자, 남자가 "The one right across the lobby."라며 로비의 바로 맞은편에 있는 것이라고 하였다. 이를 통해 남자가 방문할 방은 103호임을 평면도에서 알 수 있다. 따라서 정답은 (C) Room 103이다.

Questions 65-67 refer to the following conversation and map.

🎧 호주식 발음 → 미국식 발음

M: During Wednesday's hiking trip, let's rest and have a picnic lunch before reaching the observation point on Mt. Evans.

W: Great suggestion. ⁶⁵I can swing by a convenience store and buy some snacks and soft drinks for us. I'll just do that on my way to meet you at Grove Station on Wednesday morning.

M: Sounds good. I'll pack sandwiches too. ⁶⁶/⁶⁷How about having our picnic at a waterfall alongside Ridge Road?

W: I recently heard that path is blocked off. Apparently, ⁶⁶/⁶⁷last week's storm knocked down some large trees on it that have yet to be cleared away. ⁶⁷But there's another spot at the intersection of Breeze Road and Peak Road. I think it'll be comfortable there.

65-67번은 다음 대화와 약도에 관한 문제입니다.

M: 수요일에 있을 도보 여행 중, Evans산의 전망대에 도착하기 전에 휴식을 취하면서 점심 도시락을 먹기로 해요.

W: 좋은 제안이에요. ⁶⁵저는 편의점에 잠깐 들러서 우리를 위한 약간의 간식과 청량음료를 살 수 있어요. 수요일 아침에 Grove역에서 당신을 만나러 가는 길에 그렇게 할게요.

M: 좋아요. 저도 샌드위치를 싸올게요. ⁶⁶/⁶⁷Ridge로 옆에 있는 폭포에서 도시락을 먹는 것은 어때요?

W: 저는 최근에 그 길이 막혔다고 들었어요. 듣자 하니, ⁶⁶/⁶⁷지난주 폭풍우가 그곳에 있는 몇 그루의 큰 나무들을 쓰러뜨렸고 아직 치워지지 않았대요. ⁶⁷하지만 Breeze로와 Peak로의 교차 지점에 또 다른 장소가 있어요. 거기는 쾌적할 것 같아요.

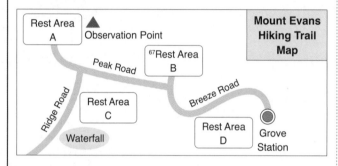

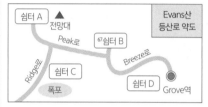

65 What does the woman offer to do?
(A) Borrow some hiking gear
(B) Take pictures of a landscape
(C) Purchase some refreshments
(D) Contact a station official

65. 여자는 무엇을 해주겠다고 제안하는가?
(A) 도보 여행 장비를 빌린다.
(B) 풍경 사진을 찍는다.
(C) 다과를 구입한다.
(D) 역무원에게 연락한다.

66 According to the woman, what happened last week?
(A) A path was officially opened.
(B) A picnic area was used for an event.
(C) A hike had to be postponed.
(D) A storm created poor conditions.

66. 여자에 따르면, 지난주에 무슨 일이 일어났는가?
(A) 길이 공식적으로 개방되었다.
(B) 피크닉 구역이 행사를 위해 사용되었다.
(C) 도보 여행이 연기되어야 했다.
(D) 폭풍우가 좋지 않은 환경을 만들었다.

67 Look at the graphic. Where does the woman suggest taking a break?
(A) At Rest Area A
(B) At Rest Area B
(C) At Rest Area C
(D) At Rest Area D

67. 시각 자료를 보시오. 여자는 어디에서 휴식을 취하자고 제안하는가?
(A) 쉼터 A에서
(B) 쉼터 B에서
(C) 쉼터 C에서
(D) 쉼터 D에서

지문 swing by 잠깐 들르다 soft drink 청량음료 alongside[미 əlɔ̀ːŋsáid, 영 əlɔ̀ŋsáid] ~ 옆에 block off 막다, 차단하다
apparently[əpǽrəntli] 듣자 하니 knock down 쓰러뜨리다 clear away 치우다 intersection[ìntərsékʃən] 교차 지점, 교차로
comfortable[kʌ́mfərtəbl] 쾌적한

65 gear[giər] 장비 landscape[lǽndskeip] 풍경 refreshment[rifréʃmənt] 다과, 간단한 음식물

66 officially[əfíʃəli] 공식적으로, 정식으로 condition[kəndíʃən] (주위) 환경

65 ■ 세부 사항 관련 문제 제안
정답 (C)

여자가 해주겠다고 제안하는 것을 묻는 문제이므로, 여자의 말에서 남자를 위해 해주겠다고 언급한 내용을 주의 깊게 듣는다. 여자가 "I can swing by a convenience store and buy some snacks and soft drinks for us."라며 편의점에 잠깐 들러서 약간의 간식과 청량음료를 살 수 있다고 하였다. 따라서 정답은 (C) Purchase some refreshments이다.

바꾸어 표현하기

buy ~ snacks and soft drinks 간식과 청량음료를 사다 → Purchase some refreshments 다과를 구입하다

66 ■ 세부 사항 관련 문제 특정 세부 사항
정답 (D)

여자가 지난주에 일어났다고 말한 것을 묻는 문제이므로, 여자의 말에서 질문의 핵심어구(last week)가 언급된 주변을 주의 깊게 듣는다. 남자가 "How about having our picnic at a waterfall alongside Ridge Road?"라며 Ridge로 옆에 있는 폭포에서 도시락을 먹는 것을 제안하자, 여자가 "last week's storm knocked down some large trees on it that have yet to be cleared away"라며 지난주 폭풍우가 그곳에 있는 몇 그루의 큰 나무들을 쓰러뜨렸고 아직 치워지지 않았다고 하였다. 따라서 정답은 (D) A storm created poor conditions이다.

바꾸어 표현하기

storm knocked down some large trees 폭풍우가 몇 그루의 큰 나무들을 쓰러뜨렸다 → A storm created poor conditions 폭풍우가 좋지 않은 환경을 만들었다

67 ■ 세부 사항 관련 문제 시각 자료
정답 (B)

여자가 휴식을 취하자고 제안한 장소를 묻는 문제이므로, 제시된 약도의 정보를 확인한 뒤 질문의 핵심어구(taking a break)와 관련된 내용을 주의 깊게 듣는다. 남자가 "How about having our picnic at a waterfall alongside Ridge Road?"라며 Ridge로 옆에 있는 폭포에서 도시락을 먹는 것을 제안하자, 여자가 "last week's storm knocked down some large trees on it that have yet to be cleared away. But there's another spot at the intersection of Breeze Road and Peak Road. I think it'll be comfortable there."라며 지난주 폭풍우가 그곳에 있는 몇 그루의 큰 나무들을 쓰러뜨렸고 아직 치워지지 않았다고 한 뒤, Breeze로와 Peak로의 교차 지점에 또 다른 장소가 있는데 거기는 쾌적할 것 같다고 하였다. 이를 통해 여자가 Breeze로와 Peak로의 교차 지점에 있는 쉼터 B에서 휴식을 취하자고 제안했음을 약도에서 알 수 있다. 따라서 정답은 (B) At Rest Area B이다.

Questions 68-70 refer to the following conversation and e-mail inbox.

68-70번은 다음 대화와 이메일 수신함에 관한 문제입니다.

🎧 캐나다식 발음 → 영국식 발음

M: Hannah, ⁶⁸did you end up ordering new jackets to be used in the photo shoot for our magazine's October issue?

W: Yes, Raymond. They'll be delivered on August 16. ⁶⁹I also submitted a complaint about the shirts that arrived on August 9. I mentioned that they had tears in them in an e-mail to Nextwear's manager, Ken Powers. He responded a few days later and attached a discount coupon.

M: Nicely done. Oh, by the way, have you received an e-mail from the photographer, Linda Wright? She had a question about whether she can be compensated for the cost of her taxi ride to the shoot location.

W: ⁷⁰I replied to that right after this morning's press conference regarding our October edition.

M: Hannah, ⁶⁸우리 잡지의 10월호를 위한 사진 촬영에 사용될 새로운 재킷들을 결국 주문했나요?

W: 네, Raymond. 그것들은 8월 16일에 배송될 거예요. ⁶⁹저는 8월 9일에 도착한 셔츠들에 대한 불만도 제기했어요. 저는 Nextwear사의 관리자인 Ken Powers에게 보내는 이메일에서 그것들에 찢어진 곳들이 있었다고 말했어요. 그는 며칠 후에 답장을 보냈고 할인 쿠폰을 첨부했어요.

M: 잘했네요. 아, 그건 그렇고, 사진작가인 Linda Wright으로부터 이메일을 받았나요? 그녀는 촬영 장소까지의 택시 탑승 비용을 보상받을 수 있는지에 대해 질문이 있었어요.

W: ⁷⁰저는 우리의 10월호에 관한 오늘 오전의 기자 회견 직후 그것에 답장했어요.

From	Subject	Date
Ken Powers	Thanks for Your Order	August 6
Ken Powers	RE: Complaint about Order #4991	⁶⁹August 12
Raymond Liu	RE: Coupon Specifications	August 13
Linda Wright	Question about Taxi Cost	August 15

발신자	제목	날짜
Ken Powers	당신의 주문에 감사드립니다	8월 6일
Ken Powers	답신: 4991번 주문에 관한 불만 사항	⁶⁹8월 12일
Raymond Liu	답신: 쿠폰 설명서	8월 13일
Linda Wright	택시 비용에 관한 질문	8월 15일

68 What does the man imply about the jackets?

(A) They will be featured in a publication.
(B) They will be kept at an art studio.
(C) They were paid for with a gift card.
(D) They were imported from overseas.

68. 남자는 재킷들에 관해 무엇을 암시하는가?

(A) 출판물에 실릴 것이다.
(B) 미술 작업실에 보관될 것이다.
(C) 상품권으로 지불되었다.
(D) 해외에서 수입되었다.

69 Look at the graphic. When did the woman receive a discount coupon?

(A) On August 6
(B) On August 12
(C) On August 13
(D) On August 15

69. 시각 자료를 보시오. 여자는 할인 쿠폰을 언제 받았는가?

(A) 8월 6일에
(B) 8월 12일에
(C) 8월 13일에
(D) 8월 15일에

70 According to the woman, what happened earlier today?

(A) A consultation with a photographer
(B) A launch for a clothing line
(C) A show for fashion designers
(D) A gathering with the media

70. 여자에 따르면, 오늘 일찍 무슨 일이 일어났는가?

(A) 사진가와의 상담
(B) 의류 라인의 출시 행사
(C) 패션 디자이너들을 위한 쇼
(D) 대중 매체와의 행사

지문 end up 결국 ~ 하다 shoot [ʃuːt] (사진) 촬영 tear [미 tɛər, 영 teə] 찢어진 곳 compensate [kámpənsèit] 보상하다
     press conference 기자 회견
68 gift card 상품권 import [impɔ́ːrt] 수입하다

68 ■ 세부 사항 관련 문제 추론

정답 (A)

남자가 재킷들에 관해 암시하는 것을 묻는 문제이므로, 질문의 핵심어구(jackets)가 언급된 주변을 주의 깊게 듣는다. 남자가 "did you end up ordering new jackets to be used in the photo shoot for our magazine's October issue?"라며 잡지의 10월호를 위한 사진 촬영에 사용될 새로운 재킷들을 결국 주문했는지 묻는 말을 통해 재킷들이 출판물에 실릴 것임을 알 수 있다. 따라서 정답은 (A) They will be featured in a publication이다.

69 ■ 세부 사항 관련 문제 시각 자료

정답 (B)

여자가 할인 쿠폰을 받은 시기를 묻는 문제이므로, 제시된 이메일 수신함의 정보를 확인한 뒤 질문의 핵심어구(receive a discount coupon)와 관련된 내용을 주의 깊게 듣는다. 여자가 "I also submitted a complaint about the shirts that arrived on August 9. I mentioned that they had tears in them in an e-mail to ~ Ken Powers. He responded a few days later and attached a discount coupon."이라며 8월 9일에 도착한 셔츠들에 대한 불만도 제기했다고 하면서 Ken Powers에게 보내는 이메일에 그것들에 찢어진 곳들이 있었다고 말했다고 한 뒤, 그가 며칠 후에 답장을 보냈고 할인 쿠폰을 첨부했다고 하였다. 이를 통해 여자가 8월 9일 이후 Ken Power에게 답장을 받은 날인 8월 12일에 할인 쿠폰을 받았음을 이메일 수신함에서 알 수 있다. 따라서 정답은 (B) On August 12 이다.

70 ■ 세부 사항 관련 문제 특정 세부 사항

정답 (D)

여자가 오늘 일찍 일어났다고 말한 것을 묻는 문제이므로, 여자의 말에서 질문의 핵심어구(earlier today)와 관련된 내용을 주의 깊게 듣는다. 여자가 "I replied to that[e-mail] right after this morning's press conference"라며 오늘 오전의 기자 회견 직후 이메일에 답장했다고 하였다. 따라서 정답은 (D) A gathering with the media이다.

바꾸어 표현하기

press conference 기자 회견 → A gathering with the media 대중 매체와의 행사

PART 4

71
72
73

Questions 71-73 refer to the following telephone message.

🎧 영국식 발음

Hello, Ms. Han. This is Sunmi Park calling from Edge Designs. ⁷¹I want to inform you about an issue regarding the project you commissioned us to do. Although the T-shirts that my firm is designing for your organization are supposed to be ready by this Thursday, they will not be done by then. One of our staff members was sick the last two days, so the work is taking longer than expected to finish. As a result, ⁷²we won't be able to send the completed products to you until Friday. I'm very sorry, and ⁷³we intend to take 10 percent off your final bill to make up for the delay. If you have any inquiries, please reach out to me. I'd be happy to answer them.

71   Why is the speaker calling?
     (A) To request a payment
     (B) To answer a question
     (C) To ask for additional shirts
     (D) To report a problem

72   What will most likely happen on Friday?
     (A) An order will be sent.
     (B) Staff members will receive training.
     (C) A project will get underway.
     (D) T-shirt designs will be changed.

73   What does the speaker offer to do?
     (A) Contact a designer
     (B) Exchange a product
     (C) Reduce a charge
     (D) Provide a work sample

71-73번은 다음 전화 메시지에 관한 문제입니다.

안녕하세요, Ms. Han, 저는 Edge Designs에서 전화드리는 Sunmi Park입니다. ⁷¹저는 고객님께서 저희에게 하도록 의뢰하신 프로젝트에 관한 문제에 대해 알려드리고자 합니다. 고객님의 단체를 위해 저희 회사가 디자인하고 있는 티셔츠가 이번 주 목요일까지 준비되기로 되어 있지만, 그때까지 완료되지 않을 것입니다. 저희 직원들 중 한 명이 지난 이틀 동안 아파서, 끝나기로 예상된 것보다 작업이 더 오래 걸리고 있습니다. 그 결과, ⁷²저희는 금요일이나 되어야 고객님께 완제품을 보내드릴 수 있을 것입니다. 대단히 죄송하며, ⁷³이 지연에 대해 보상하기 위해 고객님의 최종 청구서에서 10퍼센트를 할인해드릴 생각입니다. 질문이 있으시다면, 저에게 연락해주시기 바랍니다. 기꺼이 대답해드리겠습니다.

71. 화자는 왜 전화를 하고 있는가?
     (A) 지불을 요청하기 위해
     (B) 질문에 답변하기 위해
     (C) 추가 셔츠들을 요청하기 위해
     (D) 문제를 알리기 위해

72. 금요일에 무슨 일이 일어날 것 같은가?
     (A) 주문이 보내질 것이다.
     (B) 직원들이 교육을 받을 것이다.
     (C) 프로젝트가 시작할 것이다.
     (D) 티셔츠 디자인들이 변경될 것이다.

73. 화자는 무엇을 해주겠다고 제안하는가?
     (A) 디자이너에게 연락한다.
     (B) 제품을 교환한다.
     (C) 요금을 인하한다.
     (D) 작업 샘플을 제공한다.

지문   issue[íʃuː] 문제 commission[kəmíʃən] 의뢰하다, 주문하다 intend[inténd] (~하려고) 생각하다, 의도하다 bill[bil] 청구서
       make up for ~에 대해 보상하다 inquiry[inkwáiəri] 질문, 문의
   72   order[ɔ́ːrdər] 주문품, 주문 fulfill[fulfíl] 완료하다, 이행하다 get underway 시작하다

71 ■ **전체 지문 관련 문제** 목적   정답 (D)

전화의 목적을 묻는 문제이므로, 지문의 초반을 반드시 듣는다. "I want to inform you about an issue regarding the project you commissioned us to do."라며 청자가 자신들에게 하도록 의뢰한 프로젝트에 관한 문제에 대해 알려주고자 한다고 하였다. 따라서 정답은 (D) To report a problem이다.

바꾸어 표현하기

inform ~ about an issue 문제에 대해 알리다 → report a problem 문제를 알리다

72 ■ **세부 사항 관련 문제** 다음에 할 일   정답 (A)

금요일에 일어날 일을 묻는 문제이므로, 질문의 핵심어구(Friday)가 언급된 주변을 주의 깊게 듣는다. "we won't be able to send the completed products to you until Friday"라며 금요일이나 되어야 청자에게 완제품을 보내줄 수 있을 것이라고 하였다. 따라서 정답은 (A) An order will be sent이다.

73 ■ **세부 사항 관련 문제** 제안   정답 (C)

화자가 해주겠다고 제안하는 것을 묻는 문제이므로, 지문의 중후반에서 제안과 관련된 표현이 포함된 문장을 주의 깊게 듣는다. "we intend to take 10 percent off your final bill to make up for the delay"라며 이 지연에 대해 보상하기 위해 청자의 최종 청구서에서 10퍼센트를 할인해줄 생각이라고 하였다. 따라서 정답은 (C) Reduce a charge이다.

74
75
76

Questions 74-76 refer to the following announcement.

🎧 캐나다식 발음

I have an important announcement for all administrative staff. Over the weekend, ⁷⁴a technician installed a new operating system on all of the computers in our clinic. Unfortunately, some data was lost in the process. Patient medical records were not affected, but the schedule for the upcoming week was accidentally deleted. So, ⁷⁵we have to contact our patients immediately to find out the dates and times of their appointments. This is currently our top priority, as we don't know who has an appointment tomorrow. Our lead receptionist—⁷⁶Janet Lee—will now hand out a list of patients and their contact information. You each will be assigned 70 of them to call.

74 Where do the listeners most likely work?
(A) At a research facility
(B) At a medical clinic
(C) At a service center
(D) At a staffing agency

75 Why does the speaker say, "we don't know who has an appointment tomorrow"?
(A) To complain about an event program
(B) To indicate the need for more staff
(C) To emphasize the urgency of a task
(D) To address a recent question

76 What does the speaker mention about Janet Lee?
(A) She is currently on leave.
(B) She has contacted some customers.
(C) She will distribute a document.
(D) She was recently promoted.

74-76번은 다음 공지에 관한 문제입니다.

모든 행정 직원들을 위한 중요한 공지가 있습니다. 주말 동안, ⁷⁴기술자가 우리 병원의 모든 컴퓨터들에 새로운 운영 체제를 설치했습니다. 유감스럽게도, 그 과정에서 일부 자료들이 손실되었습니다. 환자 의료 기록들은 영향을 받지 않았지만, 잘못하여 다가오는 주의 일정이 삭제되었습니다. 따라서, ⁷⁵우리는 환자들의 예약 날짜와 시간을 알아내기 위해 그들에게 즉시 연락해야 합니다. 이것이 지금 우리의 최우선 과제인데, 왜냐하면 우리는 내일 누가 예약되어 있는지 모릅니다. 우리의 접수 실장인 ⁷⁶Janet Lee가 지금 환자들의 명단과 그들의 연락처를 나누어드릴 겁니다. 여러분은 각각 그들 중 70명에게 전화하도록 배정될 것입니다.

74. 청자들은 어디에서 일하는 것 같은가?
(A) 연구 시설에서
(B) 병원에서
(C) 서비스 센터에서
(D) 채용 업체에서

75. 화자는 왜 "우리는 내일 누가 예약되어 있는지 모릅니다"라고 말하는가?
(A) 행사 일정에 대해 불만을 제기하기 위해
(B) 더 많은 직원의 필요성을 나타내기 위해
(C) 업무의 긴급함을 강조하기 위해
(D) 최근의 질문을 처리하기 위해

76. 화자는 Janet Lee에 관해 무엇을 언급하는가?
(A) 그녀는 현재 휴가 중이다.
(B) 그녀는 몇몇 고객들에게 연락했다.
(C) 그녀는 서류를 배부할 것이다.
(D) 그녀는 최근에 승진되었다.

지문　administrative[ædmínəstrèitiv] 행정의　install[instɔ́:l] 설치하다　operating system 운영 체제　top priority 최우선 과제
75　indicate[índikèit] 나타내다　emphasize[émfəsàiz] 강조하다　urgency[ə́:rdʒənsi] 긴급함　address[ədrés] 처리하다
76　on leave 휴가 중인　promote[prəmóut] 승진시키다

74 ■ 전체 지문 관련 문제 청자　　　　　　　　　　　　　　　　　　　　　　　　　　　　　　　　　정답 (B)

○○○○
●
하

청자들이 일하는 장소를 묻는 문제이므로, 신분 및 직업과 관련된 표현을 놓치지 않고 듣는다. "a technician installed a new operating system on all of the computers in our clinic"이라며 기술자가 자신들의 병원의 모든 컴퓨터들에 새로운 운영 체제를 설치했다고 하였다. 따라서 정답은 (B) At a medical clinic이다.

75 ■ 세부 사항 관련 문제 의도 파악　　　　　　　　　　　　　　　　　　　　　　　　　　　　　　정답 (C)

○○○
●●
중

화자가 하는 말의 의도를 묻는 문제이므로, 질문의 인용어구(we don't know who has an appointment tomorrow)가 언급된 주변을 주의 깊게 듣는다. "we have to contact our patients immediately to find out the dates and times of their appointments. This is currently our top priority"라며 환자들의 예약 날짜와 시간을 알아내기 위해 그들에게 즉시 연락해야 한다고 한 뒤, 이것이 지금 자신들의 최우선 과제라고 한 말을 통해 업무의 긴급함을 강조하려는 의도임을 알 수 있다. 따라서 정답은 (C) To emphasize the urgency of a task이다.

76 ■ 세부 사항 관련 문제 언급　　　　　　　　　　　　　　　　　　　　　　　　　　　　　　　　정답 (C)

○○○
●●
중

화자가 Janet Lee에 관해 언급하는 것을 묻는 문제이므로, 질문의 핵심어구(Janet Lee)가 언급된 주변을 주의 깊게 듣는다. "Janet Lee—will now hand out a list of patients and their contact information"이라며 Janet Lee가 지금 환자들의 명단과 그들의 연락처를 나누어줄 것이라고 하였다. 따라서 정답은 (C) She will distribute a document이다.

바꾸어 표현하기
hand out 나누어주다 → distribute 배부하다

Questions 77-79 refer to the following telephone message.

[音] 미국식 발음

Hello, Mr. Campbell. It's Denise Reynolds. ⁷⁷I may have found a suitable tenant for the apartment you are trying to lease out through my firm. A visiting researcher at Forest University named Brad Patterson contacted me about it. ⁷⁸He wants to rent your home until September 1. Um, ⁷⁸you asked me to find someone to take the apartment until the end of September, but . . . most people don't want to stay long. Mr. Patterson would like to visit your place this week. I know you work on Thursday and Friday, so how about on the weekend? He mentioned that he was free on Saturday afternoon. ⁷⁹Call me at 555-0394 to let me know what time would be best.

77-79번은 다음 전화 메시지에 관한 문제입니다.

안녕하세요, Mr. Campbell. 저는 Denise Reynolds입니다. ⁷⁷당신이 우리 회사를 통해 전세를 놓으려는 아파트에 적절한 세입자를 찾은 것 같아요. Brad Patterson이라는 Forest 대학의 객원 연구원이 그것에 관해 저에게 연락했어요. ⁷⁸그는 9월 1일까지 당신의 집을 임대하고 싶어 해요. 음, ⁷⁸당신은 제게 9월 말까지 그 아파트를 사용할 누군가를 찾아달라고 부탁하셨지만… 대부분의 사람들이 오래 머물고 싶어 하지 않아요. Mr. Patterson은 이번 주에 당신의 집을 방문하고 싶어해요. 당신이 목요일과 금요일에 일하는 것을 알고 있으니, 주말이 어떨까요? 그는 토요일 오후에 한가하다고 했어요. ⁷⁹555-0394로 전화하셔서 제게 몇 시가 가장 괜찮을지 알려주세요.

77 Who most likely is the speaker?
(A) An accountant
(B) A researcher
(C) A lawyer
(D) A realtor

77. 화자는 누구인 것 같은가?
(A) 회계사
(B) 연구원
(C) 변호사
(D) 부동산업자

78 What does the speaker imply when she says, "most people don't want to stay long"?
(A) A request may not be granted.
(B) A deadline should be moved.
(C) A fee will not be reduced.
(D) An appointment will be rescheduled.

78. 화자는 "대부분의 사람들이 오래 머물고 싶어 하지 않아요"라고 말할 때 무엇을 의도하는가?
(A) 요청이 승인되지 못할 수도 있다.
(B) 마감 기한이 변경되어야 한다.
(C) 요금이 인하되지 않을 것이다.
(D) 약속 일정이 변경될 것이다.

79 What does the speaker ask the listener to do?
(A) Return a call
(B) Visit an office
(C) Complete a form
(D) Send an e-mail

79. 화자는 청자에게 무엇을 하라고 요청하는가?
(A) 전화에 회신한다.
(B) 사무실을 방문한다.
(C) 서식을 완성한다.
(D) 이메일을 발송한다.

지문 suitable[미 súːtəbl, 영 sjúːtəbl] 적절한, 적합한 tenant[ténənt] 세입자 lease out 전세를 놓다 visiting researcher 객원 연구원
rent[rent] 임대하다, 빌리다
77 accountant[əkáuntənt] 회계사 realtor[미 ríːəltər, 영 ríəltər] 부동산업자
78 grant[미 grænt, 영 grɑːnt] 승인하다, 들어주다

77 ■ 전체 지문 관련 문제 화자
정답 (D)

화자의 신분을 묻는 문제이므로, 신분 및 직업과 관련된 표현을 놓치지 않고 듣는다. "I may have found a suitable tenant for the apartment you are trying to lease out through my firm."이라며 청자가 화자의 회사를 통해 전세를 놓고자 하는 아파트에 적절한 세입자를 찾은 것 같다고 하였다. 이를 통해 화자가 부동산업자임을 알 수 있다. 따라서 정답은 (D) A realtor이다.

78 ■ 세부 사항 관련 문제 의도 파악
정답 (A)

화자가 하는 말의 의도를 묻는 문제이므로, 질문의 인용어구(most people don't want to stay long)가 언급된 주변을 주의 깊게 듣는다. "He[Brad Patterson] wants to rent your home until September 1."이라며 Brad Patterson이 청자의 집을 9월 1일까지 임대하고 싶어 한다고 한 뒤, "you asked me to find someone to take the apartment until the end of September, but ~ most people don't want to stay long."이라며 청자가 화자에게 9월 말까지 청자의 집을 사용할 누군가의 집을 찾아달라고 부탁했으나 대부분의 사람들이 오래 머물고 싶어 하지 않는다고 한 것을 통해 청자의 요청이 승인되지 못할 수도 있다는 것을 나타내려는 의도임을 알 수 있다. 따라서 정답은 (A) A request may not be granted이다.

79 ■ 세부 사항 관련 문제 요청
정답 (A)

화자가 청자에게 요청하는 것을 묻는 문제이므로, 지문의 중후반에서 요청과 관련된 표현이 포함된 문장을 주의 깊게 듣는다. "Call me at 555-0394 to let me know what time would be best."라며 전화해서 몇 시가 가장 괜찮을지 알려달라고 하였다. 따라서 정답은 (A) Return a call이다.

Questions 80-82 refer to the following talk.

[호주식 발음]

[80]Our CEO organized this four-day retreat for managers in order to express gratitude for the hard work you have done. She recognizes that you all strive to perform at a high level and wants you to know that you are essential to the firm's success. Now, in addition to relaxing and enjoying this beautiful resort, [81]we're going to carry out a few team-building exercises together over the next few days. While the exercises are designed to be lighthearted and fun, they will also give you a chance to enhance your communication abilities. One more thing . . . [82]The CEO would like a picture of everyone together. So, please meet in the resort's main event room at 4 P.M.

80 According to the speaker, what type of event did the CEO arrange?
(A) An industry convention
(B) A company orientation
(C) A fund-raising dinner
(D) A corporate retreat

81 What are the listeners expected to do over the next few days?
(A) Watch some instructional videos
(B) Participate in group activities
(C) Discuss potential trip destinations
(D) Share updates with a board member

82 Why must the listeners meet at 4 P.M.?
(A) To pose for a photograph
(B) To take a tour of a resort
(C) To make decisions about an event
(D) To listen to a talk from an executive

80-82번은 다음 담화에 관한 문제입니다.

[80]우리의 최고 경영자는 여러분이 해온 노고에 대해 감사를 표하기 위해 관리자들을 위한 이번 4일간의 수련회를 준비했습니다. 그녀는 여러분 모두가 높은 수준으로 임무를 수행하기 위해 노력하고 있다는 것을 인정하며, 여러분이 회사의 성공에 필수적이라는 것을 여러분들이 알기 원합니다. 이제, 이 아름다운 리조트에서 휴식을 취하고 즐기시는 것에 더하여, [81]우리는 다음 며칠 동안 함께 몇 가지 팀워크 강화 활동들을 수행할 것입니다. 이 활동들은 가벼운 마음으로 즐겁게 하도록 계획되어 있지만, 여러분의 의사소통 능력을 향상할 기회도 제공할 것입니다. 한 가지 더 있습니다… [82]최고 경영자는 모두가 함께 찍은 사진을 원합니다. 그러니, 오후 4시에 리조트의 메인 행사장에서 모여주십시오.

80. 화자에 따르면, 최고 경영자는 어떤 종류의 행사를 마련했는가?
(A) 산업 컨벤션
(B) 회사 오리엔테이션
(C) 기금 모금 만찬
(D) 사내 수련회

81. 청자들은 다음 며칠 동안 무엇을 할 것으로 예상되는가?
(A) 교육 영상들을 시청한다.
(B) 그룹 활동들에 참여한다.
(C) 잠재적 여행지들에 관해 논의한다.
(D) 회사 임원과 최신 정보들을 공유한다.

82. 청자들은 왜 오후 4시에 모여야 하는가?
(A) 사진을 위한 포즈를 취하기 위해
(B) 리조트 투어를 하기 위해
(C) 행사에 관한 결정들을 내리기 위해
(D) 임원으로부터 연설을 듣기 위해

지문 gratitude[미 grǽtitùːd, 영 grǽtitjuːd] 감사 strive[straiv] 노력하다 lighthearted[미 làithάːrtid, 영 làithάːtid] 마음이 가벼운
       enhance[미 inhǽns, 영 inhάːns] 향상하다
   81 potential[pəténʃəl] 잠재적인 board member 회사 임원
   82 executive[igzékjutiv] 임원, 경영진

80 ■ 세부 사항 관련 문제 특정 세부 사항   정답 (D)

중   최고 경영자가 마련한 행사의 종류를 묻는 문제이므로, 질문의 핵심어구(CEO arrange)와 관련된 내용을 주의 깊게 듣는다. "Our CEO organized this four-day retreat for managers"라며 최고 경영자가 관리자들을 위한 이번 4일간의 수련회를 준비했다고 하였다. 따라서 정답은 (D) A corporate retreat이다.

81 ■ 세부 사항 관련 문제 특정 세부 사항   정답 (B)

상   청자들이 다음 며칠 동안 할 것으로 예상되는 것을 묻는 문제이므로, 질문의 핵심어구(over the next few days)가 언급된 주변을 주의 깊게 듣는다. "we're going to carry out a few team-building exercises together over the next few days"라며 자신들은 다음 며칠 동안 함께 몇 가지 팀워크 강화 활동들을 수행할 것이라고 하였다. 따라서 정답은 (B) Participate in group activities이다.

바꾸어 표현하기
carry out ~ team-building exercises 팀워크 강화 활동들을 수행하다 → Participate in group activities 그룹 활동들에 참여하다

82 ■ 세부 사항 관련 문제 이유   정답 (A)

중   청자들이 오후 4시에 모여야 하는 이유를 묻는 문제이므로, 질문의 핵심어구(4 P.M.)가 언급된 주변을 주의 깊게 듣는다. "The CEO would like a picture of everyone together. So, please meet in the resort's main event room at 4 P.M."이라며 최고 경영자가 모두가 함께 찍은 사진을 원하므로 오후 4시에 리조트의 메인 행사장에서 모여달라고 하였다. 따라서 정답은 (A) To pose for a photograph이다.

Questions 83-85 refer to the following broadcast.

③ 미국식 발음

In local news, ⁸³the Meyerville city council voted to tear down the historic city hall building on July 12. The decision comes after an inspection last year uncovered cracks in the foundation. For months, the government debated whether to undertake costly renovations or simply demolish the facility. ⁸⁴Mayor John Hamilton held a press conference this morning, during which he announced plans to build a public park in the building's lot. ⁸⁵The city council will hold a special session to discuss the design of the new park this Friday at 7 P.M. at Fairview High School. Residents are encouraged to attend and share their ideas.

지역 뉴스로, ⁸³Meyerville 시의회는 7월 12일에 유서 깊은 시청 건물을 허물 것을 투표로 결정했습니다. 이 결정은 작년의 점검에서 건물 토대의 균열을 발견한 후에 내려졌습니다. 수개월간, 정부는 많은 비용이 드는 수리에 착수할지 아니면 단순히 그 시설을 철거할지를 논의했습니다. ⁸⁴John Hamilton 시장은 오늘 아침에 기자 회견을 열었고, 그 기자 회견 중에, 이 건물의 부지에 공원을 세울 계획임을 발표했습니다. ⁸⁵시의회는 이번 주 금요일 오후 7시에 Fairview 고등학교에서 새 공원의 디자인을 논의하는 특별 회의를 열 것입니다. 주민들도 참석하여 자신들의 의견을 나누도록 권장됩니다.

83 What did the city council do?
(A) Voted to change a tax code
(B) Updated an outdated policy
(C) Decided to demolish a building
(D) Held a debate on safety standards

84 Who is John Hamilton?
(A) A government official
(B) A historian
(C) An architect
(D) A park employee

85 What will happen on Friday?
(A) A plan will be announced.
(B) An inspection will take place.
(C) A meeting will be held.
(D) A facility will open.

83. 시의회는 무엇을 했는가?
(A) 세법을 변경하는 것을 투표로 결정했다.
(B) 시대에 뒤진 정책을 업데이트했다.
(C) 건물을 철거하기로 결정했다.
(D) 안전 기준에 관한 토론회를 열었다.

84. John Hamilton은 누구인가?
(A) 국가 공무원
(B) 역사학자
(C) 건축가
(D) 공원 직원

85. 금요일에 무슨 일이 일어날 것인가?
(A) 계획이 발표될 것이다.
(B) 점검이 이루어질 것이다.
(C) 회의가 열릴 것이다.
(D) 시설이 개장할 것이다.

지문 **city council** 시의회 **vote**[미 vout, 영 vəut] ~을 투표로 결정하다 **tear down** 허물다 **crack**[kræk] 균열, 금 **foundation**[faundéiʃən] (건물의) 토대, 기초 **debate**[dibéit] 논의하다; 토론회 **undertake**[미 ʌ̀ndərtéik, 영 ʌ̀ndətéik] 착수하다 **demolish**[미 dimáliʃ, 영 dimɔ́liʃ] 철거하다 **lot**[미 lɑt, 영 lɔt] 부지 **resident**[미 rézədnt, 영 rézidnt] 주민
83 **tax code** 세법 **outdated**[àutdéitid] 시대에 뒤진, 구식의

83 ■ **세부 사항 관련 문제** 특정 세부 사항 　　　　　　　　　　　　　　　　　　　　　　　　　　　정답 (C)

상 시의회가 한 일을 묻는 문제이므로, 질문의 핵심어구(city council)가 언급된 주변을 주의 깊게 듣는다. "the Meyerville city council voted to tear down the historic city hall building"이라며 Meyerville 시의회가 유서 깊은 시청 건물을 허물 것을 투표로 결정했다고 하였다. 따라서 정답은 (C) Decided to demolish a building이다.

바꾸어 표현하기
voted to tear down the ~ building 건물을 허물 것을 투표로 결정했다 → Decided to demolish a building 건물을 철거하기로 결정했다

84 ■ **세부 사항 관련 문제** 특정 세부 사항 　　　　　　　　　　　　　　　　　　　　　　　　　　　정답 (A)

중 John Hamilton의 신분을 묻는 문제이므로, 질문 대상(John Hamilton)의 신분 및 직업과 관련된 표현을 놓치지 않고 듣는다. "Mayor John Hamilton"이라며 John Hamilton 시장이라고 한 말을 통해 John Hamilton이 국가 공무원임을 알 수 있다. 따라서 정답은 (A) A government official이다.

바꾸어 표현하기
Mayor 시장 → government official 국가 공무원

85 ■ **세부 사항 관련 문제** 다음에 할 일 　　　　　　　　　　　　　　　　　　　　　　　　　　　정답 (C)

중 금요일에 일어날 일을 묻는 문제이므로, 질문의 핵심어구(Friday)가 언급된 주변을 주의 깊게 듣는다. "The city council will hold a special session to discuss the design of the new park this Friday"라며 시의회는 이번 주 금요일에 새 공원의 디자인을 논의하는 특별 회의를 열 것이라고 하였다. 따라서 정답은 (C) A meeting will be held이다.

Questions 86-88 refer to the following talk.

🎧 호주식 발음

Thank you all for coming this evening. ⁸⁶During the next hour, we're going to be discussing some of the exciting new projects Burlington Associates is involved with, including a shopping center near the waterfront and an office tower on the north side. We hope that these investment opportunities will interest you. Right now, ⁸⁷I'm passing out copies of a pamphlet that goes into further detail about these projects. Please take the time to go through it carefully. Overall, ⁸⁸this has been our most productive year yet, with over eight developments in progress. We've really come a long way since our founding five years ago.

86 What is the topic of the talk?
(A) Real estate developments
(B) Renovation projects
(C) Interior design ideas
(D) City zoning laws

87 What is the speaker passing out?
(A) Membership cards
(B) Information booklets
(C) Images of a structure
(D) Maps of an area

88 What is mentioned about Burlington Associates?
(A) It is currently seeking new workers.
(B) It has moved to a new location.
(C) It was founded a decade ago.
(D) It is having a busy year.

86-88번은 다음 담화에 관한 문제입니다.

오늘 밤 모두 와주셔서 감사드립니다. ⁸⁶앞으로 한 시간 동안, 우리는 해안가 근처의 쇼핑센터와 북쪽의 오피스 타워를 비롯한 Burlington Associates사가 관여한 몇몇 흥미진진한 새로운 프로젝트들에 대해 논해볼 것입니다. 저희는 이 투자 기회들이 여러분의 흥미를 끌기를 바랍니다. 바로 지금, ⁸⁷이 프로젝트들에 관해 더 자세한 설명을 다루는 팸플릿을 나눠드리고 있습니다. 시간을 들여 그것을 신중히 살펴봐 주십시오. 전반적으로, ⁸⁸올해는 8개의 진행 중인 개발과 함께, 지금까지 가장 생산적인 해였습니다. 우리는 5년 전의 설립 이래로 정말 많은 발전을 해 왔습니다.

86. 담화의 주제는 무엇인가?
(A) 부동산 개발
(B) 개보수 프로젝트
(C) 인테리어 디자인 방안
(D) 도시 토지이용 제한법

87. 화자는 무엇을 나누어주고 있는가?
(A) 멤버십 카드
(B) 안내 책자
(C) 건물의 사진
(D) 지역의 지도

88. Burlington Associates사에 관해 무엇이 언급되는가?
(A) 현재 새로운 직원들을 찾고 있다.
(B) 새로운 장소로 이전하였다.
(C) 10년 전에 설립되었다.
(D) 바쁜 한 해를 보내고 있다.

지문 involve [미 inváːlv, 영 invólv] 관여하다, 수반하다   waterfront [미 wɔ́ːtərfrʌnt, 영 wɔ́ːtəfrʌnt] 해안가, 물가   pass out 나눠주다, 기절하다
productive [prədʌ́ktiv] 생산적인   come a long way 발전하다   founding [fáundiŋ] 설립
86 real estate 부동산   zoning law 토지이용 제한법

86 ■ 전체 지문 관련 문제 주제   정답 (A)
담화의 주제를 묻는 문제이므로, 지문의 초반을 반드시 듣는다. "During the next hour, we're going to be discussing some of the exciting new projects Burlington Associates is involved with, including a shopping center near the waterfront and an office tower on the north side."라며 앞으로 한 시간 동안 해안가 근처의 쇼핑센터와 북쪽의 오피스 타워를 비롯하여 Burlington Associates가 관여한 새로운 프로젝트들에 대해 논해볼 것이라고 하였다. 따라서 정답은 (A) Real estate developments이다.

87 ■ 세부 사항 관련 문제 특정 세부 사항   정답 (B)
화자가 나누어주고 있는 것을 묻는 문제이므로, 질문의 핵심어구(speaker passing out)와 관련된 내용을 주의 깊게 듣는다. "I'm passing out copies of a pamphlet that goes into further detail about these projects"라며 프로젝트들에 관해 더 자세한 설명을 다루는 팸플릿을 나누어주고 있다고 하였다. 따라서 정답은 (B) Information booklets이다.

88 ■ 세부 사항 관련 문제 언급   정답 (D)
Burlington Associates에 관해 언급되는 것을 묻는 문제이므로, 질문의 핵심어구(Burlington Associates)와 관련된 내용을 주의 깊게 듣는다. "this has been our[Burlington Associates'] most productive year yet, with over eight developments in progress"라며 올해는 8개의 진행 중인 개발과 함께 지금까지 가장 생산적인 해였다고 하였다. 따라서 정답은 (D) It is having a busy year이다.

89
90
91

Questions 89-91 refer to the following speech.

[3)] 영국식 발음

The Snow and Ice Festival has grown considerably in recent years, and it now attracts many visitors from overseas. This increase in the number of international travelers has a very positive impact on Brenton City's economy. ⁸⁹Your goal for today is to figure out how to promote the festival to foreign tourists and continue this trend. Just keep in mind that ⁹⁰most guests find the snow sculptures and ice palace to be the two most impressive features of the festival. So, those attractions should be emphasized in our campaign. All right, I'd now like everyone to split up into small groups and brainstorm ideas. Then, ⁹¹in about half an hour, break for lunch.

89 What task have the listeners been assigned?
(A) Developing an event for local tourists
(B) Determining how to target foreign visitors
(C) Creating a new attraction
(D) Planning an international fund-raiser

90 What does the speaker say about the snow sculptures?
(A) They are at risk of melting.
(B) They take a long time to construct.
(C) They are popular among attendees.
(D) They were previously featured in flyers.

91 What will the listeners do in 30 minutes?
(A) Take a break
(B) Listen to a speech
(C) Watch a presentation
(D) Discuss some ideas

89-91번은 다음 연설에 관한 문제입니다.

Snow and Ice 축제는 최근 몇 년간 상당히 성장했으며, 지금은 해외로부터 많은 방문객들을 끌어모으고 있습니다. 이러한 국제 관광객 수의 증가는 Brenton시의 경제에 매우 긍정적인 영향을 미칩니다. ⁸⁹오늘 여러분의 목표는 어떻게 외국인 관광객들에게 이 축제를 홍보하고 이 추세를 지속시킬지 생각해내는 것입니다. ⁹⁰대부분의 관광객들이 눈 조각상들과 얼음 궁전을 이 축제의 가장 인상적인 두 가지 특색들이라고 생각한다는 것을 명심하십시오. 그러므로, 우리의 캠페인에서 그러한 명물들이 강조되어야 합니다. 좋습니다, 이제 모두가 소그룹으로 나뉘어서 아이디어들을 브레인스토밍하시길 바랍니다. 그러고 나서, ⁹¹30분 정도 후에, 점심을 위한 휴식 시간을 가지세요.

89. 청자들은 어떤 업무를 배정받았는가?
(A) 지역 관광객들을 위한 행사를 개발하는 것
(B) 외국인 방문객들을 어떻게 겨냥할지 결정하는 것
(C) 새로운 명물을 만들어내는 것
(D) 국제 모금 행사를 계획하는 것

90. 화자는 눈 조각상들에 관해 무엇을 말하는가?
(A) 녹을 위험에 처해 있다.
(B) 만드는 데 오랜 시간이 걸린다.
(C) 참가자들 사이에서 인기 있다.
(D) 이전에 전단에서 특별히 포함되었다.

91. 청자들은 30분 후에 무엇을 할 것인가?
(A) 휴식을 취한다.
(B) 연설을 듣는다.
(C) 발표를 본다.
(D) 아이디어들을 논의한다.

지문 **considerably**[kənsídərəbli] 상당히 **attract**[ətrǽkt] 끌어모으다 **figure out** 생각해내다 **sculpture**[미 skʌ́lptʃər, 영 skʌ́lptʃə] 조각상 **palace**[pǽlis] 궁전 **feature**[미 fíːtʃər, 영 fíːtʃə] 특색; 특별히 포함하다 **attraction**[ətrǽkʃən] 명물, 명소 **emphasize**[émfəsàiz] 강조하다 **split up** 나뉘다
89 **target**[táːrgit] 겨냥하다
90 **at risk of** ~의 위험에 처한

89 ■ 세부 사항 관련 문제 특정 세부 사항   정답 (B)
⋮ 청자들이 배정받은 업무를 묻는 문제이므로, 질문의 핵심어구(task ~ assigned)와 관련된 내용을 주의 깊게 듣는다. "Your goal for today is to figure out how to promote the festival to foreign tourists and continue this trend."라며 오늘 청자들의 목표는 어떻게 외국인 관광객들에게 축제를 홍보하고 이 추세를 지속시킬지 생각해내는 것이라고 하였다. 따라서 정답은 (B) Determining how to target foreign visitors이다.

90 ■ 세부 사항 관련 문제 언급   정답 (C)
⋮ 화자가 눈 조각상들에 관해 언급하는 것을 묻는 문제이므로, 질문의 핵심어구(snow sculptures)가 언급된 주변을 주의 깊게 듣는다. "most guests find the snow sculptures and ice palace to be the two most impressive features of the festival"이라며 대부분의 관광객들이 눈 조각상들과 얼음 궁전을 이 축제의 가장 인상적인 두 가지 특색들이라고 생각한다고 한 것을 통해 눈 조각상들이 참가자들이 사이에서 인기 있음을 알 수 있다. 따라서 정답은 (C) They are popular among attendees이다.

91 ■ 세부 사항 관련 문제 다음에 할 일   정답 (A)
⋮ 청자들이 30분 후에 할 일을 묻는 문제이므로, 질문의 핵심어구(in 30 minutes)와 관련된 내용을 주의 깊게 듣는다. "in about half an hour, break for lunch"라며 30분 정도 후에 점심을 위한 휴식 시간을 가지라고 하였다. 따라서 정답은 (A) Take a break이다.

Questions 92-94 refer to the following excerpt from a workshop.

[3] 캐나다식 발음

I'm Milo Forsythe, and I was hired to provide training on how to manage complaints. ⁹²As new employees of the customer service department, it's important that you know how to effectively respond when someone is unhappy with one of the company's products. This is because handling a complaint well can actually lead to increased customer satisfaction and loyalty. ⁹³To better demonstrate this point, I'd like to do a simple role-play exercise. One of you will be an upset customer, and I'll be the company representative. ⁹⁴Pay close attention to how I deal with the situation by validating the other person's experience. You may be surprised by the results. ⁹⁴Hopefully, you will use this technique when interacting with customers.

92 Who most likely are the listeners?
(A) Personnel managers
(B) Sales representatives
(C) Administrative assistants
(D) Customer service agents

93 What will most likely happen next?
(A) A demonstration will be given.
(B) A manual will be handed out.
(C) Job duties will be explained.
(D) Evaluations will be conducted.

94 Why does the speaker say, "You may be surprised by the results"?
(A) To suggest that a product is popular
(B) To point out the disadvantages of a plan
(C) To indicate that a method is effective
(D) To show the accuracy of some data

92-94번은 다음 워크숍 발췌록에 관한 문제입니다.

저는 Milo Forsythe이고, 불만들을 어떻게 처리하는지에 관한 교육을 하기 위해 고용되었습니다. ⁹²고객 서비스 부서의 신입 사원들로서, 누군가 회사의 제품들 중 하나에 불만족스러워할 때 여러분이 효과적으로 대응하는 법을 아는 것은 중요합니다. 이는 불만을 잘 다루는 것이 사실 고객 만족도와 충성도의 증가로 이어지기 때문입니다. ⁹³이 점을 더 잘 설명하기 위해, 간단한 역할극 활동을 하고 싶습니다. 여러분 중 한 사람이 화난 고객이 되고, 제가 회사 직원이 되겠습니다. ⁹⁴제가 다른 사람의 경험을 인정함으로써 어떻게 상황을 다루는지에 세심한 주의를 기울여주십시오. 결과에 놀라실 수도 있습니다. ⁹⁴바라건대, 여러분이 고객들과 소통할 때 이 방법을 사용하시면 좋겠습니다.

92. 청자들은 누구인 것 같은가?
(A) 인사 부장들
(B) 영업 사원들
(C) 행정 비서들
(D) 고객 서비스 직원들

93. 다음에 무슨 일이 일어날 것 같은가?
(A) 시연이 제공될 것이다.
(B) 설명서가 배부될 것이다.
(C) 직무가 설명될 것이다.
(D) 평가가 실시될 것이다.

94. 화자는 왜 "결과에 놀라실 수도 있습니다"라고 말하는가?
(A) 제품이 인기 있음을 암시하기 위해
(B) 계획의 결점들을 언급하기 위해
(C) 방법이 효과적임을 나타내기 위해
(D) 자료의 정확성을 보여주기 위해

지문 handle[hǽndl] 다루다 demonstrate[démənstrèit] 설명하다 role-play 역할극 validate[vǽlədèit] 인정하다 hopefully[hóupfəli] 바라건대
92 agent[éidʒənt] 직원, 대리인   94 accuracy[ǽkjurəsi] 정확성

92 ■ 전체 지문 관련 문제 청자   정답 (D)
청자들의 신분을 묻는 문제이므로, 신분 및 직업과 관련된 표현을 놓치지 않고 듣는다. "As new employees of the customer service department, it's important that you know how to ~ respond when someone is unhappy with ~ company's products." 라며 고객 서비스 부서의 신입 사원들로서 누군가 회사의 제품에 불만족스러워할 때 청자들이 대응하는 법을 아는 것이 중요하다고 하였다. 이를 통해 청자들이 고객 서비스 직원들임을 알 수 있다. 따라서 정답은 (D) Customer service agents이다.

93 ■ 세부 사항 관련 문제 다음에 할 일   정답 (A)
다음에 일어날 일을 묻는 문제이므로, 질문의 핵심어구(happen next)와 관련된 내용을 주의 깊게 듣는다. "To better demonstrate this point, I'd like to do a simple role-play exercise. One of you will be an upset customer, and I'll be the company representative." 라며 이 점을 더 잘 설명하기 위해 간단한 역할극 활동을 하고 싶다고 한 뒤, 청자들 중 한 사람이 화난 고객이 되고 자신이 회사 직원이 되겠다고 하였다. 따라서 정답은 (A) A demonstration will be given이다.

94 ■ 세부 사항 관련 문제 의도 파악   정답 (C)
화자가 하는 말의 의도를 묻는 문제이므로, 질문의 인용어구(You may be surprised by the results)가 언급된 주변을 주의 깊게 듣는다. "Pay close attention to how I deal with the situation by validating the other person's experience." 라며 자신이 다른 사람의 경험을 인정함으로써 어떻게 상황을 다루는지에 세심한 주의를 기울여달라고 한 뒤, "Hopefully, you will use this technique when interacting with customers." 라며 바라건대 청자들이 고객들과 소통할 때 이 방법을 사용하면 좋겠다고 한 말을 통해 이 방법이 효과적임을 나타내려는 의도임을 알 수 있다. 따라서 정답은 (C) To indicate that a method is effective이다.

Questions 95-97 refer to the following advertisement and schedule.

🔊 호주식 발음

Are you looking for ways to save money on airfare and accommodations? Then be sure to tune in to 108.6 FM's newest program, *The Frugal Traveler*. Hosted by [95]Jeff Wallace, who ran his own travel agency for 25 years before retiring, the program will provide tips on how to stretch your budget while on vacation. Jeff will set aside time each day to respond to questions from listeners, and [96]callers will have their names entered into a monthly draw to win a flight to any major city in Europe with Omega Air. *The Frugal Traveler* will air Wednesday afternoons, starting May 2. [97]It will fill the time slot immediately after our local traffic update. Make sure to check it out!

95-97번은 다음 광고와 일정표에 관한 문제입니다.

항공료와 숙소에 드는 비용을 절약할 방법들을 찾고 계신가요? 그렇다면 108.6 FM의 최신 프로그램인 *The Frugal Traveler*를 반드시 청취하십시오. 은퇴하기 전까지 [95]25년간 자신 소유의 여행사를 운영했던 Jeff Wallace가 진행하는 이 프로그램은 휴가 중에 당신의 예산을 어떻게 늘리는지에 대한 조언들을 제공할 것입니다. Jeff는 매일 청취자들의 질문에 답변할 시간을 따로 떼어둘 것이며, [96]전화하신 분들은 Omega 항공사로 유럽의 어느 주요 도시로든지 갈 수 있는 항공편을 획득하도록 월간 추첨에 그들의 이름이 입력되게 할 것입니다. *The Frugal Traveler*는 5월 2일부터 수요일 오후마다 방송될 것입니다. [97]이것은 저희의 최신 지역 교통 정보 직후의 시간대를 차지할 것입니다. 그것을 꼭 확인해주세요!

Broadcast Schedule	
Wednesday Afternoons (April)	
12:00-2:00	*Health Check*
2:00-2:20	Traffic Report
2:20-3:30	[97]*Culture Break*
3:30-5:00	*Investment Strategies*
5:00-5:10	Weather Update
5:10-6:00	*Gourmet Cooking*

방송 일정표	
수요일 오후 (4월)	
12:00-2:00	*Health Check*
2:00-2:20	교통 보도
2:20-3:30	[97]*Culture Break*
3:30-5:00	*Investment Strategies*
5:00-5:10	최신 날씨 정보
5:10-6:00	*Gourmet Cooking*

95 What does the speaker mention about Jeff Wallace?
(A) He has hosted other radio programs.
(B) He travels often for his job.
(C) He was the owner of a company.
(D) He is planning to retire soon.

96 According to the speaker, what might some callers receive?
(A) A bus pass
(B) A hotel voucher
(C) An airline ticket
(D) A guidebook

97 Look at the graphic. Which show will be replaced?
(A) *Health Check*
(B) *Culture Break*
(C) *Investment Strategies*
(D) *Gourmet Cooking*

95. 화자는 Jeff Wallace에 관해 무엇을 언급하는가?
(A) 그는 다른 라디오 프로그램들을 진행했었다.
(B) 그는 직업상 자주 여행한다.
(C) 그는 회사의 소유주였다.
(D) 그는 곧 은퇴할 계획이다.

96. 화자에 따르면, 몇몇 전화한 사람들은 무엇을 받을 수도 있는가?
(A) 버스 정기 승차권
(B) 호텔 할인권
(C) 항공권
(D) 여행안내서

97. 시각 자료를 보시오. 어느 프로그램이 교체될 것인가?
(A) *Health Check*
(B) *Culture Break*
(C) *Investment Strategies*
(D) *Gourmet Cooking*

지문 airfare[미 érfer, 영 éəfeə] 항공료 accommodation[미 əkὰmədéiʃən, 영 əkɔ̀mədéiʃən] 숙소, 숙박 시설 tune in 청취하다, 시청하다
stretch[stretʃ] 늘리다 set aside 따로 떼어두다 draw[drɔː] 추첨 time slot 시간대

95 ■ 세부 사항 관련 문제 언급

정답 (C)

화자가 Jeff Wallace에 관해 언급하는 것을 묻는 문제이므로, 질문의 핵심어구(Jeff Wallace)가 언급된 주변을 주의 깊게 듣는다. "Jeff Wallace, who ran his own travel agency for 25 years"라며 25년간 자신 소유의 여행사를 운영했던 Jeff Wallace라고 하였다. 따라서 정답은 (C) He was the owner of a company이다.

바꾸어 표현하기

ran his own travel agency 자신 소유의 여행사를 운영했다 → was the owner of a company 회사의 소유주였다

96 ■ 세부 사항 관련 문제 특정 세부 사항

정답 (C)

몇몇 전화한 사람들이 받을 수도 있는 것을 묻는 문제이므로, 질문의 핵심어구(callers receive)와 관련된 내용을 주의 깊게 듣는다. "callers will have their names entered into a monthly draw to win a flight to any major city in Europe with Omega Air"라며 전화한 사람들은 Omega 항공사로 유럽의 어느 주요 도시로든지 갈 수 있는 항공권을 획득하도록 월간 추첨에 그들의 이름이 입력되게 할 것이라고 하였다. 따라서 정답은 (C) An airline ticket이다.

97 ■ 세부 사항 관련 문제 시각 자료

정답 (B)

교체될 프로그램을 묻는 문제이므로, 제시된 일정표의 정보를 확인한 뒤 질문의 핵심어구(show ~ replaced)와 관련된 내용을 주의 깊게 듣는다. "It[*The Frugal Traveler*] will fill the time slot immediately after our local traffic update."라며 *The Frugal Traveler*가 최신 지역 교통 정보 직후의 시간대를 차지할 것이라고 하였으므로, 교통 보도 직후의 시간대에 방송되는 프로그램인 *Culture Break*이 교체될 것임을 일정표에서 알 수 있다. 따라서 정답은 (B) *Culture Break*이다.

Questions 98-100 refer to the following telephone message and receipt.

[음] 영국식 발음

My name is Janis Lyle, and I rented a car from your company when [98]I visited a client in Manchester last week. While filling out an application for reimbursement from my company, I noticed an error on my receipt. [99]I was told that if I upgraded to a larger vehicle, I would receive the navigation system for free, but I realize now that I was charged for it. I'd like to have that amount refunded to my credit card. In addition, I . . . ah . . . I've got one more request. Your Web site mentions that your company has a rewards program. [100]Could you send me a brochure that describes the benefits of membership? I'm going to be taking a lot of business trips this year, so I might sign up. Thanks.

98-100번은 다음 전화 메시지와 영수증에 관한 문제입니다.

제 이름은 Janis Lyle이고, [98]지난주에 맨체스터에 있는 고객을 방문했을 때 당신의 회사에서 차를 빌렸습니다. 저희 회사로부터의 상환을 위해 신청서를 작성하다가, 제 영수증에 있는 문제를 발견했습니다. [99]저는 제가 더 큰 차량으로 업그레이드하면 내비게이션 시스템을 무료로 받을 것이라고 들었는데, 그것에 대해 요금을 청구받았다는 것을 지금 알게 되었습니다. 그 금액이 제 신용 카드로 환불되도록 하고 싶습니다. 그리고, 저는… 아… 한 가지 더 요청할 것이 있습니다. 당신의 웹사이트에서는 귀사에 보상 프로그램이 있다고 합니다. [100]제게 회원 혜택들을 설명하는 책자를 보내주시겠어요? 올해 출장을 많이 다닐 거라서, 등록을 할 수도 있습니다. 감사합니다.

EZ Auto Rentals	
Customer: Janis Lyle	
Receipt #: 84758	
Vehicle Rental:	£125.00
Fuel:	£45.00
Collision Insurance:	£75.00
Navigation System:	[99]£25.00
Total:	£270.00

EZ 자동차 대여점	
고객: Janis Lyle	
영수증 번호: 84758	
차량 대여:	125.00 파운드
연료:	45.00 파운드
충돌 사고 보험:	75.00 파운드
내비게이션 시스템:	[99]25.00 파운드
총합계:	270.00 파운드

98 What did the speaker do last week?
(A) Visited some relatives
(B) Met with a customer
(C) Attended a convention
(D) Toured an overseas branch

98. 화자는 지난주에 무엇을 했는가?
(A) 친척들을 방문했다.
(B) 고객과 만났다.
(C) 컨벤션에 참석했다.
(D) 해외 지점을 견학했다.

99 Look at the graphic. How much will the woman be refunded?
(A) £125.00
(B) £45.00
(C) £75.00
(D) £25.00

99. 시각 자료를 보시오. 여자는 얼마를 환불받게 될 것인가?
(A) 125.00 파운드
(B) 45.00 파운드
(C) 75.00 파운드
(D) 25.00 파운드

100 What does the speaker request be sent to her?
(A) Promotional materials
(B) A customer satisfaction survey
(C) Insurance documents
(D) An updated invoice

100. 화자는 무엇이 그녀에게 보내지도록 요청하는가?
(A) 홍보 자료
(B) 고객 만족도 설문지
(C) 보험 서류
(D) 업데이트된 청구서

지문 reimbursement[미 rì:imbə́:rsmənt, 영 rì:imbə́:smənt] 상환 sign up 등록하다 insurance[inʃúərəns] 보험
98 relative[rélətiv] 친척
100 invoice[ínvɔis] 청구서

98 ■ 세부 사항 관련 문제 특정 세부 사항

정답 (B)

화자가 지난주에 한 일을 묻는 문제이므로, 질문의 핵심어구(last week)가 언급된 주변을 주의 깊게 듣는다. "I visited a client in Manchester last week"이라며 자신이 지난주에 맨체스터에 있는 고객을 방문했다고 하였다. 따라서 정답은 (B) Met with a customer이다.

바꾸어 표현하기
visited a client 고객을 방문했다 → Met with a customer 고객과 만났다

99 ■ 세부 사항 관련 문제 시각 자료

정답 (D)

여자가 환불받게 될 금액을 묻는 문제이므로, 제시된 영수증의 정보를 확인한 뒤 질문의 핵심어구(How much ~ refunded)와 관련된 내용을 주의 깊게 듣는다. "I was told that if I upgraded to a larger vehicle, I would receive the navigation system for free, but I realize now that I was charged for it. I'd like to have that amount refunded"라며 더 큰 차량으로 업그레이드하면 내비게이션 시스템을 무료로 받을 것이라고 들었는데, 그것에 대해 요금을 청구받았다는 것을 지금 알게 되었다며, 그 금액이 환불되도록 하고 싶다고 하였다. 이를 통해 내비게이션 시스템에 해당하는 금액인 25파운드를 환불받게 될 것임을 영수증에서 알 수 있다. 따라서 정답은 (D) £25.00이다.

100 ■ 세부 사항 관련 문제 요청

정답 (A)

화자가 자신에게 보내지도록 요청하는 것을 묻는 문제이므로, 지문의 중후반에서 요청과 관련된 표현이 포함된 문장을 주의 깊게 듣는다. "Could you send me a brochure that describes the benefits of membership?"이라며 자신에게 회원 혜택들을 설명하는 책자를 보내달라고 요청하였다. 따라서 정답은 (A) Promotional materials이다.

바꾸어 표현하기
brochure that describes the benefits of membership 회원 혜택들을 설명하는 책자 → Promotional materials 홍보 자료

TEST 08

TEST 08.mp3

실전용·복습용 문제풀이 MP3 무료 다운로드 및 스트리밍 바로듣기 (HackersIngang.com)
* 실제 시험장의 소음까지 재현해 낸 고사장 소음/매미 버전 MP3, 영국식·호주식 발음 집중 MP3, 고속 버전 MP3까지
  구매하면 실전에 더욱 완벽히 대비할 수 있습니다.

무료MP3 바로듣기

1

○○○○● 하

🔊 호주식 발음

(A) People are pouring some beverages.
(B) People are spreading out platters.
(C) People are holding wine glasses.
(D) People are sitting across from each other.

(A) 사람들이 음료를 따르고 있다.
(B) 사람들이 접시들을 늘어놓고 있다.
(C) 사람들이 와인 잔을 들고 있다.
(D) 사람들이 서로의 맞은편에 앉아있다.

■ 2인 이상 사진
정답 (C)

두 남녀가 나란히 앉아 와인 잔을 들고 있는 모습을 확인한다.
(A) [×] pouring(따르고 있다)은 사람들의 동작과 무관하므로 오답이다. 사진에 있는 음료(beverages)를 사용하여 혼동을 주었다.
(B) [×] spreading out(늘어놓고 있다)은 사람들의 동작과 무관하므로 오답이다. 사진에 있는 접시들(platters)을 사용하여 혼동을 주었다.
(C) [○] 와인 잔을 들고 있는 사람들의 모습을 정확히 묘사한 정답이다.
(D) [×] 사람들이 나란히 앉아있는데 서로의 맞은편에(across from each other) 앉아있다고 잘못 묘사했으므로 오답이다. People are sitting(사람들이 앉아있다)까지만 듣고 정답으로 선택하지 않도록 주의한다.

어휘 **pour**[미 pɔːr, 영 pɔː] 따르다, 붓다 **beverage**[bévəridʒ] 음료 **spread out** 늘어놓다 **platter**[미 plǽtər, 영 plǽtə] 접시

2

○○○●● 중

🔊 영국식 발음

(A) A glass door is being cleaned.
(B) Some stools are unoccupied.
(C) Tables are arranged in a row.
(D) Some menus are open on the counter.

(A) 유리문이 닦이고 있다.
(B) 몇 개의 의자들이 비어 있다.
(C) 탁자들이 일렬로 배열되어 있다.
(D) 몇 개의 메뉴들이 카운터에 펼쳐져 있다.

■ 사물 및 풍경 사진
정답 (B)

실내에 있는 사물들의 상태 및 위치를 주의 깊게 살핀다.
(A) [×] 사진에서 유리문은 보이지만 닦이고 있는(is being cleaned) 모습은 아니므로 오답이다. 사진에 있는 유리문(glass door)을 사용하여 혼동을 주었다.
(B) [○] 몇 개의 의자들이 비어 있는 상태를 정확히 묘사한 정답이다.
(C) [×] 탁자 한 개가 벽에 고정되어 있는데 탁자들이 일렬로 배열되어 있다고 잘못 묘사했으므로 오답이다. 사진에 있는 탁자(Tables)를 사용하여 혼동을 주었다.
(D) [×] 사진에 메뉴들(menus)이 없으므로 오답이다. 사진에 있는 카운터(counter)를 사용하여 혼동을 주었다.

어휘 **stool**[stuːl] 의자 **unoccupied**[미 ʌnάːkjupaid, 영 ʌnɔ́kjupaid] 비어 있는 **in a row** 일렬로

3

○○○●● 중

🔊 캐나다식 발음

(A) A woman is waving at a group.
(B) A woman is photographing a tree.
(C) The men are setting up a camera.
(D) The men are posing for a picture.

(A) 한 여자가 무리에게 손을 흔들고 있다.
(B) 한 여자가 나무의 사진을 찍고 있다.
(C) 남자들이 카메라를 설치하고 있다.
(D) 남자들이 사진을 위해 포즈를 취하고 있다.

■ 2인 이상 사진
정답 (D)

한 여자가 포즈를 취하고 있는 남자들의 사진을 찍고 있는 모습을 확인한다.
(A) [×] waving(손을 흔들고 있다)은 여자의 동작과 무관하므로 오답이다. 사진에 있는 무리(group)를 사용하여 혼동을 주었다.
(B) [×] 여자가 나무(tree)가 아니라 남자들의 사진을 찍고 있으므로 오답이다. A woman is photographing(한 여자가 사진을 찍고 있다)까지만 듣고 정답으로 선택하지 않도록 주의한다.
(C) [×] setting up(설치하고 있다)은 남자들의 동작과 무관하므로 오답이다. 사진에 있는 카메라(camera)를 사용하여 혼동을 주었다.
(D) [○] 사진을 위해 포즈를 취하고 있는 남자들의 모습을 가장 잘 묘사한 정답이다.

어휘 **wave**[weiv] (손·팔을) 흔들다 **photograph**[fóutəɡræf] ~의 사진을 찍다 **set up** ~을 설치하다, 세우다 **pose for** ~을 위해 포즈를 취하다

4

상

🔊 미국식 발음

(A) A power tool has been left in a case.
(B) An electrical cord is being coiled.
(C) A worker is cutting the base of a pole.
(D) A ladder has been propped against a wall.

(A) 전동 공구가 상자 안에 놓여 있다.
(B) 전선이 감기고 있다.
(C) 작업자가 기둥의 맨 아랫부분을 자르고 있다.
(D) 사다리가 벽에 기대어져 있다.

■ 1인 사진

정답 (D)

한 남자가 야외에서 공구를 들고 작업하고 있는 모습과 주변 사물의 상태를 주의 깊게 살핀다.

(A) [×] 전동 공구가 사용되고 있는데 상자 안에 놓여 있다고(has been left in a case) 잘못 묘사했으므로 오답이다. 사진에 있는 전동 공구 (power tool)를 사용하여 혼동을 주었다.

(B) [×] 사진에 전선은 보이지만 감기고 있는(is being coiled) 모습은 아니므로 오답이다.

(C) [×] 작업자가 판자를 자르고 있는데 기둥의 맨 아랫부분을(base of a pole) 자르고 있다고 잘못 묘사했으므로 오답이다. A worker is cutting(작업자가 자르고 있다)까지만 듣고 정답으로 선택하지 않도록 주의한다.

(D) [○] 사다리가 벽에 기대어져 있는 모습을 정확히 묘사한 정답이다.

어휘 power tool 전동 공구 coil[kɔil] 감다 base[beis] 맨 아랫부분 pole[poul] 기둥 ladder[lǽdər] 사다리 prop against ~에 기대놓다

5

중

🔊 영국식 발음

(A) She's removing fabric from a machine.
(B) She's connecting a pipe to a device.
(C) She's pulling a laundry cart.
(D) She's laying a sheet on the floor.

(A) 그녀는 기계에서 천을 치우고 있다.
(B) 그녀는 기기에 관을 연결하고 있다.
(C) 그녀는 세탁물 카트를 끌고 있다.
(D) 그녀는 시트를 바닥에 놓고 있다.

■ 1인 사진

정답 (A)

한 여자가 세탁기에서 천을 꺼내고 있는 모습을 확인한다.

(A) [○] 여자가 기계에서 천을 치우고 있는 모습을 가장 잘 묘사한 정답이다.

(B) [×] connecting(연결하고 있다)은 여자의 동작과 무관하므로 오답이다. 사진에 있는 관(pipe)과 기기(device)를 사용하여 혼동을 주었다.

(C) [×] pulling a laundry cart(세탁물 카트를 끌고 있다)는 여자의 동작과 무관하므로 오답이다. 사진에 있는 세탁물 카트(laundry cart)를 사용하여 혼동을 주었다.

(D) [×] 사진에서 여자가 시트를 바닥에 놓고 있는지 확인할 수 없으므로 오답이다. 사진의 천과 관련된 sheet(시트)을 사용하여 혼동을 주었다.

어휘 remove[rimúːv] 치우다, 옮기다 fabric[fǽbrik] 천, 직물 connect[kənékt] 연결하다 device[diváis] 기기 pull[pul] 끌다
laundry[lɔ́ːndri] 세탁물 lay[lei] 놓다 sheet[ʃiːt] (침대 등의) 시트

6

상

🔊 캐나다식 발음

(A) Some equipment is being carried indoors.
(B) A monitor is mounted on the wall.
(C) A room has been decorated with patterned paper.
(D) Some weights have been stored in a box.

(A) 몇몇 기구가 실내로 운반되고 있다.
(B) 모니터가 벽에 고정되어 있다.
(C) 방이 무늬가 있는 벽지로 도배되어 있다.
(D) 역기들이 상자 안에 보관되어 있다.

■ 사물 및 풍경 사진

정답 (B)

실내에 있는 사물들의 상태 및 위치를 주의 깊게 살핀다.

(A) [×] 사진에 기구는 보이지만 운반되고 있는(is being carried) 모습은 아니므로 오답이다. Some equipment(몇몇 기구)만 듣고 정답으로 선택하지 않도록 주의한다.

(B) [○] 모니터가 벽에 고정되어 있는 모습을 정확히 묘사한 정답이다.

(C) [×] 벽지에 무늬가 없는데 방이 무늬가 있는 벽지로 도배되어 있다고 잘못 묘사했으므로 오답이다. 사진의 장소인 방(room)을 사용하여 혼동을 주었다.

(D) [×] 역기들이 상자 안에 보관되어 있는 상태가 아니므로 오답이다. Some weights(역기들)만 듣고 정답으로 선택하지 않도록 주의한다.

어휘 equipment[ikwípmənt] 기구, 장비 carry[kǽri] 운반하다, 나르다 indoors[indɔ́ːrz] 실내로 mount[maunt] 고정시키다
decorate[dékərèit] 도배하다, 꾸미다 patterned[pǽtərnd] 무늬가 있는 weight[weit] 역기 store[stɔːr] 보관하다

PART 2

7
○○○○
하

🔊 미국식 발음 → 호주식 발음

When can I buy tickets for a semi-final game?

(A) No, I'm fine.
(B) Right now, the score is tied.
(C) The first week of June.

준결승 경기를 위한 표들을 언제 살 수 있나요?

(A) 아니요, 저는 괜찮아요.
(B) 지금, 점수가 동점이 되었어요.
(C) 6월의 첫 번째 주요.

■ When 의문문   정답 (C)

준결승 경기를 위한 표들을 언제 살 수 있는지를 묻는 When 의문문이다.
(A) [×] 의문사 의문문에 No로 응답했으므로 오답이다. final – fine의 유사 발음 어휘를 사용하여 혼동을 주었다.
(B) [×] game(경기)과 관련 있는 score(점수)를 사용하여 혼동을 준 오답이다. Right now(지금)까지만 듣고 정답으로 고르지 않도록 주의한다.
(C) [○] 6월의 첫 번째 주라며 준결승 경기를 위한 표들을 살 수 있는 시점을 언급했으므로 정답이다.

어휘   semi-final 준결승의   score[미 skɔːr, 영 skɔː] 점수, 득점   tie[tai] 동점이 되게 하다, 동점을 이루다

8
○○○
중

🔊 캐나다식 발음 → 영국식 발음

What's included in the gift bag for visitors?

(A) Thank you for the present.
(B) Items displaying our company's name.
(C) Give Kevin a few more plates.

방문객들을 위한 선물 가방에 무엇이 포함되어 있나요?

(A) 선물 감사해요.
(B) 우리 회사의 이름을 보여주는 물품들이요.
(C) Kevin에게 좀 더 많은 접시들을 주세요.

■ What 의문문   정답 (B)

방문객들을 위한 선물 가방에 무엇이 포함되어 있는지를 묻는 What 의문문이다.
(A) [×] 질문의 gift(선물)와 같은 의미인 present(선물)를 사용하여 혼동을 준 오답이다.
(B) [○] 자신들 회사의 이름을 보여주는 물품들이라는 말로 방문객들을 위한 선물 가방에 포함되어 있는 것을 언급했으므로 정답이다.
(C) [×] gift bag(선물 가방)에서 연상할 수 있는 행동과 관련된 Give(주다)를 사용하여 혼동을 준 오답이다.

어휘   include[inklúːd] 포함하다   visitor[vízitər] 방문객, 손님   display[displéi] 보여주다, 전시하다   plate[pleit] 접시

9
○○○
상

🔊 미국식 발음 → 캐나다식 발음

Have you finished the report on our competitor's new product yet?

(A) There was a lot of competition.
(B) Mr. Madden is looking it over.
(C) I want to buy a newer model.

우리 경쟁사의 신제품에 관한 보고서를 다 끝냈나요?

(A) 많은 경쟁이 있었어요.
(B) Mr. Madden이 그것을 검토하고 있어요.
(C) 저는 더 최신 모델을 사고 싶어요.

■ 조동사 의문문   정답 (B)

경쟁사의 신제품에 관한 보고서를 다 끝냈는지를 확인하는 조동사(Have) 의문문이다.
(A) [×] 경쟁사의 신제품에 대한 보고서를 끝냈는지를 물었는데, 이와 관련이 없는 많은 경쟁이 있었다는 내용으로 응답했으므로 오답이다.
     competitor – competition의 유사 발음 어휘를 사용하여 혼동을 주었다.
(B) [○] Mr. Madden이 검토하고 있다는 말로 보고서를 끝냈음을 간접적으로 전달했으므로 정답이다.
(C) [×] 질문의 new를 newer로 반복 사용하여 혼동을 준 오답이다.

어휘   competitor[미 kəmpétitər, 영 kəmpétitə] 경쟁사   competition[미 kàːmpətíʃən, 영 kɔ̀mpətíʃən] 경쟁   look over 검토하다, 살펴보다

10

🔊 호주식 발음 → 미국식 발음

Who is going to talk first at the economics forum?

(A) It begins at 9:30 tomorrow morning.
(B) The president of the research firm.
(C) Yes, I've got the transcript here.

경제학 포럼에서 누가 첫 번째로 연설할 건가요?

(A) 그것은 내일 아침 9시 30분에 시작해요.
(B) 연구 회사의 사장이요.
(C) 네, 저는 여기 필기록을 가지고 있어요.

■ Who 의문문　　　　　　　　　　　　　정답 (B)

경제학 포럼에서 누가 첫 번째로 연설할 것인지를 묻는 Who 의문문이다.
(A) [×] 경제학 포럼에서 누가 첫 번째로 연설할 것인지를 물었는데, 이와 관련이 없는 그것은 내일 아침 9시 30분에 시작한다는 내용으로 응답했으므로 오답이다. 질문의 economics forum(경제학 포럼)을 나타낼 수 있는 It을 사용하여 혼동을 주었다.
(B) [○] 연구 회사의 사장이라며 경제학 포럼에서 첫 번째로 연설할 인물을 언급했으므로 정답이다.
(C) [×] 의문사 의문문에 Yes로 응답했으므로 오답이다. talk(연설하다)과 관련 있는 transcript(필기록)를 사용하여 혼동을 주었다.

어휘　economics[미 èkənámiks, 영 ikənɔ́miks] 경제학　forum[fɔ́:rəm] 포럼, 공개 토론　president[prézədənt] 사장, 회장
transcript[trǽnskript] (연설 등의) 필기록, 의사록

11

🔊 영국식 발음 → 호주식 발음

Can't we go to the theater later in the week?

(A) It's not my second visit.
(B) A new play by a local writer.
(C) No, we reserved seats for this evening.

우리가 주 후반에 극장에 갈 수 없나요?

(A) 이건 제 두 번째 방문이 아니에요.
(B) 현지 작가의 새로운 연극이요.
(C) 안 돼요, 우리는 오늘 저녁에 자리를 예약해뒀어요.

■ 부정 의문문　　　　　　　　　　　　　정답 (C)

주 후반에 극장에 갈 수 있는지를 묻는 부정 의문문이다.
(A) [×] go(가다)와 관련 있는 visit(방문)을 사용하여 혼동을 준 오답이다.
(B) [×] theater(극장)와 관련 있는 play(연극)를 사용하여 혼동을 준 오답이다.
(C) [○] No로 주 후반에 극장에 갈 수 없음을 전달한 후, 오늘 저녁에 자리를 예약해두었다는 부연 설명을 했으므로 정답이다.

어휘　visit[vízit] 방문; 방문하다　play[plei] 연극　reserve[미 rizə́:rv, 영 rizə́:v] 예약하다　seat[si:t] 자리

12

🔊 미국식 발음 → 캐나다식 발음

Has the package been delivered yet?

(A) There is no charge for delivery.
(B) Check with the other receptionist.
(C) I ordered it online.

소포가 벌써 배달되었나요?

(A) 배송비는 없어요.
(B) 다른 접수원에게 문의해보세요.
(C) 저는 온라인으로 그것을 주문했어요.

■ 조동사 의문문　　　　　　　　　　　　정답 (B)

소포가 벌써 배달되었는지를 확인하는 조동사(Have) 의문문이다.
(A) [×] 소포가 벌써 배달되었는지를 물었는데, 이와 관련이 없는 배송비는 없다는 내용으로 응답했으므로 오답이다. delivered – delivery의 유사 발음 어휘를 사용하여 혼동을 주었다.
(B) [○] 다른 접수원에게 문의해보라는 말로 소포가 벌써 배달되었는지 모른다는 간접적인 응답을 했으므로 정답이다.
(C) [×] 질문의 package(소포)를 나타낼 수 있는 it을 사용하고, delivered(배달되다)와 관련 있는 ordered(주문했다)를 사용하여 혼동을 준 오답이다.

어휘　package[pǽkidʒ] 소포, 꾸러미　deliver[dilívər] 배달하다, 전하다　charge[tʃɑ:rdʒ] 비용, 요금　check with ~에게 문의하다
receptionist[risépʃənist] 접수원

13

〇〇〇〇
중

🔊 영국식 발음 → 캐나다식 발음

What's the matter with your briefcase?

(A) That's very interesting.
(B) Juice was spilled on it.
(C) My car is fine.

당신의 서류 가방에 무슨 문제가 있나요?

(A) 그것은 매우 재미있어요.
(B) 주스가 그것 위에 쏟아졌어요.
(C) 제 차는 아주 좋아요.

■ What 의문문

정답 (B)

상대방의 서류 가방에 무슨 문제가 있는지를 묻는 What 의문문이다.
(A) [×] 질문의 briefcase(서류 가방)를 나타낼 수 있는 That을 사용하여 혼동을 준 오답이다.
(B) [○] 주스가 그것 위에 쏟아졌다는 말로 서류 가방에 관한 문제를 언급했으므로 정답이다.
(C) [×] 상대방의 서류 가방에 무슨 문제가 있는지를 물었는데, 이와 관련이 없는 자신의 차는 아주 좋다는 내용으로 응답했으므로 오답이다.
　　 fine(아주 좋은)만 듣고 정답으로 고르지 않도록 주의한다.

어휘　matter[미 mǽtər, 영 mǽtə] 문제; 중요하다　briefcase[brí:fkeis] 서류 가방　spill[spil] 쏟다

14

〇〇〇〇
중

🔊 영국식 발음 → 호주식 발음

How would you like to spend the afternoon?

(A) If you'd like to.
(B) Because I spent too much money.
(C) I haven't given it much thought.

오후 시간을 어떻게 보내고 싶으신가요?

(A) 당신이 하고 싶다면요.
(B) 왜냐하면 제가 너무 많은 돈을 썼기 때문이에요.
(C) 그것에 대해 많이 생각해보지 않았어요.

■ How 의문문

정답 (C)

오후 시간을 어떻게 보내고 싶은지를 묻는 How 의문문이다. How가 방법을 묻는 것임을 이해할 수 있어야 한다.
(A) [×] 오후 시간을 어떻게 보내고 싶은지를 물었는데, 이와 관련이 없는 상대방이 하고 싶다면이라는 내용으로 응답했으므로 오답이다. 질문의
　　 would you like to를 you'd like to로 반복 사용하여 혼동을 주었다.
(B) [×] 질문의 spend(시간을 보내다)를 '돈을 쓰다'라는 의미의 spent로 반복 사용하여 혼동을 준 오답이다.
(C) [○] 그것에 대해 많이 생각해보지 않았다는 말로 모르겠다는 간접적인 응답을 했으므로 정답이다.

어휘　spend[spend] (시간을) 보내다, (돈을) 쓰다

15

〇〇〇〇
상

🔊 영국식 발음 → 미국식 발음

Should we distribute awards to staff now or after dinner?

(A) Not everyone has arrived yet.
(B) I'll have the tomato soup.
(C) Our main distribution center.

직원들에게 상품을 지금 나눠주어야 하나요, 아니면 저녁 식사 후에 나눠주어야 하나요?

(A) 아직 모두가 도착하지는 않았어요.
(B) 저는 토마토 수프를 먹을 거예요.
(C) 우리의 주요 유통 센터요.

■ 선택 의문문

정답 (A)

직원들에게 상품을 지금 나눠주어야 하는지 아니면 저녁 식사 후에 나눠주어야 하는지를 묻는 선택 의문문이다.
(A) [○] 아직 모두가 도착하지는 않았다는 말로 저녁 식사 후에 직원들에게 상품을 나눠주어야 한다는 것을 간접적으로 선택했으므로 정답이다.
(B) [×] dinner(저녁 식사)에서 연상할 수 있는 식사 메뉴와 관련된 tomato soup(토마토 수프)을 사용하여 혼동을 준 오답이다.
(C) [×] 직원들에게 상품을 지금 나눠주어야 하는지 아니면 저녁 식사 후에 나눠주어야 하는지를 물었는데, 이와 관련이 없는 자신들의 주요 유
　　 통 센터라는 내용으로 응답했으므로 오답이다. distribute – distribution의 유사 발음 어휘를 사용하여 혼동을 주었다.

어휘　distribute[distríbju:t] 나눠주다, 배급하다　award[미 əwɔ́:rd, 영 əwɔ́:d] 상품, 상금　distribution[dìstrəbjú:ʃən] 유통, 분배

16

🎧 미국식 발음 → 캐나다식 발음

Mr. Willis from the payroll department called for me, right?

(A) All the supplies have been paid for.
(B) Here's my extension number.
(C) No, he was looking for Andrea.

급여 지급 부서의 Mr. Willis가 제게 전화했었죠, 그렇죠?

(A) 모든 비품들은 대금이 지불되었어요.
(B) 여기 제 내선 번호가 있어요.
(C) 아니요, 그는 Andrea를 찾았어요.

■ 부가 의문문 　　　　　　　　　　　　　　　　　　　　　　정답 (C)

급여 지급 부서의 Mr. Willis가 자신에게 전화했는지를 확인하는 부가 의문문이다.

(A) [×] 급여 지급 부서의 Mr. Willis가 자신에게 전화했는지를 물었는데, 이와 관련이 없는 모든 비품들은 대금이 지불되었다는 내용으로 응답했으므로 오답이다. payroll – paid for의 유사 발음 어휘를 사용하여 혼동을 주었다.
(B) [×] called(전화했다)와 관련 있는 extension number(내선 번호)를 사용하여 혼동을 준 오답이다.
(C) [○] No로 급여 지급 부서의 Mr. Willis가 상대방에게 전화하지 않았음을 전달한 후, 그는 Andrea를 찾았다는 부연 설명을 했으므로 정답이다.

어휘　payroll department 급여 지급 부서　supply[səplái] 비품, 공급품　pay for 대금을 지불하다　extension number 내선 번호
　　　look for 찾다, 기대하다

17

🎧 캐나다식 발음 → 영국식 발음

Are employees cataloging complaints that we receive from customers?

(A) It's the product catalog.
(B) That's what I've been told.
(C) Only a few workers were disappointed.

직원들이 우리가 고객들로부터 받은 불만 사항들의 목록을 만들고 있나요?

(A) 그것은 제품 카탈로그예요.
(B) 저는 그렇게 들었어요.
(C) 몇 명의 작업자들만 실망했었어요.

■ Be 동사 의문문 　　　　　　　　　　　　　　　　　　　　정답 (B)

직원들이 고객들로부터 받은 불만 사항들의 목록을 만들고 있는지를 확인하는 Be 동사 의문문이다.

(A) [×] 직원들이 고객들로부터 받은 불만 사항들의 목록을 만들고 있는지를 물었는데, 이와 관련이 없는 그것은 제품 카탈로그라는 내용으로 응답했으므로 오답이다. 질문의 cataloging(목록을 만들다)을 '카탈로그'라는 의미의 명사 catalog로 반복 사용하여 혼동을 주었다.
(B) [○] 자신은 그렇게 들었다는 말로 직원들이 고객들로부터 받은 불만 사항들의 목록을 만들고 있음을 전달했으므로 정답이다.
(C) [×] employees(직원들)와 관련 있는 workers(작업자들)를 사용하고, complaints(불만 사항들)와 관련 있는 disappointed(실망한)를 사용하여 혼동을 준 오답이다.

어휘　catalog[미 kǽtəlɔ̀ːg, 영 kǽtəlɔ̀g] 목록을 만들다; 카탈로그, 목록　disappoint[dìsəpɔ́int] 실망시키다

18

🎧 미국식 발음 → 호주식 발음

Don't purchases over €75 qualify for free shipping?

(A) Payments can be made over the phone.
(B) Take these parcels as well.
(C) We no longer offer that service.

75유로 이상의 구매는 무료 배송 대상으로 적합하지 않나요?

(A) 전화로 지불할 수 있어요.
(B) 이 소포들도 가져가세요.
(C) 저희는 더 이상 그 서비스를 제공하지 않아요.

■ 부정 의문문 　　　　　　　　　　　　　　　　　　　　　　정답 (C)

75유로 이상의 구매가 무료 배송 대상으로 적합한지를 묻는 부정 의문문이다.

(A) [×] purchases(구매)와 관련 있는 Payments(지불)를 사용하여 혼동을 준 오답이다.
(B) [×] shipping(배송)과 관련 있는 parcels(소포들)를 사용하여 혼동을 준 오답이다.
(C) [○] 더 이상 그 서비스를 제공하지 않는다는 말로 75유로 이상의 구매가 무료 배송 대상으로 적합하지 않음을 간접적으로 전달했으므로 정답이다.

어휘　purchase[pə́ːrtʃəs] 구매; 구매하다　qualify for ~의 대상으로 적합하다　payment[péimənt] 지불, 납입　parcel[미 páːrsəl, 영 páːsəl] 소포

19

🎧 호주식 발음 → 영국식 발음

When can you update the bulletin board?

(A) Generally, Steven takes care of it.
(B) The most up-to-date medications.
(C) We upgraded the network last month.

당신은 언제 게시판을 업데이트할 수 있나요?

(A) 보통, Steven이 그것을 처리해요.
(B) 가장 최신 약물들이요.
(C) 우리는 지난달에 네트워크를 개선했어요.

■ When 의문문

정답 (A)

언제 게시판을 업데이트할 수 있는지를 묻는 When 의문문이다.
(A) [○] 보통 Steven이 그것을 처리한다는 말로 자신이 게시판을 업데이트하지 않을 것임을 간접적으로 전달했으므로 정답이다.
(B) [×] 언제 게시판을 업데이트할 수 있는지를 물었는데, 이와 관련이 없는 가장 최신 약물들이라는 내용으로 응답했으므로 오답이다.
　　update – up-to-date의 유사 발음 어휘를 사용하여 혼동을 주었다.
(C) [×] update – upgraded의 유사 발음 어휘를 사용하고, 시점인 last month를 사용하여 혼동을 준 오답이다.

어휘　bulletin board 게시판　generally[dʒénərəli] 보통, 일반적으로　take care of ~을 처리하다, ~에 대한 책임이 있다　up-to-date 최신의
　　medication[미 mèdəkéiʃən, 영 mèdikéiʃən] 약물

20

🎧 영국식 발음 → 캐나다식 발음

Mr. Adams, where should we discuss the Ford Project?

(A) As soon as I return from my meeting.
(B) The second-floor conference room isn't being used.
(C) Everyone is pleased with the project.

Mr. Adams, 우리가 어디에서 Ford 프로젝트를 논의해야 할까요?

(A) 제가 회의에서 돌아오자마자요.
(B) 2층 회의실이 사용되고 있지 않아요.
(C) 모두가 그 프로젝트에 만족해요.

■ Where 의문문

정답 (B)

Mr. Adams에게 어디에서 Ford 프로젝트를 논의해야 하는지를 묻는 Where 의문문이다.
(A) [×] 어디에서 Ford 프로젝트를 논의해야 하는지를 물었는데 시점으로 응답했으므로 오답이다. 질문의 where를 when으로 혼동하여
　　when should we discuss the Ford Project(우리가 언제 Ford 프로젝트를 논의해야 할까요)로 생각해 정답으로 선택하지 않도록 주
　　의한다.
(B) [○] 2층 회의실이 사용되고 있지 않다는 말로 2층 회의실에서 Ford 프로젝트를 논의해야 한다는 것을 간접적으로 전달했으므로 정답이다.
(C) [×] 질문의 Project를 반복 사용하여 혼동을 준 오답이다.

어휘　pleased[pli:zd] 만족하는, 기뻐하는

21

🎧 미국식 발음 → 캐나다식 발음

Supervisors must strictly adhere to established regulations.

(A) The store was established a decade ago.
(B) What about in special circumstances?
(C) Management provided lunch.

관리자들은 제정된 규칙들을 엄격히 지켜야 해요.

(A) 그 가게는 10년 전에 설립됐어요.
(B) 특수한 상황에서는 어떤가요?
(C) 경영진이 점심을 제공했어요.

■ 평서문

정답 (B)

관리자들은 제정된 규칙들을 엄격히 지켜야 한다는 객관적인 사실을 전달하는 평서문이다.
(A) [×] 관리자들은 제정된 규칙들을 엄격히 지켜야 한다고 했는데, 이와 관련이 없는 그 가게가 10년 전에 설립되었다는 내용으로 응답했으므로
　　오답이다. 질문의 established(제정된)를 '설립되다'라는 의미의 동사로 반복 사용하여 혼동을 주었다.
(B) [○] 특수한 상황에서는 어떤지를 되물어 규칙을 지키는 것에 대한 추가 정보를 요구하고 있으므로 정답이다.
(C) [×] Supervisors(관리자들)와 관련 있는 Management(경영진)를 사용하여 혼동을 준 오답이다.

어휘　supervisor[sú:pərvàizər] 관리자, 감독　strictly[stríktli] 엄격히　adhere to ~을 지키다　established[istǽbliʃt] 제정된, 확립된
　　establish[istǽbliʃ] 설립하다, 확립하다　decade[dékeid] 10년　circumstance[sə́:rkəmstæns] 상황, 환경
　　management[mǽnidʒmənt] 경영진, 경영

22

🎧 영국식 발음 → 호주식 발음

Did Ms. LaPlante request extra towels and pillows, or just pillows?

(A) Because I'm going to the pool.
(B) Additional interns.
(C) She'd like both.

Ms. LaPlante가 추가의 수건들과 베개들을 요청했나요, 아니면 베개들만 요청했나요?

(A) 저는 수영장에 갈 예정이기 때문이에요.
(B) 추가의 인턴들이요.
(C) 그녀는 둘 다 원해요.

■ 선택 의문문

정답 (C)

Ms. LaPlante가 추가의 수건들과 베개들을 요청했는지 아니면 베개들만 요청했는지를 묻는 선택 의문문이다.
(A) [×] Ms. LaPlante가 추가의 수건들과 베개들을 요청했는지 아니면 베개들만 요청했는지를 물었는데 이유로 응답했으므로 오답이다. towels(수건들)에서 연상할 수 있는 사용 장소와 관련된 pool(수영장)을 사용하여 혼동을 주었다.
(B) [×] 질문의 extra(추가의)와 같은 의미인 Additional(추가의)을 사용하여 혼동을 준 오답이다.
(C) [o] 그녀는 둘 다 원한다는 말로 Ms. LaPlante가 추가의 수건들과 베개들을 요청했다는 것을 선택했으므로 정답이다.

어휘 **extra**[ékstrə] 추가의, 여분의 **pillow**[미 pílou, 영 píləu] 베개 **additional**[ədíʃənl] 추가의

23

🎧 캐나다식 발음 → 미국식 발음

Have you had a chance to train the new waitress?

(A) Not as of yet.
(B) No, we'd better head to Platform 2.
(C) There's a chance it might snow.

당신은 새로운 종업원을 교육할 기회가 있었나요?

(A) 아직 없었어요.
(B) 아니요, 우리는 2번 승강장으로 가는 게 나아요.
(C) 눈이 올 가능성이 있어요.

■ 조동사 의문문

정답 (A)

상대방이 새로운 종업원을 교육할 기회가 있었는지를 확인하는 조동사(Have) 의문문이다.
(A) [o] 아직 없었다는 말로 새로운 종업원을 교육할 기회가 없었음을 전달했으므로 정답이다.
(B) [×] 질문의 train(교육하다)의 다른 의미인 '기차'와 관련된 Platform(승강장)을 사용하여 혼동을 준 오답이다. No만 듣고 정답으로 고르지 않도록 주의한다.
(C) [×] 새로운 종업원을 교육할 기회가 있었는지를 물었는데, 이와 관련이 없는 눈이 올 가능성이 있다는 내용으로 응답했으므로 오답이다. 질문의 chance(기회)를 '가능성'이라는 의미로 반복 사용하여 혼동을 주었다.

어휘 **chance**[tʃæns] 기회, 가능성 **train**[trein] 교육하다; 기차 **platform**[plǽtfɔːrm] 승강장

24

🎧 영국식 발음 → 캐나다식 발음

Are you aware that we can't use our normal route to work?

(A) There's a way to fix the device.
(B) You'll find them quite useful.
(C) Yes, a lane is being added to Highway 43.

회사까지 우리의 일반적인 경로를 이용할 수 없다는 것을 알고 있나요?

(A) 기기를 고칠 방법이 있어요.
(B) 당신은 그것들이 꽤 유용하다는 것을 알게 될 거예요.
(C) 네, 43번 고속도로에 차선이 추가되고 있어요.

■ Be 동사 의문문

정답 (C)

회사까지 일반적인 경로를 이용할 수 없다는 것을 알고 있는지를 확인하는 Be 동사 의문문이다.
(A) [×] route(경로)와 관련 있는 way(길)의 다른 의미인 '방법'을 사용하여 혼동을 준 오답이다. There's a way까지만 듣고 정답으로 고르지 않도록 주의한다.
(B) [×] 회사까지 일반적인 경로를 이용할 수 없다는 것을 알고 있는지를 물었는데, 이와 관련이 없는 상대방은 그것들이 꽤 유용하다는 것을 알게 될 것이라는 내용으로 응답했으므로 오답이다. use – useful의 유사 발음 어휘를 사용하여 혼동을 주었다.
(C) [o] Yes로 회사까지 일반적인 경로를 이용할 수 없다는 것을 알고 있음을 전달한 후, 43번 고속도로에 차선이 추가되고 있다는 추가 정보를 제공했으므로 정답이다.

어휘 **aware**[미 əwέər, 영 əwéə] 알고 있는 **normal**[미 nɔ́ːrməl, 영 nɔ́ːməl] 일반적인, 보통의 **route**[ruːt] 경로, 노선 **lane**[lein] 차선, 차로 **highway**[háiwèi] 고속도로

25

○○○●
상

🔊 미국식 발음 → 호주식 발음

Which of these printers has wireless capabilities?

(A) As far as I know, that's right.
(B) A small section of wire.
(C) They all do.

이 프린터들 중 어느 것에 무선 성능이 있나요?

(A) 제가 아는 한, 그것이 옳아요.
(B) 철사의 작은 조각이요.
(C) 그것들 모두에 있어요.

■ Which 의문문

정답 (C)

이 프린터들 중 어느 것에 무선 성능이 있는지를 묻는 Which 의문문이다. Which of these printers를 반드시 들어야 한다.
(A) [x] 의문사 의문문에 Yes와 같은 의미인 that's right으로 응답했으므로 오답이다. 질문의 Which of these printers has를 Do these printers have로 혼동하여 Do these printers have wireless capabilities(이 프린터들은 무선 성능이 있나요)로 생각해 정답으로 선택하지 않도록 주의한다.
(B) [x] 이 프린터들 중 어느 것에 무선 성능이 있는지를 물었는데, 이와 관련이 없는 철사의 작은 조각이라는 내용으로 응답했으므로 오답이다. wireless – wire의 유사 발음 어휘를 사용하여 혼동을 주었다.
(C) [o] 그것들 모두에 있다는 말로 모든 프린터들에 무선 성능이 있음을 전달했으므로 정답이다.

어휘 wireless[wáiərlis] 무선의 capability[kèipəbíləti] 성능, 능력 section[sékʃən] 조각, 부분 wire[미 waiər, 영 waiə] 철사, 전선

26

○○○●
상

🔊 호주식 발음 → 영국식 발음

None of our guests have dietary restrictions, do they?

(A) We've been granted restricted access.
(B) Those details are written on this sheet.
(C) None of the vehicles.

우리 손님들 중 누구도 식사 제한이 없어요, 그렇죠?

(A) 우리는 제한된 접근권을 부여받았어요.
(B) 그 세부 사항들은 이 종이에 적혀 있어요.
(C) 이 차량들 중 아무것도 아니에요.

■ 부가 의문문

정답 (B)

손님들 중 누구도 식사 제한이 없는지를 확인하는 부가 의문문이다.
(A) [x] restrictions – restricted의 유사 발음 어휘를 사용하여 혼동을 준 오답이다.
(B) [o] 그 세부 사항들은 이 종이에 적혀 있다는 말로 모르겠다는 간접적인 응답을 했으므로 정답이다.
(C) [x] 손님들 중 누구도 식사 제한이 없는지를 물었는데, 이와 관련이 없는 이 차량들 중 아무것도 아니라는 내용으로 응답했으므로 오답이다. 질문의 None of를 반복 사용하여 혼동을 주었다.

어휘 dietary[미 dáiətèri, 영 dáiətəri] 식사의, 음식의 restriction[ristríkʃən] 제한 grant[미 grænt, 영 grɑːnt] 부여하다, 주다
restricted[ristríktid] 제한된, 한정된 access[ǽkses] 접근권 vehicle[미 víːikl, 영 víəkl] 차량

27

○○○○
하

🔊 캐나다식 발음 → 미국식 발음

Some of this produce is beginning to spoil.

(A) I just started this week.
(B) Factory production levels.
(C) Please replace it with fresh vegetables.

이 농산물 중 일부가 상하기 시작하고 있어요.

(A) 저는 이번 주에 막 시작했어요.
(B) 공장 생산 수준이요.
(C) 그것을 신선한 채소들로 교체해주세요.

■ 평서문

정답 (C)

농산물 중 일부가 상하기 시작하고 있다는 문제점을 언급하는 평서문이다.
(A) [x] 질문의 beginning(시작하다)과 같은 의미인 started(시작했다)를 사용하여 혼동을 준 오답이다.
(B) [x] 농산물 중 일부가 상하기 시작하고 있다고 했는데, 이와 관련이 없는 공장 생산 수준이라는 내용으로 응답했으므로 오답이다. produce – production의 유사 발음 어휘를 사용하여 혼동을 주었다.
(C) [o] 그것을 신선한 채소들로 교체해달라는 말로 문제점에 대한 해결책을 제시했으므로 정답이다.

어휘 produce[prádjuːs] 농산물 spoil[spɔil] (음식이) 상하다, 썩다 factory[fǽktəri] 공장 production[prədʌ́kʃən] 생산, 제품
replace[ripléis] 교체하다, 대체하다 vegetable[védʒətəbl] 채소

28
○●●● 상

🔊 캐나다식 발음 → 영국식 발음

Why didn't you ask me for a ride from the airport?

(A) I made other arrangements.
(B) I asked for a window seat.
(C) At the international airport.

왜 공항에서 제게 태워달라고 요청하지 않았나요?

(A) 저는 다른 수단을 마련했었어요.
(B) 저는 창가 좌석을 요청했어요.
(C) 국제공항에서요.

■ Why 의문문   정답 (A)

왜 공항에서 자신에게 태워달라고 요청하지 않았는지를 묻는 Why 의문문이다.
(A) [O] 다른 수단을 마련했었다며 공항에서 태워달라고 요청하지 않은 이유를 언급했으므로 정답이다.
(B) [x] 질문의 ask를 asked로 반복 사용하고, airport(공항)에서 연상할 수 있는 비행기와 관련된 window seat(창가 좌석)을 사용하여 혼동을 준 오답이다. I asked for까지만 듣고 정답으로 고르지 않도록 주의한다.
(C) [x] 왜 공항에서 자신에게 태워달라고 요청하지 않았는지를 물었는데 장소로 응답했으므로 오답이다. 질문의 airport를 반복 사용하여 혼동을 주었다.

어휘 ride[raid] 태워주기; 타다 arrangement[əréindʒmənt] 마련, 예정, 준비

29
○●●● 중

🔊 호주식 발음 → 미국식 발음

This wristwatch has to be engraved with a client's name.

(A) My wrist still hurts.
(B) OK, but it can't be done until tomorrow.
(C) Yes, watch out for the beam.

이 손목시계에는 고객의 이름이 새겨져야 해요.

(A) 제 손목은 여전히 아파요.
(B) 알겠어요, 하지만 그것은 내일이나 되어야 완료될 수 있어요.
(C) 네, 광선을 조심하세요.

■ 평서문   정답 (B)

손목시계에 고객의 이름을 새겨달라고 요청하는 의도의 평서문이다.
(A) [x] 손목시계에 고객의 이름이 새겨져야 한다고 했는데, 이와 관련이 없는 자신의 손목이 여전히 아프다는 내용으로 응답했으므로 오답이다. 질문의 wristwatch(손목시계)에서 wrist를 반복 사용하여 혼동을 주었다.
(B) [O] OK로 요청을 수락한 뒤, 하지만 그것은 내일이나 되어야 완료될 수 있다는 부연 설명을 했으므로 정답이다.
(C) [x] 질문의 wristwatch(손목시계)에서 watch를 '조심하다'라는 의미의 동사로 반복 사용하여 혼동을 준 오답이다. Yes만 듣고 정답으로 고르지 않도록 주의한다.

어휘 engrave[ingréiv] 새기다, 조각하다 wrist[rist] 손목 beam[bi:m] 광선

30
○●●● 상

🔊 캐나다식 발음 → 영국식 발음

Why don't I ask the engineers to improve this prototype?

(A) No, we don't own any.
(B) Tell them to apply our feedback.
(C) Research and development costs.

제가 기술자들에게 이 견본을 개선해달라고 요청할까요?

(A) 아니요, 우리는 아무것도 가지고 있지 않아요.
(B) 그들에게 우리의 의견을 적용해달라고 말해주세요.
(C) 연구 및 개발 비용이요.

■ 제공 의문문   정답 (B)

기술자들에게 견본을 개선해달라고 요청해주겠다는 제공 의문문이다. Why don't I가 제공하는 표현임을 이해할 수 있어야 한다.
(A) [x] 질문의 don't를 반복 사용하여 혼동을 준 오답이다. No만 듣고 정답으로 고르지 않도록 주의한다.
(B) [O] 그들에게 자신들의 의견을 적용해달라고 말해주라는 말로 제공을 간접적으로 수락했으므로 정답이다.
(C) [x] improve(개선하다)와 관련 있는 development(개발)를 사용하여 혼동을 준 오답이다.

어휘 engineer[èndʒiníər] 기술자 improve[imprúːv] 개선하다, 향상하다 prototype[próutətaip] 견본, 원형 apply[əplái] 적용하다
      feedback[fíːdbæk] 의견 development[divéləpmənt] 개발

31

3ιⅲ 미국식 발음 → 호주식 발음

These machines ought to be unloaded immediately.

(A) We should order them soon.
(B) Do you mean the dishwashers?
(C) All downloads are free of charge.

이 기계들은 즉시 내려져야 해요.

(A) 우리는 그것들을 곧 주문해야 해요.
(B) 식기세척기들 말인가요?
(C) 모든 다운로드는 무료예요.

■ 평서문

정답 (B)

이 기계들이 즉시 내려져야 한다는 객관적인 사실을 전달하는 평서문이다.

(A) [×] 질문의 ought to(~해야 한다)와 같은 의미인 should(~해야 한다)를 사용하고, 질문의 These machines(이 기계들)를 나타낼 수 있는 them을 사용하여 혼동을 준 오답이다.

(B) [○] 식기세척기들을 말하는지를 되물어 기계들에 대한 추가 정보를 요구하는 정답이다.

(C) [×] 이 기계들이 즉시 내려져야 한다고 했는데, 이와 관련이 없는 모든 다운로드는 무료라는 내용으로 응답했으므로 오답이다. unloaded – downloads의 유사 발음 어휘를 사용하여 혼동을 주었다.

어휘 ought to ~해야 한다 unload[ʌnlóud] (짐을) 내리다 immediately[imíːdiətli] 즉시 dishwasher[미 díʃwàʃər, 영 díʃwɔ̀ʃə] 식기세척기 free of charge 무료의

32
33
34

Questions 32-34 refer to the following conversation.

🎧 영국식 발음 → 캐나다식 발음

W: Hi, Mark. ³²Our department head wants me to arrange the corporation's year-end party. However, I'm not sure when it should be hosted. How about December 21?

M: ³³Could you think about choosing another day? The 21st is when the Tampa Bay Hurricanes plays in the championship ice hockey game, and I know a lot of staff plan to watch that.

W: Thanks for reminding me. Would December 22 be better, then?

M: Definitely. Also, ³⁴I can help out by sending a notice to fellow employees. So, let me know once you settle on a specific time and the other details.

32 What task has the woman been assigned?
(A) Planning an event
(B) Revising an annual report
(C) Arranging rides for staff
(D) Promoting a competition

33 What does the man request the woman do?
(A) Lead a team-building exercise
(B) Consider a different date
(C) Speak to a department head
(D) Announce the results of a match

34 What does the man offer to do?
(A) Get passes for a game
(B) Write down some directions
(C) Search for a local business
(D) Message some colleagues

32-34번은 다음 대화에 관한 문제입니다.

W: 안녕하세요, Mark. ³²우리 부장님은 제가 회사 송년회를 준비하기를 원하세요. 하지만, 저는 그것이 언제 열려야 하는지 잘 모르겠어요. 12월 21일은 어떤가요?

M: ³³다른 날을 선택하는 것을 생각해줄 수 있나요? 21일은 Tampa Bay Hurricanes가 아이스하키 경기 결승전을 하는 날이고, 저는 많은 직원들이 그것을 볼 계획이라고 알고 있어요.

W: 상기시켜줘서 고마워요. 그렇다면, 12월 22일이 더 나을까요?

M: 물론이죠. 또한, ³⁴저는 동료 직원들에게 안내문을 발송함으로써 도와드릴 수 있어요. 그러니, 당신이 구체적인 시간과 다른 세부 사항들을 정하면 제게 알려주세요.

32. 여자는 무슨 업무를 배정받았는가?
(A) 행사를 계획하는 것
(B) 연간 보고서를 수정하는 것
(C) 직원들을 위해 운송수단을 마련하는 것
(D) 시합을 홍보하는 것

33. 남자는 여자에게 무엇을 하라고 요청하는가?
(A) 팀 단합 활동을 이끈다.
(B) 다른 날짜를 고려한다.
(C) 부장과 이야기한다.
(D) 경기 결과를 발표한다.

34. 남자는 무엇을 해주겠다고 제안하는가?
(A) 경기의 입장권을 구한다.
(B) 지시 사항을 기록한다.
(C) 현지 업체를 물색한다.
(D) 동료들에게 메시지를 보낸다.

지문 year-end party 송년회 championship[tʃǽmpiənʃip] 결승전 fellow[félou] 동료의; 동료 settle on ~을 정하다
specific[spisífik] 구체적인, 특정한
32 revise[riváiz] 수정하다 annual[ǽnjuəl] 연간의 competition[kàmpətíʃən] 시합, 대회
33 consider[kənsídər] 고려하다 announce[ənáuns] 발표하다 match[mætʃ] 경기
34 pass[pæs] 입장권 direction[dirékʃən] 지시 사항 search for ~을 물색하다 message[mésidʒ] 메시지를 보내다 colleague[káli:g] 동료

---

32 ■ **세부 사항 관련 문제** 특정 세부 사항   정답 (A)

○○○●○ 중
여자가 배정받은 업무를 묻는 문제이므로, 질문의 핵심어구(task ~ woman ~ assigned)와 관련된 내용을 주의 깊게 듣는다. 여자가 "Our department head wants me to arrange the corporation's year-end party."라며 부장은 자신이 회사 송년회를 준비하기를 원한다고 하였다. 따라서 정답은 (A) Planning an event이다.

33 ■ **세부 사항 관련 문제** 요청   정답 (B)

○○○○● 하
남자가 여자에게 요청하는 것을 묻는 문제이므로, 남자의 말에서 요청과 관련된 표현이 언급된 다음을 주의 깊게 듣는다. 남자가 여자에게 "Could you think about choosing another day?"라며 다른 날을 선택하는 것을 생각해줄 수 있는지 물었다. 따라서 정답은 (B) Consider a different date이다.

바꾸어 표현하기

think about choosing another day 다른 날을 선택하는 것을 생각하다 → Consider a different date 다른 날짜를 고려하다

34 ■ **세부 사항 관련 문제** 제안   정답 (D)

○○○●○ 중
남자가 해주겠다고 제안하는 것을 묻는 문제이므로, 남자의 말에서 제안과 관련된 표현이 언급된 다음을 주의 깊게 듣는다. 남자가 "I can help out by sending a notice to fellow employees"라며 동료 직원들에게 안내문을 발송함으로써 도와줄 수 있다고 하였다. 따라서 정답은 (D) Message some colleagues이다.

바꾸어 표현하기

sending a notice to fellow employees 동료 직원들에게 안내문을 발송함 → Message some colleagues 동료들에게 메시지를 보내다

Questions 35-37 refer to the following conversation.

🎧 영국식 발음 → 호주식 발음

W: Excuse me, ³⁵I'd like to see the 8:00 P.M. screening of *Voyage Across Australia*.

M: I'm sorry. But ³⁵tickets for that and all other show times tonight have been sold out. You may book a seat for tomorrow night, however.

W: I didn't realize the movie was that popular. I have to be at the office tomorrow night. ³⁶Will the film still be playing at the theater next week?

M: Yes. In fact, ³⁷Andy Baker, the director, will be present for a question and answer session following the screening next Wednesday at 3:30 P.M. You can find out more information about that by reading the flyer posted behind you.

35 Who most likely is the man?
(A) A film editor
(B) A television program host
(C) A box office attendant
(D) A movie critic

36 What does the woman ask the man about?
(A) The name of an actor
(B) The availability of a showing
(C) The length of a performance
(D) The price of a ticket

37 What does the man say about Andy Baker?
(A) He will meet with investors.
(B) He attended a cinema opening.
(C) He will respond to some inquiries.
(D) He released a production last year.

35-37번은 다음 대화에 관한 문제입니다.

W: 실례합니다, ³⁵저는 *Voyage Across Australia*의 오후 8시 상영을 보고 싶어요.
M: 죄송합니다. 그러나 ³⁵그것과 오늘 밤 다른 모든 상영 시간의 티켓들이 매진되었습니다. 하지만, 내일 밤의 좌석은 예약하실 수 있습니다.
W: 그 영화가 그렇게 인기 있는지 몰랐네요. 저는 내일 밤에 사무실에 있어야 해요. ³⁶그 영화가 다음 주에도 여전히 극장에서 상영될까요?
M: 네. 사실, ³⁷감독인 Andy Baker가 다음 주 수요일 오후 3시 30분 상영 후에 있을 질의응답 시간에 참석할 겁니다. 귀하의 뒤에 게시되어 있는 전단을 읽으시면 그것에 관한 정보를 더 알아내실 수 있습니다.

35. 남자는 누구인 것 같은가?
(A) 영화 편집자
(B) 텔레비전 프로그램 진행자
(C) 매표소 직원
(D) 영화 평론가

36. 여자는 남자에게 무엇에 관해 문의하는가?
(A) 배우의 이름
(B) 영화 상영의 여부
(C) 공연의 길이
(D) 티켓의 가격

37. 남자는 Andy Baker에 관해 무엇을 말하는가?
(A) 그는 투자자들을 만날 것이다.
(B) 그는 극장 개관식에 참석했다.
(C) 그는 몇 가지 질문에 대답할 것이다.
(D) 그는 작년에 영화를 개봉했다.

지문 screening[skríːniŋ] 상영 sell out 매진하다, 매진되다 director[미 diréktər, 영 dairéktə] 감독 present[préznt] 참석한
flyer[미 fláiər, 영 fláiə] 전단
35 editor[édətər] 편집자 host[houst] 진행자 box office 매표소 attendant[əténdənt] 직원 critic[krítik] 평론가, 비평가
37 investor[invéstər] 투자자 cinema[sínəmə] 극장 opening[óupəniŋ] 개관식 inquiry[inkwáiəri] 질문 release[rilíːs] 개봉하다, 발표하다
production[prədʌ́kʃən] (제작) 영화

---

35 ■ 전체 대화 관련 문제 화자 정답 (C)

남자의 신분을 묻는 문제이므로, 신분 및 직업과 관련된 표현을 놓치지 않고 듣는다. 여자가 "I'd like to see the 8:00 P.M. screening" 이라며 오후 8시 상영을 보고 싶다고 하자, 남자가 "tickets for that and all other show times tonight have been sold out"이라며 그것과 오늘 밤 다른 모든 상영 시간의 티켓들이 매진되었다고 하였다. 이를 통해 남자가 매표소 직원임을 알 수 있다. 따라서 정답은 (C) A box office attendant이다.

36 ■ 세부 사항 관련 문제 특정 세부 사항 정답 (B)

여자가 남자에게 문의하는 것을 묻는 문제이므로, 여자의 말을 주의 깊게 듣는다. 여자가 남자에게 "Will the film still be playing at the theater next week?"이라며 그 영화가 다음 주에도 여전히 극장에서 상영될지 물었다. 따라서 정답은 (B) The availability of a showing이다.

37 ■ 세부 사항 관련 문제 언급 정답 (C)

남자가 Andy Baker에 관해 언급하는 것을 묻는 문제이므로, 남자의 말에서 질문의 핵심어구(Andy Baker)가 언급된 주변을 주의 깊게 듣는다. 남자가 "Andy Baker, the director, will be present for a question and answer session"이라며 감독인 Andy Baker가 질의응답 시간에 참석할 것이라고 하였다. 따라서 정답은 (C) He will respond to some inquiries이다.

Questions 38-40 refer to the following conversation.

🔊 미국식 발음 → 캐나다식 발음

W: Hello. ³⁸I need a car for next week. I know it's a holiday weekend, but will your company have any available?

M: ³⁸Well, no. But, we will have a van. ³⁹Do you mind driving a larger vehicle?

W: ³⁹I've driven a van before. But we only have a $400 budget for this.

M: I've got a 10-seat van available for $360 a week. ⁴⁰Would you like to get started on the paperwork? There are a couple of forms you need to complete.

W: ⁴⁰Sure. Here's my driver's license.

38 Who most likely is the man?
(A) A car rental agent
(B) A truck driver
(C) A vehicle salesperson
(D) A travel specialist

39 Why does the woman say, "But we only have a $400 budget for this"?
(A) To indicate a problem
(B) To confirm an amount
(C) To decline an offer
(D) To complain about prices

40 What will the woman most likely do next?
(A) Take a driving test
(B) Fill out some documents
(C) Review a price quote
(D) Go to a parking lot

38-40번은 다음 대화에 관한 문제입니다.

W: 안녕하세요. ³⁸저는 다음 주에 차가 필요해요. 휴일 주말인 건 알지만, 당신의 회사에 이용 가능한 차가 있을까요?

M: ³⁸음, 아뇨. 하지만, 승합차는 있을 거예요. ³⁹더 큰 차를 운전하는 게 괜찮으신가요?

W: ³⁹전에 승합차를 운전해 본 적이 있어요. 하지만 저희는 이걸 위한 예산이 400달러밖에 없어요.

M: 주 360달러에 이용 가능한 10인승 승합차가 있어요. ⁴⁰서류 작업을 시작하시겠어요? 작성해야 할 서류가 몇 가지 있어요.

W: ⁴⁰물론이죠. 여기 제 운전면허증이 있어요.

38. 남자는 누구인 것 같은가?
(A) 자동차 대여회사 직원
(B) 트럭 운전사
(C) 차량 판매원
(D) 여행 전문가

39. 여자는 왜 "하지만 저희는 이걸 위한 예산이 400달러밖에 없어요"라고 말하는가?
(A) 문제를 나타내기 위해
(B) 금액을 확인하기 위해
(C) 제안을 거절하기 위해
(D) 가격에 관해 불평하기 위해

40. 여자는 다음에 무엇을 할 것 같은가?
(A) 운전 시험을 본다.
(B) 몇 가지 서류를 작성한다.
(C) 가격 견적서를 검토한다.
(D) 주차장에 간다.

지문 vehicle[ví:əkl] 차 budget[bʌ́dʒit] 예산 paperwork[미 péipərwə:rk, 영 péipərwə:k] 서류 작업
38 rental[réntl] 대여, 임대 salesperson[미 séilzpə:rsn, 영 séilzpə̀:sn] 판매원 specialist[spéʃəlist] 전문가
39 decline[dikláin] 거절하다
40 fill out 작성하다 quote[미 kwout, 영 kwəut] 견적서

38 ■ 전체 대화 관련 문제 화자   정답 (A)

남자의 신분을 묻는 문제이므로, 신분 및 직업과 관련된 표현을 놓치지 않고 듣는다. 여자가 "I need a car for next week ~ will your company have any available?"이라며 다음 주에 차가 필요한데 남자의 회사에 이용 가능한 차가 있는지 묻자, 남자가 "Well, no. But, we will have a van."이라며 차는 없지만 승합차는 있을 거라고 한 말을 통해 남자가 자동차 대여회사 직원임을 알 수 있다. 따라서 정답은 (A) A car rental agent이다.

39 ■ 세부 사항 관련 문제 의도 파악   정답 (A)

여자가 하는 말의 의도를 묻는 문제이므로, 질문의 인용어구(But we only have a $400 budget for this)가 언급된 주변을 주의 깊게 듣는다. 남자가 "Do you mind driving a larger vehicle?"이라며 더 큰 차를 운전하는 게 괜찮은지 묻자, 여자가 "I've driven a van before. But we only have a $400 budget for this."이라며 전에 승합차를 운전해 본 적이 있지만, 예산이 400달러밖에 없다고 한 말을 통해 여자가 문제를 나타내고자 하는 의도임을 알 수 있다. 따라서 정답은 (A) To indicate a problem이다.

40 ■ 세부 사항 관련 문제 다음에 할 일   정답 (B)

여자가 다음에 할 일을 묻는 문제이므로, 대화의 마지막 부분을 주의 깊게 듣는다. 남자가 "Would you like to get started on the paperwork? There are a couple of forms you need to complete."라며 작성해야 할 서류가 몇 가지 있는데 서류 작업을 시작할 것인지 묻자, 여자가 "Sure."이라며 동의하였다. 따라서 정답은 (B) Fill out some documents이다.

Questions 41-43 refer to the following conversation.

🔊 호주식 발음 → 영국식 발음

M: ⁴¹Did you hear about the policy change for business travel expenses? Employees will have to submit relevant receipts within at least three days following the end date of a trip.

W: But that means I'll need to get the paperwork from my recent visit to our warehouse in Dubai in order by today. I won't have time for that.

M: Don't worry. The rule doesn't take effect until the end of next month.

W: That's a relief. ⁴²Why is the policy being modified?

M: The goal is to improve efficiency within the financial department.

W: Makes sense. ⁴³Last week, the head of the division was actually telling me how hard it is to track costs when people aren't timely about turning in their receipts.

41 What are the speakers mainly discussing?
(A) A coworker's vacation
(B) A corporate regulation
(C) An overseas investment
(D) A supervisor's promotion

42 What does the woman ask the man about?
(A) The reason for a change
(B) The duration of a trip
(C) The cost of a renovation
(D) The size of a warehouse

43 What did the woman do last week?
(A) Talked with a manager
(B) Applied for a transfer
(C) Edited a policy manual
(D) Submitted a written complaint

41-43번은 다음 대화에 관한 문제입니다.

M: ⁴¹출장 경비에 관한 규정 변화에 대해 들었나요? 직원들은 출장이 끝나는 날짜 후 적어도 3일 이내에 관련 영수증들을 제출해야 할 거예요.

W: 하지만 그건 제가 최근에 두바이에 있는 우리 창고에 방문한 것으로 인한 서류를 오늘까지 정리해야 한다는 뜻이에요. 저는 그것을 위한 시간이 없을 거예요.

M: 걱정하지 마세요. 그 규정은 다음 달 말이나 되어서야 시행돼요.

W: 다행이네요. ⁴²규정이 왜 변경되는 거죠?

M: 목표는 재무 부서 내의 효율성을 향상하는 것이에요.

W: 이해가 돼요. ⁴³지난주에, 사실 그 부서의 부장이 사람들이 영수증을 때맞춰 제출하지 않으면 비용을 추적하는 것이 얼마나 어려운지 제게 이야기했었어요.

41. 화자들은 주로 무엇에 관해 이야기하고 있는가?
(A) 동료의 휴가
(B) 회사 규정
(C) 해외 투자
(D) 상사의 승진

42. 여자는 남자에게 무엇에 관해 문의하는가?
(A) 변경 이유
(B) 여행 기간
(C) 수리 비용
(D) 창고 크기

43. 여자는 지난주에 무엇을 했는가?
(A) 관리자와 이야기했다.
(B) 전근을 신청했다.
(C) 규정 안내서를 수정했다.
(D) 서면으로 된 항의서를 제출했다.

지문 expense[ikspéns] 경비 relevant[réləvənt] 관련된 paperwork[미 péipərwə̀:rk, 영 péipəwə:k] 서류
warehouse[미 wérhaus, 영 wéəhaus] 창고 take effect 시행되다 improve[imprú:v] 향상하다 efficiency[ifíʃənsi] 효율성
track[træk] 추적하다 timely[táimli] 때맞춘; 적시에 turn in ~을 제출하다

41 corporate[kɔ́:rpərət] 회사의 promotion[prəmóuʃən] 승진 42 duration[djuréiʃən] 기간

43 manual[mǽnjuəl] 안내서 written[rítn] 서면으로 된 complaint[kəmpléint] 항의서

41 ■ 전체 대화 관련 문제 주제   정답 (B)
대화의 주제를 묻는 문제이므로, 대화의 초반을 반드시 듣는다. 남자가 여자에게 "Did you hear about the policy change for business travel expenses?"라며 출장 경비에 관한 규정 변화에 대해 들었는지 물은 뒤, 출장 경비에 관한 회사 규정에 대한 내용으로 대화가 이어지고 있다. 따라서 정답은 (B) A corporate regulation이다.

42 ■ 세부 사항 관련 문제 특정 세부 사항   정답 (A)
여자가 남자에게 문의하는 것을 묻는 문제이므로, 여자의 말을 주의 깊게 듣는다. 여자가 남자에게 "Why is the policy being modified?"라며 규정이 왜 변경되는지 물었다. 따라서 정답은 (A) The reason for a change이다.

43 ■ 세부 사항 관련 문제 특정 세부 사항   정답 (A)
여자가 지난주에 한 것을 묻는 문제이므로, 질문의 핵심어구(last week)가 언급된 주변을 주의 깊게 듣는다. 여자가 "Last week, the head of the division was actually telling me how hard it is to track costs when people aren't timely about turning in their receipts."라며 지난주에 사실 그 부서의 부장이 사람들이 영수증을 때맞춰 제출하지 않으면 비용을 추적하는 것이 얼마나 어려운지 자신에게 이야기했었다고 하였다. 따라서 정답은 (A) Talked with a manager이다.

Questions 44-46 refer to the following conversation.

🎧 미국식 발음 → 호주식 발음

W: Excuse me. ⁴⁴I checked out some novels here earlier today, and I may have left my wallet somewhere near this circulation desk. Has one been found recently?

M: Not to my knowledge. However, ⁴⁵I think you'd better visit our lost-and-found center just one floor up. Someone could have possibly picked it up and brought it there.

W: I see. Also, I'm wondering if it's possible to borrow these DVDs without my library card. Unfortunately, my card was also in my wallet.

M: Certainly. We have your account in our system, so I can go ahead and do that for you. ⁴⁶May I ask for your account number?

44 Where does the conversation probably take place?
   (A) At a department store
   (B) At a library
   (C) At an accounting office
   (D) At a bookstore

45 What suggestion does the man make?
   (A) Contacting an organization again
   (B) Borrowing a specific book
   (C) Going to another area
   (D) Ordering a replacement card

46 What information does the man need?
   (A) An account holder's name
   (B) A publication title
   (C) An e-mail address
   (D) An identification number

44-46번은 다음 대화에 관한 문제입니다.

W: 실례합니다. ⁴⁴제가 오늘 일찍 이곳에서 소설 몇 권을 대출했는데, 이 대출대 근처 어딘가에 제 지갑을 놓고 간 것 같아요. 최근에 발견된 것이 있나요?

M: 제가 아는 바로는 없어요. 하지만, ⁴⁵바로 한 층 위에 있는 저희의 분실물 취급소에 가보시는 것이 좋을 것 같네요. 어쩌면 누군가가 그것을 주워서 거기에 가져다 놓았을 수도 있어요.

W: 알겠어요. 또한, 저는 제 도서관 카드 없이 이 DVD들을 빌리는 것이 가능한지 궁금해요. 공교롭게도, 제 카드도 지갑 안에 있었거든요.

M: 물론입니다. 저희 시스템에 귀하의 계정이 있으니, 귀하를 위해 바로 그렇게 해드릴 수 있습니다. ⁴⁶귀하의 계정 번호를 여쭤봐도 될까요?

44. 대화는 어디에서 일어나고 있는 것 같은가?
   (A) 백화점에서
   (B) 도서관에서
   (C) 회계 사무소에서
   (D) 서점에서

45. 남자는 무슨 제안을 하는가?
   (A) 기관에 다시 연락하는 것
   (B) 특정 도서를 빌리는 것
   (C) 다른 구역에 가는 것
   (D) 대체 카드를 주문하는 것

46. 남자는 무슨 정보를 필요로 하는가?
   (A) 계정 소지자의 이름
   (B) 출판물 제목
   (C) 이메일 주소
   (D) 식별 번호

지문 check out ~을 대출하다 circulation desk 대출대 lost-and-found center 분실물 취급소 possibly [미 pásəbli, 영 pɔ́səbli] 어쩌면
unfortunately [ʌnfɔ́ːrtʃənətli] 공교롭게도, 유감스럽게도 account [əkáunt] 계정
45 organization [ɔ̀ːrɡənizéiʃən] 기관, 단체 replacement [ripléismənt] 대체
46 holder [hóuldər] 소지자 publication [pʌ̀bləkéiʃən] 출판물 identification [aidèntifəkéiʃən] 식별

44 ■ 전체 대화 관련 문제 장소   정답 (B)
대화가 일어나는 장소를 묻는 문제이므로, 장소와 관련된 표현을 놓치지 않고 듣는다. 여자가 "I checked out some novels here ~, and I may have left my wallet somewhere near this circulation desk."라며 이곳에서 소설 몇 권을 대출했는데, 대출대 근처 어딘가에 지갑을 놓고 간 것 같다고 하였다. 이를 통해 도서관에서 대화가 일어나고 있음을 알 수 있다. 따라서 정답은 (B) At a library이다.

45 ■ 세부 사항 관련 문제 제안   정답 (C)
남자가 제안하는 것을 묻는 문제이므로, 남자의 말에서 제안과 관련된 표현이 언급된 다음을 주의 깊게 듣는다. 남자가 여자에게 "I think you'd better visit our lost-and-found center just one floor up"이라며 바로 한 층 위에 있는 분실물 취급소에 가볼 것을 제안하였다. 따라서 정답은 (C) Going to another area이다.

46 ■ 세부 사항 관련 문제 특정 세부 사항   정답 (D)
남자가 필요로 하는 정보를 묻는 문제이므로, 질문의 핵심어구(information ~ man need)와 관련된 내용을 주의 깊게 듣는다. 남자가 여자에게 "May I ask for your account number?"라며 계정 번호를 물어봐도 되는지 물었다. 따라서 정답은 (D) An identification number이다.

바꾸어 표현하기
account number 계정 번호 → identification number 식별 번호

Questions 47-49 refer to the following conversation.

🎧 영국식 발음 → 캐나다식 발음

W: The Sporting Supplier. This is Wanda. What can I help you with?

M: ⁴⁷I'd like to ask about a tennis racquet I found on your homepage—the Kendell Swift XE. I'm wondering if these racquets come with spare grips for the handle or if those would need to be purchased separately.

W: All tennis racquets come with just one standard grip. But ⁴⁸we offer a variety of other grips that absorb shock and reduce hand strain. Those can be added on for an extra charge.

M: OK. I'm interested in the shock-absorbing types, so ⁴⁹I'll take another look online this afternoon and see what specific options are available. Thanks.

47 Why did the man call the woman?
(A) To provide payment details
(B) To reserve some merchandise
(C) To inquire about a piece of gear
(D) To learn about an upcoming launch

48 What does the woman mention about racquet grips?
(A) They are currently out of stock.
(B) They are made with quality materials.
(C) They come in various types.
(D) They have been used by sports stars.

49 What will the man probably do this afternoon?
(A) Attend a tennis class
(B) Browse some items
(C) Call a sales associate
(D) Return some racquets

47-49번은 다음 대화에 관한 문제입니다.

W: The Sporting Supplier입니다. 저는 Wanda입니다. 무엇을 도와드릴까요?

M: 귀사의 홈페이지에서 발견한 ⁴⁷테니스 라켓, Kendell Swift XE에 관해 문의하고 싶어요. 그 라켓의 손잡이에 여분의 그립이 딸려있는지, 아니면 그것들을 별도로 구매해야 하는지 궁금해요.

W: 모든 테니스 라켓에는 일반적인 그립 하나만 딸려있습니다. 하지만 ⁴⁸저희는 충격을 흡수하고 손의 부담을 줄여주는 다양한 다른 그립들을 제공합니다. 추가 비용으로 그것들을 포함하실 수 있습니다.

M: 그렇군요. 저는 충격을 흡수하는 종류들에 관심이 있으니, ⁴⁹오늘 오후에 온라인에서 다시 한번 보고 어떤 세부 선택 사항들이 이용 가능한지 알아볼게요. 감사합니다.

47. 남자는 왜 여자에게 전화했는가?
(A) 지급 내역을 제공하기 위해
(B) 상품을 예약하기 위해
(C) 장비 하나에 관해 문의하기 위해
(D) 다가오는 출시 행사에 관해 알기 위해

48. 여자는 라켓 그립에 관해 무엇을 언급하는가?
(A) 현재 재고가 떨어졌다.
(B) 고급 소재로 만들어졌다.
(C) 다양한 종류로 출시된다.
(D) 인기 있는 운동선수들에 의해 사용되었다.

49. 남자는 오늘 오후에 무엇을 할 것 같은가?
(A) 테니스 수업에 참석한다.
(B) 몇몇 품목들을 훑어본다.
(C) 영업 사원에게 전화한다.
(D) 몇몇 라켓들을 반납한다.

지문 **come with** ~이 딸려있다 **spare**[spɛər] 여분의 **grip**[grip] 그립, (라켓 따위의) 손잡이 **separately**[sépərətli] 별도로 **standard**[미 stǽndərd, 영 stǽndəd] 일반적인 **absorb**[미 æbsɔ́ːrb, 영 əbzɔ́ːb] 흡수하다 **shock**[미 ʃɑk, 영 ʃɔk] 충격 **strain**[strein] 부담
47 **gear**[giər] 장비
48 **out of stock** 재고가 떨어진 **quality**[kwɑ́ləti] 고급의; 품질 **material**[mətíəriəl] 소재, 재료
49 **browse**[brauz] 훑어보다, 검색하다 **sales associate** 영업 사원

47 ■ **전체 대화 관련 문제** 목적 　　　　　　　　　　　　　　　　　　　　　　　　　　　　　　　　정답 (C)
남자가 여자에게 전화를 건 목적을 묻는 문제이므로, 대화의 초반을 반드시 듣는다. 남자가 "I'd like to ask about a tennis racquet" 이라며 테니스 라켓에 관해 문의하고 싶다고 하였다. 따라서 정답은 (C) To inquire about a piece of gear이다.

48 ■ **세부 사항 관련 문제** 언급 　　　　　　　　　　　　　　　　　　　　　　　　　　　　　　　　정답 (C)
여자가 라켓 그립에 관해 언급하는 것을 묻는 문제이므로, 여자의 말에서 질문의 핵심어구(racquet grips)와 관련된 내용을 주의 깊게 듣는다. 여자가 "we offer a variety of other grips that absorb shock and reduce hand strain"이라며 자신들은 충격을 흡수하고 손의 부담을 줄여주는 다양한 다른 그립들을 제공한다고 하였다. 따라서 정답은 (C) They come in various types이다.

49 ■ **세부 사항 관련 문제** 다음에 할 일 　　　　　　　　　　　　　　　　　　　　　　　　　　　　　정답 (B)
남자가 오늘 오후에 할 일을 묻는 문제이므로, 질문의 핵심어구(this afternoon)가 언급된 주변을 주의 깊게 듣는다. 남자가 "I'll take another look online this afternoon and see what specific options are available"이라며 오늘 오후에 온라인에서 다시 한번 보고 어떤 세부 선택 사항들이 이용 가능한지 알아보겠다고 하였다. 따라서 정답은 (B) Browse some items이다.

50
51
52

Questions 50-52 refer to the following conversation.

[3배] 미국식 발음 → 호주식 발음

W: Hi, Charlie. I'm having dinner with our investment consultant in Brownville in 30 minutes, but [50]I forgot my day planner at the office. It contains the name and address of the restaurant we agreed to meet at, which I need.

M: Yes, it's right here on your desk. [51]Is it OK if I open it and find those details?

W: [51]Please do. Is there a sticky note attached to the page with the information for the meeting with Charles Grand?

M: Indeed. [52]It says that you have a table booked at El Toro Bistro on 45 Weston Avenue.

50 What problem does the woman describe?
(A) She visited the incorrect office.
(B) She lost a financial document.
(C) She does not have a day planner.
(D) She is late for a consultation.

51 What does the woman allow the man to do?
(A) Participate in a conference call
(B) Remove equipment from an office
(C) Send notes to an advisor
(D) Review her personal belongings

52 What detail does the man provide?
(A) A meeting location
(B) A reservation time
(C) A client's name
(D) A coworker's address

50-52번은 다음 대화에 관한 문제입니다.

W: 안녕하세요, Charlie. 저는 30분 후에 Brownville에서 우리의 투자 자문 위원과 저녁을 먹을 건데, [50]제 일간 플래너를 사무실에 잊고 두고 왔어요. 그 속에 저희가 만나기로 약속한 식당의 이름과 주소가 있는데, 저는 그게 필요해요.

M: 네, 바로 여기 당신의 책상 위에 있네요. [51]제가 그걸 열어서 그 세부 사항들을 찾아봐도 괜찮나요?

W: [51]그렇게 해주세요. Charles Grand와의 회의에 관한 정보가 있는 페이지에 부착된 접착 메모가 있나요?

M: 그러네요. [52]여기에는 당신이 Weston가 45번지에 있는 El Toro 식당에 자리를 예약해두었다고 쓰여 있어요.

50. 여자는 무슨 문제를 말하는가?
(A) 그녀는 잘못된 사무실을 방문했다.
(B) 그녀는 금융 관련 서류를 잃어버렸다.
(C) 그녀는 일간 플래너를 가지고 있지 않다.
(D) 그녀는 상담에 늦었다.

51. 여자는 남자에게 무엇을 하도록 허락하는가?
(A) 전화 회의에 참석한다.
(B) 사무실에서 비품을 치운다.
(C) 고문에게 메모를 보낸다.
(D) 그녀의 개인 소지품을 확인한다.

52. 남자는 무슨 세부 사항을 제공하는가?
(A) 회의 장소
(B) 예약 시간
(C) 고객의 이름
(D) 동료의 주소

지문 investment[invéstmənt] 투자 consultant[kənsʌ́ltənt] 자문 위원 contain[kəntéin] (속에) 있다, 포함하다 sticky[stíki] 접착의
attach[ətǽtʃ] 부착하다
51 conference call 전화 회의 remove[rimúːv] 치우다 advisor[ædváizər] 고문 personal[pə́rsənl] 개인의 belonging[bilɔ́ːŋiŋ] 소지품

50 ■ 세부 사항 관련 문제 문제점   정답 (C)
여자가 말하는 문제점을 묻는 문제이므로, 여자의 말에서 부정적인 표현이 언급된 다음을 주의 깊게 듣는다. 여자가 "I forgot my day planner at the office"라며 자신의 일간 플래너를 사무실에 잊고 두고 왔다고 하였다. 따라서 정답은 (C) She does not have a day planner이다.

51 ■ 세부 사항 관련 문제 특정 세부 사항   정답 (D)
여자가 남자에게 하도록 허락하는 것을 묻는 문제이므로, 질문의 핵심어구(allow ~ man to do)와 관련된 내용을 주의 깊게 듣는다. 남자가 "Is it OK if I open it[day planner] and find those details?"라며 일간 플래너를 열어서 세부 사항들을 찾아봐도 괜찮은지 묻자, 여자가 "Please do."라며 그렇게 해달라고 하였다. 따라서 정답은 (D) Review her personal belongings이다.

52 ■ 세부 사항 관련 문제 특정 세부 사항   정답 (A)
남자가 제공하는 세부 사항을 묻는 문제이므로, 질문의 핵심어구(detail ~ man provide)와 관련된 내용을 주의 깊게 듣는다. 남자가 "It[sticky note] says that you have a table booked at El Toro Bistro on 45 Weston Avenue."라며 접착 메모에는 여자가 Weston가 45번지에 있는 El Toro 식당에 자리를 예약해두었다고 쓰여 있다고 하였다. 따라서 정답은 (A) A meeting location이다.

Questions 53-55 refer to the following conversation.

🔊 영국식 발음 → 캐나다식 발음

W: Hi, Michael. [53]Mr. Hoffman, the marketing director, asked me to book the flights for the conference in San Francisco. [54]Do you think a 6 A.M. departure on May 23 would be too early?

M: The first day of the conference will likely be really busy. [54]I'd rather get there the night before so we are well rested. Would that be possible?

W: Mr. Hoffman mentioned a team meeting scheduled for May 22.

M: Hmm . . . I wasn't aware of that. Actually, May 23 doesn't sound that bad. [55]I'll pack a smaller bag for the trip.

53 What task has the woman been assigned?

(A) Preparing some marketing materials
(B) Giving a presentation at a conference
(C) Making some travel arrangements
(D) Providing transportation to an airport

54 Why does the woman say, "Mr. Hoffman mentioned a team meeting scheduled for May 22"?

(A) To change a schedule
(B) To reject a request
(C) To introduce a plan
(D) To ask for clarification

55 What does the man say he will do?

(A) Discuss an issue with a colleague
(B) Postpone a staff meeting
(C) Bring fewer belongings
(D) Locate an event venue

53-55번은 다음 대화에 관한 문제입니다.

W: 안녕하세요, Michael. [53]마케팅 책임자인 Mr. Hoffman이 샌프란시스코에서 열리는 컨퍼런스를 위해 항공편을 예약해 달라고 부탁하셨어요. [54]5월 23일 오전 6시 출발은 너무 빠를 것 같다고 보시나요?

M: 회의 첫날은 아마 정말 바쁠 거예요. [54]저는 차라리 우리가 푹 쉴 수 있도록 전날 밤에 그곳에 도착하고 싶어요. 그게 가능할까요?

W: Mr. Hoffman이 5월 22일로 예정된 팀 회의를 언급하셨어요.

M: 음… 그건 몰랐네요. 사실, 5월 23일이 그렇게 나쁠 것 같지는 않네요. [55]제가 여행을 위해 더 작은 짐을 챙길게요.

53. 여자는 어떤 업무를 배정받았는가?

(A) 몇 가지 마케팅 자료를 준비하는 것
(B) 컨퍼런스에서 발표하는 것
(C) 여행 준비를 하는 것
(D) 공항으로 교통수단을 제공하는 것

54. 여자는 왜 "Mr. Hoffman이 5월 22일로 예정된 팀 회의를 언급하셨어요"라고 말하는가?

(A) 일정을 변경하기 위해
(B) 요청을 거절하기 위해
(C) 계획을 소개하기 위해
(D) 설명을 요청하기 위해

55. 남자는 무엇을 할 것이라고 말하는가?

(A) 동료와 문제를 논의한다.
(B) 직원회의를 연기한다.
(C) 더 적은 소지품을 가져간다.
(D) 행사 장소의 위치를 찾는다.

지문 be aware of ~을 알다

53 material[미 mətíriəl, 영 mətíəriəl] 자료, 재료 transportation[미 trænspɔːrtéiʃən, 영 trænspɔːtéiʃən] 교통수단, 교통

55 postpone[미 pouspóun, 영 pəspóun] 연기하다, 미루다

---

53 ■ 세부 사항 관련 문제 특정 세부 사항 ○○○○● 중 정답 (C)

여자가 배정받은 업무를 묻는 문제이므로, 질문의 핵심어구(task ~ woman been assigned)와 관련된 내용을 주의 깊게 듣는다. 여자가 "Mr. Hoffman ~ asked me to book the flights for the conference in San Francisco."라며 Mr. Hoffman이 자신에게 샌프란시스코에서 열리는 컨퍼런스를 위해 항공편을 예약해 달라고 부탁했다고 하였다. 따라서 정답은 (C) Making some travel arrangements이다.

54 ■ 세부 사항 관련 문제 의도 파악 ○●●●● 상 정답 (B)

여자가 하는 말의 의도를 묻는 문제이므로, 질문의 인용어구(Mr. Hoffman mentioned a team meeting scheduled for May 22)가 언급된 주변을 주의 깊게 듣는다. 여자가 "Do you think a 6 A.M. departure on May 23 would be too early?"라며 5월 23일 오전 6시 출발이 너무 빠를지 묻자, 남자가 "I'd rather get there the night before ~. Would that be possible?"이라며 차라리 전날 밤에 도착하고 싶은데 가능할지 되묻고, 여자가 "Mr. Hoffman mentioned a team meeting scheduled for May 22."라며 Mr. Hoffman이 5월 22일로 예정된 팀 회의를 언급했다고 하였다. 이를 통해 여자가 요청을 거절하기 위한 의도임을 알 수 있다. 따라서 정답은 (B) To reject a request이다.

55 ■ 세부 사항 관련 문제 다음에 할 일 ○●●●● 상 정답 (C)

남자가 다음에 할 일을 묻는 문제이므로, 대화의 마지막 부분을 주의 깊게 듣는다. 남자가 "I'll pack a smaller bag for the trip."이라며 여행을 위해 더 작은 짐을 챙기겠다고 하였다. 따라서 정답은 (C) Bring fewer belongings이다.

Questions 56-58 refer to the following conversation with three speakers.

〔♪〕 호주식 발음 → 캐나다식 발음 → 미국식 발음

M1: Alright, I think ⁵⁶I'm ready to head over to Manfred Park for lunch with our cycling group.

M2: I'm ready as well. In fact, I've already put the drinks in my car.

W: Wait. ⁵⁷There's one problem. I left the cheese on the counter all night by mistake, and now it's no good.

M2: Oh, that's a shame. Why don't Mitch and I get more on the way to the park?

M1: Hmm . . . I don't think we will pass by a place to buy cheese.

W: That's OK. ⁵⁸I'll grab some when I pick up Mr. Pearson. His apartment is next door to a supermarket.

56 What most likely will take place later today?
(A) A business luncheon
(B) A workshop
(C) A picnic
(D) A cycling trip

57 What problem does the woman mention?
(A) A receipt was misplaced.
(B) An item was thrown out.
(C) Some equipment is damaged.
(D) Some food is spoiled.

58 What will the woman probably do?
(A) Move into a new apartment
(B) Join a cycling club
(C) Visit a grocery store
(D) Change a pick-up time

56-58번은 다음 세 명의 대화에 관한 문제입니다.

M1: 좋아요, 저는 ⁵⁶저희 자전거 동호회와 점심을 먹으러 Manfred 공원에 갈 준비가 된 것 같아요.
M2: 저도 준비됐어요. 사실, 저는 이미 제 차에 음료수를 실었어요.
W: 잠깐만요. ⁵⁷한 가지 문제가 있어요. 실수로 밤새 치즈를 카운터에 놔둬서, 이제 상해 버렸어요.
M2: 오, 아쉽네요. Mitch와 제가 공원으로 가는 길에 더 사 오면 어때요?
M1: 음… 치즈를 살 만한 곳을 지나칠 것 같지는 않아요.
W: 괜찮아요. ⁵⁸제가 Mr. Pearson을 데리러 갈 때 좀 사 올게요. 그의 아파트는 슈퍼마켓 바로 옆에 있거든요.

56. 오늘 늦게 무슨 일이 있을 것 같은가?
(A) 업무상 오찬
(B) 연수회
(C) 소풍
(D) 자전거 여행

57. 여자는 어떤 문제를 언급하는가?
(A) 영수증을 잃어버렸다.
(B) 물건이 버려졌다.
(C) 일부 장비가 손상되었다.
(D) 약간의 음식이 상했다.

58. 여자는 무엇을 할 것 같은가?
(A) 새로운 아파트로 이사한다.
(B) 자전거 모임에 가입한다.
(C) 식료품점에 방문한다.
(D) 데리러 갈 시간을 변경한다.

지문 no good 상한, 쓸모없는 shame[ʃeim] 아쉬운 일, 창피한 일 pick up 데리러 가다, 수령하다
56 luncheon[lʌ́ntʃən] 오찬
57 misplace[mìspléis] 잃어버리다, 잘못 두다 throw out 버리다 spoil[spɔil] 상하다, 망치다

56 ■ 세부 사항 관련 문제 특정 세부 사항　　정답 (C)
오늘 늦게 있을 일을 묻는 문제이므로, 질문의 핵심어구(later today)와 관련된 내용을 주의 깊게 듣는다. 남자 1이 "I'm ready to head over to Manfred Park for lunch with our cycling group."이라며 자전거 동호회와 점심을 먹으러 Manfred 공원에 갈 준비가 되었다고 했다. 따라서 정답은 (C) A picnic이다.

57 ■ 세부 사항 관련 문제 문제점　　정답 (D)
여자가 언급한 문제점을 묻는 문제이므로, 여자의 말에서 부정적인 표현이 언급된 다음을 주의 깊게 듣는다. 여자가 "There's one problem. I left the cheese on the counter all night by mistake, and now it's no good."이라며 한 가지 문제가 있는데, 실수로 밤새 치즈를 카운터에 놔두어 이제 상해 버렸다고 했다. 따라서 정답은 (D) Some food is spoiled이다.

58 ■ 세부 사항 관련 문제 다음에 할 일　　정답 (C)
여자가 다음에 할 일을 묻는 문제이므로, 대화의 마지막 부분을 주의 깊게 듣는다. 여자가 "I'll grab some[cheese] when I pick up Mr. Pearson."이라며 자신이 Mr. Pearson을 데리러 갈 때 치즈를 사 오겠다고 한 뒤, "His apartment is next door to a supermarket."이라며 그의 아파트가 슈퍼마켓 바로 옆에 있다고 하였다. 따라서 정답은 (C) Visit a grocery store이다.

Questions 59-61 refer to the following conversation with three speakers.

59-61번은 다음 세 명의 대화에 관한 문제입니다.

호주식 발음 → 미국식 발음 → 영국식 발음

M: ⁵⁹I just got back from the banquet hall where our CEO will give his address tomorrow. Um . . . I'm worried that the hall we rented will be uncomfortably warm for the participants.

W1: I noticed that too. ⁶⁰I tried to lower the temperature on the air-conditioning, but it seems to be locked on one setting.

M: Who do we contact about this?

W2: ⁶¹I was told to call Mr. Bentley, the head of the facility's maintenance department, if we need help setting things up.

M: Alright, then. ⁶¹Jordy, could you dial him up for me? I don't have his number.

W1: Sure. Just one second.

M: ⁵⁹우리 CEO께서 내일 연설하실 연회장에서 방금 돌아왔어요. 음… 우리가 빌린 홀이 참가자들에게 불편할 정도로 더울까 봐 걱정돼요.

W1: 저도 눈치챘어요. ⁶⁰에어컨에서 온도를 낮추려고 시도했는데, 한 가지 설정에 고정되어 있는 것 같아요.

M: 이것에 대해서 누구에게 연락해야 하죠?

W2: 저는 만약 우리가 준비하는 데 도움이 필요하면 ⁶¹시설의 보수 부서의 책임자인 Mr. Bentley에게 전화하라고 들었어요.

M: 좋아요, 그럼. ⁶¹Jordy, 저를 위해 그에게 전화해 줄 수 있나요? 저는 그의 전화번호가 없어서요.

W1: 물론이죠. 잠깐만 기다리세요.

---

59 What did the man do recently?

(A) Conducted a tour
(B) Gave a speech
(C) Attended a conference
(D) Visited a venue

59. 남자는 최근에 무엇을 했는가?

(A) 견학을 진행했다.
(B) 연설을 했다.
(C) 컨퍼런스에 참석했다.
(D) 장소를 방문했다.

60 What is mentioned about the air-conditioning?

(A) It is too small to cool the room.
(B) It has a problem in need of repair.
(C) It cannot be set at a cooler temperature.
(D) It will require paying an extra charge to use it.

60. 에어컨에 대해 무엇이 언급되는가?

(A) 방을 시원하게 하기에는 너무 작다.
(B) 수리가 필요한 문제가 있다.
(C) 더 시원한 온도로 설정될 수 없다.
(D) 그것을 사용하기 위해 추가 요금을 지불해야 할 것이다.

61 What does the man ask Jordy to do?

(A) Contact a maintenance manager
(B) Set up a device
(C) Cancel a reservation
(D) Find an address

61. 남자는 Jordy에게 무엇을 하도록 요청하는가?

(A) 보수 관리자에게 연락한다.
(B) 기기를 설정한다.
(C) 예약을 취소한다.
(D) 주소를 찾는다.

지문 banquet hall 연회장 address[ədrés] 연설, 주소 maintenance[méintənəns] 보수, 유지 dial[dáiəl] 전화하다, 다이얼을 돌리다
59 conduct[kəndʌ́kt] 진행하다

59 ■ 세부 사항 관련 문제 특정 세부 사항

정답 (D)

남자가 최근에 한 것을 묻는 문제이므로, 질문의 핵심어구(do recently)와 관련된 내용을 주의 깊게 듣는다. 남자가 "I just got back from the banquet hall where our CEO will give his address tomorrow."라며 CEO가 내일 연설할 연회장에서 방금 돌아왔다고 한 것을 통해 남자가 연설 장소를 방문하였음을 알 수 있다. 따라서 정답은 (D) Visited a venue이다.

60 ■ 세부 사항 관련 문제 언급

정답 (C)

에어컨에 관해 언급되는 것을 묻는 문제이므로, 질문의 핵심어구(air-conditioning)가 언급된 주변을 주의 깊게 듣는다. 여자 1이 "I tried to lower the temperature on the air-conditioning, but it seems to be locked on one setting."이라며 에어컨에서 온도를 낮추려고 시도하였으나 한 가지 설정에 고정되어 있는 것 같다고 하였다. 따라서 정답은 (C) It cannot be set at a cooler temperature이다.

61 ■ 세부 사항 관련 문제 요청

정답 (A)

남자가 Jordy에게 요청하는 것을 묻는 문제이므로, 남자의 말에서 요청과 관련된 표현이 언급된 주변을 주의 깊게 듣는다. 여자 2가 "I was told to call Mr. Bentley, the head of the facility's maintenance department"라며 시설의 보수 부서의 책임자인 Mr. Bentley에게 전화하라고 들었다고 하자, 남자가 "Jordy, could you dial him up for me?"라며 Jordy, 즉 여자 1에게 Mr. Bentley에게 전화해 줄 수 있는지 물었다. 따라서 정답은 (A) Contact a maintenance manager이다.

Questions 62-64 refer to the following conversation and schedule.

62-64번은 다음 대화와 일정표에 관한 문제입니다.

🎧 캐나다식 발음 → 영국식 발음

M: Sarah, I saw that the Langley Community Center has started holding lectures this month. Some of the topics seem really interesting. 62Do you want to check one out this week?

W: 62Unfortunately, I'm flying to Dallas tomorrow for a class reunion. It's been years since I've seen most of my old friends from school. I probably won't return until the end of the week.

M: Too bad. 63Do you need a ride to the airport?

W: That would be great. Thanks! And 64why don't we attend a lecture next week?

M: OK. 64I should have some time on Monday or Tuesday.

W: Hmm . . . 64I think I'm more interested in learning how to take care of my plants than decorating my home.

M: Sarah, Langley 지역센터에서 이번 달 강좌를 개최하기 시작한 걸 봤어요. 몇몇 주제들은 정말 흥미로워 보여요. 62이번 주에 하나 살펴보러 가실래요?

W: 62유감스럽게도, 저는 내일 동창회를 위해 댈러스로 비행할 거예요. 학교에서의 오래된 친구들을 만난 지 대부분 몇 년이나 되었어요. 아마 주말까지는 돌아오지 않을 거예요.

M: 아쉽네요. 63공항까지 태워다 드릴까요?

W: 그거 정말 좋겠네요. 고마워요! 그리고 64다음 주에 강좌에 참석하는 게 어때요?

M: 좋아요. 64저는 월요일이나 화요일에 시간이 좀 있을 거예요.

W: 흠… 64저는 집을 꾸미는 것보다는 제 식물들을 어떻게 돌봐야 하는지에 관해 배우는 것에 좀 더 관심이 있는 것 같아요.

Langley Community Center Lecture Schedule (September 4-7)	
Day	Topic
Monday	Home Decorating
64Tuesday	Gardening
Wednesday	Nutrition
Thursday	Social Media

Langley 지역센터 강좌 일정 (9월 4일-7일)	
요일	주제
월요일	집 꾸미기
64화요일	정원 가꾸기
수요일	영양
목요일	소셜 미디어

62 Why is the woman unavailable this week?
(A) She plans to meet some friends.
(B) She has to visit her cousins.
(C) She must lead a company workshop.
(D) She will go on a business trip.

62. 여자는 이번 주에 왜 만날 수 없는가?
(A) 친구 몇 명을 만날 계획이다.
(B) 사촌들을 만나러 가야 한다.
(C) 회사 연수회를 지도해야 한다.
(D) 출장을 갈 것이다.

63 What does the man offer to do?
(A) Repair equipment
(B) Purchase a ticket
(C) Provide transportation
(D) Confirm a reservation

63. 남자는 무엇을 해주겠다고 제안하는가?
(A) 장비를 수리한다.
(B) 티켓을 구매한다.
(C) 교통을 제공한다.
(D) 예약을 확인한다.

64 Look at the graphic. Which day will the speakers most likely attend a lecture?
(A) Monday
(B) Tuesday
(C) Wednesday
(D) Thursday

64. 시각 자료를 보시오. 화자들은 무슨 요일에 강좌에 참석할 것 같은가?
(A) 월요일
(B) 화요일
(C) 수요일
(D) 목요일

지문 lecture[미 léktʃər, 영 léktʃə] 강좌, 강의 check out 살펴보다, 확인하다 ride[raid] 태워 주다; 탈것
garden[미 gáːrdn, 영 gáːdn] 정원을 가꾸다, 원예를 하다 nutrition[미 nutríʃən, 영 njuːtríʃən] 영양
62 unavailable[ʌnəvéiləbl] 만날 수 없는, 이용할 수 없는
63 repair[미 ripér, 영 ripéə] 수리하다 confirm[미 kənfɔ́ːrm, 영 kənfɔ́ːm] 확인하다, 확정하다

62 ■ 세부 사항 관련 문제 이유

정답 (A)

여자가 이번 주에 만날 수 없는 이유를 묻는 문제이므로, 질문의 핵심어구(unavailable this week)와 관련된 내용을 주의 깊게 듣는다. 남자가 "Do you want to check one[lecture] out this week?"라며 이번 주에 강좌 하나를 살펴보러 가자고 제안하자, 여자가 "Unfortunately, I'm flying to Dallas tomorrow for a class reunion. It's been years since I've seen most of my old friends from school."이라며 유감스럽게도 자신은 내일 동창회를 위해 댈러스로 갈 것이며 학교에서의 오래된 친구들을 만난 지 대부분 몇 년이나 되었다고 한 후, "I probably won't return until the end of the week."라며 아마 주말까지는 돌아오지 않을 것이라고 하였다. 따라서 정답은 (A) She plans to meet some friends이다.

63 ■ 세부 사항 관련 문제 제안

정답 (C)

남자가 해주겠다고 제안하는 것을 묻는 문제이므로, 남자의 말에서 여자를 위해 해주겠다고 언급한 내용을 주의 깊게 듣는다. 남자가 "Do you need a ride to the airport?"라며 공항까지 태워다 줄지 물었다. 따라서 정답은 (C) Provide transportation이다.

64 ■ 세부 사항 관련 문제 시각 자료

정답 (B)

화자들이 무슨 요일에 강좌에 참석할 것인지 묻는 문제이므로, 제시된 일정표의 정보를 확인한 뒤 질문의 핵심어구(attend a lecture)가 언급된 주변을 주의 깊게 듣는다. 여자가 "why don't we attend a lecture next week?"라며 다음 주에 강좌에 참석하는 게 어떤지 묻자, 남자가 "I should have some time on Monday or Tuesday."라며 월요일이나 화요일에 시간이 좀 있을 것이라고 했고, 여자가 "I think I'm more interested in learning how to take care of my plants than decorating my home."이라며 자신은 집을 꾸미는 것보다는 식물들을 어떻게 돌봐야 하는지에 관해 배우는 것에 좀 더 관심이 있는 것 같다고 하였다. 이를 통해 화자들이 정원 가꾸기 강좌가 있는 화요일에 강좌에 참석할 것임을 일정표에서 알 수 있다. 따라서 정답은 (B) Tuesday이다.

Questions 65-67 refer to the following conversation and floor directory.

🔊 미국식 발음 → 캐나다식 발음

W: Welcome to Desmond Electronics. How can I help you today?

M: 65I have a parcel for Donald Grayson. 66I went to the third floor as the address indicates, but I couldn't find him.

W: Just let me check. . . OK, 66Mr. Grayson's department recently moved one floor up. One of the staff members will direct you to his office.

M: Thanks so much for you help.

W: No problem. One question, though . . . 67Is your truck out front? If it is, you'll need to park it behind the building.

M: Really? Why's that?

W: You will have to pay a fine if you leave it on the street for more than 15 minutes.

65-67번은 다음 대화와 층별 안내도에 관한 문제입니다.

W: Desmond 전자회사에 오신 것을 환영합니다. 오늘 제가 어떻게 도와드릴까요?

M: 65Donald Grayson 앞으로 온 소포를 가지고 있는데요. 66주소가 가리키는 대로 3층으로 갔는데, 그를 찾을 수 없었어요.

W: 확인해 볼게요… 네, 66Mr. Grayson의 부서가 최근 한 층 위로 옮겼어요. 직원 중 한 명이 그의 사무실로 안내해 드릴 겁니다.

M: 도와주셔서 정말 감사합니다.

W: 문제없습니다. 그런데, 한 가지 질문이 있어요… 67당신의 트럭이 입구 쪽에 있나요? 만약 그렇다면, 건물 뒤에 주차하셔야 할 거예요.

M: 정말인가요? 왜 그렇죠?

W: 길거리에 15분 이상 방치하시면 벌금을 내셔야 할 거예요.

Desmond Electronics Floor Directory	
Floor 5	Marketing Department
Floor 4	66Research Department
Floor 3	Administrative Department
Floor 2	Sales Department
Floor 1	Reception

Desmond 전자회사 층별 안내도	
5층	마케팅 부서
4층	66연구 부서
3층	행정 부서
2층	판매 부서
1층	접수처

65 What is the purpose of the man's visit?
(A) He is delivering a package.
(B) He is signing an employment contract.
(C) He is setting up office equipment.
(D) He is attending an interview.

66 Look at the graphic. Which department does Mr. Grayson most likely belong to?
(A) Marketing
(B) Research
(C) Administrative
(D) Sales

67 What does the woman suggest?
(A) Checking an office address
(B) Parking in a different location
(C) Calling a company representative
(D) Coming back at a later time

65. 남자의 방문 목적은 무엇인가?
(A) 소포를 배달하고 있다.
(B) 고용 계약서에 서명하고 있다.
(C) 사무실 장비를 설치하고 있다.
(D) 면접에 참석하고 있다.

66. 시각 자료를 보시오. Mr. Grayson은 어떤 부서에 속한 것 같은가?
(A) 마케팅
(B) 연구
(C) 행정
(D) 판매

67. 여자는 무엇을 제안하는가?
(A) 사무실 주소를 확인하는 것
(B) 다른 위치에 주차하는 것
(C) 회사 대표에게 전화하는 것
(D) 더 늦은 시간에 돌아오는 것

지문 parcel[미 pársəl, 영 páːsəl] 소포, 꾸러미 direct[미 dirékt, 영 dairékt] 안내하다, 가리키다 out front 입구 쪽에 fine[fain] 벌금
65 contract[미 káːntrækt, 영 kɔ́ntrækt] 계약서, 계약
67 representative[rèprizéntətiv] 대표, 대변인

65 ■ 전체 지문 관련 문제 특정 세부 사항

정답 (A)

남자의 방문 목적을 묻는 문제이므로, 지문의 초반을 반드시 듣는다. 남자가 "I have a parcel for Donald Grayson."이라며 Donald Grayson 앞으로 온 소포를 가지고 있다고 하였다. 따라서 정답은 (A) He is delivering a package이다.

66 ■ 세부 사항 관련 문제 시각 자료

정답 (B)

Mr. Grayson이 속한 부서를 묻는 문제이므로, 제시된 층별 안내도의 정보를 확인한 뒤 질문의 핵심어구(Mr. Grayson ~ belong to)와 관련된 내용을 주의 깊게 듣는다. 남자가 "I went to the third floor as the address indicates, but I couldn't find him [Mr. Grayson]."이라며 주소가 가리키는 대로 3층으로 갔는데 Mr. Grayson을 찾을 수 없었다고 하자, 여자가 "Mr. Grayson's department recently moved one floor up."이라며 Mr. Grayson의 부서가 최근 한 층 위로 옮겼다고 했으므로, Mr. Grayson은 4층에 위치한 연구 부서에 속한 것을 층별 안내도에서 알 수 있다. 따라서 정답은 (B) Research이다.

67 ■ 세부 사항 관련 문제 제안

정답 (B)

여자가 제안하는 것을 묻는 문제이므로, 여자의 말에서 제안과 관련된 표현이 언급된 다음을 주의 깊게 듣는다. 여자가 "Is your truck out front?"라며 남자의 트럭이 입구 쪽에 있는지를 묻고, "If it is, you'll need to park it behind the building."이라며 만약 그렇다면 건물 뒤에 주차해야 할 것이라고 하였다. 따라서 정답은 (B) Parking in a different location이다.

Questions 68-70 refer to the following conversation and graph.

68-70번은 다음 대화와 그래프에 관한 문제입니다.

🔊 호주식 발음 → 미국식 발음

M: Gina, 68/69has the environmental assessment that Skylark Incorporated commissioned our research firm to conduct been completed?

W: It has. 69I was in charge of carrying it out, and everything went smoothly.

M: Good. If I remember correctly, the company is concerned with rainfall levels.

W: That's right—in four counties that it's considering constructing an amusement park.

M: So, 70I assume you recommend that the firm build at the driest location of the ones analyzed.

W: No, actually. 70That one isn't suitable, since land costs there exceed Skylark's budget. As a result, we recommended the next best option.

M: Gina, 68/69Skylark사가 우리 조사 기관에 실시해달라고 의뢰한 환경 평가가 완료되었나요?

W: 네. 69제가 그것을 실시하는 것을 담당했고, 모든 것이 순조롭게 진행되었어요.

M: 잘됐네요. 제가 제대로 기억하고 있다면, 그 회사는 강수량 수준에 신경을 쓰죠.

W: 맞아요, 그 회사가 놀이공원을 건설하는 것을 고려하고 있는 네 개의 주에서요.

M: 그럼, 70당신은 그 회사가 분석된 곳들 중 가장 건조한 지역에 건설해야 한다고 추천했을 것 같아요.

W: 사실, 아니에요. 70그곳의 용지비가 Skylark사의 예산을 초과해서, 그곳은 적절하지 않거든요. 결국, 우리는 그다음으로 가장 좋은 선택을 추천했어요.

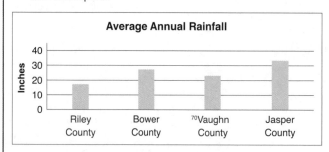

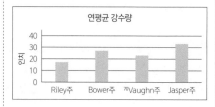

68 What does the man ask the woman about?
(A) Why an analysis was performed
(B) When construction will begin
(C) Whether an assessment is finished
(D) If an amusement park has opened

68. 남자는 여자에게 무엇에 관해 문의하는가?
(A) 왜 분석이 실시되었는지
(B) 언제 건설이 시작될지
(C) 평가가 완료되었는지
(D) 놀이공원이 개장했는지

69 What was the woman responsible for?
(A) Conducting an examination
(B) Selecting a meeting place
(C) Printing a map of a region
(D) Securing a business contract

69. 여자는 무엇에 책임이 있었는가?
(A) 조사를 실시하는 것
(B) 회의 장소를 선정하는 것
(C) 지역의 약도를 인쇄하는 것
(D) 사업 계약을 확보하는 것

70 Look at the graphic. Which county has been recommended?
(A) Riley County
(B) Bower County
(C) Vaughn County
(D) Jasper County

70. 시각 자료를 보시오. 어느 주가 추천되었는가?
(A) Riley주
(B) Bower주
(C) Vaughn주
(D) Jasper주

지문 environmental[미 invàiərənméntl, 영 invàirənméntl] 환경의 assessment[əsésmənt] 평가 commission[kəmíʃən] 의뢰하다
in charge of ~을 담당하는 smoothly[smúːðli] 순조롭게 rainfall[réinfɔːl] 강수량, 강우량 county[káunti] 주 analyze[ǽnəlàiz] 분석하다
exceed[iksíːd] 초과하다
69 examination[igzæmənéiʃən] 조사 contract[kántrækt] 계약, 계약서

68 ■ 세부 사항 관련 문제 특정 세부 사항

정답 (C)

남자가 여자에게 문의하는 것을 묻는 문제이므로, 남자의 말을 주의 깊게 듣는다. 남자가 여자에게 "has the environmental assessment that Skylark Incorporated commissioned our research firm to conduct been completed?"라며 Skylark사가 자신들의 조사 기관에 실시해달라고 의뢰한 환경 평가가 완료되었는지 물었다. 따라서 정답은 (C) Whether an assessment is finished이다.

69 ■ 세부 사항 관련 문제 특정 세부 사항

정답 (A)

여자가 책임이 있었던 것을 묻는 문제이므로, 질문의 핵심어구(woman responsible for)와 관련된 내용을 주의 깊게 듣는다. 남자가 여자에게 "has the environmental assessment that Skylark Incorporated commissioned our research firm to conduct been completed?"라며 Skylark사가 자신들 조사 기관에 실시해달라고 의뢰한 환경 평가가 완료되었는지 묻자, 여자가 "I was in charge of carrying it out"이라며 자신이 그것을 실시하는 것을 담당했다고 하였다. 따라서 정답은 (A) Conducting an examination 이다.

70 ■ 세부 사항 관련 문제 시각 자료

정답 (C)

추천된 주를 묻는 문제이므로, 제시된 그래프의 정보를 확인한 뒤 질문의 핵심어구(county ~ recommended)와 관련된 내용을 주의 깊게 듣는다. 남자가 "I assume you recommend that the firm build at the driest location of the ones analyzed"라며 여자는 그 회사가 분석된 곳들 중 가장 건조한 지역에 건설해야 한다고 추천했을 것 같다고 하자, 여자가 "That one isn't suitable, since land costs there exceed Skylark's budget. As a result, we recommended the next best option."이라며 그곳의 용지비가 Skylark사의 예산을 초과해서 적절하지 않다고 한 뒤, 결국 자신들은 그다음으로 가장 좋은 선택을 추천했다고 하였다. 이를 통해 추천된 주는 연평균 강수량이 두 번째로 낮은 곳인 Vaughn주임을 그래프에서 알 수 있다. 따라서 정답은 (C) Vaughn County이다.

PART 4

Questions 71-73 refer to the following telephone message.

3 미국식 발음

Cynthia, it's Haley Vincent. ⁷¹I know you're busy preparing for the convention in Orlando you'll be attending on behalf of our investment company, but I could really use your help. ⁷²I'm presenting some information about a couple of stocks to a client on Monday. I'm a little nervous because I've never done that before. It'd be great if you could go over my notes and visual materials with me beforehand. I want to make sure everything is in order. Oh, also, ⁷³do you happen to know of any good vegetarian places in town? I might go for lunch with the client after the meeting, and he doesn't eat meat. Thanks in advance, and I'll talk to you soon.

71 Where does the listener probably work?
(A) At a travel agency
(B) At a media company
(C) At a financial firm
(D) At a law office

72 What will the speaker do on Monday?
(A) Prepare a report
(B) Go to the airport
(C) Attend a convention
(D) Give a presentation

73 What information does the speaker ask for?
(A) Restaurant recommendations
(B) Clients' names
(C) A meeting agenda
(D) An order number

71-73번은 다음 전화 메시지에 관한 문제입니다.

Cynthia, 저는 Haley Vincent입니다. ⁷¹당신이 우리 투자 회사를 대표하여 참석하게 될 올랜도에서의 컨벤션을 준비하느라 바쁜 것을 알지만, 저는 정말 당신의 도움이 필요해요. ⁷²저는 월요일에 몇 건의 주식에 관한 정보를 고객에게 발표할 거예요. 전에 그것을 해본 적이 없어서 좀 긴장되네요. 당신이 제 원고와 시각 자료를 저와 함께 미리 검토해준다면 좋을 것 같아요. 저는 모든 것이 제대로 되어 있는지 확실히 하고 싶어요. 아, 또한, ⁷³혹시 시내에 괜찮은 채식 식당을 알고 있나요? 회의가 끝난 후에 그 고객과 점심을 먹으러 갈 수도 있는데, 그는 고기를 먹지 않거든요. 미리 감사드리며, 곧 이야기해요.

71. 청자는 어디에서 일하는 것 같은가?
(A) 여행사에서
(B) 미디어 회사에서
(C) 금융 회사에서
(D) 법률 사무소에서

72. 화자는 월요일에 무엇을 할 것인가?
(A) 보고서를 준비한다.
(B) 공항에 간다.
(C) 컨벤션에 참석한다.
(D) 발표를 한다.

73. 화자는 어떤 정보를 요청하는가?
(A) 식당 추천
(B) 고객들의 이름
(C) 회의 안건
(D) 주문 번호

지문 on behalf of ~을 대표하여 could use 필요하다 stock[stɑk] 주식 nervous[nə́ːrvəs] 긴장한, 불안한 go over 검토하다, 점검하다
visual material 시각 자료 in order 제대로 된 vegetarian[vèdʒətɛ́əriən] 채식의

71 ■ 전체 지문 관련 문제 청자   정답 (C)

청자의 신분을 묻는 문제이므로, 신분 및 직업과 관련된 표현을 놓치지 않고 듣는다. "I know you're busy preparing for the convention ~ you'll be attending on behalf of our investment company"라며 청자가 자신들의 투자 회사를 대표하여 참석하게 될 컨벤션을 준비하느라 바쁜 것을 안다고 한 말을 통해 청자가 금융 회사에서 일한다는 것을 알 수 있다. 따라서 정답은 (C) At a financial firm이다.

바꾸어 표현하기
investment company 투자 회사 → financial firm 금융 회사

72 ■ 세부 사항 관련 문제 다음에 할 일   정답 (D)

화자가 월요일에 할 일을 묻는 문제이므로, 질문의 핵심어구(Monday)가 언급된 주변을 주의 깊게 듣는다. "I'm presenting some information about a couple of stocks to a client on Monday."라며 월요일에 몇 건의 주식에 관한 정보를 고객에게 발표할 것이라고 하였다. 따라서 정답은 (D) Give a presentation이다.

73 ■ 세부 사항 관련 문제 요청   정답 (A)

화자가 요청하는 정보를 묻는 문제이므로, 지문의 중후반에서 요청과 관련된 표현이 포함된 문장을 주의 깊게 듣는다. "do you happen to know of any good vegetarian places in town?"이라며 혹시 시내에 괜찮은 채식 식당을 알고 있는지 물었다. 따라서 정답은 (A) Restaurant recommendations이다.

74
75
76

Questions 74-76 refer to the following speech.

[3]) 호주식 발음

⁷⁴Thank you all very much for being here to celebrate the release of our company's latest device, the Access Portable Charger. ⁷⁵I would like to give Patricia Sanderson from the design team special praise today. She came up with the idea to include a flashlight function in the charger. This feature has proven popular with online reviewers who were given the device in advance. They say it makes this the perfect charger for a camping trip, which should result in more sales. Now, please turn your attention to the screen at the front of the room . . . ⁷⁶A commercial for the Access Portable Charger will air on several major TV networks starting tomorrow, and I'd like to give you a sneak preview.

74. At what event is the speech being given?
(A) A service center opening
(B) A product launch party
(C) A monthly shareholders meeting
(D) A company anniversary celebration

75. Why does the speaker praise Patricia Sanderson?
(A) She altered a logo design.
(B) She designed a popular Web site.
(C) She suggested a device feature.
(D) She signed an important client.

76. What will most likely happen next?
(A) An employee will be introduced.
(B) A device will be demonstrated.
(C) A speech will be given.
(D) A video will be played.

74-76번은 다음 연설에 관한 문제입니다.

⁷⁴저희 회사의 최신 기기, Access 휴대용 충전기의 출시를 기념하기 위해 이곳에 와주셔서 모두에게 대단히 감사드립니다. ⁷⁵저는 오늘 디자인팀의 Patricia Sanderson에게 특별히 찬사를 보내고 싶습니다. 그녀는 이 충전기에 손전등 기능을 포함하는 아이디어를 제안했습니다. 이 기능은 기기를 미리 받은 온라인 비평가들에게 인기 있다고 판명되었습니다. 그들은 이것이 이 충전기를 캠핑 여행을 위한 완벽한 충전기로 만든다고 말했으며, 이는 더 많은 판매를 야기할 것입니다. 이제, 방 앞쪽에 있는 화면에 주목해주시기 바랍니다··· ⁷⁶내일부터 Access 휴대용 충전기의 광고가 몇몇 주요 텔레비전 방송국에서 방송될 것인데, 여러분께 깜짝 시사회를 해드리고 싶습니다.

74. 연설은 어떤 행사에서 이루어지고 있는가?
(A) 서비스 센터 개업식
(B) 제품 출시 파티
(C) 월간 주주 총회
(D) 회사 기념일 행사

75. 화자는 왜 Patricia Sanderson을 칭찬하는가?
(A) 그녀는 로고 디자인을 변경했다.
(B) 그녀는 인기 있는 웹사이트를 디자인했다.
(C) 그녀는 기기의 기능을 제안했다.
(D) 그녀는 중요한 고객과 계약했다.

76. 다음에 무슨 일이 일어날 것 같은가?
(A) 직원이 소개될 것이다.
(B) 기기가 시연될 것이다.
(C) 연설이 진행될 것이다.
(D) 영상이 재생될 것이다.

지문 portable[미 pɔ́ːrtəbl, 영 pɔ́ːtəbl] 휴대용의 charger[미 tʃɑ́ːrdʒər, 영 tʃɑ́ːdʒə] 충전기 praise[preiz] 찬사; 칭찬하다 come up with ~을 제안하다 flashlight[flǽʃlàit] 손전등 function[fʌ́ŋkʃən] 기능 feature[미 fíːtʃər, 영 fíːtʃə] 기능, 특징 commercial[미 kəmə́ːrʃəl, 영 kəmə́ːʃəl] 광고 air[미 ɛər, 영 eə] 방송되다 TV network 텔레비전 방송국 sneak preview 깜짝 시사회

74. ■ 전체 지문 관련 문제 장소 정답 (B)
연설이 이루어지는 장소를 묻는 문제이므로, 장소와 관련된 표현을 놓치지 않고 듣는다. "Thank you all very much for being here to celebrate the release of our company's latest device"라며 회사의 최신 기기의 출시를 기념하기 위해 이곳에 와줘서 대단히 고맙다고 한 것을 통해 연설이 이루어지는 장소가 제품 출시 파티임을 알 수 있다. 따라서 정답은 (B) A product launch party이다.

75. ■ 세부 사항 관련 문제 이유 정답 (C)
화자가 Patricia Sanderson을 칭찬하는 이유를 묻는 문제이므로, 질문의 핵심어구(Patricia Sanderson)가 언급된 주변을 주의 깊게 듣는다. "I would like to give Patricia Sanderson ~ special praise today. She came up with the idea to include a flashlight function in the charger."라며 Patricia Sanderson에게 특별히 찬사를 보내고 싶다고 한 뒤, 그녀는 충전기에 손전등 기능을 포함하는 아이디어를 제안했다고 하였다. 따라서 정답은 (C) She suggested a device feature이다.

바꾸어 표현하기
came up with the idea to include a ~ function in the charger 충전기에 기능을 포함하는 아이디어를 제안했다 → suggested a device feature 기기의 기능을 제안했다

76. ■ 세부 사항 관련 문제 다음에 할 일 정답 (D)
다음에 일어날 일을 묻는 문제이므로, 지문의 마지막 부분을 주의 깊게 듣는다. "A commercial ~ will air on several major TV networks starting tomorrow, and I'd like to give you a sneak preview."라며 내일부터 광고가 몇몇 주요 텔레비전 방송국에서 방송될 것인데, 청자들에게 깜짝 시사회를 해주고 싶다고 한 말을 통해 영상이 재생될 것임을 알 수 있다. 따라서 정답은 (D) A video will be played이다.

Questions 77-79 refer to the following excerpt from a meeting.

🔊 영국식 발음

Let me address the following before we finish the meeting. 77Thanks to the laptop promotion that we recently introduced, our quarterly sales have increased by 10 percent. There are many students studying at universities in this state. I know we originally planned to offer discounted rates for only three months, but 78I think we should keep them for at least another year . . . and maybe even consider making them permanent. If students become accustomed to using our products, they are likely to remain our customers once they graduate. 79Please brainstorm some new ideas on how to attract even more students. Let's meet again tomorrow to discuss those.

77-79번은 다음 회의 발췌록에 관한 문제입니다.

회의를 마치기 전에 다음 사항을 말씀드리겠습니다. 77우리가 최근에 도입한 노트북 판촉 덕분에, 우리의 분기 매출이 10퍼센트 증가했습니다. 이 주에는 대학에서 공부하는 학생들이 많습니다. 원래 우리가 할인가를 3개월 동안만 제공하기로 한 것은 알지만, 78적어도 1년은 더 유지해야 할 것 같습니다… 그리고 어쩌면 영구적인 것으로 하는 것도 고려해봐야 할 것 같습니다. 학생들이 저희 상품들을 이용하는 데 익숙해지면, 졸업 후에도 저희 고객으로 남을 가능성이 높습니다. 79더 많은 학생들을 유치할 수 있는 방법에 대한 새로운 아이디어들을 구상해주세요. 내일 다시 만나서 그것들에 대해 논의합시다.

77 Why does the speaker say, "There are many students studying at universities in this state"?
(A) To confirm a change in policy
(B) To introduce a new service
(C) To describe a recent trend
(D) To explain a rise in sales

77. 화자는 왜 "이 주에는 대학에서 공부하는 학생들이 많습니다"라고 말하는가?
(A) 정책 변경을 확인하기 위해
(B) 새로운 서비스를 소개하기 위해
(C) 최근 유행을 묘사하기 위해
(D) 매출 증가를 설명하기 위해

78 What does the speaker suggest?
(A) Extending a promotion
(B) Conducting a survey
(C) Offering a new benefit
(D) Introducing a free trial

78. 화자는 무엇을 제안하는가?
(A) 판촉 행사를 연장하는 것
(B) 설문조사를 실시하는 것
(C) 새로운 혜택을 제공하는 것
(D) 무료 체험을 도입하는 것

79 Why will a meeting be held tomorrow?
(A) To create a focus group
(B) To discuss some strategies
(C) To test a sample product
(D) To analyze some figures

79. 내일 왜 회의가 열릴 것인가?
(A) 표적 집단을 만들기 위해
(B) 몇 가지 전략을 논의하기 위해
(C) 견본 제품을 시험하기 위해
(D) 일부 수치를 분석하기 위해

지문   quarterly[미 kwɔ́:rtərli, 영 kwɔ́:tərli] 분기의   permanent[미 pə́:rmənənt, 영 pə́:mənənt] 영구적인   become accustomed to ~에 익숙해지다
brainstorm[미 bréinstɔ:rm, 영 bréinstɔ:m] 구상하다
78 free trial 무료 체험   79 focus group 표적 집단   figure[미 fígjər, 영 fígə] 수치, 숫자

77 ■ 세부 사항 관련 문제 의도 파악   정답 (D)
화자가 한 말의 의도를 묻는 문제이므로, 질문의 인용어구(There are many students studying at universities in this state)가 언급된 주변을 주의 깊게 듣는다. "Thanks to the laptop promotion ~ our quarterly sales have increased by 10 percent."라며 최근에 도입한 노트북 판촉 덕분에 분기 매출이 10퍼센트 증가했다고 한 뒤, "There are many students studying at universities in this state."라며 이 주에는 대학에서 공부하는 학생들이 많다고 하였다. 이를 통해 화자가 매출 증가를 설명하려는 의도임을 알 수 있다. 따라서 정답은 (D) To explain a rise in sales이다.

78 ■ 세부 사항 관련 문제 제안   정답 (A)
화자가 제안하는 것을 묻는 문제이므로, 지문의 중후반에서 제안과 관련된 표현이 포함된 문장을 주의 깊게 듣는다. "I think we should keep them[discounted rates] for at least another year ~ and maybe even consider making them permanent"라며 할인가를 적어도 1년은 더 유지해야 할 것 같고 어쩌면 영구적인 것으로 하는 것도 고려해봐야 할 것 같다고 하였다. 따라서 정답은 (A) Extending a promotion이다.

79 ■ 세부 사항 관련 문제 이유   정답 (B)
내일 회의가 열릴 이유를 묻는 문제이므로, 질문의 핵심어구(meeting be held tomorrow)와 관련된 내용을 주의 깊게 듣는다. "Please brainstorm some new ideas on how to attract even more students. Let's meet again tomorrow to discuss those."라며 더 많은 학생들을 유치할 수 있는 방법에 대한 새로운 아이디어들을 구상해 달라고 요청하고, 내일 다시 만나서 그것들에 대해 논의하자고 하였다. 따라서 정답은 (B) To discuss some strategies이다.

Questions 80-82 refer to the following talk.

미국식 발음

OK . . . My name is Sarah Edwards, and [80]I'll be showing you around our tire manufacturing facility today. As new employees, it's important that you be familiar with the various sections. Now, [81]we usually visit the tire testing laboratory first during these orientation tours. But, since researchers are currently wrapping up an urgent study, [81]I've been asked to do the tour in reverse order today. So, we'll start by heading to the viewing deck of our assembly line room. Throughout the tour, [82]please refrain from placing your hands or fingers on any of the machines. Are there any questions before we begin?

80 Where most likely are the listeners?
(A) At a construction site
(B) At a medical clinic
(C) At a manufacturing plant
(D) At a car dealership

81 According to the speaker, what has been changed?
(A) The price of some merchandise
(B) The order of a tour
(C) The type of machines used
(D) The operational hours of a facility

82 What are listeners instructed to do?
(A) Avoid touching equipment
(B) Read an instruction manual
(C) Wear protective gear
(D) Enroll in a class

80-82번은 다음 담화에 관한 문제입니다.

좋습니다… 제 이름은 Sarah Edwards이고, [80]저는 오늘 여러분께 저희의 타이어 제조 시설을 둘러보도록 안내할 것입니다. 신입 사원으로서, 여러분이 다양한 구역들에 익숙해지는 것은 중요합니다. 자, [81]우리는 이 오리엔테이션 견학 동안 보통 타이어 실험 연구실에 먼저 들릅니다. 하지만, 현재 연구원들이 긴급한 연구를 마무리하고 있으므로, [81]오늘은 역순으로 견학을 해달라고 요청받았습니다. 그래서, 우리는 조립 라인실의 전망대로 향하는 것으로 시작하겠습니다. 견학 동안에, [82]어떤 기계 위에도 여러분의 손이나 손가락을 올리는 것을 삼가십시오. 시작하기 전에 질문 있으신가요?

80 청자들은 어디에 있는 것 같은가?
(A) 공사장에
(B) 의료 시설에
(C) 제조 공장에
(D) 자동차 대리점에

81 화자에 따르면, 무엇이 변경되었는가?
(A) 상품의 가격
(B) 견학의 순서
(C) 사용되는 기계의 종류
(D) 시설의 운영 시간

82 청자들은 무엇을 하라고 지시받는가?
(A) 장비를 만지는 것을 피한다.
(B) 사용 안내서를 읽는다.
(C) 보호용 장비를 착용한다.
(D) 수업에 등록한다.

지문 wrap up 마무리하다 urgent[ə́:rdʒənt] 긴급한 reverse order 역순 viewing deck 전망대 assembly[əsémbli] 조립
refrain[rifréin] 삼가다
80 construction[kənstrʌ́kʃən] 공사, 건설
81 operational[àpəréiʃənl] 운영의
82 protective[prətéktiv] 보호용의 gear[giər] 장비 enroll in ~에 등록하다

80 ■ 전체 지문 관련 문제 장소 정답 (C)
청자들이 있는 장소를 묻는 문제이므로, 장소와 관련된 표현을 놓치지 않고 듣는다. "I'll be showing you around our tire manufacturing facility today"라며 자신이 오늘 청자들에게 타이어 제조 시설을 둘러보도록 안내할 것이라고 하였다. 이를 통해 청자들이 제조 공장에 있음을 알 수 있다. 따라서 정답은 (C) At a manufacturing plant이다.

81 ■ 세부 사항 관련 문제 특정 세부 사항 정답 (B)
변경된 것을 묻는 문제이므로, 질문의 핵심어구(changed)와 관련된 내용을 주의 깊게 듣는다. "we usually visit the tire testing laboratory first during these orientation tours"라며 오리엔테이션 견학 동안 보통 타이어 실험 연구실에 먼저 들른다고 한 뒤, "I've been asked to do the tour in reverse order today. So, we'll start by heading to the viewing deck of our assembly line room."이라며 오늘은 역순으로 견학을 해달라고 요청받아서 조립 라인실의 전망대로 향하는 것으로 시작하겠다고 한 말을 통해 견학의 순서가 변경되었음을 알 수 있다. 따라서 정답은 (B) The order of a tour이다.

82 ■ 세부 사항 관련 문제 특정 세부 사항 정답 (A)
청자들이 하라고 지시받는 것을 묻는 문제이므로, 질문의 핵심어구(instructed to do)와 관련된 내용을 주의 깊게 듣는다. "please refrain from placing your hands or fingers on any of the machines"라며 어떤 기계 위에도 손이나 손가락을 올리는 것을 삼가달라고 하였다. 따라서 정답은 (A) Avoid touching equipment이다.

Questions 83-85 refer to the following instructions.

3)) 호주식 발음

In the last part of our training for new employees today, I'll talk about taking a cash deposit. To do this, [83]you should first give customers a deposit slip to fill out. While they write on the form, you can pull up their bank account information. [84]If the information cannot be found by looking at the customer's bank card, you should just call a supervisor. Um, [84]we have been having some issues with our computer system. Next, count the money carefully and put it in the drawer by your desk. Remember, [85]after every shift, all of the cash in this container should be moved to the secured area in the back of the bank. Any questions?

83 According to the speaker, what should the listeners do first?
(A) Request some identification
(B) Deposit a check
(C) Count some money
(D) Provide a form

84 What does the speaker imply when he says, "you should just call a supervisor"?
(A) A bank account cannot be accessed by a customer.
(B) A device must be retrieved by a technician.
(C) A record must be verified by a manager.
(D) An error cannot be handled by a trainee.

85 What should listeners do at the end of a shift?
(A) Go through a back door
(B) Refill some containers
(C) Put away some cash
(D) Lock a drawer

83-85번은 다음 설명에 관한 문제입니다.

오늘 저희 신입사원 교육의 마지막 부분에서는, 현금을 입금하는 것에 대해 말씀드리겠습니다. 이것을 하기 위해서는, [83]먼저 고객들에게 기입할 예금 전표를 주어야 합니다. 그들이 양식을 작성하는 동안, 여러분은 그들의 은행 계좌 정보를 띄우면 됩니다. [84]만약 고객의 은행 카드를 보는 것으로 정보를 찾을 수 없다면, 여러분은 그냥 상사에게 전화하셔야 합니다. 음, [84]우리 컴퓨터 시스템에 약간의 문제가 있었어요. 다음으로, 돈을 잘 세어 책상 옆 서랍에 넣으세요. 명심하세요, [85]매 근무가 끝날 때마다, 이 용기에 있는 모든 현금이 은행 뒤쪽에 있는 보안 구역으로 옮겨져야 합니다. 질문 있나요?

83. 화자에 따르면, 청자들은 우선 무엇을 해야 하는가?
(A) 신분증명서를 요청한다.
(B) 수표를 예입한다.
(C) 돈을 센다.
(D) 양식을 제공한다.

84. 화자는 "여러분은 그냥 상사에게 전화하셔야 합니다"라고 말할 때 무엇을 의도하는가?
(A) 은행 계좌는 고객에 의해 접속될 수 없다.
(B) 기기가 기술자에 의해 회수되어야 한다.
(C) 기록이 관리자에 의해 확인되어야 한다.
(D) 오류는 수습 직원에 의해 처리될 수 없다.

85. 청자들은 근무가 끝난 후에 무엇을 해야 하는가?
(A) 뒷문으로 나간다.
(B) 몇몇 용기를 다시 채운다.
(C) 현금을 치운다.
(D) 서랍을 잠근다.

지문 deposit slip 예금 전표 fill out 기입하다, 작성하다 pull up (컴퓨터 화면에 무엇을) 띄우다 shift[ʃift] 근무, 교대
83 identification[aidèntifikéiʃən] 신분증명서
84 verify[vérifài] 확인하다, 입증하다 handle[hǽndl] 처리하다 trainee[trèiníː] 수습 직원, 연수생
85 refill[riːfíl] 다시 채우다, 보충하다 put away (보관 장소에) 치우다, 넣어 두다

---

83 ■ 세부 사항 관련 문제 특정 세부 사항   정답 (D)

청자들이 우선 해야 하는 것이 무엇인지를 묻는 문제이므로, 질문의 핵심어구(do first)와 관련된 내용을 주의 깊게 듣는다. "you should first give customers a deposit slip to fill out"이라며 먼저 고객들에게 기입할 예금 전표를 주어야 한다고 하였다. 따라서 정답은 (D) Provide a form이다.

84 ■ 세부 사항 관련 문제 의도 파악   정답 (D)

화자가 하는 말의 의도를 묻는 문제이므로, 질문의 인용어구(you should just call a supervisor)가 언급된 주변을 주의 깊게 듣는다. "If the information cannot be found by looking at the customer's bank card, you should just call a supervisor."라며 만약 고객의 은행 카드를 보는 것으로 정보를 찾을 수 없다면 청자들은 그냥 상사에게 전화해야 한다고 한 뒤, "we have been having some issues with our computer system"이라며 컴퓨터 시스템에 약간 문제가 있었다고 하였다. 이를 통해 오류가 수습 직원에 의해 처리될 수 없음을 알 수 있다. 따라서 정답은 (D) An error cannot be handled by a trainee이다.

85 ■ 세부 사항 관련 문제 특정 세부 사항   정답 (C)

청자들이 근무가 끝난 후에 해야 하는 것을 묻는 문제이므로, 질문의 핵심어구(at the end of a shift)와 관련된 내용을 주의 깊게 듣는다. "after every shift, all of the cash in this container should be moved to the secured area in the back of the bank"라며 매 근무가 끝날 때마다 용기에 있는 모든 현금이 은행 뒤쪽에 있는 보안 구역으로 옮겨져야 한다고 하였다. 따라서 정답은 (C) Put away some cash이다.

Questions 86-88 refer to the following advertisement.

🔊 캐나다식 발음

Are you a singer or musician looking for your first big break? Then ⁸⁶Star Broadcast Network's newest program is for you! *Music Icon* is a talent competition that will end with one participant receiving a contract with a major entertainment company. ⁸⁷On the show, a panel of celebrity judges—which varies every week—will eliminate one contestant. And once there are only three participants left, the viewers alone will get to select the winner. We'll be holding auditions across the country from May 11 until June 15 to select our competitors. So sign up for the one in the city closest to you today! ⁸⁸Visit our Web site for a list of audition sites.

86 What is the advertisement mainly about?
(A) A radio program
(B) An awards ceremony
(C) An acting audition
(D) A musical contest

87 What does the speaker say about the judges?
(A) They will be former contestants.
(B) They will choose the final winner.
(C) They will be changed each week.
(D) They will consider viewer feedback.

88 What does the speaker say is available on the Web site?
(A) An audio recording
(B) A venue list
(C) A performance schedule
(D) A film trailer

86-88번은 다음 광고에 관한 문제입니다.

당신은 당신의 첫 결정적인 기회를 찾고 있는 가수나 음악가이신가요? 그렇다면 ⁸⁶Star Broadcast Network의 최신 프로그램은 당신을 위한 것입니다! *Music Icon*은 주요 연예 기획사로부터 계약서를 받을 한 명의 참가자로 끝나게 될 재능 경연입니다. ⁸⁷이 프로그램에서는, 매주 달라지는 유명 연예인 심사위원단이 한 명의 참가자를 탈락시킬 것입니다. 그리고 세 명의 참가자들만 남으면, 오로지 시청자들이 우승자를 선발하게 될 것입니다. 저희는 참가자들을 선발하기 위해 5월 11일부터 6월 15일까지 전국적으로 오디션을 열 것입니다. 그러니 오늘, 여러분과 가장 가까운 도시에서의 오디션에 등록하세요! ⁸⁸오디션 장소들의 목록을 보시려면 저희 웹사이트에 방문하십시오.

86. 광고는 주로 무엇에 관한 것인가?
(A) 라디오 프로그램
(B) 시상식
(C) 연기 오디션
(D) 음악 경연

87. 화자는 심사위원들에 관해 무엇을 말하는가?
(A) 그들은 이전 참가자들일 것이다.
(B) 그들은 최종 우승자를 선택할 것이다.
(C) 그들은 매주 바뀔 것이다.
(D) 그들은 시청자 의견을 고려할 것이다.

88. 화자는 웹사이트에서 무엇이 이용 가능하다고 말하는가?
(A) 음향 녹음
(B) 장소 목록
(C) 공연 일정
(D) 영화 예고편

지문 big break 결정적인 기회 eliminate[ilímənèit] 탈락시키다 contestant[kəntéstənt] 참가자 alone[əlóun] 오로지 ~만, 단독으로
competitor[kəmpétətər] 참가자 sign up for ~에 등록하다
86 awards ceremony 시상식 acting[ǽktiŋ] 연기
87 former[fɔ́ːrmər] 이전의, 과거의
88 recording[rikɔ́ːrdiŋ] 녹음 trailer[tréilər] 예고편

86 ■ 전체 지문 관련 문제 주제   정답 (D)
광고의 주제를 묻는 문제이므로, 지문의 초반을 반드시 듣는다. "Star Broadcast Network's newest program is for you[singer or musician]! *Music Icon* is a talent competition"이라며 Star Broadcast Network의 최신 프로그램은 가수나 음악가를 위한 것이라고 한 뒤, *Music Icon*은 재능 경연이라고 하였다. 따라서 정답은 (D) A musical contest이다.

87 ■ 세부 사항 관련 문제 언급   정답 (C)
화자가 심사위원들에 관해 언급하는 것을 묻는 문제이므로, 질문의 핵심어구(judges)가 언급된 주변을 주의 깊게 듣는다. "On the show, a panel of celebrity judges—which varies every week—will eliminate one contestant."라며 이 프로그램에서는 매주 달라지는 유명 연예인 심사위원단이 한 명의 참가자를 탈락시킬 것이라고 하였다. 따라서 정답은 (C) They will be changed each week이다.

88 ■ 세부 사항 관련 문제 특정 세부 사항   정답 (B)
화자가 웹사이트에서 이용 가능하다고 말하는 것을 묻는 문제이므로, 질문의 핵심어구(Web site)가 언급된 주변을 주의 깊게 듣는다. "Visit our Web site for a list of audition sites."라며 오디션 장소들의 목록을 보려면 웹사이트에 방문하라고 하였다. 따라서 정답은 (B) A venue list이다.

바꾸어 표현하기
a list of ~ sites 장소들의 목록 → A venue list 장소 목록

Questions 89-91 refer to the following talk.

🔊 호주식 발음

I'd like to start by saying that it's a great honor to be able to participate in this lecture series at James College. [89]Several speakers have already given excellent talks, and I hope that you'll find mine as engaging as theirs. Now . . . [90]the focus of my lecture is the impact that fiction has on society. Specifically, I'm going to look at how [91]one popular novel . . . um, *The Looking Glass* by Jack Coyle . . . led to several reforms to the legal system. If you haven't read Coyle's book, don't panic. I'll hand out the relevant excerpts from it now, so you can refer to them during my lecture.

89 What is mentioned about the previous speakers?
(A) They worked for major publications.
(B) They graduated from James College.
(C) They gave stimulating lectures.
(D) They received writing prizes.

90 What will the speaker talk about?
(A) The importance of reading
(B) The influence of literature
(C) The value of higher education
(D) The effects of legal reform

91 Who is Jack Coyle?
(A) An author
(B) A college lecturer
(C) A public official
(D) A lawyer

89-91번은 다음 담화에 관한 문제입니다.

제가 James 대학에서의 이번 강연 시리즈에 참여할 수 있게 된 것이 대단한 영광임을 말씀드리면서 시작하고 싶습니다. [89]몇몇 연사들이 이미 훌륭한 강연을 하셨고, 저는 여러분이 제 강연도 그들의 것만큼 마음을 끄는 것이라고 여기게 되길 바랍니다. 자… [90]제 강연의 주안점은 소설이 사회에 미치는 영향입니다. 특히, 저는 [91]인기 있는 소설 하나… 음, Jack Coyle이 쓴 *The Looking Glass*가… 어떻게 법률 시스템에 대한 몇 가지 개혁들로 이어졌는지 살펴볼 것입니다. Coyle의 책을 읽어보지 않으셨더라도, 당황하지 마세요. 제가 그 책에서 관련 있는 발췌 부분을 지금 나눠드릴 테니, 여러분은 제 강연 동안에 그것들을 참고하시면 됩니다.

89. 이전 연사들에 관해 무엇이 언급되는가?
(A) 그들은 주요 출판물들을 작업했다.
(B) 그들은 James 대학을 졸업했다.
(C) 그들은 자극이 되는 강연을 했다.
(D) 그들은 문학상을 받았다.

90. 화자는 무엇에 관해 강연할 것인가?
(A) 독서의 중요성
(B) 문학의 영향
(C) 고등 교육의 가치
(D) 법률 개혁의 효과

91. Jack Coyle은 누구인가?
(A) 작가
(B) 대학 강사
(C) 공무원
(D) 변호사

지문 honor[미 ánər, 영 ɔ́nə] 영광 engaging[ingéidʒiŋ] (남의) 마음을 끄는, 매력적인 fiction[fíkʃən] 소설 reform[미 rifɔ́:rm, 영 rifɔ́:m] 개혁; 개혁하다 legal[líːgəl] 법률의 panic[pǽnik] 당황하다; 당황 relevant[réləvənt] 관련 있는 excerpt[미 éksəːrpt, 영 éksəːpt] 발췌 (부분)
89 stimulating[stímjulèitiŋ] 자극이 되는, 고무적인
90 influence[ínfluəns] 영향 literature[lítərətʃər] 문학 value[vǽljuː] 가치
91 author[ɔ́ːθər] 작가 public official 공무원 lawyer[lɔ́ːjər] 변호사

89 ■ 세부 사항 관련 문제 언급   정답 (C)
이전 연사들에 관해 언급되는 것을 묻는 문제이므로, 질문의 핵심어구(previous speakers)와 관련된 내용을 주의 깊게 듣는다. "Several speakers have already given excellent talks, and I hope that you'll find mine as engaging as theirs."라며 몇몇 연사들이 이미 훌륭한 강연을 했고, 청자들이 자신의 강연도 그들의 것만큼 마음을 끄는 것이라고 여기게 되길 바란다고 한 말을 통해 이전 연사들이 자극이 되는 강연을 했음을 알 수 있다. 따라서 정답은 (C) They gave stimulating lectures이다.

90 ■ 세부 사항 관련 문제 특정 세부 사항   정답 (B)
화자가 강연할 것을 묻는 문제이므로, 질문의 핵심어구(speaker talk about)와 관련된 내용을 주의 깊게 듣는다. "the focus of my lecture is the impact that fiction has on society"라며 자신의 강연의 주안점은 소설이 사회에 미치는 영향이라고 하였다. 따라서 정답은 (B) The influence of literature이다.

바꾸어 표현하기
the impact that fiction has on society 소설이 사회에 미치는 영향 → The influence of literature 문학의 영향

91 ■ 세부 사항 관련 문제 특정 세부 사항   정답 (A)
Jack Coyle의 신분을 묻는 문제이므로, 질문 대상(Jack Coyle)의 신분 및 직업과 관련된 표현을 놓치지 않고 듣는다. "one popular novel ~ *The Looking Glass* by Jack Coyle"이라며 인기 있는 소설 하나인 Jack Coyle이 쓴 *The Looking Glass*라고 한 말을 통해 Jack Coyle이 작가임을 알 수 있다. 따라서 정답은 (A) An author이다.

Questions 92-94 refer to the following telephone message.

🔊 미국식 발음

Hi, Mr. Davidson. My name is Theresa Short, and ⁹²I teach marketing at Chicago Business College. I was wondering if you'd be interested in speaking to my class of marketing graduate students. ⁹³I recently stumbled across a video of one of your advertising lectures, and I found it very instructive. And, according to your Web site, you're currently available to give guest talks. I'm sure my students would greatly benefit from your knowledge and experience. ⁹⁴Let me know if and when you're available and what your speaking fee would be. My class ends at the beginning of December.

92. What field does the speaker work in?
(A) Advertising
(B) Marketing
(C) Education
(D) City planning

93. How did the speaker find out about Mr. Davidson?
(A) By reading an article
(B) By watching footage
(C) By attending one of his lectures
(D) By speaking to a colleague

94. Why does the speaker say, "My class ends at the beginning of December"?
(A) To specify when she can start a project
(B) To confirm the date an event will finish on
(C) To indicate when a talk must be given by
(D) To stress the need to reschedule an activity

92-94번은 다음 전화 메시지에 관한 문제입니다.

안녕하세요, Mr. Davidson. 제 이름은 Theresa Short이고, ⁹²시카고 경영 대학에서 마케팅을 가르치고 있습니다. 제 마케팅 수업 대학원생들에게 강연하실 생각이 있으신지 궁금해서요. ⁹³최근에 우연히 당신의 광고 강의 영상 중 하나를 보게 되었고, 그것이 매우 유익하다고 느꼈습니다. 그리고, 당신의 웹사이트에 따르면, 당신은 현재 객원 강연을 할 수 있다고 하셨습니다. 제 학생들이 당신의 지식과 경험을 통해 큰 이익을 얻을 것이라고 확신합니다. ⁹⁴당신이 가능하신지와 언제 가능하신지 그리고 당신의 강연료가 얼마일지 알려주세요. 제 수업은 12월 초에 끝납니다.

92. 화자는 어떤 분야에 종사하는가?
(A) 광고
(B) 마케팅
(C) 교육
(D) 도시 계획

93. 화자는 Mr. Davidson에 대해 어떻게 알게 되었는가?
(A) 기사를 읽음으로써
(B) 영상을 시청함으로써
(C) 그의 강의 중 하나에 참석함으로써
(D) 동료와 대화함으로써

94. 화자는 왜 "제 수업은 12월 초에 끝납니다"라고 말하는가?
(A) 그녀가 언제 프로젝트를 시작할 수 있는지 명시하기 위해
(B) 행사가 끝날 날짜를 확인하기 위해
(C) 강연이 언제까지 열려야 하는지 나타내기 위해
(D) 활동 일정을 변경해야 하는 필요성을 강조하기 위해

지문 graduate student 대학원생 stumble across ~을 우연히 발견하다 instructive[instrʌ́ktiv] 유익한
92 city planning 도시 계획
93 footage[fútidʒ] 영상, 장면
94 specify[spésifai] 명시하다, 구체적으로 말하다 stress[stres] 강조하다

92 ■ 전체 지문 관련 문제 화자   정답 (C)

화자가 종사하는 분야를 묻는 문제이므로, 신분 및 직업과 관련된 표현을 놓치지 않고 듣는다. "I teach marketing at Chicago Business College"라며 시카고 경영 대학에서 마케팅을 가르친다고 하였다. 따라서 정답은 (C) Education이다.

93 ■ 세부 사항 관련 문제 방법   정답 (B)

화자가 Mr. Davidson에 대해 알게 된 방법을 묻는 문제이므로, 질문의 핵심어구(find out about Mr. Davidson)와 관련된 내용을 주의 깊게 듣는다. "I recently stumbled across a video of one of your advertising lectures"라며 최근에 우연히 청자의 광고 강의 영상 중 하나를 보게 되었다고 하였다. 따라서 정답은 (B) By watching footage이다.

94 ■ 세부 사항 관련 문제 의도 파악   정답 (C)

화자가 하는 말의 의도를 묻는 문제이므로, 질문의 인용어구(My class ends at the beginning of December)가 언급된 주변을 주의 깊게 듣는다. "Let me know if and when you're available ~ My class ends at the beginning of December."라며 청자에게 강연이 가능할지 알려달라고 한 뒤, "My class ends at the beginning of December."라며 자신의 수업은 12월 초에 끝난다고 하였다. 이를 통해 화자가 강연이 언제까지 열려야 하는지 나타내려는 의도임을 알 수 있다. 따라서 정답은 (C) To indicate when a talk must be given by이다.

Questions 95-97 refer to the following announcement and floor plan.

🔊 영국식 발음

Attention, everyone. Before we open today, I just want to remind you that our clothing store is having a sale this week in honor of the holidays. ⁹⁵Make sure to tell customers that over 20 of our best-selling sportswear items are marked down. ⁹⁶The display has been set up in the aisle closest to the main entrance, so it will be the first thing people see when they enter the store. Oh . . . one more thing. ⁹⁷We're going to close down for two days toward the end of the month so that our checkout area can be expanded. I'll announce the dates tomorrow after I have met with a representative of the interior design firm doing the work.

95-97번은 다음 공지와 평면도에 관한 문제입니다.

주목해주십시오, 여러분. 오늘 문을 열기 전에, 우리 의류 매장이 이번 주에 연휴를 기념하여 할인 행사를 한다는 것을 다시 상기시켜드리고 싶습니다. ⁹⁵고객들에게 우리의 가장 잘 팔리는 운동복 제품들 중 20종 이상의 가격이 인하된다는 것을 반드시 알려주십시오. ⁹⁶정문에서 가장 가까운 통로에 진열이 되었으니, 이것은 사람들이 매장에 들어오면 가장 먼저 보게 되는 것일 겁니다. 아… 한 가지 더 있습니다. ⁹⁷우리는 이번 달쯤 계산대 구역이 확장될 수 있도록 이틀 동안 문을 닫을 것입니다. 그 작업을 할 인테리어 디자인 회사의 대표와 만난 후 내일 그 날짜들을 공지하겠습니다.

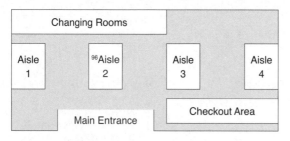

95 Who is the speaker most likely addressing?
(A) Store customers
(B) Marketing consultants
(C) Shop employees
(D) Construction workers

96 Look at the graphic. Where has the display been set up?
(A) In Aisle 1
(B) In Aisle 2
(C) In Aisle 3
(D) In Aisle 4

97 According to the speaker, what will be announced tomorrow?
(A) The dates of a renovation project
(B) The name of a design firm
(C) The details of a sportswear production
(D) The location of a new branch

95. 화자는 누구에게 말하고 있는 것 같은가?
(A) 매장 고객들
(B) 마케팅 상담가들
(C) 가게 직원들
(D) 공사 작업자들

96. 시각 자료를 보시오. 진열은 어디에 되었는가?
(A) 통로 1에
(B) 통로 2에
(C) 통로 3에
(D) 통로 4에

97. 화자에 따르면, 내일 무엇이 공지될 것인가?
(A) 수리 계획의 날짜
(B) 디자인 회사의 이름
(C) 운동복 제품의 세부 사항
(D) 새로운 지점의 위치

지문 remind[rimáind] 다시 상기시키다 in honor of ~을 기념하여 mark down 가격을 인하하다 toward[미 tɔːrd, 영 təwɔ́ːd] ~쯤, ~ 무렵에
checkout[tʃékaut] 계산대 representative[rèprizéntətiv] 대표
97 renovation[renəvéiʃən] 수리, 수선 production[prədʌ́kʃən] 제품, 생산

95 ■ 전체 지문 관련 문제 청자

정답 (C)

화자가 말하고 있는 대상인 청자들의 신분을 묻는 문제이므로, 신분 및 직업과 관련된 표현을 놓치지 않고 듣는다. "Make sure to tell customers that over 20 of our best-selling sportswear items are marked down."이라며 고객들에게 가장 잘 팔리는 운동복 제품들 중 20종 이상의 가격이 인하된다는 것을 반드시 알려달라고 한 말을 통해 청자들이 운동복 제품을 판매하는 가게의 직원들임을 알 수 있다. 따라서 정답은 (C) Shop employees이다.

96 ■ 세부 사항 관련 문제 시각 자료

정답 (B)

진열이 된 장소를 묻는 문제이므로, 제시된 평면도의 정보를 확인한 뒤 질문의 핵심어구(display ~ set up)가 언급된 주변을 주의 깊게 듣는다. "The display has been set up in the aisle closest to the main entrance"라며 정문에서 가장 가까운 통로에 진열이 되었다고 하였으므로, 정문에서 가장 가까운 통로인 통로 2에 진열이 되었음을 평면도에서 알 수 있다. 따라서 정답은 (B) In Aisle 2이다.

97 ■ 세부 사항 관련 문제 특정 세부 사항

정답 (A)

내일 공지될 것을 묻는 문제이므로, 질문의 핵심어구(announced tomorrow)와 관련된 내용을 주의 깊게 듣는다. "We're going to close down for two days toward the end of the month so that our checkout area can be expanded. I'll announce the dates tomorrow"라며 이번 달 말쯤 계산대 구역이 확장될 수 있도록 이틀 동안 문을 닫을 것이라고 한 뒤, 내일 그 날짜들을 공지하겠다고 하였다. 따라서 정답은 (A) The dates of a renovation project이다.

Questions 98-100 refer to the following announcement and chart.

[3]) 캐나다식 발음

Ever since [90]we started working on the Raymon Arena Project last month, things have been very busy. [99]The tight deadlines have created problems for some of you architects, which we need to address. If you look at this flow chart, you'll see that our normal work process for drafting blueprints includes five steps. However, for the rest of this project, [100]I want you to draft blueprints right after meeting with clients. [99]I think eliminating one step will expedite the work process. Now, I want to say a few things about a new city regulation that we need to take into account when designing the stadium. It'll only take a few minutes.

98-100번은 다음 공지와 차트에 관한 문제입니다.

[98]지난달 우리가 Raymon 경기장 프로젝트를 작업하기 시작한 이래로, 상황이 매우 바빴습니다. [99]빠듯한 마감 기한이 몇몇 건축가 여러분에게 문제를 유발했으며, 우리는 그 문제를 처리해야 합니다. 이 업무 흐름도를 보면, 우리의 설계도 작성을 위한 정규 업무 과정은 다섯 단계를 포함한다는 것을 알 수 있을 겁니다. 하지만, 이번 프로젝트의 남은 기간 동안, [100]저는 여러분이 고객과 만난 후에 바로 설계도를 작성하길 바랍니다. [99]한 단계를 제거하는 것이 업무 과정을 빠르게 진척시킬 것이라고 생각합니다. 이제, 저는 경기장을 설계함에 있어서 우리가 고려해야 할 새로운 도시 규제에 관한 몇 가지를 이야기하고 싶습니다. 이것은 몇 분밖에 걸리지 않을 것입니다.

STEP 1	Meet with clients
STEP 2	[100]Discuss plan with team leader
STEP 3	Draft blueprints
STEP 4	Modify plans based on feedback
STEP 5	Submit for approval

1단계	고객과 만난다.
2단계	[100]팀장과 계획을 논의한다.
3단계	설계도를 작성한다.
4단계	피드백에 근거하여 계획을 수정한다.
5단계	승인을 위해 제출한다.

98 What happened last month?
(A) A permit application was rejected.
(B) A structure was inspected.
(C) A project was started.
(D) A sports arena was completed.

99 Why is a change being made?
(A) To reduce some expenses
(B) To reflect client requests
(C) To improve communication
(D) To accommodate time constraints

100 Look at the graphic. Which step was removed from a work process?
(A) Meet with clients
(B) Discuss plan with team leader
(C) Modify plans based on feedback
(D) Submit for approval

98. 지난달에 무슨 일이 일어났는가?
(A) 허가 신청서가 거절되었다.
(B) 건축물이 점검받았다.
(C) 프로젝트가 시작되었다.
(D) 운동 경기장이 완성되었다.

99. 왜 변경이 이루어지고 있는가?
(A) 비용을 줄이기 위해
(B) 고객 요청 사항을 반영하기 위해
(C) 의사소통을 개선하기 위해
(D) 시간 제약에 맞추기 위해

100. 시각 자료를 보시오. 어느 단계가 업무 과정에서 제거되었는가?
(A) 고객과 만난다.
(B) 팀장과 계획을 논의한다.
(C) 피드백에 근거하여 계획을 수정한다.
(D) 승인을 위해 제출한다.

지문 arena[əríːnə] 경기장 address[ədrés] (문제 등을) 처리하다 flow chart 업무 흐름도 draft[dræft] 작성하다
blueprint[blúːprint] 설계도, 계획, 청사진 eliminate[ilímənèit] 제거하다, 없애다 expedite[ékspədàit] 빠르게 진척시키다, 더 신속히 처리하다
take into account ~을 고려하다 stadium[stéidiəm] 경기장
98 permit[pə́rmit] 허가 structure[strʌ́ktʃər] 건축물, 구조 inspect[inspékt] 점검하다, 시찰하다, 검사하다
99 accommodate[əkɑ́mədèit] ~에 맞추다 constraint[kənstréint] 제약

98 ■ 세부 사항 관련 문제 특정 세부 사항

정답 (C)

지난달에 일어난 일을 묻는 문제이므로, 질문의 핵심어구(last month)가 언급된 주변을 주의 깊게 듣는다. "we started working on the Raymon Arena Project last month"라며 지난달 Raymon 경기장 프로젝트를 작업하기 시작했다고 하였다. 따라서 정답은 (C) A project was started이다.

99 ■ 세부 사항 관련 문제 이유

정답 (D)

변경이 이루어지고 있는 이유를 묻는 문제이므로, 질문의 핵심어구(change ~ made)와 관련된 내용을 주의 깊게 듣는다. "The tight deadlines have created problems for some of you architects, which we need to address."라며 빠듯한 마감 기한이 몇몇 건축가들에게 문제를 유발했다며 그 문제를 처리해야 한다고 한 뒤, "I think eliminating one step will expedite the work process."라며 한 단계를 제거하는 것이 업무 과정을 빠르게 진척시킬 것이라고 생각한다고 하였다. 이를 통해 시간 제약에 맞추기 위해 변경이 이루어질 것임을 알 수 있다. 따라서 정답은 (D) To accommodate time constraints이다.

100 ■ 세부 사항 관련 문제 시각 자료

정답 (B)

업무 과정에서 제거된 단계를 묻는 문제이므로, 제시된 차트의 정보를 확인한 뒤 질문의 핵심어구(step ~ removed)와 관련된 내용을 주의 깊게 듣는다. "I want you to draft blueprints right after meeting with clients"라며 청자들이 고객과 만난 후에 바로 설계도를 작성하길 바란다고 하였으므로, 고객과 만나는 단계와 설계도를 작성하는 단계 사이에 있는 팀장과 계획을 논의하는 단계가 업무 과정에서 제거되었음을 차트에서 알 수 있다. 따라서 정답은 (B) Discuss plan with team leader이다.

▌TEST 09

🎧 TEST 09.mp3
실전용·복습용 문제풀이 MP3 무료 다운로드 및 스트리밍 바로듣기 (HackersIngang.com)
* 실제 시험장의 소음까지 재현해 낸 고사장 소음/매미 버전 MP3, 영국식·호주식 발음 집중 MP3, 고속 버전 MP3까지
  구매하면 실전에 더욱 완벽히 대비할 수 있습니다.

무료MP3 바로듣기

1
○●●●
중

🔊 호주식 발음

(A) He's carrying some jackets.
(B) He's riding an escalator.
(C) He's weighing a suitcase.
(D) He's waiting for an elevator.

(A) 그는 재킷들을 들고 있다.
(B) 그는 에스컬레이터를 타고 있다.
(C) 그는 여행 가방의 무게를 재고 있다.
(D) 그는 엘리베이터를 기다리고 있다.

■ 1인 사진   정답 (B)

한 남자가 여행 가방을 들고 에스컬레이터를 타고 있는 모습을 확인한다.
(A) [×] 남자가 여행 가방을 들고 있는데 재킷들(jackets)을 들고 있다고 잘못 묘사했으므로 오답이다. He's carrying(그는 들고 있다)까지만 듣고 정답으로 선택하지 않도록 주의한다.
(B) [○] 에스컬레이터를 타고 있는 남자의 모습을 정확히 묘사한 정답이다.
(C) [×] weighing(무게를 재고 있다)은 남자의 동작과 무관하므로 오답이다. 사진에 있는 여행 가방(suitcase)을 사용하여 혼동을 주었다.
(D) [×] 사진에 엘리베이터(elevator)가 없으므로 오답이다. 사진의 에스컬레이터와 관련된 elevator(엘리베이터)를 사용하여 혼동을 주었다.

어휘 weigh[wei] 무게를 재다 suitcase[súːtkeis] 여행 가방

2
○○○●
하

🔊 영국식 발음

(A) Some men are operating devices.
(B) Some men are moving a couch.
(C) Some men are clearing a table.
(D) Some men are setting up a computer.

(A) 몇몇 남자들이 기기를 사용하고 있다.
(B) 몇몇 남자들이 소파를 옮기고 있다.
(C) 몇몇 남자들이 탁자를 치우고 있다.
(D) 몇몇 남자들이 컴퓨터를 설치하고 있다.

■ 2인 이상 사진   정답 (A)

두 남자가 소파에 앉아 기기를 사용하고 있는 모습을 확인한다.
(A) [○] 기기를 사용하고 있는 남자들의 모습을 가장 잘 묘사한 정답이다.
(B) [×] moving(옮기고 있다)은 남자들의 동작과 무관하므로 오답이다. 사진에 있는 소파(couch)를 사용하여 혼동을 주었다.
(C) [×] clearing(치우고 있다)은 남자들의 동작과 무관하므로 오답이다. 사진에 있는 탁자(table)를 사용하여 혼동을 주었다.
(D) [×] setting up(설치하고 있다)은 남자들의 동작과 무관하므로 오답이다. 사진의 노트북 컴퓨터와 관련된 computer(컴퓨터)를 사용하여 혼동을 주었다.

어휘 operate[미 ápərèit, 영 ɔ́pəreit] (기계 등을) 사용하다, 운영하다 couch[kautʃ] 소파 clear[미 kliər, 영 kliə] 치우다 set up (기계 등을) 설치하다

3
○○●●
중

🔊 캐나다식 발음

(A) She is plugging a cable into a printer.
(B) She is copying some pages.
(C) She is placing a book on a shelf.
(D) She is sliding paper into a tray.

(A) 그녀는 프린터에 전선을 꽂고 있다.
(B) 그녀는 몇몇 페이지들을 복사하고 있다.
(C) 그녀는 선반 위에 책을 두고 있다.
(D) 그녀는 상자에 종이를 집어넣고 있다.

■ 1인 사진   정답 (B)

한 여자가 책을 복사하고 있는 모습을 확인한다.
(A) [×] plugging(꽂고 있다)은 여자의 동작과 무관하므로 오답이다. 사진의 복사기와 관련된 printer(프린터)를 사용하여 혼동을 주었다.
(B) [○] 몇몇 페이지들을 복사하고 있는 여자의 모습을 가장 잘 묘사한 정답이다.
(C) [×] 여자가 책을 선반 위에 두고 있는 것이 아니라 복사기 위에 두고 있으므로 오답이다. She is placing a book(그녀는 책을 두고 있다)까지만 듣고 정답으로 선택하지 않도록 주의한다.
(D) [×] sliding(집어넣고 있다)은 여자의 동작과 무관하므로 오답이다. 사진의 책과 관련된 paper(종이)를 사용하여 혼동을 주었다.

어휘 plug[plʌg] 꽂다 cable[kéibl] 전선 slide[slaid] (슬쩍) 집어넣다 tray[trei] (다양한 용도로 쓰이는 납작한 플라스틱) 상자

4

○○○●
중

🔊 미국식 발음

(A) Some outfits are on display.
(B) A shelf has been disassembled.
(C) A mannequin is being set up.
(D) Some clothing is being folded.

(A) 몇몇 옷들이 전시되어 있다.
(B) 선반이 분해되어 있다.
(C) 마네킹이 설치되고 있다.
(D) 몇몇 의복들이 개어지고 있다.

■ 사물 및 풍경 사진   정답 (A)

가게 안에 진열되어 있는 물건들의 상태를 주의 깊게 살핀다.
(A) [○] 몇몇 옷들이 전시되어 있는 모습을 정확히 묘사한 정답이다.
(B) [×] 사진에서 선반은 보이지만 분해되어 있는(has been disassembled) 모습은 아니므로 오답이다. 사진에 있는 선반(shelf)을 사용하여 혼동을 주었다.
(C) [×] 사진에서 마네킹은 보이지만 설치되고 있는(is being set up) 모습은 아니므로 오답이다. 사진에 있는 마네킹(mannequin)을 사용하여 혼동을 주었다.
(D) [×] 사진에서 의복은 보이지만 개어지고 있는(is being folded)모습은 아니므로 오답이다. 사진에 있는 의복(clothing)을 사용하여 혼동을 주었다.

어휘 on display 전시된 outfit[áutfit] 옷, 복장 disassemble[dìsəsémbl] 분해하다 mannequin[mǽnəkin] 마네킹

5

○○○●
중

🔊 영국식 발음

(A) They are stepping down from a curb.
(B) They are tying their shoelaces.
(C) They are lifting bags with their hands.
(D) They are walking next to each other.

(A) 그들은 연석에서 내려오고 있다.
(B) 그들은 신발 끈을 묶고 있다.
(C) 그들은 손으로 가방을 들어 올리고 있다.
(D) 그들은 나란히 걷고 있다.

■ 2인 이상 사진   정답 (D)

두 남녀가 나란히 계단을 걸어 내려오고 있는 모습을 확인한다.
(A) [×] 사진에 연석(curb)이 없으므로 오답이다. They are stepping down(그들은 내려오고 있다)까지만 듣고 정답으로 선택하지 않도록 주의한다.
(B) [×] tying(묶고 있다)은 사람들의 동작과 무관하므로 오답이다. 사진에 있는 신발 끈(shoelaces)을 사용하여 혼동을 주었다.
(C) [×] 사람들이 가방을 어깨에 메고 있는데 손으로 들어 올리고 있다고 잘못 묘사했으므로 오답이다.
(D) [○] 나란히 걷고 있는 사람들의 모습을 정확히 묘사한 정답이다.

어휘 curb[미 kə:rb, 영 kə:b] (보도의) 연석, 도로 경계석 tie[tai] 묶다 shoelace[ʃú:leis] 신발끈 lift[lift] 들어 올리다

6

○○○●
상

🔊 미국식 발음

(A) Containers are being piled up on a deck.
(B) Passengers are disembarking from a ship.
(C) A vessel is sailing through the water.
(D) Storage crates are being unloaded from
    a boat.

(A) 컨테이너들이 갑판 위에 쌓이고 있다.
(B) 승객들이 배에서 내리고 있다.
(C) 배가 물을 헤쳐 나아가고 있다.
(D) 보관 상자들이 배에서 내려지고 있다.

■ 사물 및 풍경 사진   정답 (C)

배가 물을 헤쳐 나아가고 있는 모습과 주변 환경의 상태를 주의 깊게 살핀다.
(A) [×] 컨테이너들이 이미 갑판 위에 쌓여 있는 상태인데, 진행 수동형(are being piled up)을 사용해 쌓이고 있다고 잘못 묘사했으므로 오답이다. 사진에 있는 컨테이너들(Containers)과 갑판(deck)을 사용하여 혼동을 주었다.
(B) [×] 사진에서 승객들(Passengers)을 확인할 수 없으므로 오답이다. 사진에 있는 배(ship)를 사용하여 혼동을 주었다.
(C) [○] 배가 물을 헤쳐 나아가고 있는 모습을 가장 잘 묘사한 정답이다.
(D) [×] 사진에서 보관 상자들은 보이지만 배에서 내려지고 있는(are being unloaded) 모습은 아니므로 오답이다. 사진에 있는 보관 상자들(Storage crates)과 배(boat)를 사용하여 혼동을 주었다.

어휘 deck[dek] 갑판 disembark[dìsembá:rk] 내리다 vessel[vésəl] 배 sail[seil] 나아가다 crate[kreit] (물품 운송용 대형 나무) 상자

PART 2

7

○○○○
하

🔊 호주식 발음 → 미국식 발음

When did you start seeking another job?

(A) A few days ago.
(B) It's a good start.
(C) At the employment agency.

당신은 언제 다른 일자리를 구하기 시작했나요?

(A) 며칠 전에요.
(B) 좋은 시작이네요.
(C) 직업소개소에서요.

■ When 의문문

정답 (A)

언제 다른 일자리를 구하기 시작했는지를 묻는 When 의문문이다.

(A) [○] 며칠 전이라며 다른 일자리를 구하기 시작한 시점을 언급했으므로 정답이다.
(B) [×] 언제 다른 일자리를 구하기 시작했는지를 물었는데, 이와 관련이 없는 좋은 시작이라는 내용으로 응답했으므로 오답이다. 질문의 start (시작하다)를 '시작'이라는 의미의 명사로 반복 사용하여 혼동을 주었다.
(C) [×] 언제 다른 일자리를 구하기 시작했는지를 물었는데 장소로 응답했으므로 오답이다. When을 Where로 혼동하여 Where did you start seeking another job(당신은 어디에서 다른 일자리를 구하기 시작했나요)으로 생각해 정답으로 선택하지 않도록 주의한다.

어휘 seek[si:k] 구하다 employment agency 직업소개소

8

○○○○
하

🔊 영국식 발음 → 캐나다식 발음

How long did medical school take for you to complete?

(A) I'm glad they're finally done.
(B) Dr. Robinson is my physician.
(C) Almost six years.

당신이 의과 대학을 끝마치는 데 얼마나 걸렸나요?

(A) 그들이 마침내 끝냈다니 기쁘네요.
(B) Dr. Robinson이 제 의사예요.
(C) 거의 6년이요.

■ How 의문문

정답 (C)

의과 대학을 끝마치는 데 얼마나 걸렸는지를 묻는 How 의문문이다. How long이 기간을 묻는 것임을 이해할 수 있어야 한다.

(A) [×] 질문의 complete(끝마치다)과 같은 의미인 done(끝내다)을 사용하여 혼동을 준 오답이다.
(B) [×] medical school(의과 대학)과 관련 있는 physician(의사)을 사용하여 혼동을 준 오답이다.
(C) [○] 거의 6년이라며 의과 대학을 끝마치는 데 걸린 기간을 언급했으므로 정답이다.

어휘 medical school 의과 대학 complete[kəmplí:t] 끝마치다, 완료하다 physician[fizíʃən] 의사, 내과 의사

9

○○●○
중

🔊 캐나다식 발음 → 미국식 발음

What date should we get together?

(A) Let me get a table.
(B) We left on July 21.
(C) I'm not really sure.

우리는 어느 날짜에 만나야 할까요?

(A) 제가 테이블을 가져올게요.
(B) 우리는 7월 21일에 출발했어요.
(C) 확실히는 모르겠어요.

■ What 의문문

정답 (C)

어느 날짜에 만나야 할지를 묻는 What 의문문이다. What date를 반드시 들어야 한다.

(A) [×] 어느 날짜에 만나야 할지를 물었는데, 이와 관련이 없는 자신이 테이블을 가져오겠다는 내용으로 응답했으므로 오답이다. 질문의 get together(만나다)에서 get을 '마련하다'라는 의미로 반복 사용하여 혼동을 주었다.
(B) [×] 질문의 we를 반복 사용하고, 날짜를 나타내는 July 21(7월 21일)를 사용하여 혼동을 준 오답이다.
(C) [○] 확실히는 모르겠다는 말로 어느 날짜에 만나야 할지 모르겠다는 간접적인 응답을 했으므로 정답이다.

어휘 get together 만나다

10

TEST | 01 | 02 | 03 | 04 | 05 | 06 | 07 | 08 | 09 | 10

[3] 영국식 발음 → 호주식 발음

Who left these tools out all night?

(A) Yes, put them in here.
(B) The entire evening.
(C) I did.

누가 이 도구들을 밤새 밖에 두었나요?

(A) 네, 그것들을 여기에 넣으세요.
(B) 저녁 내내요.
(C) 제가 그랬어요.

■ Who 의문문
정답 (C)

누가 이 도구들을 밤새 밖에 두었는지를 묻는 Who 의문문이다.
(A) [×] 의문사 의문문에 Yes로 응답했으므로 오답이다. 질문의 tools(도구들)를 나타낼 수 있는 them을 사용하여 혼동을 주었다.
(B) [×] 누가 이 도구들을 밤새 밖에 두었는지를 물었는데 기간으로 응답했으므로 오답이다. all night(밤새)과 관련 있는 entire evening(저녁 내내)을 사용하여 혼동을 주었다.
(C) [○] 자신이 그랬다며 밤새 도구들을 밖에 둔 인물을 언급했으므로 정답이다.

어휘 all night 밤새

11

[3] 미국식 발음 → 영국식 발음

Was the moving company willing to reschedule on short notice?

(A) I appreciate your being so flexible.
(B) It fortunately was.
(C) By moving the furniture.

이삿짐 운송 회사가 갑작스러운 통지에도 기꺼이 일정을 변경해주었나요?

(A) 저는 당신이 매우 융통성 있어서 감사해요.
(B) 다행히 그랬어요.
(C) 가구를 옮김으로써요.

■ Be 동사 의문문
정답 (B)

이삿짐 운송 회사가 갑작스러운 통지에도 기꺼이 일정을 변경해주었는지를 확인하는 Be 동사 의문문이다.
(A) [×] reschedule(일정을 변경하다)과 관련 있는 flexible(융통성 있는)을 사용하여 혼동을 준 오답이다.
(B) [○] 다행히 그랬다는 말로 이삿짐 운송 회사가 갑작스러운 통지에도 기꺼이 일정을 변경해주었음을 전달했으므로 정답이다.
(C) [×] 이삿짐 운송 회사가 갑작스러운 통지에도 기꺼이 일정을 변경해주었는지를 물었는데 방법으로 응답했으므로 오답이다. 질문의 moving을 반복 사용하여 혼동을 주었다.

어휘 moving company 이삿짐 운송 회사 flexible[fléksəbl] 융통성 있는, 유연한 fortunately[미 fɔ́ːrtʃənətli, 영 fɔ́ːtʃənətli] 다행히

12

[3] 호주식 발음 → 미국식 발음

Don't you want to apply to become the department head?

(A) Toward the head of the line.
(B) A late departure time.
(C) I don't feel ready for it.

당신은 부서 책임자가 되는 것에 지원하고 싶지 않나요?

(A) 줄의 맨 앞쪽으로요.
(B) 늦은 출발 시각이요.
(C) 저는 그것에 준비가 된 것 같지 않아요.

■ 부정 의문문
정답 (C)

부서 책임자가 되는 것에 지원하고 싶은지를 묻는 부정 의문문이다.
(A) [×] 질문의 head(책임자)를 '맨 앞쪽'이라는 의미로 반복 사용하여 혼동을 준 오답이다.
(B) [×] 부서 책임자가 되는 것에 지원하고 싶은지를 물었는데, 이와 관련이 없는 늦은 출발 시각이라는 내용으로 응답했으므로 오답이다. department – departure의 유사 발음 어휘를 사용하여 혼동을 주었다.
(C) [○] 자신은 그것에 준비가 된 것 같지 않다는 말로 부서 책임자가 되는 것에 지원하고 싶지 않음을 간접적으로 전달했으므로 정답이다.

어휘 apply[əplái] 지원하다, 신청하다 departure[dipáːrtʃər] 출발

해커스 토익 실전 1000제 3 Listening

13

🔊 캐나다식 발음 → 영국식 발음

How did tennis with Mitch go on Monday?

(A) Youth tennis courses are popular.
(B) We both enjoyed it.
(C) Can he drive on Tuesday instead?

월요일에 Mitch와의 테니스는 어땠나요?

(A) 청년 테니스 강좌들이 인기 있어요.
(B) 우리 둘 다 그것을 즐겼어요.
(C) 대신 그가 화요일에 운전할 수 있나요?

■ How 의문문

정답 (B)

월요일에 Mitch와의 테니스가 어땠는지를 묻는 How 의문문이다.
(A) [×] 월요일에 Mitch와의 테니스가 어땠는지를 물었는데, 이와 관련이 없는 청년 테니스 강좌들이 인기 있다는 내용으로 응답했으므로 오답이다. 질문의 tennis를 반복 사용하여 혼동을 주었다.
(B) [○] 자신들 둘 다 그것을 즐겼다는 말로 월요일에 Mitch와의 테니스를 즐겼음을 전달했으므로 정답이다.
(C) [×] 질문의 Mitch를 나타낼 수 있는 he를 사용하고, Monday(월요일)와 관련 있는 Tuesday(화요일)를 사용하여 혼동을 준 오답이다.

어휘 youth[juːθ] 청년, 젊음 course[미 kɔːrs, 영 kɔːs] 강좌, 수업

14

🔊 호주식 발음 → 영국식 발음

Why is the CEO leaving early?

(A) He has to take part in a workshop.
(B) Probably around 8:30.
(C) His name is Steve Erickson.

최고 경영자가 왜 일찍 떠나나요?

(A) 그는 워크숍에 참여해야 해요.
(B) 아마 8시 30분경이요.
(C) 그의 이름은 Steve Erickson이에요.

■ Why 의문문

정답 (A)

최고 경영자가 왜 일찍 떠나는지를 묻는 Why 의문문이다.
(A) [○] 그가 워크숍에 참여해야 한다며 최고 경영자가 일찍 떠나는 이유를 언급했으므로 정답이다.
(B) [×] 최고 경영자가 왜 일찍 떠나는지를 물었는데 시간으로 응답했으므로 오답이다.
(C) [×] 최고 경영자가 왜 일찍 떠나는지를 물었는데, 이와 관련이 없는 그의 이름은 Steve Erickson이라는 내용으로 응답했으므로 오답이다. 질문의 CEO(최고 경영자)를 나타낼 수 있는 His를 사용하여 혼동을 주었다.

어휘 take part in ~에 참여하다 probably[미 prɑ́bəbli, 영 prɔ́bəbli] 아마

15

🔊 미국식 발음 → 캐나다식 발음

I plan to purchase a house later this fall.

(A) I want to see your place once you move.
(B) In the bedroom.
(C) The blueprints have gone missing.

저는 올가을 늦게 집을 구입할 계획이에요.

(A) 이사하고 나면 당신의 집을 보고 싶어요.
(B) 침실에서요.
(C) 설계도들이 분실됐어요.

■ 평서문

정답 (A)

올가을 늦게 집을 구입할 계획이라는 객관적인 사실을 전달하는 평서문이다.
(A) [○] 이사하고 나면 상대방의 집을 보고 싶다는 말로 사실에 대한 기대를 나타냈으므로 정답이다.
(B) [×] house(집)와 관련 있는 bedroom(침실)을 사용하여 혼동을 준 오답이다.
(C) [×] house(집)에서 연상할 수 있는 건축과 관련된 blueprints(설계도들)를 사용하여 혼동을 준 오답이다.

어휘 purchase[pə́ːrtʃəs] 구입하다 blueprint[blúːprint] 설계도, 청사진 missing[mísiŋ] 분실된, 결여된

16

캐나다식 발음 → 미국식 발음

What event did you and Jonas go to last weekend?

(A) There's a fashion show tomorrow.
(B) We saw a concert in New Jersey.
(C) He decided to.

당신과 Jonas는 지난 주말에 무슨 행사에 갔었나요?

(A) 내일 패션쇼가 있어요.
(B) 우리는 뉴저지에서 콘서트를 봤어요.
(C) 그가 그러기로 결정했어요.

■ **What 의문문**　　　　　　　　　　　　　　　　　　　　　　　　　　　　　　　정답 (B)

상대방과 Jonas가 지난 주말에 무슨 행사에 갔었는지를 묻는 What 의문문이다. What event를 반드시 들어야 한다.
(A) [×] 상대방과 Jonas가 지난 주말에 무슨 행사에 갔었는지를 물었는데, 내일 패션쇼가 있다는 현재 시점으로 응답했으므로 오답이다. event (행사)와 관련 있는 fashion show(패션쇼)를 사용하여 혼동을 주었다.
(B) [○] 뉴저지에서 콘서트를 봤다며 자신과 Jonas가 지난 주말에 갔었던 행사를 언급했으므로 정답이다.
(C) [×] 상대방과 Jonas가 지난 주말에 무슨 행사에 갔었는지를 물었는데, 이와 관련이 없는 그가 그러기로 결정했다는 내용으로 응답했으므로 오답이다. 질문의 Jonas를 나타낼 수 있는 He를 사용하여 혼동을 주었다.

어휘　decide[disáid] 결정하다

17

호주식 발음 → 영국식 발음

Aren't we operating a booth at the agricultural convention?

(A) Our overseas operations.
(B) There weren't any spaces available.
(C) Driving would be more convenient.

우리가 농업 컨벤션에서 부스를 운영하고 있지 않나요?

(A) 우리의 해외 사업들이요.
(B) 이용 가능한 공간들이 없었어요.
(C) 운전하는 것이 더 편리할 거예요.

■ **부정 의문문**　　　　　　　　　　　　　　　　　　　　　　　　　　　　　　　정답 (B)

농업 컨벤션에서 부스를 운영하고 있는지를 묻는 부정 의문문이다.
(A) [×] operating – operations의 유사 발음 어휘를 사용하여 혼동을 준 오답이다.
(B) [○] 이용 가능한 공간들이 없었다는 말로 농업 컨벤션에서 부스를 운영하고 있지 않음을 간접적으로 전달했으므로 정답이다.
(C) [×] 농업 컨벤션에서 부스를 운영하고 있는지를 물었는데, 이와 관련이 없는 운전하는 것이 더 편리할 것이라는 내용으로 응답했으므로 오답이다. convention – convenient의 유사 발음 어휘를 사용하여 혼동을 주었다.

어휘　agricultural[ægrikʌ́ltʃərəl] 농업의　operation[미 àpəréiʃən, 영 ɔ̀pəréiʃən] 사업, 운영　convenient[미 kənvíːnjənt, 영 kənvíːniənt] 편리한

18

캐나다식 발음 → 미국식 발음

Have you enrolled in a photography class yet?

(A) Glass items should be recycled.
(B) He takes nice pictures.
(C) Yes, it begins tomorrow.

벌써 사진 촬영 수업에 등록했나요?

(A) 유리 제품들은 재활용되어야 해요.
(B) 그는 멋진 사진들을 찍어요.
(C) 네, 그것은 내일 시작해요.

■ **조동사 의문문**　　　　　　　　　　　　　　　　　　　　　　　　　　　　　　정답 (C)

벌써 사진 촬영 수업에 등록했는지를 확인하는 조동사(Have) 의문문이다.
(A) [×] 벌써 사진 촬영 수업에 등록했는지를 물었는데, 이와 관련이 없는 유리 제품들은 재활용되어야 한다는 내용으로 응답했으므로 오답이다. class – Glass의 유사 발음 어휘를 사용하여 혼동을 주었다.
(B) [×] He가 나타내는 대상이 질문에 없으므로 오답이다. photography(사진 촬영)와 관련 있는 takes ~ pictures(사진들을 찍다)를 사용하여 혼동을 주었다.
(C) [○] Yes로 벌써 사진 촬영 수업에 등록했음을 전달한 후, 그것은 내일 시작한다는 부연 설명을 했으므로 정답이다.

어휘　enroll[inróul] 등록하다　photography[fətágrəfi] 사진 촬영　recycle[riːsáikl] 재활용하다

19

🎧 호주식 발음 → 영국식 발음

I'm supposed to film a video of the guest speaker, right?

(A) You can use this equipment.
(B) The video was very well produced.
(C) I suppose we'll require a vehicle.

제가 초청 연사의 영상을 촬영하기로 되어 있어요, 그렇죠?

(A) 당신은 이 장비를 사용하면 돼요.
(B) 영상은 매우 잘 제작되었어요.
(C) 저는 우리가 차량이 필요할 거라고 생각해요.

■ 부가 의문문
정답 (A)

자신이 초청 연사의 영상을 촬영하기로 되어 있는지를 확인하는 부가 의문문이다.
(A) [○] 이 장비를 사용하면 된다는 말로 상대방이 초청 연사의 영상을 촬영하기로 되어 있음을 간접적으로 전달했으므로 정답이다.
(B) [×] 자신이 초청 연사의 영상을 촬영하기로 되어 있는지를 물었는데, 이와 관련이 없는 영상이 매우 잘 제작되었다는 내용으로 응답했으므로
오답이다. 질문의 video를 반복 사용하여 혼동을 주었다.
(C) [×] 질문의 supposed(~하기로 되어 있다)를 '생각하다'라는 의미의 suppose로 반복 사용하여 혼동을 준 오답이다.

어휘   be supposed to ~하기로 되어 있다   guest speaker 초청 연사   equipment[ikwípmənt] 장비   produce[prədjúːs] 제작하다
suppose[미 səpóuz, 영 səpéuz] 생각하다, 가정하다   require[미 rikwáiər, 영 rikwáiə] 필요하다

20

🎧 영국식 발음 → 캐나다식 발음

The gym on Halifax Road is now open.

(A) Just close the door.
(B) I'll stop by later today.
(C) No, I canceled my membership.

Halifax로에 있는 체육관이 이제 문을 열었어요.

(A) 그냥 출입구를 닫으세요.
(B) 저는 오늘 늦게 잠시 들를 거예요.
(C) 아니요, 저는 제 회원권을 취소했어요.

■ 평서문
정답 (B)

Halifax로에 있는 체육관이 이제 문을 열었다는 객관적인 사실을 전달하는 평서문이다.
(A) [×] Halifax로에 있는 체육관이 이제 문을 열었다고 했는데, 이와 관련이 없는 그냥 출입구를 닫으라는 내용으로 응답했으므로 오답이다. 질
문의 open(문을 연)과 반대 의미인 close(닫다)를 사용하여 혼동을 주었다.
(B) [○] 오늘 늦게 잠시 들를 것이라는 말로 Halifax로에 있는 체육관에 들를 것임을 전달했으므로 정답이다.
(C) [×] gym(체육관)과 관련 있는 membership(회원권)을 사용하여 혼동을 준 오답이다.

어휘   stop by 잠시 들르다

21

🎧 미국식 발음 → 호주식 발음

Why don't we update the information on our Web site?

(A) You can order it online.
(B) The site on Oak Street.
(C) Yes, that's long overdue.

우리 웹사이트에 있는 정보를 업데이트하는 게 어때요?

(A) 당신은 그것을 온라인으로 주문할 수 있어요.
(B) Oak가에 있는 부지요.
(C) 네, 그것은 훨씬 전에 행해졌어야 해요.

■ 제안 의문문
정답 (C)

웹사이트에 있는 정보를 업데이트하자는 제안 의문문이다. Why don't we가 제안하는 표현임을 이해할 수 있어야 한다.
(A) [×] Web site(웹사이트)와 관련 있는 online(온라인으로)을 사용하여 혼동을 준 오답이다.
(B) [×] 웹사이트에 있는 정보를 업데이트하는 것이 어떤지를 물었는데, 이와 관련이 없는 Oak가에 있는 부지라는 내용으로 응답했으므로 오답
이다. 질문의 site을 반복 사용하여 혼동을 주었다.
(C) [○] Yes로 웹사이트에 있는 정보를 업데이트하자는 제안을 수락한 후, 그것은 훨씬 전에 행해졌어야 한다는 말로 추가적인 의견을 언급했으
므로 정답이다.

어휘   long[미 lɔːŋ, 영 lɔŋ] 훨씬 전에   overdue[미 òuvərdúː, 영 əuvədʒúː] 벌써 행해졌어야 할, 연체된

22
○○○○ 중

🔊 캐나다식 발음 → 영국식 발음

The fabric for the new curtain will arrive very soon.

(A) That's good to know.
(B) The window in the kitchen.
(C) The shuttle bus hasn't arrived.

새로운 커튼을 위한 천이 곧 도착할 거예요.

(A) 잘됐네요.
(B) 부엌에 있는 창문이요.
(C) 셔틀버스가 도착하지 않았어요.

■ 평서문
정답 (A)

새로운 커튼을 위한 천이 곧 도착할 것이라는 객관적인 사실을 전달하는 평서문이다.
(A) [○] 잘됐다는 말로 사실에 대한 의견을 전달했으므로 정답이다.
(B) [×] curtain(커튼)에서 연상할 수 있는 설치 장소와 관련된 window in the kitchen(부엌에 있는 창문)을 사용하여 혼동을 준 오답이다.
(C) [×] 새로운 커튼을 위한 천이 곧 도착할 것이라고 했는데, 이와 관련이 없는 셔틀버스가 도착하지 않았다는 내용으로 응답했으므로 오답이
다. 질문의 arrive를 arrived로 반복 사용하여 혼동을 주었다.

어휘 fabric[fǽbrik] 천, 직물

23
○○○○ 중

🔊 호주식 발음 → 미국식 발음

When must my existing credit card balance be paid?

(A) I believe I've been overcharged.
(B) You gave me those cards.
(C) By the end of the month.

저에게 현재 있는 신용 카드 잔금이 언제 지불되어야 하나요?

(A) 저는 금액을 너무 많이 청구받았다고 생각해요.
(B) 당신이 제게 그 카드들을 줬어요.
(C) 이달 말까지요.

■ When 의문문
정답 (C)

자신에게 현재 있는 신용 카드 잔금이 언제 지불되어야 하는지를 묻는 When 의문문이다.
(A) [×] credit card(신용 카드)와 관련 있는 overcharged(금액을 너무 많이 청구받았다)를 사용하여 혼동을 준 오답이다.
(B) [×] 자신에게 현재 있는 신용 카드 잔금이 언제 지불되어야 하는지를 물었는데, 이와 관련이 없는 상대방이 자신에게 카드들을 주었다는 내
용으로 응답했으므로 오답이다. 질문의 card를 cards로 반복 사용하여 혼동을 주었다.
(C) [○] 이달 말까지라며 현재 있는 신용 카드 잔금이 지불되어야 하는 시점을 언급했으므로 정답이다.

어휘 existing[igzístiŋ] 현재 있는 credit card 신용 카드 balance[bǽləns] 잔금 overcharge[òuvərtʃá:rdʒ] (금액을 너무) 많이 청구하다

24
○○○○ 상

🔊 영국식 발음 → 캐나다식 발음

Is Brandon still taking his break, or did he return to work?

(A) We took Flight 362.
(B) I still need supplies.
(C) He's at his desk right now.

Brandon이 아직 휴식을 취하고 있나요, 아니면 직장에 복귀했
나요?

(A) 우리는 362 항공편을 탔어요.
(B) 저는 여전히 물품들이 필요해요.
(C) 그는 지금 그의 자리에 있어요.

■ 선택 의문문
정답 (C)

Brandon이 아직 휴식을 취하고 있는지 아니면 직장에 복귀했는지를 묻는 선택 의문문이다.
(A) [×] 질문의 taking(취하다)을 '타다'라는 의미의 took으로 반복 사용하여 혼동을 준 오답이다.
(B) [×] Brandon이 아직 휴식을 취하고 있는지 아니면 직장에 복귀했는지를 물었는데, 이와 관련이 없는 자신은 여전히 물품들이 필요하다는
내용으로 응답했으므로 오답이다. 질문의 still을 반복 사용하여 혼동을 주었다.
(C) [○] 그는 지금 그의 자리에 있다는 말로 Brandon이 직장에 복귀했다는 것을 간접적으로 선택했으므로 정답이다.

어휘 take a break 휴식을 취하다 flight[flait] 항공편, 비행기 supply[səplái] 물품

25

🔊 호주식 발음 → 영국식 발음

We should hold a training session for new employees.

(A) All former personnel.
(B) I've already organized one.
(C) Basic software skills.

우리는 신입 사원들을 위한 교육 과정을 열어야 해요.

(A) 이전 직원들 모두요.
(B) 저는 이미 하나를 준비했어요.
(C) 기초적인 소프트웨어 기술들이요.

■ 평서문   정답 (B)

신입 사원들을 위한 교육 과정을 열어달라고 요청하는 의도의 평서문이다.
(A) [×] 질문의 employees(사원들)와 같은 의미인 personnel(직원들)을 사용하여 혼동을 준 오답이다.
(B) [○] 이미 하나를 준비했다는 말로 신입 사원들을 위한 교육 과정이 열릴 것임을 전달했으므로 정답이다.
(C) [×] training session(교육 과정)에서 연상할 수 있는 교육 내용과 관련된 Basic software skills(기초적인 소프트웨어 기술들)를 사용하여
   혼동을 준 오답이다.

어휘 former[미 fɔ́:rmər, 영 fɔ́:mə] 이전의 personnel[미 pə̀:rsənél, 영 pə̀:sənél] 직원들 organize[미 ɔ́:rgənàiz, 영 ɔ́:gənaiz] 준비하다, 계획하다
   basic[béisik] 기초적인, 기본적인 skill[skil] 기술

26

🔊 영국식 발음 → 호주식 발음

Is the marketing presentation going to be completed by Friday?

(A) We're actually ahead of schedule.
(B) I didn't attend the seminar.
(C) Wilbur's Supermarket has specials every day.

마케팅 발표가 금요일까지 완성될 건가요?

(A) 우리는 사실 일정보다 앞서 있어요.
(B) 저는 세미나에 참석하지 않았어요.
(C) Wilbur's 슈퍼마켓은 매일 특별 할인품들이 있어요.

■ Be 동사 의문문   정답 (A)

마케팅 발표가 금요일까지 완성될 것인지를 확인하는 Be 동사 의문문이다.
(A) [○] 자신들은 사실 일정보다 앞서 있다는 말로 마케팅 발표가 금요일까지 완성될 것임을 간접적으로 전달했으므로 정답이다.
(B) [×] presentation(발표)과 관련 있는 seminar(세미나)를 사용하여 혼동을 준 오답이다.
(C) [×] 마케팅 발표가 금요일까지 완성될 것인지를 물었는데, 이와 관련이 없는 Wilbur's 슈퍼마켓은 매일 특별 할인품들이 있다는 내용으로
   응답했으므로 오답이다. Friday – every day의 유사 발음 어휘를 사용하여 혼동을 주었다.

어휘 ahead of schedule 일정보다 앞선

27

🔊 캐나다식 발음 → 미국식 발음

Will you take care of the office plants or should I ask Karen to do it?

(A) A pot of flowers.
(B) I'd be happy to help.
(C) I'll be more careful next time.

당신이 사무실 식물들을 돌볼 건가요, 아니면 제가 Karen에게 그것을 해달라고 요청해야 하나요?

(A) 화분이요.
(B) 기꺼이 도와드릴게요.
(C) 다음번에는 더 조심할게요.

■ 선택 의문문   정답 (B)

상대방이 사무실 식물들을 돌볼 것인지 아니면 자신이 Karen에게 그것을 해달라고 요청해야 하는지를 묻는 선택 의문문이다.
(A) [×] plants(식물들)와 관련 있는 pot of flowers(화분)를 사용하여 혼동을 준 오답이다.
(B) [○] 기꺼이 도와주겠다는 말로 자신이 사무실 식물들을 돌볼 것임을 선택했으므로 정답이다.
(C) [×] 상대방이 사무실 식물들을 돌볼 것인지 아니면 Karen에게 그것을 해달라고 요청해야 하는지를 물었는데, 이와 관련이 없는 다음번에는
   더 조심하겠다는 내용으로 응답했으므로 오답이다. care – careful의 유사 발음 어휘를 사용하여 혼동을 주었다.

어휘 take care of ~을 돌보다, ~을 맡다 happy[hǽpi] 기꺼이 ~하는, ~하게 되어 기쁜 careful[kɛ́ərfəl] 조심하는, 주의 깊은

28

[3배] 호주식 발음 → 미국식 발음

Where can I set up a workstation?

(A) The statue has been erected.
(B) I thought you were assigned to another division.
(C) Anytime after lunch.

제가 어디에 작업 공간을 설치할 수 있나요?

(A) 조각상이 세워졌어요.
(B) 저는 당신이 다른 부로 배정되었다고 생각했어요.
(C) 점심 이후에는 언제든지요.

■ Where 의문문

정답 (B)

어디에 작업 공간을 설치할 수 있는지를 묻는 Where 의문문이다.
(A) [x] 질문의 set up(설치하다)과 같은 의미인 erect(세우다)를 erected로 사용하여 혼동을 준 오답이다.
(B) [o] 상대방이 다른 부로 배정되었다고 생각했다는 말로 어디에 작업 공간을 설치할 수 있는지 모른다는 간접적인 응답을 했으므로 정답이다.
(C) [x] 어디에 작업 공간을 설치할 수 있는지를 물었는데 시점으로 응답했으므로 오답이다. 질문의 Where를 When으로 혼동하여 When can I set up a workstation(제가 언제 작업 공간을 설치할 수 있나요)으로 생각해 정답으로 선택하지 않도록 주의한다.

어휘   statue[stǽtʃuː] 조각상   erect[irékt] 세우다   assign[əsáin] 배정하다, 맡기다   division[divíʒən] 부

29

[3배] 영국식 발음 → 캐나다식 발음

The sales forecast has changed due to the shortage of raw materials.

(A) It's a pretty short documentary.
(B) I just heard the weather forecast.
(C) By how much?

원자재의 부족 때문에 판매 예측이 변경되었어요.

(A) 그것은 꽤 짧은 다큐멘터리예요.
(B) 저는 방금 기상 예보를 들었어요.
(C) 얼마나요?

■ 평서문

정답 (C)

원자재의 부족 때문에 판매 예측이 변경되었다는 객관적인 사실을 전달하는 평서문이다.
(A) [x] shortage – short의 유사 발음 어휘를 사용하여 혼동을 준 오답이다.
(B) [x] 원자재의 부족 때문에 판매 예측이 변경되었다고 했는데, 이와 관련이 없는 자신이 방금 기상 예보를 들었다는 내용으로 응답했으므로 오답이다. 질문의 forecast를 반복 사용하여 혼동을 주었다.
(C) [o] 얼마나인지를 되물어 판매 예측에 대한 추가 정보를 요구하는 정답이다.

어휘   forecast[미 fɔ́ːrkæst, 영 fɔ́ːkɑːst] 예측, 예보   shortage[미 ʃɔ́ːrtidʒ, 영 ʃɔ́ːtidʒ] 부족, 결핍   raw material 원자재, 원료

30

[3배] 캐나다식 발음 → 영국식 발음

Are your current sneakers as comfortable as your previous pair?

(A) I'd say they're fairly similar.
(B) This color suits you better.
(C) She bought them yesterday.

당신의 새로운 운동화가 이전 것만큼 편한가요?

(A) 그것들은 꽤 비슷한 것 같아요.
(B) 이 색이 당신에게 더 잘 어울려요.
(C) 그녀는 어제 그것들을 샀어요.

■ Be 동사 의문문

정답 (A)

새로운 운동화가 이전 것만큼 편한지를 확인하는 Be 동사 의문문이다.
(A) [o] 그것들은 꽤 비슷한 것 같다는 말로 자신의 새로운 운동화가 이전 것만큼 편함을 전달했으므로 정답이다.
(B) [x] sneakers(운동화)에서 연상할 수 있는 운동화 색상과 관련된 color suits(색이 어울리다)를 사용하여 혼동을 준 오답이다.
(C) [x] She가 나타내는 대상이 질문에 없으므로 오답이다. 질문의 sneakers(운동화)를 나타낼 수 있는 them을 사용하여 혼동을 주었다.

어휘   current[kə́ːrənt] 새로운, 현재의   comfortable[kʌ́mfərtəbl] 편한   previous[príːviəs] 이전의   fairly[미 féərli, 영 féəli] 꽤, 상당히   suit[suːt] 어울리다

3㎗ 호주식 발음 → 미국식 발음

Which type of cake should we bring to Louis's birthday party?

(A) He was very pleased with the gift.
(B) Yes, try the ice cream too.
(C) I had to choose last time.

우리는 어떤 종류의 케이크를 Louis의 생일 파티에 가져가야 하나요?

(A) 그는 그 선물을 매우 마음에 들어 했어요.
(B) 네, 아이스크림도 시도해보세요.
(C) 지난번에는 제가 선택해야 했어요.

■ Which 의문문   정답 (C)

어떤 종류의 케이크를 Louis의 생일 파티에 가져가야 하는지를 묻는 Which 의문문이다. Which type of cake을 반드시 들어야 한다.

(A) [×] birthday party(생일 파티)와 관련 있는 gift(선물)를 사용하여 혼동을 준 오답이다.

(B) [×] 의문사 의문문에 Yes로 응답했으므로 오답이다. cake(케이크)에서 연상할 수 있는 음식과 관련된 ice cream(아이스크림)을 사용하여 혼동을 주었다.

(C) [○] 지난번에는 자신이 선택해야 했다는 말로 이번에는 어떤 종류의 케이크를 Louis의 생일 파티에 가져가야 하는지를 자신이 선택하지 않을 것임을 간접적으로 전달했으므로 정답이다.

어휘   pleased with ~이 마음에 드는

32
33
34

Questions 32-34 refer to the following conversation.

🔊 미국식 발음 → 캐나다식 발음

W: ³²I just heard that Malinda can't stay until 5 P.M. Her son isn't feeling well, so she has to leave work early in order to get him from school. ³³Would you be able to cover her duties?

M: ³³Sure. But can you be more specific about what I'll need to do?

W: She's currently checking in gym members and answering phone calls at the main desk, so I'd like you to do that. Seeing as ³⁴you used to be a receptionist at an advertising company, you should be able to handle everything.

M: Well, I'm not very familiar with our registration system, but I'm sure I'll manage.

32 Why is Malinda unable to stay until 5 P.M.?
(A) She is not feeling very well.
(B) She must get a family member.
(C) She has to drop off some supplies.
(D) She will go to a school function.

33 What does the man agree to do?
(A) Call a receptionist
(B) Interview an applicant
(C) Show people around a gym
(D) Fill in for a colleague

34 According to the woman, where did the man previously work?
(A) At a fitness center
(B) At an advertising firm
(C) At a construction company
(D) At a recruitment agency

32-34번은 다음 대화에 관한 문제입니다.

W: ³²저는 Malinda가 오후 5시까지 있을 수 없다는 것을 방금 들었어요. 그녀의 아들이 몸 상태가 좋지 않아서, 그녀는 그를 학교에서 데려오기 위해 일찍 퇴근해야 해요. ³³그녀의 업무들을 대신해주실 수 있나요?

M: ³³물론이죠. 하지만 제가 무엇을 해야 할지에 대해 더 구체적으로 말씀해주시겠어요?

W: 그녀는 현재 메인 데스크에서 체육관 회원들을 체크인하고 전화를 받고 있으니까, 당신이 그걸 해주셨으면 해요. ³⁴당신은 광고 회사에서 접수 담당자였으니, 모든 것을 처리하실 수 있을 거예요.

M: 음, 우리의 등록 시스템에는 그다지 익숙하지 않지만, 저는 어떻게든 해낼 거라고 확신해요.

32. Malinda는 왜 오후 5시까지 있을 수 없는가?
(A) 그녀는 몸 상태가 별로 좋지 않다.
(B) 그녀는 가족 구성원을 데리러 가야 한다.
(C) 그녀는 물품들을 가져다 놓아야 한다.
(D) 그녀는 학교 행사에 갈 것이다.

33. 남자는 무엇을 하기로 동의하는가?
(A) 접수 담당자에게 전화한다.
(B) 지원자의 면접을 본다.
(C) 사람들에게 체육관을 구경시켜준다.
(D) 동료를 대신한다.

34. 여자에 따르면, 남자는 이전에 어디에서 일했는가?
(A) 헬스장에서
(B) 광고 회사에서
(C) 건설 회사에서
(D) 채용 대행사에서

지문 leave work 퇴근하다 cover[kʌ́vər] 대신하다 duty[djúːti] 업무, 직무 receptionist[risépʃənist] 접수 담당자 handle[hǽndl] 처리하다 manage[mǽnidʒ] (어떻게든) 해내다
32 drop off 가져다 놓다 function[fʌ́ŋkʃən] 행사
33 interview[íntərvjùː] 면접을 보다; 면접 applicant[ǽplikənt] 지원자 show around ~에게 ~을 구경시켜주다 fill in for ~를 대신하다

32 ■ 세부 사항 관련 문제 이유 정답 (B)

○○○○○
●
하
Malinda가 오후 5시까지 있을 수 없는 이유를 묻는 문제이므로, 질문의 핵심어구(unable to stay until 5 P.M.)와 관련된 내용을 주의 깊게 듣는다. 여자가 "I just heard that Malinda can't stay until 5 P.M. Her son isn't feeling well, so she has to leave work early in order to get him from school."이라며 Malinda가 오후 5시까지 있을 수 없다는 것을 방금 들었다고 한 뒤, 그녀의 아들이 몸 상태가 좋지 않아서 그녀는 그를 학교에서 데려오기 위해 일찍 퇴근해야 한다고 하였다. 따라서 정답은 (B) She must get a family member이다.

33 ■ 세부 사항 관련 문제 특정 세부 사항 정답 (D)

○○○○○
●
중
남자가 하기로 동의한 것을 묻는 문제이므로, 질문의 핵심어구(agree to do)와 관련된 내용을 주의 깊게 듣는다. 여자가 남자에게 "Would you be able to cover her[Malinda's] duties?"라며 Malinda의 업무들을 대신해줄 수 있는지 묻자, 남자가 "Sure."라며 물론이라고 하였다. 따라서 정답은 (D) Fill in for a colleague이다.

바꾸어 표현하기
cover ~ duties ~의 업무들을 대신하다 → Fill in for ~ ~를 대신하다

34 ■ 세부 사항 관련 문제 특정 세부 사항 정답 (B)

○○○○○
●
하
여자가 남자가 이전에 일했던 장소라고 말한 것을 묻는 문제이므로, 여자의 말에서 질문의 핵심어구(man previously work)와 관련된 내용을 주의 깊게 듣는다. 여자가 남자에게 "you used to be a receptionist at an advertising company"라며 남자가 광고 회사에서 접수 담당자였다고 하였다. 따라서 정답은 (B) At an advertising firm이다.

Questions 35-37 refer to the following conversation.

🎧 영국식 발음 → 호주식 발음

W: It seems as if more people have been stopping by our store in recent weeks. That's probably because ³⁵we've started selling albums that are hard to find on the Internet.

M: Yes, I think you're right. But ³⁵we're still losing a lot of customers to online music retailers. To ensure that people keep coming, ³⁶we should ask some regional bands and singers to appear here at our business.

W: Funny you should suggest that. ³⁷I've already reached out to several jazz and blues musicians in the area to see if they could come and sign autographs here. That's what many customers indicated they want in our satisfaction survey.

35 Where do the speakers most likely work?
(A) At a concert hall
(B) At a clothing retail outlet
(C) At a record store
(D) At an electronics repair shop

36 What does the man recommend?
(A) Selling merchandise online
(B) Contacting local performers
(C) Organizing jazz concerts
(D) Giving away prizes

37 According to the woman, what do some customers want?
(A) Artists' signatures
(B) Musical instruments
(C) Limited edition posters
(D) New albums

35-37번은 다음 대화에 관한 문제입니다.

W: 최근 몇 주 동안 더 많은 사람들이 우리 가게에 들르고 있는 것 같아요. 그건 아마도 ³⁵우리가 인터넷에서는 구하기 힘든 앨범들을 판매하기 시작했기 때문일 거예요.

M: 네, 당신이 맞는 것 같아요. 하지만 ³⁵우리는 여전히 온라인 음악 소매업자들에게 많은 고객을 빼앗기고 있어요. 사람들이 계속 오는 것을 확실히 하기 위해서, ³⁶우리는 몇몇 지역 밴드와 가수들에게 여기 우리 가게에 와달라고 요청해야 해요.

W: 당신이 그것을 제안하다니 재미있네요. ³⁷저는 이 지역의 여러 재즈와 블루스 음악가들이 여기에 와서 사인을 해줄 수 있을지 알아보기 위해 이미 그들에게 연락했거든요. 그건 우리의 만족도 조사에서 많은 고객들이 원한다고 말했던 거예요.

35. 화자들은 어디에서 일하는 것 같은가?
(A) 콘서트홀에서
(B) 의류 소매점에서
(C) 음반 가게에서
(D) 전자 기기 수리점에서

36. 남자는 무엇을 제안하는가?
(A) 온라인에서 상품을 판매하기
(B) 지역 공연자들에게 연락하기
(C) 재즈 콘서트를 계획하기
(D) 경품을 나누어주기

37. 여자에 따르면, 몇몇 고객들은 무엇을 원하는가?
(A) 예술가들의 사인
(B) 악기
(C) 한정판 포스터
(D) 새로운 앨범

지문 lose [luːz] 빼앗기다   retailer [미 ríːteilər, 영 ríːteilə] 소매업자   ensure [미 inʃúər, 영 inʃɔ́ː] 확실히 하다   regional [ríːdʒənl] 지역의
sign an autograph 사인하다, 서명하다   satisfaction [sætisfǽkʃən] 만족도

35 retail outlet 소매점   electronics [ilektrániks] 전자 기기

36 give away 나누어주다   prize [praiz] 경품   37 signature [sígnətʃər] 사인

---

35 ■ 전체 대화 관련 문제 화자   정답 (C)

상
화자들이 일하는 장소를 묻는 문제이므로, 신분 및 직업과 관련된 표현을 놓치지 않고 듣는다. 여자가 "we've started selling albums that are hard to find on the Internet"이라며 자신들이 인터넷에서는 구하기 힘든 앨범들을 판매하기 시작했다고 한 뒤, "we're still losing a lot of customers to online music retailers"라며 자신들은 여전히 온라인 음악 소매업자들에게 많은 고객을 빼앗기고 있다고 하였다. 이를 통해 화자들이 일하는 장소가 음반 가게임을 알 수 있다. 따라서 정답은 (C) At a record store이다.

36 ■ 세부 사항 관련 문제 제안   정답 (B)

중
남자가 제안하는 것을 묻는 문제이므로, 남자의 말에서 제안과 관련된 표현이 언급된 다음을 주의 깊게 듣는다. 남자가 "we should ask some regional bands and singers to appear here at our business"라며 몇몇 지역 밴드와 가수들에게 여기 자신들의 가게에 와달라고 요청하자고 제안하였다. 따라서 정답은 (B) Contacting local performers이다.

바꾸어 표현하기
regional bands and singers 지역 밴드와 가수들 → local performers 지역 공연자들

37 ■ 세부 사항 관련 문제 특정 세부 사항   정답 (A)

중
여자가 고객들이 원한다고 말한 것을 묻는 문제이므로, 여자의 말에서 질문의 핵심어구(customers want)가 언급된 주변을 주의 깊게 듣는다. 여자가 "I've already reached out to several ~ musicians ~ to see if they could come and sign autographs here. That's what many customers indicated they want in our satisfaction survey."라며 자신이 여러 음악가들이 여기에 와서 사인을 해줄 수 있을지 알아보기 위해 이미 그들에게 연락했다고 한 뒤, 그것은 만족도 조사에서 많은 고객들이 원한다고 말했던 것이라고 하였다. 따라서 정답은 (A) Artists' signatures이다.

Questions 38-40 refer to the following conversation.

🎧 영국식 발음 → 캐나다식 발음

W: Excuse me. ³⁸I'd like to leave my car in this indoor parking lot for a couple of hours while I run some errands. ³⁹My husband works at a dental clinic down the street, and he gave me his parking pass. Can I use it here?

M: Unfortunately, it looks like your husband's pass expired two days ago. You'll have to pay to use our space.

W: Oh, OK. How does the payment process work?

M: The fee for parking is $3.50 an hour. Here . . . I'll print a new ticket for you. ⁴⁰When you leave, you can insert it into the machine located near the exit and pay using cash or credit card.

38 Where most likely does the conversation take place?
(A) At a bus terminal
(B) At a park
(C) At a garage
(D) At a car dealership

39 What does the woman say about her husband?
(A) He forgot to print a document.
(B) He wants to buy a monthly pass.
(C) He is employed by a nearby business.
(D) He is running some errands.

40 What should the woman do when she leaves?
(A) Make a payment
(B) Speak with an attendant
(C) Ask for a ticket
(D) Confirm an appointment

38-40번은 다음 대화에 관한 문제입니다.

W: 실례합니다. 제가 볼일을 좀 보는 동안 ³⁸이 실내 주차장에 제 차를 두어 시간 동안 두고 싶어요. ³⁹제 남편이 이 길 아래에 있는 치과에서 일하는데, 그의 주차권을 제게 줬어요. 이걸 여기에서 사용할 수 있나요?

M: 유감스럽게도, 귀하의 남편의 주차권은 이틀 전에 만료된 것 같습니다. 저희 공간을 사용하시려면 비용을 내셔야 할 거예요.

W: 아, 알겠습니다. 납부 절차는 어떻게 되나요?

M: 주차료는 한 시간에 3.50달러입니다. 여기… 귀하께 새로운 티켓을 인쇄해드리겠습니다. ⁴⁰나가실 때, 이것을 출구 근처에 위치한 기계에 넣고 현금이나 신용 카드를 사용하여 납부하실 수 있습니다.

38. 대화는 어디에서 일어나는 것 같은가?
(A) 버스 터미널에서
(B) 공원에서
(C) 주차장에서
(D) 자동차 판매 대리점에서

39. 여자는 그녀의 남편에 관해 무엇을 말하는가?
(A) 그는 서류를 인쇄하는 것을 잊었다.
(B) 그는 한 달 정기권을 사고 싶어 한다.
(C) 그는 근처 사업체에 고용되어 있다.
(D) 그는 볼일을 좀 보고 있다.

40. 여자는 떠날 때 무엇을 해야 하는가?
(A) 납부한다.
(B) 안내원과 이야기한다.
(C) 티켓을 요청한다.
(D) 예약을 확정한다.

지문 indoor[미 índɔːr, 영 ìndɔ́ː] 실내의 errand[érənd] 볼일, 심부름 parking pass 주차권 expire[ikspáiər] 만료되다 payment[péimənt] 납부 insert[insə́ːrt] 넣다, 삽입하다 exit[égzit] 출구

38 dealership[díːlərʃip] 판매 대리점

40 attendant[əténdənt] 안내원 confirm[kənfə́ːrm] 확정하다

---

38 ■ 전체 대화 관련 문제 장소   정답 (C)

대화가 일어나는 장소를 묻는 문제이므로, 장소와 관련된 표현을 놓치지 않고 듣는다. 여자가 "I'd like to leave my car in this indoor parking lot for a couple of hours"라며 이 실내 주차장에 자신의 차를 두어 시간 동안 두고 싶다고 한 말을 통해 주차장에서 대화가 이루어지고 있음을 알 수 있다. 따라서 정답은 (C) At a garage이다.

바꾸어 표현하기

parking lot 주차장 → garage 주차장

39 ■ 세부 사항 관련 문제 언급   정답 (C)

여자가 자신의 남편에 관해 언급하는 것을 묻는 문제이므로, 질문의 핵심어구(husband)가 언급된 주변을 주의 깊게 듣는다. 여자가 "My husband works at a dental clinic down the street"이라며 자신의 남편이 이 길 아래에 있는 치과에서 일한다고 하였다. 따라서 정답은 (C) He is employed by a nearby business이다.

40 ■ 세부 사항 관련 문제 특정 세부 사항   정답 (A)

여자가 떠날 때 해야 하는 것을 묻는 문제이므로, 질문의 핵심어구(do when she leaves)와 관련된 내용을 주의 깊게 듣는다. 남자가 여자에게 "When you leave, you can insert it[ticket] into the machine ~ and pay using cash or credit card."라며 나갈 때 티켓을 기계에 넣고 현금이나 신용 카드를 사용하여 납부할 수 있다고 하였다. 따라서 정답은 (A) Make a payment이다.

Questions 41-43 refer to the following conversation.

🎧 미국식 발음 → 호주식 발음

W: Tyler, have you read the quarterly budget report yet?
M: No. I'm planning to look through it on Thursday. ⁴¹I have to fly to Birmingham this afternoon for a trade show, and I won't be back until Wednesday evening. Why? Is there a problem?
W: Actually, there is. The company's operating expenses have skyrocketed over the past few months. ⁴²The CEO wants our team to develop some cost-cutting measures and introduce them in a staff meeting tomorrow morning. We don't have much time to prepare, so ⁴²/⁴³I could really use a hand.
M: I'll take a later flight, then.

41 What type of event does the man have to attend?
(A) A branch opening
(B) A training seminar
(C) A charity fundraiser
(D) An industry expo

42 What does the woman need help with?
(A) Managing a team meeting
(B) Setting a budget for expenses
(C) Coming up with saving ideas
(D) Calculating numbers for accounting

43 Why does the man say, "I'll take a later flight, then"?
(A) To accept an upgrade
(B) To turn down a proposal
(C) To confirm a departure time
(D) To agree to a request

41-43번은 다음 대화에 관한 문제입니다.

W: Tyler, 분기별 예산 보고서를 아직 읽어보지 않았나요?
M: 네. 목요일에 살펴볼 계획이에요. ⁴¹저는 무역 박람회 때문에 오늘 오후에 버밍엄으로 가야 하고, 수요일 저녁까지 돌아오지 않을 거예요. 왜 그러시죠? 무슨 문제가 있나요?
W: 사실, 문제가 있어요. 회사의 운영 비용이 지난 몇 달 동안 급등했어요. ⁴²CEO는 우리 팀이 비용 절감 조치들을 개발해서 그것들을 내일 아침 직원회의에서 소개해 주길 원해요. 우리는 준비한 시간이 많이 없어서, ⁴²/⁴³저는 정말 도움이 필요해요.
M: 그렇다면, 더 나중의 비행기를 타도록 할게요.

41. 남자는 어떤 종류의 행사에 참석해야 하는가?
(A) 지점 개업
(B) 교육 세미나
(C) 자선 모금 행사
(D) 업계 박람회

42. 여자는 무엇에 도움이 필요한가?
(A) 팀 회의를 운영하는 것
(B) 지출 예산을 설정하는 것
(C) 절약 방안을 생각해내는 것
(D) 회계를 위해 숫자를 계산하는 것

43. 남자는 왜 "그렇다면, 더 나중의 비행기를 타도록 할게요"라고 말하는가?
(A) 개선을 받아들이기 위해
(B) 제안을 거절하기 위해
(C) 출발 시간을 확인하기 위해
(D) 요청을 승낙하기 위해

지문 **quarterly**[kwɔ́ːrtərli] 분기별의 **operating expense** 운영 비용 **skyrocket**[미 skáirɑːkit, 영 skɔ́irɔkit] 급등하다
cost-cutting measure 비용 절감 조치
41 **fundraiser**[fʌ́ndrèizər] 모금 행사 **industry**[índəstri] 업계, 산업
43 **turn down** 거절하다 **proposal**[미 prəpóuzəl, 영 prəpóuzəl] 제안

---

41 ■ **세부 사항 관련 문제** 특정 세부 사항 정답 (D)

남자가 참석해야 하는 행사의 종류를 묻는 문제이므로, 질문의 핵심어구(type of event ~ the man have to attend)와 관련된 내용을 주의 깊게 듣는다. 남자가 "I have to fly to Birmingham this afternoon for a trade show"라며 무역 박람회 때문에 오늘 오후에 버밍엄으로 가야 한다고 하였으므로, 정답은 (D) An industry expo이다.

42 ■ **세부 사항 관련 문제** 특정 세부 사항 정답 (C)

여자가 도움을 필요로 하는 것을 묻는 문제이므로, 질문의 핵심어구(woman need help with)와 관련된 내용을 주의 깊게 듣는다. 여자가 "The CEO wants our team to develop some cost-cutting measures and introduce them in a staff meeting tomorrow morning."이라며 CEO가 자신의 팀에게 비용 절감 조치들을 개발하여 내일 아침 회의에서 소개해주길 원한다고 한 뒤, "I could really use a hand"라며 정말 도움이 필요하다고 하였다. 따라서 정답은 (C) Coming up with saving ideas이다.

43 ■ **세부 사항 관련 문제** 의도 파악 정답 (D)

남자가 하는 말의 의도를 묻는 문제이므로, 질문의 인용어구(I'll take a later flight, then)가 언급된 주변을 주의 깊게 듣는다. 여자가 "I could really use a hand"라며 자신은 정말 도움이 필요하다고 하자, 남자가 "I'll take a later flight, then."이라며 그렇다면 더 나중의 비행기를 타겠다고 하였다. 이를 통해 도움을 요청하는 여자의 요청을 승낙하려는 의도임을 알 수 있다. 따라서 정답은 (D) To agree to a request이다.

Questions 44-46 refer to the following conversation.

🎧 영국식 발음 → 캐나다식 발음

W: ⁴⁴I'm thinking of getting lunch at the cafeteria in our office building today. Do you want to join me?

M: No, thanks. I ate there when I started working here, and the food wasn't very good. I would prefer to dine at a restaurant.

W: Did you know that ⁴⁵the food service company at our facility was changed last month in response to feedback from staff? Beatrice Dining now provides meals. I find their dishes to be delicious.

M: I probably missed that piece of news while I was on vacation three weeks ago. In that case, ⁴⁶I'd be happy to come along. Just let me finish writing this e-mail message first.

44 What is the conversation mainly about?
(A) Hiring a personal chef
(B) Postponing a luncheon
(C) Eating at an on-site facility
(D) Extending a break period

45 According to the woman, why has there been a change?
(A) To respond to worker comments
(B) To improve safety measures
(C) To reduce company expenses
(D) To accommodate staff schedules

46 When will the man most likely join the woman?
(A) When a restaurant opens
(B) When a work trip ends
(C) When a menu is changed
(D) When a task is completed

44-46번은 다음 대화에 관한 문제입니다.

W: ⁴⁴저는 오늘 우리 사무실 건물에 있는 구내식당에서 점심을 먹을 생각이에요. 저와 같이 가시겠어요?

M: 아니요, 괜찮아요. 제가 여기서 일을 시작했을 때 거기에서 식사했었는데, 음식이 별로 좋지 않았어요. 저는 음식점에서 식사하는 것이 더 좋을 것 같아요.

W: ⁴⁵직원들의 의견에 응하여 우리 시설에 있는 급식 업체가 지난달에 바뀐 것을 알고 있었나요? 이제 Beatrice Dining이 식사를 제공해요. 저는 그들의 음식들이 맛있다고 생각해요.

M: 저는 아마 3주 전에 휴가 중이었던 동안 그 소식을 놓친 것 같네요. 그렇다면, ⁴⁶기꺼이 함께 갈게요. 이 이메일 메시지를 작성하는 것만 먼저 좀 끝낼게요.

44. 대화는 주로 무엇에 관한 것인가?
(A) 개인 요리사를 고용하는 것
(B) 오찬을 연기하는 것
(C) 건물 내 시설에서 식사하는 것
(D) 휴가 기간을 연장하는 것

45. 여자에 따르면, 왜 변화가 있었는가?
(A) 직원 의견에 대응하기 위해
(B) 안전 조치를 개선하기 위해
(C) 회사 지출을 줄이기 위해
(D) 직원 일정에 맞추기 위해

46. 남자는 언제 여자와 같이 갈 것 같은가?
(A) 식당이 문을 열 때
(B) 출장이 끝날 때
(C) 메뉴가 변경될 때
(D) 일이 완료될 때

지문   dine[dain] 식사하다   in response to ~에 응하여   dish[diʃ] 음식   come along 함께 가다
44   luncheon[lʌ́ntʃən] 오찬   on-site 건물 내의
45   measure[méʒər] 조치   expense[ikspéns] 지출   accommodate[əkɑ́mədèit] 맞추다, 부응하다

44 ■ 전체 대화 관련 문제 주제   정답 (C)

대화의 주제를 묻는 문제이므로, 대화의 초반을 반드시 듣는다. 여자가 남자에게 "I'm thinking of getting lunch at the cafeteria in our office building today. Do you want to join me?"라며 오늘 자신들의 사무실 건물에 있는 구내식당에서 점심을 먹을 생각이라며 자신과 같이 가겠는지 물은 뒤, 건물 내 시설에서 식사하는 것에 관한 내용으로 대화가 이어지고 있다. 따라서 정답은 (C) Eating at an on-site facility이다.

바꾸어 표현하기
the cafeteria in ~ office building 사무실 건물에 있는 구내식당 → an on-site facility 건물 내 시설

45 ■ 세부 사항 관련 문제 이유   정답 (A)

여자가 변화가 있었던 이유라고 말한 것을 묻는 문제이므로, 여자의 말에서 질문의 핵심어구(change)가 언급된 내용을 주의 깊게 듣는다. 여자가 "the food service company at our facility was changed ~ in response to feedback from staff"라며 직원들의 의견에 응하여 자신들의 시설에 있는 급식 업체가 바뀌었다고 하였다. 따라서 정답은 (A) To respond to worker comments이다.

46 ■ 세부 사항 관련 문제 특정 세부 사항   정답 (D)

남자가 여자와 같이 갈 시기를 묻는 문제이므로, 질문의 핵심어구(join the woman)와 관련된 내용을 주의 깊게 듣는다. 남자가 여자에게 "I'd be happy to come along. Just let me finish writing this e-mail message first."라며 기꺼이 함께 가겠다고 한 뒤, 이메일 메시지를 작성하는 것만 먼저 좀 끝내겠다고 하였다. 따라서 정답은 (D) When a task is completed이다.

바꾸어 표현하기
finish writing ~ e-mail message 이메일 메시지를 작성하는 것을 끝내다 → a task is completed 일이 완료되다

Questions 47-49 refer to the following conversation.

🔊 호주식 발음 → 미국식 발음

M: Hi. ⁴⁷Are you here to pick up a repaired item?

W: No, I'm not. ⁴⁷I'd like to have my phone looked at. It's a Gentro M4. Um, the battery doesn't last very long anymore. ⁴⁸I'm trying to decide whether to just replace the battery or to buy a new phone.

M: ⁴⁸It'll only cost you $35 for a replacement battery, and that should last at least half a year. The new Gentro model will be released next quarter.

W: Oh, OK. Thanks for letting me know.

M: Also, there are steps you can take to manage your phone's power consumption. ⁴⁹Here, I'll show you how to change some settings. We just need to open the Options menu.

47 Who most likely is the man?
(A) A factory worker
(B) A marketing manager
(C) A salesperson
(D) A technician

48 Why does the man say, "The new Gentro model will be released next quarter"?
(A) To suggest that a part be replaced
(B) To explain why a component is unavailable
(C) To introduce a new product feature
(D) To notify of a special promotion plan

49 What will the man most likely do next?
(A) Adjust some settings
(B) Check an expiry date
(C) Repair a battery
(D) Install some software

47-49번은 다음 대화에 관한 문제입니다.

M: 안녕하세요. ⁴⁷수리된 물품을 찾으러 오셨나요?

W: 아니오. ⁴⁷제 휴대전화를 좀 살펴봐 주셨으면 좋겠어요. Gentro M4예요. 음, 배터리가 더 이상 얼마 가지 않아요. ⁴⁸저는 그냥 배터리를 교체할지 혹은 새로운 휴대전화를 구매할지 결정하고자 해요.

M: ⁴⁸배터리 교환품을 구매하는 데는 35달러밖에 들지 않을 것이고, 그것은 최소 반년은 갈 거에요. 새로운 Gentro 모델은 다음 분기에 출시될 겁니다.

W: 오, 알겠습니다. 알려주셔서 감사해요.

M: 그리고, 휴대전화의 전력 소모량을 조절하기 위해 취할 수 있는 단계들이 있어요. 자, ⁴⁹제가 몇몇 설정들을 어떻게 바꿔야 하는지 보여드릴게요. 옵션 메뉴를 열기만 하면 돼요.

47. 남자는 누구인 것 같은가?
(A) 공장 근로자
(B) 마케팅 관리자
(C) 판매원
(D) 기술자

48. 남자는 왜 "새로운 Gentro 모델은 다음 분기에 출시될 겁니다"라고 말하는가?
(A) 부품 교체를 제안하기 위해
(B) 부품을 왜 구할 수 없는지 설명하기 위해
(C) 새로운 제품 특징을 소개하기 위해
(D) 특별 할인 계획을 알리기 위해

49. 남자는 다음에 무엇을 할 것 같은가?
(A) 설정을 조정한다.
(B) 만료 기한을 확인한다.
(C) 배터리를 수리한다.
(D) 몇몇 소프트웨어를 설치한다.

지문 look at ~을 살펴보다, 진찰하다 replacement[ripléismənt] 교환품, 교체 release[rilíːs] 출시하다 consumption[kənsʌ́mpʃən] 소모량, 소비

47 ■ 전체 대화 관련 문제 화자 정답 (D)

남자의 신분을 묻는 문제이므로, 신분 및 직업과 관련된 표현을 놓치지 않고 듣는다. 남자가 여자에게 "Are you here to pick up a repaired item?"이라며 수리된 물품을 찾으러 왔는지 묻자, 여자가 "I'd like to have my phone looked at."이라며 자신의 휴대전화를 좀 살펴봐 주었으면 좋겠다고 한 것을 통해 남자가 휴대전화를 수리하는 기술자임을 알 수 있다. 따라서 정답은 (D) A technician이다.

48 ■ 세부 사항 관련 문제 의도 파악 정답 (A)

남자가 하는 말의 의도를 묻는 문제이므로, 질문의 인용어구(The new model will be released next quarter)가 언급된 주변을 주의 깊게 듣는다. 여자가 "I'm trying to decide whether to just replace the battery or to buy a new phone."이라며 배터리를 교체할지 혹은 새로운 휴대전화를 구입할지 결정하고자 한다고 하자, 남자가 "It'll only cost you $35 for a replacement battery, and that should last at least half a year."라며 교환품 배터리를 구매하는 데는 35달러 밖에 들지 않을 것이고, 그것은 최소 반년은 갈 것이라고 한 뒤, "The new Gentro model will be released next quarter."라며 새로운 Gentro 모델이 다음 분기에 출시될 것이라고 한 것을 통해 부품 교체를 제안하려는 의도임을 알 수 있다. 따라서 정답은 (A) To suggest that a part be replaced이다.

49 ■ 세부 사항 관련 문제 다음에 할 일 정답 (A)

남자가 다음에 할 일을 묻는 문제이므로, 대화의 마지막 부분을 주의 깊게 듣는다. 남자가 "Here, I'll show you how to change some settings. We just need to open the Options menu."라며 자신이 몇몇 설정들을 어떻게 바꿔야 하는지 보여주겠다고 한 뒤, 단지 설정 메뉴를 열기만 하면 된다고 하였다. 따라서 정답은 (A) Adjust some settings이다.

Questions 50-52 refer to the following conversation.

🎧 캐나다식 발음 → 영국식 발음

M: My name is Stanley Coburn. ⁵⁰When I logged in to my library account today, I saw that I have an overdue book. But I never received a voice mail reminder about this. I'm a little upset about the situation.

W: ⁵¹We switched to sending notices by e-mail last month, Mr. Coburn. You should've received a message about the development.

M: Really? I check my e-mails regularly, and I never received one. Maybe the library hasn't been using my correct e-mail address.

W: I apologize for the inconvenience. Umm . . . ⁵²here's what I can do . . . If you return the book today, you won't have to pay a late fee.

50 Why is the man calling?
(A) To reserve an item
(B) To cancel an account
(C) To request an extension
(D) To make a complaint

51 According to the woman, what did the library do last month?
(A) Launched a Web site
(B) Changed a notification procedure
(C) Increased fines for overdue materials
(D) Ordered new books

52 What does the woman say she can do?
(A) Return a book
(B) Pass on a message
(C) Send an e-mail
(D) Waive a charge

50-52번은 다음 대화에 관한 문제입니다.

M: 제 이름은 Stanley Coburn이에요. ⁵⁰오늘 제 도서관 계정에 로그인했을 때, 제게 연체된 책이 있다는 것을 확인했어요. 하지만 저는 이것에 대해 상기시키는 음성 메시지를 전혀 받지 못했어요. 이 상황에 대해 좀 화가 나네요.

W: ⁵¹저희는 이메일로 통지를 보내는 것으로 지난달에 변경했습니다, Mr. Coburn. 귀하는 그 새로운 사실에 관한 메시지를 받으셨어야 해요.

M: 정말요? 저는 이메일을 정기적으로 확인하는데, 결코 그걸 받은 적이 없어요. 아마도 도서관에서 제 정확한 이메일 주소를 이용하지 않고 있었던 것 같네요.

W: 불편을 드려 죄송합니다. 음… ⁵²제가 해드릴 수 있는 것은 이겁니다… 귀하께서 오늘 그 책을 반납하신다면, 연체료를 내지 않으셔도 될 것입니다.

50. 남자는 왜 전화를 하고 있는가?
(A) 상품을 예약하기 위해
(B) 계정을 없애기 위해
(C) 연장을 요청하기 위해
(D) 항의를 제기하기 위해

51. 여자에 따르면, 도서관은 지난달에 무엇을 했는가?
(A) 웹사이트를 게시했다.
(B) 알림 방법을 변경했다.
(C) 연체된 자료에 대한 벌금을 인상했다.
(D) 새로운 책들을 주문했다.

52. 여자는 무엇을 할 수 있다고 말하는가?
(A) 책을 반납한다.
(B) 메시지를 전달한다.
(C) 이메일을 보낸다.
(D) 요금을 적용하지 않는다.

지문 **switch**[switʃ] 변경하다 **notice**[미 nóutis, 영 nə́utis] 통지, 알림 **development**[divéləpmənt] 새로운 사실, 발달 **regularly**[régjulərli] 정기적으로 **correct**[kərékt] 정확한 **inconvenience**[미 ìnkənvíːnjəns, 영 ìnkənvíːniəns] 불편, 귀찮음 **late fee** 연체료

51 **launch**[lɔːntʃ] 개시하다, 시작하다 **notification**[nòutəfikéiʃən] 알림 **procedure**[prəsíːdʒər] 방법 **fine**[fain] 벌금 **material**[mətíəriəl] 자료

52 **pass on** ~을 전달하다 **waive**[weiv] 적용하지 않다 **charge**[tʃɑːrdʒ] 요금

50 ■ **전체 대화 관련 문제** 목적　　정답 (D)

남자가 전화를 건 목적을 묻는 문제이므로, 대화의 초반을 반드시 듣는다. 남자가 "When I logged in to my library account today, I saw that I have an overdue book. But I never received a voice mail reminder about this. I'm a little upset about the situation."이라며 오늘 자신의 도서관 계정에 로그인했을 때 자신에게 연체된 책이 있다는 것을 확인했다고 한 뒤, 이것에 대해 상기시키는 음성 메시지를 전혀 받지 못했다며 이 상황에 대해 좀 화가 난다고 하였다. 이를 통해 남자가 항의를 제기하기 위해 전화했음을 알 수 있다. 따라서 정답은 (D) To make a complaint이다.

51 ■ **세부 사항 관련 문제** 특정 세부 사항　　　　　　　　　　　　　　　　　　　　　　　　　　　　　　　　　　　　정답 (B)

여자가 도서관이 지난달에 했다고 말한 것을 묻는 문제이므로, 여자의 말에서 질문의 핵심어구(library do last month)와 관련된 내용을 주의 깊게 듣는다. 여자가 "We[library] switched to sending notices by e-mail last month"라며 도서관이 이메일로 통지를 보내는 것으로 지난달에 변경했다고 하였다. 따라서 정답은 (B) Changed a notification procedure이다.

52 ■ **세부 사항 관련 문제** 특정 세부 사항　　　　　　　　　　　　　　　　　　　　　　　　　　　　　　　　　　　　정답 (D)

여자가 할 수 있다고 말하는 것을 묻는 문제이므로, 질문의 핵심어구(can do)가 언급된 주변을 주의 깊게 듣는다. 여자가 "here's what I can do ~. If you return the book today, you won't have to pay a late fee."라며 자신이 해줄 수 있는 것은 이것이라고 한 뒤, 남자가 오늘 그 책을 반납한다면 연체료를 내지 않아도 될 것이라고 하였다. 따라서 정답은 (D) Waive a charge이다.

Questions 53-55 refer to the following conversation with three speakers.

53-55번은 다음 세 명의 대화에 관한 문제입니다.

🎧 미국식 발음 → 캐나다식 발음 → 호주식 발음

W: Before we wrap up this meeting, let's talk about the position we need to fill in the bookkeeping department. After going through the applications, I think Sheryl Johnson looks promising.

M1: I agree. [53]I was really impressed by her responses during the interview on Monday. What do you think, Dave?

M2: I don't know. [54]She doesn't have much experience working in the financial field.

W: It shouldn't be an issue, though. It's an entry-level position.

M1: Right. She'll receive on-the-job training.

M2: That's a good point. I don't have any objections to hiring her, then.

W: OK. But [55]I should talk to the department head before making a final decision. I'll do that now.

W: 우리가 이 회의를 마무리하기 전에, 경리 부서에 채워야 하는 자리에 대해 이야기하도록 하죠. 지원서들을 살펴보고 나니, Sheryl Johnson이 유망하다고 생각해요.

M1: 동의해요. [53]저는 월요일에 있었던 면접 내내 그녀의 답변들에 정말 깊은 인상을 받았어요. 당신은 어떻게 생각하나요, Dave?

M2: 모르겠어요. [54]그녀는 재무 분야에서 일한 경험이 많지 않아요.

W: 하지만, 그건 문제가 되지 않을 거예요. 신입직이잖아요.

M1: 맞아요. 그녀는 현장 연수를 받을 거예요.

M2: 좋은 지적이네요. 그렇다면, 저는 그녀를 고용하는 데 아무런 이의가 없어요.

W: 좋아요. 하지만 [55]저는 최종 결정을 내리기 전에 부장님에게 이야기해야 해요. 지금 그것을 할게요.

53 What was held on Monday?
(A) An employee orientation
(B) A job interview
(C) A staff meeting
(D) A training session

53. 월요일에 무엇이 열렸는가?
(A) 직원 오리엔테이션
(B) 구직 면접
(C) 직원 회의
(D) 교육 강습회

54 What is mentioned about Sheryl Johnson?
(A) She lacks relevant experience.
(B) She will provide a work sample.
(C) She has requested a transfer.
(D) She will lead a seminar.

54. Sheryl Johnson에 관해 무엇이 언급되는가?
(A) 그녀는 관련 경험이 부족하다.
(B) 그녀는 작업 견본을 제공할 것이다.
(C) 그녀는 전근을 요청했다.
(D) 그녀는 세미나를 이끌 것이다.

55 What will the woman probably do next?
(A) Visit another company
(B) Contact an applicant
(C) Discuss a matter with a superior
(D) Place résumés in a filing cabinet

55. 여자는 다음에 무엇을 할 것 같은가?
(A) 다른 회사를 방문한다.
(B) 지원자에게 연락한다.
(C) 상사와 사안에 관해 논의한다.
(D) 이력서를 문서 보관함에 둔다.

지문 wrap up ~을 마무리하다 go through ~을 살펴보다 application[æpləkéiʃən] 지원서 promising[prámisiŋ] 유망한
on-the-job training 현장 연수 objection[əbdʒékʃən] 이의, 반대
54 lack[læk] 부족하다 relevant[réləvənt] 관련된 transfer[trænsfɔ́:r] 전근
55 matter[mǽtər] 사안, 문제 superior[səpíəriər] 상사, 상관 filing cabinet 문서 보관함

---

53 ■ 세부 사항 관련 문제 특정 세부 사항   정답 (B)
월요일에 열린 것을 묻는 문제이므로, 질문의 핵심어구(Monday)가 언급된 주변을 주의 깊게 듣는다. 남자 1이 "I was really impressed by her[Sheryl Johnson's] responses during the interview on Monday."라며 월요일에 있었던 면접 내내 Sheryl Johnson의 답변들에 정말 깊은 인상을 받았다고 한 말을 통해 월요일에 구직 면접이 열렸음을 알 수 있다. 따라서 정답은 (B) A job interview이다.

54 ■ 세부 사항 관련 문제 언급   정답 (A)
Sheryl Johnson에 관해 언급되는 것을 묻는 문제이므로, 질문의 핵심어구(Sheryl Johnson)와 관련된 내용을 주의 깊게 듣는다. 남자 2가 "She[Sheryl Johnson] doesn't have much experience working in the financial field."라며 Sheryl Johnson은 재무 분야에서 일한 경험이 많지 않다고 하였다. 따라서 정답은 (A) She lacks relevant experience이다.

55 ■ 세부 사항 관련 문제 다음에 할 일   정답 (C)
여자가 다음에 할 일을 묻는 문제이므로, 대화의 마지막 부분을 주의 깊게 듣는다. 여자가 "I should talk to the department head before making a final decision. I'll do that now."라며 최종 결정을 내리기 전에 부장에게 이야기해야 한다고 한 뒤, 지금 그것을 하겠다고 하였다. 따라서 정답은 (C) Discuss a matter with a superior이다.

Questions 56-58 refer to the following conversation with three speakers.

🎧 캐나다식 발음 → 영국식 발음 → 미국식 발음

M: ⁵⁶Do you know why we're shutting down rides in the park an hour early tonight?

W1: There will be fireworks in the main plaza this evening.

M: I didn't know about that. Did you, Amy?

W2: Sure did. ⁵⁷This month, we're celebrating the first anniversary of our opening. As a result, ⁵⁸there's a special event each week. The schedule is posted in the staff break room.

M: Oh, odd. ⁵⁸I never saw that throughout the week.

W1: I see. Well, it's in there. OK, we'd better get back to work. Don't forget to place closing signs near the ride entrances in 20 minutes.

56 Where is the conversation most likely taking place?
(A) At a performance venue
(B) At an amusement park
(C) At a science museum
(D) At a shopping mall

57 According to Amy, What is being celebrated this month?
(A) The expansion of a company
(B) The promotion of an employee
(C) The anniversary of a business
(D) The construction of a facility

58 Why was the man unaware of an event?
(A) He is not on a mailing list.
(B) He could not attend a conference.
(C) He did not notice a schedule.
(D) He was given inaccurate information.

56-58번은 다음 세 명의 대화에 관한 문제입니다.

M: ⁵⁶우리가 왜 오늘 밤에 공원에 있는 놀이기구들을 한 시간 일찍 폐쇄하는지 알고 있나요?

W1: 오늘 저녁에 중앙 광장에서 불꽃놀이가 있을 거예요.

M: 저는 그것에 대해 몰랐어요. 당신은 알고 있었나요, Amy?

W2: 그럼요. ⁵⁷이번 달에, 우리는 우리의 개장 1주년을 기념하고 있어요. 그 결과, ⁵⁸매주 특별 행사가 있죠. 일정표는 직원 휴게실에 게시되어 있어요.

M: 아, 이상하네요. ⁵⁸저는 일주일 내내 그것을 보지 못했어요.

W1: 그렇군요. 음, 그건 그곳에 있어요. 자, 우리는 다시 일하러 가는 것이 좋겠어요. 20분 후에 놀이기구 입구 근처에 폐장 표지판을 두는 것을 잊지 마세요.

56. 대화는 어디에서 일어나고 있는 것 같은가?
(A) 공연장에서
(B) 놀이공원에서
(C) 과학박물관에서
(D) 쇼핑몰에서

57. Amy에 따르면, 이번 달에는 무엇이 기념되고 있는가?
(A) 회사의 확장
(B) 직원의 승진
(C) 사업의 기념일
(D) 시설의 건축

58. 남자는 왜 행사에 대해 알지 못했는가?
(A) 그는 우편물 수신자 명단에 없다.
(B) 그는 회의에 참석할 수 없었다.
(C) 그는 일정표에 주목하지 않았다.
(D) 그는 부정확한 정보를 받았다.

지문 shut down 폐쇄하다 ride[raid] (놀이)기구 firework[미 fáiərwə:rk, 영 fáiəwə:k] 불꽃놀이 opening[óupəniŋ] 개장 odd[ɑd] 이상한
closing[미 klóuziŋ, 영 klɔ́uziŋ] 폐장 sign[sain] 표지판 entrance[미 intræns, 영 éntrəns] 입구

58 mailing list 우편물 수신자 명단 inaccurate[inǽkjərit] 부정확한

56 ■ 전체 대화 관련 문제 장소   정답 (B)

대화가 일어나는 장소를 묻는 문제이므로, 장소와 관련된 표현을 놓치지 않고 듣는다. 남자가 여자들에게 "Do you know why we're shutting down rides in the park an hour early tonight?"이라며 자신들이 왜 오늘 밤에 공원에 있는 놀이기구들을 한 시간 일찍 폐쇄하는지 알고 있는지 물었다. 이를 통해 놀이공원에서 대화가 일어나고 있음을 알 수 있다. 따라서 정답은 (B) At an amusement park이다.

57 ■ 세부 사항 관련 문제 특정 세부 사항   정답 (C)

이번 달에 무엇이 기념될 것인지를 묻는 문제이므로, 질문의 핵심어구(celebrated this month)와 관련된 내용을 주의 깊게 듣는다. Amy, 즉 여자 2가 "This month, we're celebrating the first anniversary of our opening."이라며 이번 달에 개장 1주년을 축하하고 있다고 하였다. 따라서 정답은 (C) The anniversary of a business이다.

58 ■ 세부 사항 관련 문제 이유   정답 (C)

남자가 행사에 대해 알지 못했던 이유를 묻는 문제이므로, 질문의 핵심어구(unaware of an event)와 관련된 내용을 주의 깊게 듣는다. 여자 2가 "there's a special event each week. The schedule is posted in the staff break room."이라며 매주 특별 행사가 있고 일정표는 직원 휴게실에 게시되어 있다고 하자, 남자가 "I never saw that throughout the week."이라며 자신은 일주일 내내 그것을 보지 못했다고 하였다. 따라서 정답은 (C) He did not notice a schedule이다.

Questions 59-61 refer to the following conversation.

🎧 미국식 발음 → 캐나다식 발음

W: Hi. ⁵⁹I'd like to buy a watch as a gift for my assistant, since he was really helpful while I was creating my latest clothing line.

M: Certainly. ⁵⁹Our store has a number of great choices. For instance, this piece has a leather band and costs $145.

W: I really like that. But . . . ⁶⁰It looks like the face on it is cracked. See here? Do you have any others in stock? If so, I'll take it.

M: My apologies. Yes, let me grab another from our back room.

W: By the way, ⁶¹I'd appreciate it if you could gift-wrap it too. That'll save me the hassle of doing it myself.

59-61번은 다음 대화에 관한 문제입니다.

W: 안녕하세요. ⁵⁹저는 제 조수를 위한 선물로 시계를 사고 싶은데, 그는 제가 최신 의류 라인을 제작하는 동안 정말로 도움이 됐거든요.

M: 물론이죠. ⁵⁹저희 가게는 훌륭한 선택권들이 많이 있습니다. 예를 들어, 이 제품은 가죽끈이 있고 가격은 145달러입니다.

W: 그거 정말 마음에 드네요. 그런데⋯ ⁶⁰그것의 표면에 금이 간 것 같은데요. 여기 보이세요? 다른 것들이 재고로 있나요? 만약 그렇다면, 저는 그것을 살게요.

M: 죄송합니다. 네, 저희 안쪽 공간에서 다른 것을 가져오겠습니다.

W: 그건 그렇고, ⁶¹당신이 그것을 선물용으로 포장도 해주실 수 있다면 감사하겠습니다. 그건 제가 직접 그것을 하는 번거로움을 덜어줄 거예요.

59 Who most likely is the man?

(A) A craftsman
(B) A personal assistant
(C) A salesperson
(D) A fashion designer

60 What problem does the woman mention?

(A) An order arrived late.
(B) A stock room is messy.
(C) A price tag is incorrect.
(D) A product is damaged.

61 What does the woman ask the man to do?

(A) Supply a receipt
(B) Wrap a purchase
(C) Repair an item
(D) Provide a discount

59. 남자는 누구인 것 같은가?

(A) 공예가
(B) 개인 비서
(C) 판매원
(D) 패션 디자이너

60. 여자는 무슨 문제를 언급하는가?

(A) 주문품이 늦게 도착했다.
(B) 창고가 지저분하다.
(C) 가격표가 부정확하다.
(D) 제품이 손상되었다.

61. 여자는 남자에게 무엇을 해달라고 요청하는가?

(A) 영수증을 제공한다.
(B) 구매품을 포장한다.
(C) 물품을 수리한다.
(D) 할인을 제공한다.

지문 assistant[əsístənt] 조수, 비서 helpful[hélpfəl] 도움이 되는 leather[léðər] 가죽의 face[feis] 표면, 겉면 crack[kræk] 금이 가게 하다
in stock 재고로 gift-wrap 선물용으로 포장하다 save[seiv] (노력 등을) 덜어주다 hassle[hǽsl] 번거로운 일
59 craftsman[krǽftsmən] 공예가 salesperson[séilzpə̀:rsn] 판매원
60 order[ɔ́:rdər] 주문품 stock room 창고 messy[mési] 지저분한 price tag 가격표
61 supply[səplái] 제공하다

59 ■ **전체 대화 관련 문제** 화자   정답 (C)

남자의 신분을 묻는 문제이므로, 신분 및 직업과 관련된 표현을 놓치지 않고 듣는다. 여자가 남자에게 "I'd like to buy a watch as a gift for my assistant"라며 자신의 조수를 위한 선물로 시계를 사고 싶다고 하자, 남자가 "Our store has a number of great choices." 라며 자신들의 가게는 훌륭한 선택권들이 많이 있다고 하였다. 이를 통해 남자가 판매원임을 알 수 있다. 따라서 정답은 (C) A salesperson이다.

60 ■ **세부 사항 관련 문제** 문제점   정답 (D)

여자가 언급한 문제점을 묻는 문제이므로, 여자의 말에서 부정적인 표현이 언급된 다음을 주의 깊게 듣는다. 여자가 남자에게 "It looks like the face on it[watch] is cracked."라며 시계의 표면에 금이 간 것 같다고 하였다. 따라서 정답은 (D) A product is damaged 이다.

바꾸어 표현하기
cracked 금이 간 → damaged 손상된

61 ■ **세부 사항 관련 문제** 요청   정답 (B)

여자가 남자에게 요청하는 것을 묻는 문제이므로, 여자의 말에서 요청과 관련된 표현이 언급된 다음을 주의 깊게 듣는다. 여자가 "I'd appreciate it if you could gift-wrap it[watch] too"라며 남자가 시계를 선물용으로 포장도 해줄 수 있다면 고맙겠다고 하였다. 따라서 정답은 (B) Wrap a purchase이다.

Questions 62-64 refer to the following conversation and graph.

🔊 영국식 발음 → 호주식 발음

W: I was wondering, Adam . . . ⁶²Have our subscriber numbers risen since we expanded our streaming service's selection of sports in May?

M: Not as much as we'd hoped. At our strategy meeting, ⁶³we set the goal of reaching 100,000 subscribers in each country that our service is available in. We've hit this target in the country we first launched in. But we're not there yet in the other ones.

W: We could try advertising more in those three countries. Would that be effective?

M: Only in the country where we have the fewest subscribers. For other countries, ⁶⁴we'd better look into some numbers first, such as our ratio of sales to advertising costs.

62-64번은 다음 대화와 그래프에 관한 문제입니다.

W: Adam, 궁금한 것이 있는데… ⁶²우리가 지난 5월 스트리밍 서비스의 스포츠 선택권을 확장한 이래로 구독자 수가 증가했나요?

M: 우리가 기대했던 만큼은 아니에요. 전략 회의에서, ⁶³우리는 우리의 서비스를 사용할 수 있는 각각의 국가에서 10만 구독자에 도달하는 것을 목표로 정했어요. 우리는 우리가 처음으로 출시한 나라에서는 이 목표를 달성했어요. 그렇지만 다른 나라들에서는 거기까지 가지 못했어요.

W: 그 3개의 나라들에서 광고를 더 많이 해보는 것을 시도해볼 수 있겠어요. 그것이 효과적일까요?

M: 가장 적은 구독자를 가진 나라에서만 그럴 거예요. 다른 나라들에 대해서는, ⁶⁴광고비 대비 매출액 비율과 같은 수치들을 먼저 확인해 보는 것이 좋겠어요.

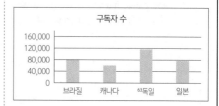

62 What happened in May?
(A) A subscription fee was increased.
(B) A choice of offerings was broadened.
(C) An annual report was released.
(D) Some funds were borrowed.

62. 5월에 무엇이 일어났는가?
(A) 구독료가 상승했다.
(B) 제공되는 것의 선택범위가 넓어졌다.
(C) 연간 보고서가 발매되었다.
(D) 자금이 대출되었다.

63 Look at the graphic. Which country was the streaming service first launched in?
(A) Brazil
(B) Canada
(C) Germany
(D) Japan

63. 시각 자료를 보시오. 어떤 나라에 스트리밍 서비스가 가장 먼저 출시되었는가?
(A) 브라질
(B) 캐나다
(C) 독일
(D) 일본

64 What does the man suggest?
(A) Contacting an advertiser
(B) Attending a meeting
(C) Reviewing some data
(D) Composing a message

64. 남자는 무엇을 제안하는가?
(A) 광고주에게 연락하는 것
(B) 회의에 참석하는 것
(C) 몇몇 데이터를 검토하는 것
(D) 메시지를 작성하는 것

지문 subscriber[미 səbskráibər, 영 səbskráibə] 구독자
62 broaden[brɔ́:dn] 넓히다
64 compose[미 kəmpóuz, 영 kəmpáuz] 작성하다, 쓰다

62 ■ 세부 사항 관련 문제 특정 세부 사항
정답 (B)

5월에 무엇이 일어났는지를 묻는 문제이므로, 질문의 핵심어구(May)와 관련된 내용을 주의 깊게 듣는다. 여자가 남자가 "Have our subscriber numbers risen since we expanded our streaming service's selection of sports in May?"라며 지난 5월 스트리밍 서비스의 스포츠 선택권을 확장한 이래로 구독자 수가 증가했는지 묻는 것을 통해 5월에 제공되는 것의 선택범위가 넓어졌음을 알 수 있다. 따라서 정답은 (B) A choice of offerings was broadened이다.

63 ■ 세부 사항 관련 문제 시각 자료
정답 (C)

스트리밍 서비스가 가장 먼저 출시된 나라를 묻는 문제이므로, 제시된 그래프의 정보를 확인한 뒤 질문의 핵심어구(the streaming service first launched in)와 관련된 내용을 주의 깊게 듣는다. 남자가 "we set the goal of reaching 100,000 subscribers in each country that our service is available in"이라며 서비스를 사용할 수 있는 각각의 국가에서 10만 구독자에 도달하는 것을 목표로 정했었다고 한 뒤, "We've hit this target in the country we first launched in."이라며 처음으로 출시한 나라에서는 이 목표를 달성했다고 하였다. 이를 통해 스트리밍 서비스가 가장 먼저 출시된 나라는 독일임을 그래프에서 알 수 있다. 따라서 정답은 (C) Germany이다.

64 ■ 세부 사항 관련 문제 제안
정답 (C)

남자가 제안하는 것을 묻는 문제이므로, 남자의 말에서 제안과 관련된 표현이 언급된 주변을 주의 깊게 듣는다. 남자가 "we'd better look into some numbers first, such as our ratio of sales to advertising costs."라며 광고비 대비 매출액 비율과 같은 수치들을 먼저 확인해 보는 것이 좋겠다고 하였다. 따라서 정답은 (C) Reviewing some data이다.

Questions 65-67 refer to the following conversation and employee directory.

65-67번은 다음 대화와 직원 전화번호부에 관한 문제입니다.

🎧 미국식 발음 → 호주식 발음

W: Josh, 65I heard you're staying late tonight to help with the marketing department's relocation to the fifth floor.

M: 65Yeah. I'm setting up the computers. 66I was given this list detailing which desks I'm supposed to set up. However, it includes only 25 staff members despite there being 30 in the department. I need the rest of the information to finish the job.

W: Why don't you call the five employees who aren't included in the list and ask which workstations they're moving to?

M: I don't know their names, and our online directory doesn't include employees' departments.

W: Well, 67everyone in marketing has an extension starting with nine. Just sort by extension number, and you'll be able to see everyone in that department.

W: Josh, 65저는 당신이 마케팅 부서가 5층으로 이전하는 것을 돕기 위해 오늘 밤 늦게까지 있을 거라고 들었어요.

M: 65맞아요. 저는 컴퓨터들을 설치할 거예요. 66저는 제가 설치해야 하는 책상들이 어느 것인지를 열거한 이 목록을 받았어요. 하지만, 그 부서에 30명이 있는데도 불구하고 그것은 25명의 직원만을 포함하고 있어요. 저는 이 일을 끝내기 위해 나머지 정보가 필요해요.

W: 그 목록에 포함되지 않은 다섯 명의 직원들에게 전화해서 그들이 어느 작업 공간으로 이동하는지 물어보는 것은 어때요?

M: 저는 그들의 이름을 모르고, 우리 온라인 전화번호부는 직원들의 부서를 포함하지 않아요.

W: 음, 67마케팅 부서에 있는 모든 사람들은 9로 시작하는 내선 번호를 가지고 있어요. 내선 번호로 분류하면, 당신은 그 부서에 있는 모든 사람들을 볼 수 있을 거예요.

Employee Name	Extension Number
67Monica Pearce	9087
Josh Han	1099
Valarie Dupree	4419
Will Garcia	7893

직원 이름	내선 번호
67Monica Pearce	9087
Josh Han	1099
Valarie Dupree	4419
Will Garcia	7893

65 What will the man do tonight?

(A) Upgrade computer software
(B) Assist with a move
(C) Get in touch with a client
(D) Participate in a meeting

65. 남자는 오늘 밤에 무엇을 할 것인가?

(A) 컴퓨터 소프트웨어를 업그레이드한다.
(B) 이동을 돕는다.
(C) 고객과 연락한다.
(D) 회의에 참석한다.

66 What problem does the man mention?

(A) A goal was missed.
(B) A list is incomplete.
(C) A directory is inaccessible.
(D) A desk can no longer be used.

66. 남자는 무슨 문제를 언급하는가?

(A) 목표에 이르지 못했다.
(B) 목록이 불완전하다.
(C) 전화번호부를 얻기 힘들다.
(D) 책상이 더 이상 사용될 수 없다.

67 Look at the graphic. Who works in the marketing department?

(A) Monica Pearce
(B) Josh Han
(C) Valarie Dupree
(D) Will Garcia

67. 시각 자료를 보시오. 누가 마케팅 부서에서 일하는가?

(A) Monica Pearce
(B) Josh Han
(C) Valarie Dupree
(D) Will Garcia

지문 relocation[rìːloukéiʃən] 이전 detail[미 ditéil, 영 díːteil] 열거하다 despite[dispáit] ~임에도 불구하고 rest[rest] 나머지 sort[sɔːrt] 분류하다

65 assist with ~을 돕다 get in touch with ~와 연락하다

66 miss[mis] 이르지 못하다, 놓치다 incomplete[ìnkəmplíːt] 불완전한 inaccessible[ìnəksésəbl] 얻기 힘든

65 ■ 세부 사항 관련 문제 다음에 할 일 정답 (B)

남자가 오늘 밤에 할 일을 묻는 문제이므로, 질문의 핵심어구(tonight)가 언급된 주변을 주의 깊게 듣는다. 여자가 "I heard you're staying late tonight to help with the marketing department's relocation to the fifth floor"라며 남자가 마케팅 부서가 5층으로 이전하는 것을 돕기 위해 오늘 밤 늦게까지 있을 것이라고 들었다고 하자, 남자가 "Yeah."라며 맞다고 하였다. 이를 통해 남자가 오늘 밤 마케팅 부서의 이동을 도울 것임을 알 수 있다. 따라서 정답은 (B) Assist with a move이다.

바꾸어 표현하기

help with ~ relocation 이전을 돕다 → Assist with a move 이동을 돕다

66 ■ 세부 사항 관련 문제 문제점 정답 (B)

남자가 언급하는 문제점을 묻는 문제이므로, 남자의 말에서 부정적인 표현이 언급된 다음을 주의 깊게 듣는다. 남자가 "I was given this list detailing which desks I'm supposed to set up. However, it includes only 25 staff members despite there being 30 in the department."라며 자신이 설치해야 하는 책상들이 어느 것인지를 열거한 목록을 받았지만, 그 부서에 30명이 있는데도 불구하고 그것은 25명의 직원만을 포함하고 있다고 한 말을 통해, 남자가 받은 목록이 불완전함을 알 수 있다. 따라서 정답은 (B) A list is incomplete이다.

67 ■ 세부 사항 관련 문제 시각 자료 정답 (A)

마케팅 부서에서 일하는 사람을 묻는 문제이므로, 제시된 직원 전화번호부의 정보를 확인한 뒤 질문의 핵심어구(works in the marketing department)와 관련된 내용을 주의 깊게 듣는다. 여자가 "everyone in marketing has an extension starting with nine"이라며 마케팅 부서에 있는 모든 사람들은 9로 시작하는 내선 번호를 가지고 있다고 하였으므로, 마케팅 부서에서 일하는 사람은 내선 번호가 9로 시작하는 Monica Pearce임을 직원 전화번호부에서 알 수 있다. 따라서 정답은 (A) Monica Pearce이다.

Questions 68-70 refer to the following conversation and receipt.

🎧 영국식 발음 → 호주식 발음

W: I'm wondering if you might be able to help me. ⁶⁸I stopped by this shop yesterday to buy some clothing. After I left, though, I realized I was overcharged for one of the garments.

M: Really? I'm very sorry. If you show me your receipt, I'm sure I can assist you.

W: Here it is. ⁶⁹The issue is with the footwear. I've got it here, in fact. ⁶⁹The price tag shows half the amount that I was charged.

M: Let me check . . . Oh, I see what you mean. ⁷⁰I'll refund you the proper amount right away. I'll also give you a free pair of our sports socks.

68-70번은 다음 대화와 영수증에 관한 문제입니다.

W: 저를 도와주실 수 있으신지 궁금해요. ⁶⁸저는 어제 옷을 사기 위해 이 가게에 들렀어요. 하지만 제가 떠난 뒤, 저는 그 의복들 중 하나에 대해 과다 청구되었다는 것을 알게 되었어요.

M: 정말인가요? 정말 죄송합니다. 영수증을 보여주신다면, 분명 제가 도와드릴 수 있을 겁니다.

W: 여기요. ⁶⁹문제는 신발에 있어요. 사실은, 그것을 여기에 가지고 왔어요. ⁶⁹가격표에는 제게 청구된 금액의 절반으로 나와 있어요.

M: 확인해 볼게요… 아, 무슨 말씀을 하시는지 알겠습니다. ⁷⁰지금 바로 적정 금액을 환불해 드릴게요. 또한 저희 스포츠 양말 한 켤레를 무료로 드리겠습니다.

Angle Apparel Receipt #: 456297	
Item	**Price**
Sportswear hat	$14.99
Red Line jacket	$18.99
Coolman sandals	⁶⁹$22.99
Ace jeans	$39.99

Angle 의류점 영수증 #: 456297	
품목	가격
Sportswear 모자	$14.99
Red Line 재킷	$18.99
Coolman 샌들	⁶⁹$22.99
Ace 청바지	$39.99

68 What did the woman do yesterday?
(A) Placed an online order
(B) Visited a store
(C) Gave someone a present
(D) Called a local branch

68. 여자는 어제 무엇을 했는가?
(A) 온라인으로 주문을 했다.
(B) 가게를 방문했다.
(C) 누군가에게 선물을 주었다.
(D) 지역 지사에 전화했다.

69 Look at the graphic. What amount is inaccurate?
(A) $14.99
(B) $18.99
(C) $22.99
(D) $39.99

69. 시각 자료를 보시오. 어떤 액수가 부정확한가?
(A) 14.99달러
(B) 18.99달러
(C) 22.99달러
(D) 39.99달러

70 What will the woman receive with the refund?
(A) A complimentary product
(B) A ticket for a sports game
(C) A prepaid card
(D) An extra discount

70. 여자는 환불과 함께 무엇을 받게 될 것인가?
(A) 무료 제품
(B) 스포츠 경기 티켓
(C) 선불카드
(D) 추가 할인

지문 overcharge[미 òuvərtʃáːrdʒ, 영 əuvətʃáːdʒ] 과다 청구하다 assist[əsíst] 돕다 footwear[미 fútwer, 영 fútweə] 신발
70 complimentary[미 kàːmpliméntəri, 영 kɔ̀mpliméntəri] 무료의, 칭찬의 prepaid[priːpéid] 선불의, 선납의

68 ■ 세부 사항 관련 문제 특정 세부 사항
정답 (B)

여자가 어제 무엇을 했는지를 묻는 문제이므로, 질문의 핵심어구(woman do yesterday)와 관련된 내용을 주의 깊게 듣는다. 여자가 "I stopped by this shop yesterday to buy some clothing."이라며 자신이 어제 옷을 사기 위해 이 가게에 들렀다고 하였다. 따라서 정답은 (B) Visited a store이다.

69 ■ 세부 사항 관련 문제 시각 자료
정답 (C)

어떤 액수가 부정확한지를 묻는 문제이므로, 제시된 영수증의 정보를 확인한 뒤 질문의 핵심어구(amount is inaccurate)와 관련된 내용을 주의 깊게 듣는다. 여자가 "The issue is with the footwear."라며 문제는 신발에 있다고 한 뒤, "The price tag shows half the amount that I was charged."라며 가격표에는 자신에게 청구된 금액의 절반으로 나와 있다고 하였다. 이를 통해 부정확한 액수는 Coolman 샌들의 22.99달러임을 영수증에서 알 수 있다. 따라서 정답은 (C) $22.99이다.

70 ■ 세부 사항 관련 문제 특정 세부 사항
정답 (A)

여자가 환불과 함께 무엇을 받게 될 것인지를 묻는 문제이므로, 질문의 핵심어구(woman receive with the refund)와 관련된 내용을 주의 깊게 듣는다. 남자가 "I'll refund you the proper amount right away."라며 지금 바로 적정 금액을 환불해주겠다고 한 뒤, "I'll also give you a free pair of our sports socks."라며 스포츠 양말 한 켤레 또한 무료로 주겠다고 하였다. 따라서 정답은 (A) A complimentary product이다.

PART 4

Questions 71-73 refer to the following announcement.

⁷¹Attention, Flight 876 passengers. This is your captain speaking. Thanks to some favorable air currents, ⁷²we will reach Los Angeles approximately 20 minutes ahead of schedule. So we will arrive at 5:20 P.M. local time instead of 5:40 P.M. The weather at our destination is partly cloudy and is expected to stay that way for the rest of the day. Since this is an international flight, ⁷³many of you will need to submit an immigration form upon arrival, so I suggest filling it out now. The seatbelt sign will be turned on in 10 minutes, at which time you will need to return to your seats and remain there until we land.

71 Who is the speaker?
(A) A flight attendant
(B) A ticket agent
(C) An airline pilot
(D) A security guard

72 When will Flight 876 reach its destination?
(A) At 5:10 P.M.
(B) At 5:20 P.M.
(C) At 5:30 P.M.
(D) At 5:40 P.M.

73 What does the speaker suggest listeners do?
(A) Complete a document
(B) Choose an in-flight meal
(C) Report to an information desk
(D) Confirm a flight time

71-73번은 다음 공지에 관한 문제입니다.

⁷¹876 항공편 승객 여러분, 주목해주십시오. 저는 여러분의 기장입니다. 순조로운 기류 덕분에, ⁷²저희는 예정보다 약 20분 일찍 로스앤젤레스에 도착할 것입니다. 그래서 저희는 오후 5시 40분이 아닌 현지 시각 오후 5시 20분에 도착하겠습니다. 저희 목적지의 날씨는 다소 흐리며 남은 하루 동안 그런 상태로 유지될 것으로 예상됩니다. 이것은 국제선이기 때문에, ⁷³도착하자마자 여러분 중 다수가 출입국 신고서를 제출하셔야 할 것이므로, 저는 그것을 지금 작성할 것을 제안 드립니다. 안전벨트 표시가 10분 후에 켜질 것인데, 그때는 자리로 돌아가셔서 저희가 착륙할 때까지 그대로 거기에 계셔야 할 것입니다.

71. 화자는 누구인가?
(A) 승무원
(B) 매표원
(C) 비행기 조종사
(D) 경비원

72. 876 항공편은 언제 목적지에 도착할 것인가?
(A) 오후 5시 10분에
(B) 오후 5시 20분에
(C) 오후 5시 30분에
(D) 오후 5시 40분에

73. 화자는 청자들에게 무엇을 하라고 제안하는가?
(A) 서류를 작성한다.
(B) 기내식을 고른다.
(C) 안내 데스크에 신고한다.
(D) 비행시간을 확인한다.

지문 passenger[pǽsəndʒər] 승객 captain[kǽptən] 기장 favorable[féivərəbl] 순조로운, 호의적인 air current 기류
approximately[əpráksəmətli] 약, 대략 partly[pá:rtli] 다소는, 조금은 immigration form 출입국 신고서 upon[əpán] ~하자마자
remain[riméin] 그대로 ~이다
71 security guard 경비원
73 complete[kəmplí:t] 작성하다 in-flight meal 기내식 report[ripɔ́:rt] 신고하다, 알리다

71 ■ 전체 지문 관련 문제 화자　　　　　　　　　　　　　　　　　　　　　　　　　　　정답 (C)

화자의 신분을 묻는 문제이므로, 신분 및 직업과 관련된 표현을 놓치지 않고 듣는다. "Attention, Flight 876 passengers. This is ~ captain speaking."이라며 876 항공편 승객인 청자들에게 주목해달라고 한 뒤, 자신은 기장이라고 하였다. 따라서 정답은 (C) An airline pilot이다.

바꾸어 표현하기
captain 기장 → airline pilot 비행기 조종사

72 ■ 세부 사항 관련 문제 특정 세부 사항　　　　　　　　　　　　　　　　　　　　　　정답 (B)

876 항공편이 목적지에 도착할 시기를 묻는 문제이므로, 질문의 핵심어구(reach ~ destination)와 관련된 내용을 주의 깊게 듣는다. "we will reach Los Angeles approximately 20 minutes ahead of schedule. So we will arrive at 5:20 P.M. local time"이라며 자신들은 예정보다 약 20분 일찍 로스앤젤레스에 도착할 것이라서 현지 시각 오후 5시 20분에 도착하겠다고 하였다. 따라서 정답은 (B) At 5:20 P.M.이다.

73 ■ 세부 사항 관련 문제 제안　　　　　　　　　　　　　　　　　　　　　　　　　　정답 (A)

화자가 청자들에게 제안하는 것을 묻는 문제이므로, 지문의 중후반에서 제안과 관련된 표현이 포함된 문장을 주의 깊게 듣는다. "many of you will need to submit an immigration form upon arrival, so I suggest filling it out now"라며 도착하자마자 청자들 중 다수가 출입국 신고서를 제출해야 할 것이므로, 그것을 지금 작성할 것을 제안한다고 하였다. 따라서 정답은 (A) Complete a document 이다.

386 무료 토익 학습자료 및 취업정보 Hackers.co.kr

74
75
76

Questions 74-76 refer to the following advertisement.

🎧 미국식 발음

At Durand Incorporated, we believe that cleaning supplies should not include harmful chemicals. That's why we created ⁷⁴the LeMon line of environmentally friendly household cleaners. Made from all-natural ingredients, these products will never damage countertops, stoves, or any other surfaces. ⁷⁵Starting this March, LeMon brand items will be even easier to find, as they will be available in all Davis Market stores across the United States. In the meantime, ⁷⁶you can order any of our products at www.durandincorp.com, where all of our goods are currently 5 percent off.

74 What is being advertised?
(A) A residential cleaning service
(B) An eco-friendly product line
(C) A new supermarket chain
(D) An innovative home appliance

75 What is supposed to happen in March?
(A) A marketing campaign will start.
(B) Samples will be given to customers.
(C) A product will be available in retail stores.
(D) Existing models will be replaced.

76 According to the speaker, what can listeners do online?
(A) Download a special coupon
(B) Find a store location
(C) Ask for a refund
(D) Make a purchase

74-76번은 다음 광고에 관한 문제입니다.

저희 Durand사에서는, 청소용품은 유해 화학 물질을 포함해서는 안 된다고 생각합니다. 그것이 바로 저희가 ⁷⁴환경친화적인 가정용 세제인 LeMon 라인을 만들어낸 이유입니다. 천연 성분만으로 만들어진 이 제품들은 주방용 조리대, 가스레인지, 또는 다른 어떤 표면들에도 결코 손상을 주지 않을 것입니다. ⁷⁵올 3월부터, LeMon 브랜드 제품들은 훨씬 더 찾기 쉬워질 것인데, 이는 이것들을 미국 전역의 모든 Davis Market 매장들에서 구할 수 있을 것이기 때문입니다. 그때까지, ⁷⁶여러분은 현재 저희의 모든 상품이 5퍼센트 할인 중인 www.durandincorp.com에서 저희의 제품들 중 어느 것이든 주문하실 수 있습니다.

74. 무엇이 광고되고 있는가?
(A) 주택 청소 용역
(B) 친환경적인 제품 라인
(C) 새로운 슈퍼마켓 체인점
(D) 획기적인 가전제품

75. 3월에 무슨 일이 일어나기로 되어 있는가?
(A) 마케팅 캠페인이 시작될 것이다.
(B) 샘플이 고객들에게 제공될 것이다.
(C) 제품이 소매점들에서 이용 가능할 것이다.
(D) 기존 모델들이 교체될 것이다.

76. 화자에 따르면, 청자들은 온라인에서 무엇을 할 수 있는가?
(A) 특별 쿠폰을 내려받는다.
(B) 상점 위치를 찾는다.
(C) 환불을 요청한다.
(D) 구매를 한다.

지문 cleaning supply 청소용품 harmful[háːrmfəl] 유해한 chemical[kémikəl] 화학 물질 household[háushòuld] 가정용의 ingredient[ingríːdiənt] 성분 countertop[káuntərtàp] 주방용 조리대 surface[sə́ːrfis] 표면 in the meantime 그때까지, 그동안에 goods[gudz] 상품 currently[kə́ːrəntli] 현재
74 residential[rèzədénʃəl] 주택의 eco-friendly 친환경적인 innovative[ínəvèitiv] 획기적인 home appliance 가전제품
75 existing[igzístiŋ] 기존의 replace[ripléis] 교체하다

---

74 ■ **전체 지문 관련 문제** 주제 정답 (B)
○○○● 중
광고의 주제를 묻는 문제이므로, 지문의 초반을 반드시 듣는다. "the LeMon line of environmentally friendly household cleaners" 라며 환경친화적인 가정용 세제인 LeMon 라인이라고 한 뒤, 해당 제품 라인과 관련된 내용을 언급하였다. 따라서 정답은 (B) An eco-friendly product line이다.

75 ■ **세부 사항 관련 문제** 특정 세부 사항 정답 (C)
○○○● 중
3월에 일어나기로 되어 있는 일을 묻는 문제이므로, 질문의 핵심어구(March)가 언급된 주변을 주의 깊게 듣는다. "Starting this March, LeMon brand items will be even easier to find, as they will be available in all Davis Market stores across the United States."라며 올 3월부터 LeMon 브랜드 제품은 훨씬 더 찾기 쉬워질 것인데, 이는 이것들을 미국 전역의 모든 Davis Market 매장들에서 구할 수 있을 것이기 때문이라고 하였다. 따라서 정답은 (C) A product will be available in retail stores이다.

76 ■ **세부 사항 관련 문제** 특정 세부 사항 정답 (D)
○○○● 하
청자들이 온라인에서 할 수 있는 것을 묻는 문제이므로, 질문의 핵심어구(online)와 관련된 내용을 주의 깊게 듣는다. "you can order any of our products at www.durandincorp.com"이라며 청자들은 웹사이트에서 자신들의 제품들 중 어느 것이든 주문할 수 있다고 하였다. 따라서 정답은 (D) Make a purchase이다.

바꾸어 표현하기
order ~ products 제품을 주문하다 → Make a purchase 구매를 하다

Questions 77-79 refer to the following telephone message.

[🎧] 호주식 발음

⁷⁷This is Michael Danton calling from Harford Legal Services. It's regarding the retirement party for another attorney at my firm that your company is catering tonight. I just spoke to one of your employees who is setting up at the banquet hall we rented, and ⁷⁸she mentioned that there will be sufficient food for 50 people. But over 75 guests will be attending this event. ⁷⁸I'm not sure how this mistake happened . . . I was very clear when I met with you to organize the party, and the contract I signed states the number of attendees. ⁷⁹I expect to see you here at the hall within the hour with a plan to deal with this situation.

77 What type of business does the speaker work for?
(A) An accommodation facility
(B) A catering company
(C) A law firm
(D) A real estate agency

78 Why does the speaker say, "But over 75 guests will be attending this event"?
(A) To approve a request
(B) To confirm a plan
(C) To indicate a problem
(D) To show excitement

79 What does the speaker ask the listener to do?
(A) Print a revised contract
(B) Call a party planner
(C) Provide an attendee list
(D) Visit an event venue

77-79번은 다음 전화 메시지에 관한 문제입니다.

⁷⁷저는 Harford 법률 서비스사에서 전화드리는 Michael Danton입니다. 이것은 당신의 회사가 오늘 밤 음식을 공급하는 저희 회사의 다른 변호사를 위한 은퇴 파티에 관한 것입니다. 저는 방금 저희가 대여한 연회장에서 준비하고 있는 당신의 직원들 중 한 명과 이야기했는데, ⁷⁸그녀는 50명에게 충분한 음식이 있을 것이라고 말했습니다. 하지만 75명이 넘는 손님들이 이 행사에 참석할 것입니다. ⁷⁸어떻게 이런 실수가 발생했는지 모르겠습니다… 파티를 준비하기 위해 당신과 만났을 때 저는 아주 확실히 알고 있었고, 제가 서명한 계약서도 참석자의 수를 명시하고 있습니다. ⁷⁹저는 이 상황을 해결할 방안과 함께 이곳 연회장에서 한 시간 내로 당신을 만나기를 바랍니다.

77. 화자는 어떤 종류의 업체에서 일하는가?
(A) 숙박 시설
(B) 음식 공급 회사
(C) 법률 회사
(D) 부동산

78. 화자는 왜 "하지만 75명이 넘는 손님들이 이 행사에 참석할 것입니다"라고 말하는가?
(A) 요청을 승인하기 위해
(B) 계획을 확정하기 위해
(C) 문제를 알리기 위해
(D) 신남을 나타내기 위해

79. 화자는 청자에게 무엇을 하라고 요청하는가?
(A) 수정된 계약서를 출력한다.
(B) 파티 기획자에게 전화한다.
(C) 참석자 목록을 제공한다.
(D) 행사 장소를 방문한다.

지문 legal[líːgəl] 법률의 regarding[미 rigáːrdiŋ, 영 rigáːdiŋ] ~에 관한 retirement[미 ritáiərmənt, 영 ritáiəmənt] 은퇴 attorney[미 ətəːrni, 영 ətəːni] 변호사 firm[미 fəːrm, 영 fəːm] 회사 cater[미 kéitər, 영 kéitə] 음식을 공급하다 banquet hall 연회장 sufficient[səfíʃənt] 충분한 clear[미 kliər, 영 kliə] 확실히 알고 있는 state[steit] 명시하다 attendee[ətèndíː] 참석자
77 accommodation facility 숙박 시설
78 indicate[índikèit] 알리다

77 ■ 전체 지문 관련 문제 화자   정답 (C)
○○○●● 상
화자가 일하는 업체의 종류를 묻는 문제이므로, 신분 및 직업과 관련된 표현을 놓치지 않고 듣는다. "This is Michael Danton calling from Harford Legal Services."라며 자신은 Harford 법률 서비스사에서 전화하는 Michael Danton이라고 한 말을 통해 화자가 법률 회사에서 일한다는 것을 알 수 있다. 따라서 정답은 (C) A law firm이다.

78 ■ 세부 사항 관련 문제 의도 파악   정답 (C)
○○○●● 상
화자가 하는 말의 의도를 묻는 문제이므로, 질문의 인용어구(But over 75 guests will be attending this event)가 언급된 주변을 주의 깊게 듣는다. "she[one of your employees] mentioned that there will be sufficient food for 50 people"이라며 청자의 직원들 중 한 명이 50명에게 충분한 음식이 있을 것이라고 말했다고 한 뒤, "I'm not sure how this mistake happened"라며 어떻게 이런 실수가 발생했는지 모르겠다고 하였다. 이를 통해 행사를 위한 음식 준비에 문제가 있다는 것을 알리려는 의도임을 알 수 있다. 따라서 정답은 (C) To indicate a problem이다.

79 ■ 세부 사항 관련 문제 요청   정답 (D)
○○○●● 상
화자가 청자에게 요청하는 것을 묻는 문제이므로, 지문의 중후반에서 요청과 관련된 표현이 포함된 문장을 주의 깊게 듣는다. "I expect to see you here at the hall within the hour with a plan to deal with this situation."이라며 이 상황을 해결할 방안과 함께 이곳 연회장에서 한 시간 내로 청자를 만나기를 바란다고 하였다. 따라서 정답은 (D) Visit an event venue이다.

Questions 80-82 refer to the following announcement.

🔊 캐나다식 발음

⁸⁰This is an urgent announcement from the National Weather Bureau. Be advised ⁸⁰the city of Toronto will experience a severe heat wave on August 6 and 7. Daytime temperatures during this period are expected to exceed 36 degrees Celsius. ⁸¹Residents should avoid physically demanding activities, such as jogging or playing sports. In addition, pets and young children should not be left unattended in parked vehicles. ⁸²Information about the symptoms of heatstroke and methods of treatment is available on our Web site, along with tips for coping with the heat. Rain is forecasted for the area on August 8, which will lead to a significant drop in temperature.

80 What is the announcement mainly about?
(A) A new discovery
(B) Severe weather condition
(C) Traffic information
(D) An athletic competition

81 What are listeners advised to do?
(A) Avoid exercise
(B) Park in designated areas
(C) Report health problems
(D) Contact an official

82 What does the speaker say is available on the Web site?
(A) Traffic updates
(B) Medical information
(C) Air quality data
(D) Nutrition tips

80-82번은 다음 공지에 관한 문제입니다.

⁸⁰국립 기상국에서 전해드리는 긴급 공지입니다. 토론토 시가 8월 6일과 7일에 극심한 폭염을 겪게 될 것임을 알고 계십시오. 이 기간 동안의 낮 기온은 섭씨 36도를 넘을 것으로 예상됩니다. ⁸¹주민들은 조깅하거나 운동하는 것과 같은, 육체적으로 부담이 큰 활동을 피해야 합니다. 또한, 애완동물들이나 어린아이들은 돌보는 사람 없이 주차된 차량 안에 남겨져서는 안 됩니다. ⁸²열사병의 증상과 치료 방법에 관한 정보는, 더위에 대처하는 것에 관한 조언과 함께, 저희 웹사이트에서 얻으실 수 있습니다. 8월 8일에는 이 지역에 비가 예측되며, 이는 기온의 상당한 하강을 야기할 것입니다.

80. 공지는 주로 무엇에 관한 것인가?
(A) 새로운 발견
(B) 심각한 기상 조건
(C) 교통 정보
(D) 운동 시합

81. 청자들은 무엇을 하도록 권고받는가?
(A) 운동을 피한다.
(B) 지정된 구역에 주차한다.
(C) 건강 문제를 알린다.
(D) 공무원에게 연락한다.

82. 화자는 웹사이트에서 무엇을 얻을 수 있다고 말하는가?
(A) 교통 속보
(B) 의학 정보
(C) 공기 청정도 자료
(D) 영양 조언

지문 urgent[ə́ːrdʒənt] 긴급한 bureau[bjúərou] (관청의) 국, 부서 advise[ædváiz] 알리다, 권고하다 severe[sivíər] 극심한, 심각한
heat wave 폭염, 심한 더위 exceed[iksíːd] 넘다, 초과하다 degree[digríː] 도 Celsius[sélsiəs] 섭씨 physically[fízikəli] 육체적으로
demanding[dimǽndiŋ] 부담이 큰 unattended[ʌnəténdid] 돌보는 사람이 없는 symptom[símptəm] 증상 heatstroke[híːtstrouk] 열사병
treatment[tríːtmənt] 치료 along with ~과 함께 cope with ~에 대처하다 significant[signífikənt] 상당한, 눈에 띄는 drop[drɑp] 하강
81 designated[dézignèitid] 지정된 official[əfíʃəl] 공무원
82 medical[médikəl] 의학의 nutrition[njuːtríʃən] 영양

---

80 ■ 전체 지문 관련 문제 주제   정답 (B)

공지의 주제를 묻는 문제이므로, 지문의 초반을 반드시 듣는다. "This is an urgent announcement from the National Weather Bureau."라며 국립 기상국에서 전하는 긴급 공지임을 밝힌 뒤, "the city of Toronto will experience a severe heat wave on August 6 and 7."이라며 토론토가 8월 6일과 7일에 극심한 폭염을 겪게 될 것이라고 하였다. 따라서 정답은 (B) Severe weather condition이다.

81 ■ 세부 사항 관련 문제 제안   정답 (A)

청자들이 권고받는 것을 묻는 문제이므로, 지문의 중후반에서 제안과 관련된 표현이 포함된 문장을 주의 깊게 듣는다. "Residents should avoid physically demanding activities, such as jogging or playing sports."라며 주민들은 조깅하거나 운동하는 것과 같은 육체적으로 부담이 큰 활동들을 피해야 한다고 하였다. 따라서 정답은 (A) Avoid exercise이다.

82 ■ 세부 사항 관련 문제 특정 세부 사항   정답 (B)

화자가 웹사이트에서 얻을 수 있다고 말하는 것을 묻는 문제이므로, 질문의 핵심어구(Web site)가 언급된 주변을 주의 깊게 듣는다. "Information about the symptoms of heatstroke and methods of treatment is available on our Web site"이라며 열사병의 증상과 치료 방법에 관한 정보는 자신들의 웹사이트에서 얻을 수 있다고 하였다. 따라서 정답은 (B) Medical information이다.

Questions 83-85 refer to the following advertisement.

[호주식 발음]

83-85번은 다음 광고에 관한 문제입니다.

[83]Are you confused by all the different types of investments? Worried about making the wrong choices? [83]Then contact Fieldstone Services, the largest wealth management firm in the country. Established in 1945, our company is the nation's most popular source of investment advice, as demonstrated by [84]our number one ranking in the National Brand Survey for seven consecutive years. This is because clients know that our employees can be trusted. They do not receive commissions, so they never try to sell unnecessary products or services. [85]If you would like to make an appointment with one of our trained professionals, call our 24-hour hotline.

[83]각기 다른 모든 투자 유형들에 의해 혼란스러우신가요? 잘못된 선택들을 할 것이 염려되시나요? [83]그렇다면 국내 최대의 자산 관리 회사인, Fieldstone Services사에 연락하십시오. 1945년에 설립된 저희 회사는, [84]7년 연속 국내 브랜드 설문 조사 1위로 입증되듯이, 국내에서 가장 인기 있는 투자 자문 공급사입니다. 이는 고객들께서 저희 직원들이 신뢰받을 만하다는 것을 알고 계시기 때문입니다. 그들은 수수료를 받지 않으므로, 결코 불필요한 제품이나 서비스를 판매하려고 하지 않습니다. [85]저희의 숙련된 전문가들 중 한 명과 약속을 잡기 원하신다면, 저희의 24시간 직통 전화로 전화해주십시오.

83 What type of business is being advertised?
(A) An advertising firm
(B) An educational institution
(C) A financial company
(D) A recruitment agency

83. 어떤 종류의 업체가 광고되고 있는가?
(A) 광고 회사
(B) 교육 기관
(C) 금융 회사
(D) 채용 대행사

84 According to the speaker, why is the company highly ranked in a survey?
(A) Its services are inexpensive.
(B) Its managers are experienced.
(C) Its products are reliable.
(D) Its employees are trustworthy.

84. 화자에 따르면, 회사는 왜 설문 조사에서 높은 순위를 차지하는가?
(A) 서비스가 저렴하다.
(B) 관리자들이 숙련되었다.
(C) 제품들이 믿을 만하다.
(D) 직원들이 신뢰할 만하다.

85 Why should the listeners contact the hotline?
(A) To verify a payment
(B) To arrange a consultation
(C) To cancel a service
(D) To participate in a survey

85. 청자들은 왜 직통 전화로 연락해야 하는가?
(A) 납부를 확인하기 위해
(B) 상담을 계획하기 위해
(C) 서비스를 취소하기 위해
(D) 설문 조사에 참여하기 위해

지문 confused[kənfjúːzd] 혼란스러운 wealth[welθ] 자산 establish[istǽbliʃ] 설립하다 demonstrate[démənstrèit] 입증하다 consecutive[미 kənsékjutiv, 영 kənsékjətiv] 연속의 commission[kəmíʃən] 수수료 unnecessary[ʌnnésəseri] 불필요한 trained[treind] 숙련된 professional[prəféʃənl] 전문가; 전문적인 hotline[미 hάːtlain, 영 hɔ́tlain] 직통 전화
84 inexpensive[ìnikspénsiv] 저렴한 experienced[ikspíəriənst] 숙련된 reliable[riláiəbl] 믿을 만한
85 verify[vérəfài] 확인하다, 입증하다 arrange[əréindʒ] 계획하다, 마련하다

83 ■ 전체 지문 관련 문제 주제   정답 (C)
광고의 주제를 묻는 문제이므로, 지문의 초반을 반드시 듣는다. "Are you confused by all the different types of investments?" 라며 각기 다른 모든 투자 유형들에 의해 혼란스러운지 물은 뒤, "Then contact Fieldstone Services, the largest wealth management firm in the country."라며 그렇다면 국내 최대의 자산 관리 회사인 Fieldstone Services사에 연락하라고 하였다. 따라서 정답은 (C) A financial company이다.

84 ■ 세부 사항 관련 문제 이유   정답 (D)
회사가 설문 조사에서 높은 순위를 차지하는 이유를 묻는 문제이므로, 질문의 핵심어구(highly ranked in a survey)와 관련된 내용을 주의 깊게 듣는다. "our number one ranking in the National Brand Survey ~. This is because clients know that our employees can be trusted."라며 국내 브랜드 설문 조사 1위라고 한 뒤, 이는 고객들이 회사의 직원들이 신뢰받을 만하다는 것을 알고 있기 때문이라고 하였다. 따라서 정답은 (D) Its employees are trustworthy이다.

85 ■ 세부 사항 관련 문제 이유   정답 (B)
청자들이 직통 전화로 연락해야 하는 이유를 묻는 문제이므로, 질문의 핵심어구(hotline)가 언급된 주변을 주의 깊게 듣는다. "If you would like to make an appointment with one of our trained professionals, call our 24-hour hotline."이라며 자신들의 숙련된 전문가들 중 한 명과 약속을 잡기 원한다면 24시간 직통 전화로 전화해달라고 하였다. 따라서 정답은 (B) To arrange a consultation이다.

바꾸어 표현하기
make an appointment with ~ trained professionals 숙련된 전문가들과 약속을 잡다 → arrange a consultation 상담을 계획하다

Questions 86-88 refer to the following telephone message.

🔊 미국식 발음

Hello, Gary. I have some good news. ⁸⁶I entered my name in a contest last week, and I won two tickets to see Danielle Powers in concert on Wednesday night. ⁸⁷I remember you told me once that you were a big fan of hers. Let me know by tomorrow if you want to use the other ticket. Uh, this is supposedly her final tour. If you decide you want to go, ⁸⁸I would appreciate your giving me a ride to the venue. You could pick me up at my apartment building at 7:30. The concert starts at 8 P.M.

86 What did the speaker do last week?
(A) Hired some performers
(B) Attended a concert
(C) Purchased some tickets
(D) Participated in a contest

87 Why does the speaker say, "this is supposedly her final tour"?
(A) To notify of a cancellation
(B) To evaluate a performance
(C) To persuade the listener
(D) To specify a time limit

88 What does the speaker ask the listener to do?
(A) Provide transportation
(B) Locate a venue
(C) Confirm information
(D) Make a payment

86-88번은 다음 전화 메시지에 관한 문제입니다.

안녕하세요, Gary. 좋은 소식이 있어요. ⁸⁶지난주에 제 이름으로 콘테스트에 응모하였는데, 수요일 밤에 콘서트에서 Danielle Powers를 볼 수 있는 두 장의 티켓을 획득했어요. ⁸⁷당신이 전에 한번 그녀의 엄청난 팬이라고 제게 말했던 것을 기억해요. 다른 한 장의 티켓을 사용하고 싶다면 내일까지 알려주세요. 어, 아마 이번이 그녀의 마지막 투어예요. 만약 가고 싶다고 결정한다면, ⁸⁸그 장소까지 저를 태워다 주면 고맙겠어요. 제가 사는 아파트 건물에서 7시 30분에 저를 태우고 가면 돼요. 콘서트는 8시에 시작해요.

86. 화자는 지난주에 무엇을 했는가?
(A) 몇몇 연주자들을 고용했다.
(B) 콘서트에 참석했다.
(C) 몇몇 티켓들을 구입했다.
(D) 콘테스트에 참여했다.

87. 화자는 왜 "아마 이번이 그녀의 마지막 투어예요"라고 말하는가?
(A) 취소를 알리기 위해
(B) 공연을 평가하기 위해
(C) 청자를 설득하기 위해
(D) 시간제한을 명시하기 위해

88. 화자는 청자에게 무엇을 하라고 요청하는가?
(A) 이동 수단을 제공한다.
(B) 장소를 정한다.
(C) 정보를 확인한다.
(D) 결제를 한다.

지문 enter one's name ~에 응모하다, 참가 신청하다 supposedly [미 səpóuzidli, 영 səpóuzidli] 아마
86 performer [미 pərfɔ́:rmər, 영 pəfɔ́:mə] 연주자, 연기자 participate [미 pɑːrtísəpeit, 영 pɑːtísipeit] 참여하다
87 cancellation [kæ̀nsəléiʃən] 취소 evaluate [ivǽljuèit] 평가하다 persuade [미 pərswéid, 영 pəswéid] 설득하다

---

86 ■ 세부 사항 관련 문제 특정 세부 사항 정답 (D)
○○○● 화자가 지난주에 한 것을 묻는 문제이므로, 질문의 핵심어구(speaker do last week)와 관련된 내용을 주의 깊게 듣는다. "I entered my name in a contest last week, and I won two tickets to see Danielle Powers in concert on Wednesday night."이라며 자신이 지난주에 콘테스트에 응모하여 수요일 밤 콘서트에서 Danielle Powers를 볼 수 있는 두 장의 티켓을 획득했다고 하였다. 따라서 정답은 (D) Participated in a contest이다.

87 ■ 세부 사항 관련 문제 의도 파악 정답 (C)
○○○● 화자가 하는 말의 의도를 묻는 문제이므로, 질문의 인용어구(this is supposedly her final tour)가 언급된 주변을 주의 깊게 듣는다. "I remember you told me once that you were a big fan of hers[Danielle Powers]."라며 청자가 전에 한번 Danielle Powers의 엄청난 팬이라고 화자에게 말했던 것을 기억한다고 하고, "Let me know by tomorrow if you want to use the other ticket."이라며 청자에게 다른 한 장의 티켓을 사용하고 싶다면 내일까지 알려달라고 한 뒤, "this is supposedly her final tour."라며 아마 이것이 그녀의 마지막 투어라고 하였다. 이를 통해, 청자를 설득하려는 의도임을 알 수 있다. 따라서 정답은 (C) To persuade the listener이다.

88 ■ 세부 사항 관련 문제 요청 정답 (A)
○○○● 화자가 청자에게 요청하는 것을 묻는 문제이므로, 지문의 중후반에서 요청과 관련된 표현이 언급된 다음을 주의 깊게 듣는다. "I would appreciate your giving me a ride to the venue"라며 그 장소까지 자신을 태워다 주면 고맙겠다고 하였다. 따라서 정답은 (A) Provide transportation이다.

Questions 89-91 refer to the following instructions.

[영국식 발음]

[89]Thank you for this opportunity to give a sales presentation on my company's newest application. I think it'll be perfect for your insurance firm. Um, Scheduler 2.0 is an integrated online platform that makes it easy to manage client appointments. A customer who visits your Web site will be prompted to select an appointment time, and the program will then automatically assign an agent. Uh, the employee will be able to access the client's information to prepare for the meeting. [90]For managers, this system can be used to see how many clients each team member is meeting and what products they have sold. OK . . . [91]let me show you how it works. Then, I'll answer any questions you might have.

89-91번은 다음 설명에 관한 문제입니다.

[89]저희 회사의 최신 애플리케이션에 대해 제품 소개를 할 기회를 주셔서 감사합니다. 저는 이것이 여러분의 보험 회사에 최적일 것이라고 생각합니다. 음, Scheduler 2.0은 고객 예약을 관리하기 쉽게 하는 통합적인 온라인 플랫폼입니다. 여러분의 웹사이트를 방문하는 고객은 예약 시간을 선택하게 될 것이며, 그 다음에는 이 프로그램이 자동으로 직원을 배정할 것입니다. 어, 그 직원은 만남을 준비하기 위해 해당 고객의 정보에 접근할 수 있을 것입니다. [90]관리자들에게, 이 시스템은 각 팀원이 얼마나 많은 고객들을 만나는지와 어떤 상품들을 판매했는지 확인하는 데 사용될 수 있습니다. 자… [91]이것이 어떻게 작동하는지 보여드리겠습니다. 그러고 나서, 여러분이 가질 수 있는 어떤 질문에도 답변해드리겠습니다.

89 What is the main purpose of the talk?
(A) To explain a company regulation
(B) To introduce a software product
(C) To discuss an insurance plan
(D) To promote a Web site

89. 담화의 주된 목적은 무엇인가?
(A) 회사 규정을 설명하기 위해
(B) 소프트웨어 제품을 소개하기 위해
(C) 보험 상품을 논의하기 위해
(D) 웹사이트를 홍보하기 위해

90 According to the speaker, what can managers do?
(A) Receive customer feedback
(B) Approve program updates
(C) Change staff assignments
(D) Track employee performance

90. 화자에 따르면, 관리자들은 무엇을 할 수 있는가?
(A) 고객 피드백을 받는다.
(B) 프로그램 업데이트를 승인한다.
(C) 직원 배정을 변경한다.
(D) 직원 실적을 지켜본다.

91 What will most likely happen next?
(A) A video will be played.
(B) A demonstration will be given.
(C) A supervisor will be introduced.
(D) A questionnaire will be distributed.

91. 다음에 무슨 일이 일어날 것 같은가?
(A) 영상이 재생될 것이다.
(B) 시연이 제공될 것이다.
(C) 관리자가 소개될 것이다.
(D) 설문지가 배부될 것이다.

지문 sales presentation 제품 소개 insurance[미 inʃúərəns, 영 inʃɔ́:rəns] 보험 integrated[미 íntəgrèitid, 영 íntigreitid] 통합적인 prompt[미 prɑmpt, 영 prɔmpt] (어떤 일이 일어나도록) 하다, 유도하다 select[silékt] 선택하다 automatically[ɔ̀:təmǽtikəli] 자동으로
91 questionnaire[kwèstʃənɛ́ər] 설문지 distribute[distríbju:t] 배부하다

89 ■ 전체 지문 관련 문제 목적 정답 (B)

담화의 목적을 묻는 문제이므로, 지문의 초반을 반드시 듣는다. "Thank you for this opportunity to give a sales presentation on my company's newest application."이라며 자신의 회사의 최신 애플리케이션에 대해 제품 소개를 할 기회를 줘서 고맙다고 한 뒤, 지문 전반에 걸쳐 해당 소프트웨어 제품을 소개하고 있다. 따라서 정답은 (B) To introduce a software product이다.

90 ■ 세부 사항 관련 문제 특정 세부 사항 정답 (D)

관리자들이 할 수 있는 것을 묻는 문제이므로, 질문의 핵심어구(managers)가 언급된 주변을 주의 깊게 듣는다. "For managers, this system can be used to see how many clients each team member is meeting and what products they have sold."라며 관리자들에게 이 시스템은 각 팀원이 얼마나 많은 고객들을 만나는지와 어떤 상품들을 판매했는지 확인하는 데 사용될 수 있다고 하였다. 따라서 정답은 (D) Track employee performance이다.

91 ■ 세부 사항 관련 문제 다음에 할 일 정답 (B)

다음에 일어날 일을 묻는 문제이므로, 지문의 마지막 부분을 주의 깊게 듣는다. "let me show you how it[application] works"라며 애플리케이션이 어떻게 작동하는지 보여주겠다고 한 말을 통해 시연이 제공될 것임을 알 수 있다. 따라서 정답은 (B) A demonstration will be given이다.

바꾸어 표현하기
show ~ how it works 이것이 어떻게 작동하는지 보여주다 → A demonstration ~ be given 시연이 제공되다

Questions 92-94 refer to the following excerpt from a meeting.

🎧 캐나다식 발음

[92]My next update is on the new shampoo our company is developing. We were getting close to finalizing the formula, but then [93]we discovered an issue with the jasmine scent. [93/94]It turned out that this synthetic fragrance can cause allergies in some people. We looked into replacing it with natural oil, but that would have raised the cost. So, [94]I realize this may come as a surprise to many of you, but, well . . . fragrance-free products are popular these days. We can take advantage of this trend.

92. Which department does the speaker most likely work for?
(A) Product development
(B) Marketing
(C) Finance
(D) Advertising

93. What problem does the speaker mention?
(A) A product is not entirely safe.
(B) An item is not selling well.
(C) An advertisement was criticized.
(D) A budget was exceeded.

94. What does the speaker imply when he says, "fragrance-free products are popular these days"?
(A) A survey will be conducted.
(B) A request has to be approved.
(C) A display must be rearranged.
(D) A plan needs to be changed.

92-94번은 다음 회의 발췌록에 관한 문제입니다.

[92]다음 최신 정보는 우리 회사가 개발 중인 샴푸에 대한 것입니다. 우리는 조제법을 완성하는 것에 가까워지고 있었지만, [93]자스민 향기에서 문제를 발견하였습니다. [93/94]합성 향이 몇몇 사람들에게 알레르기를 유발할 수 있다고 밝혀졌습니다. 우리는 그것을 천연 유분으로 대신하는 것에 대해 조사하였지만, 그것은 비용을 상승시켰을 것입니다. 그래서, [94]이것이 여러분 중 많은 분들께 놀라운 일로 다가올 수 있다는 것을 이해합니다만, 음… 무향 제품들이 요즘 인기가 있습니다. 우리는 이러한 경향의 이점을 취할 수 있습니다.

92. 화자는 어느 부서에서 일하는 것 같은가?
(A) 제품 개발
(B) 마케팅
(C) 재무
(D) 광고

93. 화자는 무슨 문제를 언급하는가?
(A) 제품이 완전히 안전하지는 않다.
(B) 물품이 잘 팔리지 않는다.
(C) 광고가 비판받았다.
(D) 예산이 초과되었다.

94. 화자는 "무향 제품들이 요즘 인기가 있습니다"라고 말할 때 무엇을 의도하는가?
(A) 설문조사가 시행될 것이다.
(B) 요청이 수락되어야 한다.
(C) 진열품이 재배치되어야 한다.
(D) 계획이 수정되어야 한다.

지문 formula[미 fɔ́:rmjələ, 영 fɔ́:mjələ] 조제법, 공식 scent[sent] 향기 turn out 밝혀지다, 모습을 드러내다 synthetic[sinθétik] 합성한, 인조의 fragrance[fréigrəns] 향 take advantage of ~의 이점을 취하다, 이용하다
93 criticize[krítəsaiz] 비판하다, 비평하다 exceed[iksíːd] 초과하다

92 ■ 전체 대화 관련 문제 화자   정답 (A)
화자가 일하는 부서를 묻는 문제이므로, 신분 및 직업과 관련된 표현을 놓치지 않고 듣는다. "My next update is on the new shampoo our company is developing. We were getting close to finalizing the formula"라며 다음 최신 정보는 회사가 개발 중인 샴푸에 대한 것이라고 한 뒤, 자신들이 조제법을 완성하는 것에 가까워지고 있었다고 하였다. 이를 통해 화자가 제품 개발 부서에서 일하고 있음을 알 수 있다. 따라서 정답은 (A) Product development이다.

93 ■ 세부 사항 관련 문제 문제점   정답 (A)
화자가 언급하는 문제점을 묻는 문제이므로, 화자의 말에서 부정적인 표현이 언급된 다음을 주의 깊게 듣는다. "we discovered an issue with the jasmine scent"라며 자스민 향기에서 문제를 발견했다고 한 뒤, "It turned out that this synthetic fragrance can cause allergies in some people."이라며 이 합성 향이 몇몇 사람들에게 알레르기를 유발할 수 있다고 밝혀졌다고 했다. 따라서 정답은 (A) A product is not entirely safe이다.

94 ■ 세부 사항 관련 문제 의도 파악   정답 (D)
화자가 하는 말의 의도를 묻는 문제이므로, 질문의 인용어구(fragrance-free products are popular these days)가 언급된 주변을 주의 깊게 듣는다. "It turned out that this synthetic fragrance can cause allergies in some people. We looked into replacing it with natural oil, but that would have raised the cost."라며 합성 향이 몇몇 사람들에게 알레르기를 유발할 수 있다고 밝혀졌고, 그것을 천연 유분으로 대신하는 것에 대해 조사하였으나 비용을 상승시켰을 것이라고 한 뒤, "I realize this may come as a surprise to many of you, but ~ fragrance-free products are popular these days."라며 이것이 청자들 중 많은 이들에게 놀라운 일로 다가갈 수도 있다는 것을 이해하지만 무향 제품들이 요즘 인기가 있다고 하였다. 이를 통해 계획이 수정되어야 한다는 것을 전달하려는 의도임을 알 수 있다. 따라서 정답은 (D) A plan needs to be changed이다.

Questions 95-97 refer to the following broadcast and map.

🎧 호주식 발음

This is Colin Edwards reporting live from the 20th Annual Pottery Expo, which is being held in Canberra this year. ⁹⁵Hundreds of people have gathered here at Melville Hall to see the work of artists from 12 different countries. Today, I'll be interviewing Matthew Walsh, the owner of the popular local studio Rustic Ceramics. ⁹⁶Be sure to check out his booth next to the stairway on the ground floor to view some of his creations. Before I introduce him, though, I want to let you know that free pottery lessons are being offered to all attendees. If this interests you, ⁹⁷just stop by the information desk to sign up for a session. Now, let's meet Mr. Walsh . . .

95~97번은 다음 방송과 약도에 관한 문제입니다.

올해 캔버라에서 열리고 있는 제20회 연례 도자기 박람회에서 생방송으로 전해드리고 있는 Colin Edwards입니다. ⁹⁵수백 명의 사람들이 12개의 각기 다른 나라들에서 온 예술가들의 작품을 보기 위해 이곳 Melville홀에 모였습니다. 오늘, 저는 인기 있는 지역 스튜디오인 Rustic Ceramics의 소유주인 Matthew Walsh를 인터뷰할 것입니다. 그의 창작품 중 몇 점을 보기 위해 ⁹⁶1층 계단 옆에 있는 그의 부스를 반드시 확인하세요. 그런데, 제가 그를 소개하기 전에, 무료 도예 수업들이 모든 참가자들에게 제공되고 있음을 알려드리고 싶습니다. 만약 이것이 당신의 관심을 끈다면, ⁹⁷안내 데스크에 들러서 수업에 등록하십시오. 이제, Mr. Walsh를 만나보도록 하겠습니다…

Staircase	⁹⁶Booth A		Booth B	
				Information Desk
Ground Floor Bathroom		Booth C	Booth D	

95 What is mentioned about the event?
  (A) It has participants from many countries.
  (B) It occurs in the same city every year.
  (C) It is sponsored by local organizations.
  (D) It will end later than expected.

96 Look at the graphic. Which booth is Matthew Walsh using?
  (A) Booth A
  (B) Booth B
  (C) Booth C
  (D) Booth D

97 According to the speaker, what can listeners do at the information desk?
  (A) Pick up a brochure
  (B) Buy a ticket
  (C) Enter a contest
  (D) Register for a class

95. 행사에 관해 무엇이 언급되는가?
  (A) 여러 나라들에서 온 참가자들이 있다.
  (B) 매년 같은 도시에서 일어난다.
  (C) 지역 단체들로부터 후원을 받는다.
  (D) 예상보다 늦게 끝날 것이다.

96. 시각 자료를 보시오. Matthew Walsh는 어느 부스를 사용하고 있는가?
  (A) A부스
  (B) B부스
  (C) C부스
  (D) D부스

97. 화자에 따르면, 청자들은 안내 데스크에서 무엇을 할 수 있는가?
  (A) 소책자를 가져온다.
  (B) 표를 구매한다.
  (C) 경연에 참가한다.
  (D) 수업에 등록한다.

지문 pottery[미 pátəri, 영 pótəri] 도자기, 도예 gather[미 gǽðər, 영 gǽðə] 모이다 check out ~을 확인하다 stairway[미 stérwei, 영 stéəwei] 계단 ground floor 1층 creation[kriéiʃən] 창작품, 창조 interest[미 íntərəst, 영 íntrəst] 관심을 끌다; 관심
95 occur[əkə́:r] 일어나다 sponsor[spánsər] 후원하다
97 register for ~에 등록하다

95 ■ 세부 사항 관련 문제 언급

정답 (A)

행사에 관해 언급되는 것을 묻는 문제이므로, 질문의 핵심어구(event)와 관련된 내용을 주의 깊게 듣는다. "Hundreds of people have gathered here ~ to see the work of artists from 12 different countries."라며 수백 명의 사람들이 12개의 각기 다른 나라들에서 온 예술가들의 작품을 보기 위해 이곳에 모였다고 하였다. 따라서 정답은 (A) It has participants from many countries이다.

96 ■ 세부 사항 관련 문제 시각 자료

정답 (A)

Matthew Walsh가 사용하고 있는 부스를 묻는 문제이므로, 제시된 약도의 정보를 확인한 뒤 질문의 핵심어구(booth ~ Matthew Walsh using)와 관련된 내용을 주의 깊게 듣는다. "Be sure to check out his[Matthew Walsh's] booth next to the stairway on the ground floor"라며 1층 계단 옆에 있는 Matthew Walsh의 부스를 반드시 확인하라고 하였으므로, Matthew Walsh가 사용하고 있는 부스는 1층 계단 옆에 있는 A부스임을 약도에서 알 수 있다. 따라서 정답은 (A) Booth A이다.

97 ■ 세부 사항 관련 문제 특정 세부 사항

정답 (D)

청자들이 안내 데스크에서 할 수 있는 것을 묻는 문제이므로, 질문의 핵심어구(information desk)가 언급된 주변을 주의 깊게 듣는다. "just stop by the information desk to sign up for a session"이라며 안내 데스크에 들러서 수업에 등록하라고 하였다. 따라서 정답은 (D) Register for a class이다.

바꾸어 표현하기

sign up for a session 수업에 등록하다 → Register for a class 수업에 등록하다

Questions 98-100 refer to the following telephone message and table.

🔊 영국식 발음

Good morning, Mr. Davis. This is Marsha Foster. ⁹⁸I'm calling about my interview on Tuesday. Unfortunately, I have a family emergency to deal with, and I won't be available until the following week. ⁹⁹Would it be possible to reschedule the interview? Also, I received an e-mail from Aiden Parker asking me for another example of my work. Um, ¹⁰⁰I dropped it off at the reception desk on Wednesday. If he hasn't received the sample yet, it should be waiting for him there. Of course, should my application be missing anything else, I'll be happy to send it.

Bretford Incorporated - Interview Dates	
Monday, May 2	Marketing Department
Tuesday, May 3	⁹⁸Design Department
Wednesday, May 4	Sales Department
Thursday, May 5	Accounting Department
Friday, May 6	No Interviews Scheduled

98 Look at the graphic. Which department is the woman applying to?
(A) Marketing
(B) Design
(C) Sales
(D) Accounting

99 What does the speaker ask the listener to do?
(A) Provide a job description
(B) Check on a delivery
(C) Change a schedule
(D) Expedite a process

100 What did the speaker do on Wednesday?
(A) Replied to an e-mail
(B) Submitted a sample
(C) Visited a family member
(D) Filled out an application

98-100번은 다음 전화 메시지와 표에 관한 문제입니다.

안녕하세요, Mr. Davis. 저는 Marsha Foster입니다. ⁹⁸화요일에 있을 제 면접에 관해 전화드립니다. 유감스럽게도, 처리해야 하는 급한 집안일이 있어서, 저는 그다음 주나 되어야 시간이 될 것입니다. ⁹⁹면접 일정을 변경하는 것이 가능할까요? 또한, 저는 Aiden Parker로부터 제 또 다른 작업 견본을 요청하는 이메일을 받았습니다. 음, ¹⁰⁰제가 수요일에 그것을 접수처에 가져다 놓았습니다. 그가 아직 그 견본을 받지 못했다면, 그것은 그곳에 준비되어 있을 것입니다. 물론, 제 지원서에 그밖에 다른 것이 빠져 있다면, 기꺼이 보내드리겠습니다.

Bretford사 – 면접 날짜	
5월 2일 월요일	마케팅 부서
5월 3일 화요일	⁹⁸디자인 부서
5월 4일 수요일	영업 부서
5월 5일 목요일	회계 부서
5월 6일 금요일	예정된 면접 없음

98. 시각 자료를 보시오. 여자는 어느 부서에 지원하는가?
(A) 마케팅
(B) 디자인
(C) 영업
(D) 회계

99. 화자는 청자에게 무엇을 하라고 요청하는가?
(A) 직무 기술서를 제공한다.
(B) 배송을 확인한다.
(C) 일정을 바꾼다.
(D) 절차를 신속히 처리한다.

100. 화자는 수요일에 무엇을 했는가?
(A) 이메일에 답장을 보냈다.
(B) 견본을 제출했다.
(C) 가족 구성원을 방문했다.
(D) 지원서를 작성했다.

지문 following [미 fɑ́louiŋ, 영 fɔ́ləuiŋ] 다음의 reschedule [미 rìːskédʒuːl, 영 rìːʃédʒuːl] 일정을 변경하다 drop off at ~에 가져다 놓다
99 job description 직무 기술서 expedite [ékspədàit] 신속히 처리하다
100 reply [riplái] 답장을 보내다, 대답하다

98 ■ 세부 사항 관련 문제 시각 자료

정답 (B)

여자 즉, 화자가 지원하는 부서를 묻는 문제이므로, 제시된 표의 정보를 확인한 뒤 질문의 핵심어구(department ~ woman applying to) 와 관련된 내용을 주의 깊게 듣는다. "I'm calling about my interview on Tuesday."라며 화요일에 있을 자신의 면접에 관해 전화한다고 하였으므로, 면접 날짜가 화요일인 디자인 부서에 여자가 지원했음을 표에서 알 수 있다. 따라서 정답은 (B) Design이다.

99 ■ 세부 사항 관련 문제 요청

정답 (C)

화자가 청자에게 요청하는 것을 묻는 문제이므로, 지문의 중후반에서 요청과 관련된 표현이 포함된 문장을 주의 깊게 듣는다. "Would it be possible to reschedule the interview?"라며 면접 일정을 변경하는 것을 요청하였다. 따라서 정답은 (C) Change a schedule 이다.

바꾸어 표현하기

reschedule 일정을 변경하다 → Change a schedule 일정을 바꾸다

100 ■ 세부 사항 관련 문제 특정 세부 사항

정답 (B)

화자가 수요일에 한 것을 묻는 문제이므로, 질문의 핵심어구(Wednesday)가 언급된 주변을 주의 깊게 듣는다. "I dropped it[example of my work] off at the reception desk on Wednesday"라며 수요일에 자신의 작업 견본을 접수처에 가져다 놓았다고 하였다. 따라서 정답은 (B) Submitted a sample이다.

TEST 10

🎧 TEST 10.mp3

실전용·복습용 문제풀이 MP3 무료 다운로드 및 스트리밍 바로듣기 (HackersIngang.com)

* 실제 시험장의 소음까지 재현해 낸 고사장 소음/매미 버전 MP3, 영국식·호주식 발음 집중 MP3, 고속 버전 MP3까지
  구매하면 실전에 더욱 완벽히 대비할 수 있습니다.

무료MP3 바로듣기

1

○○○●○ 중

🔊 미국식 발음

(A) The man's gripping a railing.
(B) The man's digging dirt out of a vase.
(C) The man's kneeling down.
(D) The man's watering some plants.

(A) 남자가 난간을 잡고 있다.
(B) 남자가 항아리에서 흙을 파내고 있다.
(C) 남자가 꿇어앉아 있다.
(D) 남자가 몇몇 식물들에 물을 주고 있다.

■ 1인 사진   정답 (C)

한 남자가 꿇어앉아 식물을 손질하고 있는 모습을 확인한다.

(A) [×] 남자가 난간(railing)이 아니라 식물을 잡고 있으므로 오답이다. The man's gripping(남자가 잡고 있다)까지만 듣고 정답으로 선택하지 않도록 주의한다.

(B) [×] digging(파내고 있다)은 남자의 동작과 무관하므로 오답이다. 사진에 있는 항아리(vase)를 사용하여 혼동을 주었다.

(C) [○] 남자가 꿇어앉아 있는 모습을 정확히 묘사한 정답이다. kneel down이 꿇어앉아 있는 모습을 나타냄을 알아둔다.

(D) [×] watering(물을 주고 있다)은 남자의 동작과 무관하므로 오답이다. 사진에 있는 식물들(plants)을 사용하여 혼동을 주었다.

어휘   grip[grip] 잡다 railing[réiliŋ] 난간 dig[dig] 파내다 vase[veis] 항아리, 꽃병 kneel down 꿇어앉다 water[wɔ́:tər] 물을 주다

2

○○○●○ 상

🔊 캐나다식 발음

(A) The grass is being watered.
(B) Lines have been painted on a road.
(C) Pedestrians are walking alongside of a path.
(D) Bicycles are being ridden toward an intersection.

(A) 보도 근처의 잔디에 물이 뿌려지고 있다.
(B) 길에 선들이 그려져 있다.
(C) 보행자들이 길을 따라 걷고 있다.
(D) 자전거들이 교차로를 향해 가고 있다.

■ 2인 이상 사진   정답 (B)

사람들이 자전거를 타고 도로를 달리고 있는 모습과 주변 사물의 상태를 주의 깊게 살핀다.

(A) [×] 사진에서 잔디는 보이지만 물이 뿌려지고 있는 모습은 아니므로 오답이다. The grass(잔디)만 듣고 정답으로 선택하지 않도록 주의한다.

(B) [○] 길에 선들이 그려져 있는 모습을 정확히 묘사한 정답이다.

(C) [×] 사진에 길을 따라 걷고 있는(walking alongside of a path) 보행자들이 없으므로 오답이다. 사진에 있는 길(path)을 사용하여 혼동을 주었다.

(D) [×] 사진에서 자전거들은 보이지만 교차로를 향해 가고 있는(are being ridden toward an intersection) 모습은 아니므로 오답이다. 사진에 있는 자전거들(Bicycles)을 사용하여 혼동을 주었다.

어휘   alongside[əlɔ̀:ŋsáid] ~을 따라, 나란히, 옆에

3

○○○○●○ 하

🔊 호주식 발음

(A) He is loading a trunk with baggage.
(B) He is replacing a tire.
(C) He is opening a car door.
(D) He is unzipping a backpack.

(A) 그는 트렁크에 짐을 싣고 있다.
(B) 그는 타이어를 교체하고 있다.
(C) 그는 차 문을 열고 있다.
(D) 그는 배낭의 지퍼를 열고 있다.

■ 1인 사진   정답 (A)

한 남자가 트렁크에 짐을 싣고 있는 모습을 확인한다.

(A) [○] 남자가 트렁크에 짐을 싣고 있는 모습을 가장 잘 묘사한 정답이다.

(B) [×] replacing(교체하고 있다)은 남자의 동작과 무관하므로 오답이다. 사진에 있는 타이어(tire)를 사용하여 혼동을 주었다.

(C) [×] opening(열고 있다)은 남자의 동작과 무관하므로 오답이다. 사진에 있는 차 문(car door)을 사용하여 혼동을 주었다.

(D) [×] unzipping(지퍼를 열고 있다)은 남자의 동작과 무관하므로 오답이다. 사진에 있는 배낭(backpack)을 사용하여 혼동을 주었다.

어휘   load[미 loud, 영 ləud] (짐을) 싣다 baggage[bǽgidʒ] 짐, 수하물 replace[ripléis] 교체하다 unzip[ʌ̀nzíp] 지퍼를 열다

4

○○○●
중

🔊 영국식 발음

(A) The man is removing some tires.
(B) Safety gear is being cleaned.
(C) The man has a mask on his face.
(D) A vehicle is being disassembled.

(A) 남자가 몇몇 타이어들을 제거하고 있다.
(B) 안전 장비가 청소되고 있다.
(C) 남자는 얼굴에 마스크를 쓰고 있다.
(D) 차가 분해되고 있다.

■ 1인 사진
정답 (C)

남자가 장비를 착용한 채 자동차에 액체를 분사하고 있는 모습을 확인한다.

(A) [x] removing some tires(타이어를 제거하고 있다)는 남자의 동작과 무관하므로 오답이다. 사진의 자동차와 관련 있는 some tires(타이어)를 사용하여 혼동을 주었다.

(B) [x] 사진에서 안전 장비는 보이지만 청소되고 있는(is being cleaned) 모습은 아니므로 오답이다. 사진에 있는 남자의 보호장비(Safety gear)를 사용하여 혼동을 주었다.

(C) [o] 마스크를 착용한 상태인 남자의 모습을 정확히 묘사한 정답이다.

(D) [x] 사진에서 차는 보이지만 분해되고 있는(is being disassembled) 모습은 아니므로 오답이다. A vehicle(차)만 듣고 정답으로 선택하지 않도록 주의한다.

어휘 remove[rimúːv] 제거하다 gear[giər] 장비 disassemble[dìsəsémbl] 분해하다

5

○○○●
중

🔊 호주식 발음

(A) Some seats are occupied in a courtyard.
(B) Chairs are positioned under umbrellas.
(C) Some leaves have fallen onto a patio.
(D) Steps lead into a swimming pool.

(A) 안마당에 있는 자리들이 사용되고 있다.
(B) 의자들이 파라솔 아래에 놓여 있다.
(C) 잎사귀들이 안뜰에 떨어져 있다.
(D) 계단이 수영장으로 이어진다.

■ 사물 및 풍경 사진
정답 (B)

야외에 의자들과 파라솔이 놓여 있는 모습을 확인한다.

(A) [x] 모든 자리들이 비어 있는 상태인데 사용되고 있다(occupied)고 잘못 묘사했으므로 오답이다.

(B) [o] 의자들이 파라솔 아래에 놓여 있는 모습을 정확히 묘사한 정답이다. 파라솔을 나타내는 표현 umbrella를 알아둔다.

(C) [x] 잎사귀들이 나무에 달려 있는데 안뜰에 떨어져 있다(fallen onto a patio)고 잘못 묘사했으므로 오답이다.

(D) [x] 사진에서 수영장(swimming pool)을 확인할 수 없으므로 오답이다. 사진에 있는 계단(Steps)을 사용하여 혼동을 주었다.

어휘 occupy[미 ákjupài, 영 ɔ́kjəpai] 사용하고 있다, 점령하다 courtyard[미 kɔ́ːrtjàːrd, 영 kɔ́ːtjɑːd] 안마당 position[pəzíʃən] (적당한 장소에) 놓다, 두다

6

●●●●
최상

🔊 미국식 발음

(A) Carts are being pushed down a path.
(B) Cyclists are biking on a racetrack.
(C) Buildings border a street.
(D) A signboard has been attached to a gate.

(A) 수레들이 길 아래로 밀리고 있다.
(B) 자전거 타는 사람들이 경주로에서 자전거를 타고 있다.
(C) 건물들이 길의 가장자리를 이루고 있다.
(D) 간판이 문에 붙어 있다.

■ 2인 이상 사진
정답 (C)

두 건물 사이의 길에 있는 사람들과 주변 환경의 상태를 주의 깊게 살핀다.

(A) [x] 사진에 수레들(Carts)이 없으므로 오답이다. 사진의 장소인 길(path)을 사용하여 혼동을 주었다.

(B) [x] 사진에서 경주로(racetrack)를 확인할 수 없으므로 오답이다. Cyclists are biking(자전거 타는 사람들이 자전거를 타고 있다)까지만 듣고 정답으로 선택하지 않도록 주의한다.

(C) [o] 건물들이 길의 가장자리를 이루고 있는 모습을 정확히 묘사한 정답이다. border가 무언가의 가장자리를 이루는 모습을 묘사함을 알아둔다.

(D) [x] 간판이 문(gate)이 아니라 건물 벽에 붙어 있으므로 오답이다. A signboard has been attached to(간판이 ~에 붙어 있다)까지만 듣고 정답으로 선택하지 않도록 주의한다.

어휘 path[pæθ] 길, 보도 racetrack[réistræk] 경주로 border[bɔ́ːrdər] 가장자리를 이루다, 인접하다 attach to ~에 붙이다

PART 2

7

○○○○● 중

🎧 영국식 발음 → 호주식 발음

Whose eyeglasses are these?

(A) A new prescription.
(B) Classes are held weekly.
(C) They look like Mira's.

이것은 누구의 안경인가요?

(A) 새로운 처방전이요.
(B) 수업들은 주 1회 열려요.
(C) 그것은 Mira의 것 같아요.

■ Who 의문문

정답 (C)

이것이 누구의 안경인지를 묻는 Who(Whose) 의문문이다.
(A) [×] eyeglasses(안경)에서 연상할 수 있는 시력과 관련된 prescription(처방전)을 사용하여 혼동을 준 오답이다.
(B) [×] 이것이 누구의 안경인지를 물었는데, 이와 관련이 없는 수업들이 주 1회 열린다는 내용으로 응답했으므로 오답이다.
　　　 eyeglasses – Classes의 유사 발음 어휘를 사용하여 혼동을 주었다.
(C) [○] Mira의 것 같다며 안경의 주인인 인물을 언급했으므로 정답이다.

어휘　prescription[priskrípʃən] 처방전　weekly[wíːkli] 주 1회, 매주

8

○○○●○ 상

🎧 미국식 발음 → 캐나다식 발음

When will Unit 23 be vacated?

(A) A lease for a rental space.
(B) The tenant moved out yesterday.
(C) In that apartment complex.

23호는 언제 비워질 것인가요?

(A) 임대 공간을 위한 임대 계약서요.
(B) 세입자가 어제 나갔어요.
(C) 그 아파트 단지에서요.

■ When 의문문

정답 (B)

23호가 언제 비워질 것인지를 묻는 When 의문문이다.
(A) [×] Unit 23(23호)과 관련 있는 rental space(임대 공간)를 사용하여 혼동을 준 오답이다.
(B) [○] 세입자가 어제 나갔다는 말로 23호가 이미 비워졌음을 전달했으므로 정답이다.
(C) [×] 23호가 언제 비워질 것인지를 물었는데 장소로 응답했으므로 오답이다. Unit 23(23호)과 관련 있는 apartment complex(아파트 단지)
　　　 를 사용하여 혼동을 주었다.

어휘　vacate[véikeit] 비우다　lease[liːs] 임대 계약서　rental[réntl] 임대의　tenant[ténənt] 세입자　complex[kámpleks] 단지

9

○○○○● 하

🎧 캐나다식 발음 → 미국식 발음

Where can I find a restaurant nearby?

(A) Washburn Café is at the end of the block.
(B) Just for a quick bite to eat.
(C) I was able to find my license.

근처 어디에서 식당을 찾을 수 있나요?

(A) Washburn 카페가 이 블록 끝에 있어요.
(B) 그냥 빨리 간단하게 뭐 좀 먹기 위해서요.
(C) 저는 제 면허증을 찾을 수 있었어요.

■ Where 의문문

정답 (A)

근처 어디에서 식당을 찾을 수 있는지를 묻는 Where 의문문이다.
(A) [○] Washburn 카페가 이 블록 끝에 있다며 식당이 있는 장소를 언급했으므로 정답이다.
(B) [×] restaurant(식당)과 관련 있는 eat(먹다)을 사용하여 혼동을 준 오답이다.
(C) [×] 근처 어디에서 식당을 찾을 수 있는지를 물었는데, 이와 관련이 없는 자신의 면허증을 찾을 수 있었다는 내용으로 응답했으므로 오답이
　　　 다. 질문의 find를 반복 사용하여 혼동을 주었다.

어휘　café[kæféi] 카페(음료수를 마시거나 간단한 식사를 할 수 있는 곳), 식당　bite[bait] 간단한 식사, 음식　license[láisəns] 면허증

10

[音] 호주식 발음 → 영국식 발음

You work at Riley Industries, don't you?

(A) That's correct.
(B) Her shift will be starting soon.
(C) No, I don't have those tools.

당신은 Riley사에서 일하죠, 그렇지 않나요?

(A) 맞아요.
(B) 그녀의 근무 시간은 곧 시작될 거예요.
(C) 아니요, 저는 그 도구들을 가지고 있지 않아요.

■ 부가 의문문

정답 (A)

상대방이 Riley사에서 일하는지를 확인하는 부가 의문문이다.
(A) [O] 맞다는 말로 자신이 Riley사에서 일하는 것을 전달했으므로 정답이다.
(B) [×] Her가 나타내는 대상이 질문에 없고, work(일하다)와 관련 있는 shift(근무 시간)를 사용하여 혼동을 준 오답이다.
(C) [×] Riley사에서 일하는지를 물었는데, 이와 관련이 없는 자신은 그 도구들을 가지고 있지 않다는 내용으로 응답했으므로 오답이다. No, I don't까지만 듣고 정답으로 고르지 않도록 주의한다.

어휘 shift[ʃift] 근무 시간 tool[tuːl] 도구

11

[音] 호주식 발음 → 미국식 발음

Who told you about this art festival?

(A) One of my coworkers.
(B) It runs pretty late.
(C) My art teacher is from Spain.

누가 당신에게 이 미술 축제에 관해 말해줬나요?

(A) 제 동료들 중 한 명이요.
(B) 그건 꽤 늦게까지 진행돼요.
(C) 제 미술 선생님은 스페인 출신이에요.

■ Who 의문문

정답 (A)

누가 미술 축제에 관해 말해줬는지를 묻는 Who 의문문이다.
(A) [O] 자신의 동료들 중 한 명이라며 미술 축제에 관해 말해준 인물을 언급했으므로 정답이다.
(B) [×] 질문의 art festival(미술 축제)을 나타낼 수 있는 It을 사용하고, festival(축제)에서 연상할 수 있는 진행 시간과 관련된 runs pretty late(꽤 늦게까지 진행된다)을 사용하여 혼동을 준 오답이다.
(C) [×] 질문의 art를 반복 사용하여 혼동을 준 오답이다. My art teacher만 듣고 정답으로 고르지 않도록 주의한다.

어휘 coworker[kóuwə̀ːrkər] 동료 run[rʌn] 진행되다, 운영하다

12

[音] 미국식 발음 → 캐나다식 발음

Where will actress Marie Lawson be signing autographs?

(A) She appeared in a television drama.
(B) You can write your name here.
(C) At the Guthrie Theater.

여배우 Marie Lawson이 어디에서 사인을 할 건가요?

(A) 그녀는 텔레비전 드라마에 출연했어요.
(B) 당신의 이름을 여기에 쓰시면 돼요.
(C) Guthrie 극장에서요.

■ Where 의문문

정답 (C)

여배우 Marie Lawson이 어디에서 사인을 할 것인지를 묻는 Where 의문문이다.
(A) [×] 질문의 Marie Lawson을 나타낼 수 있는 She를 사용하고, actress(여배우)와 관련 있는 television drama(텔레비전 드라마)를 사용하여 혼동을 준 오답이다.
(B) [×] signing(사인하다)과 관련 있는 write ~ name(이름을 쓰다)을 사용하여 혼동을 준 오답이다.
(C) [O] Guthrie 극장이라며 여배우 Marie Lawson이 사인을 할 장소를 언급했으므로 정답이다.

어휘 sign[sain] 사인하다 autograph[ɔ́ːtəgræf] (유명인의) 사인 appear[əpíər] 출연하다, 나타나다

13

○ ○ ○ ● ● 중

Will you place an event program on each chair?

(A) Dr. Delahanty's sitting in this row.
(B) The event was in Rome.
(C) I can do it in a minute.

각 의자 위에 행사 진행표를 놓아주시겠어요?

(A) Dr. Delahanty는 이 줄에 앉아 있어요.
(B) 그 행사는 로마에서 열렸어요.
(C) 저는 그것을 당장 할 수 있어요.

■ 요청 의문문

정답 (C)

각 의자 위에 행사 진행표를 놓아달라는 요청 의문문이다. Will you가 요청하는 표현임을 이해할 수 있어야 한다.
(A) [×] chair(의자)와 관련 있는 sitting(앉아 있다)을 사용하여 혼동을 준 오답이다.
(B) [×] 질문의 event를 반복 사용하고, place(놓다)의 다른 의미인 '장소'와 관련된 Rome(로마)을 사용하여 혼동을 준 오답이다.
(C) [○] 자신이 그것을 당장 할 수 있다는 말로 요청을 수락한 정답이다.

어휘   **program**[próugræm] 진행표   **row**[미 rou, 영 rəu] 줄, 열   **in a minute** 당장

14

○ ○ ○ ○ ● 중

Has Mr. Harrison forwarded you the memo about holiday bonuses?

(A) No, he never asked about the costumes.
(B) I just received it.
(C) It'll be shut down over the holidays.

Mr. Harrison이 당신에게 휴가 보너스에 관한 회람을 보냈나요?

(A) 아니요, 그는 한 번도 의상에 관해 물어보지 않았어요.
(B) 저는 방금 그것을 받았어요.
(C) 그곳은 휴일 동안 문을 닫을 거예요.

■ 조동사 의문문

정답 (B)

Mr. Harrison이 상대방에게 휴가 보너스에 관한 회람을 보냈는지를 확인하는 조동사(Have) 의문문이다.
(A) [×] 질문의 Mr. Harrison을 나타낼 수 있는 he를 사용하고, holiday(휴식)의 다른 의미인 '축제일'과 관련된 costumes(의상)를 사용하여 혼동을 준 오답이다. No, he never까지만 듣고 정답으로 고르지 않도록 주의한다.
(B) [○] 방금 그것을 받았다는 말로 Mr. Harrison이 자신에게 휴가 보너스에 관한 회람을 보냈음을 전달했으므로 정답이다.
(C) [×] Mr. Harrison이 휴가 보너스에 관한 회람을 보냈는지를 물었는데, 이와 관련이 없는 그곳은 휴일 동안 문을 닫을 것이라는 내용으로 응답했으므로 오답이다. 질문의 holiday를 holidays로 반복 사용하여 혼동을 주었다.

어휘   **forward**[fɔ́:rwərd] 보내다, 전달하다   **bonus**[bóunəs] 보너스, 상여금   **costume**[미 kástju:m, 영 kɔ́stju:m] 의상, 복장   **shut down** 문을 닫다

15

○ ○ ○ ● ● 중

The speech was very informative, don't you think so?

(A) I'm giving one at 5 P.M.
(B) When will it most likely start?
(C) The lecturer was quite knowledgeable.

연설은 매우 유익했어요, 그렇게 생각하지 않나요?

(A) 저는 오후 5시에 하나를 할 거예요.
(B) 그것이 언제 시작할 것 같나요?
(C) 강연자는 아는 것이 꽤 많았어요.

■ 부가 의문문

정답 (C)

연설이 매우 유익했다는 의견에 동의를 구하는 부가 의문문이다.
(A) [×] 질문의 you를 나타낼 수 있는 I를 사용하고, speech(연설)를 나타낼 수 있는 one을 사용하여 혼동을 준 오답이다.
(B) [×] 연설이 매우 유익했는지를 물었는데, 그것이 언제 시작할 것 같냐는 미래 시점으로 되물었으므로 오답이다. 질문의 speech(연설)를 나타낼 수 있는 it을 사용하여 혼동을 주었다.
(C) [○] 강연자는 아는 것이 꽤 많았다는 말로 연설이 매우 유익했다는 의견에 간접적으로 동의했으므로 정답이다.

어휘   **informative**[infɔ́:rmətiv] 유익한   **lecturer**[미 léktʃərər, 영 léktʃərə] 강연자   **knowledgeable**[미 nálidʒəbl, 영 nɔ́lidʒəbl] 아는 것이 많은, 유식한

16

◦●●◦
하

🔊 미국식 발음 → 캐나다식 발음

Is Crystal Spa still in business?

(A) Some of these business cards.
(B) We're here until June 24.
(C) You'll have to check its Web site.

Crystal 스파가 아직 영업 중인가요?

(A) 이 명함들 중 몇 장이요.
(B) 우리는 6월 24일까지 여기에 있을 거예요.
(C) 그곳의 웹사이트를 확인해보셔야 할 거예요.

■ Be 동사 의문문　　　　　　　　　　　　　　　　　　　　　　　　　　　정답 (C)

Crystal 스파가 아직 영업 중인지를 확인하는 Be 동사 의문문이다.
(A) [×] Crystal 스파가 아직 영업 중인지를 물었는데, 이와 관련이 없는 이 명함들 중 몇 장이라는 내용으로 응답했으므로 오답이다. 질문의 business를 반복 사용하여 혼동을 주었다.
(B) [×] in business(영업 중인)에서 연상할 수 있는 영업 기간과 관련된 until June 24(6월 24일까지)를 사용하여 혼동을 준 오답이다.
(C) [○] 그곳의 웹사이트를 확인해봐야 할 것이라는 말로 모르겠다는 간접적인 응답을 했으므로 정답이다.

어휘　business card 명함

17

◦◦●◦
중

🔊 호주식 발음 → 영국식 발음

This budget report seems to have some numerical errors.

(A) He works at a pharmaceutical company.
(B) Can you point them out to me?
(C) I'm having a problem with my phone.

이 예산 보고서에 수치 오류들이 있는 것 같아요.

(A) 그는 제약 회사에서 근무해요.
(B) 저에게 그것들을 가리켜 보여주실 수 있나요?
(C) 제 전화기에 문제가 있어요.

■ 평서문　　　　　　　　　　　　　　　　　　　　　　　　　　　　　　정답 (B)

이 예산 보고서에 수치 오류들이 있는 것 같다는 문제점을 언급하는 평서문이다.
(A) [×] 예산 보고서에 수치 오류들이 있는 것 같다고 했는데, 이와 관련이 없는 그가 제약 회사에서 근무한다는 내용으로 응답했으므로 오답이다. numerical – pharmaceutical의 유사 발음 어휘를 사용하여 혼동을 주었다.
(B) [○] 자신에게 그것들을 가리켜 보여줄 수 있는지를 되물어 문제점에 대한 추가 정보를 요구하는 정답이다.
(C) [×] 질문의 have를 having으로 반복 사용하고, errors(오류들)와 관련 있는 problem(문제)을 사용하여 혼동을 준 오답이다.

어휘　budget[bʌ́dʒit] 예산, 경비　numerical[njuːmérikəl] 수치의, 수의　error[미 érər, 영 érə] 오류
　　　pharmaceutical[미 fàːrməsjúːtikəl, 영 fàːməsúːtikəl] 제약의　point out 가리켜 보여주다, 알려주다

18

◦◦◦◦
하

🔊 캐나다식 발음 → 미국식 발음

Haven't you already thrown out the garbage?

(A) An updated recycling policy.
(B) Park it in the garage.
(C) Only half of it.

당신은 이미 쓰레기를 버리지 않았나요?

(A) 최신 재활용 정책이요.
(B) 그것을 차고에 주차하세요.
(C) 그것의 반만요.

■ 부정 의문문　　　　　　　　　　　　　　　　　　　　　　　　　　　정답 (C)

이미 쓰레기를 버리지 않았는지를 묻는 부정 의문문이다.
(A) [×] garbage(쓰레기)와 관련 있는 recycling(재활용)을 사용하여 혼동을 준 오답이다.
(B) [×] 이미 쓰레기를 버리지 않았는지를 물었는데, 이와 관련이 없는 그것을 차고에 주차하라는 내용으로 응답했으므로 오답이다.
　　　garbage – garage의 유사 발음 어휘를 사용하여 혼동을 주었다.
(C) [○] 그것의 반만이라는 말로 쓰레기의 반만 버렸음을 전달했으므로 정답이다.

어휘　throw out 버리다, 내놓다　garbage[gɑ́ːrbidʒ] 쓰레기　recycling[rìːsáikliŋ] 재활용　policy[páləsi] 정책　garage[gərɑ́ːdʒ] 차고

19

🔊 호주식 발음 → 영국식 발음

The path to Mount Cape is this way.

(A) He's heading our way.
(B) With my hiking gear.
(C) Are you positive about that?

Cape산으로 가는 길은 이 방향이에요.

(A) 그가 우리의 길을 이끌고 있어요.
(B) 제 하이킹 장비를 이용하세요.
(C) 그것에 대해 확신하나요?

■ 평서문   정답 (C)

Cape산으로 가는 길은 이 방향이라는 객관적인 사실을 전달하는 평서문이다.
(A) [×] He가 나타내는 대상이 질문에 없으므로 오답이다. 질문의 way(방향)를 '길'이라는 의미로 반복 사용하여 혼동을 주었다.
(B) [×] Mount(산)와 관련 있는 hiking gear(하이킹 장비)를 사용하여 혼동을 준 오답이다.
(C) [○] 그것에 대해 확신하는지를 되물어 사실에 대한 추가 정보를 요구하는 정답이다.

어휘   head[hed] 이끌다, 가다   gear[미 giər, 영 giə] 장비   positive[미 pázətiv, 영 pózətiv] 확신하는, 긍정적인

20

🔊 영국식 발음 → 호주식 발음

What materials have been prepared for the trade fair?

(A) Someone else is handling that.
(B) The fares are reasonable.
(C) Yes, a booth has been reserved.

무역 박람회를 위해 어떤 자료들이 준비되었나요?

(A) 다른 사람이 그것을 처리하고 있어요.
(B) 요금은 적당해요.
(C) 네, 부스가 예약되었어요.

■ What 의문문   정답 (A)

무역 박람회를 위해 어떤 자료들이 준비되었는지를 묻는 What 의문문이다. What materials를 반드시 들어야 한다.
(A) [○] 다른 사람이 그것을 처리하고 있다는 말로 모른다는 간접적인 응답을 했으므로 정답이다.
(B) [×] 무역 박람회를 위해 어떤 자료들이 준비되었는지를 물었는데, 이와 관련이 없는 요금이 적당하다는 내용으로 응답했으므로 오답이다.
    fair – fares의 유사 발음 어휘를 사용하여 혼동을 주었다.
(C) [×] 의문사 의문문에 Yes로 응답했으므로 오답이다. fair(박람회)와 관련 있는 booth(부스)를 사용하여 혼동을 주었다.

어휘   trade[treid] 무역   fair[미 fɛər, 영 feə] 박람회; 공정한, 타당한   handle[hǽndl] 처리하다   fare[미 fɛər, 영 feə] 요금, 운임
       reasonable[rí:zənəbl] 적당한, 합리적인

21

🔊 미국식 발음 → 캐나다식 발음

How often are performance reviews held?

(A) Hold on. I'll give you a tour.
(B) The counters are washed every day.
(C) Usually once per year.

업무 평가가 얼마나 자주 진행되나요?

(A) 기다리세요. 제가 구경을 시켜드릴게요.
(B) 조리대들은 매일 닦여요.
(C) 보통 일 년에 한 번이요.

■ How 의문문   정답 (C)

업무 평가가 얼마나 자주 진행되는지를 묻는 How 의문문이다. How often이 빈도를 묻는 것임을 이해할 수 있어야 한다.
(A) [×] 질문의 held(진행되다)를 '기다리다'라는 의미의 Hold로 반복 사용하여 혼동을 준 오답이다.
(B) [×] 업무 평가가 얼마나 자주 진행되는지를 물었는데, 이와 관련이 없는 조리대들은 매일 닦인다는 내용으로 응답했으므로 오답이다. 빈도를
    나타내는 every day(매일)를 사용하여 혼동을 주었다.
(C) [○] 보통 일 년에 한 번이라며 업무 평가가 진행되는 빈도를 언급했으므로 정답이다.

어휘   performance review 업무 평가, 인사고과   give a tour 구경을 시켜주다   counter[káuntər] 조리대, 계산대

22

🔊 영국식 발음 → 미국식 발음

Which assignment should I prioritize next?

(A) Before I get home.
(B) I agree. You should.
(C) Please edit this press release.

제가 다음으로 어느 업무를 우선적으로 처리해야 하나요?

(A) 제가 집에 가기 전에요.
(B) 동의해요. 당신은 그렇게 해야 해요.
(C) 이 보도 자료를 편집해주세요.

■ Which 의문문

정답 (C)

다음으로 어느 업무를 우선적으로 처리해야 하는지를 묻는 Which 의문문이다. Which assignment를 반드시 들어야 한다.
(A) [×] 다음으로 어느 업무를 우선적으로 처리해야 하는지를 물었는데 시점으로 응답했으므로 오답이다. next(다음으로)와 관련 있는 Before (~ 전에)를 사용하여 혼동을 주었다.
(B) [×] 의문사 의문문에 Yes와 같은 의미인 I agree로 응답했으므로 오답이다. 질문의 I를 나타낼 수 있는 You를 사용하고, 질문의 should를 반복 사용하여 혼동을 주었다.
(C) [○] 이 보도 자료를 편집해달라는 말로 우선적으로 처리해야 하는 업무를 언급했으므로 정답이다.

어휘 assignment[əsáinmənt] 업무, 과제 prioritize[미 praiɔ́:rətàiz, 영 praiɔ́ritaiz] 우선적으로 처리하다 edit[édit] 편집하다 press release 보도 자료

23

🔊 캐나다식 발음 → 호주식 발음

The lounge area is located on the ground floor, isn't it?

(A) Yes, down the hall from the elevator.
(B) No, the floors have been mopped.
(C) The lounge is spacious.

휴식 공간은 1층에 위치해 있어요, 그렇지 않나요?

(A) 네, 승강기로부터 복도를 따라가면 있어요.
(B) 아니요, 바닥은 대걸레로 닦였어요.
(C) 휴게실은 넓어요.

■ 부가 의문문

정답 (A)

휴식 공간이 1층에 위치해 있는지를 확인하는 부가 의문문이다.
(A) [○] Yes로 휴식 공간이 1층에 위치해 있음을 전달한 후, 승강기로부터 복도를 따라가면 있다는 추가 정보를 제공했으므로 정답이다.
(B) [×] 질문의 floor(층)를 '바닥'이라는 의미의 floors로 반복 사용하여 혼동을 준 오답이다. No만 듣고 정답으로 고르지 않도록 주의한다.
(C) [×] 질문의 lounge를 반복 사용하여 혼동을 준 오답이다.

어휘 lounge area 휴식 공간 ground floor 1층 mop[미 mɑp, 영 mɔp] (대걸레로) 닦다 spacious[spéiʃəs] 넓은

24

🔊 캐나다식 발음 → 영국식 발음

Why are you returning this monitor?

(A) Keep monitoring the situation.
(B) I'm interested in something larger.
(C) Whenever you get back.

이 모니터를 왜 반품하시나요?

(A) 상황을 계속 감시하세요.
(B) 저는 더 큰 것에 관심이 있어요.
(C) 당신이 돌아오면 언제든지요.

■ Why 의문문

정답 (B)

모니터를 왜 반품하는지를 묻는 Why 의문문이다.
(A) [×] 모니터를 왜 반품하는지를 물었는데, 이와 관련이 없는 상황을 계속 감시하라는 내용으로 응답했으므로 오답이다. 질문의 monitor(모니터)를 '감시하다'라는 의미의 동사 monitoring으로 반복 사용하여 혼동을 주었다.
(B) [○] 더 큰 것에 관심이 있다며 모니터를 반품하는 이유를 언급했으므로 정답이다.
(C) [×] 질문의 returning(반품하다)의 다른 의미인 '돌아오다'와 의미가 동일한 get back(돌아오다)을 사용하여 혼동을 준 오답이다.

어휘 monitor[미 mɑ́nətər, 영 mɔ́nitə] 모니터; 감시하다 situation[sìtʃuéiʃən] 상황 get back 돌아오다

25

3)) 호주식 발음 → 미국식 발음

When will the company merger be officially announced?

(A) I have a question about the new regulation.
(B) With another manufacturing firm.
(C) At the shareholder meeting.

회사의 합병이 언제 공식적으로 발표될 건가요?

(A) 저는 새로운 법규에 관해 질문이 있어요.
(B) 다른 제조 회사와 함께요.
(C) 주주 총회에서요.

■ When 의문문

정답 (C)

회사의 합병이 언제 공식적으로 발표될 것인지를 묻는 When 의문문이다.
(A) [×] merger(합병)와 관련 있는 new regulation(새로운 법규)을 사용하여 혼동을 준 오답이다.
(B) [×] merger(합병)에서 연상할 수 있는 합병 대상과 관련된 another manufacturing firm(다른 제조 회사)을 사용하여 혼동을 준 오답이다.
(C) [○] 주주 총회에서라며 합병이 공식적으로 발표될 시점을 간접적으로 전달했으므로 정답이다.

어휘 merger[미 má:rdʒər, 영 má:dʒə] 합병 officially[əfíʃəli] 공식적으로 announce[ənáuns] 발표하다 regulation[règjuléiʃən] 법규, 규정
manufacturing[mænjufǽktʃəriŋ] 제조, 가공 shareholder[ʃɛ́ərhòuldər] 주주

---

26

3)) 영국식 발음 → 호주식 발음

Does this cruise ship feature live entertainment?

(A) It's an entertaining radio program.
(B) This pamphlet should say.
(C) Passengers require boarding passes.

이 유람선이 라이브 공연을 특별히 포함하나요?

(A) 그것은 재미있는 라디오 프로그램이에요.
(B) 이 책자에 나와 있을 거예요.
(C) 승객들은 탑승권을 필요로 해요.

■ 조동사 의문문

정답 (B)

유람선이 라이브 공연을 특별히 포함하는지를 확인하는 조동사(Do) 의문문이다.
(A) [×] 유람선이 라이브 공연을 특별히 포함하는지를 물었는데, 이와 관련이 없는 그것은 재미있는 라디오 프로그램이라는 내용으로 응답했으므로 오답이다. entertainment – entertaining의 유사 발음 어휘를 사용하여 혼동을 주었다.
(B) [○] 책자에 나와 있을 것이라는 말로 모른다는 간접적인 응답을 했으므로 정답이다.
(C) [×] cruise ship(유람선)과 관련 있는 Passengers(승객들)를 사용하여 혼동을 준 오답이다.

어휘 cruise ship 유람선 feature[미 fí:tʃər, 영 fí:tʃə] 특별히 포함하다 entertaining[미 èntərtéiniŋ, 영 entətéiniŋ] 재미있는 pamphlet[pǽmflət] 책자
passenger[미 pǽsəndʒər, 영 pǽsəndʒə] 승객 boarding pass 탑승권

---

27

3)) 캐나다식 발음 → 영국식 발음

The spare bedroom needs to be cleaned out.

(A) Have James give you a hand.
(B) A double mattress.
(C) The kitchen looks clean to me.

여분의 침실이 청소되어야 해요.

(A) James에게 도와달라고 하세요.
(B) 2인용 매트리스요.
(C) 제게는 부엌이 깨끗해 보여요.

■ 평서문

정답 (A)

여분의 침실이 청소되어야 한다는 객관적인 사실을 전달하는 평서문이다.
(A) [○] James에게 도와달라고 하는 말로 사실에 대한 의견을 제시했으므로 정답이다.
(B) [×] bedroom(침실)과 관련 있는 double mattress(2인용 매트리스)를 사용하여 혼동을 준 오답이다.
(C) [×] bedroom(침실)에서 연상할 수 있는 집 안 공간과 관련된 kitchen(부엌)을 사용하고, 질문의 cleaned(청소하다)를 '깨끗한'이라는 의미의 형용사 clean으로 반복 사용하여 혼동을 준 오답이다. looks clean to me만 듣고 정답으로 고르지 않도록 주의한다.

어휘 spare[spɛər] 여분의, 남는 clean out ~을 청소하다 give a hand 도와주다 double[dʌ́bl] 2인용의, 두 배의

28

🔊 호주식 발음 → 미국식 발음

Would you rather keep your reward points, or use them for a room upgrade?

(A) Well, the banquet was rather long.
(B) Both resorts have views of the mountains.
(C) I'll save them for my next visit.

당신의 보상 포인트들을 남겨두시겠어요, 아니면 그것들을 객실 업그레이드에 사용하시겠어요?

(A) 글쎄요, 연회가 꽤 길었어요.
(B) 두 리조트들 모두 산이 보이는 전망을 가지고 있어요.
(C) 다음 방문을 위해 그것들을 남겨둘게요.

■ **선택 의문문**   정답 (C)

보상 포인트들을 남겨둘 것인지 아니면 객실 업그레이드에 사용할 것인지를 묻는 선택 의문문이다.

(A) [×] 보상 포인트들을 남겨둘 것인지 아니면 객실 업그레이드에 사용할 것인지를 물었는데, 이와 관련이 없는 연회가 꽤 길었다는 내용으로 응답했으므로 오답이다. 질문의 rather를 반복 사용하여 혼동을 주었다.
(B) [×] room(객실)과 관련 있는 resorts(리조트들)를 사용하여 혼동을 준 오답이다.
(C) [○] 다음 방문을 위해 그것들을 남겨두겠다는 말로 보상 포인트들을 남겨두는 것을 선택했으므로 정답이다.

어휘   reward[미 riwɔ́:rd, 영 riwɔ́:d] 보상   banquet[bǽŋkwit] 연회   save[seiv] 남겨두다, 모으다

29

🔊 캐나다식 발음 → 영국식 발음

I can put in some overtime this evening.

(A) Go ahead and set them here.
(B) Patrick offered to make some desserts.
(C) Let's discuss the matter later this afternoon.

저는 오늘 저녁에 초과 근무를 조금 할 수 있어요.

(A) 어서 그것들을 여기에다 놓으세요.
(B) Patrick이 몇 가지 디저트를 만들어주겠다고 제안했어요.
(C) 오늘 오후 늦게 그 사안에 대해 논의해봅시다.

■ **평서문**   정답 (C)

오늘 저녁에 초과 근무를 조금 하겠다고 제안하는 평서문이다.

(A) [×] 질문의 put in(일을 하다)의 다른 의미인 '들여놓다'와 관련된 set(놓다)을 사용하여 혼동을 준 오답이다.
(B) [×] 오늘 저녁에 초과 근무를 조금 할 수 있다고 했는데, 이와 관련이 없는 Patrick이 몇 가지 디저트를 만들어주겠다고 제안했다는 내용으로 응답했으므로 오답이다. Patrick offered to까지만 듣고 정답으로 고르지 않도록 주의한다.
(C) [○] 오늘 오후 늦게 그 사안에 대해 논의해보자는 말로 제안을 간접적으로 수락한 정답이다.

어휘   put in (일을) 하다, 들여놓다   overtime[óuvərtaim] 초과 근무   matter[미 mǽtər, 영 mǽtə] 사안

30

🔊 영국식 발음 → 캐나다식 발음

Would you like some milk in your tea as well?

(A) I ordered coffee.
(B) We provide tea and snacks to clients.
(C) I don't like the new menus.

당신의 차에도 우유를 조금 드릴까요?

(A) 저는 커피를 주문했어요.
(B) 저희는 고객들에게 차와 간식을 제공합니다.
(C) 저는 새로운 메뉴들이 마음에 들지 않아요.

■ **제공 의문문**   정답 (A)

차에 우유를 조금 주겠다는 제공 의문문이다. Would you like이 제공하는 표현임을 이해할 수 있어야 한다.

(A) [○] 자신은 커피를 주문했다는 말로 제공을 간접적으로 거절한 정답이다.
(B) [×] 차에 우유를 조금 줄지를 물었는데, 이와 관련이 없는 자신들은 고객들에게 차와 간식을 제공한다는 내용으로 응답했으므로 오답이다. 질문의 tea를 반복 사용하여 혼동을 주었다.
(C) [×] tea(차)에서 연상할 수 있는 음식과 관련된 menus(메뉴)를 사용하여 혼동을 준 오답이다. I don't like까지만 듣고 정답으로 고르지 않도록 주의한다.

어휘   as well ~도   client[kláiənt] 고객

◐
상

[3ⁿ] 미국식 발음 → 호주식 발음

How will we transport the furniture to the new office?

(A) Let's meet near the exit.
(B) They tested out the same chairs.
(C) It comes fully furnished.

우리는 가구를 새로운 사무실로 어떻게 옮길 건가요?

(A) 출구 근처에서 만납시다.
(B) 그들은 똑같은 의자들을 시험해봤어요.
(C) 그곳은 가구가 모두 비치되어 있어요.

■ How 의문문

정답 (C)

가구를 새로운 사무실로 어떻게 옮길 것인지를 묻는 How 의문문이다.
(A) [×] 가구를 새로운 사무실로 어떻게 옮길 것인지를 물었는데, 이와 관련이 없는 출구 근처에서 만나자는 내용으로 응답했으므로 오답이다.
(B) [×] furniture(가구)와 관련 있는 chairs(의자들)를 사용하여 혼동을 준 오답이다.
(C) [○] 그곳은 가구가 모두 비치되어 있다는 말로 가구를 새로운 사무실로 옮기지 않아도 된다는 것을 간접적으로 전달했으므로 정답이다.

어휘   transport[trænspɔ́ːrt] 옮기다   exit[미 égzit, 영 éksit] 출구   test out ~을 시험해보다   come[kʌm] 되다, 이르다
furnished[미 fə́ːrniʃt, 영 fə́ːniʃt] 가구가 비치된

PART 3

난이도 하 중 상 최상

Questions 32-34 refer to the following conversation.

🔊 미국식 발음 → 호주식 발음

W: By the way, ³²an employee from the state sanitation department will be coming here to our electronics production facility tomorrow. He will inspect the waste management equipment. It'd be nice if you could give me a hand making sure there aren't any known issues with the machinery.

M: Yeah, but ³³I'm busy at the moment with repairing our conveyor belt, as you told me to do this morning.

W: Just let me know as soon as you're free. I want to take care of everything today since ³⁴we won't have much time to get ready tomorrow morning.

32 Where most likely is the conversation taking place?
(A) At a government office
(B) At a manufacturing plant
(C) At an accommodation facility
(D) At a convention center

33 According to the man, what did the speakers discuss this morning?
(A) Schedule changes
(B) Machinery prices
(C) Building renovations
(D) Malfunctioning equipment

34 What problem does the woman mention?
(A) There is not much preparation time.
(B) An evaluation went poorly.
(C) There are not enough employees.
(D) A regulation has been altered.

32-34번은 다음 대화에 관한 문제입니다.

W: 그나저나, 내일 ³²주 위생 관리부의 직원이 여기 우리 전자 제품 생산 시설에 올 거예요. 그는 폐기물 관리 장치를 점검할 거예요. 제가 기계에 어떤 알려진 문제들이 없는지 확인하는 것을 당신이 도와줄 수 있으면 좋겠어요.

M: 네, 하지만 ³³당신이 오늘 아침에 제게 하라고 말한 대로, 우리의 컨베이어 벨트를 수리하느라 지금 바빠요.

W: 그냥 당신이 한가해지는 대로 최대한 빨리 제게 알려주세요. ³⁴내일 아침에는 우리가 준비할 시간이 많지 않을 거라서 오늘 전부 처리하고 싶어요.

32. 대화는 어디에서 일어나고 있는 것 같은가?
(A) 관공서에서
(B) 제조 공장에서
(C) 숙박 시설에서
(D) 컨벤션 센터에서

33. 남자에 따르면, 화자들은 오늘 아침에 무엇에 관해 이야기했는가?
(A) 일정 변경
(B) 기계 가격
(C) 건물 보수
(D) 고장 난 장치

34. 여자는 무슨 문제를 언급하는가?
(A) 준비 시간이 많지 않다.
(B) 평가가 형편없이 진행되었다.
(C) 충분한 직원들이 없다.
(D) 규정이 바뀌었다.

지문 **sanitation**[sænitéiʃən] 위생 관리 **inspect**[inspékt] 점검하다 **waste**[weist] 폐기물 **management**[mǽnidʒmənt] 관리 **at the moment** 지금
32 **government office** 관공서 **accommodation**[əkɑ̀mədéiʃən] 숙박
33 **malfunction**[mælfʌ́ŋkʃən] 고장 나다
34 **evaluation**[ivæ̀ljuéiʃən] 평가 **poorly**[púərli] 형편없이, 좋지 못하게 **alter**[ɔ́ːltər] 바꾸다, 변경하다

32 ■ 전체 대화 관련 문제 장소　　　　　　　　　　　　　　　　　　　　　　　　　　　　　정답 (B)
대화가 일어나는 장소를 묻는 문제이므로, 장소와 관련된 표현을 놓치지 않고 듣는다. 여자가 "an employee ~ will be coming here to our electronics production facility"라며 직원이 여기 자신들의 전자 제품 생산 시설에 올 것이라고 한 말을 통해 대화의 장소가 제조 공장임을 알 수 있다. 따라서 정답은 (B) At a manufacturing plant이다.

바꾸어 말하기
production facility 생산 시설 → manufacturing plant 제조 공장

33 ■ 세부 사항 관련 문제 특정 세부 사항　　　　　　　　　　　　　　　　　　　　　　　　정답 (D)
남자가 화자들이 오늘 아침에 이야기했다고 말한 것을 묻는 문제이므로, 남자의 말에서 질문의 핵심어구(this morning)가 언급된 주변을 주의 깊게 듣는다. 남자가 "I'm busy at the moment with repairing our conveyor belt, as you told me to do this morning"이라며 여자가 오늘 아침에 자신에게 하라고 말한 대로 컨베이어 벨트를 수리하느라 지금 바쁘다고 한 말을 통해 화자들이 아침에 고장 난 장치에 관해 이야기했음을 알 수 있다. 따라서 정답은 (D) Malfunctioning equipment이다.

34 ■ 세부 사항 관련 문제 문제점　　　　　　　　　　　　　　　　　　　　　　　　　　　　정답 (A)
여자가 언급한 문제점을 묻는 문제이므로, 여자의 말에서 부정적인 표현이 언급된 다음을 주의 깊게 듣는다. 여자가 "we won't have much time to get ready tomorrow morning"이라며 내일 아침에는 자신들이 준비할 시간이 많지 않을 것이라고 하였다. 따라서 정답은 (A) There is not much preparation time이다.

Questions 35-37 refer to the following conversation.

🎧 영국식 발음 → 캐나다식 발음

W: Good afternoon. I'm interested in buying a new TV. ³⁵A friend of mine recently told me about his Intrepid LS, which seems like a nice product.

M: Well, ³⁶we have the Intrepid LD. The LS Model is almost four years old at this point. The LD model is a significant upgrade, so I'm sure you'll like it. The screen of it is extremely nice.

W: I see. ³⁷Is it possible for me to test one out before making up my mind?

M: ³⁷Certainly. Just follow me over to the display area and I'll show you how it works.

35 How did the woman learn about a product?
(A) By visiting a Web site
(B) By watching television
(C) By reading a brochure
(D) By talking to an acquaintance

36 What does the man imply when he says, "The LS model is almost four years old at this point"?
(A) An item has been discounted.
(B) A device cannot be repaired.
(C) A brand is not very popular.
(D) A product is no longer in stock.

37 What will the man probably do next?
(A) Inspect a gadget
(B) Demonstrate an appliance
(C) Process a payment
(D) Print a receipt

35-37번은 다음 대화에 관한 문제입니다.

W: 안녕하세요. 저는 새로운 TV를 사는 것에 관심이 있어요. ³⁵제 친구가 최근에 그의 Intrepid LS에 관해 얘기해줬는데, 그것이 좋은 제품처럼 보이네요.

M: 음, ³⁶Intrepid LD는 보유하고 있습니다. LS 모델은 이 시점에서 거의 4년이 되었습니다. LD 모델이 상당히 업그레이드된 것이기 때문에, 당신이 좋아할 것이라고 확신합니다. 그것의 화면은 매우 훌륭해요.

W: 그렇군요. ³⁷결정하기 전에 테스트를 해보는 것이 가능할까요?

M: ³⁷물론이죠. 전시 구역으로 저를 따라오시면 제가 그것이 어떻게 작동하는지 보여드릴게요.

35. 여자는 어떻게 제품에 관해 알게 되었는가?
(A) 웹사이트를 방문함으로써
(B) 텔레비전을 시청함으로써
(C) 책자를 읽음으로써
(D) 지인과 이야기함으로써

36. 남자는 "LS 모델은 이 시점에서 거의 4년이 되었습니다"라고 할 때 무엇을 의도하는가?
(A) 물품이 할인되었다.
(B) 기기가 수리될 수 없다.
(C) 브랜드가 그다지 인기 있지 않다.
(D) 제품의 재고가 더 이상 없다.

37. 남자는 다음에 무엇을 할 것 같은가?
(A) 장치를 검사한다.
(B) 기기를 보여준다.
(C) 결제를 진행한다.
(D) 영수증을 출력한다.

지문 recently[rí:sntli] 최근에 extremely[ikstrí:mli] 매우, 극히 make up one's mind 결정하다
35 acquaintance[əkwéintəns] 지인
37 inspect[inspékt] 검사하다, 조사하다 gadget[gǽdʒit] 장치, 도구 demonstrate[démənstreit] 보여주다 appliance[əpláiəns] 기기, 가전제품

35 ■ 세부 사항 관련 문제 특정 세부 사항　　　　　　　　　　　　　　　　　　　　　　　　　　정답 (D)

여자가 제품에 관해 알게 된 방법을 묻는 문제이므로, 질문의 핵심어구(woman learn about a product)와 관련된 내용을 주의 깊게 듣는다. 여자가 "A friend of mine recently told me about his Intrepid LS, which seems like a nice product."라며 자신의 친구가 최근 Intrepid LS에 관해 이야기해주었는데, 그것이 좋은 제품처럼 보인다고 하였다. 따라서 정답은 (D) By talking to an acquaintance이다.

36 ■ 세부 사항 관련 문제 의도 파악　　　　　　　　　　　　　　　　　　　　　　　　　　　　정답 (D)

남자가 하는 말의 의도를 묻는 문제이므로, 질문의 인용어구(The LS model is almost four years old at this point)가 언급된 주변을 주의 깊게 듣는다. 남자가 "we have Intrepid LD"라며 Intrepid LD는 보유하고 있다고 한 뒤, "The LS Model is almost four years old at this point."라며 LS 모델은 더 이상 재고가 없다는 것을 나타내려는 의도임을 알 수 있다. 따라서 정답은 (D) A product is no longer in stock이다.

37 ■ 세부 사항 관련 문제 다음에 할 일　　　　　　　　　　　　　　　　　　　　　　　　　　　정답 (B)

남자가 다음에 할 일을 묻는 문제이므로, 대화의 마지막 부분을 주의 깊게 듣는다. 여자가 "Is it possible for me to test one out before making up my mind?"라며 결정을 내리기 전에 테스트를 해보는 것이 가능한지 묻자, 남자가 "Certainly."라며 가능하다고 대답한 뒤, "Just follow me over to the display area and I'll show you how it works."라며 전시 구역으로 따라오면 그것이 어떻게 작동하는지 보여주겠다고 하였다. 따라서 정답은 (B) Demonstrate an appliance이다.

Questions 38-40 refer to the following conversation.

🔊 호주식 발음 → 미국식 발음

M: ³⁸Our department is struggling to finalize the necessary financial reports for the upcoming shareholders' meeting. I'm sorry to ask on short notice, but ³⁸can you work on them over the weekend?

W: ³⁹I'll be out of town from Saturday through next Tuesday. I'm visiting Charleston for my sister's birthday party. You approved my leave last month.

M: Oh, that's right. We've been so busy lately that I completely forgot. In that case, I'll have to ask someone else from your team to do it.

W: Try checking with Catherine Dawkins. Just last week, ⁴⁰she said that she'd be open to working more overtime, as she's saving money to go to Europe.

38 What does the man ask the woman to do?
(A) Scan some documents
(B) Postpone a departure date
(C) Come up with an agenda
(D) Complete some reports

39 Why is the woman going out of town?
(A) To attend a shareholders' meeting
(B) To sign a sales contract
(C) To speak at a team seminar
(D) To participate in a celebration

40 According to the woman, what is Catherine Dawkins willing to do?
(A) Switch divisions
(B) Work additional hours
(C) Lead an accounting team
(D) Increase a budget

38-40번은 다음 대화에 관한 문제입니다.

M: ³⁸우리 부서는 곧 있을 주주 총회에 필요한 재무 보고서를 마무리하기 위해 애쓰고 있어요. 갑자기 부탁해서 미안하지만, ³⁸당신이 주말 동안 그것들을 작업해줄 수 있나요?

W: ³⁹저는 토요일부터 다음 주 화요일까지 도시를 떠나있을 거예요. 여동생의 생일 파티를 위해 찰스턴에 방문하거든요. 지난달에 당신이 제 휴가를 승인했어요.

M: 아, 맞네요. 최근에 우리가 너무 바빠서 완전히 잊었어요. 그렇다면, 당신의 팀에 있는 다른 사람에게 그것을 해달라고 요청해야겠어요.

W: Catherine Dawkins에게 문의해보세요. 마침 지난주에, 그녀가 유럽에 가기 위해 돈을 모으고 있기 때문에 ⁴⁰초과 근무를 더 할 여지가 있다고 말했거든요.

38. 남자는 여자에게 무엇을 하라고 요청하는가?
(A) 서류들을 자세히 살핀다.
(B) 출발 날짜를 연기한다.
(C) 안건을 제시한다.
(D) 보고서들을 끝마친다.

39. 여자는 왜 도시를 떠날 것인가?
(A) 주주 총회에 참석하기 위해
(B) 판매 계약서에 서명하기 위해
(C) 팀 세미나에서 연설하기 위해
(D) 축하 행사에 참석하기 위해

40. 여자에 따르면, Catherine Dawkins는 무엇을 기꺼이 하려고 하는가?
(A) 부서를 옮긴다.
(B) 추가 시간의 일을 한다.
(C) 회계팀을 이끈다.
(D) 예산을 늘린다.

해커스 토익 실전 1000제 3 Listening

지문 struggle[strʌ́gl] 애쓰다, 분투하다 upcoming[ʌ́pkʌmiŋ] 곧 있을 on short notice 갑자기 leave[liːv] 휴가 check with ~에게 문의하다
38 scan[skæn] 자세히 살피다 come up with ~을 제시하다 agenda[ədʒéndə] 안건 complete[kəmplíːt] 끝마치다, 완료하다
40 switch[switʃ] 옮기다, 바꾸다

38 ■ 세부 사항 관련 문제 요청   정답 (D)
남자가 여자에게 요청하는 것을 묻는 문제이므로, 남자의 말에서 요청과 관련된 표현이 언급된 다음을 주의 깊게 듣는다. 남자가 여자에게 "Our department is struggling to finalize the necessary financial reports"라며 자신의 부서가 필요한 재무 보고서를 마무리하기 위해 애쓰고 있다고 한 뒤, "can you work on them over the weekend?"라며 주말 동안 그것들을 작업해달라고 요청하였다. 따라서 정답은 (D) Complete some reports이다.

39 ■ 세부 사항 관련 문제 이유   정답 (D)
여자가 도시를 떠날 이유를 묻는 문제이므로, 질문의 핵심어구(out of town)가 언급된 주변을 주의 깊게 듣는다. 여자가 "I'll be out of town ~. I'm visiting Charleston for my sister's birthday party."라며 자신은 도시를 떠나있을 것이라고 한 뒤, 여동생의 생일 파티를 위해 찰스턴에 방문한다고 하였다. 따라서 정답은 (D) To participate in a celebration이다.

40 ■ 세부 사항 관련 문제 특정 세부 사항   정답 (B)
여자가 Catherine Dawkins가 기꺼이 하려고 한다고 말한 것을 묻는 문제이므로, 여자의 말에서 질문의 핵심어구(Catherine Dawkins)가 언급된 주변을 주의 깊게 듣는다. 여자가 "she[Catherine Dawkins] said that she'd be open to working more overtime"이라며 Catherine Dawkins가 초과 근무를 더 할 여지가 있다고 말했다고 하였다. 따라서 정답은 (B) Work additional hours이다.

Questions 41-43 refer to the following conversation.

🎧 캐나다식 발음 → 영국식 발음

M: Hi. This is Larry Bates. ⁴¹I ordered a textbook from your store two weeks ago, but it still hasn't arrived at my apartment. My order confirmation number is 42345.

W: According to the tracking information, your book was delivered almost three days ago. However, the courier must not have brought it directly to your door, since ⁴²you didn't include a specific apartment number with the shipping information.

M: Hmm . . . But I never saw the item by my complex's main door either.

W: ⁴³Why don't you talk to your building manager to find out whether the package is being held for you? Otherwise, you can get in touch with the courier service, Package Express. They may be able to help you.

41 What did the man do two weeks ago?
(A) Returned a book to a store
(B) Sent a package overseas
(C) Bought an item
(D) Enrolled in a course

42 What does the woman say the man failed to provide?
(A) A book title
(B) A recipient name
(C) An e-mail address
(D) A unit number

43 What does the woman recommend?
(A) Talking to a property manager
(B) Using another courier service
(C) Correcting some billing information
(D) Placing an order through a Web site

41-43번은 다음 대화에 관한 문제입니다.

M: 안녕하세요. 저는 Larry Bates입니다. ⁴¹2주 전에 당신의 가게에서 교서를 한 권을 주문했는데, 그것이 아직도 제 아파트에 도착하지 않았어요. 제 주문 확인 번호는 42345예요.

W: 추적 정보에 따르면, 귀하의 책은 거의 3일 전에 배송되었습니다. 하지만, ⁴²귀하가 배송 정보에 구체적인 아파트 호수를 포함하지 않으셨기 때문에, 배달원이 귀하의 댁까지 직접 가져다 드리지 못했을 것입니다.

M: 흠… 하지만 저는 제 건물 단지의 정문 옆에서도 그 물품을 보지 못했어요.

W: 귀하를 위해 그 소포가 보관되어 있는지 알아보기 위해 ⁴³건물 관리인에게 이야기해보는 것은 어떠세요? 다른 방법으로는, 택배 회사인 Package Express사에 연락해보실 수 있습니다. 그들이 귀하를 도와드릴 수 있을 겁니다.

41. 남자는 2주 전에 무엇을 했는가?
(A) 상점에 책을 반품했다.
(B) 해외로 소포를 보냈다.
(C) 물품을 구입했다.
(D) 강좌에 등록했다.

42. 여자는 남자가 무엇을 제공하지 못했다고 말하는가?
(A) 책 제목
(B) 수령인 이름
(C) 이메일 주소
(D) 호수

43. 여자는 무엇을 제안하는가?
(A) 건물 관리인과 이야기하기
(B) 다른 택배 회사를 이용하기
(C) 몇몇 청구서 정보를 수정하기
(D) 웹사이트를 통해 주문하기

지문 track[træk] 추적하다 courier[미 kə́:riər, 영 kúriə] 배달원, 택배 specific[미 spisífik, 영 spəsífik] 구체적인, 명확한 package[pǽkidʒ] 소포
41 overseas[òuvərsíːz] 해외로 enroll[inróul] 등록하다
42 recipient[risípiənt] 수령인
43 property[prápərti] 건물 correct[kərékt] 수정하다 billing[bíliŋ] 청구서 place an order 주문하다

41 ■ 세부 사항 관련 문제 특정 세부 사항   정답 (C)
남자가 2주 전에 한 일을 묻는 문제이므로, 질문의 핵심어구(two weeks ago)가 언급된 주변을 주의 깊게 듣는다. 남자가 "I ordered a textbook ~ two weeks ago"라며 2주 전에 교서를 한 권을 주문했다고 하였다. 따라서 정답은 (C) Bought an item이다.

42 ■ 세부 사항 관련 문제 특정 세부 사항   정답 (D)
여자가 남자가 제공하지 못했다고 말한 것을 묻는 문제이므로, 질문의 핵심어구(man failed to provide)와 관련된 내용을 주의 깊게 듣는다. 여자가 남자에게 "you didn't include a specific apartment number with the shipping information"이라며 남자가 배송 정보에 구체적인 아파트 호수를 포함하지 않았다고 하였다. 따라서 정답은 (D) A unit number이다.

43 ■ 세부 사항 관련 문제 제안   정답 (A)
여자가 제안하는 것을 묻는 문제이므로, 여자의 말에서 제안과 관련된 표현이 언급된 다음을 주의 깊게 듣는다. 여자가 남자에게 "Why don't you talk to your building manager"라며 건물 관리인에게 이야기해볼 것을 제안하였다. 따라서 정답은 (A) Talking to a property manager이다.

Questions 44-46 refer to the following conversation.

🎧 미국식 발음 → 호주식 발음

W: ⁴⁴Did you hear the managers decided to change our uniforms? Ms. Campos just showed me the designs.

M: Oh, that's good. The ones we wear now look a little outdated.

W: Yeah, we will be wearing black pants and black button-up shirts. They look very professional and modern.

M: I agree. Plus, black will hide stains better. ⁴⁵I somehow got some pen marks on my white shirt while working last week. Luckily, there was an extra in the storage closet. ⁴⁶Which day will we make the switch?

W: I'm actually not sure about that. I'm just excited to not wear the old uniforms anymore.

44 What are the speakers mainly discussing?
(A) Upcoming meetings
(B) A menu design
(C) Schedule updates
(D) New uniforms

45 What did the man do last week?
(A) Damaged a clothing item
(B) Removed some stains
(C) Put items in a storage space
(D) Ordered some extra pens

46 What does the man ask the woman about?
(A) The reason for a decision
(B) The date of a change
(C) The location of an event
(D) The need for authorization

44-46번은 다음 대화에 관한 문제입니다.

W: ⁴⁴관리자들이 우리의 유니폼을 바꾸기로 결정했다는 소식을 들었나요? Ms. Campos가 방금 제게 디자인을 보여줬어요.

M: 오, 잘됐네요. 지금 우리가 입는 것들은 조금 구식처럼 보여요.

W: 네, 우리는 검은색 바지와 검은색 와이셔츠를 입게 될 거예요. 그것들은 굉장히 전문적이고 현대적으로 보여요.

M: 동의해요. 게다가, 검은색은 얼룩을 더 잘 숨겨줄 거예요. ⁴⁵저는 지난주에 일을 하던 중 어쩌다가 흰 셔츠에 펜 자국을 냈어요. 운 좋게도, 창고 수납장에 여벌이 있었어요. ⁴⁶며칠부터 변경되나요?

W: 사실 그것에 대해서는 확실하지 않아요. 저는 단지 우리가 옛날 유니폼을 더 이상 입지 않는다는 것이 신나네요.

44. 화자들은 주로 무엇에 관해 이야기하고 있는가?
(A) 다가오는 회의
(B) 메뉴 디자인
(C) 일정 업데이트
(D) 새로운 유니폼

45. 남자는 지난주에 무엇을 했는가?
(A) 의복을 손상시켰다.
(B) 얼룩을 제거하였다.
(C) 수납장에 물건들을 넣어 놓았다.
(D) 여분의 펜을 주문했다.

46. 남자는 여자에게 무엇에 관해 문의하는가?
(A) 결정의 이유
(B) 변경되는 날짜
(C) 행사의 장소
(D) 허가의 필요성

지문 outdated [àutdéitid] 구식의, 낡은 button-up shirt 와이셔츠 stain [stein] 얼룩 make the switch 변경하다, 바꾸다

46 authorization [미 ɔ̀:θərəzéiʃən, 영 ɔ̀:θəraizéiʃən] 허가, 인가

---

44 ■ 전체 대화 관련 문제 주제   정답 (D)

대화의 주제를 묻는 문제이므로, 대화의 초반을 주의 깊게 들은 후 전체 맥락을 파악한다. 여자가 "Did you hear the managers decided to change our uniforms?"라며 관리자들이 유니폼을 바꾸기로 결정했다는 것을 알고 있는지 묻고, 새로운 유니폼의 디자인과 기존 유니폼의 문제점에 대한 내용으로 대화가 이어지고 있다. 따라서 정답은 (D) New Uniforms이다.

45 ■ 세부 사항 관련 문제 특정 세부 사항   정답 (A)

남자가 지난주에 한 것을 묻는 문제이므로, 질문의 핵심어구(last week)가 언급된 주변을 주의 깊게 듣는다. 남자가 "I somehow got some pen marks on my white shirt while working last week."라며 지난주에 일을 하던 중 어쩌다가 흰 셔츠에 펜 자국을 냈다고 하였다. 따라서 정답은 (A) Damaged a clothing item이다.

46 ■ 세부 사항 관련 문제 특정 세부 사항   정답 (B)

남자가 여자에게 문의하는 것을 묻는 문제이므로, 남자의 말을 주의 깊게 듣는다. 남자가 "Which day will we make the switch?"라며 며칠에 변경될 것인지를 물었다. 따라서 정답은 (B) The date of a change이다.

Questions 47-49 refer to the following conversation.

🔊 캐나다식 발음 → 영국식 발음

M: ⁴⁷You're in charge of organizing tomorrow's architecture team gathering, correct?

W: ⁴⁷Yeah. I've finalized all the activities that are gonna take place. Those details will be included in the reminder e-mail that I'll be sending to attendees before lunch. But why do you ask? Does anything need to be changed?

M: Yes, actually. ⁴⁸Helen's presentation on modern design is going to be longer than originally expected, so please allow her an extra 15 minutes. Also, Oliver will be unable to attend. He must give a consultation to an important client instead. So, ⁴⁹we should remove him from the agenda entirely.

W: No problem. ⁴⁹I'll take care of those updates right now.

47 What is the woman in charge of?
(A) Hiring new architects
(B) Correcting an e-mail error
(C) Planning a meeting
(D) Gathering some files

48 Why will more time be allowed for Helen?
(A) She lives far away from a building.
(B) She has not finished a design.
(C) She will be showing a visitor around.
(D) She needs more time for a presentation.

49 What will the woman most likely do next?
(A) Photocopy some printouts
(B) Revise an agenda
(C) Reserve a conference room
(D) Take a lunch break

47-49번은 다음 대화에 관한 문제입니다.

M: ⁴⁷당신은 내일 있을 건축팀 회의를 준비하는 것을 담당하고 있죠, 맞나요?

W: ⁴⁷네, 저는 진행될 모든 활동들을 마무리 지었어요. 그 세부 사항들은 제가 점심 전에 참석자들에게 발송할 알림 이메일에 포함될 거예요. 그런데 왜 물어보시나요? 무언가가 변경되어야 하나요?

M: 사실, 그래요. ⁴⁸현대 디자인에 관한 Helen의 발표가 원래 예상되던 것보다 더 길어질 테니, 그녀에게 추가로 15분을 할당해주세요. 또한, Oliver가 참석하지 못할 거예요. 그 대신에 그는 중요한 고객에게 상담을 해드려야 하거든요. 그래서, ⁴⁹우리는 그를 의사일정에서 완전히 삭제해야 해요.

W: 문제없어요. ⁴⁹지금 바로 그 최신 정보들을 처리할게요.

47. 여자는 무엇을 담당하는가?
(A) 새로운 건축가들을 고용하는 것
(B) 이메일 오류를 수정하는 것
(C) 회의를 계획하는 것
(D) 파일들을 모으는 것

48. 왜 Helen에게 더 많은 시간이 할당될 것인가?
(A) 그녀는 건물에서 멀리 떨어진 곳에 거주한다.
(B) 그녀는 디자인을 완성하지 않았다.
(C) 그녀는 방문객에게 구경을 시켜줄 것이다.
(D) 그녀는 발표에 더 많은 시간이 필요하다.

49. 여자는 다음에 무엇을 할 것 같은가?
(A) 인쇄물들을 복사한다.
(B) 의사일정을 수정한다.
(C) 회의실을 예약한다.
(D) 점심시간을 갖는다.

지문 in charge of ~을 담당하는 organize[ɔ́:rgənàiz] 준비하다 architecture[á:rkitèktʃər] 건축, 건축물 finalize[fáinəlàiz] 마무리 짓다, 완성하다 attendee[ətèndí:] 참석자 modern[mádərn] 현대의 allow[əláu] 할당하다 consultation[kànsəltéiʃən] 상담, 협의 agenda[ədʒéndə] 의사일정
47 architect[á:rkətèkt] 건축가 gather[gǽðər] 모으다 48 show around ~에게 구경을 시켜주다
49 photocopy[fóutoukɑ:pi] 복사하다 printout[príntàut] 인쇄물 revise[riváiz] 수정하다 conference room 회의실

47 ■ 세부 사항 관련 문제 특정 세부 사항   정답 (C)
○○○
●●● 여자가 담당하는 것을 묻는 문제이므로, 질문의 핵심어구(in charge of)가 언급된 주변을 주의 깊게 듣는다. 남자가 여자에게 "You're in
중   charge of organizing tomorrow's architecture team gathering, correct?"라며 여자가 내일 있을 건축팀 회의를 준비하는 것을 담당하고 있는 것이 맞는지 묻자, 여자가 "Yeah."라며 그렇다고 하였다. 따라서 정답은 (C) Planning a meeting이다.

바꾸어 표현하기
organizing ~ gathering 회의를 준비하는 것 → Planning a meeting 회의를 계획하는 것

48 ■ 세부 사항 관련 문제 이유   정답 (D)
○○○
●●● Helen에게 더 많은 시간이 할당될 이유를 묻는 문제이므로, 질문의 핵심어구(Helen)가 언급된 주변을 주의 깊게 듣는다. 남자가 "Helen's
중   presentation ~ is going to be longer than originally expected, so please allow her an extra 15 minutes."라며 Helen의 발표가 원래 예상되던 것보다 더 길어질 테니 그녀에게 추가로 15분을 할당해달라고 하였다. 따라서 정답은 (D) She needs more time for a presentation이다.

49 ■ 세부 사항 관련 문제 다음에 할 일   정답 (B)
○○○
●●● 여자가 다음에 할 일을 묻는 문제이므로, 대화의 마지막 부분을 주의 깊게 듣는다. 남자가 "we should remove him[Oliver] from the
상   agenda entirely"라며 Oliver를 의사일정에서 완전히 삭제해야 한다고 하자, 여자가 "I'll take care of those updates right now."라며 지금 바로 그 최신 정보들을 처리하겠다고 하였다. 따라서 정답은 (B) Revise an agenda이다.

Questions 50-52 refer to the following conversation with three speakers.

🔊 캐나다식 발음 → 미국식 발음 → 호주식 발음

M1: Good afternoon. Can I help you with something?

W: Yes. ⁵⁰I'm looking for a product to relieve my back pain. Do you sell some sort of cream or gel that can do that?

M1: What's our best seller in that category, Alex?

M2: That would be FiberSoothe. But ⁵¹how much discomfort are you experiencing?

W: Hmm . . . It hurts when I bend over and also when I walk.

M2: Well, FiberSoothe might help a little, but ⁵²you should really see a specialist and get a proper prescription.

W: OK. ⁵²I'll do that this afternoon. Thanks for your advice.

50 Where most likely is the conversation taking place?
(A) In a doctor's office
(B) In a bookstore
(C) In a warehouse
(D) In a pharmacy

51 What information does Alex require from the woman?
(A) The name of a product
(B) The time of an appointment
(C) The availability of an item
(D) The severity of a condition

52 What will the woman probably do this afternoon?
(A) Try a free sample
(B) Read a pamphlet
(C) Consult a doctor
(D) Get some exercise

50-52번은 다음 세 명의 대화에 관한 문제입니다.

M1: 안녕하세요. 무언가 도와드릴까요?

W: 네. ⁵⁰제 허리 통증을 완화시킬 제품을 찾고 있어요. 그렇게 할 수 있는 크림이나 젤 같은 것을 판매하시나요?

M1: 그 부문에서 가장 잘 팔리는 것이 무엇인가요, Alex?

M2: FiberSoothe네요. 그런데 ⁵¹어느 정도의 불편함을 겪고 계신가요?

W: 흠… 제가 몸을 굽힐 때 아프고 걸을 때도 아파요.

M2: 음, FiberSoothe가 조금은 도움을 주겠지만, ⁵²반드시 전문의를 만나 적절한 처방을 받으셔야 해요.

W: 네. ⁵²오늘 오후에 그렇게 할게요. 조언 감사합니다.

50. 대화는 어디에서 일어나고 있는 것 같은가?
(A) 진료실에서
(B) 서점에서
(C) 창고에서
(D) 약국에서

51. Alex는 여자로부터 어떤 정보를 필요로 하는가?
(A) 상품의 이름
(B) 약속 시간
(C) 품목의 유효성
(D) 상태의 심각성

52. 여자는 오늘 오후에 무엇을 할 것 같은가?
(A) 무료 샘플을 시험해본다.
(B) 팸플릿을 읽어본다.
(C) 의사에게 상담한다.
(D) 약간의 운동을 한다.

지문 relieve[rilíːv] 완화하다, 덜다 discomfort[미 diskʌ́mfərt, 영 diskʌ́mfət] 불편함 bend over 몸을 굽히다 specialist[spéʃəlist] 전문의, 전문가 prescription[priskrípʃən] 처방
50 warehouse[미 wérhàus, 영 wéəhaus] 창고 pharmacy[미 fáːrməsi, 영 fáːməsi] 약국
51 availability[əvèiləbíləti] 유효성, 이용 가능성 severity[səvérəti] 심각성, 격렬함
52 consult[kənsʌ́lt] 상담하다, 상의하다

50 ■ 전체 대화 관련 문제 장소   정답 (D)

대화가 일어나는 장소를 묻는 문제이므로, 장소와 관련된 표현을 놓치지 않고 듣는다. 여자가 "I'm looking for a product to relieve my back pain."이라며 허리 통증을 완화시킬 제품을 찾고 있다고 한 뒤, "Do you sell some sort of cream or gel that can do that?"이라며 그렇게 할 수 있는 크림이나 젤 같은 것을 판매하는지 물었다. 이를 통해 약국에서 대화가 이루어지고 있음을 알 수 있다. 따라서 정답은 (D) In a pharmacy이다.

51 ■ 세부 사항 관련 문제 특정 세부 사항   정답 (D)

Alex, 즉 남자 2가 여자로부터 필요로 하는 정보를 묻는 문제이므로, 남자 2의 말을 주의 깊게 듣는다. 남자 2가 "how much discomfort are you experiencing?"이라며 여자가 어느 정도의 불편함을 겪고 있는지 물었다. 따라서 정답은 (D) The severity of a condition이다.

52 ■ 세부 사항 관련 문제 다음에 할 일   정답 (C)

여자가 오늘 오후에 할 일을 묻는 문제이므로, 질문의 핵심어구(this afternoon)가 언급된 주변을 주의 깊게 듣는다. 남자가 "you should really see a specialist and get a proper prescription"이라며 반드시 전문의를 만나 적절한 처방을 받아야 한다고 하자, 여자가 "I'll do that this afternoon."이라며 오늘 오후에 그렇게 하겠다고 하였다. 따라서 정답은 (C) Consult a doctor이다.

Questions 53-55 refer to the following conversation with three speakers.

53-55번은 다음 세 명의 대화에 관한 문제입니다.

🔊 호주식 발음 → 미국식 발음 → 영국식 발음

M: Excuse me. ⁵³I'm hoping to learn more about your Chinese language classes, since many of my clients are based in China.

W1: Our course of business Chinese should be perfect for you. Oh, the instructor is coming down the hallway now. ⁵⁴Jenny, can you provide some details about your class?

W2: Sure. We focus on expressions used in corporate settings. We meet twice weekly for two months. And ⁵⁴the next course starts on June 2—this Friday.

M: Hmm . . . Two months? That'll be difficult for me, as I'm traveling to Hong Kong in July.

W2: In that case, there's another one starting in August.

W1: Yes, and ⁵⁵you'll also be eligible for an advance registration discount if you enroll at our institute before July 10.

M: Great. ⁵⁵I'll sign up for it now.

M: 실례합니다. 제 많은 거래처들이 중국에 본사를 두고 있기 때문에, ⁵³당신의 중국어 수업에 관해 더 알고 싶어요.

W1: 저희의 비즈니스 중국어 강사가 귀하에게 안성맞춤일 거예요. 아, 지금 강사가 복도를 걸어 내려오고 있네요. ⁵⁴Jenny, 당신의 수업에 관한 세부 사항을 좀 제공해주시겠어요?

W2: 그럼요. 저희는 회사를 배경으로 사용되는 표현들에 중점을 둡니다. 두 달 동안 일주일에 두 번씩 만나요. 그리고 ⁵⁴다음 강좌는 이번 주 금요일인 6월 2일에 시작해요.

M: 흠… 두 달이요? 제가 7월에 홍콩에 갈 거라서, 그건 어려울 것 같은데요.

W2: 그렇다면, 8월에 시작하는 또 다른 강좌가 있습니다.

W1: 네, 그리고 ⁵⁵만약 귀하가 7월 10일 전에 저희 강좌에 등록하신다면 사전 등록 할인에도 자격이 있으실 거예요.

M: 좋아요. ⁵⁵지금 그것에 등록할게요.

53 What are the speakers mainly discussing?
(A) International travel plans
(B) Foreign language lessons
(C) An overseas branch opening
(D) An educational publication

53. 화자들은 주로 무엇에 관해 이야기하고 있는가?
(A) 해외여행 계획
(B) 외국어 수업
(C) 해외 지점 개설
(D) 교육 출판물

54 What information does Jenny provide?
(A) The costs of enrollment
(B) The number of students
(C) The start date of a course
(D) The material list for a class

54. Jenny는 무슨 정보를 제공하는가?
(A) 등록 비용
(B) 학생들 수
(C) 강좌 시작 날짜
(D) 수업 자료 목록

55 What is the man eligible to receive?
(A) A special fee reduction
(B) A free online lecture
(C) A membership upgrade
(D) A complimentary handout

55. 남자는 무엇을 받을 자격이 있는가?
(A) 특별 가격 할인
(B) 무료 온라인 강의
(C) 회원권 승급
(D) 무료 유인물

지문 based in ~에 본사를 둔 instructor[instrʌ́ktər] 강사 eligible[élidʒəbl] 자격이 있는 institute[ínstətjùːt] (단기의 특수) 강좌
53 publication[pʌ̀bləkéiʃən] 출판물 55 reduction[ridʌ́kʃən] 할인 complimentary[kàmpləméntəri] 무료의 handout[hǽndaut] 유인물

53 ■ 전체 대화 관련 문제 주제   정답 (B)

대화의 주제를 묻는 문제이므로, 대화의 초반을 주의 깊게 들은 후 전체 맥락을 파악한다. 남자가 "I'm hoping to learn more about your Chinese language classes"라며 중국어 수업에 관해 더 알고 싶다고 한 뒤, 중국어 수업에 관한 내용으로 대화가 이어지고 있다. 따라서 정답은 (B) Foreign language lessons이다.

54 ■ 세부 사항 관련 문제 특정 세부 사항   정답 (C)

Jenny 즉, 여자 2가 제공하는 정보를 묻는 문제이므로, 질문의 핵심어구(information ~ Jenny provide)와 관련된 내용을 주의 깊게 듣는다. 여자 1이 "Jenny, can you provide some details about your class?"라며 Jenny에게 수업에 관한 세부 사항을 좀 제공해달라고 하자, 여자 2[Jenny]가 "the next course starts on June 2"라며 다음 강좌는 6월 2일에 시작한다고 하였다. 따라서 정답은 (C) The start date of a course이다.

55 ■ 세부 사항 관련 문제 특정 세부 사항   정답 (A)

남자가 받을 자격이 있는 것을 묻는 문제이므로, 질문의 핵심어구(eligible)가 언급된 주변을 주의 깊게 듣는다. 여자 1이 남자에게 "you'll also be eligible for an advance registration discount if you enroll ~ before July 10"라며 만약 남자가 7월 10일 전에 등록한다면 사전 등록 할인에도 자격이 있다고 하자, 남자가 "I'll sign up for it now."라며 지금 등록하겠다고 하였다. 이를 통해 남자가 특별 가격 할인을 받을 자격이 있음을 알 수 있다. 따라서 정답은 (A) A special fee reduction이다.

Questions 56-58 refer to the following conversation.

🔊 영국식 발음 → 캐나다식 발음

W: Hi Garrett. I'm meeting with the CEO of Quebec Industrial at their offices in 20 minutes, but ⁵⁶I don't have last year's sales report with me. I printed out a copy, but I must have left it on my desk.

M: Oh, I have it here. ⁵⁷Would you like me to scan and e-mail it to you?

W: That would be great. I was hoping to have a paper copy, but that will do.

M: Alright. But, uh, ⁵⁸do you need it right this minute? Brad is using the scanner.

W: Don't worry. As long as I get it before the meeting . . . Thanks!

56 What problem does the woman describe?
(A) She is late for a meeting.
(B) She cannot find an office.
(C) She may not meet a deadline.
(D) She forgot to bring a report.

57 What does the man offer to do?
(A) Send an electronic copy
(B) Check an e-mail account
(C) Reschedule a conference
(D) Edit a document

58 What does the man imply when he says, "Brad is using the scanner"?
(A) A device is functioning as expected.
(B) A coworker will be able to do an assignment.
(C) A task cannot be performed immediately.
(D) A worker can fix some equipment later.

56-58번은 다음 대화에 관한 문제입니다.

W: 안녕하세요, Garrett. 저는 20분 뒤에 Quebec Industrial의 CEO와 그들의 사무실에서 만날 예정인데, ⁵⁶작년의 매출 보고서를 가지고 있지 않아요. 사본을 출력했는데, 제 책상에 두고 온 것이 틀림없어요.

M: 오, 여기에 있네요. ⁵⁷이것을 스캔해서 이메일로 보내드릴까요?

W: 그렇게 해 주시면 아주 좋겠네요. 저는 종이로 된 복사본을 가지고 싶었지만, 그것도 괜찮을 거예요.

M: 좋아요. 그런데, 어, ⁵⁸지금 당장 필요한가요? Brad가 스캐너를 사용하고 있어요.

W: 걱정 마세요. 회의 전까지만 받을 수 있다면… 감사합니다!

56. 여자는 무슨 문제를 말하는가?
(A) 그녀는 회의에 늦었다.
(B) 그녀는 사무실을 찾을 수 없다.
(C) 그녀는 마감 기한을 맞추지 못할 수도 있다.
(D) 그녀는 보고서를 가지고 오는 것을 잊었다.

57. 남자는 무엇을 해주겠다고 제안하는가?
(A) 전자 사본을 발송한다.
(B) 메일 계정을 확인한다.
(C) 회의 일정을 변경한다.
(D) 문서를 편집한다.

58. 남자는 "Brad가 스캐너를 사용하고 있어요"라고 말할 때 무엇을 의도하는가?
(A) 기기가 예상한 대로 작동하고 있다.
(B) 동료 직원이 과제를 수행할 수 있을 것이다.
(C) 업무가 바로 행해질 수 없다.
(D) 직원이 나중에 기기를 수리할 수 있다.

지문 print out 출력하다
58 assignment [əsáinmənt] 과제, 임무

56 ■ 세부 사항 관련 문제 문제점 　　　　　　　　　　　　　　　　　　　　　　　　　　　　　정답 (D)
여자가 말하는 문제점을 묻는 문제이므로, 여자의 말에서 부정적인 표현이 언급된 다음을 주의 깊게 듣는다. 여자가 "I don't have last year's sales report with me."라며 작년의 매출 보고서를 가지고 있지 않다고 한 뒤, "I printed out a copy, but I must have left it on my desk."라며 사본을 출력하였으나 책상에 두고 온 것이 틀림없다고 하였다. 따라서 정답은 (D) She forgot to bring a report 이다.

57 ■ 세부 사항 관련 문제 제안 　　　　　　　　　　　　　　　　　　　　　　　　　　　　　정답 (A)
남자가 해주겠다고 제안하는 것을 묻는 문제이므로, 남자의 말에서 여자를 위해 해주겠다고 언급한 내용을 주의 깊게 듣는다. 남자가 "Would you like me to scan and e-mail it[sales report] to you?"라며 매출 보고서를 스캔하여 이메일로 보내주는 것을 제안하였다. 따라서 정답은 (A) Send an electronic copy이다.

58 ■ 세부 사항 관련 문제 의도 파악 　　　　　　　　　　　　　　　　　　　　　　　　　　　정답 (C)
남자가 하는 말의 의도를 묻는 문제이므로, 질문의 인용어구(Brad is using the scanner)가 언급된 주변을 주의 깊게 듣는다. 남자가 "do you need it[copy] right this minute?"라며 사본이 지금 당장 필요한지 질문한 것을 통해 스캔이 지금 바로 행해질 수 없음을 전달하려는 의도임을 알 수 있다. 따라서 정답은 (C) A task cannot be performed immediately이다.

Questions 59-61 refer to the following conversation.

🎧 캐나다식 발음 → 영국식 발음

M: Ms. Martinez, it's Phillip Gray calling from Kerman and Associates. ⁵⁹Have you had a chance to review the revised contract we sent you last week?

W: ⁶⁰Our legal team is taking a look at it now, Mr. Gray. They've told me most of the contract looks satisfactory, but some small changes will need to be made to the section on licensing fees.

M: That sounds great. By the way, ⁶¹I heard that your corporation's soft drink Orange Lite has become quite popular in Mexico ever since it was introduced this spring. Congratulations on the success thus far.

W: Thank you. Yes, sales have definitely outperformed our expectations. We hope to make the most of the drink's popularity by continuing to expand distribution in the coming quarters.

59 Why does the man call the woman?
(A) To follow up on an agreement
(B) To discuss unpaid charges
(C) To describe service coverage
(D) To encourage an expansion

60 What does the woman say about the legal team?
(A) It has been downsized.
(B) It is checking a document.
(C) It has acquired a license.
(D) It is being evaluated.

61 Why does the man congratulate the woman?
(A) A firm has received an award.
(B) A safety inspection was passed.
(C) A distributor has been contracted.
(D) A product has attracted attention.

59-61번은 다음 대화에 관한 문제입니다.

M: Ms. Martinez, 저는 Kerman and Associates사에서 전화드리는 Phillip Gray입니다. ⁵⁹저희가 지난주에 보내드린 수정된 계약서를 검토할 기회가 있으셨나요?

W: ⁶⁰지금 저희의 법률팀이 그것을 살펴보고 있습니다, Mr. Gray. 그들은 제게 계약서 대부분이 만족스러워 보이지만, 특허권 사용료에 관한 부분에 몇 가지 작은 변경들이 있어야 할 것이라고 말했습니다.

M: 좋습니다. 그건 그렇고, ⁶¹저는 당신의 회사의 청량음료인 Orange Lite이 올봄에 멕시코에서 선보여진 이후로 줄곧 꽤 인기가 있다고 들었어요. 지금까지의 성공을 축하드립니다.

W: 감사합니다. 네, 판매량이 확실히 저희의 예상을 능가했어요. 저희는 다음 분기들에 계속해서 유통을 확장함으로써 그 음료의 인기를 최대한 활용함을 기대해요.

59. 남자는 왜 여자에게 전화하는가?
(A) 계약에 대해 더 알아보기 위해
(B) 미납 요금에 관해 논의하기 위해
(C) 서비스 적용 범위를 설명하기 위해
(D) 확장을 권하기 위해

60. 여자는 법률팀에 관해 무엇을 말하는가?
(A) 축소되었다.
(B) 서류를 살피고 있다.
(C) 특허를 획득했다.
(D) 평가받고 있다.

61. 남자는 왜 여자를 축하하는가?
(A) 회사가 상을 받았다.
(B) 안전 점검이 통과되었다.
(C) 유통 업체가 계약되었다.
(D) 상품이 주목을 받았다.

지문 **satisfactory**[sætisfǽktəri] 만족스러운 **licensing fee** 특허권 사용료 **corporation**[kɔ̀ːrpəréiʃən] 회사 **introduce**[ìntrədjúːs] 선보이다 **outperform**[미 àutpərfɔ́ːrm, 영 àutpəfɔ́ːm] 능가하다, 더 나은 결과를 내다 **make the most of** ~을 최대한 활용하다 **expand**[ikspǽnd] 확장하다 **distribution**[미 dìstrəbjúːʃən, 영 dìstribjúːʃən] 유통 **quarter**[미 kwɔ́ːrtər, 영 kwɔ́ːtə] 분기

59 **follow up** 더 알아보다 **unpaid**[ʌ̀npéid] 미납의 **coverage**[kʌ́vəridʒ] 적용 범위 **encourage**[inkɔ́ːridʒ] 권하다

60 **downsize**[dáunsaiz] 축소하다 **acquire**[əkwáiər] 획득하다, 얻다

61 **inspection**[inspékʃən] 점검, 검사 **distributor**[distríbjutər] 유통 업체 **attract**[ətrǽkt] 받다, 끌다 **attention**[əténʃən] 주목, 집중

59 ■ 전체 대화 관련 문제 목적

정답 (A)

남자가 여자에게 전화를 건 목적을 묻는 문제이므로, 대화의 초반을 반드시 듣는다. 남자가 여자에게 "Have you had a chance to review the revised contract we sent you last week?"이라며 자신들이 지난주에 보낸 수정된 계약서를 검토할 기회가 있었는지 물었다. 이를 통해 남자가 계약에 대해 더 알아보기 위해 전화했음을 알 수 있다. 따라서 정답은 (A) To follow up on an agreement 이다.

60 ■ 세부 사항 관련 문제 언급

정답 (B)

여자가 법률팀에 관해 언급하는 것을 묻는 문제이므로, 여자의 말에서 질문의 핵심어구(legal team)가 언급된 주변을 주의 깊게 듣는다. 여자가 "Our legal team is taking a look at it[contract] now"라며 지금 법률팀이 계약서를 살펴보고 있다고 하였다. 따라서 정답은 (B) It is checking a document이다.

바꾸어 표현하기

taking a look at ~을 살펴보고 있다 → checking 살피고 있다

61 ■ 세부 사항 관련 문제 이유

정답 (D)

남자가 여자를 축하하는 이유를 묻는 문제이므로, 질문의 핵심어구(congratulate)와 관련된 내용을 주의 깊게 듣는다. 남자가 "I heard that your corporation's soft drink ~ has become quite popular ~. Congratulations on the success thus far."라며 여자의 회사의 청량음료가 꽤 인기 있다는 것을 들었다고 한 뒤, 지금까지의 성공을 축하한다고 하였다. 따라서 정답은 (D) A product has attracted attention이다.

Questions 62-64 refer to the following conversation and table.

🎧 호주식 발음 → 미국식 발음

M: Ms. Lynch, ⁶²I just checked the pharmacy's inventory, and ⁶³we're running low on cough medicine.

W: I'm not surprised. ⁶³We're entering the flu season, and we've already had many people coming in to buy that.

M: Should I contact the pharmaceutical manufacturers and place additional orders?

W: Please do. Also, let's get extra pain relief drugs, since our supply of that needs to be replenished, too. I meant to order more last week but forgot to.

M: I'll do that. And ⁶⁴as for the pain relief medicine, I'll get the one with the lowest per-pill cost, as customers seem to prefer that brand.

Pain Relief Medication	Price Per Box	Price Per Pill
UltraMed	$3.50	10¢
⁶⁴NoAche	$4.50	8¢
HealFast	$5.50	12¢
SootheNow	$7.50	9¢

62 What did the man already do?
(A) Cleared products from the shelves
(B) Contacted a drug manufacturer
(C) Assisted some customers
(D) Reviewed stock levels

63 Why is cough medicine in short supply?
(A) An illness is common at the moment.
(B) A delivery has not arrived on schedule.
(C) A firm has stopped producing goods.
(D) A new brand was recently released.

64 Look at the graphic. Which item will the man order?
(A) UltraMed
(B) NoAche
(C) HealFast
(D) SootheNow

62-64번은 다음 대화와 표에 관한 문제입니다.

M: Ms. Lynch, ⁶²제가 방금 약국의 재고를 확인했는데, ⁶³우리는 기침약이 떨어져 가고 있어요.

W: 놀랄 일도 아니죠. ⁶³독감 철에 접어들었고, 그것을 사려고 오는 사람들이 이미 많았잖아요.

M: 제약 업체들에 연락해서 추가 주문을 해야 할까요?

W: 그렇게 해주세요. 또한, 추가 진통제들의 재고품도 보충되어야 하니까, 그것들도 구해봐요. 제가 지난주에 더 주문할 생각이었는데 잊어버렸어요.

M: 그렇게 할게요. 그리고 고객들이 그 브랜드를 선호하는 것 같으니, ⁶⁴진통제에 관해서는, 한 알당 가격이 가장 낮은 것으로 살게요.

진통제	상자당 가격	한 알당 가격
UltraMed	3.50달러	10센트
⁶⁴NoAche	4.50달러	8센트
HealFast	5.50달러	12센트
SootheNow	7.50달러	9센트

62. 남자는 이미 무엇을 했는가?
(A) 선반에서 제품들을 치웠다.
(B) 제약 업체에 연락했다.
(C) 몇몇 고객들을 도왔다.
(D) 재고 수준을 확인했다.

63. 기침약은 왜 재고품이 부족한가?
(A) 현재 질병이 흔하다.
(B) 배송이 예정대로 도착하지 않았다.
(C) 회사가 제품을 생산하는 것을 중단했다.
(D) 최근에 새로운 브랜드가 출시되었다.

64. 시각 자료를 보시오. 남자는 어느 품목을 주문할 것인가?
(A) UltraMed
(B) NoAche
(C) HealFast
(D) SootheNow

지문 pharmacy[미 fáːrməsi, 영 fáːməsi] 약국 inventory[미 ínvəntɔːri, 영 ínvəntəri] 재고 run low on 떨어져 가다 cough[미 kɔːf, 영 kɔf] 기침 enter[éntər] 접어들다 supply[səplái] 재고품, 공급 replenish[ripléniʃ] 보충하다 mean to ~할 생각이다 as for ~에 관해서
62 clear[kliər] 치우다 shelf[ʃelf] 선반 stock[stɑk] 재고
63 illness[síknis] 질병 on schedule 예정대로 produce[prədjúːs] 생산하다

62　■ 세부 사항 관련 문제　특정 세부 사항

남자가 이미 한 것을 묻는 문제이므로, 질문의 핵심어구(man already do)와 관련된 내용을 주의 깊게 듣는다. 남자가 "I just checked the pharmacy's inventory"라며 자신이 방금 약국의 재고를 확인했다고 하였다. 따라서 정답은 (D) Reviewed stock levels이다.

바꾸어 표현하기

checked ~ inventory 재고를 확인했다 → Reviewed stock levels 재고 수준을 확인했다

63　■ 세부 사항 관련 문제　이유

정답 (A)

기침약이 재고품이 부족한 이유를 묻는 문제이므로, 질문의 핵심어구(cough medicine)가 언급된 부분을 주의 깊게 듣는다. 남자가 "we're running low on cough medicine"이라며 기침약이 떨어져 가고 있다고 하자, 여자가 "We're entering the flu season, and we've already had many people coming in to buy that."이라며 독감 철에 접어들었고 그것을 사려고 오는 사람들이 이미 많았다고 하였다. 따라서 정답은 (A) An illness is common at the moment이다.

바꾸어 표현하기

in short supply 재고품이 부족한 → running low 떨어져 가고 있는

64　■ 세부 사항 관련 문제　시각 자료

정답 (B)

남자가 주문할 품목을 묻는 문제이므로, 제시된 표의 정보를 확인한 뒤 질문의 핵심어구(item ~ man order)와 관련된 내용을 주의 깊게 듣는다. 남자가 "as for the pain relief medicine, I'll get the one with the lowest per-pill cost"라며 진통제에 관해서는 한 알당 가격이 가장 낮은 것으로 사겠다고 하였으므로, 남자가 주문할 품목은 한 알당 가격이 가장 저렴한 NoAche임을 표에서 알 수 있다. 따라서 정답은 (B) NoAche이다.

Questions 65-67 refer to the following conversation and map.

🎧 캐나다식 발음 → 영국식 발음

M: ⁶⁵Thanks for calling Tuscan Sun Excursions. What can I help you with today?

W: ⁶⁵Do you offer guided tours of art galleries around the area? I'm hoping to view some during my four-day trip here.

M: Absolutely. Our art tour stops by the city's three major museums. It takes place twice daily and begins right outside our office on Truro Avenue.

W: Oh, ⁶⁶I'm actually hoping to browse smaller galleries. There's one at the intersection of Riviera Street and Fresco Road . . . umm . . . just opposite the theater downtown.

M: Hmm . . . Our company doesn't provide tours there, unfortunately. But ⁶⁷I can give you the phone number of Complete Activities—another tourism firm in the area. They offer tours of those locations.

65-67번은 다음 대화와 약도에 관한 문제입니다.

M: ⁶⁵Tuscan Sun 여행사에 전화 주셔서 감사합니다. 오늘 무엇을 도와드릴까요?

W: ⁶⁵귀사는 이 지역 주변의 미술관들에 대한 가이드 투어를 제공하시나요? 저는 여기에서 4일간의 여행 동안 몇 군데를 둘러보길 바라고 있어요.

M: 물론입니다. 저희 미술 투어는 이 도시의 주요 미술관 세 곳에 들립니다. 그것은 하루에 두 번 진행되며 Truro가에 있는 저희 사무실 바로 밖에서 출발합니다.

W: 아, ⁶⁶사실 저는 더 소규모의 미술관들을 둘러보길 바라고 있어요. Riviera가와 Fresco로의 교차로에 하나가 있던데요… 음… 시내에 있는 극장 바로 맞은편에요.

M: 흠… 유감스럽게도, 저희 회사는 그곳의 투어는 제공하지 않습니다. 하지만 ⁶⁷이 지역에 있는 또 다른 여행사인 Complete Activities사의 전화번호를 알려드릴 수 있습니다. 그들은 그 장소들의 투어를 제공해요.

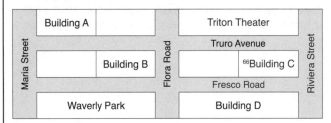

65 What industry does the man most likely work in?
(A) Education
(B) Travel
(C) Art
(D) Legal

66 Look at the graphic. Where most likely does the woman want to go?
(A) To Building A
(B) To Building B
(C) To Building C
(D) To Building D

67 What does the man offer to do?
(A) Provide contact information
(B) Make some reservations
(C) Get a map of a downtown area
(D) Telephone a local gallery

65. 남자는 어떤 산업에서 일하는 것 같은가?
(A) 교육
(B) 관광
(C) 예술
(D) 법률

66. 시각 자료를 보시오. 여자는 어디에 가고 싶어 하는 것 같은가?
(A) 건물 A에
(B) 건물 B에
(C) 건물 C에
(D) 건물 D에

67. 남자는 무엇을 해주겠다고 제안하는가?
(A) 연락처를 제공한다.
(B) 예약을 한다.
(C) 시내 지역의 약도를 구한다.
(D) 현지 미술관에 전화를 건다.

지문 art gallery 미술관 view [vjuː] 둘러보다 browse [brauz] 둘러보다 intersection [미 ìntərsékʃən, 영 ìntəsékʃən] 교차로
opposite [미 ápəzit, 영 ɔ́pəzit] 맞은편에 tourism [túərizm] 여행, 관광
67 telephone [téləfòun] 전화를 걸다

65 ■ 전체 지문 관련 문제 화자

정답 (B)

남자가 일하는 산업을 묻는 문제이므로, 신분 및 직업과 관련된 표현을 놓치지 않고 듣는다. 남자가 "Thanks for calling Tuscan Sun Excursions."라며 Tuscan Sun 여행사에 전화해 준 것에 감사하다고 한 뒤, 여자가 "Do you offer guided tours of art galleries around the area? I'm hoping to view some during my four-day trip here."라며 남자의 회사가 이 지역 주변의 미술관들에 대한 가이드 투어를 제공하는지를 묻고, 자신이 4일간의 여행 동안 몇 군데의 미술관들을 둘러보길 원한다고 하였다. 이를 통해 남자가 관광 산업에 종사하고 있음을 알 수 있다. 따라서 정답은 (B) Travel이다.

66 ■ 세부 사항 관련 문제 시각 자료

정답 (C)

여자가 가고 싶어 하는 장소를 묻는 문제이므로, 제시된 약도의 정보를 확인한 뒤 질문의 핵심어구(woman want to go)와 관련된 내용을 주의 깊게 듣는다. 여자가 "I'm actually hoping to browse smaller galleries. There's one at the intersection of Riviera Street and Fresco Road ~ just opposite the theater downtown."라며 자신은 더 소규모의 미술관들을 둘러보길 바라고 있다고 한 뒤, Riviera가와 Fresco로의 교차로에 하나가 있는데 그것은 시내에 있는 극장 바로 맞은편이라고 하였으므로, 여자가 가고 싶어 하는 장소는 건물 C임을 약도에서 알 수 있다. 따라서 정답은 (C) To Building C이다.

67 ■ 세부 사항 관련 문제 제안

정답 (A)

남자가 해주겠다고 제안하는 것을 묻는 문제이므로, 남자의 말에서 여자를 위해 해주겠다고 언급된 내용을 주의 깊게 듣는다. 남자가 "I can give you the phone number of ~ another tourism firm in the area"라며 이 지역에 있는 또 다른 여행사의 전화번호를 알려줄 수 있다고 하였다. 따라서 정답은 (A) Provide contact information이다.

바꾸어 표현하기

give ~ phone number 전화번호를 알려주다 → Provide contact information 연락처를 제공하다

Questions 68-70 refer to the following conversation and label.

🎧 미국식 발음 → 호주식 발음

W: This vending machine sells Dalton Pretzels. They contain very little sugar and a lot of carbohydrates, so they're a great way to get a boost of energy. [68]I'm gonna buy some here in the terminal before we board our plane. Do you want a bag of them too?

M: Although I'm getting a bit hungry, I'll pass. I've had those pretzels before. They're really tasty, but [69]they include too much fat. I'm trying to be careful about what I eat at the moment.

W: Oh, no worries. There're other options if you're interested— nuts and dried fruit snacks.

M: That's OK. [70]We'll be receiving lunch once we take off, so I should be fine until then.

68-70번은 다음 대화와 라벨에 관한 문제입니다.

W: 이 자판기는 Dalton 프레첼을 판매해요. 그것들에는 설탕이 거의 함유되어 있지 않고 탄수화물은 많아서, 기운 상승을 얻기에 아주 좋은 수단이에요. [68]저는 우리가 비행기에 탑승하기 전 여기 터미널에서 몇 봉지를 살 거예요. 당신도 한 봉지 원하세요?

M: 배가 조금 고파지고 있긴 하지만, 저는 안 먹고 넘어갈래요. 전에 그 프레첼을 먹어본 적이 있어요. 그것들은 정말 맛있지만, [69]너무 많은 지방을 포함하고 있어요. 저는 지금 제가 먹는 것에 대해 주의를 기울이려고 노력 중이에요.

W: 아, 걱정할 것 없어요. 당신이 관심이 있다면 견과류와 말린 과일 간식들 같은 다른 선택권들이 있거든요.

M: 괜찮아요. [70]우리는 이륙하자마자 점심을 받을 테니, 그때까지는 괜찮을 거예요.

Nutrition Facts

Serving Size: 10 pretzels
Servings per Pack: 3

Ingredient	Amount per Serving
Sugar	6g
Carbohydrates	32g
Fat	[69]22g
Cholesterol	20mg

영양 성분

1회 제공량: 프레첼 10개
팩당 제공 횟수: 3회

성분	제공량당 함량
당류	6g
탄수화물	32g
지방	[69]22g
콜레스테롤	20mg

68 Where is the conversation most likely taking place?
(A) At a restaurant
(B) At an office building
(C) At a convenience store
(D) At an airport

68. 대화는 어디에서 일어나고 있는 것 같은가?
(A) 식당에서
(B) 사무실 건물에서
(C) 편의점에서
(D) 공항에서

69 Look at the graphic. Which ingredient amount is too high for the man?
(A) 6g
(B) 32g
(C) 22g
(D) 20mg

69. 시각 자료를 보시오. 어느 성분 함량이 남자에게 너무 높은가?
(A) 6g
(B) 32g
(C) 22g
(D) 20mg

70 What does the man say he will do?
(A) Pick another snack
(B) Wait for a meal
(C) Read a product label
(D) Inquire about a lunch menu

70. 남자는 무엇을 할 것이라고 말하는가?
(A) 다른 간식을 고른다.
(B) 식사를 기다린다.
(C) 제품 라벨을 읽는다.
(D) 점심 메뉴에 대해 문의한다.

지문 vending machine 자판기 contain[kəntéin] 함유하다 carbohydrate[kὰ:rbouháidreit] 탄수화물 boost[bu:st] 상승; 끌어올리다
energy[énərdʒi] 기운, 활기 board[bɔ:rd] 탑승하다 pass[미 pæs, 영 pɑ:s] (제공되는 음식을 먹지 않고) 넘어가다 once[wʌns] ~ 하자마자, ~ 하면
take off 이륙하다
70 inquire[inkwáiər] 문의하다

68 ■ 전체 대화 관련 문제 장소

정답 (D)

대화가 일어나는 장소를 묻는 문제이므로, 장소와 관련된 표현을 놓치지 않고 듣는다. 여자가 "I'm gonna buy some[Dalton Pretzels] here in the terminal before we board our plane."이라며 비행기에 탑승하기 전 여기 터미널에서 Dalton 프레첼 몇 봉지를 사겠다고 하였다. 이를 통해 공항에서 대화가 일어나고 있음을 알 수 있다. 따라서 정답은 (D) At an airport이다.

69 ■ 세부 사항 관련 문제 시각 자료

정답 (C)

남자에게 너무 높은 성분 함량을 묻는 문제이므로, 제시된 라벨의 정보를 확인한 뒤 질문의 핵심어구(ingredient amount ~ too high)와 관련된 내용을 주의 깊게 듣는다. 남자가 "they[pretzels] include too much fat"이라며 프레첼이 너무 많은 지방을 포함하고 있다고 하였으므로, 지방의 함량인 22g이 남자에게 너무 높은 성분 함량임을 라벨에서 알 수 있다. 따라서 정답은 (C) 22g이다.

70 ■ 세부 사항 관련 문제 다음에 할 일

정답 (B)

남자가 하겠다고 말한 것을 묻는 문제이므로, 남자의 말에서 질문의 핵심어구(will do)와 관련된 내용을 주의 깊게 듣는다. 남자가 "We'll be receiving lunch once we take off, so I should be fine until then."이라며 이륙하자마자 점심을 받을 테니 그때까지는 괜찮을 것이라고 하였다. 이를 통해 남자가 식사를 기다릴 것임을 알 수 있다. 따라서 정답은 (B) Wait for a meal이다.

PART 4

71
72
73

Questions 71-73 refer to the following talk.

🎤 호주식 발음

71-73번은 다음 담화에 관한 문제입니다.

⁷¹We've now reached what's probably the most famous painting in this museum's collection, *The Flames of Clouds*. It was created by Guido Mariano and is believed to date back to 1821. As you can see, ⁷²the picture uses a combination of bright orange and yellow paint, which was quite uncommon at the time it was made. This innovative technique gained Mariano a lot of praise from fellow painters and art critics of his era. OK, ⁷³let's move on and view some of our 20th century artworks. They're located in the next gallery at the end of the hallway. Please follow me.

⁷¹이제 우리는 이 박물관의 소장품 중 아마도 가장 유명한 그림일, *The Flames of Clouds*에 도착했습니다. 이것은 Guido Mariano에 의해 창작되었고 1821년까지 거슬러 올라간다고 여겨집니다. 보시는 바와 같이, ⁷²이 그림은 밝은 주황색과 노란색 물감의 조합을 이용하는데, 이는 이것이 그려졌던 당시에는 꽤 보기 드문 것이었습니다. 이 혁신적인 기법은 Mariano가 그의 시대의 동료 화가들과 미술 평론가들로부터 많은 찬사를 얻게 했습니다. 자, ⁷³이동해서 20세기 미술품들 중 몇 점을 보도록 하죠. 그것들은 복도 끝에 있는 다음 전시실에 있습니다. 저를 따라오시기 바랍니다.

71 Where most likely are the listeners?
(A) At a museum
(B) At an art school
(C) At a public library
(D) At a painting studio

71. 청자들은 어디에 있는 것 같은가?
(A) 박물관에
(B) 예술 학교에
(C) 공공 도서관에
(D) 그림 작업실에

72 According to the speaker, what is unusual about *The Flames of Clouds*?
(A) Its size
(B) Its use of color
(C) Its date of origin
(D) Its name

72. 화자에 따르면, *The Flames of Clouds*에 관해 무엇이 특이한가?
(A) 크기
(B) 색채 사용
(C) 창작 날짜
(D) 명칭

73 What will listeners most likely do next?
(A) Read about some artwork
(B) Visit a gift shop
(C) Watch a brief video
(D) Go to another gallery

73. 청자들은 다음에 무엇을 할 것 같은가?
(A) 미술품에 관해 읽는다.
(B) 선물 가게를 방문한다.
(C) 짧은 영상을 본다.
(D) 다른 전시실로 간다.

지문 reach[riːtʃ] 도착하다 collection[kəlékʃən] 소장품 date back to ~까지 거슬러 올라가다 combination[미 kὰmbənéiʃən, 영 kɔ̀ːmbinéiʃən] 조합 uncommon[미 ʌnkάːmən, 영 ʌnkɔ́mən] 보기 드문, 흔하지 않은 innovative[미 ínəvèitiv, 영 ínəvətiv] 혁신적인 gain[gein] 얻다 praise[preiz] 찬사 fellow[미 félou, 영 féləu] 동료의 critic[krítik] 평론가 era[íərə] 시대 artwork[άːrtwəːrk] 미술품
71 studio[stjúːdiòu] 작업실, 스튜디오
72 unusual[ʌnjúːdʒuəl] 특이한, 흔치 않은
73 brief[briːf] 짧은

71 ■ 전체 지문 관련 문제 장소 　　　　　　　　　　　　　　　　　　　　　　　　　　　　　　　　　　　정답 (A)
청자들이 있는 장소를 묻는 문제이므로, 장소와 관련된 표현을 놓치지 않고 듣는다. "We've now reached what's probably the most famous painting in this museum's collection"이라며 이제 이 박물관의 소장품 중 아마도 가장 유명한 그림에 도착했다고 한 말을 통해 청자들이 있는 장소가 박물관임을 알 수 있다. 따라서 정답은 (A) At a museum이다.

72 ■ 세부 사항 관련 문제 특정 세부 사항 　　　　　　　　　　　　　　　　　　　　　　　　　　　　　　　　정답 (B)
*The Flames of Clouds*에 관해 특이한 것을 묻는 문제이므로, 질문의 핵심어구(*The Flames of Clouds*)와 관련된 내용을 주의 깊게 듣는다. "the picture[*The Flames of Clouds*] uses a combination of bright orange and yellow paint, which was quite uncommon at the time it was made"라며 *The Flames of Clouds*는 밝은 주황색과 노란색 물감의 조합을 이용하는데, 이는 이것이 그려졌던 당시에는 꽤 보기 드문 것이었다고 하였다. 따라서 정답은 (B) Its use of color이다.

73 ■ 세부 사항 관련 문제 다음에 할 일 　　　　　　　　　　　　　　　　　　　　　　　　　　　　　　　　　정답 (D)
청자들이 다음에 할 일을 묻는 문제이므로, 지문의 마지막 부분을 주의 깊게 듣는다. "let's move on and view some of our 20th century artworks. They're located in the next gallery at the end of the hallway."라며 이동해서 20세기 미술품 중 몇 점을 보자고 한 뒤, 그것들은 복도 끝에 있는 다음 전시실에 있다고 하였다. 따라서 정답은 (D) Go to another gallery이다.

74
75
76

Questions 74-76 refer to the following advertisement.

🔊 캐나다식 발음

Want to beat the hot weather? ⁷⁴Stop by Stevie's Frozen Yogurt for a cold, refreshing treat! We offer 22 flavors, such as vanilla, chocolate, peanut butter, and coffee. Moreover, ⁷⁵we're the only frozen yogurt shop in town that allows customers to add as many toppings as they'd like for no additional charge. ⁷⁶Be sure to check out our social media page, where we'll be holding promotions throughout July. There, you'll find a new deal featured daily, including amazing discounts and free items. You won't want to miss out on our incredible offers!

74 What type of business is being advertised?
  (A) An online retailer
  (B) A catering company
  (C) A food outlet
  (D) A department store

75 According to the speaker, what distinguishes the company from its competitors?
  (A) Reasonable prices
  (B) Unlimited toppings
  (C) Unique flavors
  (D) Natural ingredients

76 Why should listeners visit the business's social media page?
  (A) Some deals are available.
  (B) A newsletter was published.
  (C) A menu can be downloaded.
  (D) Some reviews have been posted.

74-76번은 다음 광고에 관한 문제입니다.

더운 날씨를 이겨내고 싶으신가요? ⁷⁴시원하고 기분을 상쾌하게 해주는 간식을 위해 Stevie's Frozen Yogurt를 방문하세요! 저희는 바닐라, 초콜릿, 땅콩버터, 그리고 커피와 같은 22가지 맛을 제공합니다. 게다가, ⁷⁵저희는 추가 요금 없이 손님들이 원하는 만큼의 토핑을 추가하시도록 해드리는 시내에서 유일한 냉동 요구르트 가게입니다. ⁷⁶7월 내내 판촉 활동을 할 저희의 소셜 미디어 페이지를 꼭 확인하시기 바랍니다. 그곳에서, 여러분들은 놀라운 할인과 무료 제품들을 비롯하여, 매일 특별히 포함되는 새로운 거래를 발견하게 될 것입니다. 저희의 엄청난 할인들을 놓치고 싶지 않으실 겁니다!

74. 어떤 종류의 업체가 광고되고 있는가?
  (A) 온라인 소매점
  (B) 출장 연회 업체
  (C) 식품 전문 매장
  (D) 백화점

75. 화자에 따르면, 무엇이 이 회사를 경쟁 업체들과 구별되게 하는가?
  (A) 합리적인 가격
  (B) 무제한 토핑
  (C) 독특한 맛
  (D) 천연 재료

76. 청자들은 왜 업체의 소셜 미디어 페이지를 방문해야 하는가?
  (A) 몇몇 거래들이 이용 가능하다.
  (B) 소식지가 발행되었다.
  (C) 메뉴를 다운로드할 수 있다.
  (D) 몇몇 후기들이 게재되었다.

지문 **beat**[biːt] 이기다 **refreshing**[rifréʃiŋ] (기분을) 상쾌하게 하는, 신선한 **topping**[tápiŋ] 토핑, 고명 **throughout**[θruːáut] ~ 내내, ~ 동안에 **miss out** 놓치다 **incredible**[inkrédəbl] 엄청난
74 **catering**[kéitəriŋ] 출장 연회 **outlet**[áutlet] 전문 매장
75 **reasonable**[ríːzənəbl] 합리적인 **unlimited**[ʌnlímitid] 무제한의 **unique**[juːníːk] 독특한, 특유한 **natural**[nǽtʃərəl] 천연의, 자연의 **ingredient**[ingríːdiənt] 재료
76 **newsletter**[núːzletər] 소식지 **publish**[pábliʃ] 발행하다, 출판하다

74 ■ **전체 지문 관련 문제** 주제 　　　　　　　　　　　　　　　　　　　　　　　　　　　　　　　　정답 (C)
광고의 주제를 묻는 문제이므로, 지문의 초반을 반드시 듣는다. "Stop by Stevie's Frozen Yogurt ~!"라며 Stevie's Frozen Yogurt를 방문하라고 한 뒤, 냉동 요구르트를 판매하는 식품 전문 매장과 관련된 내용을 언급하였다. 따라서 정답은 (C) A food outlet이다.

75 ■ **세부 사항 관련 문제** 특정 세부 사항 　　　　　　　　　　　　　　　　　　　　　　　　　　　　　정답 (B)
회사를 경쟁 업체들과 구별되게 하는 것을 묻는 문제이므로, 질문의 핵심어구(distinguishes ~ company from ~ competitors)와 관련된 내용을 주의 깊게 듣는다. "we're the only frozen yogurt shop in town that allows customers to add as many toppings as they'd like for no additional charge"라며 자신들은 추가 요금 없이 손님들이 원하는 만큼의 토핑을 추가하도록 해주는 시내에서 유일한 냉동 요구르트 가게라고 하였다. 따라서 정답은 (B) Unlimited toppings이다.

76 ■ **세부 사항 관련 문제** 이유 　　　　　　　　　　　　　　　　　　　　　　　　　　　　　　　　　정답 (A)
청자들이 업체의 소셜 미디어 페이지를 방문해야 하는 이유를 묻는 문제이므로, 질문의 핵심어구(social media page)가 언급된 주변을 주의 깊게 듣는다. "Be sure to check out our social media page, where we'll be holding promotions throughout July. There, you'll find a new deal featured daily"라며 7월 내내 판촉 활동을 할 자신들의 소셜 미디어 페이지를 꼭 확인하기 바란다고 한 뒤, 그곳에서 매일 특별히 포함되는 새로운 거래를 발견하게 될 것이라고 하였다. 따라서 정답은 (A) Some deals are available이다.

Questions 77-79 refer to the following talk.

[호주식 발음]

I'd like to welcome everyone to the Cairo Business Center's weekly seminar for entrepreneurs. ⁷⁷Today's guest speaker is Mark Larson, whose company designs clothes for several department stores. Before we get started, though, I have a quick announcement to make. ⁷⁸If you are planning to attend next week's session, make sure to go to Room 120 in the center's annex. Uh, the main building is scheduled to be painted. Anyway, I'll now turn the microphone to Mr. Larson. ⁷⁹He intends to focus on effective methods to find and hire talented workers for your growing business. He'll answer any questions you might have at the end of his presentation.

77 What industry does Mark Larson most likely work in?
(A) Fashion
(B) Entertainment
(C) Transportation
(D) Marketing

78 What does the speaker imply when he says, "the main building is scheduled to be painted"?
(A) A facility has changed its operating hours.
(B) Some workers will need to be hired.
(C) Some materials have been delivered.
(D) An event will be temporarily relocated.

79 According to the speaker, what will Mr. Larson discuss?
(A) Recruitment strategies
(B) Training procedures
(C) Advertising techniques
(D) Communication methods

77-79번은 다음 담화에 관한 문제입니다.

카이로 비즈니스 센터의 기업가를 위한 주간 세미나에 오신 여러분을 환영합니다. ⁷⁷오늘의 초청 연사는 Mark Larson이며, 그의 회사는 다수의 백화점을 위한 옷들을 디자인합니다. 그런데, 시작하기 전에 간단히 공지할 것이 있습니다. ⁷⁸만약 다음 주 세션에 참여하실 예정이라면, 반드시 센터 별관의 120호실로 가십시오. 어, 본관 건물은 페인트칠이 되기로 예정되어 있습니다. 어쨌든, 저는 이제 Mr. Larson에게 마이크를 넘기도록 하겠습니다. ⁷⁹그는 성장하는 여러분의 사업을 위해 재능 있는 근로자들을 발견하고 고용하는 효과적인 방법들에 초점을 맞추고자 합니다. 그는 발표의 마지막에 여러분의 질문들에 답변할 것입니다.

77. Mark Larson은 어떤 산업에서 일하는 것 같은가?
(A) 패션
(B) 연예
(C) 수송
(D) 마케팅

78. 화자는 "본관 건물은 페인트칠이 되기로 예정되어 있습니다"라고 말할 때 무엇을 의도하는가?
(A) 시설이 운영 시간을 변경하였다.
(B) 작업자들이 고용되어야 한다.
(C) 자재들이 배송되었다.
(D) 행사가 일시적으로 이전될 것이다.

79. 화자에 따르면, Mr. Larson은 무엇에 관해 이야기할 것인가?
(A) 채용 전략
(B) 훈련 과정
(C) 광고 기술
(D) 소통 방법

지문 entrepreneur[미 à:ntrəprənə́:r, 영 ɔ̀ntrəprənə́:] 기업가 annex[ǽneks] 별관, 부속 건물 talented[tǽləntid] 재능 있는
78 temporarily[미 tèmpərérəli, 영 témprərili] 일시적으로 relocate[미 rì:loukéit, 영 rì:lóukeit] 이전하다
79 recruitment[rikrú:tmənt] 채용 strategy[strǽtədʒi] 전략 procedure[미 prəsí:dʒər, 영 prəsí:dʒə] 과정, 절차

77 ■ 전체 지문 관련 문제 화자 　　　　　　　　　　　　　　　　　　　　　　　　　　　　　　　　　　　　　　　정답 (A)
Mark Larson이 일하는 산업을 묻는 문제이므로, 신분 및 직업과 관련된 표현을 놓치지 않고 듣는다. "Today's guest speaker is Mark Larson, whose company designs clothes for several department stores."라며 오늘의 초청 연사인 Mark Larson을 소개한 뒤, 그의 회사가 다수의 백화점을 위한 옷들을 디자인한다고 하였다. 이를 통해 Mark Larson이 패션 산업에서 일하고 있음을 알 수 있다. 따라서 정답은 (A) Fashion이다.

78 ■ 세부 사항 관련 문제 의도 파악 　　　　　　　　　　　　　　　　　　　　　　　　　　　　　　　　　　　　정답 (D)
화자가 하는 말의 의도를 묻는 문제이므로, 질문의 인용어구(the main building is scheduled to be painted)가 언급된 주변을 주의 깊게 듣는다. "If you are planning to attend next week's session, make sure to go to Room 120 in the center's annex."라며 만일 다음 주 세션에 참여할 예정이라면 반드시 센터 별관의 120호실로 가라고 한 뒤, "the main building is scheduled to be painted"라며 본관 건물은 페인트칠이 되기로 예정되어 있다고 한 것을 통해 행사가 일시적으로 이전될 것임을 나타내려는 의도임을 알 수 있다. 따라서 정답은 (D) An event will be temporarily relocated이다.

79 ■ 세부 사항 관련 문제 특정 세부 사항 　　　　　　　　　　　　　　　　　　　　　　　　　　　　　　　　　　정답 (A)
Mr. Larson이 무엇에 관해 이야기할 것인지를 묻는 문제이므로, 질문의 핵심어구(Mr. Larson discuss)와 관련된 내용을 주의 깊게 듣는다. "He[Mr. Larson] intends to focus on effective methods to find and hire talented workers for your growing business."라며 Mr. Larson은 성장하는 사업을 위해 재능 있는 근로자들을 발견하고 고용하는 효과적인 방법들에 초점을 맞추고자 한다고 한 것을 통해 그가 채용 전략에 관해 이야기할 것임을 알 수 있다. 따라서 정답은 (A) Recruitment strategies이다.

80
81
82

🎧 영국식 발음

Questions 80-82 refer to the following radio broadcast.

Welcome to *Top Science* on WRP 101.5. I'm your host, Nina Esteban. As part of our ongoing podcast series on the impact of climate change, I've invited Dr. Luis Mattson from Fillmore College to the show. [80]Dr. Mattson teaches in the school's ecology department and, just [81]this Monday, published a paper in a respected journal. The paper examines the rise of sea levels along the United States coastline as a result of melting glaciers. Throughout today's program, [82]our guest is going to discuss his findings and respond to a few critiques that his research has received. Dr. Mattson, do you mind starting by outlining the results of your research?

80   What is Dr. Mattson's area of expertise?
　　(A) Economics
　　(B) Journalism
　　(C) Statistics
　　(D) Ecology

81   According to the speaker, what was released on Monday?
　　(A) An academic publication
　　(B) A podcast series
　　(C) A policy review
　　(D) A list of keynote speakers

82   What is mentioned about Dr. Mattson?
　　(A) He will address some criticisms.
　　(B) He will take calls from listeners.
　　(C) He will talk about a course curriculum.
　　(D) He will submit a research proposal.

80-82번은 다음 라디오 방송에 관한 문제입니다.

WRP 101.5의 *Top Science*입니다. 저는 여러분의 진행자, Nina Esteban입니다. 기후 변화의 영향에 관해 진행되고 있는 팟캐스트 시리즈의 일부로, Fillmore 대학의 Dr. Luis Mattson을 프로그램에 초대했습니다. [80]Dr. Mattson은 그 학교의 생태학부에서 학생들을 가르치고 있으며, 바로 [81]이번 주 월요일에, 높이 평가되는 학술지에 논문을 게재했습니다. 그 논문은 녹고 있는 빙하로 인한 미국 해안선을 따른 해수면의 상승을 조사합니다. 오늘 프로그램 동안, [82]저희 게스트는 그의 연구 결과에 대해 논의하고 그의 연구가 받았던 몇 가지 비평에 답할 것입니다. Dr. Mattson, 당신의 연구 결과의 개요를 이야기하며 시작해도 괜찮을까요?

80. Dr. Mattson의 전문 분야는 무엇인가?
　　(A) 경제학
　　(B) 신문방송학
　　(C) 통계학
　　(D) 생태학

81. 화자에 따르면, 월요일에 무엇이 발표되었는가?
　　(A) 학술 간행물
　　(B) 팟캐스트 시리즈
　　(C) 정책 보고서
　　(D) 기조 연설자 목록

82. Dr. Mattson에 관해 무엇이 언급되는가?
　　(A) 그는 몇몇 비평들을 다룰 것이다.
　　(B) 그는 청취자들로부터 전화를 받을 것이다.
　　(C) 그는 교과 과정에 관해 이야기할 것이다.
　　(D) 그는 연구 제안서를 제출할 것이다.

지문 podcast[미 pá:dkæst, 영 pɔ́dka:st] 팟캐스트(인터넷망을 통해 다양한 콘텐츠를 제공하는 서비스) climate[미 kláimit, 영 kláimət] 기후
　　ecology[미 iká[lədʒi, 영 ikɔ́lədʒi] 생태학, 생태 paper[미 péipər, 영 péipə] 논문 respected[rispéktid] 높이 평가되는
80 area of expertise 전문 분야 journalism[dʒɔ́ːrnəlìzm] 신문방송학 statistics[stətístiks] 통계학
81 keynote speaker 기조 연설자
82 address[ədrés] 다루다 criticism[krítəsìzm] 비평

---

80 ■ **세부 사항 관련 문제** 특정 세부 사항　　　　　　　　　　　　　　　　　　　　　　　　　　　　　　　　정답 (D)

○○○○○　Dr. Mattson의 전문 분야를 묻는 문제이므로, 질문의 핵심어구(Dr. Mattson's area of expertise)와 관련된 내용을 주의 깊게 듣는다.
●　　"Dr. Mattson teaches in ~ ecology department"라며 Dr. Mattson은 생태학부에서 학생들을 가르치고 있다고 하였다. 따라서
하　정답은 (D) Ecology이다.

81 ■ **세부 사항 관련 문제** 특정 세부 사항　　　　　　　　　　　　　　　　　　　　　　　　　　　　　　　　정답 (A)

○○○○○　월요일에 발표된 것을 묻는 문제이므로, 질문의 핵심어구(released on Monday)와 관련된 내용을 주의 깊게 듣는다. "this Monday,
●　　published a paper in a respected journal. The paper examines the rise of sea levels ~ as a result of melting glaciers."
중　라며 이번 주 월요일에 높이 평가되는 학술지에 논문을 게재했다고 한 뒤, 그 논문은 녹고 있는 빙하로 인한 해수면의 상승을 조사한다고
　　하였다. 따라서 정답은 (A) An academic publication이다.

82 ■ **세부 사항 관련 문제** 언급　　　　　　　　　　　　　　　　　　　　　　　　　　　　　　　　　　　　　정답 (A)

○○○○○　Dr. Mattson에 관해 언급된 것을 묻는 문제이므로, 질문의 핵심어구(Dr. Mattson)와 관련된 내용을 주의 깊게 듣는다. "our guest
●　　[Dr. Mattson] is going to ~ respond to a few critiques that his research has received"라며 게스트인 Dr. Mattson이 그의
상　연구가 받았던 몇 가지 비평에 답할 것이라고 하였다. 따라서 정답은 (A) He will address some criticisms이다.

바꾸어 표현하기
respond to a few critiques 몇 가지 비평에 답하다 → address some criticisms 몇몇 비평들을 다루다

Questions 83-85 refer to the following excerpt from a meeting.

🎧 미국식 발음

One last thing . . . ⁸³I want to discuss the product testing for our upcoming lipstick line. We posted an advertisement seeking paid test subjects to participate in the research, and . . . well, now we've got a problem. ⁸⁴A lot more people than we need signed up. I don't want to turn anyone away, though. ⁸⁴Instead, let's see if they'd be willing to take part in other studies. I just spoke to our research manager Beth Meyers, and she told me that more people are needed to test some eye makeup that we're developing. ⁸⁵She's going to reach out to those who applied to see whether they'd be open to trying those products instead.

83 Where do the listeners most likely work?
(A) At an educational institution
(B) At a cosmetics firm
(C) At an advertising company
(D) At an electronics manufacturer

84 Why does the speaker say, "I don't want to turn anyone away, though"?
(A) She will provide a solution.
(B) She will reconsider a decision.
(C) She will approve a plan.
(D) She will reject a request.

85 What will Beth Meyers most likely do?
(A) Try out some products
(B) Organize an activity
(C) Attend a meeting
(D) Contact applicants

83-85번은 다음 회의 발췌록에 관한 문제입니다.

마지막으로… ⁸³저는 곧 나올 우리의 립스틱 라인을 위한 제품 시험에 관해 이야기하고 싶습니다. 우리는 연구에 참여할 유급 피실험자를 찾는다는 광고를 게재했는데… 음, 지금 문제가 생겼습니다. ⁸⁴우리가 필요한 것보다 훨씬 더 많은 사람들이 신청했습니다. 하지만, 저는 누구도 돌려보내고 싶지 않습니다. ⁸⁴대신에, 그들이 다른 연구들에 참여할 의향이 있는지 봅시다. 제가 방금 우리 연구부장인 Beth Meyers와 이야기했고, 그녀는 우리가 개발하고 있는 눈 화장품을 시험하는 데 더 많은 사람들이 필요하다고 말했습니다. ⁸⁵그녀는 그들이 대신 그 제품들을 써 볼 여지가 있는지 알아보기 위해 지원한 사람들에게 연락을 취할 것입니다.

83. 청자들은 어디에서 일하는 것 같은가?
(A) 교육 기관에서
(B) 화장품 회사에서
(C) 광고 회사에서
(D) 전자 제품 제조 업체에서

84. 화자는 왜 "하지만, 저는 누구도 돌려보내고 싶지 않습니다"라고 말하는가?
(A) 그녀는 해결책을 제시할 것이다.
(B) 그녀는 결정을 재고할 것이다.
(C) 그녀는 계획을 승인할 것이다.
(D) 그녀는 요청을 거절할 것이다.

85. Beth Meyers는 무엇을 할 것 같은가?
(A) 몇몇 제품들을 사용해본다.
(B) 활동을 준비한다.
(C) 회의에 참석한다.
(D) 지원자들에게 연락한다.

지문 paid[peid] 유급의 test subject 피실험자 turn away 돌려보내다, 거절하다 reach out 연락을 취하다
83 educational[èdʒukéiʃən] 교육의 cosmetic[kɑzmétik] 화장품 electronics[ilektrániks] 전자 제품 manufacturer[mænjufǽktʃərər] 제조 업체
84 reconsider[rìːkənsídər] 재고하다 approve[əprúːv] 승인하다 reject[ridʒékt] 거절하다
85 try out 사용해보다 applicant[ǽplikənt] 지원자

83 ■ 전체 지문 관련 문제 청자   정답 (B)
청자들의 신분을 묻는 문제이므로, 신분 및 직업과 관련된 표현을 놓치지 않고 듣는다. "I want to discuss the product testing for our upcoming lipstick line."이라며 곧 나올 자신들의 립스틱 라인을 위한 제품 시험에 관해 이야기하고 싶다고 한 말을 통해 청자들이 화장품 회사에서 일하는 것을 알 수 있다. 따라서 정답은 (B) At a cosmetics firm이다.

84 ■ 세부 사항 관련 문제 의도 파악   정답 (A)
화자가 하는 말의 의도를 묻는 문제이므로, 질문의 인용어구(I don't want to turn anyone away, though)가 언급된 주변을 주의 깊게 듣는다. "A lot more people than we need signed up."이라며 자신들이 필요한 것보다 훨씬 더 많은 사람들이 신청했다고 한 뒤, "Instead, let's see if they'd be willing to take part in other studies."라며 대신에 그들이 다른 연구들에 참여할 의향이 있는지 보자고 하였으므로, 화자가 필요한 것보다 훨씬 더 많은 사람들이 신청한 상황에 대한 해결책을 제시하려는 의도임을 알 수 있다. 따라서 정답은 (A) She will provide a solution이다.

85 ■ 세부 사항 관련 문제 다음에 할 일   정답 (D)
Beth Meyers가 할 일을 묻는 문제이므로, 질문의 핵심어구(Beth Meyers do)와 관련된 내용을 주의 깊게 듣는다. "She[Beth Meyers]'s going to reach out to those who applied"라며 Beth Meyers가 지원한 사람들에게 연락을 취할 것이라고 하였다. 따라서 정답은 (D) Contact applicants이다.

바꾸어 표현하기
reach out to those who applied 지원한 사람들에게 연락을 취하다 → Contact applicants 지원자들에게 연락하다

Questions 86-88 refer to the following introduction.

🎧 영국식 발음

I'd like you all to meet Ivan Schwartz. ⁸⁶Mr. Schwartz is the head application developer at our company's Vienna branch, and he has traveled to Liverpool to undergo training with our IT department. ⁸⁷While here, he will be shown how to operate the data collection program that we will be rolling out across all of our branches in March. As you all know, the program is quite complicated, which is why ⁸⁸we've asked Mr. Schwartz to travel here and work with our staff in person rather than virtually. Please be sure to make him feel welcome over the next five days and answer any questions that he may have. OK, that's all for now.

86 What is Ivan Schwartz's occupation?
(A) Consultant
(B) Travel agent
(C) Programmer
(D) Instructor

87 According to the speaker, what will Ivan Schwartz do?
(A) Install some equipment
(B) Oversee an ongoing project
(C) Create a computer application
(D) Learn about new software

88 What are listeners asked to do?
(A) Undergo some training
(B) Welcome a colleague
(C) Set up an office for a manager
(D) Prepare for a business trip

86-88번은 다음 소개에 관한 문제입니다.

저는 여러분 모두가 Ivan Schwartz를 만나길 원합니다. ⁸⁶Mr. Schwartz는 우리 회사 비엔나 지사의 수석 응용 프로그램 개발자이고, 그는 우리 IT 부서에서 교육을 받기 위해 리버풀로 왔습니다. ⁸⁷이곳에 있는 동안, 그는 3월에 우리가 모든 지사들로 출시할 자료 수집 프로그램을 작동하는 방법을 배우게 될 것입니다. 여러분 모두가 아시다시피, 그 프로그램은 꽤 복잡한데, 이것이 ⁸⁸우리가 Mr. Schwartz에게 컴퓨터상으로 보다는 이곳으로 와서 직접 우리 직원들과 함께 근무할 것을 요청한 이유입니다. 앞으로 5일간 그를 환영해주시고 그가 가질 수 있는 질문들에 대답해주시기 바랍니다. 좋습니다, 지금은 이게 전부입니다.

86. Ivan Schwartz의 직업은 무엇인가?
(A) 상담가
(B) 여행사 직원
(C) 프로그래머
(D) 강사

87. 화자에 따르면, Ivan Schwartz는 무엇을 할 것인가?
(A) 몇몇 장비를 설치한다.
(B) 진행 중인 프로젝트를 감독한다.
(C) 컴퓨터 응용 프로그램을 만든다.
(D) 새로운 소프트웨어에 대해 배운다.

88. 청자들은 무엇을 하도록 요청받는가?
(A) 교육을 받는다.
(B) 동료를 환영한다.
(C) 관리자를 위한 사무실을 마련한다.
(D) 출장을 준비한다.

지문 **head**[hed] 수석 **undergo**[미 ʌ̀ndərgóu, 영 ʌ̀ndəgóu] 받다, 겪다 **show**[미 ʃou, 영 ʃəu] (무엇을 하는 법 등을) 가르쳐주다 **roll out** 출시하다
complicated[미 kámpləkèitid, 영 kɔ́mplikeitid] 복잡한 **in person** 직접 **virtually**[미 vɚ́ːrtʃuəli, 영 vɚ́ːtʃuəli] 컴퓨터상으로, 가상으로

87 **oversee**[òuvərsíː] 감독하다 **ongoing**[á:ngouiŋ] 진행 중인

86 ■ **세부 사항 관련 문제** 특정 세부 사항   정답 (C)
Ivan Schwartz의 직업을 묻는 문제이므로, 질문 대상(Ivan Schwartz)의 신분 및 직업과 관련된 표현을 놓치지 않고 듣는다. "Mr. Schwartz is the head application developer ~"라며 Mr. Schwartz가 수석 응용 프로그램 개발자라고 한 말을 통해 Ivan Schwartz가 프로그래머임을 알 수 있다. 따라서 정답은 (C) Programmer이다.

87 ■ **세부 사항 관련 문제** 다음에 할 일   정답 (D)
Ivan Schwartz가 할 일을 묻는 문제이므로, 질문의 핵심어구(Ivan Schwartz do)와 관련된 내용을 주의 깊게 듣는다. "While here, he[Ivan Schwartz] will be shown how to operate the data collection program that we will be rolling out ~ in March." 라며 이곳에 있는 동안 Ivan Schwartz는 3월에 출시할 자료 수집 프로그램을 작동하는 방법을 배우게 될 것이라고 하였다. 따라서 정답은 (D) Learn about new software이다.

88 ■ **세부 사항 관련 문제** 요청   정답 (B)
청자들이 요청받는 것을 묻는 문제이므로, 지문의 중후반에서 요청과 관련된 표현이 포함된 문장을 주의 깊게 듣는다. "we've asked Mr. Schwartz to ~ work with our staff in person ~. Please be sure to make him feel welcome ~ and answer any questions that he may have."라며 자신들이 Mr. Schwartz에게 직접 직원들과 함께 근무할 것을 요청했다고 한 뒤, 그를 환영해주고 그가 가질 수 있는 질문들에 대답해달라고 요청하였다. 따라서 정답은 (B) Welcome a colleague이다.

Questions 89-91 refer to the following broadcast.

🎧 미국식 발음

It's time for your Radio 98 traffic report. ⁸⁹Following the completion of the new pedestrian overpass, Gilbert Avenue is now open to vehicles. As a result, ⁹⁰traffic is moving smoothly throughout downtown at the moment. However, the championship football game will begin at noon . . . ⁹⁰Make sure to take this into consideration if you plan to visit the area this afternoon. ⁹¹Now, it's time for a short commercial break. When we return, you'll hear an interesting report by journalist Tory Knight on this afternoon's event. She was able to interview several of the home team's star players. Stay tuned!

89 Why was Gilbert Avenue closed?
(A) A vehicle accident occurred.
(B) A structure was built.
(C) A building was damaged.
(D) A public event took place.

90 What does the speaker mean when she says, "the championship football game will begin at noon"?
(A) Tickets are not available anymore.
(B) Players will arrive soon.
(C) Traffic conditions will change.
(D) Parking is not permitted downtown.

91 According to the speaker, what will listeners probably hear after a break?
(A) A report
(B) A game broadcast
(C) An advertisement
(D) A match review

89-91번은 다음 방송에 관한 문제입니다.

Radio 98 교통 정보 시간입니다. ⁸⁹새로운 육교의 완공에 따라, Gilbert가가 이제 차량들에게 개방 중입니다. 이에 따라, ⁹⁰현재 시내 도처에서 차량들이 원활하게 이동하고 있습니다. 그러나, 축구 챔피언십 경기가 정오에 시작될 것입니다… ⁹⁰오후에 그 구역을 방문할 계획이시라면 이것을 반드시 고려하시길 바랍니다. ⁹¹이제, 잠시 동안 광고 휴식을 위한 시간입니다. 저희가 돌아오면, Tory Knight 기자의 오늘 오후 경기에 관한 흥미로운 보도를 들으실 수 있습니다. 그녀는 몇몇 홈팀 스타 선수들과 인터뷰를 진행할 수 있었습니다. 채널 고정하세요!

89. Gilbert가는 왜 폐쇄되었었는가?
(A) 차량 사고가 발생했다.
(B) 구조물이 지어졌다.
(C) 건물이 손상되었다.
(D) 공공 행사가 개최되었다.

90. 여자는 "축구 챔피언십 경기가 정오에 시작될 것입니다"라고 말할 때 무엇을 의미하는가?
(A) 티켓들을 더 이상 구할 수 없다.
(B) 선수들이 곧 도착할 것이다.
(C) 교통 상황이 바뀔 것이다.
(D) 시내에는 주차가 허용되지 않는다.

91. 화자에 따르면, 청자들은 휴식 이후에 무엇을 듣게 될 것 같은가?
(A) 보도
(B) 경기 중계
(C) 광고
(D) 경기 후기

지문 pedestrian overpass 육교 take ~ into consideration ~을 고려하다 commercial[미 kəmə́:rʃəl, 영 kəmə́:ʃəl] 광고
89 accident[ǽksidənt] 사고 occur[미 əkə́:r, 영 əkə́:] 발생하다, 일어나다
90 permit[미 pərmít, 영 pəmít] 허용하다, 허가하다

89 ■ 세부 사항 관련 문제 이유   정답 (B)

○○○●●○
중

Gilbert가가 폐쇄된 이유를 묻는 문제이므로, 질문의 핵심어구(Gilbert Avenue closed)와 관련된 내용을 주의 깊게 듣는다. "Following the completion of the new pedestrian overpass, Gilbert Avenue is now open to vehicles."라며 새로운 육교의 완공에 따라 Gilbert가가 이제 차량들에 개방 중이라고 하였다. 따라서 정답은 (B) A structure was built이다.

90 ■ 세부 사항 관련 문제 의도 파악   정답 (C)

○●●●●○
상

화자가 하는 말의 의도를 묻는 문제이므로, 질문의 인용어구(the championship football game will begin at noon)가 언급된 주변을 주의 깊게 듣는다. "traffic is moving smoothly throughout downtown at the moment"라며 현재 시내 도처에서 차량들이 원활히 이동하고 있다고 한 뒤, "the championship football game will begin at noon"이라며 축구 챔피언십 경기가 정오에 시작될 것이라고 하고, "Make sure to take this into consideration if you plan to visit the area this afternoon."이라며 오후에 그 구역을 방문할 계획이라면 축구 경기가 열리는 것을 반드시 고려하라고 하였다. 이를 통해 교통 상황이 바뀔 것임을 알 수 있다. 따라서 정답은 (C) Traffic conditions will change이다.

91 ■ 세부 사항 관련 문제 특정 세부 사항   정답 (A)

○●●●●○
상

휴식 이후에 청자들이 듣게 될 것을 묻는 문제이므로, 질문의 핵심어구(listeners ~ hear after a break)와 관련된 내용을 주의 깊게 듣는다. "Now, it's time for a short commercial break."라며 잠시 동안의 광고 휴식을 예고한 뒤, "When we return, you'll hear an interesting report by journalist Tory Knight on this afternoon's event."라며 돌아와서 Tory Knight 기자의 오늘 오후 경기에 대한 흥미로운 보도를 들을 수 있을 것이라고 하였다. 따라서 정답은 (A) A report이다.

Questions 92-94 refer to the following radio broadcast.

🎧 캐나다식 발음

According to a recent press conference held by the city's mayor, 92Shenzhen will be launching a major campaign to attract foreign businesses. A local publicity firm has created the campaign, which focuses on 93the city's low corporate tax rates and large labor market. Moreover, it draws attention to how Shenzhen's growing population offers an excellent consumer base for multiple enterprises. Although Shenzhen is already well known among Chinese entrepreneurs, 94officials feel the city has yet to reach its full business potential. They are optimistic that the campaign will generate more attention from international companies, as well as increase tourism in the region. For further information about the campaign or to view any of its promotional materials, you can visit www.shenzhenbusiness.gov.cn.

92 What is the purpose of the report?
(A) To describe promotional efforts
(B) To discuss an upcoming election
(C) To explain tour restrictions
(D) To outline a construction project

93 According to the speaker, what does Shenzhen possess?
(A) A world-renowned shopping complex
(B) Favorable tax rates
(C) An international airport
(D) Numerous vacant retail spaces

94 What do officials think about Shenzhen?
(A) It currently has a high population.
(B) It is experiencing increases in tourism.
(C) It can achieve further economic success.
(D) It is a safe place for travelers from abroad.

92-94번은 다음 라디오 방송에 관한 문제입니다.

시장에 의해 열린 최근의 기자 회견에 따르면, 92심천은 해외 기업들을 유치하기 위해 주요 캠페인을 시작할 것입니다. 현지 광고 회사가 그 캠페인을 만들었는데, 이것은 93이 도시의 낮은 법인세율과 거대한 노동 시장에 초점을 맞춥니다. 게다가, 이것은 심천의 증가하는 인구가 다수의 기업들에게 어떻게 훌륭한 소비자 기반을 제공하는지에 관심을 불러모읍니다. 비록 심천은 이미 중국 기업가들 사이에서 잘 알려져 있지만, 94공무원들은 이 도시가 아직 최대의 사업 잠재력에는 도달하지 못했다고 느낍니다. 그들은 이 캠페인이 지역 내 관광업을 증가시킬 뿐만 아니라, 세계적인 기업들로부터 더 많은 관심을 불러일으킬 것이라는 데 낙관적입니다. 캠페인에 관한 더 많은 정보를 원하시거나 홍보 자료를 보시려면, www.shenzhenbusiness.gov.cn을 방문하시면 됩니다.

92. 보도의 목적은 무엇인가?
(A) 홍보 활동을 설명하기 위해
(B) 곧 있을 선거에 관해 논의하기 위해
(C) 여행 제한에 관해 설명하기 위해
(D) 건설 프로젝트를 약술하기 위해

93. 화자에 따르면, 심천은 무엇을 보유하고 있는가?
(A) 세계적으로 유명한 쇼핑 단지
(B) 우호적인 세율
(C) 국제공항
(D) 많은 비어 있는 매장 공간

94. 공무원들은 심천에 대해 어떻게 생각하는가?
(A) 현재 인구 밀도가 높다.
(B) 관광업의 증가를 경험하고 있다.
(C) 경제적 성공을 더 성취할 수 있다.
(D) 해외 여행객들에게 안전한 장소이다.

지문 mayor[méiər] 시장 publicity[pʌblísəti] 광고, 홍보 corporate tax rate 법인세율 population[pàpjuléiʃən] 인구
enterprise[éntərpràiz] 기업 entrepreneur[à:ntrəprəné:r] 기업가 potential[pəténʃəl] 잠재력 optimistic[àptəmístik] 낙관적인
92 effort[éfərt] 활동, 노력 election[ilékʃən] 선거 restriction[ristríkʃən] 제한
93 world-renowned 세계적으로 유명한 favorable[féivərəbl] 우호적인, 호의적인 numerous[njú:mərəs] 많은

92 ■ 전체 지문 관련 문제 목적 정답 (A)
보도의 목적을 묻는 문제이므로, 지문의 초반을 주의 깊게 들은 후 전체 맥락을 파악한다. 지문의 초반에서 "Shenzhen will be launching a major campaign to attract foreign businesses"라며 심천이 해외 기업들을 유치하기 위해 주요 캠페인을 시작할 것이라고 한 뒤, 지문 전반에 걸쳐 심천에 대한 홍보 활동을 설명하고 있다. 따라서 정답은 (A) To describe promotional efforts이다.

93 ■ 세부 사항 관련 문제 특정 세부 사항 정답 (B)
심천이 보유하고 있는 것을 묻는 문제이므로, 질문의 핵심어구(Shenzhen possess)와 관련된 내용을 주의 깊게 듣는다. "the city[Shenzhen]'s low corporate tax rates"라며 심천의 낮은 법인세율이라고 하였다. 따라서 정답은 (B) Favorable tax rates이다.

94 ■ 세부 사항 관련 문제 특정 세부 사항 정답 (C)
심천에 대한 공무원들의 생각을 묻는 문제이므로, 질문의 핵심어구(officials think)와 관련된 내용을 주의 깊게 듣는다. "officials feel the city[Shenzhen] has yet to reach its full business potential. They are optimistic that the campaign will generate more attention from international companies, as well as increase tourism in the region."이라며 공무원들은 심천이 아직 최대의 사업 잠재력에는 도달하지 못했다고 느낀다고 한 뒤, 그들은 이 캠페인이 지역 내 관광업을 증가시킬 뿐만 아니라 세계적인 기업들로부터 더 많은 관심을 불러일으킬 것이라는 데 낙관적이라고 하였다. 이를 통해 공무원들은 심천이 경제적 성공을 더 성취할 수 있다고 생각하는 것을 알 수 있다. 따라서 정답은 (C) It can achieve further economic success이다.

Questions 95-97 refer to the following telephone message and form.

🔊 미국식 발음

My name is Miranda Cruz, and I'm calling regarding *Elegant Fashion Magazine*. About a week ago, I was e-mailed a subscription renewal form for the publication. At the time, I signed up for a year-and-a-half subscription. However, ⁹⁵I learned yesterday that I'll be traveling to France in December for a work project. Since the length of my stay in the country is open-ended, I . . . uh . . . ⁹⁶I can only commit to a one-year subscription to the magazine. Of course, ⁹⁷I would like the amount I overpaid to be returned to me. If you have any questions, you can reach me at 555-2197.

Subscription Renewal Form		
Subscription Period	**Fee**	**Selection**
6 months	$30	
12 months	⁹⁶$50	
18 months	$70	✓
24 months	$100	

95-97번은 다음 전화 메시지와 양식에 관한 문제입니다.

제 이름은 Miranda Cruz이고, *Elegant 패션 잡지*에 관해 전화드립니다. 일주일쯤 전에, 저는 그 출판물의 구독 갱신 양식을 이메일로 받았습니다. 그때, 저는 1년 반 구독을 신청했습니다. 그런데, ⁹⁵제가 업무 프로젝트를 위해 12월에 프랑스로 갈 것임을 어제 알게 되었습니다. 그 나라에서의 제 거주 기간은 끝이 정해지지 않았기 때문에, 저는… 어… ⁹⁶잡지의 1년 구독만 약속될 수 있습니다. 물론, ⁹⁷제가 초과 지불한 금액은 돌려받기를 원합니다. 문의 사항이 있으시면, 555-2197로 제게 전화해 주십시오.

구독 갱신 양식		
구독 기간	**요금**	**선택**
6개월	30달러	
12개월	⁹⁶50달러	
18개월	70달러	✓
24개월	100달러	

95 What does the speaker plan to do in December?
(A) Update her mailing address
(B) Make a subscription payment
(C) Submit a magazine article
(D) Travel overseas for work

96 Look at the graphic. How much does the subscription the speaker is interested in cost?
(A) $30
(B) $50
(C) $70
(D) $100

97 What does the speaker request?
(A) A partial refund
(B) A contract extension
(C) An account closure
(D) An e-mail confirmation

95. 화자는 12월에 무엇을 할 계획인가?
(A) 그녀의 우편 주소를 업데이트한다.
(B) 구독료를 납입한다.
(C) 잡지 기사를 제출한다.
(D) 업무를 위해 해외로 간다.

96. 시각 자료를 보시오. 화자가 관심 있는 구독은 얼마의 비용이 드는가?
(A) 30달러
(B) 50달러
(C) 70달러
(D) 100달러

97. 화자는 무엇을 요청하는가?
(A) 부분 환불
(B) 계약 연장
(C) 계정 해지
(D) 이메일 확인

지문 regarding[rigá:rdiŋ] ~에 관해 subscription[səbskrípʃən] 구독 renewal[rinjú:əl] 갱신 length[leŋkθ] 기간
open-ended 끝이 정해지지 않은, 제한이 없는 commit[kəmít] 약속하다 overpay[òuvərpéi] 초과 지불하다
95 article[á:rtikl] 기사, 논문
97 partial[pá:rʃəl] 부분의, 일부의 contract[kántrækt] 계약 extension[iksténʃən] 연장 confirmation[kànfərméiʃən] 확인, 확정

95 ■ **세부 사항 관련 문제** 특정 세부 사항 · 정답 (D)

○○○●○중
화자가 12월에 할 계획인 것을 묻는 문제이므로, 질문의 핵심어구(December)가 언급된 주변을 주의 깊게 듣는다. "I learned yesterday that I'll be traveling to France in December for a work project"라며 자신이 업무 프로젝트를 위해 12월에 프랑스로 갈 것임을 어제 알게 되었다고 하였다. 따라서 정답은 (D) Travel overseas for work이다.

바꾸어 표현하기
traveling to France ~ for a work project 업무 프로젝트를 위해 프랑스로 가다 → Travel overseas for work 업무를 위해 해외로 가다

96 ■ **세부 사항 관련 문제** 시각 자료 · 정답 (B)

○○●●○상
화자가 관심 있는 구독의 비용을 묻는 문제이므로, 제시된 양식의 정보를 확인한 뒤 질문의 핵심어구(subscription ~ interested in)와 관련된 내용을 주의 깊게 듣는다. "I can only commit to a one-year subscription to the magazine"이라며 잡지의 1년 구독만 약속할 수 있다고 하였으므로, 화자가 관심 있는 1년 즉 12개월의 구독은 50달러의 비용이 들 것임을 양식에서 알 수 있다. 따라서 정답은 (B) $50이다.

97 ■ **세부 사항 관련 문제** 요청 · 정답 (A)

○○○●○중
화자가 요청하는 것을 묻는 문제이므로, 지문의 중후반에서 요청과 관련된 표현이 포함된 문장을 주의 깊게 듣는다. "I would like the amount I overpaid to be returned to me"라며 자신이 초과 지불한 금액을 돌려받기를 원한다고 하였다. 따라서 정답은 (A) A partial refund이다.

Questions 98-100 refer to the following excerpt from a meeting and table.

🔊 호주식 발음

98-100번은 다음 회의 발췌록과 표에 관한 문제입니다.

I called this meeting to discuss some changes that are going to be made to our company's speaker models. ⁹⁸After talking to our firm's president this morning, it's clear that we need to improve profitability. The newly released HK21 is in great demand, but ⁹⁹our second-most expensive product has been a poor seller in our target market. Young consumers find its price too high. So, we've decided to change strategies and market the product to older consumers. Of course, ¹⁰⁰this is going to have a significant impact on our marketing costs. I'd like to take a few minutes now to talk about that.

저는 우리 회사의 스피커 모델들에 생길 몇몇 변화들에 대해 논의하기 위해 이 회의를 소집했습니다. ⁹⁸오늘 아침 우리 회사의 대표와 이야기하고 나니, 우리가 수익성을 개선해야 할 필요가 있다는 것이 명백합니다. 새로 출시된 HK21은 수요가 많지만, ⁹⁹우리의 두 번째로 비싼 제품은 타겟 시장에서 잘 팔리지 않아 왔어요. 젊은 소비자들은 그것의 가격이 너무 높다고 생각하고 있습니다. 그래서, 우리는 전략을 바꿔서 이 제품을 더 나이든 소비자들에게 광고하기로 결정했습니다. 물론, ¹⁰⁰이것은 우리의 마케팅 비용에 상당한 영향을 미칠 거예요. 저는 이제 몇 분간 그것에 대해서 이야기하고자 합니다.

Model	Price
JY34	$95
⁹⁹SR88	$85
WT45	$75
HK21	$65

모델명	가격
JY34	95달러
⁹⁹SR88	85달러
WT45	75달러
HK21	65달러

98 What did the speaker do earlier today?
(A) Reviewed a report
(B) Spoke with an executive
(C) Sent out a memo
(D) Corrected a budget

98. 화자는 오늘 일찍 무엇을 했는가?
(A) 보고서를 검토했다.
(B) 경영진과 이야기를 나눴다.
(C) 메모를 발송했다.
(D) 예산을 수정했다.

99 Look at the graphic. Which model is not selling well?
(A) JY34
(B) SR88
(C) WT45
(D) HK21

99. 시각 자료를 보시오. 어떤 모델이 잘 팔리지 않고 있는가?
(A) JY34
(B) SR88
(C) WT45
(D) HK21

100 What will the speaker most likely talk about next?
(A) The impact of a personnel change
(B) The benefit of a production method
(C) The cost of a marketing campaign
(D) The amount of anticipated savings

100. 화자는 다음에 무엇에 대해 말할 것 같은가?
(A) 인사 변경의 영향
(B) 생산 방식의 이점
(C) 마케팅 캠페인의 비용
(D) 예상되는 절약 액수

지문 profitability[prɑ́:fitəbiləti] 수익성 be in great demand 수요가 많다, 잘 팔리다 strategy[strǽtədʒi] 전략
consumer[미 kənsú:mər, 영 kənsjú:mər] 소비자 significant[signífikənt] 상당한
98 executive[igzékjutiv] 경영진 budget[bʌ́dʒit] 예산
100 personnel[미 pə̀:rsənél, 영 pə̀:sənél] 인사의 anticipate[æntísipeit] 예상하다, 기대하다

98 ■ 세부 사항 관련 문제 특정 세부 사항

정답 (B)

화자가 오늘 일찍 무엇을 했는지를 묻는 문제이므로, 질문의 핵심어구(speaker do earlier today)와 관련된 내용을 주의 깊게 듣는다. "After talking to our firm's president this morning, it's clear that we need to improve profitability."라며 오늘 아침에 회사의 대표와 이야기하고 나니 수익성을 개선할 필요가 있다는 것이 명백해졌다고 하였다. 따라서 정답은 (B) Spoke with an executive이다.

99 ■ 세부 사항 관련 문제 시각 자료

정답 (B)

어떤 모델이 잘 팔리지 않는지를 묻는 문제이므로, 제시된 표의 정보를 확인한 뒤 질문의 핵심어구(not selling well)와 관련된 내용을 주의 깊게 듣는다. "our second-most expensive product has been a poor seller in our target market"이라며 두 번째로 비싼 제품이 타겟 시장에서 잘 팔리지 않아 왔다고 하였다. 이를 통해 잘 팔리지 않고 있는 모델은 SR88임을 표에서 알 수 있다. 따라서 정답은 (B) SR88이다.

100 ■ 세부 사항 관련 문제 특정 세부 사항

정답 (C)

화자가 다음에 무엇에 대해 말할 것인지를 묻는 문제이므로, 담화의 마지막 부분을 주의 깊게 듣는다. "this[changing strategies] is going to have a significant impact on our marketing costs"라며 전략을 바꾸는 것이 마케팅 비용에 상당한 영향을 미칠 것이라고 한 뒤, "I'd like to take a few minutes now to talk about that." 이제부터 몇 분간 그것에 대해 이야기하고자 한다고 하였다. 따라서 정답은 (C) The cost of a marketing campaign이다.

해커스 토익 실전 1000제 3 LISTENING

정답 ▌

▌TEST 01

1 (B)	2 (C)	3 (C)	4 (B)	5 (D)
6 (C)	7 (A)	8 (B)	9 (A)	10 (C)
11 (C)	12 (B)	13 (B)	14 (C)	15 (C)
16 (B)	17 (B)	18 (A)	19 (C)	20 (C)
21 (A)	22 (C)	23 (A)	24 (C)	25 (A)
26 (B)	27 (C)	28 (B)	29 (B)	30 (A)
31 (C)	32 (B)	33 (A)	34 (D)	35 (D)
36 (A)	37 (D)	38 (B)	39 (A)	40 (C)
41 (D)	42 (D)	43 (A)	44 (C)	45 (B)
46 (A)	47 (C)	48 (C)	49 (D)	50 (D)
51 (A)	52 (A)	53 (D)	54 (A)	55 (B)
56 (C)	57 (A)	58 (B)	59 (A)	60 (A)
61 (C)	62 (D)	63 (B)	64 (B)	65 (A)
66 (D)	67 (C)	68 (B)	69 (B)	70 (C)
71 (B)	72 (B)	73 (C)	74 (C)	75 (A)
76 (B)	77 (C)	78 (B)	79 (D)	80 (D)
81 (A)	82 (A)	83 (A)	84 (A)	85 (D)
86 (A)	87 (D)	88 (B)	89 (C)	90 (B)
91 (A)	92 (A)	93 (C)	94 (B)	95 (B)
96 (A)	97 (C)	98 (B)	99 (D)	100 (D)

▌TEST 02

1 (D)	2 (C)	3 (A)	4 (C)	5 (D)
6 (B)	7 (C)	8 (B)	9 (B)	10 (B)
11 (A)	12 (B)	13 (C)	14 (B)	15 (B)
16 (A)	17 (A)	18 (C)	19 (A)	20 (C)
21 (C)	22 (C)	23 (A)	24 (B)	25 (C)
26 (C)	27 (C)	28 (C)	29 (A)	30 (B)
31 (A)	32 (C)	33 (A)	34 (C)	35 (C)
36 (C)	37 (B)	38 (A)	39 (D)	40 (C)
41 (D)	42 (A)	43 (A)	44 (C)	45 (D)
46 (D)	47 (D)	48 (A)	49 (D)	50 (C)
51 (A)	52 (A)	53 (B)	54 (A)	55 (A)
56 (C)	57 (D)	58 (D)	59 (B)	60 (D)
61 (C)	62 (D)	63 (A)	64 (C)	65 (D)
66 (B)	67 (B)	68 (C)	69 (B)	70 (A)
71 (D)	72 (D)	73 (C)	74 (A)	75 (D)
76 (D)	77 (B)	78 (B)	79 (A)	80 (D)
81 (C)	82 (D)	83 (C)	84 (D)	85 (B)
86 (C)	87 (B)	88 (D)	89 (D)	90 (C)
91 (C)	92 (B)	93 (D)	94 (B)	95 (C)
96 (B)	97 (B)	98 (D)	99 (B)	100 (A)

▌TEST 03

1 (A)	2 (C)	3 (B)	4 (D)	5 (D)
6 (B)	7 (B)	8 (C)	9 (A)	10 (C)
11 (C)	12 (B)	13 (B)	14 (C)	15 (A)
16 (B)	17 (C)	18 (B)	19 (B)	20 (C)
21 (B)	22 (B)	23 (A)	24 (B)	25 (C)
26 (A)	27 (C)	28 (B)	29 (A)	30 (A)
31 (A)	32 (B)	33 (D)	34 (D)	35 (C)
36 (A)	37 (A)	38 (D)	39 (B)	40 (C)
41 (C)	42 (A)	43 (C)	44 (C)	45 (D)
46 (D)	47 (C)	48 (B)	49 (A)	50 (C)
51 (B)	52 (B)	53 (C)	54 (D)	55 (A)
56 (A)	57 (D)	58 (B)	59 (B)	60 (C)
61 (B)	62 (B)	63 (C)	64 (D)	65 (C)
66 (B)	67 (C)	68 (C)	69 (C)	70 (B)
71 (B)	72 (D)	73 (A)	74 (B)	75 (C)
76 (D)	77 (B)	78 (A)	79 (D)	80 (A)
81 (B)	82 (C)	83 (D)	84 (A)	85 (C)
86 (D)	87 (B)	88 (D)	89 (C)	90 (D)
91 (D)	92 (A)	93 (A)	94 (C)	95 (C)
96 (A)	97 (A)	98 (B)	99 (A)	100 (C)

▌TEST 04

1 (B)	2 (A)	3 (B)	4 (D)	5 (B)
6 (A)	7 (C)	8 (B)	9 (A)	10 (B)
11 (C)	12 (B)	13 (B)	14 (C)	15 (A)
16 (B)	17 (B)	18 (B)	19 (A)	20 (A)
21 (A)	22 (B)	23 (C)	24 (C)	25 (C)
26 (A)	27 (C)	28 (A)	29 (C)	30 (A)
31 (B)	32 (B)	33 (C)	34 (A)	35 (C)
36 (A)	37 (D)	38 (C)	39 (A)	40 (C)
41 (D)	42 (A)	43 (A)	44 (C)	45 (A)
46 (C)	47 (D)	48 (C)	49 (D)	50 (A)
51 (D)	52 (A)	53 (A)	54 (C)	55 (D)
56 (C)	57 (B)	58 (D)	59 (C)	60 (C)
61 (C)	62 (D)	63 (B)	64 (B)	65 (B)
66 (A)	67 (C)	68 (B)	69 (C)	70 (C)
71 (A)	72 (B)	73 (B)	74 (A)	75 (D)
76 (C)	77 (D)	78 (D)	79 (B)	80 (B)
81 (D)	82 (A)	83 (D)	84 (B)	85 (B)
86 (A)	87 (B)	88 (D)	89 (C)	90 (C)
91 (D)	92 (C)	93 (A)	94 (A)	95 (C)
96 (A)	97 (D)	98 (D)	99 (C)	100 (B)

TEST 05

1 (C)	2 (D)	3 (C)	4 (D)	5 (A)
6 (C)	7 (C)	8 (C)	9 (B)	10 (C)
11 (B)	12 (C)	13 (A)	14 (B)	15 (A)
16 (B)	17 (B)	18 (C)	19 (C)	20 (A)
21 (B)	22 (C)	23 (A)	24 (B)	25 (A)
26 (C)	27 (B)	28 (B)	29 (B)	30 (C)
31 (A)	32 (B)	33 (C)	34 (A)	35 (D)
36 (C)	37 (B)	38 (D)	39 (B)	40 (D)
41 (C)	42 (A)	43 (A)	44 (B)	45 (C)
46 (A)	47 (B)	48 (C)	49 (A)	50 (B)
51 (A)	52 (C)	53 (D)	54 (C)	55 (A)
56 (C)	57 (A)	58 (D)	59 (B)	60 (B)
61 (A)	62 (D)	63 (B)	64 (D)	65 (A)
66 (C)	67 (A)	68 (A)	69 (B)	70 (C)
71 (C)	72 (D)	73 (B)	74 (A)	75 (B)
76 (B)	77 (C)	78 (A)	79 (B)	80 (D)
81 (C)	82 (D)	83 (C)	84 (B)	85 (A)
86 (B)	87 (A)	88 (C)	89 (D)	90 (C)
91 (C)	92 (B)	93 (C)	94 (A)	95 (C)
96 (B)	97 (A)	98 (D)	99 (B)	100 (C)

TEST 06

1 (B)	2 (C)	3 (A)	4 (B)	5 (C)
6 (B)	7 (B)	8 (A)	9 (A)	10 (C)
11 (A)	12 (A)	13 (A)	14 (B)	15 (B)
16 (B)	17 (C)	18 (A)	19 (B)	20 (B)
21 (C)	22 (A)	23 (B)	24 (C)	25 (A)
26 (B)	27 (B)	28 (C)	29 (A)	30 (C)
31 (B)	32 (C)	33 (A)	34 (D)	35 (C)
36 (D)	37 (B)	38 (B)	39 (A)	40 (C)
41 (B)	42 (A)	43 (C)	44 (B)	45 (C)
46 (D)	47 (B)	48 (B)	49 (A)	50 (C)
51 (B)	52 (D)	53 (C)	54 (B)	55 (C)
56 (A)	57 (B)	58 (A)	59 (A)	60 (B)
61 (B)	62 (D)	63 (D)	64 (A)	65 (B)
66 (D)	67 (B)	68 (C)	69 (A)	70 (B)
71 (C)	72 (A)	73 (C)	74 (B)	75 (A)
76 (D)	77 (D)	78 (B)	79 (A)	80 (B)
81 (C)	82 (D)	83 (C)	84 (D)	85 (C)
86 (D)	87 (B)	88 (A)	89 (D)	90 (A)
91 (B)	92 (A)	93 (B)	94 (C)	95 (B)
96 (D)	97 (A)	98 (A)	99 (B)	100 (A)

TEST 07

1 (C)	2 (B)	3 (A)	4 (D)	5 (C)
6 (D)	7 (A)	8 (B)	9 (C)	10 (B)
11 (A)	12 (A)	13 (B)	14 (C)	15 (C)
16 (A)	17 (A)	18 (B)	19 (C)	20 (C)
21 (B)	22 (A)	23 (B)	24 (A)	25 (B)
26 (A)	27 (C)	28 (B)	29 (A)	30 (B)
31 (B)	32 (D)	33 (A)	34 (A)	35 (D)
36 (C)	37 (D)	38 (A)	39 (C)	40 (C)
41 (B)	42 (D)	43 (A)	44 (B)	45 (A)
46 (C)	47 (B)	48 (A)	49 (B)	50 (A)
51 (D)	52 (C)	53 (B)	54 (B)	55 (C)
56 (A)	57 (D)	58 (B)	59 (D)	60 (B)
61 (A)	62 (A)	63 (C)	64 (C)	65 (C)
66 (D)	67 (B)	68 (A)	69 (B)	70 (D)
71 (D)	72 (A)	73 (C)	74 (B)	75 (C)
76 (C)	77 (D)	78 (A)	79 (A)	80 (D)
81 (B)	82 (A)	83 (C)	84 (A)	85 (C)
86 (A)	87 (B)	88 (D)	89 (B)	90 (C)
91 (A)	92 (D)	93 (A)	94 (C)	95 (C)
96 (C)	97 (B)	98 (B)	99 (D)	100 (A)

TEST 08

1 (C)	2 (B)	3 (D)	4 (D)	5 (A)
6 (B)	7 (C)	8 (B)	9 (B)	10 (B)
11 (C)	12 (B)	13 (B)	14 (C)	15 (A)
16 (C)	17 (B)	18 (C)	19 (A)	20 (B)
21 (B)	22 (C)	23 (A)	24 (C)	25 (C)
26 (B)	27 (C)	28 (A)	29 (B)	30 (B)
31 (B)	32 (A)	33 (B)	34 (D)	35 (C)
36 (B)	37 (C)	38 (A)	39 (A)	40 (B)
41 (B)	42 (A)	43 (A)	44 (B)	45 (C)
46 (D)	47 (C)	48 (C)	49 (B)	50 (C)
51 (D)	52 (A)	53 (C)	54 (B)	55 (C)
56 (C)	57 (D)	58 (C)	59 (D)	60 (C)
61 (A)	62 (A)	63 (C)	64 (B)	65 (A)
66 (B)	67 (B)	68 (C)	69 (A)	70 (C)
71 (C)	72 (D)	73 (A)	74 (B)	75 (C)
76 (D)	77 (D)	78 (A)	79 (B)	80 (C)
81 (B)	82 (A)	83 (D)	84 (D)	85 (C)
86 (D)	87 (C)	88 (B)	89 (C)	90 (B)
91 (A)	92 (C)	93 (B)	94 (C)	95 (C)
96 (B)	97 (A)	98 (C)	99 (D)	100 (B)

TEST 09

1 (B)	2 (A)	3 (B)	4 (A)	5 (D)
6 (C)	7 (A)	8 (C)	9 (C)	10 (C)
11 (B)	12 (C)	13 (B)	14 (A)	15 (A)
16 (B)	17 (B)	18 (C)	19 (A)	20 (B)
21 (C)	22 (A)	23 (C)	24 (C)	25 (B)
26 (A)	27 (B)	28 (B)	29 (C)	30 (A)
31 (C)	32 (B)	33 (D)	34 (B)	35 (C)
36 (B)	37 (A)	38 (C)	39 (C)	40 (A)
41 (D)	42 (C)	43 (D)	44 (C)	45 (A)
46 (D)	47 (D)	48 (A)	49 (A)	50 (D)
51 (B)	52 (D)	53 (B)	54 (A)	55 (C)
56 (B)	57 (C)	58 (C)	59 (C)	60 (D)
61 (B)	62 (B)	63 (C)	64 (C)	65 (B)
66 (B)	67 (A)	68 (B)	69 (C)	70 (A)
71 (C)	72 (B)	73 (A)	74 (B)	75 (C)
76 (D)	77 (C)	78 (C)	79 (D)	80 (B)
81 (A)	82 (B)	83 (C)	84 (D)	85 (B)
86 (D)	87 (C)	88 (A)	89 (B)	90 (D)
91 (B)	92 (A)	93 (A)	94 (D)	95 (A)
96 (A)	97 (D)	98 (B)	99 (C)	100 (B)

TEST 10

1 (C)	2 (B)	3 (A)	4 (C)	5 (B)
6 (C)	7 (C)	8 (B)	9 (A)	10 (A)
11 (A)	12 (C)	13 (C)	14 (B)	15 (C)
16 (C)	17 (B)	18 (C)	19 (C)	20 (A)
21 (C)	22 (C)	23 (A)	24 (B)	25 (C)
26 (B)	27 (A)	28 (C)	29 (C)	30 (A)
31 (C)	32 (B)	33 (D)	34 (A)	35 (D)
36 (D)	37 (B)	38 (D)	39 (D)	40 (B)
41 (C)	42 (D)	43 (A)	44 (D)	45 (A)
46 (B)	47 (C)	48 (D)	49 (B)	50 (D)
51 (D)	52 (C)	53 (B)	54 (C)	55 (A)
56 (D)	57 (A)	58 (C)	59 (A)	60 (B)
61 (D)	62 (D)	63 (A)	64 (B)	65 (B)
66 (C)	67 (A)	68 (D)	69 (C)	70 (B)
71 (A)	72 (B)	73 (D)	74 (C)	75 (B)
76 (A)	77 (A)	78 (D)	79 (A)	80 (D)
81 (A)	82 (A)	83 (B)	84 (A)	85 (D)
86 (C)	87 (D)	88 (B)	89 (B)	90 (C)
91 (A)	92 (A)	93 (B)	94 (C)	95 (D)
96 (B)	97 (A)	98 (B)	99 (B)	100 (C)

최신 기출유형으로 실전 완벽 마무리

해커스 토익 LC

실전 1000제 3 LISTENING 해설집

개정 2판 6쇄 발행 2024년 6월 24일
개정 2판 1쇄 발행 2022년 6월 28일

지은이	해커스 어학연구소
펴낸곳	㈜해커스 어학연구소
펴낸이	해커스 어학연구소 출판팀

주소	서울특별시 서초구 강남대로61길 23 ㈜해커스 어학연구소
고객센터	02-537-5000
교재 관련 문의	publishing@hackers.com
동영상강의	HackersIngang.com

ISBN	978-89-6542-485-7 (13740)
Serial Number	02-06-01

외국어인강 1위, 해커스인강
HackersIngang.com

해커스인강

· 해커스 토익 스타강사의 **본 교재 인강**
· 단기 리스닝 점수 향상을 위한 **무료 받아쓰기&쉐도잉 프로그램**
· 최신 출제경향이 반영된 **무료 온라인 실전모의고사**
· 들으면서 외우는 **무료 단어암기장 및 단어암기 MP3**
· 빠르고 편리하게 채점하는 **무료 정답녹음 MP3**

영어 전문 포털, 해커스토익
Hackers.co.kr

해커스토익

· **무료 매월 적중예상특강 및 실시간 토익시험 정답확인/해설강의**
· 매일 실전 RC/LC 문제 및 토익 기출보카 TEST, 토익기출 100단어 등 다양한 무료 학습 콘텐츠

헤럴드 선정 2018 대학생 선호브랜드 대상 '대학생이 선정한 외국어인강' 부문 1위

5천 개가 넘는
해커스토익 무료 자료!

대한민국에서 공짜로 토익 공부하고 싶으면 **해커스영어 Hackers.co.kr** ▾ | 검색 |

강의도 무료

베스트셀러 1위 토익 강의 150강 무료 서비스,
누적 시청 1,900만 돌파!

문제도 무료

토익 RC/LC 풀기, 모의토익 등
실전토익 대비 문제 3,730제 무료!

최신 특강도 무료

2,400만뷰 스타강사의
압도적 적중예상특강 매달 업데이트!

공부법도 무료

토익 고득점 달성팁, 비법노트,
점수대별 공부법 무료 확인

가장 빠른 정답까지!

615만이 선택한 해커스 토익 정답!
시험 직후 가장 빠른 정답 확인

*미션 달성 시

더 많은
토익무료자료 보기 ▶